中国戏曲文论总目

1949-1966

U0957950

蔡雨燕　宫楚涵　编

學苑出版社

图书在版编目（CIP）数据

中国戏曲文论总目 ：1949～1966 ／ 蔡雨燕，宫楚涵编. — 北京 ：学苑出版社，2015.5
ISBN 978-7-5077-4758-4

Ⅰ. ①中… Ⅱ. ①蔡… ②宫… Ⅲ. ①戏曲评论－专题目录－中国－1949～1966 Ⅳ. ①Z88：I

中国版本图书馆CIP数据核字(2015)第078191号

责任编辑：战葆红
封面设计：徐道会
出版发行：学苑出版社
社　　址：北京市丰台区南方庄2号院1号楼
邮政编码：100079
网　　址：www.book001.com
电子信箱：xueyuanpress@163.com
联系电话：010-67601101（销售部）　67603091（总编室）
经　　销：新华书店
印 刷 厂：保定市彩虹艺雅印刷有限公司
开本尺寸：787×1092　1/16
字　　数：500千字
印　　张：31.5
版　　次：2015年5月第1版
印　　次：2015年5月第1次印刷
定　　价：200.00元

前　言

中国戏曲理论文献十分丰富，从古代至近代，在文献书（篇）目方面已先后有傅惜华先生编著的《中国古典戏曲总录》、傅晓航先生主编的《中国近代戏曲论著总目》、中国艺术研究院戏曲研究所资料室编著的《中国戏曲研究书目提要》问世，为中国古代和近代戏曲研究提供了大量重要的、有价值的参考材料，填补了戏曲书（篇）目文献的空白，是文学艺术工作者研究古代至近代戏曲史论课题必不可少的工具书。

1949年建国以后，戏曲理论工作有了更大的发展，有关戏曲的理论文章、评论，逐年增多，人们面对浩如烟海的文论皆感无从下手，首先感到的是检索上的困难。鉴于已有古代至近代戏曲文献总目问世，因而现代戏曲文论总目的出版，便成为研究中国现代戏曲史论急需解决的问题。中国现代戏曲担负着弘扬民族文化，继往开来的艰巨任务，因而关注现代戏曲的研究具有积极的现实意义，而编制一部现代戏曲文论总目又成为奠基性的工程。《中国戏曲文论总目》（1949－1966）将是已出版的《中国古典戏曲总目》、《中国近代戏曲论著总目》姊妹篇，使中国古代、近代、现代戏曲文献书（篇）目形成一个完整的检索系列。其读者对象主要为文化管理部门、社会科学研究机构、大专院校中的戏剧研究工作者，亦可为其他文学艺术工作者参考利用。

《中国戏曲文论总目》（1949－1966），收录1949—1966年间在全国文艺期刊与各省市报刊上刊登的戏曲文章篇目，所录资料力求完整、详尽、真实、准确，但又略有选择，不足千字者不收，凡属名家和具有重要理论、史料价值的文章，不论其长短，俱皆收录。篇目分类力求科学准确，清晰明了，不论著者学派观点，按兼收并蓄的原则，客观如实地收录。本目录中尤其是1949—1956年间的资料，从来没有二次文献资料可以参阅，唯有遍览全国期刊报纸，逐期逐日逐篇检索辑录而得，也就是传统图书馆的刀剪之功，工作量十分繁重，因而也就成为这个历史时期现今唯一一部最全的戏曲文论总目。

本书按文章类别编排，著录格式为篇名、著者、报刊名称、卷期、出版年月。篇目按主题与分类相结合的原则，分为十一大类，在十一大类目下，再下分二级类目。各类中的篇目均按年代顺序排列，同年文章，期刊在前，报纸在后。

本书九十年代起至今，邓兴器、傅淑芸、李悦、徐刚、毕玉玲、杨连启、蔡雨燕、宫楚涵、张蕾、徐丽蓉、毕健玲等人先后参与编写本书，初稿形成后几经专家征求意见，反复修改，不断补充，定名为《中国现代戏曲文论总目》（1949－1966），无奈出版环节步履维艰，迟迟不能面世。进入新世纪，由于收录文献的时段限定在一个特定的历史时期，即通常所谓“十七年”，所以径称“现代”，已经不能涵盖这一特定历史时期了，特别是1966年以后的空白期，到底怎么划分现代和当代的界线，学术上还不能遽成定论，所以，在重新确定出版时，将“现代”二字去掉，以期将来有朝一日能够在此基础上，续写新篇，继往开来。所以定名为《中国戏曲文论总目》（1949－1966），只标识它特定的历史时间段。该书从编写到出版历经二十五年的时间，最后，由蔡雨燕、宫楚涵两位同志承担主编，最终完成，将书稿重新检校，设计版式，排版校对，核实篇目，核对卡片，纠谬正讹，做了大量的工作，由于是旧稿新编，等于就地翻建，重启炉灶，花费的心血可想而知，目的是让学界看到这个目录，使用这个目录，其心也良苦。书中错讹疏漏之处，希望得到读者指正。

蔡雨燕　宫楚涵

2014. 12

目　录

戏曲工作的方针政策经验问题

（一）社论文件领导讲话

（双百方针、服务方向、改人、改戏、改制、三并举与两条腿走路、澄清舞台形象、推陈出新、古为今用、禁戏、深入生活、思想改造等）

艺术的道路（在天桥戏曲界讲习班的讲话）　田汉　新民报　1949年10月30日3版
发扬地方艺术形式继承民族文化遗产　周巍峙　文艺报　1950年2月25日1卷11期19—20页
正确执行“推陈出新”的方针　马少波　戏曲报　1950年5月27日（总14）2卷2、3期22—29页
加强和扩大与旧艺人的团结合作　社论　戏曲报　1950年9月5日3卷2期283页
上海市地方戏曲界的制度改革　本报　戏剧新报　1950年9月合订本第13册
把戏改政策贯彻到实际工作中去　本报　戏曲报　1950年10月5日3卷4期363页
动员新文艺工作者参加戏改工作　本报　戏曲报　1950年10月20日3卷5期403页
迎接全国戏曲工作会议胜利召开　田汉　新戏曲　1950年11月20日1卷3期14—15页
全国戏曲工作会议的历史意义　杨绍萱　人民戏剧　1950年12月1日2卷2、3期19页
迎接全国戏曲工作会议胜利召开　田汉　人民戏剧　1950年12月1日2卷2、3期18页
发展爱国主义的人民戏曲　周巍峙　文艺报　1950年12月10日3卷4期11—12页
迎接戏曲工作会议　梅兰芳　戏曲报　1950年12月20日3卷8、9期538页
迎接全国戏曲工作会议胜利召开　田汉　戏曲报　1950年12月20日3卷8、9期535页
全国戏曲工作会议的历史意义　杨绍萱　戏曲报　1950年12月20日3卷8、9期538页
迎接全国戏曲工作会议　马少波　戏曲报　1950年12月20日3卷8、9期540页
关于全国戏曲工作会议戏剧资料展览会　阿甲　戏曲报　1950年12月20日3卷8、9期543页
关于地方戏曲的调查研究工作——致程砚秋先生的一封信　周扬　人民日报　1950年2月26日5版
致新文艺工作者　刘厚生　解放日报　1950年3月20日7版
关于地方戏曲的调查计划　程砚秋　人民日报　1950年4月16日5版
迎接全国戏曲工作会议胜利召开　田汉　人民日报　1950年11月25日3版
迎接全国戏曲工作会议胜利召开　田汉　新民报　1950年11月27日6版
全国戏曲工作会议的历史意义　杨绍萱　新民报　1950年11月27日6版
关于全国戏曲工作会议戏剧资料展览会　阿甲　新民报　1950年12月4日5版
全国戏曲资料展览巡礼　光明日报　1950年12月6日2版
发展爱国主义的人民新戏曲——祝全国戏曲工作会议　周巍峙　人民日报　1950年12月10日3版
发展爱国主义的人民戏曲　周巍峙　戏曲报　1951年1月5日3卷10期600页
为爱国主义的人民新戏曲而奋斗　田汉　新戏曲　1951年1月20日1卷4、5期合版4—6页
为爱国主义的人民新戏曲而奋斗　田汉　戏曲报　1951年2月5日3卷12期682页

为爱国主义的人民新戏曲而奋斗　田汉　人民戏剧　1951年3月1日2卷6期7页
为爱国主义的人民新戏曲而奋斗　田汉　戏曲报　1951年4月20日4卷5期169页
认真学习有关戏曲文件才能写好剧本　本报　戏曲报　1951年8月5日4卷12期481页
清除戏曲舞台上的病态和丑恶形象　马少波　人民戏剧　1951年10月10日3卷6期25页
为爱国主义的人民新戏曲而奋斗——在全国戏曲工作会议上的报告摘要　田汉　人民日报　1951年1月21日5版
目前文艺创作上的几个问题——在上海文艺工作者欢迎大会上的讲话　沈雁冰　解放日报　1951年4月30日7版
关于澄清舞台形象——答文汇报记者谢蔚明先生　马少波　文汇报　1951年8月6日2版
创造健康、美丽、正确的舞台形象（一）（二）　马少波　文汇报　1951年9月22、23日副页4版
创造健康、美丽、正确的舞台形象（三）（四）　马少波　文汇报　1951年9月25、26日副页4版
清除戏曲舞台上的病态和丑恶形象　马少波　人民日报　1951年9月27日3版
清除戏曲舞台上的病态和丑恶形象　马少波　新民报　1951年10月6日8版
再谈关于加强农村剧团的政治思想领导　本报　湖北日报　1951年12月12日3版
坚决纠正错误，实现毛主席的文艺方向——在中央戏剧学院文艺整风学习动员会上的报告　张庚　人民日报　1951年12月21日3版
争取优良剧目占优势，改进剧院的经营与管理——1951年12月17日在东北戏改干部会议上的报告　东川　东北戏曲新报（本月刊）　1952年1月10日134期3－7页
革除约头制，沈市组织流动艺人　本报讯　戏曲新报　1952年5月10日142期1页
纠正资产阶级的单纯牟利观点，巩固工人阶级的戏改据点　短评　戏曲新报　1952年5月10日142期10－11页
戏曲艺人应积极参加文艺整风、进行思想改造　本刊短评　戏曲新报　1952年6月25日144、145期2－3页
努力学习毛泽东思想　杨公愚　西北文艺　1952年7月4卷4期26页
严肃地对待民族的戏曲遗产　马彦祥　文艺报　1952年7月25日总67期6－8页
中国戏曲艺术的新方向　梅兰芳　文艺报　1952年8月25日总69期10－12月
加强戏曲批评工作的严肃性　马少波　文艺报　1952年9月25日总71期35－36页
欢迎第一次全国戏曲观摩演出大会　本刊　说说唱唱　1952年9月总33期5－6页
正确地对待祖国的戏曲遗产　人民日报社论　说说唱唱　1952年11月总35期5－6页
三年来的文化艺术工作　沈雁冰　人民日报　1952年9月27日3版
给全国戏曲观摩演出大会　茅盾　人民日报　1952年10月6日3版
全国戏曲运动胜利发展的标志　梅兰芳　人民日报　1952年10月6日3版
全国戏曲观摩演出大会的意义　丁西林　人民日报　1952年10月6日3版
学习民间文艺——为迎接第一届全国戏曲观摩大会而写　老舍　大公报　1952年10月11日3版
正确地对待祖国的戏曲遗产　社论　人民日报　1952年11月16日1版
重视祖国戏曲艺术遗产——第一届全国戏曲观摩演出大会观后　马少波　中国青年报　1952年11月25日4版
改革和发展民族戏曲艺术——第一届全国戏曲观摩演出大会闭幕会上的报告　周扬　光明日报　1952年12月17日3版

中央人民政府文化部关于整顿和加强全国剧团工作的指示　人民日报　1952 年 12 月 27 日 3 版
中央人民政府文化部关于整顿和加强全国剧团工作的指示　内蒙古日报　1952 年 12 月 29 日 1 版
改革和发展民族戏曲艺术——在第一届全国戏曲观摩大会上的总结报告　周扬　解放日报　1952 年 12 月 29 日 3 版
保护演员健康，提高演员艺术　马少波　文艺报　1953 年 1 月 30 日总 79 期 24—25 页
做好戏剧工作满足人民的需要——在中华全国剧协全国委员扩大会上的报告　田汉　文艺报　1953 年 10 月 15 日总 96 期 28—31 页
迎接全省第一届戏曲观摩演出大会　本刊　贵州文艺　1953 年 11 月 10 日总 21 期 1—2 页
正确对待民族遗产，反对滥禁乱改旧有戏曲　四川省首届文艺大会纪要　四川日报　1953 年 2 月 6 日 3 版
爱护我们伟大祖国的戏曲遗产　短评　湖南日报　1953 年 4 月 21 日 3 版
为提高戏曲的演出水平而努力　述评　新黔日报　1953 年 5 月 24 日 3 版
东北区第一届戏剧音乐舞蹈观摩大会开幕词　张东川　东北日报　1953 年 7 月 31 日 3 版
争取更大的收获（社论）祝东北戏剧音乐舞蹈观摩大会胜利闭幕　东北日报　1953 年 9 月 1 日 3 版
重点地发展地方剧种不等于扶植一种而忽视其他（简评）　人民日报　1953 年 10 月 15 日 3 版
进一步提高艺术创作和演出的质量——在东北第一届戏剧音乐舞蹈观摩大会上的总结报告　张东川　东北日报　1953 年 11 月 13 日 3 版
反对黄色戏曲和下流表演　短评　戏剧报　1954 年 2 月 2 期 14 页
中央人民政府文化部关于加强对民间职业剧团的领导和管理的指示　文艺报　1954 年 6 月 15 日总 112 期 5—6 页
为提高和发展新时代的戏曲艺术而奋斗　夏衍　戏剧报　1954 年 12 月 12 期 35 页
为提高和发展新时代的戏曲艺术而奋斗　夏衍　文艺报　1954 年 12 月总 24 期 14—20 页
提高戏曲艺术更好地为经济建设服务——庆祝山西省第一届戏曲观摩演出　社论　山西文艺　1954 年 12 月复刊第 9 期总 42 期 2—3 页
进一步加强戏曲改革工作的思想领导，严肃认真地创作演出富有人民性的戏曲　本报评论　解放日报　1954 年 1 月 13 日 3 版
加强对民间职业剧团的领导　社论　人民日报　1954 年 5 月 23 日 3 版
中央人民政府文化部关于加强对民间职业剧团的领导和管理的指示　人民日报　1954 年 5 月 23 日 3 版
中央文化部发出指示加强对民间职业剧团的领导管理　北京日报　1954 年 5 月 25 日 1 版
关于加强对民间职业剧团的领导和管理的指示——文化部　内蒙古日报　1954 年 5 月 26 日 3 版
全省第一届民间职业剧团会议，明确了民间职业剧团今后的努力方向　省文化局　新黔日报　1954 年 6 月 18 日 3 版
戏曲艺术要更好地为总路线服务　评论　河北日报　1954 年 9 月 3 日 3 版
发展人民戏曲事业　社论　浙江日报　1954 年 9 月 15 日 3 版
克服地方戏曲表现现代人民生活的思想障碍　刘厚生　解放日报　1954 年 11 月 12 日 3 版
为发展繁荣首都的戏曲艺术事业而奋斗——北京市第一届戏曲观摩演出总结报告（摘要）

王亚平 戏剧报 1955年1月1期37页
祝戏曲演员讲习会开办 郭 戏剧报 1955年6月6期10页
江苏省文化局组织地方戏剧团并农村巡回演出工作总结 本刊 戏剧报 1955年12月12期6页
加强对民间职业剧团的领导，清除恶劣的舞台作风 述评（本报） 内蒙古日报 1955年1月15日4版
让人民戏曲更好地为社会主义事业服务 社论 新湖南报 1955年12月7日3版
让人民戏曲更好地为社会主义事业服务 新湖南报社论 湖南文艺 1956年1月总43期27—29页
西安市文化局通知：西安市戏曲作者上演报酬暂定办法 西安戏剧 1956年5月15日总25期14页
反对戏曲工作中的过于执 社论 戏剧报 1956年6月总30期4页
祝贺陕西省第一届戏剧观摩演出大会开幕 本刊 陕西文艺 1956年6月总52期3—4页
必须切实关心并改善艺人的生活 田汉 戏剧报 1956年7月总31期6页
尊重戏曲艺人、保障剧团和艺人的合法权益 南方日报评论员 戏剧报 1956年8月总32期38页
改善艺人的生活和工作条件 社论 戏剧报 1956年10月总34期4页
发展和提高戏曲艺术，努力满足人民的需要（专论） 本报 云南日报 1956年4月23日3版
从“一出戏救活一个剧种”谈起 社论 人民日报 1956年5月18日1版
让戏剧花朵开得更鲜艳美丽（陕西省第一届戏剧观摩演出大会） 社论 陕西日报 1956年7月27日1版
祝省第二届戏曲观摩会演胜利开幕 社论 大众日报 1956年9月3日1版
发展民族艺术必须反对洋教条 张庚 人民日报 1956年9月9日7版
经常上演更多的好戏 社论 江西日报 1956年9月11日1版
庆贺百花迎春开（全省第一届戏曲观摩演出大会开幕） 社论 湖北日报 1956年11月21日1版
严肃地继承并发扬戏曲艺术传统——在省市文艺界座谈会讲话 梅兰芳 江西日报 1956年11月27日3版
保障戏曲艺人的正当权益 浙江日报 1956年11月28日4版
让戏曲艺术的花朵开得更加繁盛 社论 光明日报 1956年11月30日1版
巩固收获、继续前进——省戏曲会演闭幕 社论 湖北日报 1956年12月26日1版
热烈祝贺山西省第二届戏曲会演成功（短评） 本刊编辑部 火花 1957年6月总9期9页
在北方昆曲剧院成立大会上的讲话 周扬 戏剧报 1957年7月31日总50期14页
对于戏曲工作的两种估价和两种立场 张庚 戏剧报 1957年8月总51期21页
粉碎右派分子对社会主义戏曲事业的进攻 欧阳予倩 戏剧报 1957年9月28日总54期14页
繁荣江苏省戏曲事业 社论 新华日报 1957年4月5日1版
繁荣戏曲事业的先决条件是“放” 社论 新华日报 1957年5月3日3版
昆曲界要求扶植文化部冷若冰霜 人民日报 1957年5月18日8版
尊重戏曲艺人，保障剧团和艺人的合法权益 本报 南方日报 1957年7月9日3版

加强党对戏曲工作的领导进一步繁荣本省戏曲事业（专论）（浙江省第二届戏曲观摩演出大会开幕） 浙江日报 1957年7月24日4页
明辨香花毒草，提高戏曲质量（社论） 文汇报 1957年7月25日2页
继续贯彻执行党的戏剧政策为进一步繁荣内蒙古的戏曲艺术而努力！ 社论（区戏曲观摩演出开幕） 内蒙古日报 1957年11月26日3版
怎样帮助戏曲艺人进行社会主义的思想改造（社论） 西安戏剧 1958年1月15日1期1页
鼓起干劲，展开戏剧创作大跃进（社论） 西安戏剧 1958年3月15日5期1页
用两条腿迈向戏剧的新阶段 田汉等 戏剧报 1958年5月10期3页
使上演节目为社会主义总路线服务（社论） 西安戏剧 1958年5月30日10期2页
把目前戏曲演出现代剧目的高潮推向更新更高的阶段 周巍峙 戏剧报 1958年7月14期8页
破除迷信创造性地进行戏曲研究工作 刘芝明 戏曲研究 1958年7月3期1页
要在戏曲舞台上热情地反映社会主义时代 社论 戏剧报 1958年8月15期6页
为创造社会主义的民族的艺术而努力（7月14日在戏曲表现现代生活座谈会上的总结发言） 刘芝明 戏剧报 1958年8月15期10页
学习传统，打破保守思想，发展社会主义的民族的新戏曲——记柯仲平同志在陕西省戏曲表现现代生活座谈会上的讲话 西安戏剧 1958年8月27日15、16期11页
把戏曲表现现代生活运动推向新高潮——大力发展社会主义新戏曲 本社 戏剧战线 1958年9月总3期8页
积极建设社会主义新戏曲——河北省文化局申伸副局长在“戏曲表现现代生活座谈会”上的结论（摘要） 戏剧战线 1958年9月总3期10页
戏曲大跃进的序幕揭开了——河北省戏曲表现现代生活座谈会综合报道 戏剧战线 1958年9月总3期12页
一定要下苦工演好现代戏——在戏曲表现现代生活座谈会闭幕式上讲话 梅兰芳 戏曲研究 1958年9月4期7页
争取全面开花满堂红——在成都戏曲剧团现代剧目联合公演闭幕大会上的发言 李亚群 四川戏曲 1958年10月1日1期6页
为钢铁而写为钢铁而唱 本刊综合 戏剧战线 1958年11月总5期27页
以跃进的革命干劲创造共产主义的新戏剧——陕西省李启明副省长在西北五省戏剧观摩演出大会开幕式上的讲话 西安戏剧 1958年11月21期总82期3页
歌颂劳动、创造最新最美的戏剧艺术——中共陕西省委宣传部张华萃副部长在西北五省戏剧观摩演出大会开幕式上的讲话 西安戏剧 1958年11月21期总82期4页
必须两条腿走路——省文化局彭长登副局长和在重庆市戏曲表现现代生活座谈会上的总结发言 四川戏曲 1958年11月10日2期3页
大力发展现代剧目，使戏曲更有力地为社会主义建设服务 彭先述 四川戏曲 1958年11月10日2期10页
大大发展社会主义的现代戏 社论 光明日报 1958年6月14日2版
让戏曲更多更好地反映现代生活 本报 人民日报 1958年6月28日7版
如何使现代戏曲在群众中扎根（文教工作述评） 光明日报 1958年7月13日2版
以现代剧目为纲——戏曲表现现代生活座谈会确定戏曲工作方针 人民日报 1958年8月7日7版

戏曲工作者应该为表现现代生活而努力　社论　人民日报　1958年8月7日7版
表现现代生活是新戏曲的方向　社论　文汇报　1958年8月7日2版
全省戏曲工作者动员起来，为创造社会主义的新戏曲而奋斗（社论）　陕西日报　1958年8月21日2版
大力发展社会主义新戏曲（社论）（全省第二届戏曲观摩会演出大会闭幕）　江西日报　1958年10月5日3版
戏剧工作者应更好地为共产主义教育运动服务　社论　湖南戏剧　1959年1月总2期3页
高举红旗、争取戏曲事业的更大跃进和丰收——一九五八年十二月十三日在安徽省第二届戏曲观摩演出大会上的开幕词　钱丹辉　安徽戏剧　1959年1月（总4）
在全省群众文化积极分子代表、群众文艺创作展览会演大会闭幕式上李大章省长的讲话　四川戏曲　1959年2月10日5期3页
向业余学习，两条腿走路，争取群众文艺的更大繁荣（专论）——祝四川省群众文艺创作会演大会胜利闭幕　朱丹南　四川戏曲　1959年2月10日5期5页
加强社会主义共产主义教育进一步繁荣戏曲艺术　河北省文化局副局长申伸　戏剧战线　1959年2月总8期2页
继续大普及　狠狠抓提高　本刊评论员　戏剧战线　1959年4月总10期11页
发扬五四传统，努力学习马克思主义和毛泽东思想，为进一步提高戏曲的政治、艺术水平而奋斗！　社论　江苏戏曲　1959年5月总2期3页
在戏剧工作中坚持“两条腿走路”和“一盘棋”的方针——在江苏省暨南京市戏剧界座谈会上的讲话　田汉　江苏戏曲　1959年5月总2期7页
继承与发扬“五四”革命传统进一步繁荣戏剧艺术事业　新贺　戏剧战线　1959年5月总11期3页
用思想性和艺术性更高的戏剧来教育人民——于黑丁同志在剧协武汉分会主席团（扩大）会议上的讲话　长江戏剧　1959年6月总1期4页
学习传统戏曲与发扬独特风格　赵寻　长江戏剧　1959年6月总1期8页
开幕词（湖北省第三届戏剧会演）　韩光表　长江戏剧　1959年7月总2期1页
迎接戏剧艺术的丰收——祝贺湖北省第三届戏剧汇演　剧协武汉分会　长江戏剧　1959年7月总2期3页
积极提高戏剧质量，实现更大跃进　社论　湖南戏剧　1959年7月号1页
积极提高艺术质量　申伸　戏剧战线　1959年7月总13期1页
互相学习　共同进步——杨亦周副省长的开幕词　戏剧战线　1959年8月总14期1页
克服右倾保守思想，争取戏剧创作更大繁荣　本刊评论员　陕西戏剧　1959年8月总6期30页
积极提高戏剧艺术质量　社论　江苏戏曲　1959年8月总5期3页
戏曲大发展的十年　梅兰芳　戏剧报　1959年9月18期8页
戏曲获得了新生命　张庚　文艺报　1959年9月18期17页
为建设社会主义的民族新戏剧而奋斗——在河北省戏剧汇报演出大会上的报告摘要　中共河北省委书记处书记张承先　戏剧战线　1959年9月总15期1页
百花齐放迎国庆（社论）　陕西戏剧　1959年9月总7期2页
让我国多民族的戏剧艺术百花齐放　李超　戏剧研究　1959年9月4期84页
反右倾、鼓干劲、让戏剧事业更加繁荣　社论　长江戏剧　1959年9月总4期1页
鼓足干劲、争取剧目的更大丰收　社论　江苏戏曲　1959年10月总7期3页

万紫千红总是春——在党和毛主席的亲切关怀下祖国剧坛十年来花开似锦 新华社 江苏戏曲 1959年10月总7期5页
戏曲艺术推陈出新的成就和经验 郭汉城 文艺报 1959年10月19、20期21页
反右倾 鼓干劲 乘胜前进 社论 戏剧战线 1959年10月16期1页
继续掀起上山下乡演出高潮 社论 江苏戏曲 1959年11月总8期3页
向三好进军——省文化局陈曦局长在全省青年演员代表座谈会上的报告（摘要） 湖南戏剧 1959年12月号1页
保卫党的领导 保卫党的文艺路线 本刊评论员 湖南戏剧 1959年12月号5页
坚持现代戏的创作和演出 铁可 湖南戏剧 1959年12月号7页
坚持文艺为工农兵服务的方针 张开嵋 湖南戏剧 1959年12月号9页
快把好戏送给工农兵 吴悠 湖南戏剧 1959年12月号19页
群众戏剧运动好得很（社论） 安徽戏剧 1959年12月（总15）1页
迎接新的一九六〇年、争取社会主义戏剧事业更大跃进 社论 长江戏剧 1959年12月总7期1页
反对右倾保守，坚决贯彻总路线 社论 戏曲音乐 1959年12月12期1页
敲锣打鼓庆佳节、干劲百倍迎新春 社论 江苏戏曲 1959年12月总9期3页
反掉文艺界的右倾机会主义思潮 本刊评论员 戏剧战线 1959年12月总18期1页
为争取戏曲事业更大的跃进而奋斗 社论 安徽日报 1959年1月9日1版
十年来的川剧艺术事业 四川省文化局艺术处 四川日报 1959年9月29日6版
抓紧创作、进一步推动戏曲艺术大跃进（社论） 解放日报 1959年10月26日3版
欢呼我国戏曲艺术的新生命 马少波 人民日报 1959年12月16日7版
戏曲工作者要鼓足干劲，力争上游，提高思想水平和艺术水平 陈光 江苏戏曲 1960年1月（特大号）总10号3页
“百花齐放，推陈出新”的胜利 金毅、汤立一 江苏戏曲 1960年1月（总10号）52页
迎接光辉的1960年 社论 湖南戏剧 1960年1月1页
进一步深入贯彻党的文艺方针推动全省戏剧工作继续大跃进（社论） 福建戏剧 1960年1月20日1期1页
群众戏剧活动更好地为社会主义服务（短论） 李纶 小剧本 1960年1月总37期1页
打破保守、作艺术上的革新派 本刊评论员 湖南戏剧 1960年2月号31页
高举毛泽东思想红旗掀起更大更好更全面的跃进高潮 社论 湖南戏剧 1960年2月号1页
紧握毛泽东思想的武器，充分发挥戏剧评论工作的战斗作用 本刊评论员 陕西戏剧 1960年2月总12期18页
学习毛泽东思想 争取戏剧事业更大跃进！ 社论 福建戏剧 1960年2月20日2期1页
论戏曲工作者的雄心大志 社论 江苏戏曲 1960年4月号（总13号）3页
总结过去，继续前进——在中国剧协江苏分会成立大会上的工作报告（摘要） 王平 江苏戏曲 1960年4月号（总13号）5页
认真学习毛泽东文艺思想，为攀登世界艺术高峰而努力——在中国剧协江苏分会、江苏曲艺研究会上的讲话 李超 江苏戏曲 1960年4月号（总13号）9页
把我国戏曲事业推向新高潮 梅兰芳、周信芳等 戏曲音乐 1960年4月总16期1页
迅速反映伟大的跃进时代 本报记者 戏曲音乐 1960年4月总16期8页
毛泽东文艺思想的无比光辉——十年来戏曲工作点滴体会 马少波 戏剧研究 1960年4

月1期61页
迅速反映这个伟大的时代 钱俊瑞 戏剧战线 1960年4月号总22期32页
促进现代题材戏曲的更大发展 社论 戏剧报 1960年5月9期1页
戏曲艺术跃进再跃进——在现代题材戏曲观摩演出会上的发言 马少波 戏剧报 1960年5月9期4页
戏曲艺术要跟着时代的脚步前进 周柏年 戏剧报 1960年5月9期15页
高举毛泽东文艺思想旗帜胜利前进——陕西省戏曲青年演员会演大会开幕词 中央陕西省委委员 陕西省副省长谢怀德 陕西戏剧 1960年5月总15期5页
高举毛泽东文艺思想红旗阔步前进——在安徽省第三届戏曲观摩演出大会闭幕式上的讲话（摘要） 吴文瑞 安徽戏剧 1960年5月总20期2页
迅速地反映伟大时代是戏剧工作者的头等任务（专论） 本刊 福建戏剧 1960年5月20日5期3页
红旗招展、指引方向 本刊评论员 长江戏剧 1960年6月总12、13期7页
为创造社会主义戏剧而努力——在武汉市第三届戏剧青年（教学）会演闭幕式上的讲话 于亚声 长江戏剧 1960年6月总12、13期3页
在戏曲战线上更高地举起毛泽东思想的红旗——批判李何林同志的修正主义文艺观点 南开大学中文系地方戏研究小组 戏剧战线 1960年6月号总24期51页
高举毛泽东思想红旗、掀起文化革命的新高潮——在安徽省文教战线群英会上的报告（摘要） 吴文瑞 安徽戏剧 1960年6月总21期5页
多多创作现代题材的戏曲 齐燕铭 剧本 1960年6月7页
推陈出新及其他 张庚 戏剧报 1960年6月11期31页
陆定一同志代表中共中央和国务院在全国文教群英大会上的贺词 安徽戏剧 1960年7月总22期1页
口诛笔伐反击美帝 本刊记者 安徽戏剧 1960年7月总22期4页
歌颂伟大的时代歌颂英雄的人民——在安徽省1960年戏剧工作会议上的发言（摘要） 余耘 安徽戏剧 1960年7月总22期6页
把芜湖地区戏剧工作推向新高峰——在芜湖专区第二届戏曲会演开幕式上的讲话 张有奇 安徽戏剧 1960年7月总22期13页
伟大的时代，必然产生崭新的戏曲 阿甲 北京戏剧 1960年7月8日4期1页
继往开来、推陈出新 本刊评论员 北京戏剧 1960年7月8日4期84页
专业剧团上山下乡的一面红旗 短论 福建戏剧 1960年7月20日7期13页
在全国文学艺术工作者第三次代表大会上陆定一代表中共中央和国务院致祝词（全文） 长江戏剧 1960年8月总14、15期1页
社会主义文学艺术的道路——周扬在全国文代会上的报告（摘要） 长江戏剧 1960年8月总14、15期4页
陆定一同志代表党中央和国务院在全国第三次文代大会上的祝词 江苏戏曲 1960年8月号（总17号）3页
积极开展为农业服务的戏剧和曲艺活动（专论） 戏剧战线 1960年8月号总26期6页
在全国第三次文代会上陆定一代表中共中央和国务院致祝词（全文） 安徽戏剧 1960年8月总23期1页
在全国文学艺术工作者代表大会上陆定一代表中共中央和国务院致祝词 山西戏剧 1960年9月总2期3页

社会主义文学艺术的道路——文联副主席周扬在全国第三次文代大会上的讲话（摘要） 山西戏剧 1960 年 9 月总 2 期 7 页
更高地举起毛泽东思想的红旗，为争取戏剧事业的更大跃进而奋斗（社论）——祝中国文学艺术工作者第三次代表大会和中国戏剧家协会第二次会员代表大会 江苏戏曲 1960 年 9 月号（总 18 号）1 页
毛泽东文艺思想的光辉胜利——河北省戏剧工作十年回顾 申伸 戏剧战线 1960 年 9、10 月号总 27 期 24 页
充分发挥社会主义戏剧艺术的革命作用（社论） 福建戏剧 1960 年 9 月 9 期 1 页
我国社会主义文学艺术的道路——在三次文代会上的报告 周扬 安徽戏剧 1960 年 10 月总 25 期 1 页
建国十一年来戏剧战线的斗争和今后的任务——在中国剧协第二次会员代表大会上的报告（摘要） 田汉 安徽戏剧 1960 年 10 月总 25 期 18 页
专业艺术团体必须更好地为农业服务（社论） 福建戏剧 1960 年 10 月 10 期 1 页
更高地举起毛泽东文艺思想红旗——以实际行动贯彻全国第三次文代大会的精神 社论 山西戏剧 1960 年 10 月总 3 期 3 页
高举毛泽东思想红旗攀登革命戏剧高峰（社论） 戏剧战线 1960 年 11、12 月号总 28 期 1 页
为创造无产阶级的社会主义的民族新的戏剧而努力——在中国戏剧家协会第二次会员代表大会上的发言 剧协山西分会 山西戏剧 1960 年 11 月总 4 期 5 页
百尺竿头，更进一步——把我省戏剧献礼创作和艺术革新推向新的高潮 社论 山西戏剧 1960 年 12 月总 5 期 3 页
让戏曲界新生一代更好地成长（社论） 黑龙江日报 1960 年 4 月 13 日 3 版
塑造我们时代的“刘三姐”——祝全区“刘三姐”文艺会演胜利闭幕（社论） 广西日报 1960 年 4 月 28 日 2 版
推动现代题材戏曲继续跃进（社论） 光明日报 1960 年 5 月 5 日 3 版
做一个又红又专的戏曲事业的接班人（社论） 新华日报 1960 年 5 月 5 日 3 版
使戏曲更好地表现现代生活（社论） 文汇报 1960 年 5 月 11 日 2 版
壮大又红又专的戏曲队伍，更好地为社会主义建设服务（社论） 陕西日报 1960 年 5 月 13 日 2 版
现代题材戏曲观摩演出表明戏曲表现现代生活获大丰收——齐燕铭指出今后戏曲革新方向：三并举 人民日报 1960 年 5 月 15 日 7 版
现代题材戏曲的大跃进——祝现代题材戏曲剧目观摩演出胜利 齐燕铭 北京日报 1960 年 5 月 17 日 4 版
繁荣现代剧的创作（评论） 本报 安徽日报 1960 年 7 月 8 日 3 版
坚决执行党的文艺政策贯彻为工农兵服务方向我国戏剧和曲艺艺术百花齐放 人民日报 1960 年 8 月 4 日 4 版
建国十一年来戏剧战线的斗争和今后的任务——在中国戏剧家协会第二次会员代表大会上的报告摘要 田汉 人民日报 1960 年 9 月 9 日 7 版
坚持工农兵方向 争取戏剧艺术的更大丰收 本社 戏剧战线 1961 年 1 月总 29 期 10 页
努力提高戏剧质量（社论） 戏剧报 1961 年 1 月 1、2 期 1 页
千方百计演出好戏 短论 山西戏剧 1961 年 1 月总 6 期 3 页
加强思想生活艺术锻炼，保持艺术青春——田汉同志在我省一次戏剧座谈会上的讲话（摘

要）　山西戏剧　1961年2月总8期3页
发展社会主义的民族的新文化——在云南省民族戏剧观摩演出会上的讲话　袁勃　边疆文艺　1962年2月2期4页
祝贺我省民族戏剧日益繁荣　刘披云　边疆文艺　1962年2月2期3页
中央文化部关于加强戏曲、曲艺传统剧目、曲目的挖掘工作的通知　广西戏剧通讯　1962年11月3期1页
要重视剧团的剧目演出计划　本刊评论员　上海戏剧　1962年12月12期2页
更好地继承传统艺术发展民族戏剧（社论）　云南日报　1962年1月18日1版
发展社会主义的民族的新文化——在云南省民族戏剧观摩演出会上的讲话　袁勃　云南日报　1962年1月18日3版
让戏曲更好地为人民服务　赵寻　人民日报　1962年9月23日5版
谈戏曲艺术反映时代精神　郭汉城　湖南文学　1963年4月号49页
关于文艺下乡——1963年3月9日在广东省、广州市文艺界集会上的谈话　陶铸　广西戏剧通讯　1963年5月总6期1页
努力创作反映现实斗争的剧本　本刊评论员　甘肃文艺　1963年8月号19页
让戏曲更好地适应时代和人民的需要　社论　戏剧报　1963年9月9期1页
文化部通知：请各地剧团积极配合当前的阶级斗争和社会主义教育运动大力上演反对封建迷信、反对买卖、包办婚姻的剧目的通知（附参考剧目）　广西戏剧通讯　1963年9月总8期1页
一定要做戏曲改革的促进派（专论）　文艺报　1963年9月9期2页
百花齐放、推陈出新——《光明日报》的编者按语　广西戏剧通讯　1963年12月总9期20页
区党委宣传部罗立斌副部长在全区传统剧目整理改编工作座谈会上的讲话　广西戏剧通讯　1963年12月总9期1页
华应申同志在全区传统剧目整理改编工作座谈会上的发言　广西戏剧通讯　1963年12月总9期6页
郭铭同志在全区传统剧目整理改编工作座谈会上的总结发言　广西戏剧通讯　1963年12月总9期13页
更好地发挥戏曲的战斗作用（社论）　大众日报　1963年3月3日3版
戏剧应更好地为农村服务（社论）　河北日报　1963年4月21日2版
深入生活反映现实（社论）　新湖南报　1963年5月25日1版
深入农村牧区多演反映当代斗争的戏——欢送戏曲艺术团体前往农村牧区（社论）　青海日报　1963年5月27日1版
戏剧工作者的一项光荣任务（社论）　新华日报　1963年6月5日1版
多编现代剧多演现代戏——从苏州专区现代剧目会演谈起（社论）　新华日报　1963年8月16日1版
剧团为农民服务的好榜样（社论）　文汇报　1963年8月17日1版
文艺要更好地为农村社会主义教育服务（评论）　四川日报　1963年8月18日3版
发扬革命文艺工作的优良传统（社论）　新华日报　1963年8月25日1版
更好地向农村输送社会主义新文化（社论）　云南日报　1963年10月21日1版
为农业服务是剧团的光荣任务（社论）　旅大日报　1963年10月25日1版
积极编演现代戏是时代赋予戏曲工作者的光荣任务（省越剧现代戏观摩演出胜利闭幕）（社

论） 浙江日报 1963年10月30日1版
让社会主义的新戏曲开出更瑰丽的花朵（社论） 安徽日报 1963年11月20日1版
让社会主义新文化在农村生根 社论 江西日报 1963年11月27日1版
让现代戏之花盛开（社论） 北京日报 1963年12月14日2版
提倡演现代戏（评论） 大众日报 1963年12月16日1版
社会主义戏剧乘胜前进（社论） 戏剧报 1964年2月2期2页
戏曲工作者应为时代而歌（社论） 四川文学 1964年2月1、2月号93页
大胆革旧创新积极提倡现代戏——让戏曲更好地为社会主义服务——在乌鲁木齐市戏曲界座谈会上的讲话 林渤民 新疆文学 1964年2月号11页
深入群众生活，演好现代戏曲 本刊评论员 戏剧报 1964年3月号1页
积极地发展我区社会主义的戏剧艺术 社论 草原 1964年3月号4页
为进一步发展和繁荣社会主义戏剧而努力（短评） 剧本 1964年4月号2页
现代戏——社会主义舞台艺术的主流（专论） 安徽文学 1964年4月4期5页
发扬革命精神，演好京剧现代戏 社论 戏剧报 1964年6月6期10页
京剧艺术的革命创举——祝贺一九六四年京剧现代戏观摩演出大会开幕 社论 文艺报 1964年6月6期2页
文化战线上的一个大革命（京剧现代戏） 社论 红旗 1964年6月12期1页
进一步深入生活创作更多更好的现代戏 �武夫 雨花 1964年6月6期40页
加速戏剧艺术革命化和戏剧工作者思想革命化——祝河南省现代戏剧观摩演出大会 社论 奔流（戏剧专刊） 1964年6月3期7页
高举毛泽东文艺思想红旗发展社会主义的戏剧艺术 本刊编辑部 宁夏文艺 1964年6月3期1页
为京剧现代戏的更高质量而奋斗 社论 前线 1964年6月12期1页
做革命人，演革命戏，把京剧革命进行到底——祝一九六四年京剧现代戏观摩演出大会胜利闭幕 社论 戏剧报 1964年7月7期10页
努力坚持出社会主义之新——祝全省现代戏会演的成功 社论 湖南文学 1964年7月号9页
祝现代戏朝辉满天——在全省现代戏会演大会闭幕式上的讲话 康濯 湖南文学 1964年8月号8页
坚持方向，提高质量，进一步繁荣革命的现代戏（社论） 湖南文学 1964年8月号4页
为京剧的革命化欢呼 社论 解放军文艺 1964年8月号9页
为革命的京剧现代戏欢呼 陈其通 红旗 1964年8月15期23页
戏剧工作者进一步过好思想关、生活关、技巧关——区党委书记伍晋南同志在全区现代戏观摩演出大会闭幕式上做了重要讲话 广西文艺 1964年8月7、8月号14页
把戏剧革命进行到底 社论 奔流 1964年9月4期3页
高举毛泽东文艺思想红旗把戏曲革命进行到底（我省戏曲现代戏观摩演出大会） 本刊 热风 1964年9月5期8页
把川剧革命进行到底（社论） 四川文学 1964年10月号45页
坚决把京剧革命进行到底 徐松 青海湖 1964年10月号98页
做革命人，演革命戏——祝全省戏曲现代戏会演的胜利 社论 火花 1964年10月号3页
更高地举起毛泽东思想红旗把戏剧战线上的社会主义革命进行到底——韦明同志在甘肃省1964年现代剧观摩演出大会上的总结报告（摘要） 甘肃文艺 1964年10月号4页

乌兰牧骑是戏剧工作者的榜样　本刊评论员　戏剧报　1964年12月11、12期20页
高举毛泽东思想红旗发挥革命文艺的战斗作用——祝贺云南省1964年现代戏观摩演出大会的胜利（社论）　边疆文艺　1964年12月11、12月号28页
充分发挥地方戏曲的战斗作用（社论）　黑龙江日报　1964年1月4日2版
积极革旧创新大力提倡现代戏让戏曲更好地为社会主义服务——在乌鲁木齐市戏曲界座谈会上的讲话　林渤民　新疆日报　1964年1月22日3版
农村业余剧团要多演现代戏（社论）　中国青年报　1964年1月25日1版
大写现代戏大演现代戏（社论）　河南日报　1964年1月26日1版
多演现代剧演好现代剧　本报评论员　宁夏日报　1964年2月2日3版
为农民演一辈子好戏——赞吴江县锡剧团（社论）　新华日报　1964年2月3日1版
戏曲工作更好地为工农兵服务，为社会主义服务——王恩茂同志一月二十四日在自治区戏曲革新座谈会上的讲话（摘要）　新疆日报　1964年2月5日1版
深入工农兵演好现代戏——祝贺豫剧院三团出省演出归来（社论）　河南日报　1964年2月7日1版
业余剧团一定要演现代戏　本报评论员　江西日报　1964年2月9日1版
正确贯彻“百花齐放，推陈出新”的方针（社论）　吉林日报　1964年2月23日1版
繁荣现代戏的创作和演出（社论）　河北日报　1964年2月23日1版
为什么提倡大演现代剧?（社论）　天津日报　1964年2月26日1版
戏曲艺术事业的康庄大道（社论）　山西日报　1964年3月9日1版
努力发展和繁荣社会主义戏剧艺术——迎接西北地区和陕西省戏剧观摩演出（社论）　陕西日报　1964年3月11日1版
用革命精神大演现代剧（社论）　鞍山日报　1964年3月13日1版
新收获新气象新起点——祝抗洪题材戏、曲节目观摩演出闭幕（社论）　河北日报　1964年3月17日1版
大力创作和演出现代剧（社论）　青海日报　1964年3月17日1版
把现代戏的锣鼓敲起来（社论）　新湖南报　1964年3年19日1版
表现我们伟大的时代创造社会主义新戏曲（社论）　重庆日报　1964年4月1日1版
促进戏剧艺术革命化——祝陕西省第二届戏剧观摩演出大会开幕（社论）　陕西日报　1964年4月20日1版
坚持党的文艺方向积极参加现实斗争繁荣社会主义戏剧省专业剧团现代戏剧观摩演出会胜利闭幕（社论）　青海日报　1964年4月25日1版
乘胜前进，为创作和演出更多更好的现代戏而努力——庆祝我省专业剧团现代剧观摩演出会胜利闭幕　青海日报　1964年4月25日3版
贺京剧现代戏的新成就　本报　大众日报　1964年5月16日1版
京剧创新的正确方向　本刊　光明日报　1964年5月18日1版
让京剧放出时代的异彩　本报　光明日报　1964年5月18日1版
戏剧艺术必须反映社会主义时代——祝全区现代剧观摩演出大会开幕（社论）　广西日报　1964年5月19日1版
高举毛泽东文艺思想红旗为编演更多更好的社会主义现代剧而努力——罗立斌同志在全区现代剧观摩演出大会上的讲话摘要　广西日报　1964年5月20日2版
让社会主义戏剧之花开得更加繁茂——祝自治区戏剧观摩演出大会成功　本报评论员　新疆日报　1964年5月21日3版

更加积极地编演革命的现代剧 （社论） 甘肃日报 1964年5月24日1版
在舞台上高举革命的旗帜——祝全省第五届戏剧（现代戏）会演开幕 （社论） 湖北日报 1964年5月25日1版
到工农兵群众中去！到火热的斗争中去！——祝省二届戏剧观摩演出大会胜利闭幕 （社论） 陕西日报 1964年5月29日1版
出社会主义之新是戏曲工作的努力方向 本报编辑部 光明日报 1964年6月2日1版
京剧艺术发展的新阶段——祝京剧现代戏观摩演出大会开幕 社论 人民日报 1964年6月6日1版
让优秀的京剧艺术发出时代的光辉——祝1964年京剧现代戏观摩演出大会开幕 （社论） 光明日报 1964年6月6日1版
让京剧发出青春的光彩 （社论） 大公报 1964年6月6日1版
京剧革命的里程碑——祝一九六四年京剧现代戏观摩大会开幕 （社论） 北京日报 1964年6月6日1版
让群众业余文艺发挥更大的革命作用 （社论） 西藏日报 1964年6月9日1版
高举毛泽东思想红旗努力促进戏剧革命化——祝自治区一九六四年戏剧观摩会演胜利闭幕 （社论） 新疆日报 1964年6年12日1版
戏剧工作者要深入生活，和工农兵群众相结合——祝全区现代戏观摩演出大会胜利闭幕 （社论） 广西日报 1964年6月16日1版
一定要坚持演好现代戏 （社论） 宁夏日报 1964年6月16日1版
让革命的现代戏大放光彩 （社论） 湖北日报 1964年6月17日1版
在全省现代戏会演大会开幕式上徐启文同志的讲话 新湖南报 1964年6月18日1版
繁荣和发展革命的现代戏 （社论） 新湖南报 1964年6月18日1版
把戏剧革命运动推向新的阶段——祝河南省现代戏剧观摩演出大会开幕 （社论） 河南日报 1964年6月20日1版
更高地举起毛泽东文艺思想红旗努力发展社会主义的戏剧艺术——中共陕西省委书记舒同同志在陕西省第二届戏剧观摩演出大会上的总结报告摘要 陕西日报 1964年6月22日2版
宋玉玺同志向省现代戏剧观摩演出大会作报告戏剧工作者要加速思想革命化 河南日报 1964年6月30日1版
文化战线上的一个大革命（《红旗》杂志第12期社论） 人民日报 1964年7月1日1版
为繁荣社会主义的戏曲艺术而努力！——祝一九六四年江苏省戏曲现代戏观摩演出会开幕 社论 新华日报 1964年7月12日1版
革命的文艺和革命的人（短评） 人民日报 1964年7月12日2版
革命戏剧工作者的战斗任务 （社论） 河南日报 1964年7月15日1版
一场文化大革命（现代戏） 曹禺 人民日报 1964年7月15日6版
在革命现代戏的道路上勇往直前 （社论） 新湖南报 1964年7月17日1版
京剧现代戏好得很 （社论） 中国青年报 1964年7月28日1版
吹响了文化战线上的大革命的号角——祝一九六四年京剧现代戏观摩演出大会胜利闭幕 （社论） 北京日报 1964年8月1日2版
毛泽东文艺思想的新胜利（京剧现代戏会演闭幕） （社论） 大公报 1964年8月1日2版
为发展社会主义的革命戏曲而坚持奋斗——庆祝1964年京剧现代戏观摩演出大会的巨大成就 （社论） 光明日报 1964年8月1日2版

戏剧必须为社会主义服务——祝一九六四年京剧现代戏观摩演出胜利闭幕　（社论）　工人日报　1964年8月1日2版
把文艺战线上的社会主义革命进行到底——祝京剧现代戏观摩演出大会胜利闭幕　（社论）　人民日报　1964年8月1日2版
在京剧现代戏观摩演出大会上的讲话　彭真　人民日报　1964年8月1日1版　红旗　1964年7月14期18页
文艺工作革命的又一个榜样（短评）　人民日报　1964年8月2日3版
新华社记者综述京剧现代戏观摩演出大会重大成就社会主义的新京剧诞生了这一传统艺术从此成为广大工农兵团结自己，教育自己，打击敌人的新的有力的文艺武器　人民日报　1964年8月2日3版
革命的现代戏万岁！——祝全省一九六四年现代剧观摩演出大会开幕　（社论）　甘肃日报　1964年8月3日1版
要演革命戏先做革命人（短评）　吉林日报　1964年8月9日3版
坚定不移地发展革命现代戏——祝省戏曲现代戏观摩演出大会开幕　（社论）　福建日报　1964年8月11日2版
大力发展和繁荣社会主义戏剧，更好地为社会主义的经济基础服务（在一九六三年底到一九六四年初华东地区话剧观摩演出会上的讲话，发表时做了若干修改补充）　柯庆施　人民日报　1964年8月16日2版　红旗　1964年8月15期3页　解放日报　1964年8月16日1版
把戏曲战线上的社会主义革命进行到底陈西光同志在省戏曲现代戏观摩演出会上做总结报告　新华日报　1964年8月20日1版
坚持戏曲革命、实现戏曲工作者的革命化　（社论）　新华日报　1964年8月22日1版
做革命的文艺战士演革命的现代戏——祝我省戏曲现代戏观摩演出大会开幕（社论）　山西日报　1964年9月2日1版
奋勇前进，革命到底——从一批现代革命戏的上演说起（社论）　南方日报　1964年9月10日1版
一定要把戏剧革命进行到底——祝甘肃一九六四年现代剧观摩演出大会胜利闭幕（社论）　甘肃日报　1964年9月14日1版
演革命的现代戏做彻底的革命派——祝省戏曲现代戏观摩演出大会胜利闭幕（社论）　福建日报　1964年9月19日1版
把京剧革命进行到底　薛恩厚　北京日报　1964年9月29日6版
歌颂工农兵反映新生活舞台争演革命现代戏　北京日报　1964年10月1日7版
要演革命戏先做革命人北京戏剧工作者纷纷下厂下乡下连队向工农兵学习　北京日报　1964年10月1日7版
更高地举起文化革命的红旗　曹禺　北京日报　1964年10月1日7版
深入进行戏曲战线上的社会主义革命——祝全省戏曲现代戏观摩演出大会胜利闭幕（社论）　山西日报　1964年10月5日1版
让工农兵英雄成为戏曲舞台的主人　大会研究处剧目组　山西日报　1964年10月5日2版
全国各地大演革命现代戏，工农兵英雄形象取代帝王将相才子佳人，戏剧舞台成为社会主义教育有力阵地　人民日报　1964年10月15日1版
演革命戏，做革命人，把戏剧战线的社会主义革命进行到底——祝云南省一九六四年现代戏演出大会开幕（社论）　云南日报　1964年10月21日1版

请工农兵打“收条”（短评） 人民日报 1964年10月24日2版
演革命的现代戏做革命的戏曲工作者——祝一九六四年我省戏曲现代戏观摩演出大会开幕（社论） 江西日报 1964年11月3日1版
高举毛泽东思想红旗把戏剧革命进行到底省委召集戏剧工作者座谈阎红彦同志在会上作了重要讲话 云南日报 1964年11月5日1版
坚持政治挂帅培养红色演员（社论） 安徽日报 1964年11月14日3版
高举毛泽东文艺思想伟大红旗促进戏曲、曲艺工作者革命化——祝全省戏曲现代剧暨曲艺现代书观摩演出大会开幕（社论） 浙江日报 1964年11月18日1版
坚持毛泽东文艺方向促进戏曲、曲艺工作者革命化本省戏曲现代剧曲艺现代书观摩演出大会开幕周建人省长等出席开幕式冯白驹副省长作了重要讲话 浙江日报 1964年11月18日1版
高举毛泽东文艺思想红旗奋勇前进——祝云南省一九六四年现代戏观摩演出大会胜利闭幕（社论） 云南日报 1964年11月22日1版
适应时代的需要做戏曲革命的促进派——祝我省一九六四年戏曲现代戏会演大会开幕（社论） 黑龙江日报 1964年11月28日1版
在全省戏曲现代戏会演大会开幕式上的讲话 王一伦 黑龙江日报 1964年12月1日1版
高举毛泽东文艺思想伟大红旗把文艺战线上的社会主义革命进行到底——祝全省戏曲现代剧暨曲艺现代书观摩演出大会胜利闭幕（社论） 浙江日报 1964年12月11日1版
巩固胜利，扩大成果，把革命的现代戏演得好上加好！——祝一九六四年江西省戏曲现代戏观摩演出大会胜利闭幕（社论） 江西日报 1964年12月11日1版
大力发展社会主义的革命戏曲——祝一九六四年安徽省戏曲现代戏观摩演出大会胜利闭幕（社论） 安徽日报 1964年12月25日1版
坚持无产阶级文艺方向把戏曲革命进行到底——祝我省一九六四年戏曲现代戏会演大会胜利闭幕（社论） 黑龙江日报 1964年12月30日1版
工农兵评戏好（短评） 河北文学（戏剧增刊） 1965年1月1期60页
深入火热斗争，改造思想感情 （社论） 戏剧报 1965年6月5期8页
做有出息的戏剧工作者——戏剧工作者深入生活简述 本刊记者 戏剧报 1965年6月5期10页
坚持党的文艺方向，把戏曲革命进行到底——向全区革命现代戏观摩演出会全体代表的讲话 布赫 草原 1965年6月3期3页
京剧革命化的三件大事 （专论） 北方文学 1965年7月号5页
把好戏送到农村去 本刊评论员 戏剧报 1965年9月9期2页
数风流人物，还看今朝——中南区戏剧观摩演出学习笔记 赵寻 文艺报 1965年9月9期30页
学习《红灯记》将我省戏曲文化革命推向前进——王众音同志在戏剧工作者学习会上的报告摘要 山东文学 1965年9月号39页
进一步开展农村业余戏剧活动 本刊评论员 戏剧报 1965年10月10期2页
欢迎小型革命现代戏的新成就 本刊评论员 文艺报 1965年10月10期2页
高举毛泽东思想红旗，把戏剧革命进行到底 汤鲁英 青海湖 1965年11月11期2页
坚持毛主席文艺方向将戏曲革命进行到底（社论） 大众日报 1965年1月9日1版
让革命现代戏占领农村舞台——致农村业余剧团的青年们（社论） 中国青年报 1965年1月9日2版

打破旧的艺术框框开创新的艺术天地——祝安徽省京剧现代戏观摩演出大会胜利闭幕（社论）　安徽日报　1965年1月31日1版
发扬革命的创业精神，推进京剧社会主义革命（社论）　新华日报　1965年3月11日1版
坚持毛泽东文艺方向把京剧革命进行到底——祝我省现代戏汇演大会胜利闭幕（社论）　辽宁日报　1965年3月21日2版
思想上过得硬艺术上也要过得硬　本报评论员　河南日报　1965年3月24日3版
把戏曲革命进行到底——祝省京剧现代戏会演大会胜利闭幕（社论）　吉林日报　1965年3月31日1版
演戏就是干革命（评《红灯记》）（社论）　文汇报　1965年4月7日1版
戏剧舞台上的大好形势（社论）　人民日报　1965年4月9日1版
京剧革命化的又一样板——向京剧《沙家浜》学习　本报评论员　解放日报　1965年5月7日1版
戏曲要更好地反映内蒙古实际为工农牧兵服务——祝内蒙古自治区一九六五年革命现代戏观摩演出会胜利闭幕（社论）　内蒙古日报　1965年5月12日3版
努力实现剧团革命化，更好地为工农兵服务（社论）　辽宁日报　1965年5月18日1版
从《芦荡火种》到《沙家浜》是又一次革命（社论）　文汇报　1965年5月18日1版
为现代戏的更高质量而战斗　社论　江西日报　1965年5月23日1版
坚持演好革命现代戏——祝贺我市新编和演出一批革命现代戏曲（社论）　天津日报　1965年6月13日1版
一定要把戏剧的社会主义革命进行到底——在一九六五年华东区京剧观摩演出开幕式上的讲话　魏文伯　解放日报　1965年6月19日2版
乘胜前进，革命到底——祝贺华东区京剧现代戏观摩演出胜利闭幕　（社论）　文汇报　1965年6月26日1版
乘胜前进，把京剧革命进行到底——祝东北区京剧现代戏观摩演出会胜利闭幕　（社论）　辽宁日报　1965年6月26日1版
乘胜前进，争取京剧革命化的更大胜利　（社论）　解放日报　1965年6月26日2版
努力实现戏曲队伍的革命化——祝贺东北区京剧现代戏观摩演出会胜利闭幕　（社论）　吉林日报　1965年6月26日1版
沿着京剧革命化道路胜利前进——祝东北区京剧现代戏观摩演出会胜利闭幕　（社论）　黑龙江日报　1965年6月26日1版
热烈祝贺中南区戏剧观摩演出大会开幕　（社论）　南方日报　1965年7月1日1版
看万山红遍——祝贺中南区戏剧观摩演出大会开幕　（社论）　羊城晚报　1965年7月2日1版
为中南戏剧会演服务——祝中南戏剧观摩演出大会开幕　（社论）　广州日报　1965年7月2日1版
热烈祝贺、虚心学习——热烈祝贺一九六五年西北地区现代戏观摩演出大会开幕　（社论）　甘肃日报　1965年7月17日1版
努力实现地方戏革命化（社论）　黑龙江日报　1965年7月22日2版
小型革命现代戏天地广阔（社论）　羊城晚报　1965年7月26日1版
一定要演好革命现代戏——对观摩学习京剧《红灯记》的中南区戏剧界代表的讲话　陶铸　人民日报　1965年7月29日5版
县剧团面向哪里？（文艺短评）　人民日报　1965年8月3日6版

植根于浓厚的生活中（中南区戏剧观摩演出大会）（社论） 羊城晚报 1965年8月4日1版
在戏剧革命化的道路上乘胜前进——祝我省革命现代戏会演大会胜利闭幕（社论） 贵州日报 1965年8月8日1版
文艺工作者必须面向农村为五亿农民服务 本报评论员 光明日报 1965年8月10日1版
鲜艳夺目，光彩照人——为中南区戏剧观摩演出大会欢庆丰收（社论） 羊城晚报 1965年8月16日1版
高举毛泽东思想红旗在戏剧革命的大道上乘胜前进——祝一九六五年西北地区现代戏观摩演出大会胜利闭幕（社论） 陕西日报 1965年8月17日1版
在革命化道路上迈步向前——庆祝中南区戏剧观摩演出大会胜利闭幕（社论） 南方日报 1965年8月17日1版
坚决贯彻大会的革命精神，争取戏剧革命的新胜利！——祝西北地区现代戏观摩演出大会胜利闭幕（社论） 甘肃日报 1965年8月17日1版
革命现代戏要迅速地全部地占领舞台——在中南区戏剧观摩演出大会闭幕会上所作的总结报告（摘要） 陶铸 南方日报 1965年8月21日1版
王众音同志在戏剧工作者学习会上作报告，学习《红灯记》将我省戏曲文化革命推向前进 大众日报 1965年9月2日3版
戏剧革命的重大胜利（西南区话剧地方戏观摩演出会开幕） （社论） 四川日报 1965年9月6日1版
高举毛泽东文艺思想伟大红旗，为革命现代戏迅速地、全部地占领舞台而奋斗 （社论） 湖北日报 1965年9月7日1版
突出政治，坚持方向，争取新的成就（社论）（谈剧团、文工团） 文汇报 1965年9月26日3版
高举毛泽东思想伟大红旗，把戏剧革命进行到底（社论） 四川日报 1965年10月13日1版
这条路子走得对（评论）（剧团送戏下乡） 浙江日报 1965年10月24日1版
注意培养无产阶级文艺的接班人（社论） 内蒙古日报 1965年11月21日1版
发展文艺小分队，把革命文艺送到农村去（社论） 解放日报 1965年12月5日1版
向涉县平调落子剧团学习（社论） 河北日报 1965年12月5日1版
高举毛泽东思想伟大红旗、迎接戏剧战线上新的战斗——致读者 《戏剧报》编辑部 戏剧报 1966年1月1期2页
戏剧创作队伍一定要革命化——在省革命现代戏创作会议上的讲话 于大申 奔流、戏剧专刊 1966年1月1期6页
高举毛泽东思想伟大红旗积极参加社会主义文化大革命 （《解放军报》四月十八日社论） 小剧本 1966年6月总49期23页
我省革命现代戏创作会议进一步明确方向交流经验，高举毛泽东思想红旗热情歌颂工农兵，刘建勋同志向会议作了重要讲话 河南日报 1966年1月4日1版
认真对待革命现代戏的移植工作 （社论） 羊城晚报 1966年2月21日1版

（二）经验总结、个人心得

蓬勃着的上海影剧界 本刊讯 大众影剧 1949年6月25日总2期15页
平剧本戏的坏倾向 瑞士 大公报 1949年10月3日6版

进步的评戏界演出不少新戏　梦庚　新民报　1949 年 10 月 9 日 3 版
把戏院变成课堂　马少波　新民报　1949 年 10 月 9 日 3 版
低级趣味对戏剧的损害　阿甲　新民报　1949 年 10 月 16 日 3 版
自己的政协代表回来了京剧界欢迎周信芳　文汇报　1949 年 10 月 25 日 3 版
交通科（京剧界制度的研究）　关成　新民报　1949 年 11 月 13 日 3 版
旧艺人的翻心与舞台上的翻身　魏声　浙江日报　1949 年 11 月 18 日 6 版
京剧能不能为工农兵服务？　周玑璋　文汇报　1949 年 12 月 5 日
旧剧演出中几个问题的商榷　王子辉　浙江时报　1949 年 12 月 28 日 6 版
一九四九年天津新戏曲演出统计　张忠民　天津日报　1949 年 12 月 31 日 4 版
旧艺人的新道路　柏生　戏剧新报　1950 年 1 月合订本第 5 册
农村剧运中存在的几个问题　赵起扬　文艺报　1950 年 1 月 10 日 1 卷 8 期 31—32 页
从戏曲研究班看旧艺人改造　孟干整理　文艺报　1950 年 1 月 25 日 1 卷 9 期 16—17 页
关键在于思想改造　汪培　戏曲报　1950 年 2 月 18 日 1 卷 1 期 6 页
农村的戏剧节（山东通讯）　贾霁　文艺报　1950 年 2 月 25 日 1 卷 11 期 34—35 页
“依靠旧艺人，改造旧艺术”　吕林、袁斯洪　戏曲报　1950 年 3 月 4 日 1 卷 2 期 8 页
苏杭戏曲界近况　鲁静子等　戏曲报　1950 年 3 月 4 日 1 卷 2 期 12 页
金华戏曲近况　蒋风　戏曲报　1950 年 3 月 25 日 1 卷 5 期 15 页
新楚剧下乡去　沈云陔　长江文艺　1950 年 3 月 16 日 2 卷 2 期 17—18 页
制度改革是当前首要任务　伊兵　戏曲报　1950 年 4 月 8 日 1 卷 7 期 2 页
再论制度改革　伊兵　戏曲报　1950 年 4 月 22 日 1 卷 9 期 2 页
怎样才是“新”　本报　戏曲报　1950 年 4 月 22 日 1 卷 9 期 19 页
戏曲界的人民代表是怎样参加会议的　方念　戏曲报　1950 年 4 月 29 日 1 卷 10 期 15 页
戏曲界组织起来　焦菊隐　人民戏剧　1950 年 4 月 1 卷 1 期 21 页
冀鲁豫改造旧艺人旧艺术的经过　张富帆　人民戏剧　1950 年 4 月 1 卷 1 期 48 页
谈旧艺人的改造　蒋洪畴　戏曲报　1950 年 5 月 6 日 1 卷 11 期 10 页
记戏曲界的检讨会（上海）　洪迅　戏曲报　1950 年 5 月 27 日 2 卷 2 期 53 页
旧剧工作者怎样为人民服务　李尔重　戏剧新报　1950 年 5 月合订本第 9 册
我们不再是“戏子”了　袁雪芬　戏曲报　1950 年 6 月 10 日 2 卷 4 期 69 页
皖北区旧艺人的改造　张紫　戏曲报　1950 年 6 月 17 日 2 卷 5 期总 17 期 82—99 页
谈戏曲改革与改造艺人思想　赵起扬　戏曲报　1950 年 6 月 17 日 2 卷 5 期总 17 期 82 页
解放后的长沙旧剧界动态　刘裴章　人民戏剧　1950 年 6 月 1 卷 2、3 期 78 页
苏北的戏剧工作　鲍雨　人民戏剧　1950 年 7 月 1 日 1 卷 4 期 86 页
一年来徐州市艺人思想改造工作　沙志显　戏曲报　1950 年 7 月 1 日 2 卷 7 期总 19 期 122—139 页
记华东戏曲改革工作干部会议　云天　戏曲报　1950 年 9 月 5 日 3 卷 2 期 291 页
论学习、改造的重要　周信芳　戏曲报　1950 年 9 月 5 日 3 卷 2 期 293 页
关于禁戏问题（戏曲改进局答复山西晋城文化馆的信）　新戏曲　1950 年 9 月 20 日 1 卷 1 期 57 页
戏曲艺人应建立新人生观　冯春尼　戏曲报　1950 年 10 月 5 日 3 卷 4 期 392 页
我们是怎样坚持着演出新戏的？（天津正风剧社一年来的初步总结）　白云峰　新戏曲　1950 年 10 月 20 日 1 卷 2 期 24—26 页
关于禁戏问题　戏曲改进局答复山西省晋城文化馆的信　戏剧新报　1950 年 10 月合订本第

14册
越剧上演在北京　曹菲亚　北京文艺　1950年10月1期1卷2期43页
老乡们爱看新戏　刘泽民　河北文艺　1950年10月总12期24页
北京戏曲界一年来的进步　方华　戏曲报　1950年11月5日3卷6期465页
越剧新老编导初步团结　洪荒　戏曲报　1950年11月5日3卷6期446页
进步中的北京评戏界　郑重　戏曲报　1950年11月5日3卷6期467页
全国戏曲工作会议华东组代表笔谈会　吴石坚等　戏曲报　1950年12月20日3卷8、9期545页
东北戏曲改进会成立，决在二年内肃清旧剧中的有毒因素　人民日报　1950年1月6日3版
怎样才能“推陈出新”　青苗　新华日报　1950年2月5日7版
迎接《戏剧报》的诞生　展岸　文汇报　1950年2月16日5版
戏曲春节竞赛的辉煌战果　李通由　文汇报　1950年2月23日3版
唐山市戏曲界的新面貌　国春、胡青　河北日报　1950年3月24日4版
旧戏是否应该禁演　冯重远　山西日报　1950年7月10日3版
我们今年搞些什么　袁雪芬　文汇报　1950年7月18日6版
做一颗螺丝钉　张茵（越剧演员）　文汇报　1950年7月22日6版
新的文艺工作者团结起来（上海文代会特刊）　周信芳　文汇报　1950年7月28日6版
上海文代会、戏曲工作者发言专刊（有流泽、柳枫、丁是娥、言慧珠、吴素秋、李玉茹等发言）　文汇报　1950年7月28日6版
沙市半年来戏剧活动很活跃　文若、范令　湖北日报　1950年9月16日3版
旧艺人、新思想、地方戏、新气象　本报综合报道　文汇报　1950年9月16日
演员与作家密切结合——记业余实验剧团剧本讨论会　樊成　新民报　1950年9月18日3版
投进艺人的队伍　王亚平　文汇报　1950年10月1日13版
对剧艺界的几点希望　梅兰芳　文汇报　1950年10月1日13版
一年来的全国文艺运动　萧风　文汇报　1950年10月1日14版
沈阳旅行公演的感想　李少春　新民报　1950年10月30日5版
迎全国戏曲工作会议的召开　吴素秋　新民报　1950年11月27日6版
吸取经验，提高自己！——献给全国戏曲工作会议　王亚平　新民报　1950年11月28日1版
戏曲文化的新形势　方明　光明日报　1950年12月2日2版
展览戏曲资料的意义　新民报　1950年12月4日5版
让戏曲艺术更好的鼓舞和教育人民　方明　光明日报　1950年12月7日2版
戏曲工作如何与抗美援朝运动结合起来?（访田汉、梅兰芳等人）　记者　大公报　1950年12月9日5版
帮助“艺人学习”的几点体会　王雁　新民报　1950年12月11日5版
全国戏曲工作会议代表笔谈会（一）　张鸿盘等　戏曲报　1951年1月5日3卷10期601页
全国戏曲工作会议代表座谈会（二）　崔巍等　戏曲报　1951年1月20日3卷11期643页
澄清戏曲的舞台形象　陶雄　戏曲报　1951年1月20日3卷11期648页

北京戏曲艺人的思想改造与业务改革　王亚平　新戏曲　1951年1月20日1卷4、5期26—27页
改革封建性的班社制度　李战　新戏曲　1951年2月20日1卷6期4—6页
舞台形象问题座谈会　严求适　戏曲报　1951年2月20日4卷1期16页
记上海市人民政府文化局纪念周信芳先生演剧五十年及戏曲界敬老大会　文瑶　戏曲报　1951年2月20日4卷1期24页
大力创作爱国主义的新戏曲　武克仁　长江文艺　1951年2月1日4卷1期43—44页
不同的制度不同的戏剧　袁雪芬　新观察　1951年2月2卷4期26页
再谈澄清戏曲的舞台形象　陶雄　戏曲报　1951年3月5日4卷2期49页
我对于舞台形象问题的理解　布谷　戏曲报　1951年3月20日4卷3期92页
净化舞台　以礼　戏曲报　1951年3月20日4卷3期94页
上海戏曲界百花初放　李晴　新观察　1951年3月2卷6期24—25页
贯彻戏曲舞台形象的澄清　本报　戏曲报　1951年4月5日4卷4期129页
我对戏曲审定工作的体会　吴不坚　戏曲报　1951年4月5日4卷4期131页
“百花齐放、推陈出新”——记中国戏曲研究院成立典礼　黄韦　戏曲报　1951年4月20日4卷5期181页
沪剧界竞演历史剧的风气好不好　汪培　大众戏曲　1951年4月第1卷2期2页
肃清戏曲舞台形象的实践　陶雄　戏曲报　1951年6月5日4卷8期304页
一年多来华东艺人团结教育工作概况　吕林　戏曲报　1951年6月20日4卷9期335页
不要诬蔑人民（改戏讨论）　俞玉　戏曲报　1951年6月20日4卷9期343页
天津市戏曲界的新气象　渠梁　戏曲报　1951年6月20日4卷9期351页
我对演旧剧的一点意见　李太森　山东文艺　1951年6月5日2卷5、6期合刊57页
旧京戏是否可以禁演?（来信）　杰臣　山东文艺　1951年6月5日2卷5、6期合刊56页
踩跷是反爱国主义精神的另一意义　马彦群　新戏曲　1951年6月2卷2期7—8页
改革“经励科”　方明辉　新戏曲　1951年7月2卷3期1页
全国戏曲界在三大运动中　新戏曲　1951年7月2卷3期8—10页
昆明戏曲工作介绍　戴旦　新戏曲　1951年7月2期3卷32页
重视戏曲舞台形象的澄清　俞玉　戏曲报　1951年7月5日4卷10期381页
上海市工人戏曲活动的蓬勃发展　康健　戏曲报　1951年7月20日4卷11期412页
共产党的恩情说不完　梅兰芳、周信芳、袁雪芬等　大众戏曲　1951年7月第1卷5期2页
《老郎神》批判与艺人精神解放　杨绍萱　新戏曲　1951年8月2卷4期9—10页
重庆市戏曲工作者政治学习会总结　重庆市文化局　新戏曲　1951年8月2卷4期21—22页
改革不合理的“过班”制度——长沙剧改工作经验谈　谷曼、闫金锷　新戏曲　1951年8月2卷4期26—27页
全国戏曲界热烈展开捐献飞机大炮运动　新戏曲　1951年8月2卷4期29—30页
把舞台上历史的颠倒、颠倒过来——从“武训传”谈起　马少波　人民戏剧　1951年8月10日3卷4期47页
中央文化部同意禁演川剧《兰英思兄》《钟馗送妹》两剧　方　新戏曲　1951年11月20日2卷6期7页
难以容忍的演出（谈赵燕侠在上海的演出）　何海生　新戏曲　1951年11月20日2卷6

期 21 页
地方戏应该向现代戏发展　张志镳　人民戏剧　1951 年 11 月 10 日 3 卷 7 期 28 页
沪剧界应该演出现代戏　达君　大众戏曲　1951 年 11 月第 1 卷 9 期 10 页
要提高地方戏的思想性（群众中来）　德韵等　长江文艺　1951 年 11 月总 31 期 14—15 页
把爱国主义新戏曲推向新的高潮　武克仁　长江文艺　1951 年 12 月总 32、33 期 63—64 页
“推陈出新”为人民演唱——太原戏曲资料展览会观记　杨秋实　山西日报　1951 年 1 月 17 日 3 版
新戏曲研究会为了改进业务，开展批评工作　尚奇　新民报　1951 年 1 月 22 日 5 版
开展爱国主义的新戏曲工作　苏贯之　山西日报　1951 年 1 月 24 日 3 版
给中朝战士的两封慰问信　周信芳　大公报　1951 年 1 月 27 日 6 版
戏曲舞台形象诸问题　方滢　大公报　1951 年 2 月 17 日 5 版
澄清戏曲的舞台形象　陶雄　人民日报　1951 年 2 月 18 日 5 版
戏曲舞台形象问题讨论——与黄裳、方滢两先生商榷　布谷　大公报　1951 年 2 月 24 日 6 版
怎样来讨论舞台形象问题　布谷　大公报　1951 年 3 月 17 日 5 版
纠正旧戏演出中的自流现象　王雁　新民报　1951 年 3 月 26 日 5 版
京戏舞台上几种不良倾向　式仪　大公报　1951 年 4 月 7 日 5 版
反对不负责的戏曲评介　程芷　大公报　1951 年 4 月 21 日 6 版
澄清舞台形象的从理论到实践　方滢　大公报　1951 年 5 月 5 日 5 版
戏曲是进行爱国宣传的重要形式　朱原　人民日报　1951 年 5 月 16 日 4 版
戏曲是进行爱国宣传的重要形式　朱原　新黔日报　1951 年 5 月 18 日 3 版
上海市人民政府文化局对于“反对迷信恐怖的戏”的答复　人民日报　1951 年 6 月 10 日 5 版
戏曲应通俗化　辉　新民报　1951 年 6 月 11 日 5 版
要想把戏演好必须加紧学习　梦　新民报　1951 年 6 月 18 日 5 版
上海越剧艺人以亲身经历演出表现镇压反革命的越剧　人民日报　1951 年 7 月 10 日 3 版
要把旧戏中的毒素肃清　雨辰　新民报　1951 年 8 月 13 日 5 版
反对把“政治名词”庸俗化　雨辰　新民报　1951 年 9 月 24 日 5 版
要认真学习“清除戏曲舞台上的病态和丑恶形象”　葛敏　新民报　1951 年 10 月 8 日 5 版
演戏要对观众负责　雨辰　新民报　1951 年 10 月 8 日 5 版
应该清除舞台上的病态和丑恶形象　郑钟毓　人民日报　1951 年 10 月 9 日 2 版
新社会使我年轻了！　谭小培　大公报　1951 年 10 月 20 日 5 版
“废跷”以后　樊成　新民报　1951 年 10 月 22 日 5 版
对澄清舞台形象的认识　蔗堂　新民报　1951 年 10 月 22 日 5 版
坚决肃清旧班社里的旧制度　耀　新民报　1951 年 10 月 22 日 5 版
坚决清除戏曲中违反新婚姻法与侮辱妇女的恶劣思想　人民日报　1951 年 10 月 22 日 3 版
沪剧应该多演现代剧　萧雄　大公报　1951 年 10 月 27 日 5 版
纠正沪剧竞演古装戏的不良倾向　赵子丹　大公报　1951 年 10 月 27 日 5 版
大力开展婚姻法的宣传工作　王雁　新民报　1951 年 11 月 5 日 8 版
反对不负责任的演出态度　良笑　新民报　1951 年 11 月 5 日 8 版
表现新的群众的时代是地方戏努力的方向　伍泽　大公报　1951 年 11 月 10 日 8 版
大量创作宣传婚姻法的剧本　耀辉　新民报　1951 年 11 月 19 日 7 版

肃清含有侮辱女性性质的剧目　何海生　新民报　1951年11月19日7版
反对在戏曲工作中歪曲宣传新婚姻法　潘家驹　文汇报　1951年12月1日副页4版
戏曲界应注意纠正浪费现象　人民日报　1951年12月3日3版
戏曲内容违反婚姻法的应注意纠正　人民日报　1951年12月4日3版
上海戏曲界应该努力完成三项中心任务　刘厚生　文汇报　1951年12月6日副页4版
问题在于生活——谈地方戏发展方向问题　姜薏　大公报　1951年12月8日6版
戏曲界应加强学习婚姻法　马彦祥　文汇报　1951年12月21日副页4版
大量地创作反贪污、反浪费、反官僚主义的戏曲　庚　新民报　1951年12月24日7版
迎接新年——争取1952年优秀戏曲在首都上演节目中占绝对优势　梦庚　新民报　1951年12月31日7版
戏曲界应响应精简节约的号召　鲁人　新民报　1951年12月31日7版
本报出版的剧本、唱本演出情况　本报消息、统计　戏曲新报　1952年1月25日135期10页
演技与政治思想是可以分开的吗？　冈之　戏曲新报　1952年2月10日136期6—7页
评黑龙江戏曲界的胡编滥改现象　杨步云　戏曲新报　1952年2月25日137期6页
上海戏曲演出中的恶劣现象　冰番　文艺报　1952年3月10日总58期28—30页
坚决革除约头制，纠正在经营剧院上的资产阶级单纯牟利观点　短评　东北戏曲新报　1952年5月10日142期2页
东北戏曲研究院展开思想建设运动　本报讯　戏曲新报　1952年6月25日144、145期合刊6页
戏曲创作者应立即展开学习毛主席《在延安文艺座谈会上的讲话》联系自己改造思想　黄俊耀　西北文艺　1952年6月4卷2、3期
我的检讨　马建翎（西北局文化部副部长）　西北文艺　1952年7月4卷4期21页
吸取精华与剔除糟粕　姜炳泰　西北文艺　1952年9月总24期11—12页
《变工好》作者张尔宁同志对待批评的态度应该检讨　曹江　西北文艺　1952年9月总24期30页
演新戏能提高演员思想　渭南文联　陕西文艺　1952年9月2卷1期32—33页
加强对戏曲工作者的思想改造开展戏曲改革工作　董钧斌　西北文艺　1952年11月总26期29—30页
我们要明确理解“百花齐放”与“推陈出新”的方针　纪又鸣　东北文艺　1952年11月1日总34期25—26页
欢迎和学习兄弟地区戏曲的演出　刘厚生　文汇报　1952年12月10日8版
戏曲演员谈参加全国戏曲观摩演出大会收获　本刊报导　文艺报　1952年12月25日总77期8页
澄清全国戏曲演出的混乱现象，中国戏曲研究院修改京剧本　蔚明　文汇报　1952年1月9日副页4版
加强京剧领导　贯彻戏改政策——从京剧捐献大义演谈起　甘为　大公报　1952年1月19日6版
整理剧艺团社的重要性　鲁人　新民报　1952年2月4日7版
大力发展现代剧　苏堃　大公报　1952年2月9日6版
戏曲工作者应积极投入“三反”“五反”运动中去　金鱼　大公报　1952年2月9日6版
戏曲艺术必须为政治服务　赵子丹　大公报　1952年2月16日6版

演出节目应向人民负责　辉　新民报　1952年2月25日7版
反对将古比今　健群　新民报　1952年2月25日7版
更全面深入地创作“五反”宣传的戏曲　元仿　大公报　1952年3月29日5版
几点建议（谈台风和导演制度）　辛　新民报　1952年5月19日7版
戏曲要为广大劳动人民服务　尚小云　新民报　1952年5月23日7版
重视文化馆的群众戏剧活动　贾鲁　新民报　1952年5月27日8版
改正错误，为戏曲艺术的“推陈出新”而努力　伊兵　文汇报　1952年6月8日3版
改正错误，为戏曲艺术的“推陈出新”而努力　伊兵　解放日报　1952年6月8日3版
关于戏曲艺人思想改造问题　郑立松　安徽日报　1952年6月20日3版
戏曲工作者要积极地为工农兵服务　王亚平　新民报　1952年6月30日7版
只有认真学习才能改造思想提高艺术　王亚平　新民报　1952年7月5日6版
改进艺人的学习　李纶　新民报　1952年7月7日7版
戏曲界必须展开批评与自我批评　王亚平　新民报　1952年7月7日7版
正视越剧演出中的错误倾向　林彦　天津日报　1952年7月9日4版
克服个人主义，在戏曲创作中贯彻毛主席的文艺方针　南薇　文汇报　1952年7月28日7版
第一届全国戏曲观摩演出大会获奖者名单　人民日报　1952年11月16日1版
首届全国戏曲观摩演出大会获奖者名单　四川日报　1952年11月17日4版
北上参加会演给我的教育　曾三多（粤剧演员）　南方日报　1952年12月1日3版
第一届全国戏曲观摩演出大会山西代表团晋剧演员座谈会　山西日报　1952年12月11日3版
我懂得了为人民服务的意义　李正敏　天津日报　1952年12月12日4版
融炼旧的，创造新的——看中南区戏曲观摩演出　严敦易　大公报　1952年12月21日3版
我看见了毛主席　参加全国戏曲观摩演出大会川剧代表　周文风　四川日报　1952年12月31日3版
上海戏曲界为澄清混乱现象而斗争（通讯）　单于越　文艺报　1953年3月30日总83期31—33页
郑州市领导方面要纠正戏曲工作中的混乱现象　刘炳善　文艺报　1953年4月30日总85期33—34页
农村剧团应多演时装戏　陈志放　浙江文艺　1953年5月15日总20期9—10页
纠正群众业余戏剧活动中的混乱现象　洪茵、王天石　贵州文艺　1953年7月10日总13期10—11页
应该明确农村剧团的方针和任务　徐怡　文艺报　1953年8月15日总92期15—16页
发扬民族民间艺术传统为完成国家建设计划服务　林耶　吉林文艺　1953年11月30日2本合期9页
双阳县群众剧团表演作风极不严肃　孙宇灵　吉林文艺　1953年12月5日第22期9页
努力学习改进我们的戏曲工作　谭丕模　湖南日报　1953年1月15日3版
迁就和助长粤剧商业化倾向的初步检讨　林榆　南方日报　1953年1月15日3版
为创造祖国的新歌剧而奋斗（桂剧）　尹羲　广西日报　1953年1月16日3版
我们希望多看一些新戏——读者对当前戏剧演出的意见　河南日报　1953年3月29日3版
慎重地对待戏曲艺术创作与修改工作　东川　东北日报　1953年3月31日3版

全国戏曲观摩演出大会对晋剧演员的影响　子冈　人民日报　1953年4月16日3版
本省各地有些干部粗暴地对待戏曲艺术遗产和艺人　黄静　湖南日报　1953年4月21日3版
加强对戏曲工作的领导　邓辛安　文艺报　1953年4月30日总85期34页
从今年春节会演中看到戏曲工作中的一些问题　吴瑞忠　福建日报　1953年5月19日3版
纠正戏曲上演中的一些不良倾向　萧云端　湖南日报　1953年5月28日3版
全国戏曲会演对华东戏曲界的影响　钟洛　人民日报　1953年6月6日3版
加强领导搞好农村业余剧团　张健　光明日报　1953年6月6日3版
端正创作思想、正确对待民族戏曲遗产——记华东戏曲创作总结会及其收获　钟洛　人民日报　1953年8月3日3版
全国戏曲会演以来的粤剧界　邝君侠　人民日报　1953年8月3日3版
让祖国的文艺大军永远为英雄歌唱　常香玉　大公报　1953年8月15日3版
全国会演对桂剧艺术团的影响　陈木　季郭　广西日报　1953年8月26日3版
巩固戏曲演出的成绩、进一步提高质量　邢立斌　新黔日报　1953年11月10日3版
在保卫和平的最前列　丁是娥　戏剧报　1954年2月2期20页
和英雄的人们在一起　陈伯华　戏剧报　1954年2月2期19页
反对演坏戏　张真　戏剧报　1954年4月4期26页
我们决定停演“麻风女”这出坏戏　北京市评剧公会　戏剧报　1954年5月5期12页
演坏戏的“理由”　李廉　戏剧报　1954年6月6期18页
我的初步检讨　李乔　戏剧报　1954年7月7期43页
纠正滥编滥印传统戏曲剧本的现象　李廉　戏剧报　1954年7月7期28页
我放弃了我的拿手戏“麻风女”　郝玉馨　戏剧报　1954年8月8期31页
关于戏曲工作中的几个问题　王子辉　浙江文艺　1954年8月号总35期24—31页
迎接我省第一届戏曲观摩演出大会　邱真　河北文艺　1954年8月总88期44—46页
安徽省戏曲选拔预演情况和结果　本刊　安徽文艺　1954年10月15日总25期3页
对待民间戏曲问题上的一些偏向　杜埃　广东文艺　1954年11月号4—6页
福州戏曲艺人努力学习和宣传总路线　福州文化处　福建日报　1954年1月3日3版
认真做好春节演出总结，进一步领导戏曲工作者深入实际生活　本报评论　解放日报　1954年3月11日3版
我们要把戏演得更好——参加慰问人民解放军代表团以后的感想　黄耀庭　新黔日报　1954年4月25日3版
对观众负责——记北京市评剧界停演“麻风女”　尔泗　北京日报　1954年5月6日3版
粤剧演员是怎样对待自己的工作的——访问广州粤剧工作团　清远　文汇报　1954年6月17日8版
应该认真严肃地演戏　李兆元　光明日报　1954年7月17日5版
宝贵的锻炼　叶盛章　北京日报　1954年8月3日3版
积极开展戏曲创作活动　继续提高戏曲工作质量　陈虹　福建日报　1954年8月11日3版
地方戏曲应该努力向现代剧发展　陈虹　福建日报　1954年8月26日3版
河北省首届戏曲观摩会评奖名单　河北日报　1954年9月3日3版
为促进戏曲艺术的繁荣而努力　如寒　河北日报　1954年9月3日3版
戏剧家们对戏剧工作的意见　子冈　人民日报　1954年10月11日3版
组织起来演出好戏　刘辛源　北京日报　1954年10月20日3版

为发展内蒙古的文学艺术事业而努力　陈清漳　内蒙古日报　1954年10月22日3版
我们不要这样下流的表演　郁志言　中国青年报　1954年11月25日4版
不许黄色戏曲和下流表演毒害青年　本报记者萧枫　中国青年报　1954年11月25日4版
什么是“轮换上演制”？　飘扬　北京日报　1954年11月28日3版
为整理戏曲遗产，创造新的人民戏曲而斗争（戏曲汇报演出观后感）　李门　南方日报　1954年12月2日3版
人民厌恶低级、黄色的戏曲表演（批评赵燕侠的演出作风）（三封信）　读者来信述评　江西日报　1954年12月3日3版
演地方戏同样是光荣的　林建华　大众日报　1954年12月19日3版
更多地、更有效地为工农兵演出　李纶　戏剧报　1955年1月1期25页
戏曲应更多地反映现代生活的问题　刘英华　戏剧报　1955年2月总26期20页
一九五四年本刊刊载的剧本在各地上演简况　编辑部整理　剧本　1955年2月总36期167页
各地报刊对黄色戏曲、下流表演的批评　孟文　戏剧报　1955年3月3期40页
珍惜祖先的宝贵遗产　寒声　山西文艺　1955年3月复刊12期总45期37—39页
为什么看不到戏和没戏看　金兆　戏剧报　1955年5月5期53页
严肃地对待戏曲演出工作（来信综述）　本刊　河南文艺　1955年5月1日总124期62—64页
向戏曲艺术中的资产阶级思想做斗争　戴不凡　戏剧报　1955年6月6期12页
反对歪曲人物形象的庸俗下流表演　编辑部整理　河北文艺　1955年7月7日总99期55—56页
让戏曲演出更丰富多彩　鲍世远　戏剧报　1955年9月9期42页
江苏省文化局组织地方戏剧团至农村巡回演出工作总结（摘要）　江苏文艺　1955年10月20日总卷34期45—50页
戏曲工作要进一步为农业合作化运动服务　李纶　文艺报　1955年11月30日本年22号总145期10—11页
要以积极肯定的态度对待戏曲　马可　广播爱好者　1955年12月6期10页
北京市第一届戏曲观摩演出获奖者名单　北京日报　1955年1月3日3版
不该有这样庸俗的表演　张升　内蒙古日报　1955年1月15日4版
关于民间职业剧团下乡巡回演出的意见　陈虹　福建日报　1955年1月18日3版
我们要求进一步澄清恶劣的舞台作风　本报　内蒙古日报　1955年2月5日4版
积极演出反映现代生活的地方戏　许应　新华日报　1955年2月23日3版
反对败坏社会风气的坏戏曲　长涛　北京日报　1955年3月1日3版
清除戏曲舞台上的丑恶形象　关敏　吉林日报　1955年3月2日3版
发扬优秀传统，努力革新创造——记全省首届戏曲观摩会演大会　唐剑文　广西日报　1955年8月31日3版
提高戏曲艺术工作质量，进一步贯彻为工农兵服务的方针　秦似　广西日报　1955年8月31日3版
戏曲艺术的繁荣——看全省戏曲小型观摩会演　汪洋　山西日报　1955年11月26日3版
把戏曲送到群众的大门口去——吉林省三个剧团的巡回演出　本刊记者　文艺报　1956年1月15日，总148期37—39页
向生活学习，向传统艺术学习　郎咸芬　戏剧报　1956年2月总26期16页

总结经验，肯定成绩，争取戏曲创作的更大收获——1955年戏曲剧评选颁奖纪要 清 西安戏剧 1956年2月15日总22期10—11页
本刊一九五四年，一九五五年独幕剧（包括小戏曲）征稿得奖剧本名单 剧本 1956年4月总50期3页
吉林省老艺人30年以上舞台生活纪念会受奖名单 本刊 吉林文艺 1956年5月16日本年10期40—41页
学习戏曲文学的遗产 张真 剧本 1956年6月总52期96—97页
需要更多更好的新剧本 苏隽 剧本 1956年6月总52期97页
“百花齐放，推陈出新”的榜样 本报记者 戏剧报 1956年6月总30期14页
锡剧下乡 雷磊 新观察 1956年7月第13期24—25页
从广东粤剧团的巡回演出谈到对粤剧工作的展望 李门 舞台与观众 1956年7月16日7期2—3页
续“清规戒律”吟 今亦 北京文艺 1956年8月总16期22页
请听我们的呼吁 黄振元 戏剧报 1956年9月总33期4页
不应该把老艺人赶走 魏光荣 戏剧报 1956年9月总33期7页
不要原地踏步 林涵表 戏剧报 1956年9月总33期31页
不成事也不要坏事（谈二百方针） 杨兰春 河南文艺 1956年9月16日总148期5—6页
正确地展开挖掘、整理戏曲遗产工作（本刊短论） 西安戏剧 1956年9月25日总32期1页
农村业余剧团不必演古装大戏 高明智 辽宁文艺 1956年10月20期65—67页
谈戏曲工作中的偏向 张真 文艺报 1956年10月30日本年20号总166期37—40页
上海戏曲演出的新气象 犁 戏剧报 1956年11月总35期38页
要尊重传统的表演艺术（百花齐放、百家争鸣） 任贤璋 东海 1956年11月第2期8页
“自不量力”和“盲目冲动” 史民 剧本 1956年11月总57期50页
宝贵的意见（记本刊编辑与河北戏曲作者茶话会） 乃崇 剧本 1956年11月总57期91页
珍视民族遗产，正确对待民族遗产（百花齐放、百家争鸣） 周大风 东海 1956年11月第2期2页
目前戏剧创作不振的根源 王季洪 草地 1956年11月总5期63—64页
南北昆剧会聚一堂 程十发 新观察 1956年12月第23期30—31页
农民欢迎什么戏 锐锋 辽宁文艺 1956年12月23期64—65页
让戏曲的花朵开放得更繁盛 任清 湖北文艺 1956年12月10日总107期3—5页
目前戏曲工作中的问题在哪里 金藏 西安戏剧 1956年12月25日总38期1页
怎样贯彻百花齐放的方针——戏曲工作者谈戏曲改革工作 光明日报 1956年6月21日2版
戒骄戒躁，努力提高我们的思想水平和艺术水平 马师曾 南方日报 1956年7月7日3版
在“百花齐放、万家争鸣”的方针下谈谈我省的戏曲工作 王子辉 浙江日报 1956年7月20日3版
贯彻“百花齐放”的方针，繁荣戏曲事业 杨康华 南方日报 1956年7月25日3版
“百花齐放”要反对简单化和教条主义——谈花灯的发展和对“红葫芦”的看法 王旦东

云南日报 1956年9月3日3版
这样的批评家（指出川剧演出剧目贫乏的原因） 李策 人民日报 1956年9月14日8版
也来谈谈浙江的戏曲工作 穆门 浙江日报 1956年9月15日3版
福建省戏曲界的“百家争鸣” 光明日报 1956年9月22日3版
“百家争鸣”中的几点愚者之见 白云生 北京日报 1956年10月12日3版
解决民间艺人的困难 辛若平 人民日报 1956年11月28日7版
让戏曲花朵开得更加瑰丽 冯纪汉 河南日报 1956年12月2日6版
上海演出剧目混乱现象严重在“传统剧目”幌子下，黄色戏重登舞台 文汇报 1956年12月6日2版
寒中感温暖，迟暮返青春——市文化局救济慰问老艺人随行侧记 尔泗 北京日报 1956年12月13日2版
百花齐放，可以不要传统风格吗？（谈花灯戏） 碧波 云南日报 1956年12月20日3版
湖北省第一届戏曲观摩演出大会获奖者名单 湖北日报 1956年12月26日3版
戏曲工作不需要新文艺工作者吗？ 田因 人民日报 1956年12月30日7版
在“百花齐放、推陈出新”的方针指导下本省戏曲艺术事业空前繁荣 郭静秋等 新湖南报 1956年12月31日3版
安排郿鄠老艺人抢救郿鄠剧种 田益荣 西安戏剧 1957年1月15日总39期12—13页
第一批得奖的戏曲剧目 剧本 1957年2月2期84页
别忘了现代剧 何孝充等 戏剧报 1957年2月26日总40期16页
不应该滥写鬼魂戏 倪芳、张家宽 戏剧报 1957年4月11日总43期10页
演老戏，也要演新戏 周信芳 文艺报 1957年4月24日总173期6—7页
记第二次全国戏曲剧目工作会议 本报记者 戏剧报 1957年5月11日总45期8页
民间评剧艺人的申述 首都戏剧界座谈 戏剧报 1957年5月总46期16页
“百家争鸣”中谈戏曲评论 本报记者张葆莘 文艺报 1957年5月5日总175期8—9页
公平地对待演员吧 魏喜奎 文艺报 1957年5月12日总176期10—11页
禁戏开禁记 （记者）张葆萃 文艺报 1957年5月26日总178期12—13页
为贯彻“放”“争”精神市委文教部召开秦腔座谈会 升鸿整理 西安戏剧 1957年5月15日总47期1—3页
关键在于领导（粤剧……工作者说“放”和“鸣”） 余 舞台与观众 1957年5月21日10期1页
行政方式代替不了艺术 姚水娟 东海 1957年5月号7—8页
请支持我们越调 吴秀兰等 戏剧报 1957年6月11日总47期
欢迎开放禁戏 王督 戏剧报 1957年6月11日总47期14页
南方昆曲界的呼声 张郁 戏剧报 1957年6月总48期34页
上海戏曲演员的意见 汪培 戏剧报 1957年6月总48期32页
徐平羽建议上海的剧团一律改为民营，演员们认为这不是繁荣戏曲事业的好办法 张郁 戏剧报 1957年6月26日总48期13页
反对清规戒律，更好地体现“百花齐放、百家争鸣” 柳江 剧本 1957年6月6期83页
粤剧编剧工作者谈“放”和“鸣” 紫阳 舞台与观众 1957年6月21日12期6页
赞成开放“粤剧自由市场” 广州粤剧工作团一分团青年演员谭红玉 舞台与观众 1957年6月6日11期3页
戏曲界“百花齐放、百家争鸣”座谈会纪要 本刊 火花 1957年6月总9期17页

就戏曲方面谈“鸣”和“放”　张原　北方　1957年6月号7—8页
上海戏曲界的反右派斗争　汪培　戏剧报　1957年7月总49期16页
戏曲剧团应加强团结互相学习　范钧宏　戏剧报　1957年7月总50期15页
梅兰芳等建议戏曲界不演坏戏　戏剧报　1957年7月31日总50期18页
毒草必须铲除（周信芳等就上演坏戏的问题发表意见）　本刊专访　戏剧报　1957年7月31日总50期26页
纠正戏曲工作中“重戏轻曲”的偏向　周大风　人民音乐　1957年7月总52期16—19页
为抢救戏曲遗产而呼吁　吴歌　人民音乐　1957年7月总52期23页
粤剧编剧界再鸣　陈仕元　舞台与观众　1957年7月6日13期6—7页
正确地认识党在戏曲工作中的领导作用和成就　安西　辛若平　文艺报　1957年7月14日总185期11—12页
严肃对待戏曲修审工作　碧柳　西安戏剧　1957年7月15日总51期10—11页
戏剧界必须加强思想改造　梅兰芳　戏剧报　1957年8月16日总51期14页
“僵尸戏”和“阿飞戏”是毒草　卫明　戏剧报　1957年8月16日总51期24页
右派分子在上海戏曲界纵火　仁民、世远　戏剧报　1957年8月总51期32页
不能歪曲上海戏曲工作的面貌　洪隆、何慢　戏剧报　1957年8月总51期37页
反对演坏戏　苏琴　文艺报　1957年8月4日总188期12页
学习和发扬民族戏曲　黄育英　西安戏剧　1957年8月30日总54期22页
各地戏曲演员响应“不演坏戏”　本刊综合报道　戏剧报　1957年9月4日总52期48页
浙江戏曲界驳斥右派分子姚水娟、陈静　成中　戏剧报　1957年9月总53期9页
党对曲剧的关怀是抹煞不了的　乃崇　戏剧报　1957年9月总53期22页
唐湜为什么这样“关心”老艺人　雁翎　戏剧报　1957年9月总54期39页
该走哪一条路？斥“开放”粤剧自由市场的谬论　鹿马重　舞台与观众　1957年9月6日17期2—3页
驳“粤剧编剧界再鸣”中的谬论　伟兰　舞台与观众　1957年9月6日17期4页
批判姚青苗在戏剧界的右倾言论　李众夫　火花　1957年9月总12期8—9页
北京戏曲舞台上的新气象　华犁　戏剧报　1957年10月总55期28页
戏曲艺人在艺术上有没有翻身　俞振飞　戏剧报　1957年10月总56期27页
就演员的眼泪论大是大非　付全香　戏剧报　1957年10月总56期39页
禁戏浅谈　沈尧　戏曲研究　1957年10月4期21页
戏曲界某些名演员怎样堕落成右派的　张梦庚　北京文艺　1957年10月号11—14页
党是善于领导戏曲艺术事业的　黄俊耀　西安戏剧　1957年10月30日总58期1—4页
展开戏曲界社会主义大辩论　田益荣　西安戏剧　1957年11月30日总60期1—5页
西安戏曲事业的今昔　高歌　西安戏剧　1957年11月30日总60期6—14页
在重视民族文化遗产的幌子后面（批黄源）　王子辉　东海　1957年11月号28—29页
斥郑伯永对生活的歪曲　胡小孩　东海　1957年11月号29页
不要忽视现代剧　朱鳞　戏剧报　1957年12月11日总59期27页
我们真正的呼声　朱传茗　俞振飞等　戏剧报　1957年12月总59期20页
坚决和戏剧工作中的修正主义作斗争　蓝鸿恩　漓江　1957年12月12期17—19页
广东戏剧界反右派斗争继续深入（综合报道）　本刊记者　南国戏剧　1957年12月20日总2期34—35页
保卫戏曲事业社会主义路线　一兵　北方　1957年12月号16—18页

彻底清除右派分子在戏曲界散布的毒素 苗文琦 草原 1957年12月5日总9期17—18页
反对对待戏曲艺术传统上的资产阶级观 铁可 新苗 1957年12月号43—46页
温暖（记周总理到小剧场观剧事） 魏喜奎等 北京日报 1957年2月24日3版
江苏戏曲工作的矛盾何在？ 曾宪洛等 新华日报 1957年5月11日3版
京剧界有些什么矛盾？本报和文化部昨天邀请一些京剧演员座谈 人民日报 1957年5月12日3版
本市老艺人谈挖掘和继承戏曲传统艺术 韩俊卿等 天津日报 1957年5月12日4版
全部禁演剧目开禁梅兰芳准备重演“刺虎”筱翠花将演“海慧寺” 文汇报 1957年5月15日1版
戏曲界的问题是什么？（本报编辑部邀请戏曲界演员及工作人员座谈） 大众日报 1957年5月20日3版
剧目解禁老艺人变年轻百花齐放还有矛盾重重（戏剧界鸣放） 本报编辑部 贵州日报 1957年5月23日1版
梅兰芳、周信芳、程砚秋、袁雪芬、常香玉、陈书舫、郎咸芬建议戏曲界不演坏戏 人民日报 1957年7月24日1版
全省第二届戏曲观摩演出大会获奖者名单 浙江日报 1957年8月23日4版
在“百花齐放、推陈出新”方针下我省戏曲事业蒸蒸日上 鱼讯 陕西日报 1957年9月7日3版
从哪里出发？到什么地方？（批判曾宪洛等合写“江苏戏曲工作的矛盾何在？”一文的错误立场观点 夏阳 新华日报 1957年9月9日3版
不容抹煞戏曲剧团的工作成就 叶锋 光明日报 1957年9月9日3版
对毒草必须坚持斗争——上海几个坏戏上演情况及改进意见 力挥 文汇报 1957年9月12日2版
戏曲事业必须由党来领导谈“出戏出人”——驳斥戏剧界右派分子谬论之一 萧凌 文汇报 1957年9月16日3版
新苗在成长，新花在开放——记我省几年来培养评剧新演员的成就 韦东海 吉林日报 1957年10月18日3版
驳“江苏戏曲工作的矛盾何在” 王平等 新华日报 1957年10月28日6版
关于戏曲工作的几个问题 朱丹南 四川日报 1957年11月20日3版
政治第一呢还是艺术第一？——记北京京剧团艺人们的一场争论 吴大钧 人民日报 1957年12月18日7版
努力改造思想，为建立工人阶级的戏曲队伍而奋斗 龙天雨 西安戏剧 1958年1月15日第1期3页
下乡上山，把文化送到工农兵的门上去！——对市属剧团（社）全体同志的报告 高歌 西安戏剧 1958年1月30日第2期1页
这是一件一举数得的好事（指上山下乡） 易俗社副社长 姬颖 西安戏剧 1958年1月30日第2期5页
我演现代戏所走过的道路（现代戏表演经验简介） 姚澄 戏曲研究 1958年1月1期34页
社会主义戏曲事业中的几个问题——在西安戏曲界社会主义大辩论会上的发言 姜炳泰 西安戏剧 1958年2月15日第3期1页

在戏曲队伍中如何体现党的领导——在西安戏曲界社会主义大辩论会上的发言　龙天雨　西安戏剧　1958年2月15日第3期7页
在党的领导下西北的戏曲一天比一天繁荣了——在西安戏曲界社会主义大辩论会上的发言　马健翎　西安戏剧　1958年2月28日第4期1页
老道寺的农民教育了我们　南郑县新民剧社　西安戏剧　1958年2月28日第4期10页
共产党二次救活了我　苏育民　西安戏剧　1958年2月28日第4期11页
放弃了"彩头"，提高了艺术　张春华　戏剧报　1958年2月4期20页
新戏曲在迈步前进（在山西省晋南专区第二届"时装剧"观摩演出大会上的发言）　张庚　戏剧报　1958年3月5期27页
继续克服右倾保守思想　争取戏剧工作全面大跃进　高歌　西安戏剧　1958年5月30日第10期7页
向生活学习　王明华　西安戏剧　1958年6月15日第11期10页
破除迷信创造性地进行戏曲研究工作　刘芝明　戏曲研究　1958年7月3期1页
我们的战线旗帜鲜明——为《戏剧战线》创刊作　远千里　戏剧战线　1958年7月创刊号3页
戏曲必须表演现代生活　王起　作品　1958年8月号53页
戏曲战线上两条道路的斗争和今后的任务　鱼讯　西安戏剧　1958年8月27日第15、16期6页
向表现现代生活进军　洪影　戏剧战线　1958年8月号总2期10页
更多更好地在戏曲舞台上表现社会主义新人　晏俑　戏曲研究　1958年9月第4期18页
放手发动群众，繁荣现代戏创作！　梁冰　戏曲研究　1958年9月第4期73页
学习豫剧并运用它来表现现代生活　高浩　戏曲研究　1958年9月第4期103页
我要争取多演现代剧　刘培兰　西安戏剧　1958年9月10日第17期6页
既要演历史剧，也要演现代剧　左福成　西安戏剧　1958年9月30日第18期6页
江南江北鲜花争开——记江苏省戏曲工作大跃进　梁冰　戏剧报　1958年9月第17期7页
人人动手，大力创作现代剧　行型　安徽戏剧　1958年10月1日创刊号13页
戏曲必须反映现代生活　余耘　安徽戏剧　1958年10月1日创刊号7页
现代戏一定能在群众中扎根——记成都市戏曲剧团现代剧目联合公演　席明真　四川戏曲　1958年10月1日第1期9页
戏曲工作者应该整顿文风　一之　四川戏曲　1958年10月1日第1期20页
政治挂帅红专并进　吴德　西安戏剧　1958年10月30日第20期14页
思想插红旗艺术放光辉（广东戏曲特辑）　仉路　戏剧报　1958年10月第20期10页
把现代戏曲创作提高一步　若青　戏剧战线　1958年11月号总5期7页
演现代戏必须到群众中去　夏鑫培　四川戏曲　1958年11月10日第2期21页
坚决走又红又专的道路　张香兰（演员）　西安戏剧　1958年11月第21期总82期22页
政治为帅，新戏为纲，掀起戏曲革命的新高潮　陈曦　湖南戏剧　1958年12月创刊号总1期6页
鼓足干劲，大放戏剧"卫星"！　刘斐章　湖南戏剧　1958年12月创刊号总1期16页
把我省戏剧工作提高一步——我对当前戏剧工作的几点意见　张开嵋　湖南戏剧　1958年12月创刊号总1期25页
政治挂帅是创造角色的根本保证——我演王玉生的一知谈　蒋啸虎　湖南戏剧　1958年12月创刊号总1期27页

摸到了“红专”的大门 阜城县评剧团周相波 戏剧战线 1958年12月号总6期4页
通过实践，进一步贯彻党的戏曲工作方针 林彦 戏剧战线 1958年12月号总6期6页
破除剧团里资产阶级法权思想 白云峰 戏剧战线 1958年12月号总6期5页
我省戏剧音乐创作气象一新 本报 安徽戏剧 1958年12月第3期总3期1页
芜湖戏曲工作的新面貌 娄良鸿 安徽戏剧 1958年12月第3期总3期28页
关于两条腿走路 马铁丁 戏剧报 1958年12月24期3页
党重给了我光明（潮剧） 马飞等 剧本 1958年12月12期7页
戏曲表演要与政治结合 罗合如 西安戏剧 1958年12月第23期总84期4页
在演出实践中改造自己 周信芳 解放日报 1958年1月7日6版
“重古典轻现代”的倾向 南平 解放日报 1958年1月28日4版
为现代剧扫清道路 杨江桥 文汇报 1958年2月9日6版
周总理看我们的演出 沈小梅 新华日报 1958年3月2日3版
京剧艺术能否跃进？ 吴嘉穑 文汇报 1958年3月30日3版
戏曲演员的思想改造和红透专深问题 周信芳 甘肃日报 1958年5月11日2版
为名为利争名夺利互不团结互不服气编、导、演怎能搞好关系？——京剧院揭发批判资产阶级个人主义 解放日报 1958年5月16日3版
创造社会主义的民族新戏曲 许欣 文汇报 1958年8月7日2版
群众是最好的剧评家 张梦庚 文汇报 1958年9月4日2版
合理运应传统形式集中搞好重点剧目把现代剧提到新的高度认真贯彻“两条腿走路”方针不应和传统“一刀两断” 文汇报 1958年11月11日1版
正确贯彻“以现代剧为纲”的方针 流治 文汇报 1958年11月14日3版
陕西省的戏曲工作 罗明 新文化报 1958年12月21日3版
有关巡回演出的几个问题 张治 文汇报 1958年12月30日3版
高举红旗，为建设共产主义的戏剧而努力 阎金锷 湖南戏剧 1959年1月总2期8页
克服个人主义，是演好现代戏的前提——我演华光的一点体会 刘春泉 湖南戏剧 1959年1月总2期20页
向生活学习向传统学习 张福梅 湖南戏剧 1959年1月总2期24页
大跃进一年中的江苏戏剧 周村 戏剧报 1959年1月1期9页
安徽戏曲工作的一次检阅 余耘 戏剧报 1959年1月2期17页
戏曲演员应更积极关心音乐 吴一立 戏曲音乐 1959年1月创刊号11页
蚌埠地区戏曲艺术的收获 苏民 安徽戏剧 1959年1月总4期5页
让现代戏的花朵开得更加美丽 冯纪汉 奔流 1959年1月总25期43—44页
谈戏曲工作中的两条腿走路 陈曦 湖南戏剧 1959年2月总3期6页
略谈戏剧工作的几个问题 任光椿 湖南戏剧 1959年2月总3期10页
坚持两条腿走路 林缘 戏曲音乐 1959年2月2期7页
提高表演的艺术质量 维护我们的演出成果 罗明 陕西戏剧 1959年2月总2期2页
安徽戏曲事业大跃进的成就和几点经验 余耘 安徽戏剧 1959年2月总5期3页
少数民族艺术的新发展——在西南区民族文化工作会议期间观剧有感 叶林 民族团结 1959年2月2期21页
用两条腿走路 我省戏剧创作气象一新（本刊综合报导） 湖南戏剧 1959年3月号2页
对群众戏曲创作的几点浅见 孙渊 湖南戏剧 1959年3月号12页
关于提高评剧艺术质量的浅见 陈海楼 戏剧报 1959年4月8期19页

提高剧目质量向国庆献礼　刘斐章　湖南戏剧　1959年4月号2页
剧团要为党的中心工作服务　高介忠　安徽戏剧　1959年4月总7期16页
提高戏剧艺术质量　发挥戏剧艺术的战斗性　刘修　西安戏剧　1959年5月10日第6期3页
上山下乡的体会　大名县豫剧一团刘芝梅　戏剧战线　1959年5月号总11期53页
努力学习、刻苦锻炼、提高艺术质量！——在剧协江苏分会、本刊编辑部召开的座谈会上的发言　姚澄等　江苏戏曲　1959年6月总3期3页
繁荣戏曲之路　林钟美　团结　1959年6月6期41页
一定要创作出更多更好的作品　湖南戏剧　1959年6月号2页
巨大的收获　河北省青年跃进剧团田春鸟　戏剧战线　1959年7月号总13期36页
接受了两把金钥匙　河北省青年跃进剧团　路翠阁　郭兰芳　戏剧战线　1959年7月号总13期37页
向红专的道路继续前进——武汉市青年艺术工作者会演大会总结　于亚声　长江戏剧　1959年7月总2期6页
积极提高戏剧艺术的质量　任青　长江戏剧　1959年8月总3期1页
只有继承，才能发展　黄振　长江戏剧　1959年8月总3期16页
为现代戏鸣不平　郑鸣　长江戏剧　1959年8月总3期23页
关于提高戏剧艺术的质量　陈曦　湖南戏剧　1959年8月号1页，9月号1页
人的新生　艺术的新生　韩世昌　戏剧报　1959年9月17期6页
不平凡的十年　李少春　戏剧报　1959年9月17期7页
写在国庆十周年前夕　白驹荣　戏剧报　1959年9月17期9页
越剧在党的阳光下怒放　袁雪芬　戏剧报　1959年9月18期17页
十年来的豫剧的巨大发展　常香玉　戏剧报　1959年9月18期18页
古树开花不忘园丁（昆曲）　俞振飞　戏剧报　1959年9月18期20页
论群众戏剧活动　李纶、任桂林　戏剧研究　1959年9月4期72页
在创造社会主义新戏曲的道路上　中国戏曲研究院现代戏曲史研究小组　戏剧研究　1959年9月4期72页
略论大跃进以来现代戏的伟大成就　林涵表　戏剧研究　1959年9月4期150页
伟大的抚育　马蓝鱼　陕西戏剧　1959年9月总7期16页
国庆十周年感言　刘毓中　陕西戏剧　1959年9月总7期15页
听党的话，继续前进　阎更平　陕西戏剧　1959年9月总7期18页
坚持社会主义建设总路线、争取戏剧工作更大跃进　骆文　长江戏剧　1959年9月总4期4页
光耀夺目的群众戏剧活动　韩柏村　长江戏剧　1959年9月总4期15页
永远战斗　永远前进　高盛麟　长江戏剧　1959年9月总4期20页
从省花鼓戏剧团的演出看党的领导　瑞林　湖南戏剧　1959年9月号17页
最根本的一条是政治挂帅——从省湘剧团的演出谈起　孙渊　湖南戏剧　1959年9月号19页
为塑造英雄形象而努力　唐山市京剧团　徐荣奎　戏剧战线　1959年9月号总15期22页
反右倾、鼓干劲、大战第四季度——汇记武汉各戏剧团体的跃进规划　本刊记者　长江戏剧　1959年10月总5期1页
戏曲艺术的伟大生命——谈十年来武汉地区现代戏创作　郑鸣　长江戏剧　1959年10月总

5 期 5 页
胜利的十年　刘继鸣　长江戏剧　1959 年 10 月总 5 期 15 页
为什么唱？为谁唱？怎样唱？　高维廉　长江戏剧　1959 年 10 月总 5 期 16 页
把最新最美的艺术献给劳动人民　李蔷华　长江戏剧　1959 年 10 月总 5 期 20 页
辉煌的成就　陈曦　湖南戏剧　1959 年 10 月号 1 页
庆祝中华人民共和国成立十周年笔谈会　彭俐侬等　湖南戏剧　1959 年 10 月号 5 页
我们要唱一辈子花鼓戏——十年回顾之一　王方之等　湖南戏剧　1959 年 10 月号 13 页
真的“费力不讨好”吗？（现代戏）　柳轻飏　湖南戏剧　1959 年 10 月号 25 页
感谢党救活了同州梆子　王谋儿　陕西戏剧　1959 年 10 月总 8 期 21 页
献身祖国不断前进　李瑞芳　陕西戏剧　1959 年 10 月总 8 期 22 页
为社会主义戏剧事业奋勇前进　左玉贵　陕西戏剧　1959 年 10 月总 8 期 26 页
蓬勃发展的河北戏剧　河北省文化局副局长范凌霄　戏剧战线　1959 年 10 月号总 16 期 3 页
为反映大跃进的演出欢呼　陈实　安徽戏剧　1959 年 10 月总 13 期 18 页
庆祝中华人民共和国成立十周年专刊　张继青等　江苏戏曲　1959 年 10 月总 7 期 7 页
把戏剧艺术推向更辉煌的发展阶段——记文化部召集的参加首都国庆献礼演出剧团主要负责干部和主要演员座谈会　戏剧报　1959 年 10 月 20 期 4 页
欢呼十年胜利，跃进再跃进！　周信芳　上海戏剧　1959 年 10 月创刊 1 期 10 页
看戏十年　李建吾　新观察　1959 年 10 月 19 期 25 页
驳右倾机会主义分子对现代戏的污蔑　梅艺　长江戏剧　1959 年 11 月总 6 期 7 页
甘露灌溉鲜花开（十年来新歌剧事业的发展）　魏开泰　长江戏剧　1959 年 11 月总 6 期 13 页
大搞群众创作活动　冰山　长江戏剧　1959 年 11 月总 6 期 16 页
戏曲演员畅谈上山下乡　本刊记者　江苏戏曲　1959 年 11 月总 8 期 6 页
上山下乡给我的锻炼　姚梅凤　江苏戏曲　1959 年 11 月总 8 期 9 页
鼓起更大干劲，继续共同跃进——在江苏省“群英会”上的发言　姚澄（锡剧演员）　江苏戏曲　1959 年 11 月总 8 期 33 页
安徽戏剧艺术百花开——省社会主义建设成就展览会艺术展览室巡礼　本刊记者　安徽戏剧　1959 年 11 月总 14 期 9 页
我们成长的道路——十年回顾之二　钟宜淳　湖南戏剧　1959 年 11 月号 10 页
总结经验，实现更大的跃进——记文化部中国戏剧家协会召开的话剧、戏曲座谈会　戏剧报　1959 年 11 月第 22 期 3 页
上海戏曲文学的十年跃进　刘厚生　上海文学　1959 年 11 月号 35 页
新安群众戏剧创作十年　中共新安公社委员会　安徽戏剧　1959 年 12 月总 15 期 4 页
从新安到舒荣——两个公社的群众戏剧活动见闻　陈汉英、陈望久　安徽戏剧　1959 年 12 月总 15 期 9 页
珍惜我们的幸福生活　尚小云　陕西戏剧　1959 年 12 月总 10 期 37 页
决心做一个人民的好演员　黄贤明　陕西戏剧　1959 年 12 月总 10 期 48 页
击退右倾论坚决发展现代戏　戏剧报　1959 年 12 月 24 期 20 页
演中心，唱中心，坚决把戏送上门　枣阳曲剧团　长江戏剧　1959 年 12 月总 7 期 16 页
高举三面红旗，以最新最美的戏曲作品迎接新的一年　郇夫　江苏戏曲　1959 年 12 月总 9 期 17 页

戏曲艺术的伟大成就　梅兰芳　新观察　1959年12月24期6页
谈戏曲工作的两条腿走路　陈曦　新湖南报　1959年1月31日3版
要演好戏必须学习传统艺术　李瑞芳　陕西日报　1959年2月15日3版
塑造真正人物的是党　筱爱琴　文汇报　1959年2月22日3版
让戏曲的品种、流派更加繁荣起来　张真　人民日报　1959年5月26日7版
承前启后继往开来——有关戏曲音乐工作方针问题的探讨　林韵　南方日报　1959年6月4日3版
党给了我青春　高盛麟　长江日报　1959年9月20日6版
重视舞台艺术生活的文字记录工作　梅兰芳　文汇报　1959年9月22日3版
跃进，跃进，永远地跃进！　周信芳　文汇报　1959年9月22日5版
新时代、新戏曲　何国芳　文汇报　1959年9月27日6版
京剧艺术恢复了青春　荀慧生　光明日报　1959年9月30日8版
北京戏曲十年来　马少波　文汇报　1959年10月11日6版
十年戏曲创作的回顾　林章　天津日报　1959年10月14日4版
上海戏剧舞台十年来的变化——从庆祝建国十周年的展览演出看十年来上海戏剧艺术的发展　何慢　文汇报　1959年10月25日5版
十月花开遍地红——略谈我省建国十周年献礼演出收获　余耘　安徽戏剧　1960年1月总16期1页
以更大更新的成绩跨进1960年　刘建中　安徽戏剧　1960年1月总16期7页
向总路线的旗手们学习——出席全国群英大会的感想　潘璟利　安徽戏剧　1960年1月总16期11页
坚决贯彻上山下乡的方针　涡阳大众梆剧团　安徽戏剧　1960年1月总16期14页
做一个红透专深的文艺战士　高盛麟　长江戏剧　1960年1月总8期13页
向谁"战斗"？——质赵寻同志（赵文"站在战斗的前列"）　叔牟　长江戏剧　1960年1月总8期21页
谈上山下乡与提高质量　火龙　福建戏剧　1960年1月20日第1期5页
戏曲必须表现现代生活　廖灿国　福建戏剧　1960年1月20日第1期9页
荣誉属于祖国，属于党　周云霞　沈小梅（京剧演员）　江苏戏曲　1960年1月号总第10号20页
欢迎与欢送（为郑州市曲剧团赴京演出而作）　老舍　戏剧报　1960年1月2期27页
上山下乡，慰问民工　狮吼剧团　陕西戏剧　1960年2月总12期25页
省戏曲学校掀起学习毛主席著作的高潮　贾自立　陕西戏剧　1960年2月总12期30页
开展群众戏剧评论活动，提高群众戏剧创作水平　张肯堂　陕西戏剧　1960年2月总12期52页
辅导别人会影响本身业务提高吗？　李箴民　陕西戏剧　1960年2月总12期62页
一切归功于党的领导——汉中专区戏曲展览会观后　江汉　陕西戏剧　1960年2月总12期63页
学习毛泽东文艺思想，做一个优秀的人民演员　李罗生　长江戏剧　1960年2月总9期27页
斗争的矛头指向谁？——对赵寻同志"站在斗争的前列"一文的批判　杨振兴　长江戏剧　1960年2月总9期7页
我们是怎样为政治为生产为工农兵服务的　沙市市汉剧团　长江戏剧　1960年2月总9期

15 页
做一个共产主义的新人　万仙侠（汉剧演员）　长江戏剧　1960 年 2 月总 9 期 19 页
云南山茶映日红　赵龙　戏剧报　1960 年 2 月 3 期 15 页
演现代戏的一些心得　张德福　戏剧报　1960 年 2 月 3 期 24 页
谈戏曲演员改造世界观的问题　马少波　戏剧报　1960 年 2 月 4 期 24 页
高举毛泽东文艺思想红旗进一步繁荣现代剧创作　江枫　安徽戏剧　1960 年 2 月总 17 期 11 页
“演现代戏不能提高”论可以休矣　重实　安徽戏剧　1960 年 2 月总 17 期 18 页
驳“上山下乡不能提高”的谬论　湾九　安徽戏剧　1960 年 2 月总 17 期 19 页
党的力量，集体的力量　赵菊荣（花鼓戏演员自述）　湖南戏剧　1960 年 2 月号 21 页
演更多更好的戏向党的四十周年献礼　严凤英　安徽戏剧　1960 年 3 月总 18 期 12 页
省直戏剧艺术团体掀起学习毛泽东文艺思想热潮　安徽戏剧　1960 年 3 月总 18 期 16 页
我们一步也不能离开毛泽东思想　蒋华池　安徽戏剧　1960 年 3 月总 18 期 18 页
向治水英雄致敬为治水英雄演出——省庐剧团在史淠杭工地演出记　振亚　安徽戏剧　1960 年 3 月总 18 期 21 页
勤学苦练　红透专深　泗珠　安徽戏剧　1960 年 3 月总 18 期 25 页
满载友情入西藏雪山将放黄梅香——记我省支援西藏自治区黄梅戏剧团跨上征途　本刊记者　安徽戏剧　1960 年 3 月总 18 期 35 页
大抓现代戏歌颂新生活——蒙城县开展现代戏创作的点滴体会　蒙城县文教局　安徽戏剧　1960 年 3 月总 18 期 38 页
上山下乡大丰收　常德专署文教科　湖南戏剧　1960 年 3 月号 14 页
首先是党员，其次才是艺术家　彭俐侬（演员）　湖南戏剧　1960 年 3 月号 4 页
认真学习毛泽东文艺思想、做好青年演员会演准备工作　喻岳衡　湖南戏剧　1960 年 3 月号 17 页
举行青年演员会演的做法和体会　黔阳专署文教科　湖南戏剧　1960 年 3 月号 18 页
在党的培养下成长　路翠阁　戏剧战线　1960 年 3 月号总 21 期 33 页
上山下乡演出收获大　迁安县评剧团　戏剧战线　1960 年 3 月号总 21 期 58 页
纪念“三八”节，立志做又红又专的戏剧战士　戏剧报专刊　陕西戏剧　1960 年 3 月总 13 期 1 页
艺术为政治服务的尖兵　姜炳泰　陕西戏剧　1960 年 3 月总 13 期 28 页
学习毛泽东思想、为阶级斗争和生产斗争服务——纪念《在延安文艺座谈会上的讲话》发表十八周年　骆文　长江戏剧　1960 年 4 月总 11 期 15 页
用共产主义思想教育人民——学习毛泽东同志《在延安文艺座谈会上的讲话》的一些体会　沈文轩　长江戏剧　1960 年 4 月总 11 期 21 页
批判赵寻的修正主义观点（赵文：“站在斗争的前列”）　东君　长江戏剧　1960 年 4 月总 11 期 32 页
关于文艺与政治的关系——驳铁可同志“让文艺更好地为政治服务”一文的修正主义观点　金汉川　湖南戏剧　1960 年 4 月号 3 页
现代戏创作的又一高峰　徐叔华等　湖南戏剧　1960 年 4 月号 10 页
党的“百花齐放、推陈出新”文艺方针的伟大胜利　鱼讯　陕西戏剧　1960 年 4 月总 14 期 5 页
谈历史剧的“古为今用”　马少波　北京戏剧　1960 年 4 月 8 日第 1 期 9 页

驳上山下乡“得不偿失”的谬论　巩俊彦　安徽戏剧　1960 年 4 月总 19 期 25 页
对红专问题的一些体会　红线女　戏剧报　1960 年 4 月 7 期 20 页
必须不断地推陈出新（江苏省首届戏曲青年演员观摩演出大会专辑）　郇夫　江苏戏曲　1960 年 5 月号总第 14 期 3 页
思想、艺术双丰收——省首届青年戏曲演员观摩演出大会述评　王平　江苏戏曲　1960 年 5 月号总第 14 期 6 页
在斗争中成长（演员日记）　姚梅凤（吴江县锡剧团团长）　江苏戏曲　1960 年 5 月号总第 14 期 37 页
创造更美更新的戏剧、向建党四十周年献礼　评论　安徽戏剧　1960 年 5 月总 20 期 1 页
高举毛泽东文艺思想红旗　繁荣地方戏曲事业　杨杏珍　安徽戏剧　1960 年 5 月总 20 期 6 页
从生活到艺术创造　筱爱琴　戏剧报　1960 年 5 月 9 期 10 页
解放思想，大胆创造，努力演好现代戏　红线女　戏剧报　1960 年 5 月 10 期 8 页
一支灿烂的集体创作之花　陆耀琪　陕西戏剧　1960 年 5 月总 15 期 23 页
批判地继承遗产大胆地革新创造争取戏曲工作的更大跃进——记省戏曲工作会议　罗仁佐　山西戏剧　1960 年 5 月总 1 期 12 页
戏曲艺术应更好地为政治服务　夏凌汇　北京戏剧　1960 年 5 月 8 日第 2 期 1 页
又红又专的戏曲队伍正在壮大　尚小云　陕西戏剧　1960 年 6 月总 16 期 56 页
在红专道路上携手前进——关于甲乙角的几个小故事　永刚　陕西戏剧　1960 年 6 月总 16 期 58 页
听党的话　以红带专　快步前进　竺水招（南京市越剧团团长）　江苏戏曲　1960 年 6 月号总第 15 期 28 页
必须坚持政治标准第一——谈评介表演艺术中的几种错误倾向　吉闻　附录：美的秘诀（射言）时迁偷鸡——好戏！（射言）两个时代的爱的赞歌（于质彬）看白玉艳演的穆桂英（于质彬）　江苏戏曲　1960 年 6 月号总第 15 期 30 页
与“上山下乡得不偿失论”辩　乐国雄　福建戏剧　1960 年 6 月 20 日第 6 期 18 页
学习毛泽东思想、树立共产主义世界观　丁禾　长江戏剧　1960 年 6 月总 12、13 期 11 页
在戏曲表现现代生活与艺术革新工作上继续跃进　申伸　戏剧战线　1960 年 6 月号总 24 期 4 页
批判地继承，大胆地革新——学习毛主席文艺思想的一点体会　张达雄　四川文学　1960 年 6 月 6 期 65 页
坚持方向，树立集体主义事业观，开展辅导协作、艺术革新的群众运动——上海越剧院经验和体会　胡野檎　上海戏剧　1960 年 6 月 6 期 4 页
大力革新戏曲，表现新的时代　省戏曲研究所　福建戏剧　1960 年 7 月 20 日第 7 期 8 页
我要虚心学习大胆革新　吴幼清　福建戏剧　1960 年 7 月 20 日第 7 期 30 页
我要永远忠于党的事业　杨继辉　福建戏剧　1960 年 7 月 20 日第 7 期 30 页
深入生活，向英雄学习，努力创造新时代的英雄人物形象　田少凤（越剧演员）　江苏戏曲　1960 年 7 月号总第 16 期 39 页
再接再厉，努力歌颂我们的伟大时代　陈山英　陕西戏剧　1960 年 7 月总 17 期 43 页
学习毛主席著作的点滴体会　新艳琴　戏剧战线　1960 年 8 月号总 26 期 21 页
以毛泽东思想武装自己的头脑　赵佩云　戏剧战线　1960 年 8 月号总 26 期 21 页
演英雄　学英雄　当英雄　刘淑琴　戏剧战线　1960 年 8 月号总 26 期 22 页

大演现代戏 演好现代戏 李奇文 戏剧战线 1960年8月号总26期15页
戏曲工作者必须站在反帝斗争最前列 董昌达 江苏戏曲 1960年8月号总第17期19页
在毛泽东文艺思想红旗下奋勇前进 晋江专署文化局副局长马玉玺 福建戏剧 1960年8月第8期10页
戏曲艺术大发展的新时代 梅兰芳 戏剧报 1960年8月16期9页
批判右倾保守、坚决推陈出新 金民倜 长江戏剧 1960年8月总14、15期31页
永远沿着党指引的文艺方向前进 丁果仙 山西戏剧 1960年9月总2期10页
使自己的思想感情工农化 牛桂英 山西戏剧 1960年9月总2期11页
让毛主席文艺思想红旗永远照亮我们的心 程玉英 山西戏剧 1960年9月总2期12页
改造思想，搞好戏剧革新运动 王秀兰 山西戏剧 1960年9月总2期13页
深入学习毛主席文艺思想全心全意为工农兵服务 郭金顺 山西戏剧 1960年9月总2期14页
在毛泽东思想光辉照耀下，再接再厉，奋勇前进 王平、梁冰、陈坤 江苏戏曲 1960年9月号总第18期4页
把一切力量献给党的文艺事业 新艳秋 江苏戏曲 1960年9月号总第18期8页
坚决贯彻文艺为工农兵的方向 沈小梅 江苏戏曲 1960年9月号总第18期10页
皮肤晒黑了，心可晒红了——新淮淮剧团下乡演出散记 王靖 冷玉兰 江苏戏曲 1960年9月号总第18期19页
做一个真正工农化的演员 李淑君 戏剧报 1960年9月第17期7页
兄弟民族戏剧欣欣向荣——访出席中国文学艺术工作者第三次代表大会的兄弟民族戏剧代表 朱青等 戏剧报 1960年9月第17期20页
深入生活，改造思想 常香玉 戏剧报 1960年9月第18期3页
坚决贯彻毛主席的文艺路线 陈金标 福建戏剧 1960年9月第9期6页
“宣传戏”礼赞 仲予 福建戏剧 1960年9月第9期20页
党给了我新生命 陈书舫 四川文学 1960年9月第9期17页
翻山涉水，入川取经 安徽省学习川剧观摩团 安徽戏剧 1960年9月总24期43页
加强戏剧创作把戏剧支援农业的群众运动推上新阶段 林菁华 山西戏剧 1960年10月总3期5页
贯彻工农兵方向，必须兴无灭资 杨威 山西戏剧 1960年10月总3期9页
谈谈如何“为”的问题 张焕 山西戏剧 1960年10月总3期11页
归来之夜（三次文代会归来） 贾林林 山西戏剧 1960年10月总3期12页
坚持不断革命，迅速反映伟大时代 崔皓辰 山西戏剧 1960年10月总3期13页
唯一的源泉——关于为工农兵服务方向问题的座谈会纪要 荣淑兰等 山西戏剧 1960年10月总3期25页
各地剧团掀起以粮钢为中心的增产节约运动宣传热潮 福建戏剧 1960年10月第10期3页
在工农化的大道上高歌猛进 庄志强、李木婴 福建戏剧 1960年10月第10期4页
戏曲工作应密切配合以粮、钢为中心的增产节约运动，发挥宣传、鼓动作用 中共淮阴地委书记处书记李昌文 江苏戏曲 1960年11月号总第20期5页
动员和组织剧团深入农业第一线的几点体会 中共淮阴市委书记处书记顺南华 江苏戏曲 1960年11月号总第20期8页
树立不断革命思想演好工农群众形象 江苏省淮海剧团谷广发 江苏戏曲 1960年11月号

总第20期15页
创造出更多更美更能体现无产阶级理想的英雄人物形象　林涵表　江苏戏曲　1960年11月号总第20期18页
在艺术创作上贯彻群众路线　胡沙、李肖　戏剧报　1960年11月21期32页11页
广西汉族剧种表现兄弟民族生活的成就与一些体会　中国戏剧家协会广西分会　戏剧报　1960年11月22期14页
文艺工作者必须具有劳动人民的思想感情　新翠霞　戏剧战线　1960年11、12月总28期22页
进一步掀起全省戏剧界学习毛泽东思想的热潮　林菁华　山西戏剧　1960年11月总4期3页
蓬勃发展中的新疆戏剧事业　茅塞　新疆红旗　1960年11月22期32页
戏曲工作者要更好地为粮食增产而战　中共扬州地委宣传部长张建平　江苏戏曲　1960年12月号总第21期4页
戏曲工作者必须积极支援农业　中共扬州市委宣传部长苏尚门　江苏戏曲　1960年12月号总第21期6页
毛主席著作是开心的钥匙——离石县晋剧团“毛主席著作学习心得座谈”纪要　本刊记者　山西戏剧　1960年12月总5期3页
生活是艺术的源泉——支援三秋归来　童芷苓　上海戏剧　1960年12月12期2页
甘肃戏剧艺术的今昔　牟定　甘肃日报　1960年1月13日3版
评剧在党领导下的成长和发展　陈怀平　云南日报　1960年3月18日3版
党使我成长　关鹔鹴　云南日报　1960年3月19日3版
在学习中前进　金重　文汇报　1960年3月30日6版
做时代的歌手和号兵——写贵阳市现代剧会演之后　杨慧琳　贵州日报　1960年4月24日5版
毛主席文艺思想大放红光——全省戏曲青年演员会演综述　陕西日报　1960年5月6日3版
从现代题材戏曲会演谈评剧的发展　薛恩厚　光明日报　1960年5月8日3版
发展现代剧目歌颂当今英豪现代题材戏曲剧目观摩演出取得许多宝贵经验　文汇报　1960年5月11日2版
在西北的难忘的演出　童芷苓　解放日报　1960年6月4日3版
越剧男女合演前途无限美好越剧实验剧团成立一周年摸出经验　新民晚报　1960年7月9日2版
让戏曲更好地表现现代生活　周坚夫　大众日报　1960年7月24日3版
尽情地歌颂当代英雄　河南豫剧院三团　河南日报　1960年9月11日3版
我们父女两代——参加全国文代会归来有感　言慧珠　解放日报　1960年9月19日6版
把政治红旗插到表演艺术领域中来　常香玉　文汇报　1960年9月24日3版
深入生活改造思想　小彩舞　文汇报　1960年11月30日3版
努力学习精益求精　本报评论员　光明日报　1960年12月20日3版
西藏民间艺人开始新生活　人民日报　1960年12月24日4版
向民族艺术传统学习　王淑惠　广州日报　1960年12月30日3版
河北省戏曲界著名演员贺新年　谈壮志……韩俊卿、小彩舞、孟翠英、王玉鸣、靳文然、筱少卿、高艳敏、李魁元、胡小凤等　戏剧战线　1961年1月总29期19页

清除过分俚俗的“土语” 原野 山西戏剧 1961年2月总8期40页
演员谈读书（在剧协上海分会召开的“读书座谈会”上的发言） 俞振飞等 上海戏剧 1961年3月3期4页
树立雄心大志迅速提高滇剧水平 黄雨青 云南日报 1961年1月16日3版
难忘的演出 金采凤 解放日报 1961年2月26日4版
党救活了昆曲这朵花 周传瑛 浙江日报 1961年6月23日3版
党给了我新的力量 常香玉 河南日报 1961年6月30日3版
勤苦磨炼精益求精——山西晋剧青年演出团演员座谈会发言摘要 中国青年报 1961年9月10日4版
怎样做一个新时代的戏曲演员 任风 重庆日报 1961年10月22日3版
“推陈出新”三论 鲁凝 边疆文艺 1962年4月号23页
学习毛主席文艺思想提高滇剧艺术质量 罗香圃 边疆文艺 1962年5月号26页
漫谈上海戏剧艺术的推陈出新 刘厚生 上海戏剧 1962年5月4、5期5页
必须推陈出新 周信芳 文艺报 1962年12月号26页
文化交流的盛会 民族团结的盛会 刀京版（傣族） 云南日报 1962年1月12日4版
虚心学习川剧传统，做优秀的接班人 筱舫 光明日报 1962年5月4日2版
从事京剧工作二十年的体会 张梦庚 北京日报 1962年5月23日3版
花红叶茂灿烂似锦——漫谈十五年来的内蒙古戏剧艺术 刘佩欣 内蒙古日报 1962年5月23日3版
延安文艺座谈会以后蓬勃发展的戏剧 陈北鸥 光明日报 1962年5月24日2版
做一名自强不息的战士 尚小云 陕西日报 1962年6月5日3版
阳光普照百花盛开 厉慧森 重庆日报 1962年6月20日4版
越学越聪明 琼莲芳 重庆日报 1962年6月24日4版
光荣归于党 丁果仙 山西日报 1962年7月21日3版
取其精华去其糟粕 马师曾 南方日报 1962年8月29日3版
要突破“苦”字关 刘毓中 新疆日报 1962年10月14日3版
观众爱看优秀的现代剧 顾月珍 解放日报 1962年10月24日4版
把戏曲的教育作用与戏曲艺术的多样性更好地结合起来 彭华 云南日报 1962年10月25日3版
让戏剧舞台更健康更繁荣 郑士存 河北日报 1962年10月31日4版
莫把艺术趣味庸俗化 曹乾刊 解放日报 1962年11月22日4版
有益、无害、有害——戏剧欣赏札记 于沉 吉林日报 1962年11月23日3版
运用戏曲艺术努力反映当代人民的生活和斗争 靳瀚恢、袁骏平 陕西日报 1962年12月10日3版
愿舞台上演更好的现代剧目 刘勇、鲁之洛 新湖南报 1962年12月26日3版
加强剧目工作，提高演出质量，更好地为农业生产服务 侯枫 广西戏剧通讯 1963年1月4期1页
多演戏、演好戏 郭铭 广西戏剧通讯 1963年1月4期5页
戏曲评论应当有助于戏曲艺术的推陈出新 冯先植 文艺报 1963年1月1期38页
谈谈为农民演出现代戏 杨兰春 戏剧报 1963年5月5期5页
让现代戏这朵花开得更鲜艳 吉兆明 郭太平 奔流 1963年5月号48页
技巧要为思想服务 方海如 东海 1963年6月6期51页

坚持推陈出新和古为今用　周信芳　戏剧报　1963年7月7期1页
除虎擒龙上高山　蓝鸿恩　广西文艺　1963年7月号53页
粤剧界批判戏剧创作中的“投其所好”论　本刊资料室　戏剧报　1963年8月8期15页
值得推荐的联合演出　邢智　戏剧报　1963年8月8期41页
愿当京剧改革的促进派　袁世海　戏剧报　1963年9月9期15页
要演“红霞姐”，不做“鬼阿姨”　李淑君　戏剧报　1963年9月9期18页
不要把糟粕当精华　季文　文艺报　1963年9月9期6页
京剧表现现代生活有广阔的前途　冯先植　文艺报　1963年9月9期8页
京剧要急起直追　陶雄　上海戏剧　1963年10月10期6页
为农村服务是戏剧工作者的光荣任务　鸣声　宁夏文艺　1963年10月5期41页
加强戏曲青年一代的思想教育　史若虚　戏剧报　1963年11月11期10页
中国戏曲学院进行关于百花齐放、推陈出新方针的学习讨论　中国戏曲学院通讯组　戏剧报　1963年11月11期42页
沿之，革之，创之，进之　萧长华　文艺报　1963年11月11期21页
克服保守思想坚持推陈出新　诸葛文谦　上海戏剧　1963年11月11期2页
进一步演好当代工农兵英雄人物——剧协北京分会筹委会继续举行艺术经验交流　本刊记者　北京文艺　1963年11月号46页
进一步贯彻执行戏曲的百花齐放推陈出新的方针（社论）　河北文学　1963年11月1期2页
要为戏曲舞台开辟新天地　左云祥　星火　1963年11月6期39页
要更多地下乡演出更好地为农民服务　徐绍清　湖南文学　1963年11月号59页
为农民服务到底　建平县评剧团　鸭绿江　1963年12月号92页
谈地方戏曲的推陈出新　冯纪汉　奔流　1963年12月创刊号79页
新春展望　袁世海　光明日报　1963年1月31日4版
希望花灯剧作的品种更多更好　戴旦　云南日报　1963年2月21日3版
表现新的时代和新的英雄人物　马泰　大公报　1963年3月5日3版
送戏归来——粤剧演员下乡归来座谈纪要　董华整理　羊城晚报　1963年3月16日2版
发挥戏剧的战斗作用，更好地为农村服务　黎方　云南日报　1963年4月8日3版
把好戏送到农村去　王也夫　吉林日报　1963年4月19日4版
戏剧要积极表现现代生活（短评）　甘肃日报　1963年5月19日1版
北京电影、话剧、戏曲演员——探讨如何演好当代工农兵　于文涛　北京日报　1963年5月22日2版
坚持党的文艺方向积极为农村服务　滕百忠　黑龙江日报　1963年6月14日2版
洗尘垢创新声　红线女　羊城晚报　1963年6月20日2版
我们回“娘家”演出——谈谈下农村演出的一些体会　筱文艳　文汇报　1963年6月22日2版
把粤剧引向哪里　曾三多等　羊城晚报　1963年7月9日2版
让戏曲更好地为社会主义服务——座谈纪要　白浪整理　黑龙江日报　1963年7月17日4版
演好现代戏更好地为农村服务　于亚声　湖北日报　1963年7月21日3版
不要演坏戏——向全州桂剧团提一点建议　江平　广西日报　1963年7月24日4版
现代剧需要支持　金紫黴　羊城晚报　1963年8月8日2版

送戏下乡记　杨正吾　新华日报　1963年8月25日3版
积累经验逐步演好现代剧　赵燕侠　光明日报　1963年9月14日3版
争取全面丰收　张云溪　光明日报　1963年9月20日3版
戏曲艺术要成为阶级斗争锐利的武器——谈谈戏曲，特别是越剧演现代戏的一些问题　史行　浙江日报　1963年9月25日3版
遗产必须批判地接受　传统戏曲必须推陈出新　西安戏曲界学习讨论戏曲工作根本原则　陕西日报　1963年10月6日1版
做一个革命者，坚持“推陈出新”，不断革命　周信芳　文汇报　1963年10月10日4版
让戏曲更好地为社会主义服务——关于戏曲推陈出新问题的座谈纪要　熏风等　黑龙江日报　1963年10月11日2版
曲剧怎样坚持上演现代题材剧目　于真　光明日报　1963年10月13日3版
戏曲界的一个重要问题（评论）　内蒙古日报　1963年10月15日3版
再把戏曲革新推进一步　孙文凯　包头日报　1963年10月18日3版
一定要演好现代戏——在一个学习座谈会上的发言　邓筱兰　江西日报　1963年10月20日3版
我们要演更多更好的川剧现代戏　周企何等　光明日报　1963年10月24日2版
现代戏有巨大生命力　本报评论员　解放日报　1963年10月27日1版
戏曲艺术必须努力反映现实斗争生活　祝远程　吉林日报　1963年10月27日4版
让戏曲更好地为社会主义服务——我省戏曲工作者座谈戏曲改革问题　郝明等　吉林日报　1963年10月31日3版
行动起来，坚决地改，彻底地改　朱连芳　江西日报　1963年11月1日3版
按照人民的要求大改旧戏大演新戏　筱牡丹　江西日报　1963年11月1日3版
只有革新，才能前进　潘凤霞　江西日报　1963年11月1日3版
推陈出新，演好现代戏　常香玉　光明日报　1963年11月3日2版
路走对了，就越走越宽——记山西省河曲二人台剧团坚持演现代戏的经过　祁良善　何高记　文汇报　1963年11月6日2版
“推陈出新”就从思想开始　马师曾　羊城晚报　1963年11月6日2版
坚决贯彻党的戏曲改革方针　陈瘦竹　新华日报　1963年11月7日4版
在坚持戏曲反映现代生活的道路上——记贵阳市评剧团演现代剧　林钟美　贵州日报　1963年11月8日3版
改造思想感情反映伟大现实　石筱英　文汇报　1963年11月11日4版
送什么剧目下乡　中国戏剧家协会广东分会评论组　南方日报　1963年11月17日3版
文艺下乡大有可为——省和哈尔滨市八个艺术表演团体的同志座谈文艺下乡问题纪实　本刊记者　黑龙江日报　1963年11月17日2版
深入群众深入生活——怎样才能提高现代戏的演出质量　李明珍　湖北日报　1963年11月17日3版
高唱时代凯歌　严凤英等　安徽日报　1963年11月20日4版
为什么演戏？为谁演戏？怎样演好戏？　黄承炳　浙江日报　1963年11月26日3版
上山下乡四得　怡香潮剧团　羊城晚报　1963年11月29日2版
一定能搞好——谈京剧演现代剧　薛浩伟　安徽日报　1963年12月4日4版
进一步贯彻“百花齐放、推陈出新”的方针（云南省文化局、中国戏剧家协会云南分会召开座谈会展开了热烈讨论）　云南日报　1963年12月5日3版

漫谈戏曲的任务　雨林　甘肃日报　1963年12月6日4版
使戏曲舞台成为宣传社会主义的思想阵地　陈书舫　四川日报　1963年12月7日3版
反映现实生活塑造新人形象　石言　四川日报　1963年12月8日3版
更好地反映我们伟大的时代——谈京剧表演现代生活　陈富年等　四川日报　1963年12月8日3版
提高吉剧质量更好地表现现代生活　田耕等　吉林日报　1963年12月11日4版
我们的舞台应当成为宣扬社会主义思想的阵地　丁是娥　光明日报　1963年12月15日3版
为农民兄弟演现代戏　黄承炳　人民日报　1963年12月15日5版
清除资产阶级思想对戏曲的影响　东方明　光明日报　1963年12月24日2版
谈“推陈出新”的三个问题　赵循泊　重庆日报　1963年12月25日3版
反映现实生活——评剧繁荣昌盛的康庄大道　董文等　吉林日报　1963年12月25日4版
今天舞台上的主流应该是现代剧　邓厚昌　文汇报　1963年12月28日4版
现代剧为什么赶不上时代需要？　袁化甘　文汇报　1963年12月28日4版
加强自觉革命，更好地为伟大的社会主义时代服务！　袁雪芬　解放日报　1963年12月29日2版
坚决演好现代戏　常香玉　戏剧报　1964年1月1期26页
戏曲艺术必须推陈出新　惠存　长春　1964年2月号58页
做戏曲革新的促进派　刘艳霞　长春　1964年2月号66页
滇剧艺术要更好地为工农兵服务——看滇剧现代戏有感　村柳　边疆文艺　1964年2月号47页
做一个彻底革命的文艺工作者　吴枫、金素秋　边疆文艺　1964年2月22日3版
提倡现代剧　何明　红旗　1964年2月2、3期58页
让现代剧在舞台上扎根——北京市现代题材剧目的演出周观摩散记　李大珂　文艺报　1964年2月2期18页
提倡反映当前斗争生活的现代剧　田明　广西文艺　1964年2月号27页
为创造社会主义的新京剧而努力　刘文魁　新疆文学　1964年3月号52页
必须用革命的精神演好现代戏　傅君秋　新疆文学　1964年3月号54页
戏曲应积极表演现代戏　魏凯　北京文艺　1964年3月号5页
从现代剧中吸取丰富的思想营养　闻夷　中国青年　1964年3月6期26页
充分反映时代精神努力提高创作质量——省现代戏创作座谈会纪要　本刊　奔流　1964年3月1期14页
现代戏大有可为　林迅武　上海戏剧　1964年3月3期12页
从“唐三千，宋八百”谈起——浅谈对于戏曲推陈出新的理解　方北虹　长江戏剧　1964年4月第2期53页
让戏曲发挥更大教育作用　欣秋　长江戏剧　1964年4月2期50页
突破旧程式演好新人物　孙鹏志　上海戏剧　1964年4月4期9页
要从生活出发　方海如　东海　1964年4月号5页
明确认识深入生活　张艾丁　北京文艺　1964年4月号4页
出社会主义之新　冬生　安徽文学　1964年4月4期114页
为现代剧欢呼　刘荣　山花　1964年4月号62页
一定要搞好现代戏：继往开来，开辟新局面　任桂林　必须努力提高质量　薛恩厚　要像

现代戏，还要像京剧 张梦庚 首先要解决生活问题 李紫贵 要仔细对待艺术形式问题 郑亦秋 戏剧报 1964年5月5期1—6页
关于京剧演现代戏的讨论 戏剧报 1964年5月5期9页
这仅仅是开始（现代戏） 徐鸣策 戏剧报 1964年5月5期16页
在戏曲创作中反映社会主义农村的火热斗争 李希凡 戏剧报 1964年5月5期20页
大力提倡和发展现代剧 刘佩欣 实践 1964年5月5期34页
怎样演好现代戏——演员座谈演好现代戏的体会与感受 高洁等 奔流（戏剧专刊）1964年6月3期59页
在戏曲舞台上为一代新人塑像 余均 北京文艺 1964年6月号46页
京剧现代戏与演员思想的革命化 王衍盈 前线 1964年6月12期3页
向革命的京剧现代戏学习：为京剧革命欢呼（等文章） 舒强、吴雪等 戏剧报 1964年7月7期19—23页
为京剧反映少数民族新生活欢呼 阿金等 戏剧报 1964年7月7期25页
让当代的英雄人物成为戏曲舞台的主人 祝秀璈 戏剧报 1964年7月7期26页
咒骂也是枉然——驳斥帝国主义者、现代修正主义者对我国戏剧工作的诽谤 华夫 文艺报 1964年7月7期2页
京剧舞台上的革命光彩 冯牧 文艺报 1964年7月7期8页
严肃认真，精益求精 郭汉城 文艺报 1964年7月7期11页
工人爱看京剧现代戏 马力、步立 上海戏剧 1964年7月7期25页
向生活学习，演好现代戏 傅全香 上海戏剧 1964年7月7期27页
扩大战果乘胜前进——为全省1964年现代戏会演而作 胡代炜 湖南文学 1964年7月号9页
革命的京剧现代戏好得很（“戏曲史上划时代的大事”等六篇） 赵沨 人民音乐 1964年7月号4页
深入生活，塑造好兄弟民族的妇女形象 关鹔鹴 中国妇女 1964年7月7期14页
杂谈改戏 方海如 东海 1964年7月号64页
创造革命英雄形象是体现时代精神的焦点 李希凡 戏剧报 1964年8月8期31页
热烈欢迎京剧的革命化和群众化——山东大学中文系关于京剧现代戏问题座谈纪要 孟广来等整理 文史哲 1964年8月4期1页
首先在于下去——关于深入生活札记之一 刘翰文 长江戏剧 1964年8月第4期66页
丰富多彩的民族新艺术 赵仙 边疆文艺 1964年8月号54页
京剧现代戏观摩演出的重大成就 路坎 文学评论 1964年8月4期1页
坚决将京剧革命进行到底 李琪 红旗 1964年8月15期27页
用新眼光看新事物——谈评价现代戏的艺术标准 胡复旦 甘肃文艺 1964年8月号62页
决不辜负党和人民的期望 常香玉 戏剧报 1964年9月9期1页
做一个红色的接班人 杨秋玲 戏剧报 1964年9月9期4页
党给了我们淮剧新生命 徐桂芳 戏剧报 1964年9月9期5页
向京剧学习，演好秦腔现代戏 杨令俗 延河 1964年9月号57页
做革命的人演革命的戏 尚长荣 延河 1964年9月号55页
让革命的工农兵形象永作京剧舞台上的主人 冯牧 文艺报 1964年9月8、9期21页
做京剧革命的促进派 薛浩伟 安徽文学 1964年9月8、9期150页
做革命现代剧的“闯将” 易平 奔流 1964年9月4期87页

在新的课题面前——小议戏曲演员深入生活问题 李长胜 安徽文学 1964年9月8、9期144页
把革命现代戏演到底 孙云竹 河北文学（戏剧增刊） 1964年10月4期49页
演一辈子革命现代戏 杨兆力 河北文学（戏剧增刊） 1964年10月4期51页
坚决演好革命的现代戏 韩俊卿 河北文学（戏剧增刊） 1964年10月4期48页
大学毛主席著作大兴“三八作风”——介绍陕西省军区五一剧团政治思想工作的几点经验 王蔼 梁音 戏剧报 1964年10月10期10页
坚持社会主义方向将戏曲革命进行到底 张伟振 北方文学 1964年10号9页
思想、劳动、艺术实践——演好川剧革命现代戏的几点探索 席明真 四川文学 1964年10月号63页
在戏曲舞台上塑造完美的当代英雄形象 李冬生 安徽文学 1964年10月10期148页
坚持演革命现代戏的方向 李忆兰 前线 1964年10月19期11页
责任与期望——为戏曲演现代戏欢呼 杨锐 火花 1964年11月号68页
提高现代戏的演出质量 木子 奔流（戏剧专刊） 1964年11月5期55页
把革命的现代戏坚持到底 林云 广西文艺 1964年12月号58页
投身现实斗争反映现实生活 周信芳 解放日报 1964年1月1日4版
学习沪剧团，创造新人物 赵燕侠 北京日报 1964年1月1日6版
最难忘的一天 常香玉 大众报 1964年1月3日3版
让现代戏之花盛开 本报 山西日报 1964年1月7日3版
推什么样的“陈”出什么样的“新”？——重新学习“百花齐放、推陈出新”方针的体会 范舟 新湖南报 1964年1月8日3版
提倡现代剧 宫言 工人日报 1964年1月14日4版
出社会主义之新——再论大力提倡革命的现代剧（社论） 解放日报 1964年1月15日1版
乘胜前进，创建社会主义时代的新评剧 胡沙 北京日报 1964年1月26日1版
以革命思想演好革命的现代戏 龚世葵 浙江日报 1964年1月29日3版
高举革命红旗发展昆曲艺术 金紫光 北京日报 1964年1月30日2版
河北梆子有条件演好现代戏 李桂云 北京日报 1964年2月2日8版
谈谈推陈出新 包于夫 大众日报 1964年2月2日3版
内容、形式、分工——读李素明同志《我对“分工论”的一些看法》 沙丁 北京日报 1964年2月5日3版
“分工论”能够成立吗？ 王照慈 北京日报 1964年2月5日3版
剧种不同各有侧重 福铮 北京日报 1964年2月5日3版
农村需要革命的现代戏——昌黎县部分基层干部和社员座谈记录 河北日报 1964年2月7日4版
要做真正的红色宣传员——淮剧著名演员筱文艳谈对华东话剧观摩演出的感想 许寅等 解放日报 1964年2月10日5版
大力巩固社会主义戏曲阵地 朱丹南 四川日报 1964年2月17日3版
建设社会主义的新京剧 张梦庚 北京日报 1964年2月22日3版
当好社会主义新戏曲的接班人 肖方云 四川日报 1964年2月23日3版
演什么戏是一个方向问题 杭州杭剧团艺术室 浙江日报 1964年2月23日4版
反映社会主义新时代的现代戏有无限光辉灿烂的前途 金重 云南日报 1964年2月24日

3 版
封建迷信必须清除 晚城 吉林日报 1964 年 2 月 26 日 4 版
提倡现代剧 何明 四川日报 1964 年 2 月 27 日 3 版
深“扎”到生活中去 杨兰春 文汇报 1964 年 2 月 28 日 2 版
深入生活演好新人 马泰 文汇报 1964 年 2 月 28 日 2 版
改造思想感情反映新人新事 丁是娥 文汇报 1964 年 2 月 28 日 2 版
反映现实生活是戏剧发展的广阔道路 雪薇 吉林日报 1964 年 3 月 6 日 4 版
表现新时代反映新生活——天津市现代剧目观摩演出观感 黄秉增 河北日报 1964 年 3 月 7 日 4 版
戏曲现代剧浅谈 刘厚生 人民日报 1964 年 3 月 8 日 5 版
和继红一道成长——我由演《社长的女儿》想到的 任岫云 山西日报 1964 年 3 月 9 日 3 版
农民爱看京剧现代戏——记上海京剧院三团在余姚的一次专场演出 高义龙 文汇报 1964 年 3 月 14 日 2 版
不断革新不断创造努力演好现代戏 长春市京剧团 吉林日报 1964 年 3 月 15 日 4 版
我们在演出现代剧目的大道上前进 薛汉英 内蒙古日报 1964 年 3 月 15 日 4 版
带着现代戏深入第一线 杜金玺 北京日报 1964 年 3 月 17 日 3 版
演赵五婶学赵五婶 严凤英 安徽日报 1964 年 3 月 18 日 4 版
一定要把现代剧演好 李门 羊城晚报 1964 年 3 月 21 日 2 版
我们这一代戏曲演员的责任 姚璇秋 羊城晚报 1964 年 3 月 21 日 2 版
戏剧、时代、人民——谈提倡现代剧的革命意义 胡锡涛 光明日报 1964 年 3 月 22 日 2 版
涉深水者得蛟龙 秉箴 羊城晚报 1964 年 3 月 28 日 2 版
演好现代戏生活是根底——写在《芦荡火种》演出以后 谭元寿 北京日报 1964 年 5 月 16 日 3 版
我们走在大路上……（剧团下乡散记） 李玉茹 文汇报 1964 年 5 月 27 日 4 版
让古老的京剧艺术更好地为社会主义为工农兵服务、京剧界满怀热情严肃认真编演现代戏 人民日报 1964 年 6 月 5 日 2 版
空前大捷（京剧现代戏） 周信芳 北京日报 1964 年 6 月 6 日 3 版
在革命的新事物面前（现代戏） 葛杰 人民日报 1964 年 6 月 6 日 6 版
观摩、学习、提高（现代戏） 葛杰 人民日报 1964 年 6 月 7 日 8 版
从什么出发?（现代戏） 秦犁 人民日报 1964 年 6 月 8 日 6 版
艺术趣味与京剧革命——有感于积升同志的《也谈“末脚年”的问题》 励今朝 旅大日报 1964 年 6 月 8 日 3 版
在京剧舞台上塑造现代英雄人物 云燕铭 光明日报 1964 年 6 月 8 日 4 版
京剧艺术的伟大革命 周信芳 光明日报 1964 年 6 月 8 日 4 版
点头和摇头（现代戏） 葛杰 人民日报 1964 年 6 月 9 日 6 版
深入生活演好现代戏 荀慧生 人民日报 1964 年 6 月 9 日 6 版
祝贺京剧现代戏的好收成 萧长华 光明日报 1964 年 6 月 10 日 4 版
取长补短共同提高——再谈观摩、学习、提高 葛杰 人民日报 1964 年 6 月 10 日 6 版
为创造新的英雄形象而努力 高百岁 光明日报 1964 年 6 月 10 日 4 版
京剧演现代戏大有可为 姜妙香 光明日报 1964 年 6 月 10 日 4 版

从别扭到自然（现代戏） 葛杰 人民日报 1964年6月11日6版
湘剧要为社会主义的工农兵服务 余福星 新湖南报 1964年6月11日3版
京剧与宣传 葛杰 人民日报 1964年6月12日6版
勇往直前坚持不懈（谈京剧现代戏） 马连良 人民日报 1964年6月12日6版
现代戏里见功夫 葛杰 人民日报 1964年6月13日6版
思想、艺术喜丰收——自治区一九六四年戏剧观摩会演测记 本报记者 新疆日报 1964年6月14日3版
文艺为社会主义服务，为工农兵服务——一九六四年京剧现代戏观摩演出大会专辑 张梦庚 北京日报 1964年6月14日3版
各方面热情关怀和支持京剧现代戏让京剧革命新花开得更灿烂 人民日报 1964年6月14日2版
要以战斗的姿态勇往直前（谈京剧现代戏） 李玉茹 光明日报 1964年6月15日2版
英雄有用武之地（现代戏） 乐于时 人民日报 1964年6月16日6版
喜看姹紫嫣红开遍——京剧现代戏观摩演出随感 姜妙香 大公报 1964年6月18日3版
深入生活和艺术创造的一些体会（谈现代戏） 关鹔鹴 光明日报 1964年6月18日3版
在京剧里表现工农兵 谭富英 人民日报 1964年6月19日6版
既改造戏又改造人 萧盛萱 人民日报 1964年6月19日6版
更丰富了，还是更“单调”了（现代戏） 司马长缨 光明日报 1964年6月20日3版
京剧现代戏——社会主义教育的有力武器 李大珂 中国青年报 1964年6月20日4版
京剧发展的康庄大道 徐兰沅 人民日报 1964年6月21日8版
培养工农感情，塑造英雄人物 李荣威 人民日报 1964年6月22日6版
努力学习毛主席著作深入生活与工农兵相结合本报编辑部邀请武汉戏曲界青年演员座谈学习夏菊花的收获 湖北日报 1964年6月23日3版
高举毛泽东思想红旗发展社会主义新豫剧——河南豫剧院三团坚持演现代戏的体会中共河南豫剧院委员会 河南日报 1964年6月23日3版
过好“三关”（现代戏） 尚小云 北京日报 1964年6月23日3版
首先是自己的革命化 俞振飞 人民日报 1964年6月24日6版
抒革命战士之情（现代戏） 尚长荣 人民日报 1964年6月26日6版
改造京剧同时也改造自己——从京剧演员演现代戏中的精神面貌变化谈起 王衍盈 北京日报 1964年6月27日3版
京剧艺术的发展 尚小云 人民日报 1964年6月28日8版
对旦角演现代戏的感想 袁灵云 人民日报 1964年7月4日6版
革命的现代戏使京剧获得新生 蔡正芳 人民日报 1964年7月7日6版
京剧现代戏的启发 叶浅予 人民日报 1964年7月21日6版
京剧重新吸引了我 王芸生 大公报 1964年7月21日3版
反映兄弟民族的斗争生活——京剧现代戏为社会主义服务的光荣任务之一 胡金兆 光明日报 1964年7月22日2版
沿着党指引的方向高歌猛进 高玉倩 人民日报 1964年7月22日6版
京剧艺术革命的盛举——李铁英等赴京观摩归来畅谈观感 郭允昌、韩钟昆 山西日报 1964年7月25日3版
让小型的革命现代戏获得更大的发展 龚啸岚 光明日报 1964年7月26日5版
深入生活塑造英雄人物的体会 张海涛 光明日报 1964年7月26日5版

现代戏演出万岁 许广平 北京日报 1964年7月28日5版

京剧青年演员欢呼京剧现代戏的重大成就听党的话做革命人演革命戏 中国青年报 1964年7月28日1版

参加京剧现代戏观摩演出人员分别座谈交流艺术创作经验深入生活改造思想更好塑造当代英雄形象继承传统大胆创新努力发扬京剧艺术风格 人民日报 1964年7月30日3版

公正的评价响亮的耳光（短评）（现代戏） 人民日报 1964年7月30日3版

革命人爱看革命戏 姜德明、朱宝蓁 人民日报 1964年7月30日3版

熟悉新人，才能演好新人——对旦角演革命现代戏深入生活的几点粗浅认识 耿苓秋 光明日报 1964年7月31日5版

既有革命内容又有京剧风格 史美强 人民日报 1964年7月31日6版

文艺为社会主义服务，为工农兵服务——1964年京剧现代戏观摩演出大会专辑（北京日报邀请北京部分京剧演员座谈摘要）（共9篇） 徐兰沅等 北京日报 1964年8月1日5版

越剧要走革命化的道路 尹树春 甘肃日报 1964年8月2日4版

做革命人演革命戏——谈谈从演包公到演老贫农的思想转变过程 裘素芳 浙江日报 1964年8月5日3版

摆在广东戏剧界面前的一个严重问题 剧协广东分会评论组 羊城晚报 1964年8月6日2版

要演革命戏先当革命人本市京剧演员座谈下连“当兵”的初步体会（附编者的话） 重庆日报 1964年8月6日2版

到革命斗争中去塑造工农兵形象天津市京剧团热烈讨论反映伟大时代精神问题 天津日报 1964年8月10日2版

谈谈演员的阶级感情 杨慧琳 北京日报 1964年8月21日3版

演革命戏做革命人 本报记者、通讯号 新华日报 1964年8月22日4版

戏曲舞台新天地——革命现代戏给芗剧带来的变化 一清 福建日报 1964年8月23日4版

比较完整地解决了京剧演现代戏的问题 郭汉城 光明日报 1964年8月26日2版

京剧工作者必须深入生活 石天 光明日报 1964年8月26日2版

演革命戏做革命人把戏曲社会主义革命进行到底（江苏京剧团座谈会记录摘要） 金少臣 新华日报 1964年9月2日4版

学习、学习、再学习 方荣翔 光明日报 1964年9月8日2版

力争缩短两个距离 刘长瑜 光明日报 1964年9月8日2版

“我有很多话要说” 旺堆 西藏日报 1964年9月10日3版

要演革命戏先做革命人——省京剧团演员等座谈参加一九六四年京剧现代戏观摩演出大会的收获 本报记录整理 青海日报 1964年9月11日3版

奇怪的“分工论” 南干 南方日报 1964年9月15日3版

把京剧革命进行到底 厉慧兰 重庆日报 1964年9月16日3版

作一个社会主义的演员 厉慧森 重庆日报 1964年9月20日3版

深入宣传贯彻京剧现代戏观摩演出大会精神（社论） 黑龙江日报 1964年9月21日1版

台上演戏和台下做人 杨满仓 山西日报 1964年9月24日2版

高举毛泽东思想伟大红旗把戏曲革命坚决进行到底本市一年来大演革命现代戏取得显著成绩 重庆日报 1964年9月27日1版

要像江姐那样生活和战斗——演江姐学江姐的一点体会　许倩云　重庆日报　1964年9月27日3版
我演现代戏的思想变化　杨素芬　山西日报　1964年9月28日2版
深入工农兵加速自我改造　纪玉良　解放日报　1964年9月29日6版
在革命化的大道上勇往直前　丁是娥　解放日报　1964年9月29日6版
演一辈子革命现代戏　筱文艳　解放日报　1964年9月29日6版
塑造我们时代的英雄形象　江俊　解放日报　1964年9月29日6版
认清方向，坚决演好革命现代戏　李仲林　文汇报　1964年9月30日5版
永远做革命派　童芷苓　文汇报　1964年9月30日5版
立志做一个革命人　赵燕侠　文汇报　1964年9月30日5版
演一辈子革命的现代戏　宋玉成　人民日报　1964年10月1日16版
喜在心头　马连良　北京日报　1964年10月1日7版
我们得到了新生　阿玛次仁述，胡铵记　西藏日报　1964年10月6日3版
革命的现代戏促进了演员的革命化　欣秋　湖北日报　1964年10月14日3版
努力塑造工农兵英雄形象　王鸣秋　新疆日报　1964年10月20日3版
坚决演好为工农兵服务的现代戏　杜近芳　人民日报　1964年10月28日6版
坚持毛主席文艺方向贯彻领导专家群众三结合创作方法的结晶京剧《奇袭白虎团》演出水平大为提高　大众日报　1964年10月29日1版
大看革命现代戏　阮露　人民日报　1964年10月30日6版
祝昆剧乘胜前进　吴天　羊城晚报　1964年11月5日2版
文艺必须为工农兵服务为社会主义服务——西藏文艺工作者座谈纪要　人民日报　1964年11月12日6版
我们热爱革命的现代戏——工农兵评戏座谈会发言摘录　江西日报　1964年11月12日3版
戏曲要更好地反映兄弟民族的生活和斗争　杨慧琳　人民日报　1964年11月15日5版
深入生活，改造思想，演好革命现代戏　昭通专区演出团　云南日报　1964年11月16日3版
努力塑造革命英雄形象　红河哈尼族彝族自治州演出团　云南日报　1964年11月16日3版
贯彻党的文艺方针按毛主席的思想办事——编演革命现代戏的一些体会　温江专区农村文化工作队　四川日报　1964年11月16日3版
毛泽东思想是指路明灯——赣州市越剧团演员赵惠芳谈学习毛主席著作、深入生活的体会　黄敬辉　晓渡　江西日报　1964年11月18日3版
大编大演革命现代戏热情上山下乡为工农兵服务我省戏剧战线出现大好革命形势　黑龙江日报　1964年11月22日1版
我们农民的祝贺和愿望——写给参加全省现代戏观摩演出大会的戏剧工作者　昆明市官渡区福海公社河北大队　云南日报　1964年11月23日3版
为现代戏观摩演出的胜利而欢呼　昆明市部队战士业余文艺演出团　云南日报　1964年11月23日3版
立志演好革命现代戏　刘湘岚　黑龙江日报　1964年11月28日2版
宣传革命现代剧请工农兵评戏定西专区积极促进革命现代剧发展　甘肃日报　1964年12月1日2版

工农兵热烈欢迎革命现代戏（哈尔滨市部分工农兵观众座谈会） 黑龙江日报 1964年12月2日4版
在劳动的熔炉中冶炼 张桂秋 吉林日报 1964年12月2日3版
演革命戏做革命人 陈正岩 吉林日报 1964年12月9日3版
进一步繁荣现代戏创作巩固和扩大现代戏阵地省文化局召开剧目工作座谈会 河南日报 1964年12月11日1版
坚持政治挂帅，写好演好革命的现代戏 谢福生 江西日报 1964年12月11日3版
革命的现代戏鼓舞我们 陈自浪 江西日报 1964年12月19日3版
我们喜欢看革命的现代戏 喻水根 江西日报 1964年12月19日3版
学习江姐做个革命的演员 黄美蓉、王玉霞 云南日报 1964年12月23日3版
批判那沙同志关于戏曲工作的错误观点 徐寿凯等 安徽日报 1964年12月24日4版
《戏剧报》的颂古非今倾象 欧阳靖 戏剧报 1965年1月1期18—22页
认真学习，继续前进 赵燕侠 戏剧报 1965年1月1期30页
开始尝到了深入生活的甜头 陈伯华 戏剧报 1965年1月1期32页
应当严肃认真地对待现代戏的演出 彦青 戏剧报 1965年1月1期42页
做革命人演革命戏 李安恒 北方文学 1965年1月号64页
谈京剧的彻底革命——从安徽省京剧现代戏观摩演出想到的几个问题 徐味 江淮评论 1965年2月1期17页
要演革命戏先做革命人 筱文艳 中国妇女 1965年3月3期33页
在戏剧舞台上塑造更光辉的工农兵英雄形象 袁渊 奔流（戏剧专刊） 1965年5月2期68页
努力塑造社会主义时代的英雄形象——华东六省戏曲现代戏优秀剧目轮流演出观摩札记 胡锡涛 戏剧报 1965年6月5期45页
努力创造工农兵的英雄形象——戏剧观摩札记 李庆番 河北文学 1965年6月号59页
从内蒙古实际出发更好地发展我区社会主义新戏曲——全区革命现代戏观摩演出会 学习笔记 奎曾 实践 1965年6月6期29页
在生活中磨炼思想感情——深入部队、农村生活札记 关鹔鹴 戏剧报 1965年7月6期35页
京剧革命好得很!（三篇） 刘文江等 戏剧报 1965年7月6期9页
日新月异的戏剧舞台 本刊评论员 文艺报 1965年8月8期10页
让京剧现代戏在农村扎根 四川省乐山专区京剧团 戏剧报 1965年9月9期6页
小戏下乡好处多 安徽省金寨县黄梅戏剧团 戏剧报 1965年9月9期7页
小型革命现代戏是面向农村的“轻骑捷旅”——参加中南区戏剧观摩演出大会学习小札 孙家富 武汉大学学报（人文科学） 1965年9月3期19页
关于戏剧为农民服务的问题 江俊峰 学术月刊 1965年10月号29页
中南戏剧工作的新面貌 联抗 人民音乐 1965年10月5期37页
农民欢迎革命小戏 文文宣 红旗 1965年11月12期35页
毛泽东思想的伟大胜利党的文艺方针的伟大胜利华东地区一年来革命现代戏曲获丰收 解放日报 1965年1月2日1版
做硬骨头的京剧演员 宋玉庆 光明日报 1965年1月2日2版
幸福感和责任感 孙正阳 新民晚报 1965年1月2日2版
立志在舞台上演好工农兵 傅全香 新民晚报 1965年1月3日2版

我要演一辈子革命现代戏　宋玉庆　文汇报　1965年1月8日4版
一定要做工农兵的代言人　筱文艳　文汇报　1965年1月8日4版
端正文艺方向认真自我改造　陈伯华　文汇报　1965年1月8日4版
在省地方戏曲革命现代戏观摩演出大会上小型革命现代戏获得丰收（附短评：面向工农兵提倡小型戏）　大众日报　1965年1月8日1版
省地方戏曲革命现代戏观摩演出人员交流艺术革新经验探讨革新表演程式演好革命现代戏问题　大众日报　1965年1月9日2版
听贫下中农评戏　黄文锡　光明日报　1965年1月12日4版
革命戏与革命人　林婴　安徽日报　1965年1月13日4版
坚持演革命的现代戏　高洁　人民日报　1965年1月14日6版
把京剧革命进行到底　宋玉庆　人民日报　1965年1月14日6版
在革命的道路上前进——记青年演员蔡正芳（附短评：可贵的革命决心）　姚文华　陕西日报　1965年1月15日3版
贫下中农积极要求看革命现代戏——远安洋坪公社、双路大队贫农下中农座谈纪要　张宗华　湖北日报　1965年1月25日2版
深入工农兵，演好革命现代戏　董少波　广西日报　1965年1月29日4版
巨大的鼓舞有力的鞭策（江西省戏曲现代戏汇报演出团演出的体会）　黄宗林　江西日报　1965年1月31日3版
乘东风，扬鞭前进！　袁世海　羊城晚报　1965年2月15日2版
高举毛泽东思想红旗坚持为工农兵服务方向我省戏剧工作者大编大演革命现代戏　四川日报　1965年2月23日3版
树立雄心壮志，演好革命现代戏　袁世海　南方日报　1965年2月25日3版
为群众演戏向群众学习——西宁市秦剧团演员座谈下乡演出收获　青海日报　1965年3月4日3版
向革命化大步迈进　西宁市秦剧团　青海日报　1965年3月4日3版
学习中国京剧院的革命精神　文觉非　南方日报　1965年3月4日3版
变——深入生活的一些体会　谷音　北京日报　1965年3月5日3版
向劳动人民学习一辈子　筱文艳　文汇报　1965年3月8日4版
在革命的熔炉里——锦州市京剧团下连当兵一月记　本报记者　辽宁日报　1965年3月9日3版
粤剧为什么编不出《红灯记》　潘福洪　南方日报　1965年3月11日3版
从严要求演好革命现代戏　罗品超　南方日报　1965年3月11日3版
向粤剧工作者提出三点意见　余振唐　南方日报　1965年3月11日3版
时代的要求群众的要求——看京剧现代戏汇演有感　韬光　辽宁日报　1965年3月13日3版
坚持高标准演好现代戏　童芷苓　解放日报　1965年3月16日3版
坚持京剧革命，努力为社会主义服务　谢国祥　天津日报　1965年3月18日2版
深入生活改造思想演好革命现代戏（河南省京剧团）　吴茂祥　河南日报　1965年3月18日3版
为工农兵英雄人物塑像——看辽宁省一九六五年京剧现代戏汇演　单宇　辽宁日报　1965年3月19日3版
为了吕剧革命化　郎咸芬　解放日报　1965年3月24日5版

工农兵观众欢迎什么戏？ 张哲 吉林日报 1965年3月28日3版
开门排戏好 达葛 北京日报 1965年3月31日6版
上山以后（附短评：改造和创造） 黄美蓉 云南日报 1965年5月10日3版
在艺术实践中坚持政治标准第一 丁是娥 文汇报 1965年5月11日4版
做京剧革命的促进派 梁一鸣 黑龙江日报 1965年5月17日4版
向工农兵学习努力塑造工农兵英雄形象 梁一鸣（京剧演员） 辽宁日报 1965年5月24日3版
为革命而演戏 谭元寿 解放日报 1965年5月30日5版
京剧革命中比学赶帮 邵锡 文汇报 1965年6月7日4版
开门排戏（附短评：有意义的尝试） 傅晓 云南日报 1965年6月10日3版
演好革命戏先做革命人——记武汉市京剧团演员高盛麟两次下连队当兵 中共武汉市京剧团总支 湖北日报 1965年7月2日4版
向农村进军——我区代表团参加中南区戏剧观摩演出大会侧记之一 本报记者 广西日报 1965年7月10日3版
坚持劳动锻炼，彻底改造自己，做革命的文艺战士 陈伯华 湖北日报 1965年7月14日3版
劳动是兴无灭资的熔炉（附短评：树戏和树人） 移风河北梆子剧团 天津日报 1965年7月15日2版
一专多能就是好！ 衡山县花鼓剧团 湖南日报 1965年7月20日3版
北昆同志当兵记 吴万夫 北京日报 1965年7月24日3版
要演革命戏，先做革命人，常香玉、红线女、罗品超、张建军等交流戏曲表演经验 羊城晚报 1965年7月24日1版
人变，戏变，台风变——记社教运动中的晋东南戏曲工作者 连治水等 山西日报 1965年7月28日3版
决心苦练三过硬本领，促进戏剧艺术新发展，青年演员畅谈演现代戏体会 羊城晚报 1965年8月4日1版
关键在人的思想革命化 彭俐侬 湖南日报 1965年8月8日2版
争取做贫下中农的贴心人 青海平弦实验剧团 光明日报 1965年8月10日2版
初次进山受到锻炼 夏韵秋（京剧演员） 云南日报 1965年8月11日3版
把革命现代戏送到农村去 孙望权 文汇报 1965年8月13日1版
谈争夺阵地（现代戏） 文之蒙 湖南日报 1965年8月19日2版
晒黑了脸，炼红了心 渑池县豫剧团 河南日报 1965年9月19日3版
农民喜爱小型革命现代戏（中南区戏剧观摩下乡节目汇报演出） 沈容 人民日报 1965年9月22日6版
学习毛主席著作演好革命现代戏 马惠君 天津日报 1965年9月25日4版
忠心耿耿为农民——介绍四川省戏剧革命和戏剧队伍革命化的几个事例 盖边 云南日报 1965年10月11日3版
农民喜爱小型革命现代戏 沈容 羊城晚报 1965年10月11日2版
革命的戏剧百花开——向西南区话剧、地方戏观摩演出大会学习的心得 中国人民解放军总政治部文化部观摩团 四川日报 1965年10月12日3版
面向农村，搞好革命现代小戏——中南区戏剧观摩下乡节目来京演出观后感 杨明远 北京日报 1965年10月17日3版

改造了思想，提高了艺术——中南区在京汇报演出的部分演员座谈下乡体会　人民日报　1965年10月23日6版
明方向、树信心、乘胜前进——参加西南区话剧、地方戏观摩演出大会点滴体会　李衡　重庆日报　1965年10月27日3版
"三结合"是繁荣创作的好方式（文艺短评）　人民日报　1965年11月19日6版
从演帝王将相到演工农兵　钱浩梁　人民日报　1965年12月12日2版
把革命的铜锣敲得更响　凌国康　戏剧报　1966年1月1期19页
用革命精神演革命戏（演员手记）　常香玉　戏剧报　1966年2月2期38页
不演"公子""书生"，要演革命英雄　尹桂芳（福建省越剧团）　戏剧报　1966年3月3期26页
我在清洁队跟班劳动　魏荣元（评剧演员）　戏剧报　1966年3月3期35页
突出政治，加速剧团革命化——来稿综述　河北文学（戏剧增刊）　1966年4月2期40页
学习毛主席著作，做一个革命的演员　周爱云（辉县豫剧团演员）　奔流（戏剧专刊）　1966年4月2期124页
彻底批判三棵反党反社会主义的大毒草　楚孜思　小剧本　1966年5月总47期24页
读一辈子毛主席的书演一辈子革命现代戏　杨桂仙（赣剧演员）　江西文艺　1966年6月号74页
总路线不许污蔑，革命的舞台不许玷污　傅二双（涉县平调落子剧团）　河北文学（戏剧增刊）　1966年7月第3号84页
在思想革命的激流中　杜近芳　光明日报　1966年1月8日4版
放下架子，迈出新的一步　傅全香　文汇报　1966年1月30日4版
毛主席的思想照亮了我——谈谈我演革命现代戏的体会　常香玉　人民日报　1966年2月11日6版
听毛主席的话，到工农中去　尹桂芳（福建省越剧团团长）　福建日报　1966年3月8日2版
最干净的还是工人农民　徐玉兰（上海越剧院演员）　文汇报　1966年3月13日1版
到工农兵中去，为工农兵服务　任宝华（阜阳专区梆剧团演员）　安徽日报　1966年4月9日3版
听话要听毛主席的话　王少伯（黑龙江牡丹江市评剧团演员）　光明日报　1966年6月11日4版
戳穿周扬反革命阴谋，把京剧革命进行到底　中国京剧院《红灯记》演出组部分青年演员　光明日报　1966年7月16日4版

戏曲改革的理论与实践

（一）认识论与方法论

（批判继承遗产、戏曲化、现代化等）

改革旧剧工作上几个问题　焦菊隐　大众影剧　1949年6月18日总1期第10页
改革旧剧的第一步　梦庚　大众影剧　1949年6月25日总2期第2页
我对于改革平剧的意见　陈永玲　大众影剧　1949年6月25日总2期第16页
彻底改革旧剧坚决克服困难　丁元　大众影剧　1949年9月17日总5期第10页
关于旧剧改造（批评）　村夫　文艺报　1949年12月10日1卷6期14—15页
艺术的道路　田汉　新民报　1949年10月30日3版
谈旧剧改革问题（京剧）　王子辉　浙江日报　1949年11月17日6版
谈旧剧改新二三事　王子辉　浙江日报　1949年11月22日6版
向旧剧改革前途迈进——记梅兰芳离京前夕津市戏曲工作者协会座谈会　何迟、华粹梁、言慧珠、阿英等　天津日报　1949年11月30日4版
关于旧剧改革　罗青　人民日报　1949年12月4日5版
旧剧改革问题　周信芳　戏剧新报　1950年1月合订本第5册
改革旧剧从什么入手　马彦祥　新建设　1950年1月15日1卷10期8—9页
大竞赛，大改革　伊兵　戏曲报　1950年2月18日1卷1期3页
改造旧剧必须保留原有菁华　英郁　戏曲报　1950年2月18日1卷1期8页
有计划有步骤地进行旧剧改革工作　人民日报（社论）　戏曲报　1950年3月11日1卷3期8页
剧改工作中的几个问题　士虹　戏曲报　1950年3月11日1卷3期12页　戏剧新报1950年3月合订本第7册
谈旧剧形式的改造　王班　戏曲报　1950年3月25日1卷5期6页
对改革旧剧工作几个问题的商榷　申伸　河北文艺　1950年3月1日总5期7—8页
怎样做戏改工作　田汉　人民戏剧　1950年4月1卷1期6页1卷2、3期25页
关于旧戏改造的几小点　欧阳予倩　人民戏剧　1950年4月1卷1期23页
记戏曲改进座谈会　田汉　人民戏剧　1950年4月1卷1期42页
略谈戏曲改革　马少波　戏剧新报　1950年4月合订本第8册
旧剧的改革　周扬　戏剧新报　1950年4月合订本第8册
改革旧剧后的演出困难问题　斯洪　戏曲报　1950年4月29日1卷10期15页
迷恋旧的还是创造新的　伊兵　戏曲报　1950年5月6日1卷11期5页
戏曲形式改造诸问题　英郁　戏曲报　1950年5月13日1卷12期4页
改革戏曲的几个问题　丁涛　戏曲报　1950年5月13日1卷12期12页
关于旧戏改造的几小点　欧阳予倩　戏剧新报　1950年5月合订本第9册
一年来剧改工作的检讨　本报社论　戏剧新报　1950年5月合订本第9册
改革旧制度（艺人学习课本）　本报　戏曲报　1950年6月10日2卷4期68页
关于旧剧改革的我见　虞棘　山东文艺（创刊号）　1950年6月15日1卷1期16—17页
旧剧改革中的几个问题　裴东离　戏剧新报　1950年9月合订本第13册

戏剧改革问题座谈会　本社　北京文艺　1950年9月创刊号38—42页
对“剧改工作中的几个问题”的商榷　应毅　戏曲报　1950年10月5日3卷4期388页
剧改工作中的几个问题　陈易　戏曲报　1950年10月5日3卷4期389页
关于戏改工作的一些初步意见　夏衍　戏曲报　1950年10月20日3卷5期405页
一年来戏改工作答问　田汉　戏剧新报　1950年10月合订本第14册
关于旧剧改革的若干问题　熊复　长江文艺　1950年11月1日3卷4期1—5页
对于戏曲改进工作应有的认识　马健翎　西北文艺　1950年11月第1卷2期16—20页
对今后剧改工作的几点意见　崔嵬　戏剧新报　1950年12月合订本16册
从戏曲源流谈到戏曲的改革　孙楷第　戏剧新报　1950年12月合订本16册
略谈戏改问题　老舍　文艺报　1950年12月10日3卷4期14—15页
艺人谈感想——一年来旧剧改革有哪些进步？　李伯悌　天津日报　1950年1月1日8版
展开群众性的旧剧改革运动　李伦　文汇报　1950年2月12日3版
略谈戏曲改革　马少波　人民日报　1950年3月5日5版
搞好旧剧改革工作　黄宁婴　南方日报　1950年4月9日5版
关于中国旧剧下降的原因　何其芳　人民日报　1950年4月16日5版　文汇报　1950年4月19日
谈谈改造旧剧工作　易风　山西日报　1950年4月17日3版
旧剧的表现形式与现代题材　慕家　新民报　1950年5月29日3版
剧改工作中的几个问题　陈易　浙江日报　1950年9月5日3版
把戏改工作提高一步　马少波　文汇报　1950年10月1日13版
新戏与旧制　马彦祥　文汇报　1950年10月7日5版
关于戏曲改革的拥护和希望　文微夫　新华日报　1950年11月26日4版
迎接新年，掀起戏改工作的爱国主义大竞赛　本报　戏曲报　1951年1月5日3卷10期599页
关于接受遗产　王朝闻　人民戏剧　1951年3月1日2卷6期16页
拥护戏曲改革政策　本社　人民戏剧　1951年5月10日3卷1期9页
旧剧改革运动中的历史剧问题　杨绍萱　新戏曲　1951年6月2卷2期5—6页
戏曲发展的新情况　任桂林　新戏曲　1951年6月2卷2期9—10页
一年来的戏曲改革工作　本刊社论　新戏曲　1951年10月1日2卷5期1—2页
论戏曲改革的历史剧和故事剧问题——从《天河配》谈起　杨绍萱　新戏曲　1951年10月1日2卷5期16—17页
论戏曲改革中的历史剧和故事剧问题　杨绍萱　人民戏剧　1951年10月10日3卷6期40页
地方戏应该反映现代生活　本刊综合报导　文艺报　1951年10月25日5卷3期（总51）25页
一九五一年的戏曲改革工作和存在的问题　马彦祥　新戏曲　1951年11月20日2卷6期1—4页
反对戏曲改革中的主观主义公式主义　何其芳　人民戏剧　1951年12月10日3卷8期37页
重视戏曲改革工作　社论　人民日报　1951年5月7日1版
政务院关于戏曲改革工作的指示　人民日报　1951年5月7日1版
对戏曲改革中的反历史主义倾向应展开批评　人民日报　1951年10月14日3版

加强戏曲改革工作 短论 江西日报 1951年10月18日3版
旧剧改革和艺人生活 杨绍萱 大公报 1951年11月3日5版（本文为杨绍萱同志新著“旧剧改革运动中的历史剧问题”中的一节，原载“新戏曲”二卷二期）
应该注意纠正戏曲改革中的反历史主义倾向 人民日报 1951年11月9日3版
反对戏曲改革中的主观主义、公式主义 何其芳 人民日报 1951年11月16日3版
谈戏曲改革的重点问题 马彦祥 大公报 1951年12月1日6版
批判杨绍萱在戏曲改革中的反历史主义倾向（本报读者来信综述） 人民日报 1951年12月5日6版
重视地方戏曲改革工作 徐汲平 戏曲新报 1952年6月25日144、145期合刊5页
把戏曲改革工作向前推进一步——祝第一届全国戏曲观摩演出大会开幕 社论 文艺报 1952年10月10日总72期5—6页
加强团结，做好戏曲改工作 陈荒煤 文艺报 1952年10月10日总72期25—29页
谈戏曲艺术的改革 吴天保 文艺报 1952年10月25日总73期21页
加强团结，做好戏曲改革工作——在中南区第一届戏曲观摩会演大会中的发言 陈荒煤 长江文艺 1952年11月1日总46期46—50页
改革和发展民族戏曲艺术——1952年11月14日在第一届全国戏曲观摩演出大会上的总结报告 周扬 文艺报 1952年12月25日总77期3页
戏曲遗产中的现实主义——“发扬戏曲遗产中的现实主义传统”之一 光未然 文艺报 1952年12月25日总77期9—11页
地方戏曲表现现代生活的问题 徐风 文汇报 1952年1月7日副页4版
谈戏改工作中的反历史主义 梦庚 新民报 1952年1月21日7版
争取戏改事业进一步发展 梅兰芳 文汇报 1952年5月23日7版 光明日报 1952年5月24日3版
站稳立场进行戏曲改革工作——对业余艺术学校戏曲部的报告 王亚平 新民报 1952年6月14日6版
改革和发展民族戏曲艺术——在第一届全国戏曲观摩大会上的总结报告 周扬 人民日报 1952年12月27日3版
怎样继承民族戏曲遗产的优良传统 刘尚达 西北文艺 1953年1月总28期9—11页
沿着戏曲遗产的现实主义轨道前进——关于戏曲的民间传统与历史题材的创作与改编问题 光未然 文艺报 1953年1月30日总79期20—23页
要用积极的态度对待戏曲改革工作 丁诺 文艺报 1953年4月30日总85期30—31页
戏曲遗产中的现实主义——“发扬戏曲遗产中的现实主义传统”之一 光未然 光明日报 1953年1月3日3版
改革和发展民族戏曲艺术——在第一届全国戏曲观摩大会上的总结报告 周扬 文汇报 1953年1月5、6日7版
对戏曲改革工作的几点意见 赵剑秋 大众日报 1953年3月18日3版
正确对待祖国的戏曲遗产 刘山、刘万仁 宁夏日报 1953年5月30日3版
防止戏曲改革中的保守观念 康工弟 四川日报 1953年7月14日3版
尊重戏曲遗产，进一步提高戏曲改革工作 王力明 东北日报 1953年9月6日3版
巩固并扩大戏曲改革工作的成绩 马彦祥 人民日报 1953年10月14日3版
关于戏曲改革工作的几个问题 姜甬 东北日报 1953年10月15日3版
贯彻执行戏曲改革政策 述评 新黔日报 1953年12月20日3版

戏改杂谈二则　马仪　西南文艺　1954年10月号70—71页
戏曲的艺术改革问题的初步讨论　记者　戏剧报　1954年11月11期9页
关于戏曲艺术改革的一些感想　李纶　戏剧报　1954年11月11期11页
谈“粗暴”和“保守”　老舍　戏剧报　1954年12月12期10页
我对戏曲艺术改革的看法　赵树理　戏剧报　1954年12月12期31页
必须加强戏曲改革工作　本报　吉林日报　1954年4月3日4版
尊重戏曲遗产，提高戏曲改革工作（省第一届戏曲观摩演出大会闭幕词等）　社论　大众日报　1954年8月24日3版
更多地创作和演出新的戏曲　丁敏欧　江西日报　1954年10月22日3版
反对保守思想，加强戏曲改革　陶钝　大众日报　1954年12月19日3版
我希望通过实践找出改革的道路　张云溪　戏剧报　1955年1月1期40页
关于戏曲的艺术改革问题的讨论　璧厚　文艺报　1955年2月15日本年3号总127期37—38页
扶植新生事物（谈戏曲改革）　方熠　文艺报　1955年2月15日总127期38—39页
略谈对待戏曲遗产的态度问题　宋谋玚　戏剧报　1955年2月2期35页
京剧艺术改革不能离开它的特殊样式　宗劬采　戏剧报　1955年3月3期36页
胡风对民族戏曲的虚无主义态度　刘念渠　戏剧报　1955年4月4期15页
进一步剔除戏曲中的封建糟粕　王玉山、赵伯超　内蒙古日报　1955年3月26日4版
戏曲应努力表现新生活　黎耶　山西日报　1955年12月10日3版
观众不欢迎反映现代生活的戏曲吗？　柏繁　剧本　1956年2月总48期8页
从“一出戏救活了一个剧种”谈起　人民日报社论　戏剧报　1956年6月总30期4页
积极挖掘戏曲遗产　刘毓中、孟小云等　西安戏剧　1956年9月10日总31期5—7页
反对用教条主义的态度来“改革”戏曲　张庚　文艺报　1956年9月30日本年18号总164期14—19页
我对挖掘戏曲遗产的认识　民众剧社马双枝　西安戏剧　1956年10月25日总34期5—6页
生搬硬套，危害非浅——对轻视戏曲艺术遗产倾向的批判　白云生　北京文艺　1956年10月总18期4—6页
戏曲艺术革新不能脱离传统　社论　戏剧报　1956年11月总35期4页
谨慎地继承戏曲遗产　伊兵　剧本　1956年11月总57期81—83页
谈戏改工作中的清规戒律　实话　陕西日报　1956年7月15日3版
发扬戏曲艺术传统，做好戏曲革新工作　高云梯　黑龙江日报　1956年12月19日3版
试谈戏曲艺术的继承和发展　龚啸岚　湖北文艺　1957年1月总108期29—30页
漫谈“向传统学习”　饮水　文艺月报　1957年1月总49期36—37页
我对尊重传统继承遗产的体会　吴天保　戏剧报　1957年4月26日总44期15页
听了毛主席的报告的几点体会（对戏剧改革发表意见）　欧阳予倩　人民日报　1957年3月19日7版
戏剧家田汉在西安谈戏改工作　陕西日报　1957年4月30日5版
戏曲编剧在表现现代生活方面的问题　张庚　戏曲研究　1958年1月1期1页
戏曲研究工作中的两条道路和两种方法（中国戏曲研究院务虚阶段的小结）　张庚　戏曲研究　1958年7月3期9页
戏曲表现现代生活的状况和问题　晏甬　戏曲研究　1958年7月3期16页

周杨同志谈戏曲表现现代生活问题 戏剧报 1958年8月15期6页 戏曲研究 1958年9月第4期4页
坚决继承，大胆创造——现代戏编剧继承与发展传统的几个问题 郭汉城 戏曲研究 1958年9月第4期23页
再论生活的真实和戏曲表演艺术的真实——关于现代对继承传统和发扬传统的问题 阿甲 戏曲研究 1958年9月第4期35页
“旧曲沿用”与表现现代生活 李兆鸿 四川戏曲 1958年11月10日第2期12页
谈戏曲现代剧舞台艺术上的继承和创造 陈幼韩 戏剧论丛 1958年11月第4期131页
要重视现代剧，也不能轻视历史剧和传统艺术 陈明华等 西安戏剧 1958年11月第21期总82期15页
新的时代新的要求——关于戏曲表现现代生活的一些技术性问题 刘修 西安戏剧 1958年12月第24期总85期3页
要突破陈规创造新的规律——谈一点秦腔音乐改革问题 张晋元 西安戏剧 1958年12月第24期总85期11页
戏曲表现现代生活的几个问题——中国戏曲研究院副院长罗合如在大会上的专题报告 陕西戏剧 1958年12月创刊号3页
在传统的基础上创造最新最美的戏剧艺术 欧阳予倩 人民日报 1958年10月6日7版
运用传统程式表现现代生活的点滴尝试 龚业珩 湖南戏剧 1959年1月总2期17页
继承传统，突破传统——观摩学习笔记 行健 西安戏剧 1959年1月15日元月号10页
研究新问题可以适当借鉴传统经验 张庚 剧本 1959年1月22日1期22页
新的时代新的要求——关于戏曲表现现代生活的一些技术性问题 刘修 戏剧报 1959年2月第4期5页
借鉴与创造 肖然 四川戏曲 1959年3月10日第6期6页
有继承才有发扬 王朝闻 戏剧战线 1959年3月号总9期3页
从当前戏曲实践来看古典艺术的继承与革新问题 中文系二年级群众文艺专题调查小组 复旦 1959年5月5期32页
谈展开百家争鸣（戏剧理论批评工作） 靖林 长江戏剧 1959年7月总2期4页
不该乱改 周仲春 戏剧战线 1959年9月号总15期26页
学习遗产中的点滴体会 马琳 戏曲音乐 1959年9月9期13页
戏曲音乐现实主义的发展问题 夏白 文汇报 1959年7月28日3版
如何继承文学遗产——从《桃花扇》的改编谈起 肖润华 陕西戏剧 1960年1月总11期8页
戏曲应该超迈古人的成就而不断前进——就戏曲遗产估价问题与张庚同志商榷 朱卓群 戏剧报 1960年1月1期34页
高举毛泽东文艺思想旗帜，正确地对待戏曲传统 马少波 前线 1960年2月4期16页
热情辩——评张庚同志对革命的浪漫主义的一个看法 钱江潮 戏剧报 1960年3月6版25页
“推陈出新”与正确对待戏曲的遗产——并评张庚同志的若干论点及其他 李寅 戏剧报 1960年4月7期22页
两点商讨（关于“推陈出新”的讨论） 朱卓群 戏剧报 1960年5月9期30页
试论戏曲表现现代生活和继承戏曲艺术传统问题 马彦祥 戏剧报 1960年5月10期4页
坚持毛泽东文艺思想，正确估价戏曲遗产 田夫 江苏戏曲 1960年5月号总第14期

57页
高举毛泽东文艺思想旗帜，正确对待戏曲传统　马少波　陕西戏剧　1960年5月总15期29页
大力开展戏曲艺术革新运动　江萍　山西戏剧　1960年5月总1期4页
反对迷信，反对保守，反对歪曲——驳袁嵘同志的错误观点　曲六乙　戏剧战线　1960年6月号总24期56页
关于戏曲艺术革新的讨论　戏剧报　1960年6月12期24页
努力革新，使戏曲音乐更好地为社会主义建设服务　左一民　音乐研究　1960年6月3期45页
从锡剧《珍珠塔》的整理谈对正确估价戏曲遗产的认识　谢方松　江苏戏曲　1960年7月号总第16期46页
坚持毛泽东文艺思想　正确估价戏曲遗产（续完）　田夫　江苏戏曲　1960年7月号总第16期50页
漫谈继承传统和表现现代生活　杨波　福建戏剧　1960年7月20日第7期10页
对批判地继承传统的认识　郑奕奏　福建戏剧　1960年9月第9期3页
不能割断历史去估价戏曲遗产——对陆意同志文章的几点不同看法　葛士良　江苏戏曲　1960年10月号总第19期51页
正确对待戏曲音乐的推陈出新　马可　人民音乐　1960年10月号27页
必须批判地继承历史遗产　应青　江苏戏曲　1960年11月号总第20期35页
坚持戏曲工作的不断革命精神——驳张庚同志“反对用教条主义态度来‘改革’戏曲”一文中的若干论点　刘皓然　戏剧报　1960年11月22期27页
戏曲必须不断革新（社论）　人民日报　1960年5月15日7版
继承传统并发扬传统　欧阳予倩　光明日报　1960年8月13日3版
认真继承传统大胆革新创造　范凌霄　光明日报　1960年12月20日2版
戏曲艺术形式的继承和创造——就正于马科、马彦祥同志　巴地　戏剧报　1961年3月5期24页
论整理戏曲遗产的工作　本刊评论员　戏剧报　1961年5月9、10期1页
谈继承戏剧遗产　诸葛文谦　上海戏剧　1961年6月6期2页
对于戏曲传统，既要继承，又要革新　杜希唐　奔流　1961年9月号37页
认真整理传统剧目努力培养新生力量江苏昆剧团继承传统发扬传统　解放日报　1961年7月3日2版
对继承和发扬戏曲遗产的浅见　陈曦　新湖南报　1961年9月13日3版
更好地挖掘整理戏曲遗产　评论　福建日报　1961年12月5日4版
推陈出新继往开来——谈地方小戏的继承与革新　江萍　山西日报　1961年12月11日3版
探讨民间小戏继承与革新问题——我省戏曲工作者集会座谈　山西日报　1961年12月9日3版
正确对待戏剧艺术遗产　延泽民　黑龙江日报　1962年2月15日3版
对目前继承传统讨论的浅见——兼及“三关排宴”讨论中的某些问题　天生　山西日报　1962年5月5日3版
继承传统大胆创新　袁玉坤　重庆日报　1962年7月18日3版
我省当前戏曲改革中的几个问题　罗仁佐　山西日报　1962年8月7日3版

抛砖引玉——谈谈继承传统等问题　崔兰田　河南日报　1962年8月19日3版
戏曲传统的继承和革新　晏甬　广西戏剧通讯　1963年1月4期2页
浅谈戏曲演现代戏　椏子　火花　1963年6月号54页
论戏剧改革　吴南星　前线　1963年6月12期16页
关于“推陈出新”讨论中的几个问题　何慢　上海戏剧　1963年6月6期31页
对戏曲表现现代生活的一些看法　管见　四川文学　1963年7月号71页
演新内容，创新形式　常香玉　文艺报　1963年8月11期24页
前辈艺人努力革新的启示　徐兰沅　戏剧报　1963年9月9期5页
关于戏曲“推陈出新”问题的讨论　张庚等　戏剧报　1963年9月9期53页
改戏能不能改变作品的主题思想？　谢宣　文艺报　1963年9月9期4页
进一步贯彻戏曲改革的方针——省文化局、省剧协联合召开座谈会　一昆整理　东海　1963年10月10期46页
养成分析习惯——略谈怎样对待戏曲遗产中的精华　金板子　江淮学刊　1963年10月5期56页
戏曲音乐的推陈出新　张庚　人民音乐　1963年11月号2页
坚持戏曲音乐为社会主义服务和现实主义的传统　马可　人民音乐　1963年11月号3页
试论戏曲舞台艺术的继承与革新　郭亮　河北文学　1963年11月1期18页
看新戏议革新　钱苗灿　东海　1963年11月11期47页
浅谈批判地继承戏曲遗产问题　民夫　星火　1963年11月6期42页
谈谈表演艺术的革新　常香玉　奔流　1963年12月创刊号83页
关于戏曲“推陈出新”问题的讨论（编者按）　光明日报　1963年9月9日2版
试谈戏曲表现时代问题　艾若　黑龙江日报　1963年9月11日4版
不应当把糟粕当作精华　冯其庸　光明日报　1963年9月14日3版
在实践中革旧求新　大彬　黑龙江日报　1963年9月18日4版
做好革新工作必须提高认识　关鹔鹴　光明日报　1963年9月23日3版
把批判继承戏曲传统剧目工作提高到新的水平　陈仕元　文汇报　1963年10月7日4版
推陈出新的我见　赵循伯　文汇报　1963年10月7日4版
坚持革新大力创造　延泽民　黑龙江日报　1963年10月11日3版
我对“推陈出新”的几点看法　云燕铭　黑龙江日报　1963年10月11日3版
继承、批判、革新　李紫贵　光明日报　1963年10月13日3版
以革命精神进行戏曲革旧创新　石万英　内蒙古日报　1963年10月15日3版
漫谈戏曲改革　金素秋　光明日报　1963年10月20日3版
只有不断革新才能永葆戏曲艺术的美妙青春——省、市戏曲界座谈会侧记　万金水、陈其行　江西日报　1963年10月20日3版
克服思想障碍，革新戏曲传统剧目　李寅　广西日报　1963年10月23日4版
漫谈戏曲艺术的改革和创新　金妙声　吉林日报　1963年10月23日4版
推陈出新与整理传统剧目　张庚　光明日报　1963年10月24日2版
应该变，需要变　傅祥麟　羊城晚报　1963年10月24日2版
对传统剧目推陈出新的我见　陈中凡　光明日报　1963年10月27日2版
略谈怎样估价戏曲遗产　王向东　文汇报　1963年10月28日4版　光明日报　1963年11月6日2版
我对戏曲革新的一些体会　陈书舫　光明日报　1963年11月10日2版

戏曲美术造型的改革问题　关朋　光明日报　1963年11月17日3版
"新""陈"之间——浅谈传统表演艺术的继承和发展　高洁　吉林日报　1963年11月20日4版　光明日报　1963年12月15日3版
该反一反这种老一套　邓牛顿、戴厚英　文汇报　1963年11月21日4版
以革命的态度对待戏曲改革　金行健　甘肃日报　1963年12月14日4版
推陈出新移步换形　张德成　四川日报　1963年12月15日3版
谈改戏碰到的两个问题　舒谦　光明日报　1963年12月15日3版
题材、新人、生活——在省现代戏创作座谈会上的发言　于黑丁　奔流　1964年3月1期6页
创社会主义之新　严侯　热风　1964年3月2期60页
从"唐三千，宋八百"谈起——浅谈对于戏曲推陈出新的理解　方北虹　长江戏剧　1964年4月2期53页
时代、要求、任务——漫谈戏曲革新　田炜　新疆文学　1964年4月号44页
从生活出发向传统借鉴　周信芳　上海戏剧　1964年4月4期4页
京剧演现代戏"必须话剧加唱"吗？　黄秉德　北京文艺　1964年5月号14页
是促进，还是斲伤？——评张艾丁同志的"话剧加唱"论　梅庄　北京文艺　1964年5月号12页
谈戏曲遗产的批判继承问题　王尔龄　浙江学刊　1964年6月3期45页
戏曲表现现代生活的几个问题　冯其庸　新建设　1964年7月号42页
歌唱新时代，表现新英雄——试谈戏曲艺术表现现代戏的几个问题　郑学溥、郭鲸鲲　浙江学刊　1964年8月4期31页
谈戏曲传统形式的改革　蔡铁民　厦门大学学报（社会科学）　1964年11月3期41页
做戏曲改革的促进派　周传瑛　浙江日报　1964年1月8日3版
古老的戏曲和社会主义的现实生活　陈光炎　北京日报　1964年1月8日3版
戏曲能不能反映现实？　杨林美　甘肃日报　1964年1月10日4版
明确方向努力创新　荀慧生　河北日报　1964年1月31日4版
自治区戏曲工作者座谈戏曲革新问题做戏曲革新的促进派积极编演现代戏王恩茂同志在会上作重要讲话林渤民同志作总结发言　新疆日报　1964年2月5日1版
戏曲改革的新收获——祝贺我省部分京剧现代剧目汇报演出胜利闭幕（社论）　大众日报　1964年2月10日1版
必须"好谋而成"不能"临事而惧"——对古老剧种演现代戏应抱的态度　景孤血　北京日报　1964年3月7日3版
研究它、实践它、丰富它——读《梅兰芳先生对戏曲表现现代生活的看法》　姜妙香　北京日报　1964年3月10日3版
戏曲如何反映现代生活？　于家言　光明日报　1964年3月22日2版
梅兰芳先生对戏曲表现现代生活的看法　许姬传　北京日报　1964年4月7日3版
"是戏必有曲，无曲不成戏"——《梅兰芳先生对戏曲表现现代生活的看法》读后感　徐兰沅　北京日报　1964年5月5日3版
"话剧加唱"演不好现代戏　林涵表　北京日报　1964年5月5日3版
再谈"话剧加唱"　张艾丁　北京日报　1964年5月16日3版
运用传统又革新传统　阎世喜　解放日报　1964年5月18日2版
两条"校正线"——读"分工论"和"话剧加唱"的讨论后的几点杂感　吴一兵　北京日

报 1964年5月19日3版
关于“话剧加唱”的几个问题 颜长珂 北京日报 1964年5月23日3版
认真继承传统大胆突破传统 高盛麟 人民日报 1964年7月25日5版 湖北日报 1964年8月7日3版
戏曲舞台美术的革命化 大会研究处舞台美术组 山西日报 1964年10月5日2版
音乐要表现时代精神 大会研究处音乐组 山西日报 1964年10月5日2版
为“开门排戏”唱赞歌 田笛 前线 1965年4月7期15页
一代新人，一代新戏 王起 学术研究（广东） 1965年10月4、5期82页
从生活出发，还是从传统出发 徐辑熙 文汇报 1965年6月15日4版
继承、革新、创造 阳友鹤 羊城晚报 1965年7月14日2版

（二）戏曲艺术改革的经验问题

（各地各剧种戏改工作的情况介绍与经验总结）

解放后的新评戏 陈惜木 大众影剧 1949年6月18日总1期第16页
评戏要翻身筹组改革会 惜木 大众影剧 1949年6月18日总1期第17页
天津戏剧运动的展望 周巍峙 大众影剧 1949年6月18日总1期第4页
改革旧剧与改造旧艺人 何迟 大众影剧 1949年6月25日总2期第3页
改革平剧的我见 杨宝森 大众影剧 1949年9月3日总3期第9页
铲除平剧改革中的绊脚石 李和曾 大众影剧 1949年9月10日总4期第11页
改造京剧小谈 滕德英 大众影剧 1949年10月1日总7期12—13页
石家庄的旧剧改造工作 任桂林 文艺报 1949年10月10日1卷4期36页
改造乡村旧剧团的商榷 张庆田 文艺报 1949年12月10日1卷6期20页
晋城剧运的我见 白迹 文艺报 1949年12月25日1卷7期22—23页
京戏曲界盛会，座谈戏曲改革 人民日报 1949年10月8日4版
沪剧界的向后转现象——从《莲藕同心》所造成的恶劣影响谈起 展弦 文汇报 1949年10月14日5版
迎合还是转移——关于越剧旧戏的演出问题 汪培 文汇报 1949年10月21日5版
越剧的新道路——越剧男班昨日观摩演出，男女合演越剧即将与观众见面 文汇报 1949年10月26日3版
注意越剧界开倒车的演出——以《三少爷》的上演为例 杨樱 文汇报（该剧原据俄·奥斯特罗夫斯基的“没有陪嫁的女人”改编） 1949年10月31日5版
改革京剧的关键 魏晨旭 新民报 1949年11月6日3版
越剧男女合演问题 袁斯洪 文汇报 1949年11月13日5版
文艺处昨招待艺人，座谈京剧改革问题，有夏衍、于伶、盖叫天等发言 文汇报 1949年11月19日3版
从《野猪林》看新京剧（李少春、袁世海访问记） 本报记者 姚芳藻 文汇报 1949年11月21日3版
旧剧改革创作上的几点检讨 魏静生 天津日报 1949年11月26日4版
对剧本问题的一点意见（谈改革问题） 流泽 文汇报 1949年12月4日6版
从何改起（谈京剧改革） 周信芳 文汇报 1949年12月4日6版
改革京戏的保守意见 银丝 文汇报 1949年12月4日6版

京剧界的凝固思想　王荔　新民报　1949年12月4日3版
谈旧剧改革问题　化敷　新民报　1949年12月4日3版
京剧改革问题（座谈会摘录）　周信芳等　大公报　1949年12月5日5版
我对于戏曲改进的一点意见　景孤血　新民报　1949年12月11日3版
旧戏能改吗？　方滢　大公报　1949年12月11日8版
北京文艺界努力改革旧戏　黎南　文汇报　1949年12月23日5版
谈业务改造——讲习班讲述提纲　王颉竹　新民报　1949年12月25日3版
天津旧剧艺改革工作经验　何迟　天津日报　1949年12月31日4版
京剧剧本问题与群众性谈戏改运动（连载）　吕林　戏剧新报　1950年2月合订本第6册
京剧剧本问题与群众性谈戏改运动　吕林　戏曲报　1950年2月18日1卷1期7页
谈戏曲改革与改造艺人思想　赵起扬　文艺报　1950年2月25日1卷11期20—21页
杂谈越剧的改造　刘嵘　戏曲报　1950年3月4日1卷2期4页
一年来天津剧改运动概况　赧然　戏曲报　1950年3月4日1卷2期10页
嘉兴市的旧剧改革工作　章良森　戏曲报　1950年3月4日1卷2期11页
闽南戏及其改革（泉州）　文浩　戏曲报　1950年3月18日1卷4期10页
武汉市半年来戏曲改革工作总结　巴南冈　戏剧新报　1950年3月合订本第7册
把上海剧改工作经验带回武汉去　高百岁　戏曲报　1950年4月1日1卷6期16页
北京旧剧场制度开始改进　阿贵　戏曲报　1950年4月8日1卷7期14页
北京的旧艺改革　艾煊　戏曲报　1950年4月22日1卷9期3页
改造旧剧的一点心得　墨遗萍　戏曲报　1950年4月22日1卷9期11页
旧剧改革在南昌　谢晓　戏曲报　1950年4月29日1卷10期16页
希望新音乐工作者共同改革旧剧　马彦祥　人民戏剧　1950年4月1卷1期17页
关于河北省旧剧改革问题　任桂林　人民戏剧　1950年4月1卷1期50页
两个月来的金华剧改工作　蒋风　戏曲报　1950年5月6日1卷11期15页
我们对成立上海市戏曲改进协会的期望　伊兵　戏曲报　1950年5月13日1卷12期2页
戏改运动中的两股阻力　伊兵　戏曲报　1950年5月20日2卷1期总13期3页
从上海戏曲活动看剧改前途　龚啸岚　戏剧新报　1950年5月合订本第9册
蚌埠戏改工作　桑叔　人民戏剧　1950年6月1卷2、3期76页
长沙剧运的今昔　田洪　人民戏剧　1950年6月1卷2、3期68页
山西戏改中的点滴意见　易风　人民戏剧　1950年6月1卷2、3期98页
首都戏曲改进工作的新阶段　萧风　戏曲报　1950年6月17日2卷5期总17期85页
吉林戏改简讯　王益　人民戏剧　1950年7月1卷4期87页
解放后的西安剧运　黎汝杰　人民戏剧　1950年7月1卷4期88页
改革苏滩，使它复兴起来　金东　戏曲报　1950年7月8日2卷8期149页
一年来戏曲改革工作的总结（上海）　伊兵　戏曲报　1950年7月29日2卷11期总23期203页
关于旧戏改革问题　凌鹤　江西文艺　1950年7月1卷2期9—11页
南昌地方戏的改造　罗旋文等　江西文艺　1950年7月1卷2期52—56页　戏剧新报　1950年7月合订本第11册
杭州市京剧改革工作　金倚萍　戏曲报　1950年8月5日2卷12期227页
新乡市半年来的旧剧改革工作　张春山、李继元　戏曲报　1950年8月5日2卷12期总24期225页

徐州的戏曲改革工作　长风　戏曲报　1950 年 8 月 5 日 2 卷 12 期总 24 期 229 页
半年来蚌埠的剧改运动　邓同　戏曲报　1950 年 8 月 20 日 3 卷 1 期 260 页
对华东戏改工作干部会议的期望　社论　戏曲报　1950 年 8 月 20 日 3 卷 1 期 243 页
华东戏曲改革干部大会师——华东戏曲改革工作会议报导　音波　新戏曲　1950 年 9 月 20 日 1 卷 1 期 4—5 页
华东戏曲改革干部会议初步总结报告　新戏曲　1950 年 9 月 20 日 1 卷 1 期 5—7 页
浙江戏曲改革工作总结　新戏曲　1950 年 9 月 20 日 1 卷 1 期 8—10 页
山东戏曲改革工作总结　新戏曲　1950 年 9 月 20 日 1 卷 1 期 11—14 页
皖北戏曲改革工作总结　新戏曲　1950 年 9 月 20 日 1 卷 1 期 15—16 页
皖南戏曲改革工作总结　新戏曲　1950 年 9 月 20 日 1 卷 1 期 16—20 页
苏北戏曲改革工作总结　新戏曲　1950 年 9 月 20 日 1 卷 1 期 22—26 页
苏南戏曲改革工作总结　新戏曲　1950 年 9 月 20 日 1 卷 1 期 27—32 页
华东戏曲改革工作干部会议代表笔谈会　王子辉　戏曲报　1950 年 9 月 5 日 3 卷 2 期 284 页
上海地方戏曲界的制度改革　袁斯洪　戏曲报　1950 年 9 月 5 日 3 卷 2 期 294 页
一年来无锡市戏曲改革工作　高阳　戏曲报　1950 年 9 月 5 日 3 卷 2 期 301 页
改戏不能性急　本报　戏曲报　1950 年 9 月 5 日 3 卷 2 期 319 页
天津的剧艺改革工作　宋觉　戏曲报　1950 年 9 月 20 日 3 卷 3 期 328 页
湖州市的剧改工作　王秋平　戏曲报　1950 年 9 月 20 日 3 卷 3 期 336 页
戏改工作中的音乐问题　刘苏　戏曲报　1950 年 9 月 20 日 3 卷 3 期 346 页
戏改干部应该安心戏改工作　本报　戏曲报　1950 年 9 月 20 日 3 卷 3 期 359 页
一个地方戏改革的范例（工作研究）　陶钝　山东文艺　1950 年 9 月 15 日 1 卷 4 期 28 页
在华东戏曲改革工作干部会议闭幕式上的致辞　马少波　戏曲报　1950 年 10 月 5 日 3 卷 4 期 368 页
华东戏曲改革工作的初步总结报告　华东军政文化部　戏曲报　1950 年 10 月 5 日 3 卷 4 期 365 页
近年来山东省的戏曲改革工作　陶钝　戏曲报　1950 年 10 月 5 日 3 卷 4 期 369 页
对不安心戏改工作的思想根源必须深刻检讨　本报　戏曲报　1950 年 10 月 5 日 3 卷 4 期 399 页
华东戏曲改革工作干部会议闭幕辞　陈望道　戏曲报　1950 年 10 月 20 日 3 卷 5 期 404 页
剧改工作中的若干问题（连载）　伊兵　戏曲报　1950 年 10 月 20 日 3 卷 5 期 407 页
“华东戏曲改革工作的初步总结”更正　本报　戏曲报　1950 年 10 月 20 日 3 卷 5 期 408 页
盐城区江淮戏改工作的回顾　鲁竹　戏曲报　1950 年 10 月 20 日 3 卷 5 期 425 页
各地传达并贯彻华东戏改工作干部会议内容和精神的动态　朱仁巴等　戏曲报　1950 年 11 月 5 日 3 卷 6 期 448 页
苏南戏改工作总结　苏南文联筹委会　戏曲报　1950 年 11 月 5 日 3 卷 6 期 450 页
河南省戏曲改进工作会议召开（河南文艺动态）　河南文艺　1950 年 11 月 1 日 1 卷 2 期 42 页
郑州市剧改工作的一些体验　庄严　河南文艺　1950 年 11 月 1 日 1 卷 6 期 39—40 页
农村戏改工作的几点意见　闫宗威　新戏曲　1950 年 11 月 20 日 1 卷 3 期 36—37 页
闽剧的研究和改革　陈啸高　戏曲报　1950 年 12 月 20 日 3 卷 8、9 期 564 页
高扬爱国主义精神，掀起戏改运动的新高潮！　社论　戏曲报　1950 年 12 月 20 日 3 卷 8、

9期534页
我做戏改工作的检讨和今后努力的方向　陈午楼　戏曲报　1950年12月20日3卷8、9期581页
漫谈京戏改进的一二事　欧阳予倩　文艺报　1950年12月10日3卷4期12—13页
贵阳十个月的戏曲改革工作　邢立斌　贵州文艺　1950年12月1卷5期5—9页
迎接新年，迎接新的战斗——对天津戏剧运动的意见　阿英　天津日报　1950年1月1日9版
旧艺人的新道路——记北京旧戏曲的改革工作　柏生　人民日报　1950年1月19日3版
南京越剧改革的近况　陈中凡　新华日报　1950年2月5日7版
旧剧改革工作的回顾（上，下）　姚芳藻　文汇报　1950年2月13、14日3版
戏曲改造座谈会发言记录（梅兰芳、周信芳、高百岁、郭玉昆、龚啸岚、言慧珠、袁玉芬等）　文汇报　1950年2月17日全版
向胜利迈进的天津剧改工作　宋觉　文汇报　1950年2月24日3版
西北戏曲访问小记　程砚秋　人民日报　1950年2月26日5版
从竞赛看戏改　英　解放日报　1950年3月12日7版
戏曲改革的生力军　王亚平　人民日报　1950年4月1日3版
谈谈改革旧剧问题（摘自彭真“关于目前北京文艺工作的几个问题”）　新黔日报　1950年4月3日4版
谈改革京剧的形式问题　陶君起　新民报　1950年4月10日3版
山西省京剧工作团改造旧艺人与旧剧的经验　袁郁章　山西日报　1950年5月9日3版
谈贵阳市的旧戏改革　邢立斌　新黔日报　1950年5月24日4版
有关戏改的小问题“官中戏词”的研究　范钧宏　新民报　1950年5月29日3版
旧剧改革工作中的体会　薛辉　江西日报　1950年6月5日4版
首都戏曲改进工作的新阶段　萧凤　大公报　1950年6月11日6版
漫谈京剧腔调的改革　慕家　新民报　1950年6月19日3版
由观众方面谈“新”“旧”京剧　海青　新民报　1950年7月20日3版
京剧改革的初步工作　李玉茹　大公报　1950年7月30日6版
上海市一年来戏曲改革工作的总结　解放日报　1950年7月30日5版
我们对粤剧改进的意见　欧阳山　南方日报　1950年8月12日4版
华东戏曲干部会议揭幕马少波作戏改工作报告　文汇报　1950年8月18、19日3版
绍兴一月余旧剧改革工作　陈易　浙江日报　1950年8月19日3版
从“愁龙苦凤两翻身”的撰曲想起（谈粤剧改革）　谭林　南方日报　1950年8月26日6版
我省戏曲改进工作上的几个问题　高云梯　黑龙江日报　1950年9月4日4版
天津的剧艺改革工作　宋觉　文汇报　1950年9月14日3版
一年来戏改工作答问　田汉　光明日报　1950年10月3日2版
华东戏曲改革工作的初步总结　华东军政委员会文化部　解放日报　1950年10月15日7版
由皮影戏改革旧剧　李树田　新民报　1950年10月23日5版
本市的戏曲改革工作　萧亦五　新华日报　1950年11月26日4版
一年来京戏改革的一点经验　袁韵宜　新民报　1950年12月4日6版
北京市评戏改革的收获　李崇　新民报　1950年12月4日6版

新文艺工作者与戏改——记王亚平先生的谈话 记者 文汇报（附刊） 1950年12月13日2版
天门旧剧艺改革的几点经验 田红 湖北日报 1950年12月21日5版
评戏及其改革 赧然 戏曲报 1951年1月5日3卷10期607页
福建省戏曲的调查及其改革概况 陈啸高 戏曲报 1951年1月5日3卷10期615页
戏改思想的自我检讨 阎宗威 戏曲报 1951年1月5日3卷10期634页
浙江省一九五〇年的戏改工作 王子辉 戏曲报 1951年2月5日3卷12期687页
记浙江全省戏改工作会议 邹逖 戏曲报 1951年2月5日3卷12期689页
全国戏曲工作会议上 华东戏曲改革工作报告 本报 戏曲报 1951年2月20日4卷1期7页
全国戏曲工作会议上 上海市戏曲改革工作报告 刘厚生 戏曲报 1951年2月20日4卷1期11页
关于武打的改革 杨少坪 戏曲报 1951年2月20日4卷1期28页
京剧改革的一支主力军——介绍中央文化部京剧研究院及其来沪演出工作 杨晔 戏曲报 1951年2月20日4卷1期20页
东北戏改工作概况及几个问题的总结 本报 戏曲报 1951年3月5日4卷2期53页
论旧剧革命中旧《野猪林》与《逼上梁山》 杨绍萱 新戏曲 1951年5月2卷1期17—19页
程砚秋谈戏改工作 新戏曲 1951年5月2卷1期27—28页
戏改常识（一）：什么样的戏应该停演 本社编辑部辑、徐韶九图 大众戏曲 1951年6月第1卷4期19页
我在戏改工作中所犯错误的检讨 丹斧 新戏曲 1951年6月2卷2期28—30页
把检讨《武训传》的精神贯彻到戏曲改革工作中去 杨绍萱 新戏曲 1951年7月2卷3期6—7页
戏改常识（二）：什么样的舞台形象是应该肃清的？ 本社编辑部辑、徐韶九图 大众戏曲 1951年7月第1卷5期19页
戏改常识（三）：什么样的戏应该鼓励和推广 本社编辑部辑、徐韶九图 大众戏曲 1951年8月第1卷6期22页
戏改常识（四）：怎样使舞台面净化？ 本社编辑部辑、徐韶九图 大众戏曲 1951年9月第1卷7期19页
武汉两年来的戏曲改革工作 巴南冈 新戏曲 1951年10月1日2卷5期30—31页
戏改常识（五）：不要恶俗的噱头 本社编辑部辑、徐韶九图 大众戏曲 1951年10月第1卷8期16页
莫名其妙的“发展” 竹木 戏剧报 1951年11月总35期10页
戏改常识（六）：不要有害身体、不合剧情的武功和武打 本社编辑部辑、徐韶九图 大众戏曲 1951年11月第1卷9期28页
剧改工作的“死角” 王克浪 文艺报 1951年11月15日5卷3期总51期38页
一九五一年的戏曲改革工作和存在的问题 马彦祥 人民戏剧 1951年12月10日3卷8期42页
湖北省戏曲改革工作中的初步经验 湖北文教厅文化处 人民戏剧 1951年12月10日3卷8期47页
戏改运动的主力部队——介绍来沪公演的京剧研究院 蔚 文汇报 1951年2月2日2版

赣剧改革座谈会　凌鹤等发言　江西日报　1951年2月4日3版
把广西的戏曲改进工作提高一步　秦似　广西日报　1951年3月6日3版
建议戏曲工作者改革秦腔　郑重　人民日报　1951年3月28日6版
补充几个废跻的理由　梁原　大公报　1951年3月31日5版
戏改工作　顾律　新民报　1951年5月28日5版
戏改工作中几个需要讨论的问题　菊农　新民报　1951年6月4日5版
从江西剧院二年来的演出，看南昌市的京剧改革工作　民夫、茅庐、杨君　江西日报　1951年10月28日3版
坚决澄清南昌市戏剧改革中的混乱现象　省文联　江西日报　1951年10月28日3版
改戏研究（一）捉放曹　江山行　文汇报　1951年11月1日副页4版
谈谈越剧的革新　胡挺秀　大公报　1951年11月10日8版
江西剧院忽视戏剧改革工作的检讨　省剧院　江西日报　1951年11月14日3版
一九五一年的戏曲改革工作和存在的问题（一）（二）（三）（四）　马彦祥　文汇报　1951年12月14、15、16、17日副页4版
加强对戏曲改革工作的批评和建议　耀　新民报　1951年12月17日7版
东北人民政府文化部召开全区主要戏改干部会议，批判放任自流偏向，决定加强政治领导　本报讯　东北戏曲新报　1952年1月10日134期1页
吉林戏改领导工作存在放任自流偏向　本报讯　戏曲新报　1952年1月25日135期4页
戏曲改革工作中的混乱情况　本刊综合报导　文艺报　1952年2月10日总56期21页
戏曲改革工作中必须贯彻无产阶级的领导（文艺信箱）　李真　文艺报　1952年3月10日总58期31—32页
严重违反戏改政策的辽西人民剧院　新仁、铁翼　戏曲新报　1952年5月25日143期6—7页
辽西省戏改工作领导上存在着严重问题　张晓萍　戏曲新报　1952年5月25日143期6页
对于东北区戏曲改革运动的几点希望——代《戏曲新报》终刊词　本刊　戏曲新报　1952年6月25日144、145期合刊1页
加强对戏改工作的领导　东川　戏曲新报　1952年6月25日144、145期合刊4—5页
关于评剧改革问题的几点意见　高源兴　东北文艺　1952年9月1日总31、32期19—20页
展开戏曲改革工作中的批评和自我批评——中南区老艺人、主要演员座谈会记录　文艺报　1952年10月10日总72期19—24页
北京市文教局文艺处对戏曲改革工作应加强思想领导　刘钧杰（来信）（附北京文教局文艺处答复）　人民日报　1952年1月1日2版
关于评剧音乐的改革　菊农　新民报　1952年1月14日7版
我对戏改工作的认识　鲁人　新民报　1952年1月14日7版
秦腔能演现实剧　章华　新民报　1952年1月21日7版
评戏改革中的几个问题　辰　新民报　1952年5月27日8版
我对越剧改革的意见　伊兵　北京日报　1952年10月17日3版　解放日报　1952年10月24日3版
关于淮剧改革问题　汪培　光明日报　1952年11月16日3版　解放日报　1952年11月18日3版
关于沪剧改革工作　刘厚生　光明日报　1952年11月20日3版

关于粤剧改革问题 曾彦修 南方日报 1952年12月4日3版
我认识了粤剧改革工作中的缺点 文觉非（粤剧演员） 南方日报 1952年12月4日3版
谈粤剧的改革问题（发言摘要） 陈荒煤 南方日报 1952年12月5日3版
发挥集体精神搞好戏改工作 何振中 天津日报 1952年12月13日4版
我怎样在错误的道路上打转——参加粤剧改革工作的初步检查 黄宁婴 南方日报 1952年12月22日3版
老艺人、名演员对粤剧改革工作提出意见 本报讯 南方日报 1952年12月22日3版
关于布景（旧剧改革研究） 高荣 陕西文艺 1953年2月2卷6期12—16页
对川剧改革的意见 一闻 西南文艺 1953年3月总15期37—40页
对贵阳市戏曲界的两点建议 集言 贵州文艺 1953年10月25日总20期18—19页
上海戏曲界和戏曲改革工作的最近情况 刘厚生 文艺月报 1953年10、11月总10期34—40页
我怎样在错误的道路上打转——参加粤剧改革工作的初步检查 黄宁婴 光明日报 1953年1月7日3版
对湖南戏曲改革工作的希望 李福祥 新湖南报 1953年1月22日3版
向兄弟剧种学习，为做好粤剧改革工作而努力——看中南区戏曲演出后的体会 李门 南方日报 1953年2月4日3版
克服粤剧改革中的混乱现象 本报 人民日报 1953年3月16日3版
把演好戏作为粤剧艺人的经常任务 春节剧目研究组 南方日报 1953年4月12日3版
上海戏曲改革工作应加强思想领导 郑锽 解放日报 1953年6月4日3版
从上海戏曲界的一些不良倾向谈戏曲改革领导工作中的几个问题 钟洛 人民日报 1953年6月8日1版
从安东市的京剧工作谈进一步加强京剧改革的几个问题 臧永昌 东北日报 1953年6月29日3版
从辽西省评剧改革工作中看到的几个问题 陈驷彤等 东北日报 1953年9月2日3版
山西省文化局执行戏曲改革政策有偏向 本报 人民日报 1953年10月15日3版
评我省戏曲改革中的形式主义 左筱林、孟涛、李育兴 山西日报 1953年10月21日3版
扩大戏曲改革成绩，为人民演好戏 述评 新黔日报 1953年12月18日3版
关于京剧艺术进一步改革的商榷 马少波 戏剧报 1954年10月10期7页
我省戏曲工作的新阶段 社论 安徽文艺 1954年10月15日总25期1—2页
对于京剧改革问题的一些意见 宋之的 戏剧报 1954年12月12期12页
谈谈戏曲改革的几个实际问题 吴祖光 戏剧报 1954年12月12期15页
是什么阻碍着京剧舞台艺术进一步的发展 马彦祥 戏剧报 1954年12月12期20页
读者对戏曲的艺术改革问题的意见 编辑部 戏剧报 1954年12月12期31页
把广东的戏曲改革工作提高一步——汇报演出总结 李门 南方日报 1954年1月8日3版
从春节会演中看一年来福州市的戏曲改革的情况 黄彬 福建日报 1954年4月1日3版
省文化局召开戏曲工作会议确定进一步贯彻戏曲改革政策 吉林日报 1954年4月3日4版
正确地对待越剧遗产——对《继承越剧的优良传统》几点意见 林辰夫 浙江日报 1954年6月10日

评长治区的戏曲改革工作　韩文洲　山西日报　1954年10月18日2版
繁荣戏曲艺术、加强对戏曲改革工作的领导　社论　解放日报　1954年11月8日3版
略谈长春市的戏曲改革工作　关敏　吉林日报　1954年11月26日3版
我的意见、我的希望——在“戏曲的艺术改革问题座谈会”上的发言　叶盛兰　戏剧报　1955年1月1期42页
关于京剧的艺术改革中舞台美术的创作问题　龚和德　戏剧报　1955年1月1期44页
应该在传统的基础上加以改革和发展（谈京戏小生唱法）　马少波　人民音乐　1955年1月总23期36页
目前京戏小生唱法需要改进　白云生　人民音乐　1955年1月总23期37页
对戏曲的艺术改革问题讨论中某些发言的不同意见　孙由美　戏剧报　1955年3月3期31页
关于京剧艺术进一步改革的再商榷　马少波　戏剧报　1955年3月3期21页
京剧的艺术改革不能离开它的特殊样式　宗勧采　戏剧报　1955年3月3期36页
谈戏曲音乐的改革问题　金紫光　人民音乐　1955年3月总25期12—15页
关于内蒙古自治区民族民间音乐舞蹈戏剧会演的几个问题　张淑良　内蒙古文艺　1955年7月总13期49—51页
对评剧音乐改革的几点意见　杨露　人民音乐　1955年9月总31期19页
川剧在改革的道路上　方明　光明日报　1955年1月1日3版
对北京市第一届戏曲观摩演出和今后戏曲改革工作的几点意见（在演出闭幕会的发言）　曾平　北京日报　1955年1月3日3版
广东省、广州市戏曲改革委员会召集粤剧编剧者举行座谈，就粤剧改革问题展开自由讨论　本报讯　南方日报　1955年1月11日3版
努力加强戏曲音乐的改革工作　张沛　山西日报　1955年1月21日3版
戏曲艺术改革工作中的新生力量——华东戏曲观摩演出大会涌现出的优秀的青年演员　音波　光明日报　1955年1月22日3版
对目前内蒙古戏曲改革工作的意见　赵伯超　内蒙古日报　1955年1月22日4版
在戏曲改革的道路上　冷天、王立城　吉林日报　1955年2月5日3版
对楚剧音乐改革的一点意见　吴工天　湖北日报　1955年3月16日3版
谈粤剧改革工作　林榆　广西日报　1955年3月19日3版
贯彻执行戏曲改革方针的好榜样（山东吕剧团）　刁云展　辽宁日报　1955年12月14日3版
大力开展戏曲艺术特别是唱腔艺术的改革——西安市文化局召开戏曲改革座谈会　鲁半　西安戏剧　1956年2月15日总22期1—2页
对秦腔音乐改革的一些意见　蒋兆民　西安戏剧　1956年4月15日总24期12—13页
关于京剧演现代剧的商榷　陈凤鲲　西安戏剧　1956年4月15日总24期13—14页
戏曲的丰收——关于云南戏曲改革的几个问题　黄铁　边疆文艺　1956年4月号4—8页
对路继贤同志的《河南梆子男声唱腔的改革问题》一文的几点异议　王基笑、刘广元　人民音乐　1956年5月总38期20—21页
谈秦腔改革问题　施葆璋　西安戏剧　1956年5月15日总25期1—3页
粤剧改革的新成就　叶慕绰　文艺报　1956年6月15日本年11号总157期31—32页
对秦腔改革的意见（一）　郗朝俊、叶雨田等　西安戏剧　1956年8月30日总30期3—8页

论京剧语音的改革问题　翠庵　中国语文　1956年8月总50期31页
对秦腔改革的意见（二）　施葆璋、郗德寿等　西安戏剧　1956年9月10日总31期1—4页
对秦腔改革的意见（三）　李约祉、姚裕国等　西安戏剧　1956年9月25日总32期2—4页
对秦腔改革的意见（四）　郭强、宗诚斋等　西安戏剧　1956年10月10日总33期1—3页
对秦腔改革的意见（五）　陈显远、刘粤基等　西安戏剧　1956年10月25日总34期1—3页
四川省文化界热烈展开川剧音乐改革问题的讨论　黎路　人民音乐　1956年10月总43期38—39页
漫谈秦腔改革　姬颖　西安戏剧　1956年11月25日总36期1—4页
从戏曲会演中谈花灯和滇剧音乐的改革问题　黄镇方等　云南日报　1956年4月2日3版
戏曲艺术改革的几个问题　赵沨　人民日报　1956年7月1日7版
谈粤剧音乐的革新　李凌　人民日报　1956年7月7日7版
当前川剧改革中存在些什么问题（座谈会）　四川日报　1956年9月1日3版
谈中路梆子的音乐和唱腔改革　韩子谦　山西日报　1956年9月3日2版
关于晋剧的改革——访太原市晋剧团第二分团　宗扬　内蒙古日报　1956年9月9日3版
不要用普通话去改变戏曲的演唱　严九思　人民日报　1956年9月11日8版
让蒲剧音乐循着传统道路前进（晋南专区蒲剧音乐改革座谈会纪要）　邓焰等　山西日报　1956年10月22日2版
“戏改干部”何处去？　若望　解放日报　1956年11月27日4版
我对秦腔音乐改革的意见　王振才　西安戏剧　1957年1月25日总40期1—2页
我对秦腔改革工作的几点意见　刘子堂　西安戏剧　1957年5月15日总47期3页
谈谈对秦腔改革的有关问题　杨金凤　西安戏剧　1957年7月15日总51期1—5页
漫谈豫剧的音乐改革问题　铀光　西安戏剧　1957年7月30日总52期11—17页
谈谈越剧音乐的改革　戚雅仙　人民音乐　1957年8月总53期25—26页
我对戏曲音乐改革的亲身体验　郭少田　人民音乐　1957年9月总54期32—34页
斥张伯驹“新旧并存”的谬论　范钧宏　戏剧报　1957年10月总56期22页
广州舞台迈向宽　本刊综述　舞台与观众　1957年12月9日22期4—5页
漫谈“戏改”　以群　人民日报　1957年1月7日7版
川剧音乐改革门外谈　黎本初　四川日报　1957年3月19日3版
秦腔艺人和秦腔爱好者谈秦腔改革　陕西日报　1957年4月26日4版
我们对秦腔改革工作的意见　韩登岫等　陕西日报　1957年5月5日3版
一定要把粤剧改好（全省粤剧团团长会议）　社论　南方日报　1957年12月5日3版
摆在粤剧界面前的严重问题　华嘉　南方日报　1957年12月5日3版
需要多方面的尝试（现代戏表演经验）　黄荫雾　戏曲研究　1958年1月1期39页
京剧改革在延安　任桂林　戏剧论丛　1958年2月1期154页
我对秦腔、郿鄠在发展提高方面的一些浅见——在西安戏曲界社会主义大辩论会上的发言　史雷　西安戏剧　1958年3月15日5期4页
做真正美的创造者——对秦腔艺术改革谈几点意见　陈幼韩　西安戏剧　1958年7月30日14期11页

戏曲表现现代生活的状况和问题——在中国戏曲研究院所作的现代戏调查汇报 晏甬 戏曲研究 1958年7月3期16页
谈京剧表现现代生活的几个问题 陈延龄 戏剧战线 1958年8月号总2期7页
又继承又创造——从现代题材戏曲联合公演中看音乐改革的成就 林绿、肖晴执笔 戏剧报 1958年8月第16期25页
戏曲艺术的第二次革新——介绍“戏剧报”上关于戏曲表现现代生活的几篇重要文章 柏繁 文艺报 1958年8月第16期37页
一面越剧革新的红旗 伊兵 戏剧报 1958年9月第18期15页
谈戏曲表现现代生活 阿甲 戏剧报 1958年9月第18期30页
如何运用传统表演技巧表现现代生活 李盛斌 戏剧报 1958年9月第18期35页
豫剧反映现代生活的几点体会 杨兰春 戏曲研究 1958年9月4期96页
学习豫剧并运用它来表现现代生活 高洁 戏曲研究 1958年9月4期103页
论新戏曲的内容和形式——在“戏曲表现现代生活座谈会”上的发言 张庚 戏曲研究 1958年9月第4期10页
戏曲表现现代生活座谈会旁听记 范溶 剧本 1958年9月号12页
一贯演小生的女演员演现代剧有无前途 封至模 西安戏剧 1958年10月15日第19期16页
辰河戏音乐改革的一些尝试 杨宗道、尹垂贵 湖南戏剧 1958年12月创刊号总1期38页
陕西省戏曲音乐改革工作创造了好经验 本刊 人民音乐 1958年12月12期23页
对戏曲反映现代生活的探讨 赵乙等 山西日报 1958年3月10日2版
二胡改革经验 王陛富 戏曲音乐 1959年1月创刊号38页
川剧音乐表现现代生活问题 蒋学琼 戏曲音乐 1959年1月创刊号18页
对我团几年来音乐改革的看法 陈佩卿 戏曲音乐 1959年2月2期15页
豫剧板胡定弦的改革意见 王宏啸 戏曲音乐 1959年2月2期36页
促进艺术交流，加强互助协作 四川戏曲 1959年2月10日第5期38页
谈越剧音乐表现现代生活问题 庐炳容 戏曲音乐 1959年2月2期10页
戏曲音乐发展的历史经验与新的创造 周大风 音乐研究 1959年2月第1期16页
我对京剧音乐表现现代生活的体会和看法 李少春 戏曲音乐 1959年3月3期6页
南昌采茶戏音乐改革的几点做法 沈兆荣、任祖千、左彝民 戏曲音乐 1959年3月3期15页
试谈评剧的发展和提高问题 薛恩厚 戏剧报 1959年3月6期17页
喜见川剧音乐的革新 吴一立 戏曲音乐 1959年4月4期15页
谈京剧表现现代生活的曲调问题 郁华 戏曲音乐 1959年4月4期17页
川剧音乐改革的点点滴滴 席明真 人民音乐 1959年5月号3页
评剧男声唱腔改革问题 刘萤 戏曲音乐 1959年7月7期4页
值得重视的一点革新 羽青 戏曲音乐 1959年8月8期31页
我们怎样运用传统表现现代生活 靳万春 长江戏剧 1959年8月总3期10页
下苦功学习传统——十年工作回顾 王基笑 戏曲音乐 1959年9月9期9页
挖掘传统 继承传统——谈河南曲剧的唱腔问题 王培英 戏曲音乐 1959年9月9期16页
说“蔓儿”——漫谈评剧唱腔的创造 马龙文 戏剧战线 1959年9月号总15期25页

试谈长沙花鼓戏音乐的继承和发展　范蔚　湖南戏剧　1959年10月号38页
粤剧改革的经验和成就　华嘉　上游　1959年10月19期107页
推陈出新的陕西戏曲（秦腔）　周信芳　上海戏剧　1959年11月2期15页
谈评剧在发展中所存在的问题　张梦庚　戏剧战线　1959年12月总18期46页
试谈评剧唱腔改革　白云峰　戏剧战线　1959年12月总18期48页
改戏三谈　金芝　安徽戏剧　1959年12月总15期25页
对昆曲和京剧表演现代剧的几点意见　俞振飞　文汇报　1959年3月3日3版
学习、继承和发展——川剧艺术漫谈　席明真　人民日报　1959年4月14日7版
继承与发扬——略谈戏曲音乐问题　马龙文　天津日报　1959年5月15日4版
论评剧唱腔艺术的推陈出新（上）　白云峰　天津日报　1959年5月22日4版
论评剧唱腔艺术的推陈出新（下）　白云峰　天津日报　1959年5月23日4版
关于平弦音乐改革问题　华恩　青海日报　1959年8月16日3版
“批判的继承和新的探索”川剧正确继承遗产不断发展丰富提高　光明日报　1959年12月11日3版
又一次新的尝试　刘吉典　戏曲音乐　1960年3月总15期6页
昆曲唱腔伴奏的一些尝试　吴歌　戏曲音乐　1960年3月总15期8页
花灯音乐改革工作的一些体会　周冠群　戏曲音乐　1960年3月总15期12页
学习毛泽东思想、大胆革新京剧艺术　关正明　长江戏剧　1960年3月总10期26页
豫剧男声唱腔改革问题——介绍河南豫剧院三团男声唱腔改革的几种方法　张北方　戏曲音乐　1960年4月总16期9页
关于滇剧的进一步革新问题　洛汀　戏剧报　1960年5月10期10页
怕走样就不能变（戏改）　张焕　山西戏剧　1960年5月总1期7页
关于戏曲艺术革新的讨论　关鹔鹴等　戏剧报　1960年7月13期17页
京剧表现现代生活的点滴体会　陶雄　上海戏剧　1960年7月7期11页
谈戏曲表现现代生活　李红　福建戏剧　1960年8月第8期14页
梨圆戏唱腔改革的点滴经验与体会　王爱群　福建戏剧　1960年9月第9期21页
战斗的二十年——记淮海剧在革命斗争中茁壮地成长　淮阴专署文教局　江苏戏曲　1960年11月号总第20号12页
必须“移步换形”地革新（谈黄梅戏音乐的改革）　均宁　安徽戏剧　1960年11月总26期45页
淮剧锣鼓改革的尝试　弓长　江苏戏曲　1960年12月号总第21号14页
解决扬剧男女同弦问题的一点尝试　镇江市扬剧团音乐创作组　江苏戏曲　1960年12月号总第21号18页
我在音乐唱腔改革上的体会　程玉英　山西戏剧　1960年12月总5期31页
蒲剧音乐改革的新问题　张峰　山西戏剧　1960年12月总5期33页
评剧音乐改革中的点滴体会　新凤霞　广西日报　1960年2月2日3版
戏曲程式在现代剧中的应用与发展　邓小秋　戏剧报　1961年3月5期28页
晋剧中路梆子的道白如何改革？　本刊记者　人民音乐　1961年4月号27页
更好地继承与发展淮剧唱腔艺术　筱文艳　上海戏剧　1961年5月5期9页
要总结一下民主革命阶段的戏剧经验　田汉　戏剧报　1961年6月11、12期1页
谈戏曲音乐吸收革命歌曲的问题　何树柏　人民音乐　1961年10月10期16页
云南汉族剧种积极表现兄弟民族生活　金重　民族团结　1961年10、11月号47页

精益求精改进唱词　林岚　新民晚报　1961年3月19日2版
试谈河北梆子的继承与革新　华粹深　河北日报　1961年5月26日3版
也谈河北梆子的继承与革新　昌言　河北日报　1961年6月16日3版
省徽剧团大力发掘整理徽剧遗产　安徽日报　1961年8月22日3版
进一步整理黄梅戏传统剧目的浅见　集思　安徽日报　1961年9月3日3版
谈继承京剧的旗装戏　徐慕云　文汇报　1961年11月14日4版
让桂花开得更繁盛更芬芳——谈桂剧艺术的继承与革新问题　侯枫　广西日报　1961年11月17日4版
省市音乐界就长沙花鼓戏音乐举行座谈会探讨戏曲音乐的继承和发展　新湖南报　1961年11月17日3版
学习师门艺术继承优秀传统　李少春　人民日报　1961年12月28日5版
求同存异——答唐真同志的“医戏短笺”　曲六乙　上海戏剧　1962年2月2期30页
既要保留技巧，也要革新内容——与唐真同志商榷（唐真“医戏短笺”）　汪培　上海戏剧　1962年2月2期32页
平弦剧往何处去——北窗谈艺之三　白榕　青海湖　1962年3月2、3期68页
继承发展徽戏艺术　刁钧宁　安徽文学　1962年5月3期13页
试谈吕剧音乐的继承与革新　肖洪　大众日报　1962年1月6日3版
热烈争鸣各抒己见扬州市戏剧界讨论扬剧改革工作　新华日报　1962年3月6日2版
深山古木发新枝——记省会戏曲界座谈辰河戏高腔的风格　张九　新湖南报　1962年3月21日3版
向优秀的传统学习（豫剧）　冯纪汉　河南日报　1962年4月15日3版
一封探讨粤剧遗产问题的信　郑达　南方日报　1962年5月23日3版
挖掘、整理粤剧传统的几个问题　李门　羊城晚报　1962年5月23日2版
大胆的创新——谈兴国南北词剧团的音乐改革　黄国强　江西日报　1962年5月25日3版
川剧的推陈出新与古为今用　张达雄　光明日报　1962年6月20日2版
地方戏曲音乐推陈出新中的风格问题　洪波　安徽日报　1962年7月7日4版
实践、探求、开拓——谈评剧现代戏中内容和形式的矛盾　周抗　天津日报　1962年7月25日4版
川剧导演的推陈出新　周裕祥　重庆日报　1962年8月28、29日3版
改词——谈艺余录之一　马连良　文汇报　1962年11月11日3版
谈谈昆曲剧目的继承与革新　吴白陶　上海戏剧　1963年2月2期2页
越剧革新座谈会　傅全香等　上海戏剧　1963年7月7期9页
谈京剧艺术流派的继承与革新　张梦庚　北京文艺　1963年8月号2页
移花接木推陈出新　裘盛戎　戏剧报　1963年10月10期32页
革新京剧旦角唱念的体会　赵燕侠　戏剧报　1963年10月10期35页
宁夏道情的推陈出新——看秦腔一团试排道情戏有感　王世兴　宁夏文艺　1963年10月5期55页
京剧改革杂谈　任斐然　东海　1963年11月11期48页
漫谈川剧遗产继承中的几个问题　陈今　四川文学　1963年12月号82页
戏曲音乐推陈出新的几个问题　郭乃安　人民音乐　1963年12月号12页
喜见弋阳腔和青阳腔的推陈出新　啸岚　湖北日报　1963年2月22日3版
愿当京剧改革的促进派　袁世海　光明日报　1963年9月9日3版

继承、革新、创造——有关京剧表现现代生活的若干问题 马彦祥 光明日报 1963年9月20日2版
谈谈前辈艺人的革旧创新 徐兰沅 光明日报 1963年9月20日3版
大胆创造勇于革新 马连良 光明日报 1963年9月23日2版
从“不是这里的事”谈起 李少春 光明日报 1963年9月23日2版
对京剧革新几点感想 裘盛戎 光明日报 1963年9月23日2版
愿当粤剧革新的促进派 马师曾 光明日报 1963年9月27日2版
谈评剧的现代戏和推陈出新 胡沙 光明日报 1963年10月4日2版
革新表演艺术的一点尝试 红线女 光明日报 1963年10月4日3版
昆曲需要推陈出新 白云生 光明日报 1963年10月4日3版
我所经历的戏剧改革工作 姜妙香 光明日报 1963年10月4日3版
越剧演现代戏的一些问题 史行 光明日报 1963年10月9日2版
越剧必须担负起今天的时代使命 袁雪芬 文汇报 1963年10月10日4版
驳粤剧改革工作中的“投其所好”论 李门 光明日报 1963年10月13日3版
试谈昆剧的推陈出新 赵景深 文汇报 1963年10月18日4版
推哪些陈出什么新?(粤剧) 红线女 羊城晚报 1963年10月19日2版
从《彝陵之战》谈京剧改革——京剧演员李和曾访问记 文江 新民晚报 1963年10月19日2版
粤剧要不要革命 罗品超 羊城晚报 1963年10月19日2版
粤剧在推陈出新中的一些问题 李门、陈仕元 羊城晚报 1963年10月19日2版
谈谈京剧的推陈出新 尚小云 陕西日报 1963年10月23日3版
革新京剧旦角唱念的体会 赵燕侠 光明日报 1963年10月24日3版
工农兵方向不容篡改——批判“投其所好”论(粤剧) 梅重清 羊城晚报 1963年10月24日2版
京剧必须革命! 童芷苓 文汇报 1963年10月25日4版
谈京剧的传统剧目改革 范民声、盛钟健 文汇报 1963年10月25日4版
漫谈秦腔的改革 刘毓中 光明日报 1963年10月27日2版
昆曲必须推陈出新 沈传芷 文汇报 1963年10月28日4版
京剧表现现代生活大有可为长春市京剧团六年演出十三个大型现代戏 吉林日报 1963年10月31日4版
京剧的艺术形式也要革新 盛健民 文汇报 1963年11月1日4版
克服思想障碍，革新戏曲传统剧目 李寅 光明日报 1963年11月3日2版
我们是怎样坚持演现代戏的 聊城专区评剧团 大众日报 1963年11月3日3版
唱的阶级仇演的英雄谱——枣阳县曲剧团演现代戏的经过 本报记者 湖北日报 1963年11月3日3版
突破束缚大胆革新——对京剧改革和表现现代生活问题的一些看法 江曲 新华日报 1963年11月3日4版
创造新戏曲的一点体会 罗品超 羊城晚报 1963年11月6日2版
略谈花灯的推陈出新 袁留安 云南日报 1963年11月14日3版
谈川剧表演现代戏的问题 筱光 四川日报 1963年11月14日3版
创造、改革、推陈出新——兼迎上海越剧院 筱灵凤 羊城晚报 1963年11月15日2版
为现实服务京剧当仁不让——谈京剧改革与程式 周信芳 解放日报 1963年11月17日

4版
昆剧改革的几个具体问题　周传瑛　光明日报　1963年11月17日3版
古曲创新声天涯尽知音——从北昆的艺术成就简谈戏曲改革　沈祖安　浙江日报　1963年11月17日4版
做戏曲革新的促进派剧协山西分会第二次会员代表大会印象记　王文绪　山西日报　1963年11月21日3版
淮剧一定要大胆革新创造　筱文艳　文汇报　1963年11月21日4版
川剧音乐如何表现时代音调　韩铮、杨为　四川日报　1963年11月24日3版
闽剧与现代戏　刘小琴　福建日报　1963年11月26日4版
大家来做昆曲革新的促进派　俞振飞、言慧珠　文汇报　1963年11月28日4版
谈二人转剧目的推陈出新　艾光敏　吉林日报　1963年12月1日4版
二人转剧作初探——剧目改革琐谈　郭敬　内蒙古日报　1963年12月1日3版
革新赣剧为社会主义服务　范玉璞等　吉林日报　1963年12月1日4版
为现实服务京剧当仁不让——谈京剧改革与程式　周信芳　人民日报　1963年12月1日5版
谈"舍不得"　赵燕侠　人民日报　1963年12月1日5版
谈庐剧的音乐改革　鲍志远　安徽日报　1963年12月4日4版
发扬秦剧反映现实的优良传统　沈和中　甘肃日报　1963年12月6日4版
我对秦剧改革的一些看法　李智　甘肃日报　1963年12月6日4版
一次探索一次进步——谈戏曲表现现代生活的艺术实践　刘双江　四川日报　1963年12月13日3版
二人台、二人转艺术的一个新的里程碑（评论）　内蒙古日报　1963年12月14日1版
评剧音乐的推陈出新　张士奎　吉林日报　1963年12月22日4版
潮剧必须大胆创新　卢吟词　羊城晚报　1963年12月26日2版
创造新传统——潮剧工作拉杂谈　双平　羊城晚报　1963年12月26日2版
传经艺术与时代生活——浅论戏曲音乐革新　何为　人民音乐　1964年1月号28页
"像"与"不像"——谈戏曲音乐革新评价问题　林绿　人民音乐　1964年1月号26页
湘剧必须革新　喻岳衡　湖南文学　1964年1月号78页
热情扶持川剧现代戏的演出　张达雄　四川文学　1964年1、2月号100页
谈京剧演现代戏　马科　上海戏剧　1964年4月4期6页
京剧现代戏的旦角发声问题　马玉发　戏剧报　1964年4月4期41页
京剧改革上的新收获——从省部分京剧现代剧目汇报演出谈京剧的革命化　宋岳廷　山东文学　1964年4月号37页
试谈京剧现代剧中韵白改革问题　丁方豪　上海戏剧　1964年5月5期26页
粤剧必须推陈出新　希愚　作品　1964年5月号122页
不传如此"加"法（"话剧加唱"）　刘保绵　北京文艺　1964年6月号50页
絮谈"话剧加唱"　杨荇珍　北京文艺　1964年6月号48页
关于滇剧音乐的革新和创造　金穗　边疆文艺　1964年6月号50页
排演现代戏的两点体会　孙毓敏　上海戏剧　1964年6月6期21页
浅谈京剧音乐的革新　徐兰沅　文艺报　1964年7月7期19页
谈民歌与戏曲的推陈出新　万苇舟　人民音乐　1964年7月号39页
京剧革命与布景革新——1964年京剧现代戏观摩演出大会学习札记　龚和德　上海戏剧

1964年7月7期14页
京剧音乐更好地为社会主义服务　舒模　人民音乐　1964年8、9月号7页
中国音协座谈京剧革命现代戏音乐问题　壁　人民音乐　1964年8、9月号18页
学习京剧现代戏的舞蹈创造　威崙辑录　舞蹈　1964年8月4期28页
京剧艺术的新生——谈京剧现代戏的继承与创造　胡双宝　北京大学学报（人文科学）1964年8月4期7页
京剧现代戏表演艺术的继承和革新　温凌　新建设　1964年8、9月号37页
反映现代生活，创造崭新的音乐程式——对川剧现代剧音乐的几点浅见　晓丘　四川日报　1964年1月3日3版
试谈秦腔音乐的改革　王海容　甘肃日报　1964年1月10日4版
迫切需要突破的是什么？——京剧的“明星制”、锣鼓经和小嗓唱念　小王玉蓉　北京日报　1964年2月2日3版
京剧不适合表现现代题材——从“古典艺术”和“现代艺术”的区别说起　章周　北京日报　1964年2月5日3版
依靠群众力量发展评剧音乐　贺飞　北京日报　1964年2月18日3版
京剧怎样演现代戏才像京剧——并和老同行谈谈心　姜妙香　北京日报　1964年2月29日3版
桂剧必须革命　蒋金凯　广西日报　1964年3月3日4版
昆曲音乐的继承与革新　陆放　北京日报　1964年3月10日3版
改革旧昆曲发展新昆曲　金紫光　湖北日报　1964年3月11日3版
积极改革二人转艺术　惠存　吉林日报　1964年3月14日4版
粤剧音乐表现现代生活的几点体会　董不灭等　羊城晚报　1964年3月21日2版
谈评剧现代剧的艺术创造　刘文卿等　天津日报　1964年3月24日4版
杂谈戏曲改革中的音乐问题　李凌　北京日报　1964年3月28日、4月4日3版
批判、继承、创新都是为了发展戏曲艺术——我对“分工”问题的看法　陈光炎　北京日报　1964年4月11日3版
邕剧的语言需要改革　唐志敬　广西日报　1964年4月11日4版
略论京剧艺术程式的利用、批判和继承　少若　北京日报　1964年5月12日3版
出新试论——关于京剧反映现代生活的几个问题　卫明　文汇报　1964年5月18日4版
只能有一个出发点——既是现代戏，又是京剧　史进　北京日报　1964年5月30日3版
青松般的标准杨柳般的活法——谈谈京剧演现代戏　盖叫天　北京日报　1964年6月6日3版
粤剧音乐也要革命化　林韵　羊城晚报　1964年6月12日2版
音乐上的革新与创造——京剧现代戏观摩散记　李慕良　人民日报　1964年6月15日6版
革命生活的内容京剧艺术的形式　陈其通　人民日报　1964年6月22日6版
京剧表演程式也要革命　阎金锷　人民日报　1964年7月2日6版
京剧唱腔的革命　何为　北京日报　1964年7月14日6版
使越剧成为革命的越剧　竺水招、商芳臣　新华日报　1964年7月19日4版
继承和创新——京剧现代戏观摩学习心得　侯星　人民日报　1964年7月22日6版
京剧现代戏中的传统技巧　郑亦秋　光明日报　1964年7月22日2版
京剧唱腔必须从生活出发　吴歌　光明日报　1964年7月31日5版
京剧音乐艺术革新的尝试　唐音　光明日报　1964年8月6日2版

京剧演现代戏旦角唱念的几点体会　赵燕侠　人民日报　1964年8月17日6版
表演艺术的新创造——浅谈戏曲现代戏在表演方面的成就　大会研究处表导演组　山西日报　1964年10月5日2版
在昆剧革命道路上的探索　吕君樵　南方日报　1964年11月4日3版
创作社会主义戏曲表演程式的初步体会　温江专区农村文化工作队　四川日报　1964年11月26日3版
革新川剧音乐的一些初步体会　温江专区农村文化工作队音乐组　四川日报　1964年12月16日3版
古老剧种焕发青春——湘昆剧大演革命现代戏以后　苏北湘　湖南日报　1964年12月27日4版
京剧表演艺术的继承和革新　刘珂理　新建设　1965年5月号41页
浅谈革命现代戏的舞台效果工作　王庚　奔流（戏剧专刊）　1965年5月2期82页
戏曲音乐推陈出新的好样板——谈京剧《红灯记》音乐的几点革新　任加　人民音乐　1965年6月6期11页
革命现代戏引起了京剧打击乐的变革　赓金群　新建设　1965年8、9月号77页
漫谈戏曲表演艺术的继承与革新——中南区戏剧会演观摩散记　阳友鹤　戏剧报　1965年10月10期36页
川剧艺术的新面貌　向春江　戏剧报　1965年11月11期25页
京剧武戏如何更好地表现革命斗争生活——座谈纪要　戏剧报　1965年12月12期31页
知难而进——华东各省革命现代戏曲观后之一　闻亦步　文汇报　1965年1月5日3版
站得高——华东各省革命现代戏曲观后之二　闻亦步　文汇报　1965年1月6日2版
不要小看小戏——华东各省革命现代戏曲观后之三　闻亦步　文汇报　1965年1月7日2版
突破旧框框——华东各省革命现代戏曲观后之四　闻亦步　文汇报　1965年1月9日2版
从生活中提炼新的表演程式（赣剧）　古月　解放日报　1965年1月14日4版
试谈粤剧音乐的继承革新　黄英谋　南方日报　1965年3月16日3版
认真学习，精益求精　山东省京剧团创作小组　光明日报　1965年4月8日4版
为了吕剧革命化　郎咸芬　大众日报　1965年4月25日3版
为英雄人物设计成套的唱　文广秀　解放日报　1965年6月9日4版
水涨船高——谈要不断地总结京剧革命经验　雪龙　文汇报　1965年6月15日4版
有继承，又有革新——谈中南区戏剧观摩下乡节目的戏曲音乐　万方乐　光明日报　1965年9月26日2版
从生活出发不要从传统出发——谈京剧音乐的推陈出新　阿蓓　文汇报　1965年11月5日4版
表现工农兵也可以用“慢板”　易人　文汇报　1965年11月5日4版
我省二人转开始发生革命性变化（附本报评论员：这支力量不可忽视）　辽宁日报　1965年11月26日3版
京剧念字艺术的推陈出新　丁方豪　文汇报　1965年12月1日4版
表现革命时代的新音调——谈京剧唱腔的革新　董维松　文汇报　1965年12月3日4版
请看农民是怎样评论二人转的？——沈阳中朝友谊公社社员座谈二人转侧记（附本报评论员：从广大农民的爱好出发）　本报记者　辽宁日报　1965年12月11日3版
开创了全面革新秦腔的道路　刘恒之　陕西日报　1966年4月18日3版

戏曲艺术理论

（一）总论

（综合性、虚拟性、程式性、剧诗、人民性、群众性、封建道德问题、内容与形式、现实主义与浪漫主义及泛论戏曲艺术特点等）

门外谈戏曲　陈白尘　戏剧报　1950年2月18日1卷1期5页
旧剧与历史（连载）　李啸仓　戏剧新报　1950年2月合订本第6册
中国戏剧的上下场　周贻白　新戏曲　1950年9月20日1卷1期37—40页　戏剧新报　1950年10月合订本第14册
开展戏曲文艺评论　杨绍萱　新戏曲　1950年10月20日1卷2期2—4页
关于戏剧与曲艺的结合　慕家　新民报　1950年7月24日3版
再谈戏剧与曲艺的结合　慕家　新民报　1950年8月7日3版
旧形式与新内容　杨振声　文汇报　1950年10月1日14版　大公报　1950年10月7日5版
历史剧的真实性与现实影响——记马少波先生的谈话　记者　文汇报（附刊）　1950年12月13日2版
戏曲的历史真实与现实影响　马少波　新戏曲　1951年5月2卷1期1—2页
谈地方戏与新歌剧的关系　张庚　人民戏剧　1951年9月10日第3卷5期19页
从运用戏曲的形式谈起　刘贵　新戏曲　1951年10月1日2卷5期21—22页
戏曲中的反历史主义倾向（来信）　耘耕　文艺报　1951年10月25日5卷3期37页
略谈“从内容到形式”　方滢　大公报　1951年3月31日5版
论“为文学而文学，为艺术而艺术”的危害性——评艾青的“谈牛郎织女”　杨绍萱　人民日报　1951年11月3日3版
答杨绍萱同志　艾青　人民日报　1951年11月12日3版
反历史主义与现实主义的艺术倾向　真马　文汇报　1951年12月3日副页4版
坚持人民戏剧创作的正确方向——马少波谈关于纠正戏剧创作中的反历史主义倾向问题　萧风　文汇报　1951年12月7日副页4版
反历史主义观点对于戏剧艺术的危害性　小东　新民报　1952年3月17日7版
谈传统戏曲剧目的人民性问题　李啸仓　湖南文艺　1956年2月1日总44期31—34页
戏曲艺术是一种真正的艺术形式　耘耕　戏剧报　1956年11月总35期12页
谈舞台艺术的一些问题　丁波　舞台与观众　1956年11月21日15期4页
谈谈古典戏曲中的“忠”“孝”“节”“义”　李逸生　剧本　1956年11月总57期84—86页
艺术上的人民性（原载苏联大百科全书第29卷，这是一篇谈艺术上的人民性的纯理论性的文章）　王智量（译）　光明日报　1956年4月8日3版
应当把内容和形式统一起来看　费依　黑龙江日报　1956年12月16日3版
生活的真实与戏曲表演艺术的真实　阿甲　戏曲研究　1957年1月1期50页
古典剧作的人民性问题　戴不凡　戏剧论丛　1957年2月1期82页
我对戏曲与新歌剧的理解　林绿　人民音乐　1957年3月总48期28—29页

试论桂剧传统剧目中的人民性　蓝鸿恩　漓江　1957年3月3期21—25页
试论戏曲的艺术规律　张庚　戏曲研究　1957年4月2期1页
怎样才是戏剧　欧阳予倩　戏剧论丛　1957年11月4期197页
中国戏曲与斯坦尼斯拉夫斯基体系　古里叶夫　戏剧论丛　1958年2月1期103页
中国戏剧与舞蹈　周贻白　舞蹈　1958年3月2期15页
试论我国戏曲艺术综合性的特点及其规律　李刚　戏曲研究　1958年4月2期69页
中国戏剧与舞蹈　周贻白　舞蹈　1958年5月3期21页
戏剧家笔谈革命的现实主义和革命的浪漫主义相结合　任桂林　文艺报　1958年6月12期14页
戏曲研究工作中的两条道路和两种方法　张庚　戏曲研究　1958年7月3期9页
论新戏曲的内容和形式　张庚　戏曲研究　1958年9月4期10页
再论生活的真实与戏曲表演艺术的真实　阿甲　戏曲研究　1958年9月4期35页
关于现实和理想的问题——谈戏剧创作上的不良倾向　胡少民　西安戏剧　1958年11月第21期总82期21页
关于现实和理想的问题——应该让作家大胆地想象——与胡少民同志辩论　赵志慕　西安戏剧　1958年12月第24期总85期18页
谈神话和理想　星浪等　西安戏剧　1958年12月第24期总85期19页
让戏剧创作开放出更多的奇花异艳——谈谈革命的现实主义和革命的浪漫主义相结合的几个问题　陆路　安徽戏剧　1958年12月第3期总3期5页
漫谈戏剧和革命浪漫主义　李冬生　安徽戏剧　1959年1月总4期14页
漫谈剧作中的真人真事问题　李刚　戏剧研究　1959年2月第1期19页
中国戏剧与杂技（上）　周贻白　戏剧研究　1959年2月第1期64页
站在时代的尖端——谈谈戏剧创作中革命的现实主义和革命的浪漫主义相结合的几个问题　戴不凡　陕西戏剧　1959年2月总2期34页
试谈革命的现实主义与革命的浪漫主义相结合　蒋伯骥　戏剧战线　1959年4月号总10期13页
“人神同台”及其他　戴不凡　陕西戏剧　1959年4月总3期40页
从人神同台说革命的浪漫主义　冯放　湖南戏剧　1959年5月号12页
也谈生活的真实和艺术的真实　柏木　安徽戏剧　1959年5月总8期34页
中国戏剧与杂技（下）　周贻白　戏剧研究　1959年6月2期66页
劳动人民的求实精神与革命精神——试谈革命现实主义与革命浪漫主义相结合　姜炳泰　陕西戏剧　1959年6月总4期1页
话剧向传统学习的问题（1—3）——在中央戏剧学院讲课的记录　欧阳予倩　戏剧学习（资料汇编）　1959年6月6期1页
我们需要更多的程式　凡今航　戏曲音乐　1959年7月7期1页
话剧，新歌剧与中国戏剧艺术传统　欧阳予倩　文艺报　1959年8月15期2页、16期16页
漫谈戏剧艺术创作的一些问题　李超　戏剧战线　1959年9月号总15期8页
话剧向传统学习的问题（续）——在中央戏剧学院讲课的记录　欧阳予倩　戏剧学习（资料汇编）　1959年10月7期5页
谈戏剧风格　红枫　安徽戏剧　1959年10月总13期37页
要反映历史的真实　刘乃崇　戏剧报　1959年11月第22期12页

从如何理解人民性说起——与张庚同志商榷 朱卓群 戏剧报 1960年1月2期27页
不要混淆人民性和封建性的政治界限——再评张庚同志“忠孝节义有人民性”的论点 朱卓群 戏剧报 1960年3月5期32页
人性、性格、阶级性——驳郭汉城同志的人性论观点 漫凌 戏剧报 1960年3月5期39页
阶级界限不容抹煞——评张庚同志对色情凶杀的错误观点 南开大学中文系地方戏研究小组 戏剧报 1960年4月8期27页
不要混淆人民性的阶级界限——向张庚同志质疑 祝新贻 戏剧报 1960年5月10期32页
道德、人民性及其他——向张庚、朱卓群两位同志就正 郭汉城 戏剧报 1960年6月12期29页
政治和艺术的统一，内容和形式的统一 马少波 戏剧战线 1960年6月号总24期6页
推陈出新不断革命——评张庚同志关于戏曲艺术规律的错误观点 南开大学中文系戏剧评论组 戏剧报 1960年9月17期34页
关于“推陈出新”问题的讨论——评张庚同志封建道德的错误观点 冯其庸 戏剧报 1960年10月19、20期60页
是民主性还是封建性？——古典戏剧与社会伦理 于海洋 光明日报 1960年11月27日3版
学习古典戏剧理论札记 戴不凡 剧本 1961年4月号84页
戏剧也是抒情艺术 戴不凡 戏剧报 1961年10月19、20期47页
关于戏曲传统形式的我见 王雁 戏剧报 1961年10月19、20期60页
戏剧艺术的真和美 阿甲 新建设 1961年10月10期39页
浅谈美的问题 戴不凡 新建设 1961年10月10期49页
舞台艺术中美的内容和形式 叶秀山 新建设 1961年11月号47页
戏曲中的虚拟手法 唐真 解放日报 1961年1月9日4版
关于传统戏曲人民性问题的讨论 本报综合报导 光明日报 1961年1月16日3版
虚拟与真实 杨溢 新民晚报 1961年1月19日6版
多不如少 以少胜多——戏曲美学随笔 曲六乙 人民日报 1961年6月7日7版
载歌载舞——谈我国戏曲艺术的特色 李岳男 大公报 1961年7月30日3版
艺术与生活的关系 周传瑛 浙江日报 1961年9月17、20、26日4版
并非“多不如少”——戏曲美学随笔 柳桦 人民日报 1961年10月25日7版
历史真实与借古喻今 师列 东海 1962年2月2期38页
历史是具体的 黎挚 戏剧报 1962年3月3期31页
关于“剧诗”——根据在全国话剧、歌剧创作座谈会上的发言改写 张庚 文艺报 1962年6月6期48页
戏剧和历史 杨国宣 安徽日报 1962年3月18、20日4版
古典文学与表演艺术 马师曾 光明日报 1962年4月17日3版
谈中国戏曲 ［德］B. 布莱希特 佐临译 文汇报 1962年4月28日3版
梅兰芳论艺术与群众 曲六乙 光明日报 1962年8月15日2版
戏剧与历史的真实 狄梵 浙江日报 1962年9月5日3版
戏曲艺术的特点和新戏曲的题材 何迟 河北文学 1963年1月号50页
再谈“剧诗”——在中国剧协举办的第一期话剧作者学习、创作研究会上的发言 张庚

戏剧报 1963年2月2期34页

关于传统剧目的人民性和推陈出新问题——在广东省戏曲理论工作座谈会上的发言 郭秉箴 广西戏剧通讯 1963年9月总8期19页

浅谈传统剧目中的“忠君”思想 许铁生 上海戏剧 1963年11月11期18页

戏曲作品中的时代精神 李门、郭秉箴 羊城晚报 1963年7月4日2版

关于戏曲舞台艺术问题的各种意见 光明日报 1963年10月13日2版

“忠孝节义”有人民性的一面 杜修林 光明日报 1963年10月17日3版

漫谈传统戏曲中的道德观念——从王宝钏的“节”谈起 高义龙 文汇报 1963年10月18日4版

内容与形式——与范钧宏同志商榷 卫明 文汇报 1963年10月25日4版

中国戏曲艺术发展规律浅探 宁宗一 光明日报 1963年10月27日3版

实事求是地研究戏曲艺术的发展规律——对《中国戏曲艺术发展规律浅探》一文的质疑 李奕 光明日报 1963年12月15日3版

革命的内容和戏曲的艺术形式 鲁凝 边疆文艺 1964年5月号50页

历史人物的局限性必须批判——评吴晗同志在历史人物评价问题中的一个错误观点 武英平 光明日报 1965年12月17日2版

谁是历史的主人？ 王子野 光明日报 1965年12月27日2版

从《海瑞罢官》看封建道德“移用”说的破产 佛雏 扬州师院学报 1966年3月总20期20页

（二）文学

（编剧、结构、语言、情节、悲喜剧等）

关于戏剧创作及其形式问题 张庚 文艺报 1949年9月25日1卷1期16—17页

要有内容也要美 翁倡虹 文汇报 1949年12月4日6版

小论创作与改编 刘厚生 戏剧新报 1950年3月合订本第7册 戏曲报 1950年3月18日1卷4期4页

略谈秧歌剧的剧词写作 张庚 河北文艺 1950年8月总10期21页

漫谈唱词与道白 万一 河北文艺 1950年9月总11期28页

略论悲剧和大团圆 方滢 戏剧新报 1950年10月合订本第14册 文汇报 1950年9月13日9版

谈江浙地方戏的唱白 徐扶明 戏曲报 1951年1月5日3卷10期616页

谈文化馆的剧本创作（上、下） 王雁、杨念 新民报 1951年3月12、19日5版

关于滑稽剧的创作道路 何慢 大公报 1951年6月16日3版

应该克服庸俗的插科打诨 人民日报 1951年10月14日3版

小戏的作用要重新估价 唐磊 新民报 1951年12月3日8版

观剧杂谈——关于表演的细节、戏剧语言、剧本修改（第一届全国戏曲观摩会观感） 赤石 文艺报 1952年11月10日总74期30—32页

地方小戏怎样描写人物的性格 王亚平 说说唱唱 1952年12月总36期5—8页

写剧本要注意写人物 史男 新民报 1952年6月2日7版

唱词中的音韵和平仄声 高荣 陕西文艺 1953年3月3卷1期总13期32页、1953年4月3卷2期总14期24—28页

重视传统戏曲语言的清理工作　马少波　文艺报　1953年5月30日总87期26—27页
编剧常识讲话（连载）——关于写人物　林辰夫　浙江文艺　1954年4月总31期54—61页
编剧常识讲话（连载）（续一）　林辰夫　浙江文艺　1954年5月总32期39—43页
编剧常识讲话（连载）（续二）　林辰夫　浙江文艺　1954年6月总33期32—39页
谈川剧的现实主义和文学语言　陶雄　解放日报　1954年3月12日3版
历史人物形象的创作　张逸生　光明日报　1954年5月15日3版
谈山歌剧写作上的一些技巧问题　雪伦　南方日报　1954年10月24日3版
我们需要喜剧　张啸虎　光明日报　1954年12月11日3版
地方戏怎样搞“语言规范化”？　戏剧报　1955年2月总26期45页
胡适在戏剧文学方面反动的唯心观点　颜振奋　剧本　1955年2月总36期141—148页
纯化戏曲语言　陶雄　剧本　1955年3月总37期161—167页
京剧界应以实际行动来拥护汉语规范化　李少春　戏剧报　1955年5月总29期18页
记戏曲与汉语规范化问题座谈会　陶君起整理　戏剧报　1955年5月总29期19页
谈演唱作品里的语言问题　李门　广东文艺　1956年1月号45—47页
汉语规范化与戏曲　白云生　北京文艺　1956年2月总10期41—43页
关于演唱作品里的语言问题　彭业、新兵　广东文艺　1956年3月号49—50页
也谈戏曲与汉语规范化的问题　伊兵　戏剧报　1956年6月总30期25页
关于戏曲剧本的创作　徐胡沙　剧本　1956年6月总52期41—44页
关于讽刺喜剧的几个问题　李诃　人民文学　1957年1月总87期88—93页
澄清剧目分析上的一些糊涂观念正确的理解文学人物　张真　戏曲研究　1957年3期1页
戏剧的语言与性格　纪芒　山花　1957年3月总3期13—19页
古代小说、戏曲之类的开头　胡行之　语文学习　1957年7月号10—22页
编剧、表演琐谈　荀慧生　戏剧论丛　1957年8月3期117页
论戏曲中的正面人物　张真　戏剧论丛　1957年11月4期110页
“小戏”小谈　赵树理　人民日报　1957年4月14日8版
元人杂剧中宾白是谁作的　尹明　光明日报　1957年6月30日5页
读曲杂记　隋树森　光明日报　1957年10月20日5页
关于戏曲唱词　杨兰春　奔流　1958年9月总21期46—48页
戏剧常识　李宜山　小剧本　1958年11月总10期29页
试谈剧中的人名唱词和对白　黎明歌　小剧本　1958年11月总10期31页、1958年12月总11期32页
写戏常识（续）　李宜山　小剧本　1958年12月总11期30页、1958年12月总12期32页
编写剧本并不神秘——记赤洋口群众创作经过　昌黎县文教局副局长赵维均　戏剧战线　1958年12月号总6期8页
由小说改编戏曲剧本的一些看法　李庆番　戏剧战线　1958年12月号总6期8页
试谈戏剧文学创作方法问题　铁可　湖南戏剧　1958年12月创刊号总1期18页
抓住一点，细写人物　刘万崇　四川戏曲　1958年12月10日第3期5页
现代戏曲编剧的继承与创造　李寅　广西日报　1958年12月28日3版
写戏常识（连载）　李宜山　小剧本　1959年1月总13期28页、1959年1月总14期16页

编剧杂谈　资卜　湖南戏剧　1959年1月总2期31页
写戏常识（连载）　李宜山　小剧本　1959年2月总15期29页、1959年2月总16期25页
戏剧创作的新课题——反映人民内部矛盾　陈默　戏剧研究　1959年2月第1期5页
说白　老九　湖南戏剧　1959年2月总3期34页
试论艺术创作与真人真事　童心　安徽戏剧　1959年2月总5期18页
也论艺术创作与真人真事——和童心同志商榷　拂晓等　安徽戏剧　1959年3月总6期1页
加强理论与实际的结合——参加戏曲创作座谈会的体会　完艺舟　安徽戏剧　1959年3月总6期6页
我对真人真事的看法　班友书　安徽戏剧　1959年3月总6期3页
写戏常识（连载）　李宜山　小剧本　1959年3月总17期15页、1959年3月总18期31页
关于写真人真事的几点浅见　范凡　戏剧战线　1959年4月号总10期15页
我对于写真人真事的看法　李庆番　戏剧战线　1959年4月号总10期17页
我对写真人真事的意见　行型　安徽戏剧　1959年4月总7期8页
对写真人真事的一些浅见　李冬生　安徽戏剧　1959年4月总7期5页
漫谈改编剧本　李健吾　剧本　1959年4月号71页
写戏常识（连载）　李宜山　小剧本　1959年4月总20期28页、1959年5月总21期25页、1959年5月总22期25页
谈戏曲中人物的心理描写及其他　阳明玲　剧本　1959年5月号66页
关于戏剧结构　徐叔华　湖南戏剧　1959年5月号8页
十三辙（小常识）　刘乃崇　小剧本　1959年6月总23期32页
写戏常识（连载）　李宜山　小剧本　1959年6月总23期8页、1959年6月总24期29页
“误会法”在小戏中的运用　杜方智　湖南戏剧　1959年6月号10页
谈戏曲情节　吴蓟　江苏戏曲　1959年6月总3期36页
怎样介绍人物　张真　小剧本　1959年7月总25期31页
写戏常识（连载）　李宜山　小剧本　1959年7月总25期28页、1959年7月总26期31页
传统戏曲编剧技巧漫谈　范钧宏　剧本　1959年7月号95页
写戏常识（连载）　李宜山　小剧本　1959年8月总27期28页、1959年8月总28期23页
谈细节的具体描写　季南　小剧本　1959年8月总28期26页
唱词四题——略谈唱词与诗歌的关系　张岳　安徽戏剧　1959年8月总11期4页
动作、性格和语言　刘明龙　安徽戏剧　1959年8月总11期6页
略谈剧本中“悬念”的处理　田陌　陕西戏剧　1959年8月总6期62页
传统戏曲编剧技巧漫谈　范钧宏　剧本　1959年8月号98页
关于创造典型性格——答孜汲同志　孙福田　小剧本　1959年9月总29、30期42页
写戏常识（连载）　李宜山　小剧本　1959年9月总29、30期46页
如何运用戏剧语言——蚌埠市召开戏剧语言座谈会　安徽戏剧　1959年9月总12期7页
写戏常识（连载）　李宜山　小剧本　1959年10月总31期14页、1959年10月总32期25页
戏曲语言的几个问题　班友书　安徽戏剧　1959年10月总13期54页

创造人物性格和结构故事情节的关系——续答孜汲同志 孙福田 小剧本 1959年10月总31期10页
台词的作用（小常识） 丁金 小剧本 1959年11月总33期32页
写戏常识（连载） 李宜山 小剧本 1959年11月总33期17页、1959年11月总34期25页
戏剧语言的几个问题（续完） 班友书 安徽戏剧 1959年11月总14期64页
声韵、语言点滴 郑子鸠 戏剧战线 1959年11月号总17期38页
写戏常识（连载） 李宜山 小剧本 1959年12月总35期22页、1959年12月总36期24页
台词的容量——学剧笔记 曲六乙 安徽戏剧 1959年12月总15期45页
笑和夸张——关于喜剧艺术表现形式杂谈之一 许超然 南方日报 1959年7月23日3版
有关戏剧创作的几个问题——在全省第二次戏剧创作会议上的报告摘要 林修德 福建戏剧 1960年1月20日第1期3页
试谈生活喜剧 南艺 安徽戏剧 1960年2月总17期30页
对于“文学创作如何反映人民内部矛盾”的讨论的批判 许道琦 长江戏剧 1960年2月总9期3页
从一句台词谈起 侯康乙 戏剧战线 1960年2月号总20期42页
说戏（连载）（一） 李宜山 小剧本 1960年2月总38期27页
中国传统戏曲创作特点初探 顾仲彝 上海戏剧 1960年3月3期35页
为什么提出“悲剧”和“失败英雄”？ 曲文 长江戏剧 1960年3月总10期23页
说戏（连载）（二） 李宜山 小剧本 1960年3月总39期27页
说戏（连载）（三） 李宜山 小剧本 1960年4月总40期31页
工农写作者的良师益友——介绍《写戏常识》 长白雁 小剧本 1960年6月总42期39页
话里有话——谈潜台词 曲六乙 安徽戏剧 1960年7月总22期14页
朱陈、冯妇和东流水（戏曲文学病院） 陶甫 江苏戏曲 1960年7月号总第16号56页
不能含混其词（戏剧文学病院） 陶甫 江苏戏曲 1960年9月号总第18号55页
漫谈写唱词 吴白陶 江苏戏曲 1960年10月号总第19号43页
中国传统戏曲喜剧的几个特点 顾仲彝 上海戏剧 1960年12月12期27页
不能勉强凑韵（戏曲文学病院） 陶甫 江苏戏曲 1960年12月号总第21号53页
新英雄人物塑造二题 沈峣 光明日报 1960年5月5日3版
也谈喜剧 胡锡涛 文汇报 1960年11月28日3版
从“乔老爷”的喜剧性格说起 潘培元 文汇报 1960年12月5日3版
从“笑”谈起 秋文 文汇报 1960年12月14日3版
喜剧与笑 张葆华 文汇报 1960年12月18日3版
正面喜剧形象塑造漫谈——读传统戏曲喜剧有感 沈峣 电影艺术 1961年4月2期31页
关于戏剧冲突问题的讨论——有关论文和来稿综述 戏剧报 1961年4月7、8期51页
关于悲剧问题的讨论——有关论文综述 朱胜蓝 戏剧报 1961年5月9、10期47页
传统喜剧的戏剧冲突和正面人物 顾仲彝 上海戏剧 1961年8月7、8期41页
中国古典喜剧传统概述 赵景琛 上海戏剧 1961年8月7、8期53页
中国戏曲的喜剧 周贻白 剧本 1961年8月7、8期74页
不能阉割旧喜剧的传统 治华 电影文学 1961年8月号57页

谈“透”——“午夜挑灯修史剧”读后散记　范钧宏　剧本　1961年12月号65页
谈有关戏曲唱词的技巧问题　傅雪漪　剧本　1961年12月号90页
中国喜剧传统简述　赵景琛　文汇报　1961年1月26日3版
关于悲剧　细言　文汇报　1961年1月31日3版
虚构的自由是有限度的　许三　文汇报　1961年3月11日3版
谈戏曲唱词——夜读随笔　唐真　文汇报　1961年6月7日3版
关于悲剧矛盾　秋文　光明日报　1961年6月20日2版
闹剧——喜剧的异枝　曲六乙　文汇报　1961年6月24日3版
暗号——传统戏曲语言琐谈　吴晓铃　光明日报　1961年7月29日4版
梦与戏——谈古典戏曲中写梦的手法　罗渺　文汇报　1961年8月5日3版
鸡、鸭、鹅——传统戏曲语言琐谈　吴晓铃　光明日报　1961年9月16日4版
细节与性格描写　陈瘦竹　文汇报　1961年11月11日3版
目前戏曲唱词中的一些问题　吴英华等　河北日报　1961年11月20日4版
戏曲中的潜台词　唐真　文汇报　1961年11月22日4版
梅兰芳先生对编剧的一些看法　许姬传　剧本　1962年1月号63页
略谈戏的煞尾——学戏札记　丛耸　山东文学　1962年2月号37页
关于戏曲语言的问题　王季思　剧本　1962年3月号53页
试谈地方戏曲语言的地方色彩　吴蓟　雨花　1962年3月3期25页
谈地方戏的语言问题　邑江、夏村　雨花　1962年4月4期46页
透与隔——谈戏剧怎样表达主题　王朝闻　剧本　1962年5月号3页
喜剧杂谈——在全国话剧歌剧儿童剧创作座谈会上的发言　陈白尘　剧本　1962年5月号23页
“戏文是假，情节是真”等等　周建人　东海　1962年5月5期41页
情语与景语　游默　戏剧报　1962年7月7期46页
戏曲唱词八病——致友人书　傅骏　上海戏剧　1962年11月11期26页
戏曲语言与戏曲“语病”　温文　北京日报　1962年1月13日3版
言者，心之声也（笔谈戏曲“语病”）　王雁　北京日报　1962年3月9日3版
思想、生活、技巧——学习欧阳予倩同志的编剧遗言杂感　洪非　安徽日报　1962年9月28日4版
艺术虚构与性格真实　范钧宏　光明日报　1962年10月16日4版
关于继承传统编剧艺术特点浅谈　李安恒　黑龙江日报　1962年11月13日4版
结构——京剧反映现代生活习作散笔　范钧宏　剧本　1963年8月号31页
学习传统编剧方法　均宁　安徽文学　1963年8月8期77页
“套子”和“官中词”　吕健　文汇报　1963年1月20日4版
铺衬——戏曲剧本的基本结构技巧　楚平　光明日报　1963年3月21、23日4版
重内轻外——传统戏曲语言琐谈　吴晓铃　人民日报　1963年3月26日4版
没有光明没有悲剧——答林涵表同志　张艾丁　光明日报　1963年12月8日2版
试论戏剧创作中如何正确地反映人民内部矛盾的问题　巴山　四川日报　1964年5月28日3版
“三结合”是戏剧创作中的最好方法　吉安专区戏剧创作组　江西日报　1964年12月25日3版
戏剧矛盾的解决与英雄形象的塑造　丁学雷　文汇报　1965年6月7日4版

戏剧创作中“三结合”方法的运用和探索（文艺研究综述） 文汇报 1965年10月18日4版
怎样写小戏（连载）（一） 李之华 小剧本 1966年2月总44期39页
怎样写小戏（连载）（二） 李之华 小剧本 1966年4月总46期16页
怎样写小戏（连载）（三） 李之华 小剧本 1966年5月总47期22页

（三）表导演

（程式、流派、行当、基本功、特技及泛论表导演特点等）

要学习创造典型 高玉倩 大众影剧 1949年6月18日总1期第16页
谈“花旦”与“丑”的改造 沙立 文艺报 1949年11月25日1卷5期13—14页
谈“花旦”与“丑”的改造 沙立 文汇报 1949年12月4日6版
漫谈旧演技 守维 文汇报 1949年12月19日6版
龙套小传（连载） 江渊 戏剧新报 1950年1月合订本第5册
新戏曲导演的苦功 李仪华 戏曲报 1950年2月18日1卷1期11页
谈穷生戏 周信芳 戏曲报 1950年4月22日1卷9期8页
关于戏曲导演 马少波 人民戏剧 1950年4月1卷1期30页
补说花旦与丑的改造 黄芝冈 人民戏剧 1950年4月1卷1期35页
关于丑的处理 黄芝冈 戏剧新报 1950年8月合订本第12册
关于建立戏曲导演制度问题 邓冶 戏剧新报 1950年8月合订本第12册
我对“武打”的认识 杨少坪 戏曲报 1950年9月5日3卷2期314页
谈谈丑行 丛树桂 戏曲报 1950年9月5日3卷2期332页
演技漫谈（连载） 洪深 新戏曲 1950年9、10月20日1卷1、2期3页、13页
也谈对武打的认识 李麟祥 戏曲报 1950年10月5日3卷4期374页
论丑 钟琴 戏曲报 1950年10月5日3卷4期393页
关于如何处理历史上的“小人物”——丑 非琴 戏曲报 1950年10月5日3卷4期395页
如何建立新的导演制度座谈会记录 田汉、李少春、阿甲、洪深等 新戏曲 1950年10月20日1卷2期9—15页
戏曲导演问题 王瑶卿 新戏曲 1950年10月20日1卷2期16—17页
谈舞蹈的民族形式 钟惦棐 人民戏剧 1950年10月2卷1期42页
武打研究座谈会 徐以礼等 戏曲报 1950年11月5日3卷6期469页
关于“突破程式”问题 本报 戏曲报 1950年11月20日3卷7期519页
关于如何处理历史上的“小人物”——丑 本刊 戏剧新报 1950年11月合订本15册
论丑 钟琴 戏剧新报 1950年11月合订本15册
戏曲导演浅论（连载） 马少波 新民报 1950年1月1、15日3版
关于“丑”的处理 黄芝冈 文汇报 1950年8月6日4版
我对“关于丑的处理”的意见 熊熊 文汇报 1950年8月16日4版
关于丑角处理的我见 叶青 文汇报 1950年8月21日4版
释“丑” 戴不凡 文汇报 1950年8月22日4版
关于“丑” 代狱 文汇报 1950年8月23日4版
略论丑和侮辱 方滢 文汇报 1950年8月27日4版

广释“丑”——敬答戴不凡、叶青、方滢三先生　黄芝冈　文汇报　1950年9月7日4版
也谈戏曲舞台形象诸问题　何妨　戏曲报　1951年3月5日4卷2期52页
戏曲舞台形象问题讨论　布谷　戏曲报　1951年3月5日4卷2期50页
盖叫天先生谈戏　严朴记录　大众戏曲　1951年5月1卷3期16页
由旧戏剧演出上的偏差谈到必须确立导演制度　慕家　新民报　1951年1月15日5版
我对“拉下”的看法　梁原　大公报　1951年3月17日5版
谈我国戏曲表演艺术里的现实主义　阿甲　人民日报　1952年11月16日3版
怎样演戏　本刊　陕西文艺　1953年1月2卷5期总11期45—46页
从研究剧本到分派角色　力士　湖南文艺　1953年1月总19期46—47页
学习民族戏曲表演艺术的心得　孙由美　文艺报　1953年7月15日总90期15—16页
谈“丑”　张真　文艺报　1954年1月15日总102期28—31页
表演艺术上的三个重要问题　焦菊隐　戏剧报　1954年2月2期3页
萧长华先生谈丑角的表演艺术　祁兆良等　戏剧报　1954年8月8期16页
谈谈学戏和演戏　邓初民　北京日报　1954年4月17日3版
丑角要正确地认识“抓哏”　龚继云　河北文艺　1955年6月20日总98期第58页
萧长华先生谈京剧小生的“笑”　祁兆良等　戏剧报　1955年10月10期43页
梅兰芳、周信芳谈表演艺术的创造　光明日报　1955年4月12日3版
罗品超谈角色的创造　章平　舞台与观众　1956年5月1日2期
丑角与喜剧　丛文　舞台与观众　1956年8月1日8期5—8页
我对京剧小生戏的认识　叶盛兰　西安戏剧　1956年8月5日总29期5—6页
正确地认识和对待民族戏曲遗产（关于戏曲表导演问题的专题发言）　袁光　西安戏剧　1956年9月10日总31期8—12页
试读史坦尼斯拉夫斯基体系和中国戏曲传统表演艺术　陈幼韩　西安戏剧　1956年9月25日总32期5—10页
对“试读史坦尼体系和中国戏曲传统表演艺术”一文的探讨　洪滨　西安戏剧　1956年11月10日总35期5—6页
怎样导演（未完）　林丹　贵州文艺　1956年11月10日总93期41—52页
怎样导演（续上期）　林丹　贵州文艺　1956年11月25日总94期50—63页
把“戏”演得更好些（有关表演艺术问题）　李门　广东文艺　1956年12月总32期15—16页
略谈中国古典舞蹈　白云生　新民报晚刊　1956年6月5、6日3版
谈丑　张蕾　天津日报　1956年8月25日4版
怎样欣赏戏曲基本动作（一、二）　白云生　北京日报　1956年9月8日3版
从盖老的眼神儿谈起　石挥　文汇报　1956年11月10日3版
盖叫天先生谈表演艺术（连载）　何慢等　解放日报　1956年11月24、25、27日4版
要善于辨别精、粗、美、恶　梅兰芳　戏曲研究　1957年1月1期2页
我怎样运用基本功演戏　陈伯华　戏曲研究　1957年1月1期36页
戏曲表现手法的几个问题　黄克保　戏剧论丛　1957年1月1期151页
从戚雅仙的演出谈表演上的“节制”　丘杨　戏剧报　1957年1月总37期34页
谈创造角色的一点体会　邓丹平　广东文艺　1957年1月号47页
试论中国戏曲艺术舞台艺术的表演程式（连载）　陈幼韩　西安戏剧　1957年2月15、30日总41、42期1—10页

中国戏曲的表演艺术 周贻白 新观察 1957年3月第5期17—18页
中国戏曲表演艺术（连载） 封至模 西安戏剧 1957年3月15、30日总43、44期12—15页
传统的表演艺术也要发掘 戴再民 戏剧报 1957年3月26日总42期24页
戏曲表演的常识 付祥麟 广东文艺 1957年3月号41—43页
表现人物的特殊手法——代角 席明真 草地 1957年4月总10期54—55页
对“一些想法”的想法 黄克保 戏剧报 1957年4月总40期31页
谈表演的深度问题——敬答张庚同志（关于戏曲表演工作） 唐湜 文艺报 1957年7月7日总184期12—13页
盖叫天先生谈练功 何慢、龚义江 戏剧报 1957年7月总43期15页
戏曲程式不是万能的 阿甲 戏剧报 1957年8月总44期5页
毯子功（“粉墨春秋”连载） 盖叫天 戏剧报 1957年8月总44期18页
关于话剧吸取戏曲表演手法问题 焦菊隐 戏剧论丛 1957年8月3期90页
张德成先生的演剧见解 冬尼 戏剧论丛 1957年8月3期128页
谈表演艺术 梅兰芳 西安戏剧 1957年10月30日总58期7—9页
戏曲表演的舞台真实（试谈戏曲艺术借鉴斯坦尼斯拉夫斯基演剧体系问题） 李紫贵 戏剧论丛 1957年11月4期166页
古典戏剧人物表演的特点（1—3） 白云生 天津日报 1957年3月1、2、4日4版
最重要是人（读中国戏剧的表演艺术） 王朝闻 人民日报 1957年3月5日8版
戏曲艺术也可言派 赵淳 文汇报 1957年3月28日2版
“三小戏”质疑 朱钧华 广西日报 1957年6月13日3版
谈表演艺术 梅兰芳 陕西日报 1957年10月16日3版
戏曲传统表演方法与现代生活 郭亮 戏曲研究 1958年1月1期14页
戏曲表演艺术的基础——“四功五法”——在山西省第二届戏曲观摩会演大会的讲话 程砚秋 戏曲研究 1958年1月1期45页
中国戏曲的基本工 邴少霞 西安戏剧 1958年1月15日第1期5页
试谈斯坦尼斯拉夫斯基体系与戏曲表演艺术的关系 李紫贵 戏剧论丛 1958年2月1期120页
稍子、帽翅的使用与练习 任哲中 西安戏剧 1958年3月15日第5期10页
京剧“贵妃醉酒”唱腔分析 何为 戏曲研究 1958年4月2期40页
“风格”、“史氏体系”质疑——对史雷同志文章的一些意见 一木 西安戏剧 1958年4月15日第7期12页
学习民族戏曲的表演方法 郑大年 西安戏剧 1958年7月30日第14期9页
根据演员特长分配角色 张世超 戏剧战线 1958年7月创刊号4页
运用传统程式的一点体会 河北省评剧团演员马存田 戏剧战线 1958年9月号总3期18页
试谈现代戏曲里的武打 唐山市京剧团演员周仲春 戏剧战线 1958年9月号总3期23页
舞台上出现了大戏剧家——关汉卿的动人形象——略谈话剧向戏曲学习问题 阿甲 戏剧论丛 1958年11月4期100页
谈“演戏”和“排戏” 怀宁县文化馆 安徽戏剧 1958年12月第3期总3期21页
戏曲中现代剧的表演问题 吴琛 解放日报 1958年2月6日4版
心中有数 王朝闻 四川戏曲 1959年1月10日第4期4页

反派也不好演　邓兴林　四川戏曲　1959年1月10日第4期15页
戏曲导演点滴体会　李紫贵　戏剧报　1959年1月3期33页
喊嗓子的一点体会　晋县评剧团田三笑　戏剧战线　1959年1月号总7期20页
谈“丑”　吴遐龄口述　王冠亚整理　安徽戏剧　1959年1月（总4）17页
追忆程砚秋先生谈表演艺术　祁兆良、刘保绵　戏剧报　1959年2月4期25页
谈演员眼睛的运用及其他（上）——和北京人艺剧院演员们的一次谈话　荀慧生　戏剧报　1959年2月4期23页
戏曲导演点滴体会——舞台调度（一）（二）　李紫贵　戏剧报　1959年2、3月4、6期34页
要向传统表演艺术学习　吴德　西安戏剧　1959年2月15日第1期22页
角色创造随笔（《战鼓催春》）　蒋啸虎　湖南戏剧　1959年3月号21页
深入生活创造角色　廖新春　湖南戏剧　1959年3月号27页
闺门旦和奴旦的表演（川剧艺术讲话第二讲）　阳友鹤　四川戏曲　1959年3月10日第6期31页
谈演员眼睛的运用及其他（下）——和北京人艺剧院演员们的一次谈话　荀慧生　戏剧报　1959年3月5期33页
萧长华先生漫谈“打戏”　钮骠　剧本　1959年4月44页
戏剧讲座：戏曲导演点滴体会　李紫贵　戏剧报　1959年4月8期33页、1959年5月10期36页
继承和发扬传统的表演技巧　宣仪　戏剧报　1959年5月10期28页
谈谈龙套　谭松月　湖南戏剧　1959年5月号17页
谈谈练功　马少波　前线　1959年5月10期20页
学习史氏体系，丰富和帮助我们民族戏剧艺术的提高和发展　刘修　西安戏剧　1959年6月25日第8、9期1页
向戏曲演员学习表演艺术——戏曲观摩散记　曲中　西安戏剧　1959年6月25日第8、9期21页
戏曲表演在话剧中的消化和运用初探　朱琳　戏剧报　1959年6月12期27页
创造人物要从生活出发　李沥青　湖南戏剧　1959年6月号8页
对史氏体系与戏曲表演的一点认识　尚木　安徽戏剧　1959年6月总9期15页
谈戏曲表演艺术特点及其现实主义创作原则——兼论向斯氏体系学习问题　陈幼韩　陕西戏剧　1959年6月总4期70页、1959年7月总5期42页
略谈戏曲表演艺术　尚小云　陕西戏剧　1959年7月总5期32页
对戏曲程式运用之浅见　田林　陕西戏剧　1959年7月总5期40页
流派千秋　马少波　戏剧报　1959年7月13期3页
戏曲导演点滴体会　李紫贵　戏剧报　1959年7月13期36页
戏曲导演工作中的几个问题——在中国戏曲学院导演进修班上的报告　阿甲　戏剧研究　1959年7月3期25页
青年演员笔谈创造角色的体会　刘兰秋等　长江戏剧　1959年7月总2期18页
假戏真做和勤学苦练——读《泗州戏名丑魏玉林语录》所引起的两点杂感　东山　安徽戏剧　1959年7月总10期26页
试谈花脸的唱法问题　裘盛戎　戏曲音乐　1959年8月8期3页
谈戏曲咬字的问题　秋文　戏曲音乐　1959年8月8期21页

戏曲导演点滴体会 李紫贵 戏剧报 1959年8月15、16期34、35页
从罗柱林改嗓想到的（谈花脸唱法） 张九 湖南戏剧 1959年8月号19页
谈丑角戏 吴蓟 江苏戏曲 1959年8月总5期38页
戏曲表演艺术的风格和流派 曲六乙 北京文艺 1959年8月号36页
话剧向传统学习的问题——在中央戏剧学院讲课的记录 欧阳予倩 戏剧研究 1959年9月4期181页
“宁穿破，不穿错” 刘慧娴 安徽戏剧 1959年9月总12期43页
创造性地运用传统程式 梅兰芳 戏曲音乐 1959年9月9期1页
“绝活”小谈 徐雅堂 戏剧战线 1959年9月号总15期27页
侯喜瑞谈“架子花”（上） 袁韵宜 戏剧报 1959年10月20期31页
“武戏文唱” 秋文 江苏戏曲 1959年10月总7期23页
侯喜瑞谈“架子花”（下） 袁韵宜 戏剧报 1959年11月21期33页
导演怎样开始工作？ 张间 湖南戏剧 1959年11月号15页
起霸 景孤血 戏剧报 1959年12月23期35页
“行当”一知谈 蕾子 安徽戏剧 1959年12月总15期47页
沉与浮——写给年轻的戏曲演员 子尼 戏剧战线 1959年12月总18期45页
我对运用传统艺术技巧的看法 红线女 人民日报 1959年2月17日7版
现代戏曲中的行当问题 司徒劳 北京日报 1959年2月26日3版
戏曲艺术的流派（上下） 司徒劳 北京日报 1959年3月6—8日3版
也谈流派——梨园今昔之一 荀慧生 北京日报 1959年3月24日3版
谈“丑” 吴雪 北京日报 1959年3月31日3版
从革新创造谈表演艺术 高盛麟 文汇报 1959年6月16—18日3版
关于“生旦净丑”——复读者 马少波 光明日报 1959年7月22日3版
丑角及其他——关于喜剧艺术表现形式杂谈之二 许超然 南方日报 1959年7月27日3版
略谈戏曲表演艺术 尚小云 陕西日报 1959年8月9日3版
排演随笔 郑亦秋 文汇报 1959年10月12日3版
漫谈花脸戏 袁世海 文汇报 1959年12月8日3版
关于戏曲舞台艺术的一些探索 阿甲 人民日报 1959年12月9日7版
塑造人物，发扬流派及其他 何慢、应耐良 解放日报 1959年12月26日5版
戏曲导演常识（连载）（一） 胡沙 小剧本 1960年1月总37期39页
导演如何处理体裁 郭亮 戏剧战线 1960年1月总19期37页
形式主义的表演方法——评袁嵘同志《我对戏曲表演艺术特点的浅见》 陈彦荣 戏剧战线 1960年2月号总20期34页
这是歪曲戏曲表演艺术的论点 周仲春、刘光甲 戏剧战线 1960年2月号总20期35页
我对戏曲表演艺术特点的浅见 袁嵘 戏剧战线 1960年2月号总20期54页
谈“丑” 华传浩 安徽戏剧 1960年2月总17期32页
“丑”行杂谈 小华 安徽戏剧 1960年2月总17期33页
戏曲导演常识（连载）（二） 胡沙 小剧本 1960年2月总38期48页
谈戏曲程式动作 刘静杰 江苏戏曲 1960年2月号总第11期61页
有害的理论（驳《我对戏曲表演艺术特点的浅见》） 李醒 戏剧战线 1960年3月号总21期50页

驳“外在要精，内在要空”论　赤叶　戏剧战线　1960年3月号总21期54页
“浅见”掩盖不了大错误　岳海峰、杨昌伶　戏剧战线　1960年3月号总21期56页
戏曲导演常识（连载）（三）　胡沙　小剧本　1960年3月总39期40页
党关怀和扶植艺术流派的发展　梅兰芳　戏曲音乐　1960年3月总15期1页
漫话“绝招”　戏剧理论进修班毕业学员黄世钰　戏剧学习（资料汇编）　1960年3月8期57页
一场必要的争论（评《我对戏曲表演艺术特点的浅见》）　连衡　戏剧战线　1960年4月号总22期26页
不同意袁嵘同志的意见（评《我对戏曲表演艺术特点的浅见》）　石山　戏剧战线　1960年4月号总22期29页
不要把糟粕当成精华（评《我对戏曲表演艺术特点的浅见》）　贾桂兰　戏剧战线　1960年4月号总22期31页
评“俯”、“仰”之间　李紫贵　戏剧报　1960年4月8期29页
我对艺术流派的一些看法　荀慧生　戏曲音乐　1960年4月总16期14页
戏曲导演常识（连载）（四）　胡沙　小剧本　1960年4月总40期38页
谈创作现代戏的表演程式　之见　江苏戏曲　1960年5月号总第14期9页
演现代戏要功夫　丁越娥　江苏戏曲　1960年5月号总第14期20页
骑马动作的创造　崔万林　江苏戏曲　1960年5月号总第14期21页
武打中的“翻跌”（戏曲欣赏）　刘静杰　江苏戏曲　1960年5月号总第14期56页
是创作方法问题还是世界观问题——驳袁嵘同志的《我对戏曲表演艺术特点的浅见》　郭亮　戏剧战线　1960年5月号总23期46页
“戏不离技，技不离戏”　刘沪生　戏剧战线　1960年5月号总23期49页
演员永远处于再创造的过程　侯君杰　戏剧战线　1960年5月号总23期50页
戏曲导演常识（连载）（五）　胡沙　小剧本　1960年5月总41期42页
关于戏曲表导演的一些问题　阿甲　安徽戏剧　1960年5月总20期44页
袁嵘同志来信（自我检查）　戏剧战线　1960年6月号总24期59页
雷喜福先生谈“话白”　苏移　戏曲音乐　1960年6月总18期24页
戏曲导演常识（连载）（六）　胡沙　小剧本　1960年6月总42期42页
戏曲导演常识（连载）（全文完）　胡沙　小剧本　1960年7月总43期39页
龙套（戏剧信箱）　乔志良　安徽戏剧　1960年7月总22期54页
戏剧表演、导演艺术的三个问题——“毛泽东思想指导下的戏剧表导演艺术”的第二、三部分　欧阳予倩　戏剧报　1960年8月16期19页
怎样唱好戏——戏曲演员“传经会”追记　本刊记者江水　江苏戏曲　1960年8月号（总第17期）20页
髯口　马鸣骅　安徽戏剧　1960年8月总23期37页
要演唱，不能傻唱　徐艳琴　江苏戏曲　1960年9月号总第18期48页
谈气质（戏曲杂谈）　鲁宁　江苏戏曲　1960年10月号总第19期36页
说技巧　曲六乙　戏剧报　1960年11月22期18页
武打中的“出手”（戏曲欣赏）　刘静杰　江苏戏曲　1960年12月号总第21期43页
漫谈创造人物　梅兰芳　光明日报　1960年7月20日3版
说“丑”　左民　解放日报　1960年12月13日6版
基本功的基本功——记蒲剧老艺人常振都漫谈练功　张峰　山西戏剧　1961年1月总6期

40 页
谈戏曲表演 欧阳予倩 舞蹈 1961 年 1 月号 25 页
冰冻三尺，非一日之寒——漫谈练基本功 盖叫天 戏剧报 1961 年 2 月 3 期 20 页
戏曲口诀辑注 张真等 戏剧报 1961 年 3 月 6 期 33 页
杂谈戏曲表演程式 秋文 上海戏剧 1961 年 3 月 3 期 27 页
戏曲口诀辑注（一清二浑三不见） 哲堂 戏剧报 1961 年 4 月 7、8 期 50 页
演戏最忌“一道汤” 甄韵福 戏剧报 1961 年 4 月 7、8 期 50 页
戏曲口诀辑注 雪川 戏剧报 1961 年 5 月 9、10 期 41 页
希望女性化一些 王绍猷 戏剧报 1961 年 5 月 9、10 期 43 页
虚拟与真实 荀慧生 戏剧报 1961 年 5 月 9、10 期 69 页
“真真假假，假假真真” 丹尼 戏剧报 1961 年 5 月 9、10 期 62 页
从杂技、戏曲看基本功的特点与作用 秦淳 新体育 1961 年 5 月 10 期 18 页
艺多不压身 钮骠、苏移 戏剧报 1961 年 6 月 11、12 期 15 页
新——关于表演问题的通信 李少春 戏剧报 1961 年 6 月 11、12 期 47 页
漫谈丑角 刘斌昆 上海戏剧 1961 年 6 月 6 期 28 页
戏曲口诀辑注 苏彦硕 戏剧报 1961 年 7 月 13 期 23 页
萧长华先生谈戏曲评谚缀录 钮骠 戏剧报 1961 年 8 月 15、16 期 56 页
哪得梅花放清香？——听京剧演员张云溪谈基本功 方芾 新体育 1961 年 8 月 15 期 11 页
戏剧流派浅谈 刘厚生 解放 1961 年 8 月 9 期 22 页
舞台上的美与丑 马连良 新建设 1961 年 10 月 10 期 41 页
舞台上的真和假 白云生 新建设 1961 年 10 月 10 期 46 页
舞台艺术的真、善、美 周亦祥 新建设 1961 年 11 月号 50 页
“龙套”小颂 姚萌 解放日报 1961 年 1 月 9 日 6 版
如何刻画人物性格 荀慧生 光明日报 1961 年 4 月 8 日 4 版
中国戏曲表演艺术的现实主义传统——兼与朱光潜先生“狄得罗的‘谈演员的矛盾’” 商榷 林涵表 文汇报 1961 年 5 月 20 日 3 版
略谈上下场 陈笑暇 河北日报 1961 年 5 月 23 日 3 版
“搭架子”的作用 宗盖玉 新民晚报 1961 年 5 月 26 日 3 版
京剧行当的填平补缺问题 杨珺生 文汇报 1961 年 5 月 31 日 3 版
“海派”千秋 姚萌 解放日报 1961 年 6 月 10 日 4 版
假戏真做——顾曲枝语之一 李大珂 光明日报 1961 年 6 月 17 日 4 版
“海派”武生戏 卫明 解放日报 1961 年 6 月 18 日 4 版
花旦一行 唐致 解放日报 1961 年 7 月 13 日 4 版
勤学苦练基本功 毛世来 吉林日报 1961 年 7 月 21 日 3 版
跑龙套——谈艺余录之一 马连良 文汇报 1961 年 7 月 22 日 3 版
“三花脸”不一定全是坏人 阳天 四川日报 1961 年 7 月 23 日 3 版
戏曲诀谚 刘厚生 文汇报 1961 年 7 月 23、27、30 日 3 版
从盖派艺术特色漫谈京剧武生的流派 陶君起 光明日报 1961 年 7 月 24 日 2 版
略谈“跑龙套” 文汇 中国青年报 1961 年 7 月 26 日 4 版
谈谈“水袖” 邓少秋 新华日报 1961 年 7 月 27 日 3 版
丑角表演艺术点滴谈——访粤剧名丑文觉非 何剑萍 南方日报 1961 年 7 月 30 日 3 版

演员的眼睛　左民　解放日报　1961 年 8 月 2 日 4 版
目中无人心中有人　唐真　新民晚报　1961 年 8 月 21 日 2 版
小生家门谈　葛次红　福建日报　1961 年 8 月 22 日 3 版
对“千斤说白”的体会　华素琴　新华日报　1961 年 8 月 27 日 3 版
关于“生旦净丑”　贵州日报　1961 年 8 月 27 日，9 月 3、10 日 3、4 版
侯喜瑞谈架子花脸表演　光明日报　1961 年 9 月 4 日 1 版
舞台美　沈祖安　文汇报　1961 年 9 月 6 日 3 版
老旦的唱念——台下人语　少若　文汇报　1961 年 9 月 5、7 日 4 版
嬉笑怒骂，皆成文章　华传浩　文汇报　1961 年 9 月 17 日 2 版
形劲神——学戏随录　何宣仪　广西日报　1961 年 9 月 25 日 3 版
技巧和生活　盖叫天　浙江日报　1961 年 10 月 11 日 3 版
谈表演艺术的美——学戏琐记　宋辰　广西日报　1961 年 10 月 28 日 4 版
派戏的艺术　云天著　文汇报　1961 年 11 月 12 日 4 版
内练一口气——传统戏曲语言琐谈　吴晓玲　光明日报　1961 年 11 月 14 日 4 版
谈谈体育和艺术的关系　盖叫天　浙江日报　1961 年 11 月 19 日 4 版
略谈花旦的练功　荀慧生　光明日报　1961 年 12 月 4 日 2 版
传统戏技巧的运用问题　荀慧生　解放日报　1961 年 12 月 5 日 4 版
花旦表演琐谈　荀慧生　光明日报　1961 年 12 月 21、23 日 4 版
“变脸”种种　吕健　文汇报　1961 年 12 月 24 日 4 版
演人别演“行”　荀慧生　戏剧报　1962 年 1 月 1 期 56 页
翩若惊鸿，宛若游龙——京剧花旦舞蹈身段小释　梅美　上海戏剧　1962 年 1 月 1 期 19 页
体验与技巧　阿甲　戏剧报　1962 年 2 月 2 期 31 页
戏曲诀谚百则　刘粤基　戏剧报　1962 年 2 月 2 期 57 页
记徐兰沅先生谈戏曲口诀三则　唐吉　戏剧报　1962 年 3 月 3 期 52 页
说武戏　翁偶虹　戏剧报　1962 年 4 月 4 期 16 页
节制和幻想　廖震龙　剧本　1962 年 4 月号 46 页
“丑”而不丑　华传浩　上海戏剧　1962 年 5 月 4、5 期 36 页
谈“噱”　唐耿良　上海戏剧　1962 年 5 月 4、5 期 43 页
继承和发展戏曲流派我见　周信芳　戏剧报　1962 年 5 月 5 期 29 页
文丑与武丑　吴南星　前线　1962 年 6 月 11 期 16 页
谈谈“鹰展翅”　张剑鸣　戏剧报　1962 年 7 月 7 期 31 页
台词的顿歇、重音和语调　罗明　广西戏剧通讯　1962 年 7 月 2 期 13 页
丑而不丑，不丑而丑　华传浩　戏剧报　1962 年 8 月 8 期 54 页
恰如其分，实似其人（谈丑）　王传淞　戏剧报　1962 年 9 月 9 期 49 页
表演和剧本拉手　盖叫天　文艺报　1962 年 9 月 9 期 2 页
谈配角　郑法祥　戏剧报　1962 年 12 月 12 期 37 页
水袖的妙用——尚小云给省剧校学生谈话之三　贾自立整理　陕西日报　1962 年 1 月 18 日 3 版
试谈戏曲中的绝技艺术　丛林　天津日报　1962 年 2 月 18、20 日 4 版
关于表演艺术的讲话　梅兰芳遗作　文汇报　1962 年 2 月 28 日 3 版
唱词与表演　安水点　北京日报　1962 年 2 月 30 日 3 版
黄桂珠谈“戏经”　李福光　南方日报　1962 年 3 月 4 日 3 版

漫谈戏曲表演与生活的关系　张宗和　贵州日报　1962年3月4日3版
漫谈丑化反面人物　李颉　文汇报　1962年3月7日3版
谈五法——尚小云给省剧校学生谈话之四　贾自立整理　陕西日报　1962年3月17日3版
演员与角色之间的几个问题　高宇　文汇报　1962年3月28日3版
漫谈“思春”表演　荀慧生　光明日报　1962年4月3日4版
表现派和体验派的争论和中国传统表演艺术问题　伯贤　文汇报　1962年4月14日3版
笛和小生　华传浩　文汇报　1962年4月17日4版
学习与创新——谈青衣的武功表演　杜近芳　光明日报　1962年5月1日4版
上场艺术和下场艺术　何振中　陕西日报　1962年6月13日3版
谈演丑　王定秦　甘肃日报　1962年6月27日4版
三分生　荀慧生　文汇报　1962年7月11日3版
上场带戏　何振中　光明日报　1962年7月17日4版
五法——戏曲知识浅谈之一　王绍猷　陕西日报　1962年7月20日3版
漫谈演员的“窍”　小捷　文汇报　1962年7月20日4版
戏曲的舞蹈化动作　曲六乙　大公报　1962年7月27日3版
水袖——艺术的语言　曹其敏　人民日报　1962年8月12日6版
戏的滋味儿　荀慧生　河北日报　1962年8月15日4版
一字一词　荀慧生　解放日报　1962年8月24日4版
舞台上的二只脚　白云生　光明日报　1962年8月25、28日4版，9月1、6、11日4版
净、付、丑　翁偶虹　北京日报　1962年9月27日3版
有关表演艺术的两篇文献　唐慕陶　文汇报　1962年10月13日3版
表演艺术的几个问题——在一次座谈会上的发言　章泯　广西日报　1962年11月16日4版
小论“舞台腔”　赵铭彝　人民日报　1962年11月25日5版
重视戏曲舞台形象的美感作用　林涵表　文汇报　1962年12月11日3版
戏曲中的配角　天津日报　1962年12月14日4版
两种眼光看“绝活”　郑法祥　文汇报　1962年12月16日4版
“婆子”的丑与美　肖盛萱　戏剧报　1963年1月1期35页
谈武行　郑法祥　戏剧报　1963年4月4期46页
为什么——试谈生活里的丑与表演艺术的美　李文杰　戏剧报　1963年4月4期31页
异曲同工，脉络相通——潘天寿与王传淞谈艺术　柳河、田夫　东海　1963年4月4期44页
杂谈丑角的表演　唐仙蝶　广西戏剧通讯　1963年6月总7期30页
漫谈戏曲舞台上的丑角　江干　雨花　1963年6月6期45页
台词的“意”，人物的“神”　马连良　戏剧报　1963年11月11期45页
略谈面部表情　白云生　舞蹈　1963年12月6期21页
关于戏曲表演艺术特点的几点理解　中文系戏剧评论组　宁余一执笔　南开大学学报　1963年12月4卷1期57页
须的艺术——谈老生的髯口功夫　彭隆兴　文汇报　1963年1月13日4版
戏曲表演要给人美感　王安珉、刘英华　光明日报　1963年1月17日4版
有为而发潜移默化　荀慧生　河北日报　1963年2月15日4版
漫谈戏曲表演的思想性　韩海云　新湖南报　1963年3月6日3版

浅谈戏曲舞台方法与表现手段的统一　健青　黑龙江日报　1963年10月8日4版
表演艺术传统中的角色创造——有关戏曲表现现代生活中的一个问题　高宇　文汇报　1963年12月6日4版
练好基本功　关鹔鹴　四川日报　1963年12月13日3版
别让灵魂跑了——谈谈戏曲表演艺术的精、气、神问题　盖叫天　戏剧报　1964年3月2、3期45、44页　1964年4月4期44页
生活和程式　戴不凡　文艺报　1964年7月7期16页
唱、念、表演动作的和谐统一　顾森柏　北京日报　1964年5月12日3版
谈谈京剧现代戏的表演问题　盖叫天　人民日报　1964年6月15日6版
几个精彩的亮相　白云生　光明日报　1964年7月2日2版
细节刻化与角色精神气质　侯喜瑞　光明日报　1964年7月16日2版
京剧现代戏表演中的几个问题　史若虚　新建设　1965年5月号41页
武戏漫谈　张云溪　戏剧报　1965年12月12期28页
生活、武打与程式——现代武戏观摩札记　唐真　解放日报　1965年6月30日4版
要带着阶级感情演戏　马金凤　羊城晚报　1965年7月18日2版
导演的甘苦——访问参加中南区观摩演出戏剧的导演们　本报记者　羊城晚报　1965年8月23日2版
谈谈正确地对待表演反面人物　袁世海　文汇报　1965年10月4日4版
“小戏”要大做　艺兵　人民日报　1965年11月5日6版

（四）音乐

（流派、创腔、配器、场面及泛论音乐特点等）

略谈唱工　欧阳予倩　文艺报　1949年11月25日1卷5期10—11页
再谈唱工　欧阳予倩　文艺报　1950年4月25日2卷3期11—13页
谈唱工问题　崔东江　文艺报　1950年4月25日2卷3期16—17页
戏曲音乐改进座谈会　徐以礼等记录　戏曲报　1950年7月8日2卷8期142—159页
戏曲音乐改进问题　徐以礼　戏曲报　1950年8月20日3卷1期248页
学习戏曲音乐遗产的几个问题　马可　河北文艺　1950年8月总10期22—23页
曲牌锣鼓的新谱　许如辉等　戏曲报　1951年4月20日4卷5期185页
谈谈配乐　力士　湖南文艺　1953年5月总23期31页
试论戏曲音乐的“牌子音乐”及“板子音乐”（未完）　程云　人民音乐　1954年10月总21期44—48页
试论戏曲音乐的“牌子音乐”及“板子音乐”　程云　人民音乐　1954年12月总22期50—54页
对改革地方戏曲音乐的几点意见　时白林　安徽日报　1954年12月5日3版
谈戏曲音乐表现现代生活的问题　何慧　戏剧报　1955年2月总26期33页
对中国戏曲音乐的现实主义传统的一点理解　马可　人民音乐　1955年7月总29期9—11页
保喉与练声　白云生　戏剧报　1955年12月12期44页
发扬民族的歌唱艺术　张真　戏剧报　1956年1月总25期35页
戏曲唱腔改革中的几个问题　马可　人民音乐　1956年3月总36期6—9页

把唱腔改得优美些　肖若兰　西安戏剧　1956年5月15日总25期16—18页
反对戏曲音乐工作中的粗暴作风　本报记者　戏剧报　1956年11月总35期8页
谈戏曲音乐的评论工作　厉声　河北文艺　1956年12月号8—9页
对发展戏曲音乐的意见　魏开泰　湖北日报　1956年10月25日3版
实事求是地评价戏曲音乐工作　穆克　人民音乐　1957年1月总46期2—3页
戏曲演员保护发声器官的方法　白云生　人民音乐　1957年1月总46期26—27页
怎样练嗓（上）　舒模、肖晴　戏剧报　1957年1月总37期30页
怎样练嗓（中）　舒模、肖晴　戏剧报　1957年2月总38期34页
读关于继承与发扬戏曲传统唱腔的几点意见　李正敏　西安戏剧　1957年2月15日总41期11—15页
谈戏曲唱腔的吸取与融化问题　王基笑　人民音乐　1957年2月总47期15—17页
怎样练嗓（下）　舒模、肖晴　戏剧报　1957年3月总39期28页
谈戏曲演唱　程砚秋　戏剧报　1957年3月26日总42期22页
悠悠的民族声乐艺术传统　舒模　戏曲研究　1957年4月2期13页
现实主义的民族声乐传统　肖晴　戏曲研究　1957年4月2期30页
从曲牌演变看戏曲音乐的曲调发展法　武俊达　戏曲研究　1957年4月2期37页
试论与戏曲音乐工作有关的几个问题　刘厚生　文艺月报　1957年4月总52期52—55页
谈戏曲音乐工作　远扬　戏剧报　1957年4月11日总43期9页
对戏曲音乐工作中一些问题的看法　高鸣　人民音乐　1957年5月总50期20—22页
重视戏曲音乐工作者的积极创造　何为　人民音乐　1957年5月总50期23—27页
常香玉、袁雪芬谈戏曲音乐问题　本刊记者　人民音乐　1957年5月总50期27—28页
谈戏曲旋律的宣叙性　沙梅　人民音乐　1957年6月总51期23—28页
戏曲音乐工作座谈会上的结束语　夏衍　人民音乐　1957年7月总52期8—12页
我们对戏曲音乐工作的一些看法和建议　董源　人民音乐　1957年7月总52期13—16页
字，词念唱方法的研究　罗合如　戏曲研究　1957年7月3期83页
记戏曲音乐工作座谈会　戏剧报　1957年7月31日总50期
唱腔的选择与演唱艺术　林绿、时韬　戏剧报　1957年10月总46期19页
怎样研究戏曲音乐规律　杨荫浏　戏曲研究　1957年10月4期56页
关于戏曲乐队的指挥　何为　解放日报　1957年1月17日4版
继承与发扬民族声乐艺术传统　舒模　人民日报　1957年3月21日7版
戏曲唱腔和戏曲艺术形式的关系　董源　戏曲研究　1958年1月1期84页
山歌、小调到戏曲唱腔的发展——以扬剧曲牌“梳妆台”为例　武俊达　音乐研究　1958年2月1期78页
音专教学面向戏曲音乐　陈士英　西安戏剧　1958年3月15日第5期14页
创腔经验随谈　程砚秋　戏曲研究　1958年4月2期3页
戏曲音乐的创作道路　林绿　戏曲研究　1958年7月3期83页
破除迷信，发扬戏曲音乐的优良传统　马可　音乐研究　1958年8月4期6页
戏曲音乐跨进了新时代——记文化部戏曲表现现代生活座谈会　吴一立　音乐研究　1958年8月4期9页
继承优秀的戏曲声乐传统　肖晴　戏曲音乐　1958年8月8期11页
戏曲音乐表现现代生活的一些问题　马可　戏曲研究　1958年9月4期48页
现代剧目如何使用传统音乐　彭文元　四川戏曲　1958年10月1日第1期35页

戏曲音乐工作的新任务　时白林　安徽戏剧　1958年10月1日创刊号27页
戏曲音乐在戏曲艺术中的地位　林绿　音乐研究　1958年10月5期42页
现代戏曲音乐设计方面的几点体会　马龙文　戏剧战线　1958年11月号总5期25页
对戏曲剧团乐队的两点意见　扬戈　戏剧战线　1958年11月号总5期26页
运用传统戏曲音乐为现代戏服务　湖南湘剧团音乐组集体讨论　李允恭执笔　湖南戏剧　1958年12月创刊号总1期31页
戏曲音乐工作大有可为　王竞　戏曲音乐　1959年1月创刊号3页
戏曲唱功讲话　肖晴　戏曲音乐　1959年1月创刊号27页
戏曲舞台上要用扩大器吗？　肖明　戏曲音乐　1959年1月创刊号36页
重视声音锻炼　音凤　四川戏曲　1959年1月12日第4期16页
戏曲唱功讲话（续）　肖晴　戏曲音乐　1959年2月2期20页
关于戏曲音乐创作问题——记中国音协在京会员民乐组座谈会　李锦凤　戏曲音乐　1959年2月2期38页
对戏曲音乐的传统、程式和群众性的看法　马可　音乐研究　1959年2月第1期2页
关于戏曲音乐刻画形象的几个美学问题　茅原　音乐研究　1959年2月第1期7页
提高认识，做好戏曲音乐工作——在戏曲音乐研究班务虚阶段小结发言　马可　戏剧研究　1959年2月第1期24页
继承和发展的两点论——演员论音乐问题的读后感　马可　戏曲音乐　1959年3月3期4页
戏曲音乐创作必须走群众路线　郑桦　戏曲音乐　1959年3月3期12页
戏曲唱工讲话（续）　肖晴　戏曲音乐　1959年3月3期27页
也谈戏曲乐队问题　厉声　戏剧战线　1959年3月号总9期36页
戏曲音乐应为戏的主题服务　罗金梁　湖南戏剧　1959年3月号28页
略谈戏曲音乐上的几个问题　江潮　安徽戏剧　1959年3月号总6期12页
紧密合作　设计唱腔　王盘声　戏曲音乐　1959年4月4期1页
戏曲唱工讲话（续完）　肖晴　戏曲音乐　1959年4月4期26页
曲剧发声初探　江潮　安徽戏剧　1959年4月号总7期12页
谈庐剧的发声和嗓子的运用　丁玉兰　安徽戏剧　1959年4月号总7期13页
对“中国戏曲唱腔选”编辑工作的几点希望　震亚　人民音乐　1959年5月号33页
伴奏与演唱　陶然　西安戏剧　1959年5月10日第6期12页
谈会演中的戏曲音乐问题　曹成章　戏剧战线　1959年5月号总11期28页
戏曲音乐史话　晓苍　戏曲音乐　1959年5月5期7页
戏曲乐队问题　何为　戏曲音乐　1959年6月6期2—7页
关于乐队问题的讨论（共十二篇）　松文明等　戏曲音乐　1959年6月6期8—15页
高腔可不可以加伴奏？——中国音协举行的座谈会发言摘要　戏曲音乐　1959年6月6期21页
戏曲音乐史话（续）　晓苍　戏曲音乐　1959年6月6期32页
戏曲乐队问题座谈纪要　戏剧战线　1959年6月号总12期28页
也谈戏曲音乐刻画人物形象的问题　曹凯　音乐研究　1959年6月3期42页
关于乐队问题的讨论（共七篇）　宫子才等　戏曲音乐　1959年7月7期18—24页
戏曲音乐史话（续）　晓苍　戏曲音乐　1959年7月7期30页
省剧协召开弦板腔座谈会　孙迟　陕西戏剧　1959年7月总5期37页

戏曲音乐座谈会记录 冶频整理 湖南戏剧 1959年8月号15页
对戏曲乐队位置的意见 邓炳南等 湖南戏剧 1959年8月号26页
戏曲音乐史话（续） 晓苍 戏曲音乐 1959年8月8期29页、1959年9月9期37页
对秦腔发音的点滴体会 殷守中 陕西戏剧 1959年9月总7期20页
继承传统，发展传统，提高戏曲音乐工作的水平 张庚 戏曲音乐 1959年10月10期1页
谈特色 马少波 戏曲音乐 1959年10月10期3页
戏曲音乐工作再跃进 本刊评论员 戏曲音乐 1959年10月10期13页
戏曲乐队的作用和发展——就正于张真、叔牟等同志 马可 戏曲音乐 1959年10月10期16页
对戏曲唱腔改革与发展的一点体会 邬讯 戏曲音乐 1959年10月10期23页
戏曲音乐史话（续） 晓苍 戏曲音乐 1959年10月10期38页
再谈戏曲音乐刻画形象的美学问题 茅原等 音乐研究 1959年10月5期65页
从事戏曲音乐工作十年——兼谈学习传统，运用传统问题 刘如曾 人民音乐 1959年10月10、11期64页
地方戏曲音韵发展中一个值得注意的问题 侯镜昶 南京大学学报（人文科学） 1959年10月2期73页
人多出韩信——一个戏曲音乐座谈会侧记 海（本报记者） 戏曲音乐 1959年11月11期1页
总结经验，交流经验（戏曲音乐座谈会发言摘要） 戏曲音乐 1959年11月11期2页
谈谈怎样托腔保调 郭筱亭 戏曲音乐 1959年11月11期8页
戏曲乐队的作用和发展（续完） 马可 戏曲音乐 1959年11月11期15页
京剧曲牌概说 张宇慈 戏曲音乐 1959年11月11期19页
大家谈（我对沪剧音乐发展的看法等三篇） 唐文清等 戏曲音乐 1959年11月11期24页
戏曲音乐史话（续） 晓苍 戏曲音乐 1959年11月11期25页
第二次国庆献礼演出戏曲音乐座谈会摘记 戏曲音乐 1959年12月12期19页
创腔是为了表现人物 丁是娥 戏剧研究 1959年12月6期47页
戏曲音乐工作问题 马可 人民日报 1959年2月17日7版
演员对戏曲音乐工作的意见 黄源淮 戏曲音乐 1960年1月总13期24页
向群众和传统学习，解决男女合演声腔问题 周大风 戏曲音乐 1960年1月总13期13页
戏曲音乐史话（续） 晓苍 戏曲音乐 1960年1月总13期28页
回顾与前瞻——献礼演出的戏曲音乐工作论评 中国戏曲研究院音乐研究室集体写作 戏曲音乐 1960年1月总13期1页
试谈闽剧的唱腔问题 郑奕奏 福建戏剧 1960年1月20日第1期20页
“炸音”必须改革 张九 湖南戏剧 1960年1月号12页
关于打击乐的作用及改革的点滴经验 高鹤年 戏曲音乐 1960年2月总14期1页
谈谈锣鼓的打法 松文明 戏曲音乐 1960年2月总14期20页
戏曲音乐史话（续） 晓苍 戏曲音乐 1960年2月总14期23页
在戏曲音乐基础上创造民族新歌剧的尝试 唐诃 音乐研究 1960年2月1期6页
关于戏曲音乐刻画人物形象问题的意见 周大风 音乐研究 1960年2月1期90页

对戏曲演员练嗓和保护发声器官的意见　何春雨　湖南戏剧　1960年2月号46页
唱腔设计杂谈　金穗　戏曲音乐　1960年3月总15期16页
谈谈有关鼓板指挥的一些问题　松文明　戏曲音乐　1960年3月总15期24页
戏曲音乐史话（续）　晓苍　戏曲音乐　1960年3月总15期28页
群众发展了戏曲音乐　王致安　人民音乐　1960年4月号20页
戏曲音乐史话（完）　晓苍　戏曲音乐　1960年4月总16期29页
戏曲音乐的新收获——现代题材戏曲观摩演出观后感　同音　戏曲音乐　1960年5月总17期1页
巩固成绩，继续跃进——记戏曲音乐专业座谈会　予会文　戏曲音乐　1960年5月总17期4页
老腔新唱　段一辉　戏曲音乐　1960年5月总17期17页
继承与发展文场传统曲牌的几点体会　集体讨论赵抱衡执笔　戏曲音乐　1960年5月总17期19页
介绍《现代戏曲音乐创作浅谈》　陈应时　戏曲音乐　1960年5月总17期21页
简易识谱法　肖晴、施正镐、乔东君　戏曲音乐　1960年5月总17期25页
伴奏也要有感情　束鹿、吴秀农　戏剧战线　1960年5月号总23期56页
论戏曲音乐的基本美学问题——兼评“戏曲音乐刻画形象的几个美学问题”　吴一立　音乐研究　1960年6月3期50页
论戏曲音乐形象等问题　苏宁　音乐研究　1960年6月3期55页
克服保守思想，发展戏曲音乐　马可　戏曲音乐　1960年6月总18期1页
简易识谱法（续）　肖晴、施正镐、乔东君　戏曲音乐　1960年6月总18期26页
吐得清，送得远　筱荣贵　江苏戏曲　1960年8月号总第17期24页
唱腔必须服从剧情　王少春　江苏戏曲　1960年9月号总第18期49页
从青年演员会演中看戏曲音乐的革新问题　方冰　山西戏剧　1960年9月总2期19页
试谈戏曲中腔与词的配合问题　连波　上海戏剧　1960年11月11期10页
戏曲音乐的“专曲专用”问题　王元坚　人民音乐　1960年12月11、12期65页
正确对待戏曲音乐传统　方绍稚　安徽戏剧　1960年12月总27期45页
试谈戏曲中词与腔的配合问题（续完）　连波　上海戏剧　1960年12月12期30页
谈“大嗓唱小生”　刘皓　人民日报　1960年12月21日7版
怎样锻炼和保护嗓子——首都艺术界座谈演员嗓子问题　齐燕铭等　戏剧报　1961年1月1、2、3期31、39页
谈谈关于京剧琴师的几个问题　徐兰沅　人民音乐　1961年5月号24页
有发展地继承流派　禾多　人民音乐　1961年5月号26页
吐字归音　君起　戏剧报　1961年5月9、10期50页
戏曲演唱上的一些问题——读书札记　连波　上海戏剧　1961年10月10期32页
也来谈谈戏曲音乐如何定腔定谱的问题　唐建刚　上海戏剧　1961年10月10期34页
长葆嗓音艺术青春——首都戏曲声乐界座谈总结和交流经验　光明日报　1961年1月8日1版
交流经验探讨研究促进戏曲音乐的发展——省文化局、省音协、省剧协联合召开地方戏曲音乐创作座谈会　黑龙江日报　1961年4月18日3版
对“小生改嗓”的一点意见　刘厚泽　文汇报　1961年4月29日3版
读曲琐札二则　吴小如　光明日报　1961年6月4日4版

试论小生唱大嗓的可能性　少若　北京日报　1961年7月20日2版
三报一扫　艾世菊　新民晚报　1961年7月23日3版
帮腔的妙处　樊放　中国青年报　1961年8月3日4版
曲牌、唱腔、板头　西言　天津日报　1961年8月15日4版
谈字正腔圆并论中州韵湖广音　徐慕之　文汇报　1961年8月16日3版
和青年演员谈唱腔问题　张茵　浙江日报　1961年9月6、10日3版
民间小戏搬上大舞台及其音乐问题　王依群　文汇报　1961年11月3日2版
略谈用腔和创腔　荀慧生　文汇报　1961年11月8日3版
声腔的"高低""强弱""轻响"　王凌寒　文汇报　1961年12月2日3版
气口的运用　白云生　戏剧报　1962年1月1期46页
从戏曲艺术的特点看戏曲音乐工作　马可　人民音乐　1962年1月号12页
戏曲音乐的二三问题　沙梅　人民音乐　1962年3月号9页
我对"定腔定谱"的看法　安可　上海戏剧　1962年9月9期26页
谈谈剧词与音乐的结合　唐珂　人民音乐　1962年12月号19页
我谈练唱　陈伯华　人民音乐　1962年12月号28页
戏曲演唱上的一些问题（一续）　连波　上海戏剧　1962年12月12期34页
如何搞好戏曲音乐工作——记戏曲音乐座谈会　朱锡华、方鸣记录整理　广西文艺　1962年12月号48页
浅谈吉剧音乐　齐璜　辽宁日报　1962年1月7日3版
漫谈戏曲的唱　张宗和　贵州日报　1962年4月8日3版
"音乐之墙"　洪寄　人民日报　1962年5月15日6版
上海戏曲音乐工作者举行座谈会讨论目前戏曲音乐工作问题　本报　文汇报　1962年7月19日1版
更论"鬼音"与"脑后音"　吕健　文汇报　1962年7月21日3版
试谈小生唱法的演变和发展　戴明　文汇报　1962年7月21日3版
谈"死腔活唱"　华美琴　新华日报　1962年7月22日3版
戏曲音乐漫谈　马可　广西日报　1962年11月29日4版
死学活用——司鼓艺术简述之一　杭子和　戏剧报　1963年1月1期42页
郭铭同志在戏曲音乐座谈会上的讲话　广西戏剧通讯　1963年1月4期16页
谈戏曲中的音响效果　葛文遂　光明日报　1963年2月12日4版
谈戏曲乐队的编制、音量、位置　李元庆　人民日报　1963年3月7日6版
"投其所好"与"度桥、写曲"　子静等　羊城晚报　1963年12月26日2版
演员怎样保护嗓子　王昆山　奔流　1964年1期79页
谈谈京剧小生唱大嗓问题　姜妙香　戏剧报　1964年3月号30页
试评《民族音乐》概论　于会泳　人民音乐　1964年11月10、11期64页
小嗓宽些，大嗓尖些　曲六乙　光明日报　1964年6月13日2版
谈女角的嗓音问题　李慧芳　北京日报　1964年6月16日3版
谈谈戏曲唱、念中嗓子"横"的问题　吴晓铃、周殿福　中国语文　1965年4月2期144页
谈戏曲重点唱的布局和处理　厉声　河北文学（戏剧增刊）　1965年10月4期79页
略谈"唱腔成套"　刘国杰　文汇报　1965年11月5日4版

（五）舞美

（化妆、服装、灯光、布景、道具及泛论舞美特点等）

美术与戏剧　王朝闻　新建设　1950年7月16日2卷11期16—17页
从“丑的处理”提出脸谱改造方案　黄芝冈　戏剧新报　1950年9月合订本第13册
谈旧歌剧的布景及其他　王朝闻　人民戏剧　1950年10月1日2卷1期24页
从“丑”的处理，提出脸谱改造方案——敬答熊人先生　黄芝冈　文汇报　1950年8月27日
谈脸谱的起源和发展　徐扶明　戏曲报　1951年5月5日4卷6期227页
中国戏曲舞台装置座谈会记录　新戏曲　1951年7月2卷3期11—14页
谈“痣”——旧戏中不合理的化装方法　式箴　大公报　1951年2月24日6版
我怎样学习舞台灯光　小明　新民报　1951年3月5日5版
脸谱的来源和作用　郑曾祺　大公报　1951年3月24日5版
漫谈脸谱　邓同禄　大公报　1951年6月2日7版
关于“隐蔽检场”的问题　樊成　新民报　1951年9月17日5版
化妆与服装　力士　湖南文艺　1953年3月总21期53—55页
道具与布景　力士　湖南文艺　1953年4月总22期58页
灯光与效果　力士　湖南文艺　1953年6月总24期39—40页
不要破坏舞台艺术（谈戏曲舞台布景）　李晓白　文艺报　1953年9月30日总95期38—39页
必须忠实于戏剧冲突（舞台美术创作问题的探讨之一）　龚和德　美术　1956年6月6期42页
对发音与脸谱的一些意见　王玉让　西安戏剧　1956年8月15日总29期11—13页
古典戏曲脸谱的初步研究　黎新　戏曲研究　1957年1月1期89页
对戏曲用景的几点浅见　龚和德　戏剧报　1957年3月11日总41期22页
试谈戏曲的用景　傅成勋　西安戏剧　1957年7月15日总51期12—13页
四个丑角脸谱　黎新　戏剧报　1957年8月总44期25页
中国戏曲的舞台美术　周贻白　戏剧论丛　1957年8月3辑100页
反对离奇古怪的机关布景　李若峰　戏剧报　1957年9月28日总54期43页
从“白鼻梁”谈起　宗劬采　文汇报　1957年3月12日3版
艺术被遗弃了——谈“机关布景”　流治　解放日报　1957年12月31日4版
不让“机关布景”的僵尸复活　蔡恬　西安戏剧　1958年5月20日第9期17页
论戏曲服装的演变与发展　黎新　戏曲研究　1958年7月3期69页
论戏曲舞台设计　姜今　戏剧论丛　1958年8月3辑147页
谈现代戏舞台艺术的几个问题　木水　戏剧战线　1958年8月号总2期5页
现代戏的舞台美术问题　黎新　戏曲研究　1958年9月4期69页
戏曲怎样运用舞台美术　沈康　安徽戏剧　1958年10月1日创刊号26页
应该反对机关布景的泛滥！　徐以礼　文汇报　1958年1月12日3版
试谈现代戏曲的舞台美术　江波等　广西日报　1958年12月24日3版
试谈舞台美术设计　蔡鹤汀　西安戏剧　1959年4月10日第4期23页、4月25日第5期18页

舞台美术杂谈　克明　戏剧战线　1959年5月号总11期52页
戏曲舞台美术论辩——记首都戏曲舞台美术工作座谈会　戏曲报　1959年6月11期21页
试论戏曲人物造型的传统与目前创作中的若干问题　龚和德　戏剧研究　1959年6月2期53页
谈陕西省戏曲赴京演出团的布景设计　慕锁、安宁　陕西戏剧　1959年6月总4期26页
戏曲舞台美术点滴　关方　戏剧战线　1959年6月号总12期22页
化装的作用（小常识）　丁金　小剧本　1959年7月总25期32页
脸谱（小常识）　阎维　小剧本　1959年7月总26期33页
戏曲舞台布景与民族传统绘画　王遐举　戏剧研究　1959年7月3期72页
服装的作用（小常识）　丁金　小剧本　1959年8月总27期32页
试论戏曲舞台装置的继承与发展　龚和德　戏剧研究　1959年12月6期56页
丑扮、丑化与脏化　徐雅堂　戏剧战线　1959年12月总18期43页
布景（梨园今昔）　荀慧生　北京日报　1959年4月3日3版
戏曲舞台设计上的一些问题　吴颂强等　南方日报　1959年6月9日3版
学传统，摸规律，再进一步——戏曲舞台美术杂谈　鲁田　人民日报　1959年6月16日7版
戏曲的舞台装置　姜今　解放日报　1959年7月30日5版
戏曲的人物造型　姜今　解放日报　1959年7月31日5版
漫谈京剧“髯口”　景孤血　天津日报　1959年8月2日4版
谈戏曲舞台设计　姜今　文汇报　1959年8月25日3版
可贵的创举（短评）　安徽戏剧　1960年1月号总16期25页
总路线的胜利，大跃进的产物——简介“百搭布景”和“七巧道具”　芜湖市文化局　安徽戏剧　1960年1月号总16期26页
敢想敢干，多快好省——“百搭布景”“七巧道具”观后　刘英华　安徽戏剧　1960年1月号总16期28页
“盔头”种种　蕾子　安徽戏剧　1960年4月总19期30页
谈戏曲服装（戏曲欣赏）　陶甫　江苏戏曲　1960年4月号总第13期55页
红花还需绿叶扶——介绍苏州市剧装戏具厂　克鲁　江苏戏曲　1960年5月号总第14期49页
戏剧、绘画，艺术上的两个姊妹　邵洛羊　上海戏剧　1960年5月5期29页
戏曲现代戏的服装设计　辛熙　上海戏剧　1960年7月7期14页
试谈戏曲舞台美术的虚实与繁简关系　蔡展龙　福建戏剧　1960年10月10期17页
锦绣满台色不改，衣冠夺目旧如新——新越剧院服装组工作成绩　缘嘉　新民晚报　1960年11月24日3版
爱憎分明形神兼备——谈传统戏曲人物造型的艺术特点　龚和德　光明日报　1961年4月5、6日2版
谈谈“机关布景连台本戏”的几个问题　毛国强等　文汇报　1961年7月21日2版
戏曲舞台上的扇子　丛林　天津日报　1961年8月20日4版
“丑角”的勾脸艺术　震中　陕西日报　1961年9月7日3版
丑角的鼻子是多变的　裘伯铭　新民晚报　1961年9月19日2版
洒火彩——谈艺余彩之一　马连良　戏剧报　1962年3月3期49页
戏曲舞台工作大有可为　薛恩厚　前线　1962年7月13期14页

梅兰芳谈舞台美术　朱家潽　上海戏剧　1962年8月8期2页
关于戏曲艺术片中的布景　韩尚义　电影艺术　1962年10月5期20页
谈传统戏曲景的表现与砌末的运用　龚和德　新建设　1962年11月号75页
我给旦角梳头　郭启山　文汇报　1962年3月2日4版
情景交融，虚实结合——谈传统戏曲景物造型的艺术特点　龚和德　光明日报　1962年3月20、21日2版
脸谱浅谈——兼谈郭元汾的脸谱艺术　萧维章　宁夏日报　1962年6月17日3版
谈暗场更衣　吕健　文汇报　1962年6月21日4版
脸谱简谈（二）什么人画脸谱　翁偶虹　北京日报　1962年8月24日3版
脸谱的颜色　翁偶虹　北京日报　1962年9月4日3版
脸谱的形式　翁偶虹　北京日报　1962年9月21日3版
群舞台的建立和解散　戴旦　云南日报　1962年10月11日3版
戏曲机关布景漫谈　李兵　云南日报　1962年11月1日3版
关于机关布景　高盛麟　湖北日报　1962年11月4日3版
剧场偶拾——漫谈戏曲舞台布景的艺术完整性　刘宇峻　天津日报　1962年12月11日4版
化腐朽为神奇——试论机关布景　龚和德　上海戏剧　1963年9月8、9期28页
如何在农村演好戏——漫谈在农村演出中的舞台美术问题　丹青影　舞蹈　1963年10月5期41页
优美多彩的苏州戏衣　吴山　光明日报　1963年1月17日4版
戏曲应当采布景　刘方萱　光明日报　1963年11月3日3版
戏曲舞台美术小议——谈舞台美术设计展览的戏曲部分　方萱　光明日报　1963年12月24日6版
生活真实与布景艺术的真实——谈舞台美术展览中几个现代戏的布景设计　龚和德　美术　1964年4月2期42页
现代戏观摩演出中的舞台美术　王志恒　宁夏文艺　1964年8月4期54页
戏箱问题　马文　解放日报　1964年1月11日2版
巧制精绣新戏衣——看上海现代剧装道具展览会　陈思　新民晚报　1964年12月10日2版
舞台美术也要革命——华东各省革命现代戏曲观后之七　闻亦步　文汇报　1965年1月20日2版
生活真实与艺术真实结合的戏服（上）　赵仲邑　羊城晚报　1965年8月19日3版
两层多用的流动舞台　湖南省益阳县花鼓戏剧团　戏剧报　1966年3月3期40页

剧目研究

（一）泛论

改写京戏小谈　方晓　文汇报　1949年12月4日6版
京剧改编或编写的几点经验　徐菊华　戏剧新报　1950年1月合订本第5册
关于武汉市旧剧观摩公演　李尔重　戏剧新报　1950年3月合订本第7册
关于创造新剧本的意见　葛金　戏曲报　1950年4月1日1卷6期10页
从事旧剧改编工作最好避免公式老套　本报　戏曲报　1950年4月1日1卷6期19页
关于京戏中的后水浒故事　赵景琛　戏曲报　1950年4月8日1卷7期10页
文艺创作座谈　冯毅、虞棘、陶钝、王希坚等　山东文艺（创刊号）　1950年6月15日1卷1期11—15页
关于改编新书　严祥伯　戏曲报　1950年7月15日2卷9期171页
关羽屠杀过黄巾吗？　蒋星煜　戏曲报　1950年7月22日2卷10期193页
关于处理戏曲中历史人物问题　李布　戏曲报　1950年9月5日3卷2期297页
怎样修改旧剧本　杨绍萱　新戏曲　1950年9月20日1卷1期33—35页
记越剧旧剧目研究座谈会　萧云　戏曲报　1950年10月5日3卷4期386页
淮海小戏介绍　魏海平　戏曲报　1950年10月20日3卷5期418页
怎样修改旧剧本　杨绍萱　戏剧新报　1950年10月合订本第14册
关于处理戏曲中历史人物的问题　本刊　戏剧新报　1950年11月合订本15期
开展旧剧剧本的修改工作　吴乙天　戏剧新报　1950年11月合订本15期
怎样改编旧戏　龚啸岚　长江文艺　1950年11月3卷5期33—34页
谈新剧中的“群众”问题　黄雨秋　新戏曲　1950年11月20日1卷3期30—31页
记沪剧旧剧目研究座谈会　严求适　戏曲报　1950年12月20日3卷8、9期576页
发动旧剧创作刍议　骆祥　新民报　1950年3月12日3版
对于几个戏的改编意见　鲁人　新民报　1950年4月10日3版
由万年欢谈到改编京剧——形式、内容、技巧的商讨　东方　新民报　1950年6月5日3版
旧剧编改工作者的苦闷　慕家　新民报　1950年6月26日3版
戏剧创作丛书介绍　三联书店　湖南日报　1950年7月19日3版
谈旧剧创作问题　刘润甫　新民报　1950年8月7日3版
谈改编旧剧的问题　慕家　新民报　1950年8月21日6版
改进创作方法的经验　慕家　新民报　1950年10月2日5版
为开展戏曲评介工作而努力　左弦　文汇报　1950年11月17日
写在演出展览晚会之前　慕家　新民报　1950年11月27日5版
谈上海演出的广东戏　易水寒　大公报　1950年12月23日5版
编演表扬中国历史上的爱国主义者的戏曲　蒋星煜　戏曲报　1951年1月20日3卷11期666页
信陵公子专辑　宗华等　大众戏曲　1951年3月第1卷1期4—7页
好儿女专辑　米俊欣等　大众戏曲　1951年3月第1卷1期10—12页
粤剧剧本的改编与创作　黄宁婴　华南文艺　1951年4月1日2卷1期总7期4—10页

改编旧剧本要怎样选择节目　刘正平　河北文艺　1951 年 5 月 1 日 2 卷 7 期总 19 期第 25 页
从信陵君的讨论谈起　马少波　人民戏剧　1951 年 6 月 10 日 3 卷 2 期 10 页
关于几出戏出演的小意见　墨遗萍　戏曲报　1951 年 6 月 20 日 4 卷 9 期 348 页
华东地区一年来戏曲创作、改编、审定工作概况　屠岸　戏曲报　1951 年 8 月 5 日 4 卷 12 期 453 页
怎样看“包公”　刘鸿伯　新戏曲　1951 年 10 月 1 日 2 卷 5 期 27－28 页
谈“包公”问题　张汗　新戏曲　1951 年 10 月 1 日 2 卷 5 期 28－29 页
川剧修改工作的初步经验　本刊资料室　新戏曲　1951 年 11 月 20 日 2 卷 6 期 6 页
平原省戏曲工作会议总结　平原省文教厅艺术科　新戏曲　1951 年 11 月 20 日 2 卷 6 期 25－26 页
信陵君是“肯定”的人物吗？　沈铭　人民戏剧　1951 年 11 月 10 日 3 卷 7 期 20 页
关于历史人物的评价问题　“学习”杂志编辑部　人民戏剧　1951 年 11 月 10 日 3 卷 7 期 25 页
我们演出的旧戏是如何修改的　魏晨旭　文汇报　1951 年 2 月 10 日附刊 2 版
从今年春节竞赛演出看上海戏曲创作的提高　汪培　解放日报　1951 年 5 月 5 日 7 版
反对迷信，恐怖的戏（评“钟馗”等戏）　人夫　人民日报　1951 年 5 月 13 日 5 版
从几本旧戏曲看封建毒素　薛汕　新民报　1951 年 9 月 1 日 8 版
对于信陵君问题的再认识　梅朵、丘沙、汪培、左弦　文汇报　1951 年 9 月 10 日副页 4 版
王伦有革命的一面吗？　何海生　新民报　1951 年 10 月 15 日 5 版
也谈王伦有革命的一面吗？　梁一　新民报　1951 年 10 月 22 日 5 版
刘知远是民族英雄吗？　文厂　新民报　1951 年 10 月 29 日 5 版
我看王伦　既生　新民报　1951 年 11 月 5 日 8 版
怎样处理“王伦”这个历史人物　李岳南　新民报　1951 年 11 月 12 日 7 版
修改旧戏　首都实验京剧团　新民报　1951 年 12 月 3 日 8 版
重视改编旧戏的工作　王雁　新民报　1951 年 12 月 24 日 7 版
发挥集体力量，推广新戏的演出　王雁　新民报　1951 年 12 月 31 日 7 版
谈单纯技术观点（谈戏曲剧目的改编）　高羊　戏曲新报　1952 年 2 月 10 日 136 期 6－7 页
漫谈历史剧本的创作与修改　高荣　陕西文艺　1952 年 4 月 17 日第 1 卷 2 期 6－8 页
为完成评剧旧剧目三十种的修改、审定工作而奋斗　本刊短评　戏曲新报　1952 年 6 月 25 日 144、145 期合刊 3 页
从参加修改三十五本流行旧剧目我所得到的收获　杨公愚　西北文艺　1952 年 9 月总 24 期
严肃对待剧本编印工作　田益荣　西北文艺　1952 年 9 月总 24 期 15－18 页
我是怎样学习写戏的　廖克英（评剧编剧）　文艺报　1952 年 10 月 25 日总 73 期 22 页
重视戏曲上演节目的审定工作　本刊　剧本　1952 年 11 月 10、11 期 5 页
谈许宣的转变　阿英　文艺报　1952 年 12 月 10 日总 76 期 13－14 页
要努力创作与改编剧本　张梦庚　新民报　1952 年 1 月 7 日 8 版
对改编剧本的几点意见　文厂　新民报　1952 年 1 月 14 日 7 版
配合“三反”运动的历史剧应注意选题材　樊成　新民报　1952 年 2 月 25 日 7 版
应该及时解决剧本问题　雨辰　新民报　1952 年 3 月 10 日 7 版
旧剧的修改与改编　王力　新民报　1952 年 3 月 10 日 7 版

提高剧本创作的思想性——对几个配合“三反”运动剧本的意见 章华 新民报 1952年3月17日7版
整理三国戏的初步意见 濂达 新民报 1952年3月31日7版
“三国戏”修改不如新编 长风 新民报 1952年4月28日7版
怎样修改三国戏 任嘉禾 新民报 1952年5月5日7版
对于“关羽”的估价 既生 新民报 1952年5月5日7版
漫谈历史剧本的创作与修改 高荣 新民报 1952年7月21日7版、9月1日7版
民族戏曲艺术的伟大展览（记第一次全国戏曲会演） 黄裳 文汇报 1952年10月26日8版
灿烂的祖国戏曲艺术遗产——介绍中南区演出代表团的优秀剧目 何慢 文汇报 1952年12月11日8版
看中南区戏曲演出的几点体会 屠岸 解放日报 1952年12月17日3版
在若干古典剧目中看祖国戏曲遗产的优秀传统 伊兵 解放日报 1952年12月25日3版
审定修改评剧原有剧目问题笔记 徐汲平 东北文艺 1953年1月1日总36期30—32页
改进戏曲剧目的上演情况 马彦祥 文艺报 1953年1月10日总78期7—8页
不可取轻忽的态度（谈戏曲改编） 谢云 文艺报 1953年4月30日总85期32页
关于农村剧团演出上的两点意见（谈旧剧本的改编问题——编者按） 湘之 山东文艺 1953年6月10日合刊4期1—2页
不要臆造古人的精神面貌 张真 剧本 1953年7月7期79页
对戏曲界互相改编剧本的几点意见 张啸虎 文艺报 1953年8月30日总93期15—16页
为提高戏曲创作水平而努力——改编沪剧罗汉钱、白毛女，淮剧王贵与李香香、水漫蓝桥、千里送京娘、种大麦的总结 汪培 文艺月报 1953年9月总9期29—35页
克服戏曲剧目的贫乏现象 任桂林 文艺报 1953年10月30日总97期36页
挖掘民间艺术宝藏，提高我省文艺创作水平 高叶 吉林文艺 1953年11月30日2本合期6页
百花齐放，推陈出新，介绍参加全国首届汇演的中南区代表团在湖南演出 萧云端 湖南日报 1953年1月15日3版
谈中南区戏曲代表团的四个演出节目（“刘海砍樵”、“葛麻”、“打猎回书”、“宇宙锋”） 王起 南方日报 1953年2月4日3版
对于几出京剧演出的意见 白云生 光明日报 1953年6月24日3版
在表现现代生活上前进了一步——东北区观摩演出大会中的评剧节目观后 张萧虎 光明日报 1953年9月24日3版
谈潮州剧的四个优秀剧目（“扫纱窗”、“搜楼”、“辨十本”、“失印”） 王起 南方日报 1953年12月25日3版
戏曲剧目贫乏的现状必须改变 刘有宽 戏剧报 1954年7月7期26页
浙江省第一届戏曲观摩演出大会简述 沈行 浙江文艺 1954年10月总37期56—60页
天津市第一届戏曲观摩演出大会观后 少若 光明日报 1954年3月3日3版
百花齐放，推陈出新——省首届戏曲观摩演出大会简况 本报 河北日报 1954年8月24日4版
绍剧的几个优秀讽刺短剧 耘耕 浙江日报 1954年9月2日3版
粤西观剧记 李峰 南方日报 1954年9月11日3版
革新、创造、进步——华东区戏曲观摩演出大会的综合报道 云天 光明日报 1954年12

月 15 日 2 版
表现现代生活的好戏曲——介绍本省一九五四年度戏曲汇报演出　李雁　广东文艺　1955 年 1 月号 69—70 页
为推行剧目轮换演出制而奋斗　史民　戏剧报　1955 年 2 月 2 期 20 页
谈剧目轮换演出制　季茫　戏剧报　1955 年 2 月 2 期 21 页
重视地方戏曲传统剧目的搜集整理工作　牟　戏剧报　1955 年 6 月 6 期 10 页
关于京剧丛刊中三个剧本的整理问题　吕栖同　戏剧报　1955 年 6 月 6 期 48 页
对整理二人台传统剧目的体会（评论）　席子杰　内蒙古文艺　1955 年 7 月总 13 期 52—55 页
对民族戏曲整理工作的一点意见　唐惊铃　剧本　1955 年 9 月总 43 期 174 页
介绍春节演出的剧目　编者　剧本　1955 年 12 月总 46 期 6—8 页
为创造丰富多彩的剧目而努力　梅兰芳　北京文艺　1955 年 12 月总 8 期 1 页
丰富我们的戏曲剧目　方平　大众日报　1955 年 1 月 11 日 3 版
改进戏曲剧目上演的状况　黎耶　山西日报　1955 年 3 月 26 日 3 版
从桂剧几个优秀剧目谈继承中国古典戏曲优秀传统问题　王起　南方日报　1955 年 3 月 26 日 3 版
对发掘传统剧目丰富戏曲上演节目的意见　程玉英、穆文仲　山西日报　1955 年 4 月 30 日 3 版
二人转剧目观后感　王田石　吉林日报　1955 年 11 月 27 日 3 版
谈整理传统剧目问题——山西省戏曲小型观摩会演所见　刘乃崇　山西日报　1955 年 12 月 3 日 3 版
山东吕剧团演出的三个短剧观后感　王铁夫　辽宁日报　1955 年 12 月 24 日 3 版
关于剧目轮换演出制的一些问题　李汉飞　戏剧报　1956 年 1 月总 25 期 9 页
克服粤剧创作的落后现象　郑滢　作品　1956 年 1 月总 10 期 104 页
西安市戏曲修审委员会订出 1956 年戏曲创作、改编和修改工作计划　红　西安戏剧　1956 年 2 月 15 日总 22 期 11 页
关于戏剧创作上的几个问题　铁可　湖南文艺　1956 年 5 月 31 日总 46 期 5、6 合刊 29—41 页
出了一套又一套——略谈靓少佳怎样整理传统剧目　白乙丁　舞台与观众　1956 年 6 月 1 日 4 期
发掘整理遗产、丰富上演剧目　社论　戏剧报　1956 年 7 月总 31 期 4 页
文化部负责人谈丰富戏曲上演剧目问题　戏剧报　1956 年 7 月总 31 期 8 页
积极发掘和整理京剧传统剧目　严朴　戏剧报　1956 年 7 月总 31 期 14 页
记全国戏曲剧目工作会议　本报记者　戏剧报　1956 年 7 月总 31 期 25 页
正确地理解传统戏曲剧目的思想意义——在文化部第一次全国戏曲剧目会议上的专题报告　张庚　文艺报　1956 年 7 月 15 日本年 13 号，总 159 期 14—19 页
为扩大戏曲传统剧目打开新的局面——北京市戏曲编导委员会发掘整理传统剧目　圭韵宣　文艺报　1956 年 7 月 30 日本年 14 号，总 160 期 15 页
破除“清规戒律”丰富上演节目　张梦庚　北京文艺　1956 年 7 月总 15 期 1—4 页
“清规戒律”吟——谈戏改中的剧目问题　君起　北京文艺　1956 年 7 月总 15 期 6 页
谈谈陕西省几年来戏曲剧本的创作与改编整理问题　省戏剧观摩大会研究处供稿　西安戏剧　1956 年 7 月 10 日总 28 期 1 页

历史上的况钟　石珍　新观察　1956年7月第14期26—27页
改编与胡编　李逸生　剧本　1956年7月总53期73—74页
关于编剧力量（戏曲剧目工作笔谈）　杨毓珉　戏剧报　1956年8月总32期11页
意见两点（戏曲剧目工作笔谈）　李静慈　戏剧报　1956年8月总32期11页
四川省川剧剧目的发掘、整理工作　李刚、刘念兹整理　戏剧报　1956年8月总32期12页
关于扩大戏曲上演剧目　张真　戏剧报　1956年8月总32期16页
“四郎探母”“连环套”等剧目能不能上演？（来信一封）　振栋　戏剧报　1956年8月总卷32期18页
挖掘整理戏曲遗产，丰富舞台上演节目（社论）　西安戏剧　1956年8月30日总30期1—2页
重视传统剧目的挖掘整理工作，繁荣舞台上演节目（专题发言）　田益荣　西安戏剧　1956年8月30日总30期9—14页
丰富戏曲上演剧目　本报文讯　文艺报　1956年8月15日总161期34页
如何组织社会人士参加戏曲剧目工作　文忆萱　戏剧报　1956年9月总33期12页
天宫水府总一般（戏曲剧目工作笔谈）　君起　戏剧报　1956年9月总33期13页
尊重原作的独创性（谈戏曲改编）　张真　剧本　1956年9月总55期5—6页
中国戏曲剧目的丰富性（戏曲剧目工作笔谈）　赵景琛　戏剧报　1956年10月总34期32页
河北省记录戏曲剧本的工作　刘正平　戏剧报　1956年10月总34期31页
记安徽省首届戏曲公演　本报记者　戏剧报　1956年10月总34期38页
丰富“二人台”的上演剧目（戏曲剧目笔谈）　于瑞卿　戏剧报　1956年10月总34期
从川剧目问题谈起　阳天　草地　1956年10月总4期58—59页
大胆地开放戏曲传统剧目　火龙　园地　1956年10月总4期55—57页
挖掘传统剧目的一点体会　惠济民　西安戏剧　1956年10月25日总34期4—5页
改编、整理，首先要尊重传统　史民　剧本　1956年10月总56期64—66页
桂花为什么开不好（戏曲剧目工作笔谈）　萧平武　戏剧报　1956年11月总35期
戏曲表演艺术家谈剧目工作　本报记者　戏剧报　1956年11月总35期27页
关于剧目工作的一些问题　丁波　舞台与观众　1956年11月1日14期3页
整理剧目的奇想　青萍　火花　1956年11月号34页
剧本为什么抓不住人　丘原　草地　1956年11月总5期64—66页
再谈大胆地开放戏曲传统剧目　火龙　园地　1956年11月总5期38—39页
有关传统剧目教育意义的几个问题　郭汉城　文艺报　1956年12月总169期5页
谈谈排演古装戏问题　李志民　辽宁文艺　1956年12月23期63—64页
空前的昆剧观摩演出　赵景琛　戏剧报　1956年12月总36期13页
丰富多彩的湖南戏曲艺术——记湖南省第二届戏曲观摩会演　光明日报　1956年2月25日2版
大力发掘整理传统剧目，扩大和丰富上演剧目，把戏曲艺术推向新的繁荣　人民日报　1956年6月17日3版
破除清规戒律使戏曲上演剧目丰富起来　社论　光明日报　1956年6月25日1版
兄弟民族的故事搬上京剧舞台　李家兴　光明日报　1956年6月30日3版
把埋没的老戏挖出来　沈瑞令　吉林日报　1956年8月1日3版

把“箱底戏”翻出来　唐任钧　山西日报　1956年8月25日3版
百花齐放，万紫千红——记安徽省第一届戏曲观摩演出大会　安徽日报　1956年8月29日3版
谈谈有关黄天霸的一些剧目　陶君起　天津日报　1956年9月5日4版
昆曲会演在苏州　许寅　解放日报　1956年9月26日5版
发扬昆剧艺术——记江苏省昆剧观摩演出大会　陈廉贞　光明日报　1956年10月8日2版
破除上演剧目的清规戒律　社论　内蒙古日报　1956年10月24日1版
对整理传统剧目的一点看法　金芝　安徽日报　1956年10月31日3版
从“山东响马”谈到我对接受粤剧遗产的意见　董每戡　南方日报　1956年11月23日3版
关于评剧传统剧目整理的几个问题　徐汲平　辽宁日报　1956年11月27日3版
上海市在发掘传统剧目中的一些问题　刘英华　文汇报　1956年12月6日2版
如何对待传统剧目　社论　文汇报　1956年12月7日2版
昆剧剧本可以删改吗？　赵景深　光明日报　1956年12月8日3版
关于发掘和整理传统剧目的几个问题　马彦祥　文汇报　1956年12月19日2版
我表演现代生活戏的点滴体会　郎咸芬　戏曲研究　1957年1月1期47页
广东省文化局发出通知，今年起取消上演剧目申报批复手续　艺　舞台与观众　1957年1月1期8页
谈上海戏曲上演剧目的几个问题　凌芳　文艺月报　1957年1月总49期59—60页
温州乱弹剧目发掘工作的经验　叶大兵　戏剧报　1957年2月11日总39期16页
桂剧剧目的发掘和争论　吉子　漓江　1957年2月2期63页
1956年粤剧那些剧目观众最多（例表、数据）　梁万芳　舞台与观众　1957年2月21日3、4期
从农民朱静庵写剧本所想到的问题和意见　赵淮志　西安戏剧　1957年3月15日总43期5—7页
文化部艺术局李伦副局长在陕西省戏曲剧目工作会议上的报告　汪桑记录　西安戏剧　1957年3月30日总44期1—2页
在陕西省戏曲剧目工作会议上的总结发言　袁光　西安戏剧　1957年3月30日总44期3—5页
重视剧目的思想分析　张真　戏剧报　1957年3月26日总42期3页
重视保留剧目演出工作　罗吕超　舞台与观众　1957年4月21日8期3页
多彩的湖北省戏曲会演　本报　田覃柯　戏剧报　1957年4月总40期26页
谈最近上演的几个戏曲剧目　英郁　文艺月报　1957年4月总50期55—57页
对桂剧剧目工作的一些意见　季华　漓江　1957年4月4期54—57页
编写戏曲剧本的一些体会　范朴斋　文艺报　1957年4月28日总174期10—11页
大胆放手开放戏曲剧目　刘芝明　戏剧报　1957年5月11日总45期10页
河南省戏曲会演巡礼　渤泊、南辉　戏剧报　1957年5月总41期26页
开放剧目，提倡竞赛　社论　戏剧报　1957年5月11日总45期4页
放，才能带来繁荣——第二次全国戏曲剧目工作会议旁听记　本报记者　叶群　文艺报　1957年5月5日总175期9页
放手开放剧目，让百花争芳斗妍　李纶　剧本　1957年6月6期36页
促进戏曲剧目新的繁荣　予均　剧本　1957年6月6期40页

笔谈“百花齐放，百家争鸣”——现代剧创作何以不繁荣　李雁　广东文艺　1957年6月号13—14页
剧目工作散记　阎金锷　戏剧报　1957年6月总42期7页
谈衡量改编传统喜剧剧目　郭汉城　戏曲研究　1957年7月3期31页
协助梅兰芳先生整理剧目的回忆　何异旭　戏曲研究　1957年7月3期62页
抢救古典剧种及其他　高履平　星火　1957年7月号46—47页
剧目开放以后　本报记者　文艺报　1957年8月4日总188期12—13页
上党戏的几个优秀剧目　李啸仓　戏剧报　1957年10月总55期26页
总序（陕西地方戏曲丛刊）　田益荣　西安戏剧　1957年11月30日总60期23—24页
关于现代题材剧目的问题　本报　戏剧报　1957年12月第24期12页
“陕西地方戏曲丛刊”第一种“秦腔丛刊”序　田益荣　西安戏剧　1957年12月15日总61期12—14页
谈粤剧剧目一年来的不良倾向　黄平　舞台与观众　1957年12月9日22期3页
西子湖畔百花开——观摩浙江省戏曲会演散记　刘回春　新苗　1957年12月号46—47页
对最近某些戏曲批评的意见　安西　光明日报　1957年1月12日3版
看北京市戏曲剧团年终汇报演出　程嘉哲　光明日报　1957年1月14日2版
对整理桂剧传统剧目的意见　白宁　广西日报　1957年2月12日3版
名剧只能“保存”吗?（关于昆曲剧本问题）　茧仁　光明日报　1957年2月16日3版
谈谈古典名剧的删改　徐吾家　光明日报　1957年3月16日3版
如何使季花盛开?——戏曲工作者座谈戏曲剧目演出问题　新闻日报　1957年3月17日2版
“放”就是领导——第二次全国戏曲剧目工作会议侧记　谢蔚明　文汇报　1957年4月25日2版
为剧目的“大放手”欢呼　社论　文汇报　1957年4月26日2版
全国戏曲剧目工作会议确定大放手地发掘和整理传统剧目　人民日报　1957年4月27日1版
大胆放手，开放剧目　社论　人民日报　1957年4月27日1版
保留剧目中的另外两个问题——和林榆同志商榷　斐苗　南方日报　1957年4月30日2版
百花潮中三块宝石——看潮剧“辩本”、“扫窗会”、“闹钗”　李少春　解放日报　1957年6月22日4版
八年来戏曲剧目工作的巨大成就——与吴祖光同志商榷　芝音　光明日报　1957年7月21日3版
怎样正确对待戏曲剧目开放?（笔谈）　梅兰芳等　文汇报　1957年7月26日1页
认真整理传统剧目　冯少白　文汇报　1957年8月10日2版
谈一谈剧目开放和不演坏戏问题（8月26日在兰州戏曲界座谈会上的报告）　梅兰芳　甘肃日报　1957年8月28日3版
争鸣，是为了更好地放——第三次全省戏曲剧目工作会议旁听记　福建日报　1957年9月8日3版
喜看川剧随笔　李健吾　人民日报　1957年10月24日8版
放出新的剧目来　张真　剧本　1958年1月1期63页
多编，多演，蔚成风气——对目前戏曲剧目的几点感想　任桂林　戏剧报　1958年1月2期4页

从一个剧团的成绩看剧目发掘研究工作　柳风　西安戏剧　1958年2月28日第4期13页
首都剧坛新花竞放——看现代题材戏曲联合公演　林涵表　北京文艺　1958年7月号40页
对戏曲音乐改革的几点体会——江西省第二届戏曲观摩会演大会观后感　龙书鄘　戏剧报　1958年10月第19期15页
戏曲剧目两点论　任桂林　戏剧报　1958年10月第19期18页
天津市现代剧目展览周观摩散记　林涵表　戏剧报　1958年10月第20期25页
老树红花——看陕西戏随笔　马少波　戏剧报　1958年11月22期21页
喜看西北会演中的传统剧　戴不凡　戏剧报　1958年12月23期17页
贯彻以现代剧目为纲的方针——芜湖市文化局召开二届剧目会议　安徽戏剧　1958年12月第3期（总3）36页
整理川剧剧目的体会　张民权　人民日报　1958年1月30日7版
戏曲剧目中为什么缺少现代剧？　潘子农　解放日报　1958年2月9日6版
瑰丽动人的赣剧　顾仲彝　新民报晚刊　1958年4月6日5版
解放了的创作力——从川剧“宜宾白毛女”谈起　席明真　人民日报　1958年11月17日7版
久别重逢陕西戏　冀仲仁　人民日报　1958年11月17日8版
谈秦腔几个传统剧目的表演　梅兰芳　人民日报　1958年12月7日8版
积极提高戏曲创作的质量——江苏省第二届戏曲观摩演出大会述评　王平、金毅　戏剧报　1959年1月1期13页
创作出更多更好的现代剧目来——回顾我省一年来的现代戏曲创作　铁可　湖南戏剧　1959年1月总2期4页
评“淮剧唱片曲谱选”　戴玉升　戏曲音乐　1959年2月2期21页
关于戏曲创作中写真人真事的问题　汝成　四川戏曲　1959年2月10日第5期7页
对“陕西剧目汇编”第一集的意见　杨兴、左正　陕西戏剧　1959年4月总3期35页
对兄弟民族的民间故事改编为戏曲的一些看法　李寅等　戏剧报　1959年5月10期26页
略谈邯郸地区剧本创作中的几个问题　赵禄　戏剧战线　1959年5月号总11期26页
如何评价戏剧作品　金汉川　湖南戏剧　1959年6月号3页
三朵鲜花并蒂开——电影《安徽戏曲集锦》观后　木　安徽戏剧　1959年6月（总9）27页
徽剧进京演出散记　蕾子　安徽戏剧　1959年7月（总10）6页
走马看花——看芜湖、安庆几个剧目有感　白浪　安徽戏剧　1959年7月（总10）28页
要坚持不懈地学习传统艺术——谈在首都观摩学习的收获　谢波、竹笛　安徽戏剧　1959年7月（总10）29页
《中国地方戏曲集成·江苏省卷》前言　江苏省文化局　江苏戏曲　1959年7月总9期39页
长沙市会演观摩札记　范舟　湖南戏剧　1959年7月号19页
川剧名老艺人演出观摩散记　丁洁　陕西戏剧　1959年8月总6期40页
小戏创作的成就　梅启　小剧本　1959年9月总29、30期2页
谈风格与题材的多样化　张真　戏剧战线　1959年9月号总15期5页
根深叶茂、果满枝头——十年来武汉的戏曲剧目创作　啸岚　长江戏剧　1959年9月总4期10页
淮剧剧目小统计（资料）　童云南　江苏戏曲　1959年9月总6期17页

几年来剧目整理工作点滴　阜阳专区曲剧团　安徽戏剧　1959年9月（总12）32页
挖掘传统剧目和继承表演艺术　晏甬　戏剧研究　1959年9月4期145页
古城艺坛春长在，清歌妙舞满长安——陕西省戏剧艺术展览月花絮　红石、云笑　陕西戏剧　1959年10月总8期5页
略谈大跃进以来我省现代剧创作和演出的收获　章纪　陕西戏剧　1959年10月总8期7页
大力创作现代剧目　陶德安　长江戏剧　1959年10月总5期17页
读《梁祝集锦》谈百花齐放　正言　安徽戏剧　1959年10月（总13）38页
戏曲剧目的继承发展——祝建国十周年　马少波　剧本　1959年10月10期14页
继承、利用、创造——漫谈京剧中的现代剧目问题　张艾丁　北京文艺　1959年11号月47页
十年辛勤结花果——喜读《安徽戏曲选集》　木子、亦夫　安徽戏剧　1959年11月（总14）11页
看戏十年——记本刊编辑部召开的观众座谈会　上海戏剧　1959年11月2期13页
群众创作好得很！　陈迪　湖南戏剧　1959年12月号11页
搞创作完全需要多、快、好、省　叶向云　湖南戏剧　1959年12月号10页
戏曲剧目上的两条腿走路　张庚　人民日报　1959年1月9日1版
试谈去年上海剧目工作的两条腿走路问题　塔晨　新文化报　1959年3月7日3版
看徽戏　戴不凡　光明日报　1959年5月16日3版
川剧传统剧目大放光彩——十年来川剧剧目整理工作的点滴体会　张达雄　文汇报　1959年9月27日6版
观戏简记　老舍　北京日报　1959年11月3日3版
十年辛勤，喜结丰收果——《中国地方戏曲集成·江苏省卷》评介　戈平　江苏戏曲　1960年1月号（总第10号）55页
如何评价戏曲中的历史人物　蒋帆　陕西戏剧　1960年5月总15期72页
戏曲创作要与时代共鸣　庞学渊　江苏戏曲　1960年5月号（总第14号）41页
漫谈武汉市青年（教学）会演中的几个现代剧目　吴乙天　长江戏剧　1960年6月总12、13期20页
现代题材戏曲的新成就　张庚　文艺报　1960年6月12期37页
《陕西群众剧作选》简介　笑　陕西戏剧　1960年7月总17期40页
要用新的观点评价历史人物——与蒋帆同志商榷（蒋文：《如何评价戏曲中的历史人物》）　赵志恭　陕西戏剧　1960年7月总17期53页
为戏曲艺术创造更好的技术条件　袁志成等　江苏戏曲　1960年8月号（总第17号）46页
群众戏剧创作的里程碑——《陕西群众剧作选》读后　吕毅　陕西戏剧　1960年8月总18期31页
戏曲剧目的整理改编与创作　陈启肃　福建戏剧　1960年9月第9期4页
关于写“技术革新”的戏　吴蓟　江苏戏曲　1960年9月号（总第18号）21页
继承和发扬传统剧目的革命性和战斗性　萧凌　解放　1960年9月17期31页
柳子戏剧目一瞥　于质彬　江苏戏曲　1960年10月号（总第19号）11页
《少数民族戏曲剧本选》读后　曲六乙　戏剧报　1961年1月1、2期55页
帝王将相及其他——与钱英郁同志商榷　齐虹　上海戏剧　1961年2月2期18页
正确理解剧目轮换演出制的建设意义　肃然　上海戏剧　1961年5月5期4页

提高艺术质量，丰富上演剧目　彭华　云南日报　1961年6月8日3版
更快地提高艺术质量，更多地积累保留剧目，上海戏剧界建立剧目轮换上演制　文汇报　1961年6月11日2版
胆大心细——谈整理老戏和丰富上演剧目　荀慧生　光明日报　1961年6月11日2版
病戏能医好，妙手能回春　曲六乙　解放日报　1961年7月4日4版
爱情、夫权——和龚义江同志讨论两个观点　缪依杭　上海戏剧　1962年1月1期26页
认真从事戏剧改编工作　诸葛文谦　上海戏剧　1962年1月1期11页
从百花齐放谈剧目的多样化　江枫　虚与实　1962年1月1期40页
谈戏曲传统剧目的挖掘和整理工作中的几个问题（未完）　杜希唐　奔流　1962年2月号32页
谈云南省民族戏剧观摩演出　夏国云　民族团结　1962年2月号7页
传统剧目的教育作用及其他　胡锡涛　戏剧报　1962年3月3期27页
剧协广西分会剧本创作座谈会上提出的一些问题　黄延丰整理　广西戏剧通讯　1962年4月1期1页
传统剧目整理改编的几个问题　郭汉城、沈尧　戏剧报　1962年5月5期36页
主题、人物、情境——与卞琛同志商榷（卞改编桂剧《李逵夺鱼》）　丘振声等　广西戏剧通讯　1962年7月2期21页
更细致地对待传统剧目——读卞琛同志《李逵夺鱼》的总结后　天鹄　广西戏剧通讯　1962年7月2期24页
关于传统剧目的整理改编问题　郭汉城　红旗　1962年9月18期34页
丰富剧目的品种，提高剧目的质量　吕复　上海戏剧　1962年10月10期2页
关于当前桂剧、彩调剧目工作的一些情况　黄延丰、吕吉　广西戏剧通讯　1962年11月3期39页
春城彩霞辉四方——观兄弟民族戏剧三得　曲六乙　云南日报　1962年1月18日3版
“推陈出新”的果实——漫谈“川剧喜剧集”　席明真　四川日报　1962年5月25日3版
积极挖掘整理传统剧目　骆勋　新疆日报　1962年5月30日3版
精心考察全面提高——继承戏曲剧目遗产问题浅识　金芝　安徽日报　1962年7月21日4版
应以认真的态度对待发掘整理传统　朱江乔　羊城晚报　1962年7月28日2版
勿贪捷径痛下功夫——有感于粤剧剧目问题　磊落　羊城晚报　1962年8月20日2版
重视戏曲传统剧目的思想性　林涵表　大公报　1962年9月28日3版
注意剧目的健康发展　东方束玉　天津日报　1962年10月14日4版
剧目过眼记　端木蕻良　云南日报　1962年11月26日3版
剧目问题必须重视（短评）　南方日报　1962年12月8日3版
以好戏为广大人民群众服务——杂谈剧目工作　野邨　广西日报　1962年12月29日4版
郑天健同志在全区桂剧剧目工作座谈会上的发言　广西戏剧通讯　1963年1月总4期11页
整理改编传统剧目，必须从原有基础出发　天鹄　广西戏剧通讯　1963年1月总4期14页
侗戏剧目　区戏研室　广西戏剧通讯　1963年1月总4期19页
当前粤剧剧目工作上的一些情况　区戏研室粤剧剧目工作调查组　广西戏剧通讯　1963年1月总4期28页
谈剧目的选择　柳松　奔流　1963年1月号36页
论侠与义　郭汉城　戏剧报　1963年5月5期25页

驳“尚情论” 华木 上海戏剧 1963年5月5期34页
谈柳州桂剧团近年来上演剧目问题 陶业泰 广西戏剧通讯 1963年5月总6期23页
关于鉴定1962年上演剧目的意见 南宁市邕剧团 广西戏剧通讯 1963年6月总7期35页
剧目的整体和局部——戏曲剧目琐谈 陶君起 北京文艺 1963年7月号51页
演出剧目小议 王也夫 长春 1963年9月号55页
更多更好地上演现代剧目 冯鹏飞 宁夏文艺 1963年10月5期44页
谈戏曲剧目的整理和改编 郑言 边疆文艺 1963年11月号61页
论“孝”——兼谈几个黄梅戏剧目的改编 庚田 安徽文学 1963年11月11期100页
我区戏曲界座谈传统剧目的整理改编问题 赵令善、顾乐真 广西戏剧通讯 1963年12月总9期21页
试论传统剧目中的投降主义问题 周游等 广西戏剧通讯 1963年12月总9期29页
更深刻地揭示生活中的矛盾——北京现代剧目演出周观摩札记 林涵表 戏剧报 1963年12期15页
加强剧目工作促进戏曲艺术的新繁荣 本报评论员 河北日报 1963年2月21日2版
充分发挥剧目工作的战斗作用 杨明 云南日报 1963年4月16日3版
怎样评价传统剧目 赵循伯 文汇报 1963年9月25日4版
从一个京剧团的工作谈剧目问题 薛恩厚 光明日报 1963年9月27日2版
进一步加强现代剧目的演出工作 杨韧 宁夏日报 1963年10月6日3版
首先应该考虑剧目的思想性（沪剧） 丁是娥 文汇报 1963年10月10日4版
我区戏曲界座谈传统剧目的整理改编问题 赵令善、顾乐真 广西日报 1963年10月15日4版
传统剧目的局限性与封建性 傅骏 文汇报 1963年10月28日4版
首都十月剧坛漫步 张卉中 光明日报 1963年10月29日2版
从几出传统剧目谈推“陈” 魏静生 大公报 1963年12月6日3版
生活的主人，舞台的主人——大演现代剧目随想 黄宗英 文艺报 1964年1月1期14页
试论先进人物塑造问题——评湖北省现代戏会演剧目中的先进人物 周景堂 长江戏剧 1964年8月第4期60页
评《京剧剧目初探》 中国戏曲研究院评论组 戏剧报 1964年9月9期28页
工农兵英雄形象大放光芒——十月首都舞台银幕巡礼 本刊评论员 文艺报 1964年11月10期2页
在革命化的大道上阔步前进——记云南省1964年现代戏观摩演出大会 夏国云 边疆文艺 1964年12月11、12月号101页
继承、革新、发展——戏曲剧目推陈出新琐谈 石万英 内蒙古日报 1964年1月30日3版
反映时代移风易俗——上海市人民沪剧团剧目建设工作的八点启示 李大珂 光明日报 1964年3月11日3版
改编和移植同样要有生活 落尘 羊城晚报 1964年3月21日2版
更多更好地创作二人转新作品 耿瑛 辽宁日报 1964年4月24日3版
演现代戏六年的体会 梁一鸣 人民日报 1964年6月17日6版
新的思想新的内容新的风格——京剧现代戏观摩演出一二三轮剧目观后感 东垣 大公报 1964年6月20日3版

武打艺术大有用武之地——看京剧现代戏观摩演出第一二三轮剧目有感 陶君起 大公报 1964年6月23日3版
异彩纷呈的导演艺术创造——京剧现代戏观摩演出学习心得 汪洗 光明日报 1964年6月25日2版
喜看连队文艺之花盛开高原——西藏军区第三届业余文艺会演会观后 刘汉君 西藏日报 1964年8月23日1版
把毕生精力献给革命的现代剧——观摩全国京剧汇演有感 傅祥麟 羊城晚报 1964年9月8日2版
胜利的锣鼓革命的步伐——记省戏曲现代戏观摩演出大会 本报记者 福建日报 1964年9月19日2版
祝贺与学习——昆明部队部分文艺工作者座谈全省现代戏观摩演出 云南日报 1964年11月20日3版
革命现代戏鼓舞我们前进——工人、农民、战士、革命干部评西南会演的剧目（五篇） 黄继松等 戏剧报 1965年11期28页
政治是灵魂，生活是源泉，中南区小型戏曲作者谈创作体会 湖北日报 1965年7月23日3版
革命现代戏以什么题材为主？——从戏剧革命同政治革命和经济革命的关系谈起 舒宁 南方日报 1965年10月2日3版
漫谈川剧现代戏的表演艺术——观摩心得 徐玉兰 四川日报 1965年10月9日3版
对戏剧中解决矛盾冲突的一些体会——观摩心得 王培 四川日报 1965年10月11日3版
人民内部矛盾与戏剧冲突——西南区话剧地方戏演出观摩札记 以群 文汇报 1965年11月8日4版
新春的首都戏剧舞台 艾波 文艺报 1966年2月2期33页
吃透原著，舍短用长（移植现代戏） 景孤血 羊城晚报 1966年1月29日2版
粤剧改编移植工作的几点体会 秉箴 羊城晚报 1966年2月21日2版

（二）剧目题材与样式

（现代戏、传统戏、新编历史剧、连台本戏、折子戏、神话剧、鬼戏、三国戏、包公戏、清官戏、儿童剧等）

历史剧与历史——从第七本“水泊梁山”谈起 高参 新民报 1949年10月23日3版
论“神话剧”与“迷信戏” 黄芝冈 戏曲报 1950年6月10日2卷4期总16期62—79页 人民戏剧 1950年6月1卷2、3期38页
论戏曲中岳飞与神怪迷信之关系 蒋星煜 戏曲报 1950年10月5日3卷4期390页
我们对黄巾起义和三国的看法 本报 戏曲报 1950年10月20日3卷5期412页
迷信与神话的本质区别 马少波 新戏曲 1950年10月20日1卷2期1—2页
论戏曲中岳飞与神怪迷信之关系 戏剧新报 1950年11月合订本15期
对于改编历史剧的意见 魏金枝 戏剧新报 1950年11月合订本15期
我对于历史戏的一点意见 黄芝冈 戏曲报 1950年12月20日3卷8、9期541页
谈水浒戏（续） 黄裳 文汇报 1950年5月8、15日
谈“清官了案”问题 陶君起 新民报 1950年8月7日3版

由天河配谈到神话剧　萧冬　新民报　1950年8月21日3版
我对于“清官了案”的看法　慕家　新民报　1950年10月16日5版
我对历史戏的一点意见　黄芝冈　新民报　1950年11月27日5版
我对历史戏的一点看法　黄芝冈　文汇报　1950年11月29日
写新爱国主义历史剧的一点意见　高培文　西北文艺　1951年3月1卷6期17—18页
旧剧中包公故事所反映的意识形态　景孤血　新戏曲　1951年6月2卷2期11—14页
再谈历史剧的问题　伊兵　戏曲报　1951年7月5日4卷10期371页
牛郎织女神话和戏曲　左弦　大众戏曲　1951年7月第1卷5期18页
怎样正确地处理牛郎织女故事　武端　新戏曲　1951年10月1日2卷5期11—12页
试论“神话剧”　张啸虎　人民戏剧　1951年10月10日3卷6期31页
关于历史剧中历史人物的处理　本刊综合报导　文艺报　1951年10月25日5卷1期总49期31页
关于历史剧题材的选取与人物的评价　马少波　人民戏剧　1951年11月10日3卷7期19页
严肃对待整理神话剧的工作　马少波　人民戏剧　1951年11月10日3卷7期34页
历史唯物论与历史剧、神话剧问题　光未然　人民戏剧　1951年12月10日3卷8期32页
关于旧剧中的“地狱”问题　式仪　大公报　1951年3月24日5版
略谈历史剧的问题　伊兵　文汇报（转载戏曲报）　1951年4月7日附刊2版
以连台本戏来灌输历史知识——推荐初集“太平天国”　左弦　文汇报　1951年4月14日附刊2版
恋爱戏与色情戏　樊成　新民报　1951年6月18日5版
我对神话戏与迷信戏的看法　关戎　新民报　1951年6月18日5版
论历史剧的非历史主义的倾向　陈诏　文汇报　1951年11月12日副页4版
从神话的现实意义谈神话剧的创作　周河冬　大公报　1951年11月24日6版
和黄天霸一样的人也应予以肃清　文厂　新民报　1951年12月17日7版
谈神话与迷信　高荣　陕西文艺　1952年8月第1卷6期14—19页
关于关羽的戏　林天　新民报　1952年3月10日7版
也谈“关于关羽的戏”　仇英　新民报　1952年4月7日7版
论侠客与侠客戏——兼评“明清八侠”　李岳南　新民报　1952年4月28日7版
关于神话剧　李纶　东北日报　1952年8月22日3版
评“谈水浒戏及其他”　戴不凡　文艺报　1953年9月15日总94期13—15页
我对于神话剧的意见　高荣　陕西文艺　1954年1月总23期15—19页
关于神话剧的问题　读者来信综述　陕西文艺　1954年5月总27期39—41页
华东区戏曲观摩演出大会上的现代剧　记者　戏剧报　1954年11月11期41页
元曲中的包公戏　徐朔方　文史哲　1955年9月总37期14页
略谈地方戏中的讽刺剧　戴不凡　民间文学　1955年11月总8期28页
学习戏曲的传统，提高现代剧目的质量　铁可　湖南文艺　1956年2月1日总44期25—30页
写几个儿童戏曲剧本吧　刘贵　剧本　1956年5月总51期82—85页
让传统剧目放出灿烂的光彩——从洛阳豫剧团来京演出谈起　郭铸等　光明日报　1956年9月1日3版
对神从宽、对鬼从严？　华犁　北京日报　1956年10月30日3版

谈连台本戏　唐湜　戏剧报　1957年2月11日总39期26页
关于提纲戏　黄文虎　戏剧报　1957年2月11日总39期27页
“鬼”、“鬼戏”　刘样　新苗　1957年2月总7期84—85页
漫谈鬼戏　曲六乙　戏剧报　1957年4月11日总43期4页
论连台本戏　吴白匋　戏剧报　1957年6月26日总48期18页
论古典戏曲艺术中的鬼魂问题　李啸仓　戏曲研究　1957年7月3期14页
如何正确地对待连台本戏　巴南冈　戏剧报　1957年9月14日总53期26页
谈幕表戏　欧阳予倩　戏剧论丛　1957年11月4期104页
“出家”与“还俗”——谈几个僧徒戏（粤剧）　毛华　南国戏剧　1957年12月20日总2期第38页
济公戏及其他　夏写时　文汇报　1957年1月5日2版
“阿飞”戏的倾向性　褚元仿　解放日报　1957年7月24日6版
戏曲编剧在表现现代生活方面的问题　张庚　戏曲研究　1958年1月1期1页
现代剧目与企业化　王叔和　戏剧报　1958年1月1期11页
也谈连台本戏——读吴白匋同志“论连台本戏”后　刘维耀　戏剧报　1958年2月3期28页
坚持传统，扶持创作（关于现代题材剧目的问题）　严正　戏剧报　1958年2月4期24页
延安平剧研究院的现代剧　张梦庚　戏剧论丛　1958年2月1期174页
谈谈现代剧写作中的问题　李束丝　剧本　1958年2月2期86页
对现代题材剧目问题讨论的意见——和伊兵同志商榷　陈恭敏　戏剧报　1958年3月5期25页
对现代剧的创作、上演和出版说几句话　王淡如　西安戏剧　1958年4月15日第7期4页
演现代戏点滴体会　马琳　戏剧报　1958年7月14期17页
社会主义的民族新戏曲在成长——“现代题材戏曲联合公演”观摩散记　张真　文艺报　1958年7月13期33页
谈戏曲表现现代生活的两个问题　何振中　西安戏剧　1958年9月10日第17期5页
对戏曲表现现代生活的认识　杨瑞武　西安戏剧　1958年9月10日第17期7页
新戏曲的大跃进——对于现代题材戏曲剧作的一些随感　张庚　剧本　1958年9月号5页
现代剧目公演杂感　陶晓卒　四川戏曲　1958年10月1日第1期12页
创作和改编现代剧目的点滴体会　徐文耀　四川戏曲　1958年10月1日第1期16页
提高现代剧的思想性和艺术性　本刊　安徽戏剧　1958年10月1日创刊号17页
江西演出现代剧诸问题　石凌鹤　戏剧报　1958年10月第19期3页
徽戏遗产挖掘工作的收获及经验　刁均宁　戏剧论丛　1958年11月第4期205页
我怎样编写现代戏　赵麟童　戏剧报　1958年11月22期17页
对目前现代剧创作中有关创作思想、编剧方法的几点意见　李刚　陕西戏剧　1958年12月创刊号8页
驳斥何满子在“神话试论”中的谬论　李谦　光明日报　1958年1月19日5版
应当大力提倡上演现代剧目　黎文　解放日报　1958年1月23日4版
关于现代题材剧目的问题　张春桥　解放日报　1958年3月23日3版
争取现代剧目更大的丰收　社论　解放日报　1958年6月12日3版
对川剧表演现代剧目的意见　刘成基等　四川日报　1958年6月15日3版
现代剧问题种种上海戏剧创作会议小组漫谈侧写　蔡平　文汇报　1958年11月16日3版

神话剧二题　张真　戏剧报　1959年1月1期6页
必须有典型形象——谈“人神同台”戏有感　紫玉　戏剧报　1959年3月6期32页
有关神话剧的几个问题　黎本初　四川戏曲　1959年3月10日第6期13页
两点体会（编写现代戏剧本）　聂金吾等　湖南戏剧　1959年3月号20页
神、神话、反神权　王少理　戏剧报　1959年4月7期26页
关于“人神同台”问题　颜长珂　戏剧报　1959年4月8期31页
略谈“小戏”　张英　湖南戏剧　1959年4月号23页
戏曲的蔡伯喈和历史的蔡伯喈　金木子　安徽戏曲　1959年4月（总7）15页
对“新神话剧”的一些看法　李刚　剧本　1959年5月号27页
关于“新神话剧”问题的商榷　范溶　剧本　1959年5月号30页
关于传统剧中的造反问题　汉中　孟学范　西安戏剧　1959年5月10日第6期17页
从几个现代戏的反面人物谈起　靳同爱　戏剧战线　1959年5月号总11期51页
试谈儿童剧的创作　雷风雨　湖南戏剧　1959年6月号15页
为了孩子——儿童戏剧漫谈　任光椿　湖南戏剧　1959年6月号5页
漫谈关公戏　周圣溪　湖南戏剧　1959年6月号19页7月号20页
漫谈传统小戏　戴不凡　小剧本　1959年6月总23期29页
曹操——从生活素材到艺术形象　张真　戏剧报　1959年6月11期6页
谈喜剧　陈瘦竹　江苏戏曲　1959年6月总3期28页
曹操外论　戴不凡　戏剧研究　1959年7月3期60页
试谈曹操戏　陆学斌　安徽戏剧　1959年7月（总10）1页
关于折子戏　马少波　小剧本　1959年7月总26期13页
神化与艺术　姜炳泰　陕西戏剧　1959年7月总5期23页
革命历史题材剧作漫谈　夏阳　江苏戏曲　1959年7月总4期3页
关于折子戏（京剧）——答本刊记者问　马少波　剧本　1959年8月号47页
关于泗州戏中的梁祝小戏　小红　安徽戏剧　1959年8月（总11）30页
讽刺喜剧与人民内部矛盾——陈瘦竹同志的“谈喜剧”一文读后感　天行　江苏戏曲　1959年9月号（总第6期）42页
赞折子戏　林予　江苏戏曲　1959年9月总6期40页
三国戏曲与“三国演义”的关系及其他　木子　安徽史学通讯　1959年9月3期32页
创作现代戏的几点经验　谢上　湖南戏剧　1959年10月号23页
论悲剧性鬼魂的形象　许可　陕西戏剧　1959年11月总9期46页
使传统剧目和现代剧相得益彰　伊兵　人民日报　1959年1月6日7版
现代戏创作杂谈　张俊英等　山西日报　1959年1月25日3版
应该比生活更高更强烈——也谈现代戏问题　叶征洛　人民日报　1959年2月12日4版
历史上的曹操和舞台上的曹操　王昆仑　光明日报　1959年3月10日3版
戏曲中的曹操　陶君起　中国青年报　1959年3月29日3版
谈舞台上的曹操　华粹深等　天津日报　1959年4月17日4版
试谈元、明、清杂剧中的曹操　景孤血　光明日报　1959年5月11日3版
从舞台上替曹操翻案　李瑞熙　天津日报　1959年5月17日4版
试谈曹操戏　陆学斌　人民日报　1959年6月9日7版
进一步贯彻党的文艺方针——论传统剧目和现代剧目的几个问题　陈冷　南方日报　1959年6月10日3版

张飞、秦琼、杨五郎　陶钝　光明日报　1959年11月18日3版
大家动手，掀起一个现代戏创作高潮　本刊评论员　湖南戏剧　1960年1月号7页
漫谈周瑜戏　许升云　湖南戏剧　1960年1月号28页
三国戏简述——兼及三国戏与“三国演义”的相互关系　朱平楚　人文杂志　1960年2月1期61页
准、透、曲、净——再谈现代戏的创作问题　郇夫　江苏戏曲　1960年2月号（总第11期）14页
历史、传说、历史剧　郇夫　江苏戏曲　1960年4月号（总第13期）51页
迎现代题材戏曲剧目观摩演出　金陵　戏曲音乐　1960年4月总16期6页
谈历史剧的“古为今用”　马少波　北京戏剧　1960年4月4期9页
关于小戏创造正面人物的问题　孔砚　小剧本　1960年5月总41期16页
说戏（连载）（四）　李宜山　小剧本　1960年5月总41期35页
没有正确的观点就写不好历史剧　杜章林　江苏戏曲　1960年6月号（总第15期）52页
试谈戏曲表现现代生活　肖正、老宋　戏剧战线　1960年6月号总24期38页
传统戏曲剧目精华何在？　江鹰　戏剧报　1960年6月12期27页
世界观与写历史剧　鲁宁　江苏戏曲　1960年7月号（总第16期）40页
说戏（连载）（五）——漫谈“话报剧”　李宜山　小剧本　1960年7月总43期21页
反映时代参加斗争——从现代题材剧目的观摩演出谈起　汤草元　解放　1960年8月15期25页
试谈历史剧的创作——从《捻军颂》谈起　曲六乙　安徽戏剧　1960年10月总25期32页
业精于勤——漫谈现代戏　辛原　江苏戏曲　1960年10月号（总第19期）41页
试谈关于表现农民起义的戏曲剧目　江曲　江苏戏曲　1960年11月号（总第20期）21页
也谈历史剧的古为今用　钱英郁　上海戏剧　1960年11月11期10页
既要生活的教科书，也要历史的教科书　本刊评论员　戏剧报　1960年11月22期1页
历史剧和历史真实性　齐燕铭　剧本　1960年12月号49页
浅探历史剧的古为今用　马少波　剧本　1960年12号51页
关于历史剧的“古为今用”　温凌　戏剧报　1960年12月23、24期42页
漫谈历史剧如何反映历史真实问题　杨宽　上海戏剧　1960年12月12期19页
关羽、林冲及其他　侯永奎　天津日报　1960年1月8日4版
现代题材戏曲剧本创作的新收获　包干夫　大众日报　1960年8月3日3版
谈历史剧　吴晗　文汇报　1960年12月25日3版
历史教育是共产主义教育的组成部分——首都举行历史剧座谈会讨论历史剧的教育作用和创造问题　文汇报　1960年12月26日3版
历史剧的古为今用及其他　孙杰　上海戏剧　1961年1月1期19页
历史剧写作的几点体会　徐进　上海戏剧　1961年1月1期22页
历史剧的编写问题　徐仑　上海戏剧　1961年1月1期25页
古为今用及其他——与一位剧作者谈历史剧的一封信　张真　剧本　1961年1月号62页
创作反映现代生活新剧目的几点体会　薛恩厚等　剧本　1961年1月号69页
有关历史剧的几点感想　李纶　剧本　1961年1月号73页
谈岳飞班师　高文澜　戏剧报　1961年1月1、2期51页
历史真实与艺术虚构——答蒋星煜同志　沈起炜　上海戏剧　1961年2月2期20页
关于历史剧问题的争鸣（综合报道）　戏剧报　1961年4月7、8期36页

吴晗同志谈历史剧　鲁煤　戏剧报　1961 年 5 月 9、10 期 23 页
谈历史剧的正名问题　吴白匋　江海学刊　1961 年 5 月号 21 页
历史剧和传统剧的区别　高端洛　上海戏剧　1961 年 6 月 6 期 16 页
从争鸣中学习提高——对于历史剧古为今用的一点初步认识　樊粹庭　延河　1961 年 6 月号 52 页
神话剧是不是宣传迷信　吴晗　中国青年　1961 年 8 月 15 期 9 页
几个传统剧目中的婚姻与爱情问题　龚义江　上海戏剧　1961 年 10 月 10 期 19 页
关于历史和历史剧——从“卧薪尝胆”的许多不同剧本说起　茅盾　文学评论　1961 年 12 月 6 期 1 页
说女吊，话无常　戴不凡　剧本　1961 年 12 月号 85 页
谈历史剧的古为今用　赵景深　文汇报　1961 年 1 月 9 日 3 版
简谈历史剧　辛宪锡　文汇报　1961 年 1 月 12 日 3 版
评“谈三个戏剧人物：陈士美、王十朋、蔡伯喈”（李啃仓著，文化出版社出版）　曲六乙　光明日报　1961 年 1 月 15 日 3 版
从严嵩戏谈起　牛子　文汇报　1961 年 1 月 21 日 3 版
怎样塑造英雄形象？怎样表现历史题材？怎样理解喜剧样式？上海戏剧界自由辩论空气活跃　解放日报　1961 年 1 月 22 日 3 版
历史剧不是历史书　廖震龙　文汇报　1961 年 1 月 30 日 3 版
历史与历史剧　孟超　文汇报　1961 年 2 月 11 日 3 版
徽班中的关羽形象——看戏杂谈　罗林　安徽日报　1961 年 2 月 26 日 3 版
历史剧、历史题材和真实性　翁恒生　光明日报　1961 年 2 月 27 日 2 版
历史剧一解　李大珂　文汇报　1961 年 3 月 8 日 3 版
戏史有别　李大珂　文汇报　1961 年 3 月 11 日 3 版
戏和史的辩证统一　任志　文汇报　1961 年 3 月 11 日 3 版
历史剧和历史传说剧　沈起炜　文汇报　1961 年 3 月 11 日 3 版
用历史唯物主义观点表现历史——谈历史剧的“古为今用”　马天　天津日报　1961 年 3 月 14 日 1 版
本报喜剧问题讨论综述　文汇报　1961 年 3 月 18 日 3 版
有关历史剧的几种看法　陈中凡　文汇报　1961 年 3 月 25 日 3 版
再谈历史剧　吴晗　文汇报　1961 年 5 月 3 日 3 版
历史真实和历史动力　张锦才　文汇报　1961 年 5 月 6 日 3 版
历史真实与浪漫主义——略谈历史英雄人物的塑造　徐荆　福建日报　1961 年 5 月 10 日 3 版
从“西域行”的创作谈历史剧的问题　石凌鹤　江西日报　1961 年 5 月 14 日 3 版
漫谈猴戏　李盛斌　福建日报　1961 年 5 月 14 日 3 版
祝群芳竞妍——漫话折子戏、行当、流派　凌欣　中国青年报　1961 年 6 月 7 日 4 版
欢迎传统剧目会串（短评）　解放日报　1961 年 6 月 10 日 2 版
连台本戏　皇甫玉　解放日报　1961 年 6 月 28 日 4 版
阳县的城隍戏　人凡　新民晚报　1961 年 8 月 27 日 3 版
漫谈昭君戏　余国钦　内蒙古日报　1961 年 8 月 29 日 3 版
怎样看历史剧　吴晗　中国青年报　1961 年 9 月 6 日 4 版
三国戏纵横谈　霜刃　福建日报　1961 年 9 月 21 日 3 版

从传统剧目的演出看锡剧的家底　吴白匋　新华日报　1961年10月22日3版
创作历史剧应讲求历史的真实性　魏峨　东海　1962年1月1期34页
茅盾同志论历史剧　本刊资料室　戏剧报　1962年2月2期11页
“史实”与“虚构”——漫谈历史剧创作中的历史真实与艺术真实的统一　李希凡　戏剧报　1962年2月2期18页
对扩大历史剧题材的一种想法　铁弦　文艺报　1962年2月2期30页
历史剧三题　戴不凡　红旗　1962年3月6期15页
演现代戏初探　戚雅仙　上海戏剧　1962年5月4、5期25页
整理传统剧目杂谈（一）　刘斐章　湖南文学　1962年5月号60页
历史剧是艺术，也是历史　吴晗　戏剧报　1962年6月6期43页
略论元剧水浒戏　陈中凡、王永健　江海学刊　1962年6月号38页
漫谈“八大拿”一类的戏　朱家晋　上海戏剧　1962年7月7期30页
“连台本戏”笔谈（要重视思想内容和传统艺术、不能以传统手法要求“连台本戏”、不应该轻视“连台本戏”、有可为有不可为）　徐以礼等　上海戏剧　1962年8月8期12页
整理改编传统剧目杂谈（二）　刘裴章　湖南文学　1962年8月7、8期87页
关于历史剧的创作方法　乌强　戏剧报　1962年9月9期39页
谈谈连台本戏　周信芳　上海戏剧　1962年9月9期2页
连台、本戏、连台本戏　焦菊隐　上海戏剧　1962年10月10期8页
连台本戏这朵花　陶雄　上海戏剧　1962年10月10期13页
谈几部连台本戏　周刚泰　戏剧报　1962年10月10期16页
关于历史剧问题的争论　朱寨　文学评论　1962年10月5期1页
如何评价“施公戏”——与邵曾祺同志商榷　于质彬　上海戏剧　1962年12月12期29页
关于传统剧的整理改编问题——从“陈三玉娘”到“审陈三”　杨云　文汇报　1962年1月31日3版
用历史的观点分析传统剧目——与冰山同志商榷　夏阳　湖北日报　1962年2月25日3版
关于历史剧创作中的两个问题　熊辅元　贵州日报　1962年3月3日3版
大胆增删熔为一体——谈二人转传统剧目的加工整理　白万程　吉林日报　1962年4月11日3版
试谈进一步发掘、整理传统戏　郭开础　四川日报　1962年4月24日3版
历史剧是艺术，不是历史　王子野　光明日报　1962年5月8日4版
艺术形象和历史事实　张毕来　光明日报　1962年5月10日4版
关于写杜甫剧本　景孤血　文汇报　1962年5月18日4版
历史评价与戏剧褒贬　高文澜　光明日报　1962年5月19日4版
历史剧可以不根据历史吗？　张传玺　光明日报　1962年5月26日4版
从李渔孔尚任对历史剧的看法说起　刘知渐　光明日报　1962年5月29日4版
历史剧的题材　黄似　人民日报　1962年6月8日4版
丑的艺术——谈扬剧“石灰记”、“皮五辣子”、“断太后”中的丑戏　方明　解放日报　1962年6月21日4版
循名责实谈历史剧　景孤血　光明日报　1962年7月17日4版
史剧小议　戎笙　光明日报　1962年7月19日4版
武则天的“史”与“剧”　景孤血　中国青年报　1962年7月21日4版
关羽戏的剧目　刘奎官　云南日报　1962年8月30日3版

历史剧问题座谈纪要　光明日报　1962年9月25日2版
连台本戏及其他　卜文、耕天　黑龙江日报　1962年10月6日4版
慎重对待连台本戏　郭玉昆　湖北日报　1962年10月17日3版
略谈连台本戏　高百岁　湖北日报　1962年10月17日3版
连台本戏两议——略谈“出戏”和“喜闻乐见”　吴天保　湖北日报　1962年11月18日3版
也谈连台本戏——和长风同志商榷　刘天明　安徽日报　1962年11月25日4版
重视现代剧目的创作——戏曲剧目杂谈　林钟美　贵州日报　1962年12月16日3版
现代剧目中的两个问题——戏曲剧目杂谈　林钟美　贵州日报　1962年12月20日3版
当前粤剧剧目问题　郑达　羊城晚报　1962年12月21日2版
戏曲艺术中的鬼神问题　肖甲　北京文艺　1963年1月号46页
正确认识戏曲中鬼戏的问题　司空齐　北京文艺　1963年3月号23页
关于戏曲表现现代生活的问题　侯枫　广西戏剧通讯　1963年5月总6期8页
漫谈现代戏中英雄人物的塑造——看几个农村题材戏曲剧目札记　白坚　雨花　1963年5月5期42页
连台本戏连谈（二、三）　惟和　上海戏剧　1963年6月6期34、36页
读小戏中的人物刻画　张洁　剧本　1963年7月号70页
必须从生活出发——浅谈戏曲现代剧内容和形式的矛盾问题　戴不凡　戏剧报　1963年7月7期11页
历史剧问题的讨论近况　子船　新建设　1963年7月号95页
独角戏　何慢　戏剧报　1963年8月8期38页
小说改编小戏随想　李慧中　剧本　1963年8月号77页
对几个传统剧目的分析　郭汉城　戏剧报　1963年9月9期8页
非常有害的“有鬼无害”论　李希凡　戏剧报　1963年9月9期21页
关于上演“鬼戏”有害还是无害的争论　马健翎等　戏剧报　1963年9月9期59页
采故实于前代，观通变于当今——历史剧创作片谈　廖震龙　剧本　1963年9月号70页
简论武侠戏　于质彬　上海戏剧　1963年9月8、9期25页
关于历史剧问题的讨论　张真等　戏剧报　1963年10月10期59页
古为今用——历史剧的灵魂　张庚　戏剧报　1963年11月11期1页
京剧杨家将戏中的“忠君”问题　范民声、盛钟健　上海戏剧　1963年11月11期21页
从群众观点出发认识“鬼戏”的演出　马健翎　延河　1963年11月号53页
漫谈戏曲反映现代生活　余开伟　新疆文学　1963年11月号62页
山东大学中文系座谈“鬼戏”并举行报告会　郭延礼等　文史哲　1963年12月6期79页
老树新枝分外娇——苏、浙、沪三省（市）昆曲观摩演出大会述评　梁冰、金毅　新华日报　1963年1月10日3版
谈谈剑侠戏　谢继祖　辽宁日报　1963年1月30日3版
试论“八大拿”及其他　景孤血　文汇报　1963年1月30日3版
不要捧鬼　丘迦　解放日报　1963年4月7日4版
谈连台本戏问题　王照慈　文汇报　1963年4月22日4版
“有鬼无害”论　梁壁辉　文汇报　1963年5月6、7日4版
演“鬼戏”没有害处吗？　赵寻　河北日报　1963年5月10日4版
鬼戏之害　景孤血　光明日报　1963年5月21、23、25日2版

抑鬼——漫谈鬼戏与迷信　亚江　旅大日报　1963年6月7日3版
鬼神剧目与鬼神迷信　黑瑛　天津日报　1963年6月19日4版
何来“鬼”的逻辑——关于“鬼戏”及其批评　于凡　羊城晚报　1963年6月25日2版
怎样看待爱情题材的传统戏曲　司空齐　中国青年报　1963年7月4日4版
再谈“鬼戏”　鲁凝　云南日报　1963年7月11日3版
传统戏曲剧目里的一夫多妻问题　戈兵　天津日报　1963年8月4日4版
演鬼戏有害吗？——《演鬼戏没有害处吗?》读后　若何　光明日报　1963年9月10日4版
关于上演“鬼戏”有害还是无害（编者按）　光明日报　1963年9月10日2版
非常有害的“有鬼无害”论　李希凡　光明日报　1963年9月10日3版
敲响时代的锣鼓——关于编写现代题材戏曲剧本的杂议　金芝　安徽日报　1963年9月14日4版
一定能演好现代剧　周传瑛　光明日报　1963年9月20日2版
有些“鬼戏”应该加以肯定　谭鹏　光明日报　1963年9月20日3版
“神妖鬼怪”纵横谈——关于“有鬼无害”、“有鬼有害”等等　德禾　文汇报　1963年9月20日4版
再论鬼戏之害　景孤血　光明日报　1963年9月23日3版
漫谈怎样整理改编传统剧目　赵步颜　文汇报　1963年9月23日4版
关于“鬼魂复仇”问题——向景孤血同志求教　徐沐　文汇报　1963年9月25日4版
鬼戏和神戏应一律看待　孔相　光明日报　1963年10月4日2版
鬼戏应分好鬼戏和坏鬼戏　贾明九　光明日报　1963年10月4日2版
鬼戏的四个问题　朱曦　光明日报　1963年10月4日2版
组织创作和演出现代题材剧目的几点体会　苏州专署文教卫生处　新华日报　1963年10月17日4版
关于历史剧问题的讨论　张真等　光明日报　1963年10月20日2版
谈历史剧的古为今用问题　戴不凡　光明日报　1963年10月20日3版
再谈“鬼魂复仇”问题——谨答徐沐同志　景孤血　文汇报　1963年10月21日4版
时代精神及其他——与一位剧论者谈历史剧的一封信　陈仕元　文汇报　1963年10月23日4版
从群众观点出发认识“鬼戏”的演出　马健翎　陕西日报　1963年10月23日3版
正义何必鬼伸张　胡锡涛　文汇报　1963年11月1日4版
从外形到内心的一个变化——听沪剧演员邵滨孙谈演现代戏　武璀　新民晚报　1963年11月14日2版
现代戏二题——读健春同志的《浅谈戏曲舞台方法与表现手段的统一》一文的一些想法　向阳　黑龙江日报　1963年11月15日4版
略谈现代戏　楚椒　福建日报　1963年11月15日4版
神话戏与鬼戏必须严格区别开来——兼评若何、谭鹏同志的一些论点　沈尧　光明日报　1963年11月17日2版
观众的话——现代戏座谈会记录摘要　石坚等　羊城晚报　1963年11月29日2版
鬼戏真的起不了什么坏作用吗？　扈启贤　甘肃日报　1963年11月30日4版
丰收和展望——综评支援农业优秀剧目汇演中的现代剧　汇演剧目研究组　羊城晚报　1963年12月3日2版

加强川剧现代戏的剧目工作　孙晓芬　四川日报　1963年12月11日3版
北京现代题材剧目观摩演出巡礼　亦真　大公报　1963年12月15日3版
浅谈戏曲传统剧目的改编　范雨等　甘肃日报　1963年12月21日4版
决不能再让“鬼”的形象出现在舞台上　干一　甘肃日报　1963年12月21日4版
独幕剧创作琐谈——传统折子戏学习札记　金行健　甘肃文艺　1964年1月号83页
克服保守思想，演好现代戏　祖国魂　长春　1964年2月号63页
积累经验不断前进——看京剧现代戏随感　雪婴　上海戏剧　1964年2月2期27页
现代剧与艺术趣味　王朝闻　红旗　1964年2月2、3期61页
不要曲解鲁迅作品来为鬼戏辩护　林志浩　戏剧报　1964年3月号34页
进一步提高现代戏的创作　冯纪汉　奔流（戏剧专刊）　1964年4月2期44页
建立现代戏曲的保留剧目　吉兆明、郭太平　奔流（戏剧专刊）　1964年4月2期52页
关于正面人物塑造的一些问题——现代剧创作浅探　怀南　奔流（戏剧专刊）　1964年4月2期48页
谈几部现代剧的时代特色　肖草等　延河　1964年4月号57页
略谈现代戏　齐云　江淮学刊　1964年4月2期34页
现代剧反映人民内部矛盾三题　胡锡涛　上海戏剧　1964年5月5期6页
也谈戏曲反映现代生活——兼与余开伟同志商榷　邢煦寰　新疆文学　1964年5月号60页
戏曲现代戏的保留剧目问题　陶君起　文艺报　1964年6月6期15页
讨论先进人物塑造问题——评湖北省现代戏会演剧目中的先进人物　周景堂　长江戏剧　1964年8月4期60页
谈戏曲现代戏的语言特色　赵永江　江海学刊　1964年9月号61页
关于现代戏创作中回忆对比的运用——读剧随感　谷扬　奔流（戏剧专刊）　1964年9月4期78页
《戏剧报》对现代戏冷淡得很　于晓光　戏剧报　1964年12月11、12期67页
为什么对鬼戏的兴趣那么大（评《戏剧报》）　陈剑虹　戏剧报　1964年12月11、12期70页
现代戏不简单　董代　解放日报　1964年1月7日1版
跳出旧传统创演新戏曲——试谈川戏现代剧的导演工作　沈省　四川日报　1964年1月19日3版
为何只有“一长一短”——关于反映当代生活的粤剧创作的述评　本报记者　羊城晚报　1964年2月21日1版
更美和更像程式和生活——读《京剧不适合表现现代题材》　曲六乙　北京日报　1964年2月25日3版
永不忘我们起家的现代戏　魏喜奎　北京日报　1964年3月3日3版
我对京剧演现代戏的看法　马连良　北京日报　1964年3月10日3版
古老的剧种能够演好现代戏——昆曲现代戏学习笔记　陈伯华　湖北日报　1964年3月11日3版
戏曲现代戏的艺术性　李寅　广西日报　1964年3月24日4版
向传统借鉴是不可少的——对昆曲演现代戏的一点想法　时韬　北京日报　1964年4月28日2版
无神论教育与“鬼戏”问题　牙含章　唐亥　光明日报　1964年6月2日2版
三点体会（现代戏）　史若虚　人民日报　1964年6月19日6版

试谈现代戏的题材和主题　顾乐真　曾铮　广西日报　1964 年 7 月 15 日 4 版
认识生活与表现生活（现代戏）　吴枫　光明日报　1964 年 7 月 26 日 5 版
革命现代戏不能产生保留剧目吗？　张化人　湖北日报　1964 年 9 月 11 日 3 版
对元明几个岳飞剧的分析批判——论古代岳飞剧中的爱国主义思想及其对投降派的批判之一　冯其庸　光明日报　1964 年 9 月 27 日 4 版
对《如是观》和《清宋灵》的分析批判——论古代岳飞剧中的爱国主义思想及其对投降派的批判之二　冯其庸　光明日报　1964 年 10 月 11 日 4 版
战士热爱革命现代戏——昆明部队战士业余文艺演出队座谈现代戏　唐大贤等　云南日报　1964 年 11 月 9 日 3 版
岳飞剧的时代精神及其他——论古代岳飞剧中的爱国主义思想及其对投降派的批判之三　冯其庸　光明日报　1964 年 11 月 22 日 4 版
多写些小戏　老舍　戏剧报　1965 年 1 月 1 期 12 页
浅谈现代戏中的妇女形象　司徒言　江淮评论　1965 年 4 月 2 期 37 页
看援越抗美新剧目有感　邓可因　前线　1965 年 5 月 10 期 17 页
为农民喜爱的一批优秀小戏　纪涛　人民音乐　1965 年 6 月 6 期 14 页
赞京剧中、小型剧目　刘淑明　戏剧报　1965 年 7 月 6 期 16 页
小戏——戏剧艺术的轻骑　王一纲等　学术月刊　1965 年 8 月号 44 页
小型革命现代戏的巨澜　秦牧　戏剧报　1965 年 9 月 9 期 25 页
谈小戏　秉箴　学术研究（广东）　1965 年 10 月 4、5 期 88 页
论“清官”的本质与作用　赵克尧等　学术月刊　1965 年 12 月号 24 页
怎样评价“清官”和海瑞　严北溟　学术月刊　1965 年 12 月号 31 页
我的《有鬼无害论》是错误的　繁星　北京日报　1965 年 2 月 18 日 3 版
为京剧的中小型剧目欢呼　林之林　辽宁日报　1965 年 3 月 21 日 3 版
京剧现代戏前途广阔——座谈纪要　崔树人、经百君整理　黑龙江日报　1965 年 5 月 19 日 4 版
为革命题材的小戏鸣锣开道　苏之章　解放日报　1965 年 6 月 7 日 4 版
提倡中小型戏（东北区京剧现代戏观摩演出）　短评　辽宁日报　1965 年 6 月 11 日 3 版
希望有更多的中小型剧目出现　刘淑明　黑龙江日报　1965 年 6 月 18 日 4 版
关于“清官”和公案戏《陈州粜米》的讨论　吉林师大中文系古典文学教研室　光明日报　1965 年 6 月 20 日 4 版
辛亥革命前夕的现代戏　杨梅　羊城晚报　1965 年 7 月 16 日 3 版
一定把湘剧现代戏演好　彭俐侬　湖南日报　1965 年 7 月 17 日 3 版
农民需要小型革命现代戏——中南区戏剧观摩演出大会小戏作者座谈纪要　南方日报　1965 年 7 月 22 日 3 版
让小戏之花更灿烂地开放　本报评论员　河南日报　1965 年 9 月 11 日 3 版
小戏大有可为　赵寻　光明日报　1965 年 9 月 23 日 4 版
到底是宣扬还是揭露——谈有关忠孝节义剧目的评价问题　卫明　文汇报　1965 年 9 月 25 日 4 版
好的艺术创作从哪里来？中南区戏剧工作者向首都文艺界介绍演小戏经验　北京日报　1965 年 10 月 24 日 2 版
没有矛盾冲突就没有戏——革命现代戏表现人民内部矛盾的若干问题　王琢　光明日报　1965 年 11 月 29 日 2 版

关于历史剧的一些问题（原载1961年2月18日《北京晚报》） 吴晗 文汇报 1965年12月8日4版
从“兄弟”谈到历史剧的一些问题（原载1961年3月9日《北京晚报》） 常谈 文汇报 1965年12月8日4版
从海瑞谈到“清官”戏（原载1961年6月23日《北京晚报》） 马连良 文汇报 1965年12月8日4版
也谈历史剧——并致吴晗、繁星、常谈三同志（原载1961年3月17日《北京晚报》） 史优 文汇报 1965年12月8日4版
海瑞的故事（根据中华书局1963年6月第二版《海瑞的故事》转载） 吴晗 文汇报 1965年12月10日4版
论海瑞（原载1959年9月21日《人民日报》） 吴晗 文汇报 1965年12月11日4版
南包公——海瑞（原载1959年4月17日《解放日报》） 蒋星煜 文汇报 1965年12月13日4版
包公与海瑞（原载1959年5月13日《文汇报》） 闻亦步 文汇报 1965年12月13日4版
如何正确反映人民内部矛盾——《关于革命现代戏创作的几个问题》学习心得（《破除“保险”思想》等三篇） 陈运佑等 广西日报 1965年12月14日3版
谈海瑞的“爱民如子” 谢天佑 人民日报 1965年12月15日4版
海瑞为谁效肱股之力 苏瑞海 人民日报 1965年12月15日4版
一九六五年革命现代戏大丰收（1965年全国六个大区八次戏剧观摩演出的全部剧目） 本刊资料室 戏剧报 1966年1月1期39页
“清官”戏从来就是为封建统治阶级服务的 刘辉 新建设 1966年1、2月号22页
论历史上流传的海瑞形象和吴晗同志笔下的海瑞形象 黎滨 学术研究 1966年2月1期1页
必须彻底揭露海瑞这个反动的历史人物 罗仑等 文史哲 1966年2月1期1页
试谈“清官戏”的毒害 徐仰山 戏剧报 1966年3月3期20页
揭露包拯的真面目（安徽省历史学学会座谈纪要） 江淮评论 1966年4月2期38页
包拯是反动官僚，“包公戏”是封建糟粕 范秀彦 江淮评论 1966年4月2期38页
简介当前在“清官”问题和道德问题上的论战 江汉学报 1966年7月7期28页
如何正确反映人民内部矛盾——《关于革命现代戏创作的几个问题》学习心得（二篇） 康力等 广西日报 1966年1月15日3版
戏剧形象和历史人物不应等同（来稿摘编） 朱岩 文汇报 1966年2月22日4版
海瑞是反动的历史人物 戴不凡 人民日报 1966年4月3日6版
“包公戏”并未打击元代统治者 李汉秋 光明日报 1966年4月3日4版
关于“清官”和“清官”戏的几个问题——答读者刘长青同志问 梁楠 安徽日报 1966年4月5日3版
有鬼无害论（原载《北京晚报》1961年8月31日） 廖沫沙 北京日报 1966年4月16日2版
坚决荡涤封建文化的污浊——评元杂剧中的几个“包公戏”和对它的吹捧 刘永年 安徽日报 1966年5月5日3版

（三）剧目评介

御碑亭——迷信去掉了，主题没有变 祝山 大众影剧 1949年9月3日总3期9页

我看“娟娟”（即“玉虎坠”） 皇甫迪 大众影剧 1949年9月10日总4期第11页
从“梅龙镇”看流氓皇帝 优伶 大众影剧 1949年9月10日总4期12—13页
谈“打金砖” 祝山 大众影剧 1949年10月15日总8期第10页
我看“北霸天” 玲 大众影剧 1949年10月29日总9期第12—13页
关于越剧“三上轿” 冼群 大公报 1949年10月5日7版
批评的尺度 冼群 大公报 1949年10月6日6版
越剧“嫁”观后 屠岸 解放日报 1949年10月8日7版
谈新越剧“三上轿” 吕林等 大公报 1949年10月12日4版
《三上轿》的成就在哪里 梅朵 文汇报·剧影副刊 1949年10月14日5版
观《三上轿》后感——雪声剧团在“兰心”演出 李洛 文汇报 1949年10月14日5版
英雄和走狗——八蜡庙人物分析 梦庚 新民报 1949年10月16日3版
改编后的“大名府” 阿甲 新民报 1949年10月23日3版
一出应改作的旧剧——蔡家庄 景孤血 新民报 1949年10月30日3版
“大名府”观后感 郑重 新民报 1949年11月6日3版
从短打武戏说到“溪皇庄” 景孤血 新民报 1949年11月6日3版
介绍新编历史剧——正气图 梦庚 新民报 1949年11月6日3版
评“清官外史” 彭明 人民日报 1949年11月6日6版
“九尾狐”简介 梦庚 新民报 1949年11月13日3版
“野猪林”观后 心敏 大公报 1949年11月15日7版
越剧“千金之子” 左木 大公报 1949年11月17日5版
《野猪林》试评 方晓 文汇报 1949年11月23日
从“十八罗汉斗悟空”谈到改革旧剧的问题 肖甲 新民报 1949年11月27日3版
看完“九尾狐”的几点意见 宁固 光明日报 1949年11月28日3版
“九尾狐”演出特刊（有江新容、沈彭年、景孤血、梦庚等文章） 新民报 1949年11月28日3版
《野猪林》的一个小疵 左弦 文汇报 1949年12月2日5版
“四进士”中的宋士杰分析 景孤血 新民报 1949年12月4日3版
谈《艳阳楼》 流泽 文汇报 1949年12月9日5版
评《明末遗恨》 刘志 文汇报 1949年12月12日6版
关于《大户人家》——文滨沪剧团演出 杜岩 文汇报 1949年12月16日6版
推荐名剧《九件衣》 江水 文汇报 1949年12月19日6版
为共舞台鼓掌——评“九件衣” 茅左本 大公报 1949年12月20日6版
新评戏“九尾狐”的成就 洪深 人民日报 1949年12月20日6版
萧桂英与花逢春 盛亚 戏剧新报 1950年1月合订本第5册
“明末遗恨”和“马嵬坡” 方滢 戏曲报 1950年3月18日1卷4期8页
“打渔杀家”与“水浒后传” 赵景琛 戏曲报 1950年3月18日1卷4期8页
和赵景琛先生谈“打渔杀家” 方滢 戏曲报 1950年3月25日1卷5期4页
从《关羽之死》想到旧剧改革 丘沙 文艺报 1950年4月10日2卷2期13—14页
“九尾狐”评剧在首都 正壁 人民戏剧 1950年4月第1卷1期45页
“三打祝家庄”修订后的演出 薛恩厚 人民戏剧 1950年4月第1卷1期45页
“刘巧儿告状”的演出 梦庚 人民戏剧 1950年4月第1卷1期46页
“一贯道”在天津的演出 何迟 人民戏剧 1950年4月第1卷1期51页

观众对“女儿的亲事”演出的反映　翟萍　河北文艺　1950年5月1日总7期22页
“红娘子”与“陈州粜米”　赵景琛　戏曲报　1950年5月6日1卷11期9页
从“九件衣”的演出谈戏曲改进　周玑璋　戏曲报　1950年5月6日1卷11期10页
关于改编“一捧雪”的商榷　健男　戏曲报　1950年5月27日2卷2期（总14）26页
改“玉麒麟”的意见　滕伟　戏曲报　1950年6月3日2卷3期（总15）42—59页
武松与潘金莲（提纲）　尹汉斌　戏曲报　1950年6月3日2卷3期56页
关于改编“秦香莲”的意见　吕林　戏曲报　1950年6月10日2卷4期（总16）71页
对“关羽之死”的几点意见　蒋星煜　戏曲报　1950年6月17日2卷5期89页
略论“关羽之死”　诸祖仁　戏曲报　1950年6月17日2卷5期90页
“白蛇传”改编的商榷　金绮萍　戏曲报　1950年6月17日2卷5期（总17）92页
评“皇帝与妓女”　苏蓬庐　戏曲报　1950年7月1日2卷7期133页
补论“关羽之死”　黄芝冈　戏曲报　1950年7月8日2卷8期146页
从河间府到连环套看窦尔墩的一生　慧言　戏曲报　1950年7月15日2卷9期（总21）162—179页
关于改编“连环套”的意见　方非　戏曲报　1950年7月15日2卷9期（总21）165页
整理旧剧的开端——“借红灯”　华东越剧实验剧团艺委会　戏曲报　1950年7月15日2卷9期（总21）169页
也谈“皇帝与妓女”　王子辉　戏曲报　1950年7月15日2卷9期172页
对“皇帝与妓女”的点滴观感　葛多　戏曲报　1950年7月15日2卷9期173页
新型京剧本“皇帝与妓女”读后　鹿原　戏曲报　1950年7月22日2卷10期189页
关于“皇帝与妓女”问题的再商榷　苏蓬庐　戏曲报　1950年8月5日2卷12期234页
论“一捧雪”的两种改编本　蔚新　戏曲报　1950年8月20日3卷1期251页
关于“红梅阁”的几点意见　李傅鉴　戏曲报　1950年8月20日3卷1期262页
评新豫剧“再生戏”　于右民　戏曲报　1950年8月20日3卷1期264页
从“关羽之死”谈到对刘备及三国战争的看法　巫宁甲执笔　戏曲报　1950年8月20日3卷1期264页
“武王伐纣”剧情商讨　李啸仓　戏剧新报　1950年8月合订本第12册
谈“将相和”的人物思想与表演艺术　阿甲　人民戏剧　1950年8月1卷5期16页
“皇帝与妓女”演出后　王子辉　戏曲报　1950年9月5日3卷2期304页
论“黄巾起义”和“三国战争”　黄芝冈　戏曲报　1950年9月5日3卷2期329页
关于改编“武松与潘金莲”的商榷　胡汝慧等　戏曲报　1950年9月20日3卷3期341页
七巧姻缘观摩公演总结　石凌鹤　江西文艺　1950年9月1卷4期58—64页
评“九件衣”的上演　寄云、德颙　贵州文艺　1950年9月1卷2期19页
评“闯王进京”　宗和　贵州文艺　1950年9月1卷2期21—22页
《红娘》是色情戏吗？　刘正平、贺兴敏　河北文艺　1950年10月1日总12期第28页
关于改编“连环套”的商榷　徐以礼等　戏曲报　1950年10月5日3卷4期380页
“将相和”观后　陶雄　戏曲报　1950年10月20日3卷5期431页
“鸳鸯剑”观后　谢泉铭　戏曲报　1950年10月20日3卷5期433页
谈“石榴花”　斯洪　戏曲报　1950年10月20日3卷5期433页
论“黄巾起义”和“三国战争”　黄芝冈　戏剧新报　1950年10月合订本第14册
从评剧“新事新办”谈推陈出新　乔羽　河北文艺　1950年10月总12期23—24页
评“情探”　凌圣　戏曲报　1950年11月5日3卷6期473页

评“新编玉蜻蜓” 何妨 戏曲报 1950年11月5日3卷6期474页
关于“红鬃烈马”和“白蛇传” 本报 戏曲报 1950年11月5日3卷6期479页
从《小二黑结婚》的编演谈到戏剧工作的两个问题 江风 山东文艺 1950年11月15日1卷6期3—4页
看《小二黑结婚》后的感想 冯沅君 山东文艺 1950年11月15日1卷6期4页
《节烈千秋》的基本成就 久丝 新戏曲 1950年11月20日1卷3期21—23页
记武汉市戏曲技术观摩公演 余翼 新戏曲 1950年11月20日1卷3期24—26页
《皇帝与妓女》的主题史料及其他 宋之的 新戏曲 1950年11月20日1卷3期32—35页
“新在名府”里所反映的阶级斗争和统一战线 杨绍萱 戏曲报 1950年12月5日3卷8、9期593页
京戏中的后水浒故事 方滢 大公报 1950年1月3日6版
新粤剧的道路——新粤剧“九件衣”演出的启示 华嘉 南方日报 1950年1月8日5版
学习文工团的新型京剧——“九件衣”观后感 郑耀芸 广西日报 1950年1月10日·
第一本水泊梁山——共舞台演出 刘晓 文汇报 1950年1月11日6版
江淮戏的《三上轿》 江水 文汇报 1950年1月11日6版
“刘巧告状”观后感 梦庚 新民报 1950年1月15日3版
推荐“三打祝家庄” 马少波 人民日报 1950年1月22日6版
“三打祝家庄”专刊（有马少波、张云溪、江新容、张春华、李紫贵、郑亦秋等文章） 新民报 1950年1月22日3版1页
论《一贯道》的演出 何迟 天津日报 1950年1月23日4版
“三打祝家庄”的主题思想 魏晨旭 人民日报 1950年1月24日6版
看了“三打祝家庄”后的感想与意见 梦庚 光明日报 1950年2月2日3版
写在新粤剧“红娘子”演出之前 黄宁婴 南方日报 1950年2月12日5版
推荐京剧《三打祝家庄》——中南京剧团演出 文汇报 1950年2月16日3版
新编“白兔记”的主题与故事性 阿甲 人民日报 1950年2月25日6版
兄弟剧团的竞赛戏“九件衣” 江水 大公报 1950年2月26日7版
可喜的开始——评男女合演的越剧“新王文龙” 袁斯洪 大公报 1950年2月26日7版
从尚小云的“墨黛”谈旧剧的结构布景与“效果”问题 甘驭 人民日报 1950年3月5日5版
上海共舞台的“水泊梁山” 翁偶虹 新民报 1950年3月12日3版
从李桂云演出的“万里长城”谈秦腔改革 江河 新民报 1950年3月12日3版
评“逼上梁山” 刘梦德 大公报 1950年3月19日7版
“红娘子”（粤剧集评） 马孟平执笔 南方日报 1950年3月19日5版
新型平剧“九件衣” 艾枫 新黔日报 1950年3月24日6版
再谈“新打狗劝夫”的改编 新民报 1950年3月26日3版
“秦琼”观后 雁 新民报 1950年3月26日3版
从猴戏到《云罗山》 文汇报 1950年3月29日5版
评《云罗山》 黄裳 文汇报 1950年3月29日5版
评剧“白毛女”的演出 胡学文 新黔日报 1950年4月3日4版
我看了“洪宣娇” 瑞 天津日报 1950年4月6日4版
观“洪宣娇”后感 伯南 天津日报 1950年4月6日4版

“正气图”观后　王雁　新民报　1950 年 4 月 17 日 3 版
谈水浒戏（连载）　黄裳　文汇报　1950 年 4 月 26、28 日
新京剧《文天祥》　流泽　文汇报　1950 年 5 月 20 日 5 版
“三打祝家庄”的教育意义及其演出　正方　江西日报　1950 年 5 月 21 日 4 版
改编“连营寨”的意见　范钧宏　新民报　1950 年 5 月 22 日 3 版
关于写剧评的一点意见　艾光友　新民报　1950 年 5 月 22 日 3 版
略谈京剧“文天祥”　刘梦德　大公报　1950 年 5 月 25 日 5 版
评粤曲小调剧“生死关头靠退租”　剧影批评座谈会　南方日报　1950 年 5 月 28 日 5 版
“将相和”观后感　路崎　新民报　1950 年 5 月 29 日 3 版
由改编“夜审潘洪”联想到封建时代的装神弄鬼　慕家　新民报　1950 年 6 月 5 日 3 版
参观响排“新大名府”小记　范钧宏　新民报　1950 年 6 月 5 日 3 版
谈水浒戏·坐楼　黄裳　文汇报　1950 年 6 月 8、12 日
关于“三岔口”　范钧宏　新民报　1950 年 6 月 19 日 3 版
关于“新大名府”（来信摘登）　新民报　1950 年 6 月 19 日 3 版
谈水浒戏“从女吊谈到活捉”　黄裳　文汇报　1950 年 6 月 19、20 日
如何看历史剧——《清宫外史》观后　东川　东北日报　1950 年 6 月 20 日 4 版
谈水浒戏·打渔杀家　黄裳　文汇报　1950 年 6 月 24、25 日，7 月 2 日 4 版
改编“童女斩蛇”的意见　李再雯　新民报　1950 年 6 月 26 日 3 版
“小二黑结婚”观后感（评剧）　梦庚　光明日报　1950 年 7 月 10 日 3 版
珠帘寨的批判　半解　新民报　1950 年 7 月 10 日 3 版
新剧“云罗山”　翁偶虹　新民报　1950 年 7 月 17 日 3 版
“节烈千秋”这样教育了观众　陶雄　大公报　1950 年 7 月 17 日 6 版
从《节烈千秋》的编写谈起　陆万美　文汇报　1950 年 7 月 18 日 6 版
谈京戏《节烈千秋》　柳枫　文汇报　1950 年 7 月 18 日 6 版
人民的白骨堆，砌起了反动阶级的贞节牌坊（评《节烈千秋》）　左弦　文汇报　1950 年 7 月 18 日 6 版
从“借红灯”公演想到的　沙金　大公报　1950 年 7 月 19 日 5 版
新越剧《借红灯》　吕林　文汇报　1950 年 7 月 22 日 6 版
“云罗山”的成就　魏晨旭　新民报　1950 年 7 月 24 日 3 版
推荐新型现实剧（蹦蹦戏）“一贯道”　郑重　新黔日报　1950 年 7 月 30 日 3 版
谈京剧《除三害》　以礼　文汇报　1950 年 8 月 6 日
看川剧“血泪仇”　洪茵　新黔日报　1950 年 8 月 7 日 3 版
从上演“双枪将”谈起　雨辰　新民报　1950 年 8 月 14 日 3 版
谈“云罗山”的编导技巧　范钧宏　新民报　1950 年 8 月 14 日 3 版
上演“双枪将”的检讨　民艺剧团　新民报　1950 年 8 月 21 日 3 版
我对改编“浣花溪”的意见　慕家　新民报　1950 年 8 月 28 日 3 版
从“正气图”看评戏的前途　闻国新　新民报　1950 年 8 月 28 日 3 版
看了《祝福》的演出　陈肖成　文汇报　1950 年 8 月 29 日 4 版
新型京剧“红娘子”　洪茵　新黔日报　1950 年 9 月 1 日 3 版
从“祝福”音乐来总结越剧音乐　刘如曾　新民报　1950 年 9 月 4 日 3 版
我看了“祝福”　文华　新民报　1950 年 9 月 4 日 3 版
越剧“祝福”观后　王雁　新民报　1950 年 9 月 4 日 3 版

祝粤剧“白毛女”上演　林榆　南方日报　1950年9月6日4版
我为粤剧“白毛女”欢呼　黄宁婴　南方日报　1950年9月9日4版
越剧“祝福”观后感　梦庚　光明日报　1950年9月11日3版
青蛇与白蛇　左弦　文汇报　1950年9月16日
访玉兰剧团谈“鸳鸯剑”　左步青　大公报　1950年9月17日5版
有关“牛郎与织女”　霄风　黑龙江日报　1950年9月17日5版
论“梁祝哀史”的主题　龚纯　新民报　1950年9月18日3版、9月25日7版
写堕民生活的《鸳鸯剑》（越剧）　杨樱　文汇报　1950年9月23日4版
《将相和》开拓了新的史剧的道路　左弦　文汇报　1950年10月7日4版
从京剧艺术看《将相和》　刘梦德　文汇报　1950年10月7日4版
谈《将相和》的演出成绩　元仿　文汇报　1950年10月7日4版
《将相和》还能改得更好　孙杰人　文汇报　1950年10月14日6版
论越剧“情探”本事　张篷丹　大公报　1950年10月14日5版
越剧工作者谈“石榴红”　吕仲等　大公报　1950年10月14日5版
“新白蛇传”算不算迷信戏　胡浩　新民报　1950年10月16日5版
“武大郎之死”剧中几个人物的分析　黄李　新民报　1950年10月16日5版
评“将相和”　心敏　大公报　1950年10月21日6版
对“将相和”的意见　方滢　大公报　1950年10月21日6版
改坏了一出戏——幽兰社“雷雨”观后感　郑重　新民报　1950年10月23日5版
关于《将相和》座谈专刊（1950年10月14日在上海冠生园）　陈伯生、刘厚生、陶雄、赵景琛等　文汇报（附刊）　1950年10月23日3版
编戏改戏与批评　王雁　新民报　1950年10月23日5版
五丑图（剧目介绍）　方滢　大公报　1950年10月28日6版
对红梅阁的几点意见　李苏、齐冀氏　新民报　1950年10月30日5版
介绍新型京剧——《黄巢》　张核　云南日报　1950年10月30日3版
新型京剧“黄巢”　叶龙　新黔日报　1950年11月5日3版
看“红娘”后的感想　人杰　大公报　1950年11月11日6版
沪剧“杨乃武与小白菜”　郑笛等　大公报　1950年11月18日5版
“将相和”演出的影响　小东　新民报　1950年11月27日5版
“节烈千秋”的基本成就　玖丝　新民报　1950年11月27日5版
演出《信陵公子》的现实意义　左弦　文汇报（附刊）　1950年12月23日2版
记越剧“信陵公子”的演出　杨晔　戏曲报　1951年1月5日3卷10期619页
“信陵公子”演出工作者的话　徐玉兰等　戏曲报　1951年1月5日3卷10期620页
评越剧“信陵公子”　萧云　戏曲报　1951年1月5日3卷10期623页
论《将相和》　马彦祥　文艺报　1951年1月25日3卷7期3—4页
谈《将相和》　老舍　文艺报　1951年1月25日3卷7期5—6页
关于《窃符救赵》的三种旧本　阿美　新戏曲　1951年2月20日1卷6期7—8页
论“王魁”戏文的演变与新编的“情探”　黄芝冈　人民戏剧　1951年2月第2卷5期27页
观剧杂感　钟琴　戏曲报　1951年3月5日4卷2期76页
谈《四进士》　艾青　人民文学　1951年3月总17期40—45页
记京剧“信陵君”的演出　董杰　戏曲报　1951年4月5日4卷4期135页

对窃符救赵故事的认识——京剧“信陵君”观后 苏堃 戏曲报 1951年4月5日4卷4期136页
看了“信陵君”后的几点意见 周煦良 戏曲报 1951年4月5日4卷4期137页
论杨四郎的转变 蔚新 戏曲报 1951年4月5日4卷4期143页
《关羽之死》我见 党佩中 西北文艺 1951年4月2卷1期43页
秦剧《李渊革命》感想 溪郁 西北文艺 1951年4月2卷1期44页
梁祝哀史 赵景琛等 大众戏曲 1951年4月第1卷2期6—10页
读了“根据以前的经验教训重编‘四郎探母’”后 谷蔚 戏曲报 1951年5月5日4卷6期211页
对尚小云剧团演出的“钟馗”的意见（信箱） 戏曲报 1951年5月20日4卷7期283页
谈“四进士” 艾青 戏曲报 1951年5月20日4卷7期254页
择“老郎” 马彦祥 新戏曲 1951年5月2卷1期3—6页
谈晋剧《三滴血》 民兵 新戏曲 1951年5月2卷1期30—31页
“恶虎村”与“茂州庙” 尤大军 大众戏曲 1951年5月第1卷3期18页
关于“四郎探母”答谷蔚先生 景孤血 戏曲报 1951年6月5日4卷8期300页
推荐越剧“千夫所指” 袁斯洪 戏曲报 1951年6月5日4卷8期314页
关于“唇亡齿寒”（信箱） 戏曲报 1951年6月20日4卷9期365页
关于晋剧《三滴血》 徐铁 新戏曲 1951年6月2卷2期24—25页
重视《血债血还》的创作和演出 宋嘉 长江文艺 1951年7月1日4卷6期56页
介绍新京剧《滚出中国去》 武克仁 长江文艺 1951年7月1日4卷6期48页
周信芳的“四进士” 陶雄 戏曲报 1951年7月5日4卷10期379页
对越剧剧本“一封慰劳信”的一点意见 茅庐 戏曲报 1951年7月20日4卷11期445页
谈谈“十五贯”中的人物对话 陶晓卒 草地 1956年7月创刊号60—61页
介绍《柴山恨》（花鼓戏） 田东 湖南文艺 1951年7月总2期29—30页
《血训图》观后感 刘斌 西北文艺 1951年8月2卷5期24页
略谈《血训图》 王丕祥 西北文艺 1951年8月2卷5期26页
对《同心为国》的看法 王任 西北文艺 1951年8月2卷5期28页
评剧《红楼二尤》 夏淳 新戏曲 1951年8月2卷4期4—5页
评介《小女婿》剧本 魏镇清 新戏曲 1951年8月2卷4期5—6页
反对戏曲创作中违反历史的不正确的观点——中南文艺界对“新渔家仇”的批评 朱芃 人民戏剧 1951年8月10日3卷4期43页
我读了“天罗地网”（批评） 王林东 翻身文艺 1951年9月1日6卷6期45—46页
谈“牛郎织女” 艾青 人民戏剧 1951年9月10日3卷5期14页 新戏曲 1951年10月1日2卷5期12—14页
关于《牛郎织女》 马少波 新戏曲 1951年10月1日2卷5期15—16页
新兴剧团上演《天河配》原则性的错误 晓报 新戏曲 1951年10月1日2卷5期17—18页
对于评剧《牛郎织女》演出的几点意见 张即德 新戏曲 1951年10月1日2卷5期19—21页
评剧《牛郎织女》的编写 吴祖光 新戏曲 1951年10月1日2卷5期22—23页
谈“包公”这一形象的思想内容 张真 新戏曲 1951年10月1日2卷5期25—26页

关于“包公”的一点商榷　张政模　新戏曲　1951年10月1日2卷5期28—29页
什么是《牛郎织女》正确的主题　陈涌　文艺报　1951年10月1日4卷11、12合期总48期48—50页
关于粤剧《刘永福》的讨论（广州通讯）　伍梦德　文艺报　1951年10月25日5卷1期总49期32—34页
我为什么不演“连环套”　李少春　大众戏曲　1951年10月第1卷8期18页
我对“江汉渔歌”的几点意见　李厚光　人民戏剧　1951年10月10日3卷6期45页
谈“新白兔记”　罗合如　人民戏剧　1951年11月10日3卷7期40页
关于“梁山伯与祝英台”的布景及服装设计　幸熙　人民戏剧　1951年11月10日第3卷7期50页
评“新大名府”的反历史主义观点　阿甲　人民戏剧　1951年11月10日3卷7期37页
一个值得严重注意的数字（述上海演出滑稽戏《活菩萨》的情况）　姚文元　文艺报　1951年11月5卷2期32页
评《焚书坑儒》（晋剧）　青原　新戏曲　1951年11月20日2卷6期32—33页
越剧“梁山伯与祝英台”中的音乐问题　陈捷　人民音乐　1951年12月5日总15期26—27页
“讲平等”是一个不好的剧本　季克　翻身文艺　1951年12月1日7卷6期38—40页
座谈“十三本水泊梁山”　方滢　整理　大公报　1951年1月6日5版
“红鬃烈马”的毒素太大　张笑侠　新民报　1951年1月7日8版
“小二黑结婚”（剧评）　赵文朴　新民报　1951年1月15日5版
看越剧“信陵公子”　金梦　浙江日报　1951年2月9日4版
推荐“江汉渔歌”　何慢　文汇报　1951年2月10日附刊2版
推荐“江汉渔歌”　陶雄　大公报　1951年2月10日6版
评越剧“碧玉宝马”　郑笛　大公报　1951年2月17日5版
推荐沪剧“好儿女”　禾田　大公报　1951年2月17日5版
“荡寇志”剧情商榷　林放　大公报　1951年2月24日6版
评越剧“红花处处开”　慕容子　大公报　1951年2月24日6版
论“锁麟囊”的思想性　夷须　新民报　1951年2月26日8版
“夜奔梁山”观后　言武　新民报　1951年2月26日8版
新京剧的新成就——“三打祝家庄”观后　心敏　大公报　1951年3月3日5版
谈“三打祝家庄”主题思想及演出特点　冯雨　大公报　1951年3月3日5版
评越剧“彩虹万里”　郑笛等　大公报　1951年3月10日5版
“玉堂春”可以改！　杰人　大公报　1951年3月10日5版
对于“珠帘寨”的临时修改意见　樊成　新民报　1951年3月12日5版
评“婉香与紫燕”　杨雨明　光明日报　1951年3月16日3版
京剧“信陵君”观后　音波　大公报　1951年3月17日5版
“信陵君”观后　钟琴　大公报　1951年3月17日5版
中央京剧研究院在沪演出的成就　何慢　解放日报　1951年3月18日7版
评《何喜姐》——原名“新双婚配”（京剧）　郭亚林　新疆日报　1951年3月18日4版
谈评戏“小女婿”　雨辰　新民报　1951年3月19日5版
“玉堂春”怎样改的商榷　杰人　大公报　1951年3月24日5版
再谈京剧“信陵君”中的几个问题——答伊兵先生“略谈历史剧中的几个问题”一文　丘

沙 文汇报 1951年4月7日附刊2版
两出"梁祝"观后 石林 大公报 1951年4月7日5版
介绍爱国主义的新京剧"江汉渔歌" 王尚昆 江西日报 1951年4月7日3版
对修改"玉堂春"的意见 式仪 大公报 1951年4月14日5版
座谈"初集太平天国" 徐洁 整理 大公报 1951年4月14日5版
"艺海深仇"(评剧)演出特刊(有新凤霞、王雁、薛恩厚、郭西林、杨星星、江棣等文章) 新民报 1951年5月7日5版
试评"艺海深仇"(评剧) 雨辰 光明日报 1951年5月11日3版
评二集"太平天国" 何慢 文汇报 1951年5月12日附刊2版
反人民的戏"钟馗" 式仪 大公报 1951年5月19日5版
反对上演"钟馗" 江上行 文汇报 1951年5月19日附刊2版
关于"水漫金山" 杜维保 光明日报 1951年5月19日6版
试评"金钵记" 陶君起 光明日报 1951年5月19日6版
从舞台形象上谈"虎符援赵"的几点小问题 樊成 新民报 1951年5月28日5版
戏曲界要大量的大胆的创作新戏曲——"艺海深仇"观后感 庚 新民报 1951年6月4日5版
《小女婿》评介 白石 东北日报 1951年6月5日3版
由《小女婿》谈评剧改革问题 李纶 东北日报 1951年6月6日3版
谈"艺海深仇"中的支节问题 竹也 新民报 1951年6月11日5版
历史真实与历史人物——谈"虎符援赵" 漆未干 新民报 1951年6月11日5版
关于地方戏《蓝桥会》(综合济南文艺工作者座谈) 天野、省文联戏研室 大众日报 1951年6月21日3版
对"皇帝与妓女"的意见 人杰 大公报 1951年6月30日6版
斥"枪毙小老妈"——雪萍评剧团首在南京路国际大戏院演出 云天 大公报 1951年7月14日7版
正气在哪里?——谈"控诉张匪春帆"(越剧) 金鱼 大公报 1951年7月14日7版
有关"皇帝与妓女"的三个问题 钟琴 大公报 1951年7月28日8版
"杏花村"赞 赵景深 大公报 1951年8月18日5版
评首都实验京剧团的"新新天河配" 李家骏 新民报 1951年8月20日5版
评剧"天河配"观后 赖应棠 新民报 1951年8月20日5版
谈"牛郎织女天河配" 菊农 新民报 1951年8月20日5版
谈新兴剧团演出的"新天河配" 漪苹 新民报 1951年8月20日5版
看"牛郎织女" 马司 新民报 1951年8月20日5版
关于晋剧"贞节坊"主题思想的错误 力群 陕西日报 1951年8月21日3版
看新兴剧团"新天河配"后 万魁 新民报 1951年8月27日5版
首都实验京剧团与"新大名府" 杨绍萱 新民报 1951年8月27日5版
对"天河配"的意见 欧阳 新民报 1951年8月27日5版
谈"牛郎织女" 艾青 人民日报 1951年8月31日3版
评"小孤孀" 丁浅 大公报 1951年9月1日5版
改编民间旧作应注意的问题——对两种《蓝桥会》改编本的意见 谢力鸣 东北日报 1951年9月5日3版
评"节烈千秋" 克 文汇报 1951年9月8日副页4版

谈“牛郎织女” 艾青 新民报 1951年9月8日5版
如此“老牌天河配” 曾祺 大公报 1951年9月8日5版
越剧“父子争先”的成就 金重文 大公报 1951年9月8日5版
“酒丐”是出坏戏 梦 新民报 1951年9月10日5版
不应再演“八蜡庙” 耀辉 新民报 1951年9月17日5版
“陈平占卜”（剧评） 欧阳 新民报 1951年9月17日5版
评抚矿京剧团演出的《月饼》 寒梅 东北日报 1951年9月18日3版
谈“夜奔梁山”中的王伦 龚书铎 新民报 1951年9月24日5版
对“荷珠配”的意见 丁危鲁 新民报 1951年9月24日5版
欢迎“好媳妇”的演出 汪培 文汇报 1951年9月24日副页4版
从“杏花村”想起的一个问题 程芷 文汇报 1951年9月24日副页4版
谈“珠帘寨” 光天 新民报 1951年9月24日5版
嫦娥应该是可爱的——沪剧“嫦娥奔月”观后 姜帆 大公报 1951年9月29日7版
对“李三娘”的意见 王筱天 新民报 1951年10月8日5版
从“打渔杀家”的江、河、海谈起 文厂 新民报 1951年10月8日5版
“艺海深仇”观后 咸章 新民报 1951年10月15日5版
“新美人记”观后 印德 新民报 1951年10月15日5版
关于“小女婿”问题的商榷 王雁 新民报 1951年10月15日5版
评沪剧“打开了枷锁” 集体 大公报 1951年10月20日5版
加强对中小场子戏曲演出的评介 汪培 文汇报 1951年10月29日副页4版
评“伏虎儿女” 高畴 文汇报 1951年10月29日副页4版
评沪剧“打开了枷锁” 林青 文汇报 1951年10月29日4版
谈“九尾狐”的舞台形象 田野 新民报 1951年10月29日5版
严肃对待整理神话剧的工作——从“天河配”的改编谈起 马少波 人民日报 1951年11月4日3版
三出新评剧（“小女婿”、“艺海深仇”、“小二黑结婚”观后） 耀 新民报 1951年11月5日8版
评“新大名府”的反历史主义观点 阿甲 人民日报 1951年11月9日3版
看了京剧“宝莲灯”的初步意见 张蓬舟 大公报 1951年11月10日8版
越剧“宝莲灯”观后 往流集 新民报 1951年11月12日7版
“新白兔记”违反了历史的真实 黄翼、林烽（来信） 人民日报 1951年11月17日2版
“小女婿”教育了小女婿 王雁 新民报 1951年11月19日7版
我看了“江汉渔歌” 邹初升 福建日报 1951年11月20日4版
“刘巧儿”观后感 耀 新民报 1951年11月26日7版
一部歪曲抗金历史的戏曲——评“鸳梦重温” 高畴 文汇报 1951年12月3日副页4版
再评京剧“宝莲灯” 张蓬舟 大公报 1951年12月8日6版
对“将相和”词句的意见 自厂 新民报 1951年12月10日7版
“刘巧儿”有它一定的积极意义 庚 新民报 1951年12月10日7版
评“水泊七雄” 欧阳 新民报 1951年12月10日7版
看了“小巧儿” 杜维沫 新民报 1951年12月10日7版
“打渔杀家”中的两个问题 樊成、蹇立人 新民报 1951年12月17日7版
看改本“樊江关” 杨芳 新民报 1951年12月17日7版

评“刘巧儿” 于中义 新民报 1951年12月24日7版
谈“红鬃烈马” 高元 新民报 1951年12月24日7版
给越剧铺了向现代戏发展的道路——评越剧“白毛女” 戏评联集体笔谈 文汇报 1951年12月24日副页4版
关于《柴山恨》的讨论，关于《柴山恨》创作、出版的检讨 天子、黄非丹 湖南文艺 1952年1月总7期31—36页
不应为“凑戏”而歪曲现实——对评剧《上当学乖》的意见 志明 戏曲新报 1952年2月25日137期7页
关于《梁山伯与祝英台》 林霜、俞维荣 人民文学 1952年2月总28期78页
晋剧《贞节坊》主题思想的错误 力群 文艺报 1952年2月10日总56期35—36页
对“祥梅寺”剧本的意见 陈幼韩 西北文艺 1952年2月1日总17期34—35页
评《两条路》 志明 戏曲新报 1952年4月10日140期12页
对评剧《此路不通》的一点意见 志明 戏曲新报 1952年4月25日141期11—12页
评剧《是谁在进攻》的改编与演出 黄晶 戏曲新报 1952年4月25日141期12页
评《廉吏风》在贵阳市的演出 李皓 西南文艺 1952年4月6期24页
东北评剧院是怎样赢得优良剧目占优势的 廖显明 戏曲新报 1952年5月25日143期13页
评连台本戏《吕四娘刺雍正》头本 志明 戏曲新报 1952年5月25日143期14页
评粤剧本“小二黑结婚” 胡明树 广西文艺 1952年5月总12期39页
古曲舞剧《雁荡山》编导经过概略 渭池 戏曲新报 1952年6月25日144、145合期20页
《梁山伯祝英台》观后 志明 戏曲新报 1952年6月25日144、145合期19页
关于《变工好》意见的商榷 张尔宁 陕西文艺 1952年7月第1卷5期40—43页
对“变工好”的意见 刘粤基等 陕西文艺 1952年8月第1卷6期66—68页
评《变工好》 沛翔 西北文艺 1952年10月总25期24—25页
农民对《变工好》一剧的意见 王侠整理 西北文艺 1952年10月总25期26页
评越剧《白蛇传》 杨刚 文艺报 1952年12月10日总76期8—10页
关于《白蛇传》故事的改编 张庚 文艺报 1952年12月10日总76期11—12页
神话与迷信的问题 本刊 剧本 1952年12月总10期93页
优美的喜剧——川剧《评雪辨踪》观后 王朝闻 人民文学 1952年12月总38期92—94页
《秋江》试评 席明真 西南文艺 1952年12月号19—20页
必须加强思想领导——从“相思树”演出谈起 赵子丹 大公报 1952年1月5日6版
修改后的“甘露寺” 曹明 新民报 1952年1月21日7版
“千年冰河开了冻”在今天已失去了教育意义 高明 新民报 1952年1月21日7版
泰安文艺界联合演出的《送亲演礼》是一个宣扬封建礼教侮辱劳动人民的剧本 王耀明 大众日报 1952年1月31日3版
“柳树井”与“罗汉钱”观后 雨辰 新民报 1952年2月4日7版
评“红巾起义” 庚 新民报 1952年2月4日7版
人民热烈欢迎现代剧——华北扬剧团演出“小女婿”成功 陈午楼 大公报 1952年2月9日6版
两出新评戏——“罗汉钱”与“柳树井” 耀 新民报 1952年2月18日7版

看改本“甘露寺” 颂彰 新民报 1952年2月18日7版
“廉吏风”的演出 龙文玮、李盛藻、李万春、苏维明 新民报 1952年2月18日7版
对“罗汉钱”优点的认识 庚 新民报 1952年2月25日7版
评剧“圈套”观后 青山、文光 吉林日报 1952年2月29日3版
缺乏阶级观点的“闯王进京” 姚芳藻 文汇报 1952年3月10日副页4版
对修改“甘露寺”的意见 文厂 新民报 1952年3月10日7版
谈“四进士”的优缺点 耀 新民报 1952年3月17日7版
“云罗山”观后 奚瀛 新民报 1952年3月17日7版
缺乏党的领导与政策观念的越剧“千军万马” 高汶 文汇报 1952年3月17日副页4版
谈“欢天喜地” 张印 新民报 1952年3月31日7版
谈“二兰记”的优缺点 齐冀民 新民报 1952年3月31日7版
评滑稽戏在“五反”宣传中的演出 金鱼 大公报 1952年4月5日3版
“二兰记”上演以后 鸿巧兰等 新民报 1952年4月7日7版
评“称心如意” 伍玖 新民报 1952年4月7日7版
评“生路一条” 关士杰 新民报 1952年4月7日7版
“欢天喜地”要重新评价 喻冬 新民报 1952年4月14日7版
一个有严重错误的剧本——评“欢天喜地” 贾鲁 新民报 1952年4月14日7版
谈“杨家将” 于起 新民报 1952年4月14日7版
谈“四进士”里的“毛明” 自厂 新民报 1952年4月14日7版
评“二兰记” 青林 新民报 1952年4月21日7版
对“二兰记”的意见 千里 新民报 1952年4月21日7版
评“小女婿” 伍松 新民报 1952年4月28日7版
评“青陵台”——兼谈评剧发展的方向 杨织如 新民报 1952年5月12日7版
从“黑旋风李逵”谈到民族遗产的改编问题 樊彬 文汇报 1952年5月13日8版
“黑旋风李逵”是一出好戏 赵子丹 大公报 1952年5月17日3版
谈“黑旋风李逵”的改编 林果 大公报 1952年5月17日3版
评沪剧改编的“大雷雨” 萧雄 文汇报 1952年5月17、18日8版
“血溅桃花扇”观后 无名 新民报 1952年5月19日7版
“苏秦”是一出坏戏 洛风 新民报 1952年5月19日7版
值得推广的经验——谈“斩黄袍”的修改 樊成 新民报 1952年5月19日7版
重视“黑旋风李逵”的改编经验 于燕 大公报 1952年5月24日3版
京剧创作中的新的重大收获——推荐“黑旋风李逵” 何慢 文汇报 1952年5月27日8版
正确的观点决定了“黑旋风李逵”的成功 左弦 文汇报 1952年5月27日8版
“白蛇传”试论 沈仁杰 解放日报 1952年5月31日3版
评“新闹天空” 京平 新民报 1952年6月2日7版
正确对待民族戏剧艺术遗产——评“新闹天空” 闻天 新民报 1952年6月2日7版
“二兰记”有严重错误 沙群 新民报 1952年6月9日8版
评“小女婿” 刘生远 新民报 1952年6月9日8版
谈张珙和莺莺的舞台造型 章仑 大公报 1952年6月14日3版
评豫剧“二度梅”与“黄梨影” 冯谦 新民报 1952年6月16日7版
谈地方戏“何巧娘” 黄栉风 光明日报 1952年6月17日3版

一本歪曲生活、歪曲劳动人民的剧本——评花鼓戏《光荣军属》 李冰封 湖南日报 1952年6月19日3版
评“虎哺儿” 宜 新民报 1952年6月23日7版
“福寿镜”这出戏有毒素 雨 新民报 1952年6月23日7版
论白蛇与许仙的恋爱 吴晓报 大公报 1952年6月28日3版
介绍改本“三岔口” 红明 新民报 1952年6月30日7版
我看了“白蛇传”以后 李岳南 新民报 1952年6月30日7版
试论把“恩凡”和“报恩”结合起来 史夷 大公报 1952年7月12日3版
怎样分析研究剧本和曲本 黄河 新民报 1952年7月14、21日7版
“恩凡”应该是白、许恋爱的基础 集体 大公报 1952年7月26日3版
试谈“西厢记”的清理 张江东 大公报 1952年7月26日3版
谈曲艺剧——曲艺剧“柳树井”观后感 李岳南 新民报 1952年7月26日6版
谈新曲剧“柳树井”的音乐 林克 新民报 1952年7月28日7版
记“红娘”座谈会 贾明 新民报 1952年7月28日7版
新曲剧“柳树井”上演的意义 庄华 新民报 1952年7月28日7版
修改“红娘”的经过 袁韵宜 新民报 1952年7月28日7版
从修改后的“红娘”谈旧戏里的“俏头” 王力 新民报 1952年7月28日7版
介绍《梁山伯与祝英台》京剧 高今明 云南日报 1952年8月3日3版
曲剧“柳树井”座谈会记录 北京市文联、文化处 新民报 1952年8月4日7版
严肃地对待民族的戏曲遗产——评“新闹天空” 马彦祥 新民报 1952年8月11日7版
从“柳树井”的写作技巧谈剧本创作问题 王力 新民报 1952年8月11日7版
论“西厢记”的主题与结尾 吴晓报 大公报 1952年8月16日3版
谈京剧改本“临江驿” 陈新 新民报 1952年8月25日7版
试谈荀慧生先生演出的新“红娘” 虚谷 新民报 1952年8月25日7版
合肥实验剧团均用倒七戏出《梁山伯与祝英台》 鲁彦周等 安徽日报 1952年8月25日3版
应该严肃地对待剧本改编与演出工作——评京剧“梁山伯与祝英台” 舒天一 新民报 1952年8月25日7版
谈“牛郎织女”的主题思想及其他 李岳南 新民报 1952年9月1日7版
介绍越剧“梁山伯与祝英台” 尔泗 新民报 1952年9月4日6版
赞成用“惊梦”结束——关于“西厢记”的讨论 姜丕烈 大公报 1952年9月6日3版
京剧“梁山伯与祝英台”的编演 刘梦德 大公报 1952年9月6日3版
评剧“结婚”观后 菲亚 新民报 1952年9月8日7版
评剧“结婚”的几个问题 黄亚雷 新民报 1952年9月8日7版
评“金钵记” 戴不凡 人民日报 1952年9月12日3版
京剧“红娘”修改得有成绩（文化简讯） 人民日报 1952年9月14日3版
介绍“柳树井” 老舍 新民报 1952年9月15日7版
试谈周信芳的“打渔杀家” 沈仁杰 大公报 1952年9月20日3版
综论“西厢记”结尾（上）（待续） 墨易 大公报 1952年9月27日3版
综论“白蛇传”的报恩问题及其他 孟般 大公报 1952年10月28日3版
百花齐放的戏曲会演 李清 工人日报 1952年10月29日4版
谈京剧“红旗魂” 程芷 大公报 1952年11月1日

评川剧“秋江” 马少波 人民日报 1952年11月3日3版
评越剧“西厢记”的改编工作 戴不凡 人民日报 1952年11月13日3版
介绍湖南花鼓戏“刘海砍樵” 邓式钟 北京日报 1952年11月16日3版
谈“女教师”的演出和评剧的发展 凤子 光明日报 1952年11月17日3版
谈楚剧“葛麻”的修改 邓式钟 北京日报 1952年11月17日3版
关于越剧“西厢记”的演出 军委总政文工团 文汇报 1952年11月22日8版
军委总政治部文艺工作团越剧“西厢记”的演出前言 军委总政治部文工团 大公报 1952年11月22日6版
介绍沪剧“罗汉钱” 萧雄 北京日报 1952年11月22日3版
评川剧“秋江” 马少波 四川日报 1952年11月23日3版
推荐《小女婿》和《雁荡山》 吴天保 湖北日报 1952年11月26日3版
京剧“雁荡山”，一个推陈出新的范例 红丁 大公报 1952年11月29日6版
谈粤剧“劳动新夫妻” 符公望 南方日报 1952年11月30日3版
不应粗暴地处理民族遗产——对川剧“柳毅兴龙女”的意见 洪钟 四川日报 1952年12月3日3版
对川剧“柳毅兴龙女”的意见 羊路由 四川日报 1952年12月5日3版
谈黄梅戏《蓝桥会》的演出、我看黄梅戏演出的《柳树井》 彭拜、张紫（两篇） 安徽日报 1952年12月5日3版
评沪剧“罗汉钱”的演出 卫明 大公报 1952年12月6日3版
辛勤的劳动和美丽的爱情——介绍湖南花鼓戏“刘海砍樵” 左弦 文汇报 1952年12月12日8版
关于粤剧“三春审父” 曾彦修 南方日报 1952年12月12日3版
漫谈川剧“秋江” 胡德骏 北京日报 1952年12月12日3版
川剧“柳荫记”观后 齐芳 北京日报 1952年12月13日3版
观剧随想（花鼓戏等） 卫明 大公报 1952年12月13日3版
“三春审父”的评选说明了什么？ 林榆 南方日报 1952年12月13日3版
介绍评剧“小女婿” 萧雄 文汇报 1952年12月14日8版
黄巢起义究竟是为什么？——看河北实验复演出《黄巢》以后 林岩 河北日报 1952年12月14日3版
“柳毅兴龙女”中的错误是怎样造成的 吴伯祺、范光翔 四川日报 1952年12月14日3版
谈《梁山伯与祝英台》一剧的演出 郭崇毅 安徽日报 1952年12月16日3版
关于川剧“柳荫记” 阿英 光明日报 1952年12月17日3版
谈沪剧“罗汉钱” 乔羽 光明日报 1952年12月19日3版
谈“刘海砍樵”和“葛麻” 文冰 光明日报 1952年12月20日3版
从“游龟山”谈到“蝴蝶杯”改编本的几个问题 张真 光明日报 1952年12月21日3版
论川剧“柳荫记”的现实主义精神 马少波 光明日报 1952年12月23日3版
谈川剧《柳荫记》 戴音 东北日报 1952年12月25日3版
一个优秀的地方剧——《葛麻》 梅艺 湖北日报 1952年12月28日3版
青春的颂歌 洛汀 胥树人 东北日报 1952年12月28日3版
关于晋剧“蝴蝶杯”修改问题的意见 邓初民 光明日报 1952年12月31日3版

谈越剧《梁山伯与祝英台》川剧《柳荫记》 艾青 人民文学 1953年2月总40期94—104页
谈黄梅戏"打猪草"及其他 刘果生 文艺月报 1953年3月总3期58—59页
滇剧"闯宫"中的人物描写 光年 剧本 1953年4月4期87页
关于"蓝桥会"的问题、关于发行问题 剧本 1953年4月4期90页
谈《两对新夫妻》 吕枫 山东文艺 1953年4月10日复刊2期46—47页
谈"黑旋风李逵"的改编工作 张真 剧本 1953年5月5期94页
评锡剧《翻身姊妹》(据话剧《赵小兰》改编) 丁正华 江苏文艺 1953年6月15日总6期43—45页
我谈《荷花姑娘的婚事》 宁宇 浙江文艺 1953年6月15日总21期5—7页
试论《白蛇传》故事 戴不凡 文艺报 1953年6月15日总88期18—23页
《雁荡山》音乐的商榷 刘颖华 文艺报 1953年8月30日总93期12—14页
对龙南地方剧院演《白蛇传》的意见 龙南县委廖云飞 江西文艺 1953年8月总38期41页
试论川剧《柳荫记》的主题、人物及其他 席明真 西南文艺 1953年9月总21期42—45页
谈京剧"打渔杀家" 李啸仓 剧本 1953年10月10期9页
试谈裘盛戎表演的《姚期》 邱扬 文艺报 1953年10月30日总97期31—32页
关于二人转"张四姐临凡" 张碧 吉林文艺 1953年11月30日二本合期25页
评武汉市《白蛇传》的改编和演出 何凌云 长江文艺 1953年11月总51期59—64页
向各地剧团推荐几个剧本 编辑部 河南文艺 1953年11月1日总88期40—41页
关于"黑旋风李逵"的几个问题 戴不凡 剧本 1953年11月11期88页
关于《双生赶船》的几点说明 纪根垠、元膺 山东文艺 1953年12月10日复刊10期28—29页
关于汉剧《宇宙锋》 方隼 文艺月报 1953年12月总12期41—45页
评《小女婿》 白槐 宁夏日报 1953年1月5日3版
川剧"柳荫记"观后 赵青 天津日报 1953年1月5日4版
关于粤剧"三春审父" 曾彦修 光明日报 1953年1月7日3版
这么朴实明朗乐观——记川剧"秋江"中艄翁周企何 章默 天津日报 1953年1月8日4版
谈"柳荫记"的改编 刘成基 天津日报 1953年1月8日4版
评川剧"五台会兄" 施幼贻 四川日报 1953年1月11日3版
介绍桂剧"拾玉镯" 陈木 广西日报 1953年1月15日3版
谈谈川剧"柳荫记"的音乐和演出 邱漾、周静 四川日报 1953年1月21日3版
川剧观摩演出观后 车轴 四川日报 1953年1月26日3版
推荐"李新玉"和"木头夫婿" 于燕郊 南方日报 1953年1月30日3版
古典舞剧"雁荡山"的舞蹈和武打 王扶林 大公报 1953年1月31日3版
评剧"小女婿" 一吾 大公报 1953年1月31日3版
关于"小女婿"在音乐方面的改革 光华 天津日报 1953年2月3日4版
评省歌演出的梆剧《罗汉钱》 曹扬辉 河南日报 1953年2月7日3版
开封工人戏院演出了《小女婿》 严恒 河南日报 1953年2月26日3版
谈京剧"将相和" 张啸虎 光明日报 1953年2月28日3版

谈《梁山伯与祝英台》 武戈桥 甘肃日报 1953年3月3日3版
谈粤剧“罗汉钱”的演出 于燕郊 南方日报 1953年3月4日3版
我们为什么欢迎“刘海砍樵” 舒芜 广西日报 1953年3月6日3版
谈谈汉剧“宇宙锋” 胡明树 广西日报 1953年3月6日3版
关于新中华秦剧工作团演出的“梁山伯与祝英台” 蔚明 北京日报 1953年3月31日3版
评《屈原》秦腔本及银川剧社的演出 金牛 宁夏日报 1953年4月25日3版
谈《屈原》的演出 师纶 宁夏日报 1953年5月6日3版
秦腔《屈原》的争论文章 耿慕、兵、壶外 宁夏日报 1953年5月13、20日3版
怎样看待田玉川的性格（蝴蝶杯） 祝肇年 光明日报 1953年5月18日3版
谈“蝴蝶杯”结尾问题 张真 光明日报 1953年5月18日3版
对修改演出“白蛇传”的意见 陈丁沙 光明日报 1953年5月23日3版
对秦腔《屈原》的不同意见文章 弘水、李士杰、梁建东 宁夏日报 1953年5月27日3版
对银川剧社《红楼梦》演出之我见 波峰 宁夏日报 1953年5月30日3版
桂剧“西厢记”的现实主义精神 徐君慧 广西日报 1953年6月9日3版
滇剧《小女婿》的演出 碧波 云南日报 1953年6月16日3版
短小精悍的喜剧“借靴”（豫剧） 张宝信 大公报 1953年6月27日3版
评京剧“野猪林” 丁汇川 光明日报 1953年7月5日3版
谈《小二黑结婚》的演出 刘炳善 河南日报 1953年7月14日3版
评“柳荫记” 少若 光明日报 1953年7月17日3版
京剧“柳荫记”的一些特点 何海生 光明日报 1953年7月22日3版
《西厢记》评述——银川剧社的演出剧目 师纶 宁夏日报 1953年8月5日3版
关于晋剧《坐楼》 唐红钧 山西日报 1953年8月11日3版
评几种“罗汉钱”的改编和演出 陈丁沙 光明日报 1953年9月4日3版
评秦剧“陈妙常” 孙由美 北京日报 1953年9月5日3版
必须坚决反对戏曲改革中胡编乱改的错误倾向——评锦州评剧院《红楼梦》的改编和演出 刘剑吟 东北日报 1953年9月6日3版
关于评剧“夜宿花亭”的改编 方微 吉林日报 1953年9月9日4版
关于神话剧“闹天宫” 丁涛 吉林日报 1953年9月15日4版
反对粗制滥造的对待戏曲工作——评南昌市各剧院“牛郎织女”的演出 万里鹏 江西日报 1953年9月16日3版
真实地表现历史人物的思想面貌——东北戏曲研究院京剧团演出的“反徐州” 张啸虎 光明日报 1953年9月21日3版
“黑旋风李逵”观后 于质彬 北京日报 1953年9月26日3版
对最近上演的一些闽剧剧目的意见 萨兰 福建日报 1953年10月7日3版
漫谈“三击掌” 方茵野 北京日报 1953年10月15日3版
评梆子剧“陈妙常”的改编 戴不凡 1953年10月20日3版
“将相和”教育了我们——谭富英、裘盛戎赴朝演出前的谈话 尔泗 北京日报 1953年10月25日3版
“杨八姐游春”——一出较好的民间艺术剧目 萧风 吉林日报 1953年10月30日4版
评剧“妇女代表”观后 何迟 天津日报 1953年10月30日4版

京剧“柳荫记” 夏淳 北京日报 1953年10月31日3版
评“张羽煮海” 陈丁沙执笔 光明日报 1953年11月16日3版
吕剧观后杂谈（刘海砍樵、拾玉镯等） 干夫 大众日报 1953年11月27日3版
谈评剧“秦香莲”——答读者问“历史戏有现实意义吗?” 沈尧 北京日报 1953年11月28日3版
谈“张羽煮海”的改编及其演出（豫剧） 李战 甘肃日报 1953年12月6日3版
对几个地方剧团演出“白蛇传”的意见 赵家欣 光明日报 1953年12月7日3版
谈谈改编以后的“游西湖”（秦腔） 王克昌 甘肃日报 1953年12月9日3版
再谈评剧“秦香莲”——答读者问“用什么标准衡量戏剧中的历史人物?” 沈尧 北京日报 1953年12月19日3版
梆剧《陈妙常》观后 齐泰宁 河南日报 1953年12月31日3版
谈京剧“三堂会审” 张真 剧本 1954年1月1期133页
短小精悍的喜剧《借靴》 张宝信 河南文艺 1954年1月16日总93期41页
介绍川剧《望娘滩》 马仪 西南文艺 1954年1月号总25期60—61页
谈“猎虎记”中张云溪的表演 向思赓 戏剧报 1954年2月2期9页
谈《梁山伯与祝英台》故事 戴不凡 文艺报 1954年2月15日总104期33—36页
谈《闹天宫》和李少春的表演艺术 蔚明 新观察 1954年2月第4期28—29页
漫谈王金龙的阶级成分和人物评价 张真 剧本 1954年2月2期168页
谈京剧“群英会” 戴不凡 剧本 1954年3月3期112页
谈京剧“猎虎记” 张真 剧本 1954年3月3期123页
读者评论《望娘滩》《柳荫记》 赵循伯等 西南文艺 1954年3月号69—71页
谈陈书舫表演的陈妙常 邱扬 新观察 1954年3月第5期25—26页
改编《游西湖》的讨论 本刊记者 文艺报 1954年3月15日总106期40—41页
在上海看的四个地方戏 顾仲彝 戏剧报 1954年3月3期21页
谈川剧《帝王珠》 函雨 文艺月报 1954年4月总16期67—71页
“麻风女”是一出坏戏 何海生 戏剧报 1954年4月4期26页
一个医务工作者对“麻风女”的意见 张侃 戏剧报 1954年5月5期12页
“火烧圆明园”也是一出坏戏 耿树青 戏剧报 1954年5月5期14页
“梅降雪”也是一出坏戏 刘贵 戏剧报 1954年5月5期14页
关于越剧《梁山伯与祝英台》的“楼台会” 何慢 文艺月报 1954年5月总17期58—61页
谈湘剧《骂灶分家》 肖云 湖南文艺 1954年5月15日总29期56—57页
《麻风女》是一出坏戏 何海生 河南文艺 1954年6月1日总102期39—40页
我对《麻风女》的认识 开封市实验豫剧团王敬光 河南文艺 1954年6月1日总102期41页
“贞女血”和“盗金砖”是两出坏戏 林彦 戏剧报 1954年6月6期19页
评剧《秦香莲》 陈梦家 新观察 1954年6月第12期26—27页
刘利华的脸谱 邓小秋 戏剧报 1954年7月7期3页
谈越剧“红楼梦” 唐湜 戏剧报 1954年7月7期17页
关于“秦香莲” 刘乃崇 剧本 1954年8月8期136页
关于京剧“锁麟囊”的演出 记者 戏剧报 1954年8月8期46页
关于朝鲜古典名著《春香传》的演出 伊兵 文艺月报 1954年9月总21期44—49页

关于《扫秦》 柯灵 文艺月报 1954年11月总23期59—60页
谈《炼印》 伊兵 文艺月报 1954年11月总23期61—63页
谈《游西湖》的改编 张真 文艺报 1954年11月19日总122期41—43页
试谈川剧《彩楼记》的表演 邱扬 西南文艺 1954年11月59—63页
谈《打鸟》 刘斐章 湖南文艺 1954年12月15日总35期59—60页
梨园戏《陈三五娘》 桑弧 新观察 1954年12月第23期24—25页
从“扫纱窗”看潮州戏曲音乐 谭林 南方日报 1954年1月3日3版
关于评剧“张羽煮海” 林红 光明日报 1954年1月6日3版
谈李桂云演出的“梁山伯与祝英台” 李刚 北京日报 1954年1月10日3版
评京剧“猎虎记” 何激 北京日报 1954年1月23日3版
谈曲剧“张桂容”的演出 李岳南 光明日报 1954年2月10日3版
谈曲剧“罗汉钱” 林涵表 北京日报 1954年2月14日3版
评新编桂剧“秋江” 谭笪 广西日报 1954年2月17日3版
谈河北梆子《打金枝》 李庆番 河北日报 1954年2月20日3版
我怎样演《猎虎记》中的顾大嫂 云燕铭 天津日报 1954年2月26日4版
“张桂荣”在衙门口村——衙门口村妇女主任王金德和演员魏喜奎的谈话 斤阑 北京日报 1954年3月9日3版
谈评剧“秦香莲” 夏淳 光明日报 1954年4月3日3版
从京剧“空城记”得到的几点体会 鞠盛 光明日报 1954年4月10日3版
现实主义的表演艺术——试谈韩少云表演的“杨香草” 李郇 福建日报 1954年4月27日3版
北京市京剧一团演出新剧目“戚继光” 光明日报 1954年5月4日2版
谈京剧“猎虎记”及其演出 张真 人民日报 1954年5月11日3版
“猎虎记”观后 何海生 光明日报 1954年5月15日3版
评“人往高处走” 刘小衡 光明日报 1954年6月5日3版
谈京剧“临江驿”的结尾 王群 北京日报 1954年6月10日3版
谈改后的湘剧《盘盒》 萧云 新湖南报 1954年6月13日3版
扣人心弦的“二堂放子” 方索 文汇报 1954年6月17日8版
谈评剧“茶瓶计”的演出 丁士、涵表 北京日报 1954年6月17日3版
我们改革什么？发展什么？——“庵堂相会”“袁樵摆渡”等 吴白匋 新华日报 1954年6月21日3版
看《锁不住的人》以后 陈大远 河北日报 1954年7月17日3版
试谈“玉堂春” 吴祖光 北京日报 1954年8月7日3版
谈闽剧“炼印” 苏月 福建日报 1954年8月11日3版
善良人性的颂歌——介绍乡剧“三家福” 黄风 福建日报 1954年8月14日3版
谈梨园戏的“入窑” 苏月 福建日报 1954年8月14日3版
略谈“路遇”和“槐荫分别” 边军 光明日报 1954年8月21日5版
认真分析人物生活环境的重要——河北省梆子团演出《拾玉镯》观后 潮青 河北日报 1954年8月21日3版
我看“扫秦”（高甲戏） 尔琛 福建日报 1954年8月21日3版
值得整理推广的《唐知县审诰命》 丁江 河北日报 1954年8月21日3版
闽剧“不能走那条路” 卓凡 福建日报 1954年8月26日3版

谈《天仙配》 陈大远 河北日报 1954年8月28日3版
一首抒情诗——评剧《杨二舍化缘》 胡青 河北日报 1954年8月28日3版
上演历史剧“李闯王”的现实意义 张啸虎 光明日报 1954年8月28日5版
谈婺剧“双按院”的人民性 金梦 浙江日报 1954年9月2日3版
人民为什么喜爱“梁祝”? 世镇 文汇报 1954年9月4日8版
试论“空城记”的主题与人物 少若 北京日报 1954年9月7日3版
评越剧“庵堂认母” 左宁 浙江日报 1954年9月9日3版
谈京剧“猎虎记”的演出 卢孟飞 江西日报 1954年9月10日3版
在山东和河北看戏 张啸虎 光明日报 1954年9月11日5版
勇于革新和创造的戏曲艺术——越剧舞台艺术片“梁山伯与祝英台”观后 黄丹 四川日报 1954年10月12日3版
谈京剧《猎虎记》的演出 徐思 安徽日报 1954年10月12日4版
谈艺锋越剧团演出的“屈原” 敏欧 江西日报 1954年10月15日3版
谈“萧何月下追韩信”的人物描写 蒋星煜 光明日报 1954年10月16日3版
“志愿军的未婚妻”演出观后感 丁敏欧 江西日报 1954年10月17日3版
谈赣剧“装疯骂殿”与杨桂仙扮演的赵艳容 晔源 江西日报 1954年10月17日3版
“人往高处走”的演出成就 文莽彦 江西日报 1954年10月20日3版
谈“田螺姑娘”的演出 裘宗润 江西日报 1954年10月20日3版
轻松愉快的小戏“打猪草” 边军 北京日报 1954年10月24日3版
反抗厄运的抒情诗——谈黄梅戏的“路遇”和婺剧“槐荫分别” 谷剑东 北京日报 1954年11月3日3版
略谈梨园戏“陈三五娘” 徐进 解放日报 1954年11月4日3版
华东戏曲观摩印象杂记 以群 解放日报 1954年11月5日3版
评吕戏“李二嫂改嫁” 顾仲彝 解放日报 1954年11月10日3版
一个优秀的现代剧——看“李二嫂改嫁” 苏金 浙江日报 1954年11月13日3版
略谈沪剧“金黛莱”的音乐 何为 解放日报 1954年11月16日3版
谈京剧“杨排风” 陈丁沙 北京日报 1954年11月23日3版
谈谈梨园戏“陈三五娘” 欣 福建日报 1954年11月25日3版
关于潮剧“海上渔歌”的音乐创造 谭林 南方日报 1954年12月4日3版
评赵燕侠在“玉堂春”中的表演 丁子 江西日报 1954年12月5日3版
歌颂农村新生活的新剧——谈评剧“月亮湾村” 丁士、林涵表 北京日报 1954年12月7日3版
谈评剧“心上的人”的表演（北京市第一届戏曲观摩演出述评之一） 张季纯 北京日报 1954年12月8日3版
丰富多彩的民间小戏——华东戏曲观摩演出随感 祝肇年 光明日报 1954年12月18日3版
京剧“将相和”的演出 何慢 解放日报 1954年12月18日3版
谈《打鸟》的编者按语 肖云瑞 湖南文艺 1955年1月15日总36期47—48页
从评剧“志愿军的未婚妻”的音乐说起 马可 戏剧报 1955年2月2期42页
一个反映农村中阶级斗争的戏——评锡剧《走上新路》 唐湜 新观察 1955年3月第6期26—27页
关于越剧《岩青嫂》（读者、作者、编者） 浙江文艺 1955年3月总42期42—44页

读“秋收以后”（评剧问题） 綦骥 黑龙江文艺 1955年4月5日总13期
我看昆剧“十五贯” 梅兰芳 戏剧报 1955年5月总29期10页
推荐好戏“十五贯” 中 戏剧报 1955年5月总29期11页
谈浙江昆苏剧团演出的“十五贯” 白云生 戏剧报 1955年5月总29期12页
谈侗戏“秦娘梅”与僮戏“宝葫芦” 江东 戏剧报 1955年5月5期20页
看梅兰芳的“穆柯寨”、周信芳的“扫松下书”随感 马少波 戏剧报 1955年5月5期31页
略谈《炼印》的主题、风格和创作方法 方涛 剧本 1955年5月总39期163—165页
对采茶戏《采茶歌》的意见 钟亦 江西文艺 1955年5月总59期45—46页
评戏《武松与潘金莲》中的问题 邱真 河北文艺 1955年5月20日总97期62—64页
谈潮剧“海上渔歌”的演出 李雁 戏剧报 1955年6月6期34页
读者对马健翎改编《游西湖》剧本的意见（信箱） 刘乃崇整理 剧本 1955年6月总40期162页
谈评剧“风波”的音乐创作 厉声 河北文艺 1955年8月7日总100期55—58页
对《此路不通》的意见 方明 陕西文艺 1955年8月总42期59—61页
《女中魁》是一个不好的戏 许万恒 剧本 1955年9月总43期172—173页
反对这样的改编 李曾贵 剧本 1955年9月总43期173—174页
谈豫剧“唐知县审诰命” 高烨 河北文艺 1955年9月7日总101期62—64页
梨园戏“陈三五娘” 张艾丁 戏剧报 1955年9月9期14页
谈《对〈此路不通〉的意见》 杨颖颖 陕西文艺 1955年10月总44期55—56页
谈“武松与潘金莲”（评剧） 张凤村 河北文艺 1955年10月7日总102期61—65页
粤剧《唐伯虎点秋香》是个坏戏 古冰流 剧本 1955年11月总45期165—167页
评吕剧“李二嫂改嫁”的演出 吴雪 戏剧报 1955年11月11期5页
京剧“贫女泪”观后 李轫、袁罡 河北文艺 1955年11月7日总103期63—64页
谈“打金枝”的教育意义 江东 大众电影 1955年12月总117期12页
评尚剧团演出的《林四娘》（信箱） 韩绍松 剧本 1955年12月总46期152—153页
朝鲜人民美丽的传说——“春香传”评越剧《春香传》 纪根垠 大众日报 1955年1月1日5版
社会主义思想的胜利——谈吕剧本《光明大道》 非蒙 大众日报 1955年1月1日5版
看北京市第一届戏曲观摩演出 张梦庚 北京日报 1955年1月9日3版
谈越剧“西厢记”的演出 舒羽、卜夫 江西日报 1955年1月14日3版
戏曲舞台上的新形象——试谈魏喜奎和言慧珠扮演的张桂容和春香 张艾丁 光明日报 1955年1月15日3版
谈豫剧“红娘”的表演 艾岗 北京日报 1955年1月16日3版
京剧“戚继光” 禾 吉林日报 1955年1月22日3版
《春香传》及其演出的意义 洪非 安徽日报 1955年1月23日3版
周信芳先生暨华东京剧实验剧团演出的“四进士” 正方 江西日报 1955年1月27日3版
北京市曲艺团演出的曲剧“张桂荣” 陈丁沙 北京日报 1955年1月30日3版
谈京剧“正气歌” 晨风 北京日报 1955年2月1日3版
谈评剧“西厢记”中的人物处理 霍军 吉林日报 1955年2月5日3版
“文天祥”的剧本和演出 石凌鹤 江西日报 1955年2月20日3版

锡剧《走上新路》的主题思想和人物塑造 陈白 新华日报 1955年2月23日3版
京剧“四进士”中的宋士杰 梅抱秋 大公报 1955年2月26日3版
谈粤剧“红楼二尤”的表演 前人 广西日报 1955年2月26日3版
看戏偶感 任由 山西日报 1955年2月26日3版
我所看到的两出坏戏 萨仁 北京日报 1955年3月1日3版
可喜的收获——评剧“走上新路”观后 沈尧 北京日报 1955年3月3日3版
“春香传”观后（越剧） 彤彬 天津日报 1955年3月4日4版
不要歪曲“红娘”的艺术形象 艾岗 北京日报 1955年3月5日3版
谈评剧“刘胡兰”的演出 血波等 天津日报 1955年3月5日4版
从“水漫蓝桥”看地方戏的表演与改革 若愚 吉林日报 1955年3月13日3版
评广东粤剧团“秦香莲”的演出 邱玲 广西日报 1955年3月19日3版
在前进的道路上——关于晋剧“西厢记”演出的商榷 孔臻 内蒙古日报 1955年3月19日4版
看汉剧《屈原》 吴乙天 湖北日报 1955年3月20日3版
令人喜爱的桂剧舞台上的孙玉姣（“拾玉镯”观后） 苏怀 南方日报 1955年3月22日3版
漫谈《喝面叶》 赵壁 大众日报 1955年3月22日3版
武安人民剧团认真排演《两狼山》 昌音 河北日报 1955年3月26日3版
评《春香传》 唐严东 河南日报 1955年3月26日3版
桂剧“秋江”观后 董每戡 南方日报 1955年3月26日3版
没有艺术的真实，就没有艺术中的诗——谈越剧“春香传”的演出 张艾丁 光明日报 1955年4月2日3版
评剧“安安送米”歌颂了什么 沈尧 北京日报 1955年4月2日3版
谈河北梆子“打金枝” 少若 北京日报 1955年4月3日3版
评剧“走上新路”的演出 徐沙 光明日报 1955年4月16日3版
群力京剧团的“龙女牧羊”观后 任一的 山西日报 1955年4月16日3版
谈“四进士”对宋士杰的人物性格的描写——读“周信芳演出剧本选集” 任海 文汇报 1955年4月18日8版
由“龙女与汉鹏”的演出来看民间戏曲的发掘整理与现实主义的表演方法问题 李文钊 广西日报 1955年4月27日3版
关于晋剧“西厢记”一点商榷的意见 侯广峰、李西桥 内蒙古日报 1955年5月4日4版
谈在南京演出的几个地方戏《红楼梦》 吴白匋 新华日报 1955年5月11日3版
一出宣扬封建宿命论思想的坏戏 赵超、任德华等 河南日报 1955年5月12日3版
谈评剧“金黛莱”的演出 夏淳 北京日报 1955年5月17日3版
应该这样改革（谈“西厢记”） 董舒 内蒙古日报 1955年5月20日4版
邢台专区豫剧团演出《春香传》（消息） 李栻 河北日报 1955年5月21日3版
略谈小型喜剧《三不愿意》 阿林 河北日报 1955年5月21日
周信芳先生演出“四进士”观后 裴华 黑龙江日报 1955年5月22日3版
谈锡剧《刘胡兰》的演出 陈白 新华日报 1955年5月25日3版
汉剧“屈原”的演出 晓雪 光明日报 1955年5月28日3版
略谈三个小型评戏 孙树芳 天津日报 1955年6月6日4版

上海越剧院和它演出的“春香传” 甘泉 浙江日报 1955年7月7日3版
从“陈三五娘”谈福建梨园戏的改革 马文堂 光明日报 1955年8月6日3版
富有地方色彩的梨园戏“陈三五娘”观后 陈守川 浙江日报 1955年8月12日3版
读“马致远的杂剧”——与徐朔方先生商讨元剧的研究方法 孟周 光明日报 1955年8月14日3版
从“五台会兄”“小女婿”等几个剧目的演出谈当前粤剧改革 邱玲 广西日报 1955年8月19日3版
评剧“擦亮眼睛”观后感 雪波 天津日报 1955年9月9日4版
形象的魅力——梅兰芳先生“宇宙锋”演出观后 尔泗 北京日报 1955年9月14日3版
评剧“擦亮眼睛”上演 北京日报 1955年11月20日3版
介绍剧团下乡巡回演出的现代剧目 洛河 新华日报 1955年11月24日3版
地方戏《迎春花开了》的教育意义 金毅 新华日报 1955年12月2日3版
在舞台上反映对敌斗争——谈评剧“擦亮眼睛”的演出 陈丁沙 北京日报 1955年12月6日3版
谈《画皮》的演出（梆子） 何迟 天津日报 1955年12月17日4版
新的尝试——河北梆子“画皮”观后 尔泗 北京日报 1955年12月22日3版
谈谭松月先生在《雁门关》中所创造的潘洪形象 胡沙 湖南日报 1955年12月31日3版
看巴陵戏《九子鞭》 薛慧秋、徐沙 湖南日报 1955年12月31日3版
一首悲壮的诗篇——看邵阳代表团演出的《昭君出塞》 靓易宣 湖南日报 1955年12月31日3版
轻松、明朗的喜剧“幸福” 林涵表 光明日报 1955年12月31日3版
漫谈《八义图》并简介秦腔改编本 李静慈 西安戏剧 1956年1月15日总21期9页
吕剧“王定保借当”中两姐妹的形象 屠岸 戏剧报 1956年1月总25期32页
农业合作化题材给戏剧艺术创造的强大力量——内蒙首届艺术会演戏剧观后感 代再民 内蒙古文艺 1956年1月总19期31—36页
小歌剧《扔界石》的艺术特点 郁都 剧本 1956年2月总48期90—91页
《海上渔歌》的人物刻画 屠岸 剧本 1956年2月总48期92—94页
关于《此路不通》的讨论 金丁 陕西文艺 1956年2月号总48期58—61页
邱吉彩先生在“祭头巾”中的创造 黄克保 戏剧报 1956年3月总27期26页
谈邵阳花鼓戏“韩梅梅” 徐沙 戏剧报 1956年3月总27期28页
越剧“西厢记”和“梁山伯与祝英台”的美术设计 龚和德 戏剧报 1956年3月总27期38页
谈“才子佳人” 柏繁 剧本 1956年3月总49期7页
歪曲了民间优美传说的《后部情探》 乃崇 剧本 1956年3月总49期111页
谈秦腔《舌战群儒》的改编本 蒙秋 西安戏剧 1956年3月15日总23期1—2页
试谈秦腔剧作《霸王之死》 学步 西安戏剧 1956年4月15日总24期7—8页
谈川剧“陈三五娘”在音乐丰富工作上的收获及其意义 敖学祺 人民音乐 1956年4月总37期17—18页
昆曲《十五贯》的新面目 伊兵 文艺报 1956年5月15日本年9号总155期11—12页
劳动人民美丽的想象——看历史剧《唐知县审诰命》改编本后所感 雷雨 西安戏剧 1956年5月15日总25期3—4页

试谈《白蛇传》中许仙的性格　施葆璋　西安戏剧　1956年5月15日总25期5—6页
昆曲《十五贯》的音乐改革　安娥　人民音乐　1956年5月总38期18—19页
不要避开生活中的矛盾——看《分山药》的戏剧冲突　海天　河北文艺　1956年5月总109期64—66页
《金色鲤鱼》中的臧老婆及其他　雷雨　陕西文艺　1956年5月号总51期10—14页
我们对《大闹淮安府》这个戏的意见　编剧研究组座谈记录　舞台与观众　1956年6月1日4期
试谈《霸王之死》（秦腔）的几个问题　张宁　西安戏剧　1956年6月10日总26期9—11页
笔谈昆剧《十五贯》　王装然、张真、孙维世　文艺报　1956年6月15日本年11号总157期26—29页
浙江昆苏剧团“十五贯”的成就　李少春　戏剧报　1956年6月总30期6页
昆剧“十五贯”中过于执形象的创造　黄克保　戏剧报　1956年6月总30期12页
向《十五贯》的成功经验学习——谈《十五贯》的剧本整理　张庚　剧本　1956年6月总52期
广东粤剧团在北京演出《搜书院》　阿贵　剧本　1956年6月总52期47页
我们不需要如此“新”戏　严军　剧本　1956年6月总52期101页
我坚决把《后部情探》从舞台上撵出去　程玉英　剧本　1956年6月总52期101页
评湘剧《拜月记》　司马濂　长江文艺　1956年6月总82期73—76页
从“十五贯”整理工作中所学到的　陈思　戏剧报　1956年7月总31期11页
让苏三回到“大街前”来　沈尧　戏剧报　1956年7月总31期14页
看滇剧“牛皋扯旨”　李紫贵　戏剧报　1956年7月总31期16页
谈滇剧“送京娘”　张真　戏剧报　1956年7月总31期16页
描写蒙古人民生活的京剧“三座山”　范溶　戏剧报　1956年7月总31期33页
《搜书院》——粤剧革新的路碑　伊兵　剧本　1956年7月总53期24—26页
六月的北京舞台　吴祖光　文艺报　1956年7月15日本年13号总159期10—13页
谈《十五贯》　骆文　长江文艺　1956年7月总83期35—37页
关于“十五贯”这出戏（昆剧讨论）　王和　哈尔滨文艺　1956年7月1日总3期42—43页
《一捧雪》演出有感　杨雨明　北京文艺　1956年7月总15期4页
要让观众更开心——粤剧名丑座谈丑戏　本刊记者　舞台与观众　1956年8月1日8期2—4页
文觉非和陆云飞——兼谈丑角表演艺术　蒋光艾　舞台与观众　1956年8月1日8期4—5页
铭心刻骨的悲愤（谈祁阳戏《昭君出塞》）　袁石　文艺报　1956年8月30日本年16号总162期36页
看戏杂谈（谈《十五贯》等剧）　陈梦家　文艺报　1956年8月30日本年16号总162期37—39页
“四郎探母”“连环套”我见　雨明　戏剧报　1956年8月总32期18页
“连环套”不能原封不动地搬上舞台　马德奎　戏剧报　1956年8月总32期18页
读剧琐谈之一（关于川剧本中人物的塑造）　席明真　草地　1956年8月总2期64页
况钟“三难”　石天河　草地　1956年8月总2期61—63页

谈武汉市楚剧团演出的《十五贯》　挥剑　长江文艺　1956年8月总84期61—62页
湖南的戏——谈祁剧《昭君出塞》　张艾丁　新观察　1956年8月第15期28—29页
洛阳的牡丹——看豫剧《穆桂英挂帅》　吴祖光　新观察　1956年8月第16期30—31页
谈宋江和阎婆惜　张凤村　文艺学习　1956年8月总29期14页
《琵琶记》是封建说教戏吗？　冬尼　剧本　1956年8月总54期15—18页
从《十五贯》想到的一点意见　一廷　园地（福建）　1956年8月总2期41—45页
谈余巧云扮演秦香莲和秦腔《铡美案》改编本中的一个问题　项宗沛　西安戏剧　1956年8月5日总29期3—4页
《选棉子》是个好剧本　夏昊　河北文艺　1956年8月总112期64页
从"十五贯"剧本创作中得到的启示　铁可　新苗　1956年8月总2期66—72页
《祭头巾》中的石灏　丘吉彩　文艺报　1956年9月15日本年17号总163期28—29页
没有小角色，只有小演员——谈《打猎回书》中岳氏这个人物　彭俐侬　文艺报　1956年9月15日本年17号总163期29—30页
关于《刘胡兰》的停演　黄振孚、贾林青　河南文艺　1956年9月16日总148期7—9页
《扑池送亲》到底有什么问题　苏育民　西安戏剧　1956年9月25日总32期11—12页
略谈尚友社演出的《游西湖》　蒙秋　西安戏剧　1956年9月25日总32期13页
从《归来》（汉中曲子戏）的演出中看演员的艺术创造　裴然　西安戏剧　1956年9月25日总32期14—16页
含泪的喜剧（《祭头巾札记》）　许之乔　文艺报　1956年9月30日总164期30—31页
谈滇剧《牛皋扯旨》　罗合如　文艺报　1956年9月30日总164期32—33页
各地讨论戏曲剧目（综合报导）　本刊记者　文艺报　1956年9月30日总164期34—35页
川剧"请长年"的遭遇（戏曲剧目工作笔谈）　马凉谷　戏剧报　1956年9月总33期14页
谈"十五贯"中三官员的表演　萧赛　戏剧报　1956年9月总33期15页
为了豫剧"穆桂英挂帅"喝彩！　吴祖光　戏剧报　1956年9月总33期27页
谈"四郎探母"在思想内容上的问题　安娥　戏剧报　1956年9月总33期30页
关于《琵琶记》的结尾　徐朔方　剧本　1956年9月总55期44—45页
演员与角色（看川剧演员唐云峰表演的娄阿鼠）　施幼贻　草地　1956年9月总3期29—32页
朴素的诗剧（谈郿鄠《张连卖布》）　李尤白　陕西文艺　1956年9月号总55期26—31页
我看《三家林》　何今　园地　1956年9月总3期56页
读剧琐谈之二："打红台"的肖方　席明真　草地　1956年9月总3期61—62页
我对《扑池送亲》的看法　志诚　西安戏剧　1956年10月10日总33期5—6页
谈三篇民间戏曲：《打麦场》《夫妻观灯》《张连卖布》　张洁　西安戏剧　1956年10月10日总33期7—8页
关于《阴阳铡》一剧的讨论（连载）　王征、刘世杰、杨小一等　西安戏剧　1956年10月10、25日总33、34期10—11页
《谭记儿》改编的好　繁荣　剧本　1956年10月总56期66—67页
《牛皋扯旨》中人物的描写　林钟美　剧本　1956年10月总56期80—81页
广州市戏剧界座谈《山东响马》　本刊记者　舞台与观众　1956年10月1日12期2页
恰当地选择剧目（短论）　本刊　戏剧报　1956年11月总35期5页

“天仙配”中严凤英的表演 唐湜 戏剧报 1956年11月总35期16页
三个精彩的徽戏 写工 戏剧报 1956年11月总35期20页
“一言以蔽之”一例（戏曲剧目工作笔谈） 士 戏剧报 1956年11月总35期30页
山东戏曲会演观摩散记 阮文涛 戏剧报 1956年11月总35期35页
马金凤表演的“穆桂英挂帅” 胡沙 文艺报 1956年11月总167期38页
关于《阴阳铡》的讨论（综述） 记者 西安戏剧 1956年11月10日总35期8—9页
应当看总的倾向——漫谈《玉虎坠》 王勤 西安戏剧 1956年11月25日总36期10—11页
从会演剧目（陕西省第一届戏剧观摩演出）的舞台美术，谈谈它的成就和存在问题 李鸣九、蔡恬 西安戏剧 1956年11月25日总36期5—9页
关于粤剧《山东响马》的讨论 本刊资料室 舞台与观众 1956年11月21日15期6页
唐成，一个生动的形象（豫剧《唐知县审诰命》观后） 薛克薇 剧本 1956年11月总57期90页
记“打红台”表演艺术座谈会 之岚 草地 1956年11月总5期56—59页
谈“半口袋豌豆料”及其讨论 清波 甘肃文艺 1956年11月总19期50—53页
“张古董借妻”和“借亲配” 繁荣 戏剧报 1956年12月总36期28页
评祁剧高腔“昭君出塞” 徐沙 戏剧报 1956年12月总36期30页
川剧中的一朵奇花——王化卖父 陈欣 草地 1956年12月总6期66页
“归正楼”中的丘元瑞 席明真 草地 1956年12月总6期67—68页
《杀蔡鸣凤》的主题思想 青霓、守忠 新苗 1956年12月总6期67—68页
试谈《杀蔡鸣凤》 易宣 新苗 1956年12月总6期64—66页
漫谈“琵琶行” 许可 文艺学习 1956年12月总33期18页
“密松林”是好戏 魏永安 火花 1956年12月号45页
论昆曲“十五贯”的教育作用 吴克坚 东海 1956年12月第3期1—3页
评秦腔《祥林嫂》的人物形象 荷戟 西安戏剧 1956年12月25日总38期7—9页
年轻人的心关也关不住——谈《打鸟》和《补皮鞋》 乃崇 剧本 1956年12月总58期100—101页
祁阳戏“闹严府”观后感 苏翔 新湖南报 1956年1月5日3版
“祭头巾”——科学制度的罪状 傅紫荻 新湖南报 1956年1月5日3版
看傅全香的祝英台 方纪 天津日报 1956年1月10日4版
优秀的剧目精湛的表演——谈昆曲“十五贯” 周巩璋 解放日报 1956年2月25日3版
“窦娥冤”是否有民族气节问题 邵骥 光明日报 1956年3月4日3版
从容就义的古代英雄形象——越剧“南冠草”观后 辛若平 北京日报 1956年3月11日3版
介绍潮剧“陈三五娘” 黄宁婴等 南方日报 1956年3月18日3版
一出优美的小型喜剧——简评滇剧“打瓜招亲” 金重等 云南日报 1956年3月19日3版
谈花灯剧“包二回门” 黎方 云南日报 1956年3月19日3版
要集中突出地表现矛盾和冲突——京剧“鸳鸯”观后 李键尧 云南日报 1956年3月26日3版
大胆的、有成效的尝试——谈京剧“阿黑与阿诗玛”的演出 杨明等 云南日报 1956年3月26日3版

热爱祖国反抗侵略的英雄形象——看了“杨娥传”以后　莫漠　云南日报　1956年3月26日3版
“十五贯”的故事　老舍　北京日报　1956年3月27日3版
继承和发扬川剧舞台艺术的优秀传统——“芙蓉花仙”观后感　陈欣　四川日报　1956年4月9日3版
“盗仙草”和“水漫金山”　云燕铭　北京日报　1956年4月10日3版
看昆苏剧团的“十五贯”　田汉　光明日报　1956年4月14日3版
中国京剧院新戏“赠绨袍”　韩劲风　光明日报　1956年4月14日3版
谈昆剧“十五贯”和“长生殿”的演出　欧阳予倩　人民日报　1956年4月16日3版
评京剧“猎妇歼仇记”的演出　夏静　新黔日报　1956年4月17日3版
昆苏剧团的“十五贯”观后　梅兰芳　光明日报　1956年4月22日2版
从“杨娥传”谈历史剧　黎方等　云南日报　1956年4月23日3版
况钟的笔　巴人　人民日报　1956年5月6日3版
评锡剧“红楼梦”　徐进　解放日报　1956年5月13日5版
谈广东粤剧团演出的“搜书院”　欧阳予倩　人民日报　1956年5月14日3版
略谈川剧“八件衣”的人民性　杨苏　四川日报　1956年5月17日3版
论《十五贯》的改编　夏衍　人民日报　1956年5月17日3版
向《十五贯》的表演艺术学习什么　阿甲　人民日报　1956年5月18日3版
一部对现实具有重大教育作用的历史剧——从昆曲“十五贯”看我们的民族遗产　陈沂　光明日报　1956年5月19日3版
满城争说“十五贯”　曹季　北京日报　1956年5月20日3版
光彩焕发——试谈“十五贯”中几个人物的表演　尔泗　北京日报　1956年5月20日3版
越剧“桃花扇”有什么现实教育意义？　邵慕水　劳动报　1956年5月22日3版
从司法工作角度看昆剧“十五贯”　姜大陶　光明日报　1956年5月23日2版
谈谈昆曲“十五贯”的演出　白云生　天津日报　1956年5月28日4版
试谈京剧“柳荫记”艺术改革的片断　李宗白　甘肃日报　1956年6月3日3版
看云南花灯剧“三访亲”　关太平　新黔日报　1956年6月6日3版
一出富有现实教育意义的好戏　浩章　黑龙江日报　1956年6月7日3版
看了动人的演出后的愉快感想——粤剧“搜书院”观后　刘厚生　解放日报　1956年6月9日5版
湘剧“拜月记”的音乐伴奏　王玉西　河北日报　1956年6月9日3版
“十五贯”的改编和表演　白云生　大众日报　1956年6月10日3版
“十五贯”是一面镜子　李通　内蒙古日报　1956年6月10日3版
学习“十五贯”的艺术创作经验　显德　辽宁日报　1956年6月11日3版
滇剧“牛皋扯旨”及其他　伊兵　人民日报　1956年6月11日3版
让每个剧种的优秀节目活跃在舞台上——观“十五贯”有感　巴南冈　湖北日报　1956年6月12日3版
谈湘剧“拜月记”的演出　黄鸿　北京日报　1956年6月14日3版
创造性的整理改编（谈剧本“十五贯”的改编）　孙芋　辽宁日报　1956年6月14日3版
谈滇剧“荷花配”和“烤火下山”　林涵表　光明日报　1956年6月16日3版
论“十五贯”三个演员的表演　江枫　安徽日报　1956年6月23日3版
看评剧“杜十娘”　殷野　光明日报　1956年6月30日3版

京剧“罗盛教”上演前后　马文堂　光明日报　1956年6月30日3版
谈讽刺喜剧“祭头巾”的优秀表演　阿甲　人民日报　1956年7月6日7版
从“十五贯”的整理看粤剧编剧工作上的缺点　冯志芬等　南方日报　1956年7月13日3版
我认为“连环套”可以上演　昌言　河北日报　1956年7月14日3版
从“十五贯”的上演想到的　朱丹南　四川日报　1956年7月18日3版
谈“四郎探母”和“连环套”　陶雄　新闻日报　1956年7月19日4版
从改编“游西湖”谈起　袁多寿　陕西日报　1956年7月19日3版
谈“论‘十五贯’三个演员的表演”　幸人　安徽日报　1956年7月19日3版
看豫剧“穆桂英挂帅”　刘乃崇　工人日报　1956年7月25日3版
更深刻一些，更美一些——评扬剧“三里湾”　曾宪洛　新华日报　1956年7月26日3版
“十五贯”对我们的启发　（无名）　南方日报　1956年7月28日3版
谈“四郎探母”和“法门寺”两出戏　浩章　黑龙江日报　1956年7月29日3版
对京剧“三座山”的一些想法　吴祖光　人民日报　1956年7月29日7版
杨四郎的过去未来——试谈“四郎探母”　卫明　新民报晚刊　1956年8月12日5版
谈况钟的肖像　蒋星煜　新民报晚刊　1956年8月20日6版
释两出戏（上、下）——“四郎探母”和“连环套”　何迟　天津日报　1956年8月21日4版
对京剧“三座山”的一些不同的看法　何德　人民日报　1956年8月22日7版
珍贵的民族遗产——徽剧“凤凰山”“三挡”“叭哒岭”观后　写工　安徽日报　1956年8月24日3版
走入歧途的粤剧“山东响马”　张华　南方日报　1956年8月26日3版
应该怎样评价“山东响马”这出戏？——对“走入歧途的粤剧‘山东响马’”一文的商榷　谢文戟　南方日报　1956年8月31日3版
黄天霸是个什么人物？有关他的戏能否上演？——记戏剧界讨论有关黄天霸的传统剧目的座谈会　丛林　天津日报　1956年8月31日2版
“山东响马”难道是一出走入歧途的“坏戏”吗？　罗品超等　南方日报　1956年9月3日3版
谈“马寡妇开店”　林彦　天津日报　1956年9月4日4版
我对“四郎探母”这出戏的看法　柳雨　天津日报　1956年9月5日4版
看越剧“西楼记”后　贺耀懋　甘肃日报　1956年9月6日3版
应该怎样看待传统剧目——我对粤剧“山东响马”的看法　董逃　南方日报　1956年9月7日3版
川剧“一支鞋”是封建迷信剧吗？　木子等　新黔日报　1956年9月9日3版
对“连环套”的一些不同的看法　张小农　天津日报　1956年9月10日4版
一个优美动人的喜剧——看湘剧“拜月记”　丁敏欧　江西日报　1956年9月13日3版
山西北路梆子的“访白袍”和“算粮”　白云生　人民日报　1956年9月15日8版
“山东响马”究竟是一出怎样的戏（粤剧）　吴越云　南方日报　1956年9月21日2版
“醉酒”　黄裳　解放日报　1956年9月22日4版
我以为“山东响马”并不是一出好戏　钟海　南方日报　1956年9月23日2版
赞美好戏“龙虎斗”——浙江绍剧团演出纪念鲁迅节目之一观后　徐淦　浙江日报　1956年10月1日4版

写在“阿黑与阿诗玛”在上海公演的时候　金素秋　解放日报　1956年10月5日2版
量体裁衣，量米做饭——反对戏曲艺术评论中的主观主义　向一　黑龙江日报　1956年10月9日3版
“山东响马”是一出有一定的表演艺术并且主题健康的戏　新珠　南方日报　1956年10月22日3版
“杨家将”爱国思想的本质和“穆柯寨”山寨的性质　范朴斋　光明日报　1956年10月30日2版
被剥落的神话色泽（关于神话剧《白蛇传》）　适越　光明日报　1956年11月3日3版
“醉写”与“断桥”——谈俞振飞的艺术成就　周玑璋　文汇报　1956年11月14日2版
评粤剧“山东响马”的整理　侠夫等　南方日报　1956年11月16日3版
评商丘豫剧团演出的“阿Q正传”　张隽逸　河南日报　1956年11月18日3版
“山东响马”的歧途在哪里？——我对“山东响马”整理本的一些意见　何建青　南方日报　1956年11月18日3版
文嫣的悲剧（蒲剧“麟骨床”中的主角）　沈尧　山西日报　1956年11月19日2版
“目莲救母”的演出　陈山　人民日报　1956年11月22日8版
使讨论前进一步（关于粤剧“山东响马”）　南方日报　1956年11月23日3版
对“三岔口”的商榷　叶盛章　北京日报　1956年11月26日3版
从“山东响马”原来面目看整理粤剧遗产问题　张华　南方日报　1956年11月27日2版
川剧“金貂记”的人物描写　罗健卿　光明日报　1956年12月1日3版
“辰河高腔戏”中蔡伯喈的舞台形象　张英　光明日报　1956年12月15日3版
炉边琐谈（从“十五贯”的两个官员谈起）　王统照　文汇报　1956年12月16日3版
两个焦氏（上党宫调和蒲州梆子演出“杀狗劝妻”风格不同）　苏琴　山西日报　1956年12月17日2版
谈“夜梦冠带”里的崔氏（戏曲观摩学习札记一页）　大蛮　湖北日报　1956年12月17日3版
从《天仙配》的改编谈到接受戏剧遗产问题　董每戡　南方日报　1956年12月20日3版
思想的形象表现——试分析豫剧“穆桂英挂帅”的演出处理　杜巴　光明日报　1956年12月22日3版
《玉虎坠》的倾向性及其人物描写　华隐人　西安戏剧　1957年1月15日总39期4—5页
略评《阴阳铡》及有关的评论　张学富　西安戏剧　1957年1月15日总39期6—8页
必须在原来基础上改革——对《周仁回府》改编本的意见　刘毓中　西安戏剧　1957年1月15日总39期9—10页
我对《颠倒鸳鸯》的看法和意见　刘子堂　西安戏剧　1957年1月15日总39期11—12页
读《吴天塔》的改编　风波　西安戏剧　1957年1月25日总40期5—7页
《赠书记》——《颠倒鸳鸯》　卜贯三　西安戏剧　1957年1月25日总40期8—9页
“画梅花”与“迎贤店”（剧目评介）　月山　戏剧报　1957年1月总37期32页
对“秦香莲”人民性的商榷　黄文虎　戏剧报　1957年1月26日总38期18页
“盗草”的不同演法　刘乃崇　戏剧报　1957年1月总38期31页
“姑嫂忙”是怎样运用传统表演手法的　银汉光等　戏曲研究　1957年1月1期44页
感人肺腑的骨肉深情——看锡剧舞台艺术片“庵堂认母”　屠岸　大众电影　1957年1月总142期13页
《群英会》为什么是一出好戏　黄裳　新观察　1957年1月第1期32—33页

梅兰芳在“洛神”一剧中的创造 陈富年 大众电影 1957年2月总144期16页
“刘巧儿”的新成就 邱扬 大众电影 1957年2月总144期3页
“游园惊梦”中的梦 余微 大众电影 1957年2月总144期17页
京剧“一匹布”的表现手法初探 程嘉哲 戏剧报 1957年2月总39期6页
高盛麟的“走麦城” 祁兆良 戏剧报 1957年2月总40期22页
1956年中我最喜欢看的戏 观众来稿 舞台与观众 1957年2月21日3、4期6—7页
《阴阳扇》表现了什么？ 严肃 舞台与观众 1957年2月21日3、4期2—3页
试论戏曲剧目中的鬼魂 代再民 剧本 1957年2月号89页
也谈《吴天塔》改编中的几个问题 文风 西安戏剧 1957年3月15日总43期3—5页
谈《十五贯》中娄阿鼠的形象塑造 柯人 西安戏剧 1957年3月30日总44期6—7页
漫谈《三娘教子》 葆朴 西安戏剧 1957年3月30日总44期8—9页
应怎样整编《附荐何文秀》——戏曲编导室座谈会中提出的问题 朱柴整理 舞台与观众 1957年3月6日5期5—6页
略谈《三帅困峭山》的改编 中山大学中文系二年级戏剧研究小组尹作栋整理 舞台与观众 1957年3月21日6期4页
我羡慕——看《杨乃武与小白菜》有感 肖乾 北京文艺 1957年3月总23期8页
看张筱贤主演的“罢宴” 云秋 辽宁文艺 1957年3月总45期22—23页
谈粤据“搜书院”的改编和整理 陈舒 广东文艺 1957年3月号44—46页
对《三滴血》整理本的一点意见 秦夫 西安戏剧 1957年4月15日总45期6—7页
眉户戏观后杂谈 铁鹰 西安戏剧 1957年4月30日总46期8—9页
漫谈《金琬钗》的演出及其他 仿仁 西安戏剧 1957年4月15日总46期10—11页
试谈豫剧《孟香屏》 毛宙 西安戏剧 1957年4月30日总46期14—15页
从宋江滴泪斩小卒说起 王光炤 新苗 1957年4月总9期42—44页
《斩李虎》中的两个人物 金汉川 新苗 1957年4月总9期45—48页
探“探阴山” 屠岸 戏剧报 1957年4月11日总43期6页
宋士杰这个人 弗光 戏剧报 1957年4月总44期22页
论英成的悲剧性格 阿甲 戏剧论丛 1957年4月2辑28页
谈何文秀故事的几个改编本 稼文 舞台与观众 1957年4月21日8期4页
白绫带——纪念亡友宋之的同志逝世一周年（六场评剧） 马寒冰 解放军文艺 1957年4月总68期53页
《斩李虎》的悲剧性 陈芜 新苗 1957年5月总10期76—77页
一曲恸人的挽歌 朱立奇 新苗 1957年5月总10期80—82页
谈《斩李虎》的悲剧效果 钱琪 新苗 1957年5月总10期78—79页
潮剧的珍品——《扫窗会》、《辩本》、《闹钗》 董每戡 文艺报 1957年5月12日总176期8—9页
群众欢迎《杨乃武与小白菜》说明了什么？ （记者）张葆莘 文艺报 1957年5月12日总176期10—12页
看了东汉剧团的两个戏 唐湜 戏剧报 1957年5月总46期24页
“金琬钗”思想性的探讨 李诗熔 西安戏剧 1957年5月15日总47期6—7页
不要因“十五贯”变成色音 陈静 东海 1957年5月10—11页
“借茶”和“活捉”是怎样的戏 陈朗 戏剧报 1957年6月11日总47期15页
看豫剧“王佐断臂” 仲可 戏剧报 1957年6月总47期23页

“春洪”观后　梅阡　戏剧报　1957年6月总47期28页
谈晋剧“火焰驹”　薛恩厚　戏剧报　1957年6月总47期29页
我看河北梆子“杀京报”　花剁　戏剧报　1957年6月26日总48期24页
“黄氏女游阴”太恶劣了！　邹幼含　戏剧报　1957年6月26日总48期25页
巴陵汉剧的剧目和表演艺术　张绳武　戏剧报　1957年6月总48期28页
给“金琬钗”提几点意见　耿端方　西安戏剧　1957年6月15日总49期9—10页
“下河东”观后　李尤白　西安戏剧　1957年6月15日总49期11—12页
谈谈“夺锦楼”　华升鸿　西安戏剧　1957年6月30日总50期4—5页
评杨鹤斋先生改编的“白蛇传”（秦）　曹振永　西安戏剧　1957年6月30日总50期6—7页
我对《斩李虎》的一些看法　铁可　新苗　1957年6月总11期74—78页
也谈《斩李虎》　易宣　新苗　1957年6月总11期79—82页
关于“大闹天宫”的故事情节　林庚　文艺报　1957年6月30日总183期11—12页
老前辈谈老戏（狸猫换太子）座谈记　毛华整理　舞台与观众　1957年6月21日12期4—5页
《三岔口》新旧之争　许法新　新观察　1957年6月第12期8—10页
我看筱俊亭　白石　辽宁文艺　1957年6月总48期27—28页
谈“大劈棺”的思想　沈尧　戏剧报　1957年7月15日总49期22页
反对上演“杀子报”　谷风　戏剧报　1957年7月15日总49期23页
看琼剧“狗衔金钗”（剧目介绍）　月山　戏剧报　1957年7月总49期32页
同花剁同志讨论“杀子报”　刘有宽　戏剧报　1957年7月31日总50期21页
关于京剧“马思远”　虞林　戏剧报　1957年7月31日总50期22页
反人民的“铁公鸡”　乃崇　戏剧报　1957年7月31日总50期22页
评坏戏“老妈开嗙”　刘英华　戏剧报　1957年7月31日总50期24页
“黄氏女游阴”确是一出坏戏　华犁　戏剧报　1957年7月31日总50期24页
真实绝妙的表演——谈晋剧“小宴”中的要翎子　张锦壁　西安戏剧　1957年7月15日总51期第6页
看川剧“做文章”李笑非的表演　雷震中　西安戏剧　1957年7月15日总51期第7页
对“白玉瑱”一剧主题思想的探索　赵维志　西安戏剧　1957年7月15日总51期10—11页
“活捉三郎”观后　葛绍藩　西安戏剧　1957年7月15日总51期13—15页
汉中观花杂记　陈幼韩　西安戏剧　1957年7月30日总52期1—4页
“穆桂英挂帅”观后（豫剧）　毛宙　西安戏剧　1957年7月30日总52期7—8页
谈“红楼梦”的改编　戴不凡　剧本　1957年7月7期74页
谈“打金枝”中唐王和沈后的人物创造　李尤白　西安戏剧　1957年8月15日总53期12—13页
我们需要多样的戏剧风格出现——传统秧歌剧“周子山”观后　昏鸦　西安戏剧　1957年8月30日总54期第23页
谈杜丽娘　梅兰芳　戏剧论丛　1957年8月3期69页
谈柳梦梅　白云生　戏剧论丛　1957年8月3期74页
看京剧“纺棉花”　李克非　戏剧报　1957年8月16日总51期49页
“李逵负荆”的思想和艺术　谭行　中山大学学报社科版　1957年8月7—160页

壮烈的悲剧——看戏杂记之一　张英　新苗　1957 年 8 月号 37 页
精彩的猴戏　刘保绵　戏剧报　1957 年 9 月总 52 期 38 页
反动的戏“别母乱箭”　雁翎　戏剧报　1957 年 9 月 4 日总 52 期 44 页
谈谈豫剧“麻风女”　戴不凡　戏剧报　1957 年 9 月 4 日总 52 期 46 页
悲壮的“阳河摘印”　刘保绵　戏剧报　1957 年 9 月总 53 期 20 页
谈“九更天”　萧冬　戏剧报　1957 年 9 月总 53 期 28 页
谈“双钉记”一类的奸杀戏　鲁人　戏剧报　1957 年 9 月 14 日总 53 期 31 页
试谈“芙奴传”乐咤的演出　胡文龙　西安戏剧　1957 年 9 月 15 日总 55 期 21—22 页
评眉户剧“金戒子”中几个人物的真实性　任治　西安戏剧　1957 年 9 月 30 日总 56 期 8—11 页
看两个剧种的“斩郑恩”　诸葛董狐　舞台与观众　1957 年 9 月 21 日 18 期 6—7 页
《人民警察》歪曲了民警形象　王言　草地　1957 年 9 月总 15 期 12—13 页
苏育民先生的“打柴劝弟”　绍惠　戏剧报　1957 年 10 月总 55 期 22 页
看“挑滑车”有感　陶君豪　戏剧报　1957 年 10 月总 55 期 23 页
两出杨家将故事的上党戏　徐吾家　戏剧报　1957 年 10 月总 55 期 24 页
一部歪曲现实的作品——评眉户“金戒子”　北海　西安戏剧　1957 年 10 月 30 日总 58 期 13—14 页
“罗卜救母”是坏戏　丁马　南国戏剧　1957 年 10 月 20 日总 1 期第 32 页
从“金戒指”的几个人物形象看作者的政治灵魂　黄强　西安戏剧　1957 年 11 月 15 日总 59 期 11—12 页
一出荒诞、离奇、含毒的坏戏——评《钉呆迷》　小林、志刚　陇花　1957 年 11 月号 29—31 页
阎婆惜和张文远　戴不凡　戏剧报　1957 年 12 月总 59 期 17 页
“焚香记”和“琵琶记”　李健吾　戏剧报　1957 年 12 月总 59 期 25 页
看宋上华演的秦腔“杀狗”　王东明　戏剧报　1957 年 12 月第 23 期总 59 期 32 页
阎婆惜和张文远——评陈朗对“借茶”和“活捉”的评价　戴不凡　戏剧报　1957 年 12 月第 23 期总 59 期 17 页
“李十三”十大本说明　姜炳泰　西安戏剧　1957 年 12 月 15 日总 61 期第 16 页
略谈“金戒指”的真实性问题　向太阳　西安戏剧　1957 年 12 月 15 日总 61 期 10—11 页
杨家将英雄故事的增篇——介绍豫剧《穆桂英挂帅》　张郁　剧本　1957 年 12 月总 58 期 101—102 页
坚决反对上演坏戏评——《钉呆迷》（五篇）　陇花　1957 年 12 月号 13—17 页
好辛辣的讽刺——略谈“一匹布”的表现手法　尔泗　北京日报　1957 年 1 月 3 日 3 版
谈豫剧“刘胡兰”的音乐　林绿　河南日报　1957 年 1 月 6 日 3 版
京剧“打严嵩”的本事由来　王统照　文汇报　1957 年 1 月 7 日 3 版
发展了呢？损害了呢？谈“陈三两爬堂”的整理　林召　河南日报　1957 年 1 月 12 日 3 版
“杜十娘怒沉百宝箱”分析　胡士莹　浙江日报　1957 年 1 月 27 日 4 版
我也谈谈评剧“唐伯虎点秋香”　文凯　吉林日报　1957 年 1 月 30 日 3 版
看“谭记儿”　李健吾　人民日报　1957 年 2 月 10 日 8 版
谈川剧“萝卜圆”　白云生　北京日报　1957 年 2 月 12 日 3 版
旧戏新谈（评闽剧“戚继光”与“窦氏女”）　楚微子　福建日报　1957 年 2 月 12 日 3 版
看湘剧“追鱼记”　周艾从　新湖南报　1957 年 2 月 17 日 3 版

看汉剧“盗鸡”有感　大珂　人民日报　1957年2月22日8版
看侯永奎的“单刀会”　唐湜　人民日报　1957年2月23日8版
碗碗腔“金琬钗”的舞台演出　郑伯奇　陕西日报　1957年2月24日3版
川剧“拉郎配”　艾芜　人民日报　1957年3月1日7版
“虎符”——成功的演出（略论关于学习戏曲表演的方法问题）　阿甲　人民日报　1957年3月2日7版
川剧“美洞房”的戏剧性　戴不凡　人民日报　1957年3月3日7版
上海戏曲传统剧目演出问题　本报记者评述　文汇报　1957年3月9日2版
“济公传”“怪侠欧阳德”能否上演？——省文联召集部分文艺工作者座谈　江西日报　1957年3月9日3版
谈川剧“一只鞋”　宁凌　光明日报　1957年3月9日3版
厌恨那个角色喜爱这个演员——谈川剧“谭记儿”中杨衙内的角色创造　李坚　北京日报　1957年3月26日3版
论越剧“窦娥冤”的改编　艾陀　光明日报　1957年4月6日3版
谈“拾画叫画”的表演　白云生　人民日报　1957年4月12日8版
也谈“昭君出塞”　唐湜　光明日报　1957年4月13日3版
谈庐剧“休丁香”　人文　光明日报　1957年4月20日3版
“人底伟大的痛苦”（谈悲剧"斩经堂"）　沈尧　光明日报　1957年4月27日3版
看泗州戏“樊梨花”　邓初民　光明日报　1957年5月4日3版
潮剧的“苏六娘”　董每戡　人民日报　1957年5月11日8版
老树新花——“假金牌”观后　青矛　青海日报　1957年5月19日3版
我们对“山东响马”讨论中几个问题的看法　丁波等　南方日报　1957年5月23日3版
看豫剧“对花枪”　张立云　天津日报　1957年5月27日4版
“具有独特风格的一朵花”周信芳谈连台本戏上海京剧院将上演“七侠五义”　解放日报　1957年6月4日2版
谈秦腔“柳毅传书”　魏开勋　新疆日报　1957年6月8日3版
“杀子报”这样的戏　吴祖光　人民日报　1957年6月13日7版
谈京剧“狗衔金钗”　丁邑　湖北日报　1957年6月13日3版
川剧“谭记儿”改编的好　渤泊　河南日报　1957年6月13日3版
我对“杀子报”和“马思远”两剧的看法　白云生　人民日报　1957年6月15日7版
优秀的剧目，优美的表演——广东汉剧“百里奚认妻”观后　吴乙天　湖北日报　1957年6月15日3版
给观众多方面享受滇剧的“反五关”　东浪　云南日报　1957年6月18日4版
小谈“陈三五娘”　蔡楚生　光明日报　1957年6月18日3版
晋剧的一棵奇花异草　范凡　光明日报　1957年6月22日3版
“一捧雪”门外谈　钟声　黑龙江日报　1957年6月29日3版
旅途观剧散记　鞠盛　光明日报　1954年7月10日5版
一副毒药——谈昆明市滇剧团演出的“刘氏四娘”　花边　云南日报　1957年7月11日3版
看晋剧“六月雪”　北海　陕西日报　1957年7月19日3版
“大劈棺”是一出好戏　张殿生等　黑龙江日报　1957年7月26日3版
孙玉姣形象的魅力——谈桂剧“拾玉镯”中尹羲的表演　纪芝　贵州日报　1957年7月28

日 3 版
谈越剧演员竺水招的表演　杨欣　天津日报　1957 年 8 月 10 日 4 版
关于反面形象——“阿飞戏”观后　罗言　文汇报　1957 年 8 月 12 日 3 版
“芙奴传”观后　陶雄　解放日报　1957 年 8 月 12 日 6 版
学习梅兰芳先生的表演艺术——许源来先生谈梅先生演出的“贵妃醉酒”　汀　陕西日报　1957 年 9 月 23 日 3 版
写在重演“西厢记”的时候　徐玉兰　解放日报　1957 年 10 月 3 日 4 版
深刻而真实的表演——记许源来先生谈梅兰芳先生演出的“奇双会”　陕西日报　1957 年 10 月 3 日 3 版
恰到好处的表演——看梅兰芳先生演出的“凤还巢”　柳凤　陕西日报　1957 年 10 月 5 日 3 版
我们为自己的职业而骄傲——梅兰芳先生演出的“游园惊梦”观后　陕西日报　1957 年 10 月 11 日 3 版
谈谈反动剧目“钉呆迷”　木人　甘肃日报　1957 年 10 月 24 日 4 版
奇妙的喜剧——介绍重庆市川剧院的“乔老爷奇遇”　戴不凡　人民日报　1957 年 10 月 28 日 7 版
谈荀慧生先生表演的“红娘”　庞子　内蒙古日报　1957 年 11 月 17 日 3 版
新的收获——评沪剧“母亲”　冯少白　文汇报　1957 年 11 月 23 日 3 版
一出优美的神话喜剧——看太原豫剧团演出的“金鳞记”　曹海清　山西日报　1957 年 11 月 25 日 2 版
丝弦戏“空印盒”观后　张真　人民日报　1957 年 11 月 27 日 7 版
“柳毅传书”中的柳毅在形象创造上的成就　致平　西安戏剧　1958 年 1 月 15 日第 1 期 10 页
谈“恩仇记”的演出　云飞　西安戏剧　1958 年 1 月 15 日第 1 期 13 页
我团和芜原改写“游西湖”的经过　西安市越剧团　西安戏剧　1958 年 1 月 30 日第 2 期 14 页
“软玉屏”的演出情况（批芜原）　民众剧社　西安戏剧　1958 年 1 月 30 日第 2 期 15 页
文光剧团在西安演出的“游西湖”得到好评　本刊　西安戏剧　1958 年 1 月 30 日第 2 期 16 页
略谈“群英会”（京剧）　萧长华　戏剧报　1958 年 1 月 1 期 27 页
沪剧“母亲”的人物与惊险场景　何慢　戏剧报　1958 年 1 月 2 期 13 页
看新编全部“十一郎”　丁央　戏剧报　1958 年 1 月 2 期 27 页
谈粤剧传统剧目“山东响马”　黄宁婴　戏曲研究　1958 年 1 月 1 期 76 页
空印盒（石家庄市丝弦剧团座谈）　毛达志　剧本　1958 年 1 月 1 期 68 页
谈谈“赶脚”中的舞蹈动作　潘应蓬　西安戏剧　1958 年 2 月 15 日第 3 期 9 页
关于“法门寺”中的赵廉　龙、岗　西安戏剧　1958 年 2 月 15 日第 3 期 10 页
《杨八姐盗刀》演出杂谈　云笑　西安戏剧　1958 年 2 月 15 日第 3 期 11 页
一出吸引人的喜剧——介绍新剧本“姑娘心里不平静”　韦启玄　戏剧报　1958 年 2 月 3 期 16 页
看昆曲“牡丹亭”　仲平　戏剧报　1958 年 2 月 4 期 35 页
谈“单刀会”　侯永奎　戏剧论丛　1958 年 2 月 1 期 24 页
加强理论研究队伍，开展戏剧艺术评论——记西安戏剧理论研究工作者座谈会　西安戏剧

1958年4月30日第8期1页
“双锦衣”观后　田益荣　西安戏剧　1958年4月30日第8期2页
石家庄京剧团在西安演出《白毛女》　西安戏剧　1958年4月30日第8期6页
试谈评剧“马寡妇开店”的主题思想及其他　王勃　西安戏剧　1958年4月30日第8期8页
京剧“贵妃醉酒”唱腔分析（上）　何为　戏曲研究　1958年4月第2期40页
魏香庭在“店房责任”中的表演艺术　卢鸿沐　戏曲研究　1958年4月第2期91页
“白毛女”和“红仙女”　张庚　戏剧报　1958年4月第7期3页
谈“钟馗嫁妹”的表演　侯玉山　戏剧报　1958年4月8期32页
京剧界的喜讯——看京剧“白毛女”　张梦庚　北京文艺　1958年4月第4期30页
如何正确地对待民族戏曲遗产——关于《李亚仙》《曲江歌女》《刺目劝学》的讨论　西安戏剧　1958年5月20日第9期2页
中国神话剧的新发展——看《红色卫星闹天宫》　向太阳　西安戏剧　1958年5月20日第9期12页
看吕剧《李二嫂改嫁》　肖润华　西安戏剧　1958年5月20日第9期13页
秦腔《刘介梅》观后　葛绍藩　西安戏剧　1958年5月20日第9期14页
提高演出质量——对秦腔《三里湾》演出的意见　汤润民　西安戏剧　1958年5月20日第9期16页
笔谈《刘介梅》　王保平等　西安戏剧　1958年5月30日第10期10页
“梅花魂”中袁雪芬的表演　斯洪　戏剧报　1958年5月9期24页
继承、创造——文艺欣赏随笔（京剧“白毛女”观后感）　王朝闻　戏剧报　1958年5月10期12页
京剧艺术的特点——京剧“智擒惯匪坐山雕”观后感　肖冬　戏剧报　1958年5月10期14页
读“五侯宴”　马少波　戏剧论丛　1958年5月2辑57页
谈“单刀会”札记　刘知渐　戏剧论丛　1958年5月2辑80页
从“填池塘”看写新戏　周村　江苏文艺　1958年5月5日总8期第16页
“坐楼杀惜”观后　封至模　西安戏剧　1958年6月15日第11期3页
名不虚传的“活鲁肃”　雷文博　西安戏剧　1958年6月15日第11期5页
群众欢迎这样的新节目——“小两口赶集”观后　之笑　西安戏剧　1958年6月15日第11期9页
谈“安安送米”中的庞三娘　徐谦夫　西安戏剧　1958年6月15日第11期11页
谈谈“刺目劝学”的问题　华声鸿　西安戏剧　1958年6月15日第11期12页
“金琬钗”是一出好戏　陇子　西安戏剧　1958年6月15日第11期13页
是迷信戏还是神话戏？——对“金琬钗”改编和演出上的一点意见　谢展海等　西安戏剧　1958年6月15日第11期13页
陕西省京剧团用京剧形式排演《红色风暴》　尘土　西安戏剧　1958年6月30日第12期4页
努力学习，大胆创造——看狮吼剧团《白毛女》有感　肖润华　西安戏剧　1958年6月30日第12期10页
谈王秀兰饰演的燕燕——《燕燕》观后　白龙　西安戏剧　1958年6月30日第12期11页
试谈易俗社演出的《火焰驹》　震　西安戏剧　1958年6月30日第12期12页

对《薛刚反唐》在剧本修改上的一点意见 宾直 西安戏剧 1958年6月30日第12期13页
光辉灿烂的社会主义之花——评现代戏联合公演 李刚 戏剧报 1958年6月12期19页
谈谈湖南花鼓戏的“三里湾” 陈刚、刘乃崇 戏剧报 1958年6月12期31页
漫谈“女吊” 伊兵 戏剧报 1958年6月12期44页
观众欢迎的两出新戏——看话剧“智取威虎山”与京、评剧“智取坐山雕”的感想 张梦庚 北京文艺 1958年6月号28页
戏曲表演现代剧又一次新的尝试——京剧、秦腔《红色风暴》演出座谈会纪要 本刊 西安戏剧 1958年7月15日第13期2页
《母亲》观后 莫里 西安戏剧 1958年7月15日第13期8页
试谈《窦娥冤》的改编 超英 西安戏剧 1958年7月15日第13期9页
漫谈尚友社演出的《关汉卿》 北海 西安戏剧 1958年7月15日第13期10页
《望江亭》观后 声鸿 西安戏剧 1958年7月15日第13期11页
看邯郸“坠子戏” 郑日安 西安戏剧 1958年7月30日第14期8页
向三意社喝彩！——看三意社《把心交给党》有感 西安戏剧 1958年7月30日第14期9页
谈楚剧的几个小型歌舞剧 刘保绵 戏剧报 1958年7月14期21页
京剧“贵妃醉酒”唱腔分析（续） 何为 戏曲研究 1958年7月3期91页
评剧“爱情”观后 云峰 戏剧战线 1958年7月创刊号11页
一幅美丽的生活画面 繁荣 小剧本 1958年7月总2期19页
谈“战鼓催春” 陈默 人民文学 1958年7月号62页
集体创作之花——眉户现代剧《鹰山春雷》评介 肖润华 西安戏剧 1958年8月27日第15、16期13页
谈《金铃传》的改编和演出 高鹏 西安戏剧 1958年8月27日第15、16期14页
暴露的深刻，批评的尖锐——秦腔现代剧《闹粮》观后 奥树欣 西安戏剧 1958年8月27日第15、16期15页
谈越剧“雨前曲” 袁斯洪 戏剧报 1958年8月15期26页
林祥谦夫人谈京剧“红色风暴” 刃霜 戏剧报 1958年8月第16期28页
不要避开主要的矛盾——评豫剧“朝阳沟” 张真 戏剧论丛 1958年8月第3辑91页
谈豫剧“朝阳沟” 荣 剧本 1958年8月号102页
尚友社演员座谈秦腔现代剧《朝阳沟》 西安戏剧 1958年9月10日第17期8页
一个短小活泼的现代剧——谈易俗社演出的《大字报》 朱星联 西安戏剧 1958年9月10日第17期10页
谈秦腔《窦娥冤》的改编和演出 赵俊杰、陈民旭 西安戏剧 1958年9月10日第17期14页
我对“布谷鸟”剧本的几点意见 张志魁 西安戏剧 1958年9月10日第17期17页
谈《一罐银元》 李龙白 西安戏剧 1958年9月30日第18期7页
一出富有教育意义的戏——《王孝和》观后 毛宙 西安戏剧 1958年9月30日第18期8页
谈《人面兽心》的演出 葆朴 西安戏剧 1958年9月30日第18期9页
评改编后的《窦娥冤》 张登弟 西安戏剧 1958年9月30日第18期10页
观众喜爱的两个小型现代剧 潘应蓬 西安戏剧 1958年9月30日第18期18页

谈越剧“五姑娘” 梨花白 戏剧报 1958年9月第17期17页
看福建省京剧团演出的“红色风暴” 舒谦 戏剧报 1958年9月第17期24页
在人民公社看“战鼓催春” 陈默 戏剧报 1958年9月第18期9页
京剧“贵妃醉酒”唱腔分析（续完） 何为 戏曲研究 1958年9月第4期113页
推荐“四川白毛女” 任桂林 剧本 1958年9月号65页
看京剧“血泪仇” 祁兆良 戏剧战线 1958年9月号总3期20页
从秦腔《蟠龙峪》谈起 云笑、超英 西安戏剧 1958年10月15日第19期3页
评秦腔《活鲁班》 萧洒 西安戏剧 1958年10月15日第19期5页
谈《开天辟地》的现实意义 孙建国 西安戏剧 1958年10月15日第19期9页
看秦腔《开天辟地》 赵志恭 西安戏剧 1958年10月15日第19期10页
如何正确地对待民族戏曲遗产，也谈《窦娥冤》改编中的几个问题 兰州大学李子虞 西安戏剧 1958年10月15日第19期12页
作为一种创作倾向来研究——对《开天辟地》的几点意见 沙陵 西安戏剧 1958年10月30日第20期10页
简评《开天辟地》的演出 雷震中 西安戏剧 1958年10月30日第20期10页
关于窦娥的“宿命论”观点 歌华 西安戏剧 1958年10月30日第20期12页
重看“周仁回府” 秦华 西安戏剧 1958年10月30日第20期16页
河北省现代戏曲观摩散记 李刚 戏剧报 1958年10月第19期31页
“红花岗”——专业与业余合作的结晶 鲁煤 戏剧报 1958年10月第20期17页
谈汉剧“转唐山” 吴明 戏剧报 1958年10月第20期19页
谈桂剧“红河烽火” 尚梦樵 戏剧报 1958年10月第20期20页
建筑工人谈越剧“老八路” 宁 戏剧报 1958年10月第20期24页
蒙汉两族的战斗友谊——看京剧“白云红旗” 龚牧 戏剧报 1958年10月第20期27页
敢想敢干的人们——介绍豫剧“打响头一炮”和“新的开端” 李大河 戏剧报 1958年10月第20期32页
看河北梆子“奇取奶头山”所想到的 高火华 戏剧报 1958年10月第21期32页
川剧《宜宾白毛女》杂谈 黎本初 四川戏曲 1958年10月1日第1期13页
看川剧《智取威虎山》后的意见 杨平 四川戏曲 1958年10月1日第1期35页
三位老大娘评《红旗谱》 肖煜 戏剧战线 1958年10月号总4期6页
新的尝试新的风格——京剧《渭干河》观后 幼韩 西安戏剧 1958年11月第21期总82期10页
漫谈《跃进中的曙光》 胜鸿 西安戏剧 1958年11月第21期总82期12页
石油工人的颂歌——《祁连风雪》观后 行健 西安戏剧 1958年11月第21期总82期16页
《祁连风雪》观后随笔 施葆璋 西安戏剧 1958年11月第21期总82期17页
豫剧《长征》演出的成就 叶毛 西安戏剧 1958年11月第22期总83期7页
曙光照在草原上——看京剧《绿原红旗》 尉迟葆朴 西安戏剧 1958年11月第22期总83期14页
喜看《窦娥冤》 北海 西安戏剧 1958年11月第22期总83期17页
如何正确地对待民族戏曲遗产——也谈《窦娥冤》的改编——与张登弟同志商榷 王芝植等 西安戏剧 1958年11月第22期总83期17页
歌唱我们的英雄前辈——赣剧“混天起义”观后 刘乃崇 戏剧保 1958年11月第21期

33 页
几出新颖的小戏（介绍浙江省现代剧会演中几出戏曲小喜剧） 鲁煤 戏剧报 1958 年 11 月 22 期 15 页
看《双赶车》有感 伍达 安徽戏剧 1958 年 11 月第 2 期（总 2）31 页
京剧《白毛女》在音乐上的收获 张概 安徽戏剧 1958 年 11 月第 2 期（总 2）32 页
谈“孝孺草诏”的表演 张德成 戏剧论丛 1958 年 11 月第 4 辑 173 页
评地方剧“巧遇” 北大鲁迅文学社第一小组 文学知识 1958 年 11 月第 2 期 10 页
观众谈《奇取奶头山》 陈忱整理 戏剧战线 1958 年 11 月号总 5 期 51 页
在川戏战线上展开一个解放思想破除迷信运动——从两个青年演员在《宜宾白毛女》一戏中较有创造性演出谈起 朱亭 四川戏曲 1958 年 11 月 10 日第 2 期 9 页
谈《窦娥冤》的几个问题 戴不凡 西安戏剧 1958 年 12 月第 23 期总 84 期 12 页
看《吹鼓手招亲》 汀 西安戏剧 1958 年 12 月第 23 期总 84 期 6 页
劳动人民的智慧无穷——看端公戏《赶工》 柳滨 西安戏剧 1958 年 12 月第 23 期总 84 期 7 页
谈《红旗牧歌》的主题思想及其他 尉苹 西安戏剧 1958 年 12 月第 23 期总 84 期 8 页
试谈京剧《林海雪原》的演出 施葆璋 西安戏剧 1958 年 12 月第 23 期总 84 期 10 页
关于现实和理想的问题——也谈谈《开天辟地》 巩书田 西安戏剧 1958 年 12 月第 23 期总 84 期 16 页
要以历史唯物主义观点继承与发扬传统剧目——从陇东道情《吵宫》一剧谈起 雷雨 西安戏剧 1958 年 12 月第 23 期总 84 期 18 页
谈评剧《幸福桥》 任世昌 西安戏剧 1958 年 12 月第 24 期总 85 期 9 页
对秦腔《蟠龙峪》的几点意见 赵惺 西安戏剧 1958 年 12 月第 24 期总 85 期 22 页
一出题材新颖的戏——谈秦腔“九员女将” 柳汀 戏剧报 1958 年 12 月 23 期 14 页
漫谈绍剧“水乡红花” 朱青 戏剧报 1958 年 12 月 23 期 26 页
琢磨出更新更美的“白玉瑱”吧！（陕西省戏曲赴京演出） 田汉 戏剧报 1958 年 12 月 24 期 12 页
评秦腔“赵氏孤儿” 屠岸 戏剧报 1958 年 12 月 24 期 14 页
道情剧“六姑娘”舞台美术设计的一点体会 贾正民 戏剧报 1958 年 12 月 24 期 17 页
昆曲“太白醉写”的表演 周传瑛 戏剧报 1958 年 12 月 24 期 28 页
谈京剧《女队长》 黄丹 四川戏曲 1958 年 12 月 10 日第 3 期 9 页
看川剧《春到川中》 余林 四川戏曲 1958 年 12 月 10 日第 3 期 39 页
《女队长》是一出好戏 饶秉钧 四川戏曲 1958 年 12 月 10 日第 3 期 40 页
我看《女红军》 张智 安徽戏剧 1958 年 12 月第 3 期（总 3）37 页
谈庐剧《黎明河边》的表演艺术 李琪骥 安徽戏剧 1958 年 12 月第 3 期（总 3）38 页
天津市汝南妇女座谈《鸿顺里》 张玉英整理 戏剧战线 1958 年 12 月号总 6 期 38 页
《金印记》这出戏不好 杨毓嶷 戏剧战线 1958 年 12 月号总 6 期 40 页
钢花怒放幸福来——评“为钢铁而战” 凌一云 湖南戏剧 1958 年 12 月创刊号总 1 期 24 页
北京戏曲界人士座谈上海新华京剧团的“封神榜” 新民报晚刊 1958 年 1 月 16 日 2 版
寄“杨乃武”与“小白菜” 赵宗之 新疆日报 1958 年 2 月 16 日 3 版
谈浙江昆苏剧团新整理的两个剧目（“风筝误”和“鸣凤记”） 吴白陶 新华日报 1958 年 2 月 19 日 3 页

“音容宛在”——“杜十娘”观后（追悼廖静秋） 朱丹南 四川日报 1958年2月24日3版
评徽戏学员曹尚礼的表演 长风 安徽日报 1958年3月13日3版
评剧“三里湾”观后感 张庚 人民日报 1958年3月22日7版
京剧“白毛女”的艺术创造 凌欣 中国青年报 1958年3月25日3版
浅谈越剧“红楼梦” 寒英 文汇报 1958年3月30日3版
速记“醉酒” 江枫 安徽日报 1958年3月30日3版
读剧小记（莆仙戏“单刀赴会”） 胡忌 光明日报 1958年4月6日5版
苏剧中的渔家女——“邬飞霞刺梁”观后 袁壮昊 新华日报 1958年5月4日3版
试谈周信芳先生的表演艺术——京剧“四进士”观后 赫斯 甘肃日报 1958年5月16日3版
可贵的尝试——评东北地方戏“错中错”的演出（蹦蹦戏） 王兆 吉林日报 1958年5月24日8版
谈粤剧李文茂起义 希恩 南方日报 1958年5月29日3版
豫剧跃进好戏“朝阳沟”（推荐现代题材戏曲剧目） 林涵表 人民日报 1958年6月19日8版
豫剧“刘胡兰”有新创造 檀弓 人民日报 1958年6月23日8版
看楚剧“刘介梅” 李啸仓 人民日报 1958年6月24日8版
湖南花鼓戏“三里湾”出色地运用了传统戏曲表现手法 俞琳 文汇报 1958年6月29日3版
京剧“红色风暴”序 刘厚生、吴石坚 解放日报 1958年7月3日6版
名演员演名戏——从“单刀会”中看周信芳先生的表演特点 李青萍 山西日报 1958年7月6日3版
京剧“红色风暴”的艺术成就 周玑璋 解放日报 1958年7月9日3版
古老的昆曲再现青春——新昆剧“红霞”演出有感 金紫光 北京日报 1958年8月24日3版
一个古老剧种的新生——谈“红霞”在昆曲剧场上 郑振铎 文汇报 1958年8月30日3版
“红霞”演得很成功 俞平伯 文汇报 1958年8月31日3版
“野猪林”赞 刘厚生 解放日报 1958年9月4日6版
“红霞”开了昆曲的新生面 欧阳予倩 人民日报 1958年9月15日8版
可敬可爱的“老八路” 张真 人民日报 1958年10月27日8版
从民歌中诞生在集体中成长——“牛郎织女笑开颜” 金芝 新文化报 1958年11月11日6版
正确创造艺术形象——评“红霞”创造和再创造的得失 马少波 人民日报 1958年11月17日7版
秦腔“三滴血”和碗碗腔“金琬钗” 欧阳予倩 人民日报 1958年11月19日8版
运用传统技巧刻画现代人物——从“梁秋燕”谈到现代戏表演 梅兰芳 人民日报 1958年12月10日7版
永远珍贵的回忆——“烈火红心” 刘川 文汇报 1958年12月12日3版
创造更完美的现代题材的戏曲剧目——看陕西省戏曲赴京演出团的演出 曹禺 人民日报 1958年12月23日7版

“赵氏孤儿”是一出好戏 李超 光明日报 1958年12月24日2版
怎样能使京剧感动观众——谈周信芳先生的“打渔杀家” 林牲炎 戏剧报 1959年1月1期19页
两出动人的湖南戏——谈“昭君出塞”和“生死牌” 屠岸 戏剧报 1959年1月1期22页
新的现实，新的艺术——喜看“牛郎织女笑开颜” 徐风 戏剧报 1959年1月2期25页
评“牛郎织女笑开颜” 林涵表 戏剧报 1959年1月2期27页
谈尚友社演出的《穆桂英》 岷梓 西安戏剧 1959年1月15日元月号6页
对《坚强的人》的一点看法 李汉章 西安戏剧 1959年1月15日元月号6页
秦腔《水淹泗州》观后 曲中 西安戏剧 1959年1月15日元月号8页
对《玉虎坠》整理本的一点意见 赵志恭 西安戏剧 1959年1月15日元月号9页
评《红色三少女》 江枫 安徽戏剧 1959年1月号（总4）6页
漫谈《红色三少女》 合肥师范学院中文系戏剧研究小组陈献秋执笔 安徽戏剧 1959年1月号（总4）7页
从徽剧《借靴》谈起 蕾子 安徽戏剧 1959年1月号（总4）18页
读五个农民小剧本 肖然 四川戏曲 1959年1月10日第4期10页
看《一人商店红旗飘》后 彭涓 四川戏曲 1959年1月10日第4期18页
从“赵氏孤儿”的改编论胆识 马少波 剧本 1959年1月1期98页
推陈出新的“赤壁之战” 卢盛法等 新观察 1959年1月1期16页
战胜保守庆丰收——《金色的凤凰山》观后感 彭耕陶 湖南戏剧 1959年1月总2期11页
优美的音乐，精湛的艺术——陕西戏曲赴京演出团演出观后 叶枫 戏曲音乐 1959年1月创刊号22页
“赤壁之战”的讨论（四篇）中国剧协座谈会 吴雪等 戏剧报 1959年2月2期3页
评粤剧“红花岗”——看戏散记之一 伊兵 戏剧报 1959年2月3期5页
“赤壁之战”的讨论——对“赤壁之战”的意见等 张梦庚等 戏剧报 1959年2月3期15页
看扬剧“十二寡妇平西” 曲六乙 戏剧报 1959年2月3期21页
论“天国怒火” 吴白陶 戏剧报 1959年2月第4期13页
“赤壁之战”的讨论——（看“赤壁之战”等） 尼一等 戏剧报 1959年2月第4期17页
从绘画谈到“天女散花”——“舞台生活四十年”第三集连载 梅兰芳 戏剧报 1959年2月第4期36页
生活的情趣——评庐剧《接女婿》 陈刚 安徽戏剧 1959年2月号（总5）8页
谈谈豫剧《涡河人家》 行型 安徽戏剧 1959年2月号（总5）10页
试谈李素萍的塑造 方明光 安徽戏剧 1959年2月号（总5）11页
谈徽剧《水淹七军》的表演 尚木 安徽戏剧 1959年2月号（总5）12页
评《两面红旗》 白浪 安徽戏剧 1959年2月号（总5）13页
漫谈革命浪漫主义——看几个会演节目有感 拂晓 安徽戏剧 1959年2月号（总5）28页
介绍一出好戏（《两个党员》） 周小舟 湖南戏剧 1959年2月总3期1页
从《两个党员》的情节结构谈起 徐叔华 湖南戏剧 1959年2月总3期12页

丰收赞歌——湘剧《丰收曲》观后 沈学仁 湖南戏剧 1959年2月总3期15页
松柏长青——试评祁剧《不朽的战士》 丁夫 湖南戏剧 1959年2月总3期16页
推荐《生死牌》 陈曦 湖南戏剧 1959年2月总3期17页
看秦腔“三滴血” 颜长珂 戏剧研究 1959年2月第1期40页
评秦腔“游西湖”改编本 刘乃崇 戏剧研究 1959年2月第1期43页
谈祁剧“昭君出塞”及其他 俞琳 戏剧研究 1959年2月第1期46页
生活、传统、创造——闽剧“海上渔歌”的再排演 陈啃高、晋响亭 戏剧研究 1959年2月第1期64页
漫谈三个“昭君出塞” 沈尧 文艺报 1959年2月3期40页
激动人心的艺术魅力 范钧宏 文艺报 1959年2月3期42页
看《翁媳送猪》后一点感想 马善庆 四川戏曲 1959年2月10日第5期9页
长生殿曲谱（川剧胡琴唱腔选）（二） 薛义安念腔 四川戏曲 1959年2月10日第5期34页
秦腔《赵氏孤儿》观后感 周贻白 西安戏剧 1959年2月15日第1期6页
我对《人民公社好》的看法 古扬 西安戏剧 1959年2月15日第1期27页
评“红色的种子”（锡剧） 金毅 读书 1959年2月第4期15页
试谈“月亮潭”的思想意义 群定 陕西戏剧 1959年2月总2期32页
看农民编演的短剧 柳滨 西安戏剧 1959年3月10日第2期10页
谈秦腔《争着干》的演出 杨文颖 西安戏剧 1959年3月10日第2期11页
谈狮吼剧团《苦菜花》的演出 南人 西安戏剧 1959年3月10日第2期18页
评秦腔《夏完淳》 话云 西安戏剧 1959年3月25日第3期7页
试谈秦腔《两颗铃》一剧的成就和不足 高林蔚苹 西安戏剧 1959年3月25日第3期9页
看《献钟》有感 王开泰 西安戏剧 1959年3月25日第3期24页
试论黄伯贤（《生死牌》）的性格 金汉川 湖南戏剧 1959年3月号3页
评湘戏《生死牌》 周章 湖南戏剧 1959年3月号17页
忆王益禄先生演《张松献图》 黄慧修 湖南戏剧 1959年3月号19页
粤剧舞台上的迎春花（评“崇高的职业”和“遗失了地址”） 陈仕元 戏剧报 1959年3月第5期18页
从绘画谈到“天女散花”——“舞台生活四十年”第三集连载 梅兰芳 戏剧报 1959年3月第5期36页
杨桂英的成长（简评沪剧“星星之火”） 世远 戏剧报 1959年3月6期27页
从《杜十娘》想到廖静秋 席明真 四川戏曲 1959年3月10日第6期1页
临江宴曲谱（老调） 张德成念腔 四川戏曲 1959年3月10日第6期30页
对两个《卖虎皮》的观感 靳同爱 戏剧战线 1959年3月号总9期9页
谈“借髢髢” 乔羽 小剧本 1959年3月号总18期28页
谈谈秦腔现代剧《两颗铃》 声鸿 西安戏剧 1959年4月10日第4期6页
关于《赵氏孤儿》的盘门及其他 史键鲁 西安戏剧 1959年4月10日第4期8页
从《红梅记》与《游西湖》比较中谈两点意见 惠生 西安戏剧 1959年4月10日第4期9页
易俗社《胭脂》观后 梁书印 西安戏剧 1959年4月10日第4期11页
谈谈我对秦腔《反大同》的意见 朱星联 西安戏剧 1959年4月10日第4期

谈《汉明妃》及其演出　海浛　西安戏剧　1959年4月25日第5期4页
业精于勤——看尚小云先生的《红鬃烈马》有感　葆璋　西安戏剧　1959年4月25日第5期6页
评眉户剧《苦菜花》的演出　慧真　柯人　西安戏剧　1959年4月25日第5期13页
也谈《胭脂》一剧　李汉章　西安戏剧　1959年4月25日第5期15页
看《老还少》演出所想到的　崔向荣　西安戏剧　1959年4月25日第5期23页
谈《胭脂》中的宿介与王氏　楼广印　西安戏剧　1959年4月25日第5期23页
积极提高戏曲艺术创作的水平——江苏省第二、三届戏曲观摩演出大会述评　王平、金毅　江苏戏曲　1959年4月总1期4页
喜谈"一家人"　子刚　江苏戏曲　1959年4月总1期9页
从民间传说中吸取丰富的养料——兼评京剧"打乾隆"　水易　江苏戏曲　1959年4月总1期11页
看越剧"碧玉簪"的演出　陈中凡　江苏戏曲　1959年4月总1期12页
是好苗还须正确的扶植——浅评柳琴剧"灵堂花烛"的整理　之见　江苏戏曲　1959年4月总1期13页
一出好戏——"十二寡妇征西"　梁冰　江苏戏曲　1959年4月总1期14页
"欲穷千里目，更上一层楼"——评苏剧"昭君出塞"的改编　白坚　江苏戏曲　1959年4月总1期17页
省文化局召开"百岁挂帅"等剧座谈会　艾、里、弓　江苏戏曲　1959年4月总1期47页
震撼人心的革命史诗——试评扬剧"黄浦江激流"　宗政文、王浩然　戏剧报　1959年4月7期8页
足以示范的"义责王魁"　应云卫　戏剧报　1959年4月7期14页
略谈"荒山泪"的表演和唱腔　赵荣琛　戏剧报　1959年4月7期16页
昆曲新戏"墙头马上"　扬人　戏剧报　1959年4月8期14页
评剧舞台上的尝试——"金沙江畔"观后　张艾丁　戏剧报　1959年4月8期19页
再看川剧"秋江"　欧阳予倩　戏剧报　1959年4月8期27页
人物形象的塑造及其他——在省剧协《两个党员》座谈会上的发言　周立波　湖南戏剧　1959年4月号3页
《两个党员》观后感　蒋牧良　湖南戏剧　1959年4月号4页
歌剧《小二黑结婚》给我们的启示（创作现代戏启示）　铁可　湖南戏剧　1959年4月号7页
还要提高——对《生死牌》几点意见　肖泽民等　湖南戏剧　1959年4月号13页
黄伯贤到底是怎样一个人物（"生死牌"）　周德辉　湖南戏剧　1959年4月号14页
艺术真实与历史真实——从《昭君出塞》的演变谈起　王光照　湖南戏剧　1959年4月号19页
王春娥与薛保——谈粤剧"三娘教子"　秦牧　文艺报　1959年4月7期25页
汉剧"宇宙锋"唱腔分析　丁人　戏曲音乐　1959年4月4期29页
对《高山流水》的几点意见　劳马　戏剧战线　1959年4月号总10期37页
西安戏剧界座谈秦腔剧"两颗铃"　虹裳　陕西戏剧　1959年4月总3期66页
情节紧张生动，形象真实感人——看三意社演出的《生死牌》　碧叶　西安戏剧　1959年5月10日第6期6页
漫谈尚小云先生演出的《汉明妃》　柳风　西安戏剧　1959年5月10日第6期9页

初开的花朵——喜看华清剧团《秦香莲》的演出　施葆璋　西安戏剧　1959 年 5 月 10 日第 6 期 10 页
马金凤演出的《穆桂英挂帅》　赵清泉　西安戏剧　1959 年 5 月 10 日第 6 期 11 页
看豫剧《红霞》　云笑　西安戏剧　1959 年 5 月 10 日第 6 期 12 页
再谈尚友社演出的《穆桂英》　志刚、岷梓　西安戏剧　1959 年 5 月 10 日第 6 期 17 页
加速发展戏剧艺术事业——剧协陕西省分会召开秦腔《生死牌》演出座谈会　西安戏剧　1959 年 5 月 25 日第 7 期 6 页
台下人语——《生死牌》观后感　胡征　西安戏剧　1959 年 5 月 25 日第 7 期 8 页
生命的火花——谈《生死牌》中的“抢牌”　超英　西安戏剧　1959 年 5 月 25 日第 7 期 10 页
一出风趣的喜剧——《三拜花堂》　云消　西安戏剧　1959 年 5 月 25 日第 7 期 11 页
永生的形象——评剧《向秀丽》观后　辛丁　西安戏剧　1959 年 5 月 25 日第 7 期 15 页
评秦腔《一剑千秋》的演出　西大中文系戏剧研究组　西安戏剧　1959 年 5 月 25 日第 7 期 18 页
我们之间只有民族友谊——谈评剧“金沙江畔”　张真　戏剧报　1959 年 5 月 9 期 5 页
看川剧“打神告庙”　刘乃崇　戏剧报　1959 年 5 月 9 期 10 页
难忘的形象——徽剧“水淹七军”观后　王哲生　戏剧报　1959 年 5 月 9 期 13 页
粤剧舞台上的“李文茂起义”　林涵表　戏剧报　1959 年 5 月 9 期 15 页
京剧“火烧望海楼”的成就和不足　余仲华　戏剧报　1959 年 5 月 9 期 17 页
谈滇剧“鼓滚刘封”　花边　戏剧报　1959 年 5 月 9 期 26 页
主题、结构、语言（谈《百岁挂帅》《救风尘》两个剧本）　周村　江苏戏曲　1959 年 5 月总 2 期 47 页
关于“红色的种子”（戏曲改编本）　夏阳　江苏戏曲　1959 年 5 月总 2 期 54 页
也谈“打乾隆”　小兵　江苏戏曲　1959 年 5 月总 2 期 56 页
让人物按照自己的生活而生活——漫谈《红星高照》的人物形象塑造　铁可　湖南戏剧　1959 年 5 月号 3 页
评《胡同骂阎》　绵绵　湖南戏剧　1959 年 5 月号 23 页
从《荀灌娘》的演出说起　任桂林　戏剧战线　1959 年 5 月号总 11 期 18 页
也谈《高山流水》　青原　戏剧战线　1959 年 5 月号总 11 期 21 页
唱腔怎样塑造了英雄人物？——蒲剧《三家店》唱腔分析　郑静　戏曲音乐　1959 年 5 月 5 期 1 页
“棉衣做给炼钢人”观后　林艺　安徽戏剧　1959 年 5 月（总 8）12 页
红军不畏远征难——评评剧“金沙江畔”　林涵表　北京文艺　1959 年 5 月 10 期 25 页
“搬家”读后　野风　陕西戏剧　1959 年 6 月总 4 期 21 页
“看榜”的主要问题在哪里　苏棠　陕西戏剧　1959 年 6 月总 4 期 24 页
陕西戏曲界座谈“生死牌”演出　陕西戏剧　1959 年 6 月总 4 期 36 页
由乔新贤、李爱琴扮演黄伯贤谈起　屈曲　陕西戏剧　1959 年 6 月总 4 期 37 页
尚小云先生演出“汉明妃”观后　陕西省京剧团集体研究陈凤鲲执笔　陕西戏剧　1959 年 6 月总 4 期 69 页
“祝英台挂帅”的演出　汉中市人民剧团李慧勤　陕西戏剧　1959 年 6 月总 4 期 79 页
不能让祝英台挂帅　江汉　陕西戏剧　1959 年 6 月总 4 期 80 页
情感真挚，表演动人——看户县剧团演出的《安安送米》　长虹　西安戏剧 1959 年 6 月 25

日第 8、9 期 5 页
谈豫剧“包公三勘蝴蝶梦” 项宗沛 西安戏剧 1959 年 6 月 25 日第 8、9 期 7 页
豫剧《蝴蝶梦》和《鲁斋郎》简介 潘应蓬 西安戏剧 1959 年 6 月 25 日第 8、9 期 8 页
喜看豫剧、秦腔舞台上的《刘胡兰》 蒙秋 西安戏剧 1959 年 6 月 25 日第 8、9 期 10 页
谈《铡美案》中有关包拯的几个情节处理 朱星联 西安戏剧 1959 年 6 月 25 日第 8、9 期 23 页
谈秦腔《断桥》的演出 存明、恩正 西安戏剧 1959 年 6 月 25 日第 8、9 期 24 页
有益的尝试——看湘剧《菊花》想到音乐改革的一些问题 张九 湖南戏剧 1959 年 6 月号 11 页
看辰河戏《单刀会》 张英 湖南戏剧 1959 年 6 月号 17 页
看陈爱珠同学的《六月雪》 可人 湖南戏剧 1959 年 6 月号 29 页
关于《生死牌》的结尾 阿农 湖南戏剧 1959 年 6 月号 30 页
也谈《生死牌》 唐深耘 湖南戏剧 1959 年 6 月号 31 页
我对黄伯贤的看法（“生死牌”） 虞生 湖南戏剧 1959 年 6 月号 32 页
试论京剧艺术的发展道路——从京剧《节振国》演出谈起 郭亮 戏剧战线 1959 年 6 月号总 12 期 17 页
一出新传奇——京剧《节振国》剧本读后 李庆番 戏剧战线 1959 年 6 月号总 12 期 23 页
《节振国》剧本中几个问题的商榷 左之 戏剧战线 1959 年 6 月号总 12 期 25 页
试谈京剧《节振国》 刘春秋 戏剧战线 1959 年 6 月号总 12 期 26 页
台下漫谈——看北京直属艺术团体 1959 年第一次观摩演出札记 林涵表 北京文艺 1959 年 6 月 12 期 2 页
传统美德的光辉——看京剧“生死牌” 王冬青 北京文艺 1959 年 6 月 12 期 5 页
不团圆的“金玉奴” 颜长珂 北京文艺 1959 年 6 月 12 期 7 页
看北昆剧院改编演出的“渔家乐” 景孤血 北京文艺 1959 年 6 月 12 期 13 页
试谈昆曲“渔家乐” 冼尘 戏剧报 1959 年 6 月 11 期 17 页
锡剧“珍珠塔”看后感 张真 戏剧报 1959 年 6 月 12 期 37 页
谈赣剧弋阳腔“还魂记” 孟超 戏剧报 1959 年 6 月 12 期 33 页
《走麦城》以及张韵楼的表演艺术 白浪 安徽戏剧 1959 年 6 月号（总 9）10 页
对戏曲反映敌我矛盾的一些意见——评《大别山上红旗飘》 班发书 安徽戏剧 1959 年 6 月号（总 9）12 页
忆川剧名艺人贾培之演“马房放奎” 伯衡 戏剧研究 1959 年 6 月 2 期 44 页
淮剧《党的女儿》唱腔分析介绍 宗海南 戏曲音乐 1959 年 6 月 6 期 25 页
试谈“拾玉镯”中的孙玉姣 和铃、陆建荣 舞蹈 1959 年 6 月 6 期 19 页
评《大破天门阵》 何愚 湖南戏剧 1959 年 7 月号 3 页
湘剧《玉麒麟》观后 黄彦 湖南戏剧 1959 年 7 月号 5 页
试评祁剧《闹严府》的改编本 王前禧 湖南戏剧 1959 年 7 月号 7 页
传统道德的光辉——看辰河戏《三打周仁》 黑健 湖南戏剧 1959 年 7 月号 8 页
一出优秀的小喜剧——介绍花鼓戏《装灶王》 高山秀 湖南戏剧 1959 年 7 月号 10 页
红心永远向着党——评湘剧《菊花》 砚臣 湖南戏剧 1959 年 7 月号 12 页
一个不真实的剧本（洞房里发生的事——花鼓戏） 莱子 湖南戏剧 1959 年 7 月号 22 页
一出为封建统治者歌功颂德的戏（花鼓戏《七仙会》） 红兰 湖南戏剧 1959 年 7 月号

23 页
花鼓戏《德老倌进城》观后　黎明典　湖南戏剧　1959 年 7 月号 23 页
略谈弦板腔的音乐——乾县第一剧团演出《双命案》观后　马生采　陕西戏剧　1959 年 7 月总 5 期 36 页
也谈《祝英台挂帅》　蒋帆　陕西戏剧　1959 年 7 月总 5 期 56 页
可以让祝英台挂帅　高学、艺华　陕西戏剧　1959 年 7 月总 5 期 57 页
从“翻案”谈起　谢学秦　陕西戏剧　1959 年 7 月总 5 期 57 页
梁祝铁案翻得好　赵庆衔　陕西戏剧　1959 年 7 月总 5 期 58 页
试谈怎样写党的领导和怎样写矛盾——兼论《高山流水》　黑英　戏剧战线　1959 年 7 月总 13 期 39 页
从《高山流水》的讨论中所想到的　赵禄　戏剧战线　1959 年 7 月总 13 期 41 页
我对《高山流水》的浅见　昌言　戏剧战线　1959 年 7 月总 13 期 42 页
谈《磨房会》　曼父　安徽戏剧　1959 年 7 月号（总 10）12 页
《淤泥河》——一出好戏　鸿夫　安徽戏剧　1959 年 7 月号（总 10）13 页
《茶瓶计》观后　晨曦　安徽戏剧　1959 年 7 月号（总 10）29 页
清新、茁壮、充满青春活力的表演——武汉市青年演员会演观后感　黄岚　长江戏剧　1959 年 7 月总 2 期 11 页
有趣的小喜剧——楚剧“打豆腐”和“巧计救贫”　吴乙天　长江戏剧　1959 年 7 月总 2 期 23 页
评越剧“则天皇帝”　卫明　戏剧报　1959 年 7 月 13 期 25 页
草原上战斗的牧歌——谈京剧“绿原红旗”　肖冬　戏剧报　1959 年 7 月 14 期 23 页
戏剧和演员——看上海京剧代表团演出随笔　艾德林、李凤麟译　戏剧研究　1959 年 7 月 3 期 39 页
谈谈几个昆剧人物　徐凌云　戏剧研究　1959 年 7 月 3 期 54 页
谈“三代”的得失　范溶　剧本　1959 年 7 月号 69 页
“樊梨花”观后　张鸣　江苏戏曲　1959 年 7 月总 4 期 25 页
看新、老“渔家乐”想到的几个问题　安西、高琛　北京文艺　1959 年 7 月号 51 页
试评《大破天门阵》的改编和演出　刘斐章　湖南戏剧　1959 年 8 月号 5 页
试论湘剧《玉麒麟》的改编　铁可　湖南戏剧　1959 年 8 月号 7 页
再谈《生死牌》　陈曦　湖南戏剧　1959 年 8 月号 9 页
谈长沙湘戏《八义图》　杨克思　湖南戏剧　1959 年 8 月号 11 页
略谈《春哥和锦鸡》（阳戏）　王前僖　湖南戏剧　1959 年 8 月号 13 页
看邓汉葵演《牛皋毁旨》　白唐　湖南戏剧　1959 年 8 月号 20 页
一个争论（湘剧《山乡巨变》）　闻清　湖南戏剧　1959 年 8 月号 23 页
《女驸马》观后札记　江枫　安徽戏剧　1959 年 8 月号总 11 期 7 页
评《夜审姚达》　程克文　安徽戏剧　1959 年 8 月号总 11 期 10 页
略谈泗州戏的《三蜷寒桥》　合师中四（3）班戏剧小组　安徽戏剧　1959 年 8 月号总 11 期 11 页
写在《梁祝集锦》的前面　柏木　安徽戏剧　1959 年 8 月号总 11 期 12 页
庐剧《闯帘》的艺术特色　蕾子　安徽戏剧　1959 年 8 月号总 11 期 28 页
略谈朱权的《卓文君》　曾平晖　安徽戏剧　1959 年 8 月号总 11 期 31 页
略评《婆媳寄信》　靳虎堂　安徽戏剧　1959 年 8 月号总 11 期 36 页

漫谈筱桂桃等的几出晋剧 刘乃崇 戏剧报 1959年8月15期24页
在塑造历史英雄人物上的踌躇——关于粤剧“寸金桥”的争论 郑达 戏剧报 1959年8月15期8页
农村味的祝英台及其他 陶钝 戏剧报 1959年8月16期22页
从“借黄糠”看沪剧的优秀传统 顾仲彝 戏剧报 1959年8月16期24页
略谈粤剧“关汉卿” 金紫光 戏剧报 1959年8月15期31页
丝弦戏“赶女婿”中的精彩表演 李刚 戏剧报 1959年8月16期32页
一个有益的尝试——老调《潘杨讼》观后记 曹子祥 戏剧战线 1959年8月号总14期2页
评剧《红二师》观后感 马守义 戏剧战线 1959年8月号总14期5页
谈《潘杨讼》中的寇准 王冠生 戏剧战线 1959年8月号总14期8页
试谈《节振国》剧本的成功与不足 范凡 戏剧战线 1959年8月号总14期33页
谈张淑敏扮演的杜十娘——兼论剧本的改编 胡丹沸 戏剧战线 1959年8月号总14期36页
别具风格的《铁龙山》 李静慈 陕西戏剧 1959年8月总6期43页
豫剧《对花枪》观后 毛宙 陕西戏剧 1959年8月总6期46页
一出富有乡土气息的小型喜剧《隔门贤》 愚省 陕西戏剧 1959年8月总6期51页
《梁山伯与祝英台》的悲剧意义 朱岱雯 陕西戏剧 1959年8月总6期70页
一个失败的改编（关于《祝英台挂帅》的讨论） 高家福 陕西戏剧 1959年8月总6期71页
华素琴饰演的白素贞（扬剧） 村州 江苏戏曲 1959年8月总5期18页
谈《秦淮曲》（锡剧）中的“戏” 顾尔镡 江苏戏曲 1959年8月总5期34页
从“义责王魁”谈折子戏的艺术特点（京剧） 鲁白 剧本 1959年8月号51页
粤剧“关汉卿”的结尾及其他 马少波 文艺报 1959年8月16期11页
漫谈淮剧《南北界》 尹子 江苏戏曲 1959年9月总6期18页
在京演出“珍珠塔”（锡剧）散记 赵沅 江苏戏曲 1959年9月总6期33页
细致的表演，鲜明的形象——谈汪韵芝演“珍珠塔”中的姑母 许应 江苏戏曲 1959年9月总6期37页
严谨的程式，充沛的生命——看福建梨园戏札记 艾芉 江苏戏曲 1959年9月总6期38页
怨与怒——读白坚同志的“欲穷千里目，更上一层楼”后感（评《昭君出塞》） 顾尔镡 江苏戏曲 1959年9月号总6期44页
充满生活情趣的民间小戏《割红绸》 胡金兆 戏剧战线 1959年9月号总15期13页
谈《杨金花夺印》中的几个问题 林岩 戏剧战线 1959年9月号总15期14页
漫谈丝弦《白罗衫》中的姚达 李刚 戏剧战线 1959年9月号总15期15页
公而忘私、国而忘家——评花鼓戏《我的一家》 戈人 湖南戏剧 1959年9月号5页
一出令人喜爱的神话剧——花鼓戏《刘海戏金蟾》观后 铁可 湖南戏剧 1959年9月号11页
一首悲壮的史诗——评祁剧《王昭君》 众志 湖南戏剧 1959年9月号20页
学习锡剧《珍珠塔》的喜剧技巧 金芝 安徽戏剧 1959年9月号总12期30页
对《女驸马》的两点意见 红葵 安徽戏剧 1959年9月号总12期34页
一首纯朴、粗犷的民歌——读剧本《扫花堂》随笔 白浪 安徽戏剧 1959年9月号总12

期41页
略论《三滴血》及其改编　王烈　陕西戏剧　1959年9月总7期21页
试谈秦腔《游西湖》的成就　李静慈　陕西戏剧　1959年9月总7期25页
评大悲剧“父子恨”　伊兵　戏剧报　1959年9月17期34页
评藏戏“文成公主”　集文　民族研究　1959年9月9期56页
看梨园戏“高文举”　张艾丁　新观察　1959年9月17期26页
看上海越剧院“红楼梦”的演出　张真　戏剧报　1959年10月19期8页
三看“二度梅”（汉剧）　冯其庸　戏剧报　1959年10月19期11页
几个爱国主义精神高扬的福建戏　屠岸　戏剧报　1959年10月19期16页
别具风格的川剧“白蛇传”　卫明　戏剧报　1959年10月19期21页
周信芳初演京剧“海瑞上疏”　健夫　戏剧报　1959年10月19期22页
从“双阳公主”说到尚派　关未然　戏剧报　1959年10月20期13页
河北青年跃进剧团的“杜十娘”　李刚　戏剧报　1959年10月20期15页
看豫剧“破洪州”　陶君起　戏剧报　1959年10月20期16页
黄梅戏的新收获——《生死板》　曲工　安徽戏剧　1959年10月号总13期19页
《李素萍》及郭立仙的表演　陈方、白浪　安徽戏剧　1959年10月号总13期21页
蒲剧“薛刚反朝”的人物、风格与技巧　郭汉城　戏剧研究　1959年10月5期3页
试论“白蛇传”悲剧中许仙的性格　颜长珂　戏剧研究　1959年10月5期12页
喜看汉剧《双下山》　袁多寿　陕西戏剧　1959年10月总8期18页
应该从人物性格出发——也谈《祝英台挂帅》　李尧坤　陕西戏剧　1959年10月总8期33页
推陈出新、古为今用——略谈十年来戏曲传统剧目的整理改编　郭汉城、俞琳　剧本　1959年10月10期22页
谈“京娘送兄”　李悦之　小剧本　1959年10月总31期26页
为《翠鸟衣》喝彩　周章　湖南戏剧　1959年10月号46页
谈《西厢记》的演出　边源　长江戏剧　1959年10月总5期25页
川剧“别洞观景”学习一得　吴琛　上海戏剧　1959年10月创刊1期33页
初见容易细思难——回忆康芷林先生表演的“三难新郎”　周慕莲　峨嵋　1959年10月创刊1期81页
现实主义悲剧艺术的一颗明珠——评莆仙戏“团圆之后”　陈中凡、孙殊青　南京大学学报（人文科学）　1959年10月1期53页
大跃进的颂歌——《史河两岸鲜花开》读后　安海人　安徽戏剧　1959年11月号总14期16页
爱恨交织的“罗帕”　程克文　安徽戏剧　1959年11月号总14期18页
神话形式是否能反映现实——从《牛郎织女笑开颜》谈起　白浪　安徽戏剧　1959年11月号总14期12页
《罗帕记》的思想性及人物刻画　杨清毓　安徽戏剧　1959年11月号总14期21页
梨簧戏《狮吼记》　鸠鸿、纯铸　安徽戏剧　1959年11月号总14期25页
喜剧《拿虎》和它的真实性——戏剧杂谈之一　场宁　安徽戏剧　1959年11月号总14期23页
历史真实与艺术的真实（对越剧则天皇帝的评论）　蒯伯赞等　戏剧报　1959年11月21期18页

看桂剧的几个小戏　司空谷　戏剧报　1959年11月21期31页
惩恶扬善的好戏“南瓜记”　珂理　戏剧报　1959年11月21期23页
夸张、想象和真实——评越剧“则天皇帝”　温凌　戏剧报　1959年11月第22期14页
赞柳子戏“孙安动本”　孟超　戏剧报　1959年11月第22期26页
祝贺河北梆子新生一代的成长——兼谈张淑敏演《杜十娘》　林涵表　戏剧战线　1959年11月号总17期5页
激动人心的《忠义侠》　胡忌　戏剧战线　1959年11月号总17期7页
且说《姐儿俩》　吴白珩　戏剧战线　1959年11月号总17期39页
谈《高山流水》中的三个问题　陈晋龄　戏剧战线　1959年11月号总17期41页
热望继续加工，使《节振国》更臻完美　观华　戏剧战线　1959年11月号总17期44页
读“团圆之后”　田汉　剧本　1959年11月号21页
“团圆之后”的出色成就　郭汉城　剧本　1959年11月号23页
悲剧与现实——试谈“团圆之后”　马少波　剧本　1959年11月号28页
谈莆仙剧“团圆之后”　孟超　剧本　1959年11月号33页
汉滨奇花——介绍汉剧《打龙棚》　姜炳泰　陕西戏剧　1959年11月总9期9页
继承传统，推陈出新——喜谈传统剧《状元媒》改编的成功　化一术　陕西戏剧　1959年11月总9期13页
从《武家坡》看徐碧云先生的表演艺术　江山　陕西戏剧　1959年11月总9期16页
三个爱钱的人——杂谈《一文钱》的演出　北海　陕西戏剧　1959年11月总9期18页
读《难忘的日子》有感——学习戏曲传统，学习史氏体系　章云刚、袁多寿　陕西戏剧　1959年11月总9期20页
致故乡观众（谈《我的一家》）　陶承　湖南戏剧　1959年11月号5页
含苞待放的玫瑰——看花鼓戏《人民公社万岁》彩排　周德辉　湖南戏剧　1959年11月号8页
“戏”别三日当刮目相看（谈《生死牌》）　柳轻飏　湖南戏剧　1959年11月号9页
新颖、别致的《借水赠钗》　吴蓟　江苏戏曲　1959年11月总8期45页
评京剧“海瑞上疏”　徐以礼　上海戏剧　1959年11月2期22页
记省二届戏曲观摩会演　张鹏　奔流　1959年11月总35期40页
谈严凤英演“女驸马”　林涵表　大众电影　1959年11月21期14页
楚剧《吕蒙子泼粥》的表演　章炳炎述　长江戏剧　1959年11月总6期24页
单刀直入——谈新本“望娘滩”　丘扬　小剧本　1959年11月总33期28页
谈《两颗铃》的现实意义和艺术创造　白凡　陕西戏剧　1959年12月总10期27页
画龙点睛的表演艺术——《双阳公主》观后感　陈幼韩　陕西戏剧　1959年12月总10期30页
看同州梆子《破宁国》的演出　王绍猷　陕西戏剧　1959年12月总10期35页
看陇县剧团演出的《蔡文姬》　岷梓　陕西戏剧　1959年12月总10期58页
向民间艺术学习——看《打樱桃》《走西口》所想到的　周育德　陕西戏剧　1959年12月总10期58页
对《鸳鸯恨》剧本的一点意见　向若　陕西戏剧　1959年12月总10期59页
雄伟壮丽光彩夺目动人心弦——评淮北梆子戏《捻军颂》　李冬生　安徽戏剧　1959年12月号总15期20页
谈古诗新戏《采桑女》　查富山　安徽戏剧　1959年12月号总15期23页

会做戏的眼睛——看蒋华池同志在《访松江》中的表演　王少舫　安徽戏剧　1959年12月号总15期24页
谈京剧“淝水之战”　英郁　上海戏剧　1959年12月第3期21页
评沪剧“战斗在敌人心脏里”　龚义江　上海戏剧　1959年12月第3期22页
卓越的共产主义战士——评花鼓戏《郭亮》　钱琪　湖南戏剧　1959年12月号20页
看湘乡花鼓剧团演出　山秀　湖南戏剧　1959年12月号22页
潮剧观后　王震亚　戏曲音乐　1959年12月12期22页
从一出戏看川剧音乐的跃进　吴一立　戏曲音乐　1959年12月12期24页
古代人民道德思想的光辉——看豫剧“卷席筒”　珂理　戏剧报　1959年12月第23期24页
戏曲为政治中心服务——京剧《人民公社好》观后　知新　长江戏剧　1959年12月总7期34页
评介影调戏“西厢记”　谢力成　人民音乐　1959年12月12期21页
驳“三代”　伊兵　剧本　1959年12月12期94页
介绍元旦和春节上演的小戏　小剧本　1959年12月总35期1页
京剧舞台上的整本“西厢”　景孤血　北京日报　1959年1月4日3版
坚持“两条腿走路”——写在“赤壁之战”试演之前　马少波　人民日报　1959年1月4日8版
关于京剧“赵一曼”的演出　童芷苓　文汇报　1959年1月8日3版
小评“西厢记”　荀慧生　北京日报　1959年1月9日3版
谈评剧“苦菜花”的改编　萧甲　人民日报　1959年1月14日8版
推荐“生死牌”　陈曦　新湖南报　1959年1月14日3版
传统道德力量闪烁着光辉——评湖南戏曲艺术团的演出　梅兰芳　人民日报　1959年1月15日8版
首都戏剧界称赞“赤壁之战”　文汇报　1959年1月16日3版
重视传统剧的精华——评湖南花鼓戏“生死牌”　李超　光明日报　1959年1月18日4版
谈整理改编“赤壁之战”的胆识　林涵表　文汇报　1959年1月20日3版
发扬民族传统的精华谈湖南戏“昭君出塞”“生死牌”　马少波　北京日报　1959年1月22日3版
略谈“赤壁之战”的成就　颜长珂　光明日报　1959年1月23日3版
看新改编本“西厢记”　白融　新文化报　1959年1月28日2版
关于“赤壁之战”的结构和人物　赵呈美　新文化报　1959年2月4日3版
这不是神话剧吗？——就“牛郎织女笑开颜”一剧与方柄同志商榷　洪承贻　安徽日报　1959年2月5日3版
谈历史的真实——评白融“看新改编本‘西厢记’”一文　姚保瑢　新文化报　1959年2月7日3版
“三滴血”的改编和演出　雷震中　陕西日报　1959年2月12日4版
一出比较优秀的扬剧传统戏　丁汗稼　新华日报　1959年2月13日3版
“赵氏孤儿”和“八义图”　文野　陕西日报　1959年2月15日3版
“赤壁之战”的得失——首都戏剧界提出一些看法　文汇报　1959年2月18日3版
光辉的革命群众的艺术形象——看淮剧“一家人”　曲六乙　新文化报　1959年2月19日3版

谈“两个党员”的改进提高　刘斐章　新湖南报　1959年2月19日3版
略谈“火烧望海楼”的成就　袁静　天津日报　1959年2月23日4版
从“赤壁之战”谈起　张梦庚　新文化报　1959年2月25日3版
从京剧“赤壁之战”看三国形势　孟超　新文化报　1959年2月25日3版
不要把诗人曹操涂成大白脸　河北北京师范学院古典文学教研组　光明日报　1959年3月1日6版
试谈“生死牌”　李沥青　新湖南报　1959年3月4日3版
新评剧“跃进之花”　龚叶　大公报　1959年3月5日3版
“女审”中的秦香莲　徐进　文汇报　1959年3月10日3版
论沪剧的风格问题——从“星星之火”谈起　吴恩　解放日报　1959年3月10日4版
漫谈“女审”　戴不凡　文汇报　1959年3月13日3版
川剧“闹齐廷”——学习文学遗产笔记　艾芜　光明日报　1959年3月18日3版
在舞台上应该公平地对待曹操　李宗白　光明日报　1959年3月19日3版
封建统治者的丑剧——评川剧“闹齐庭”　齐风　重庆日报　1959年3月20日3版
谈京剧“淝水之战”　小捷　文汇报　1959年3月24日3版
看甬剧“东风吹春”　林阳　文汇报　1959年3月24日3版
略谈沪剧“黄河颂”　周良材　文汇报　1959年3月24日3版
读“玉簪记”看川剧团的演出　珠天　新文化报　1959年3月25日3版
光辉的共产党人形象　何慢　解放日报　1959年3月25日6版
浪漫主义和现实主义结合一例——川剧“柜中缘”观后感　艾芜　人民日报　1959年3月26日8版
从“墙头马上”看“两结合”　俞振飞　文汇报　1959年3月29日3版
从“墙头马上”所体会到的　杨村彬　文汇报　1959年4月4日3版
高歌健舞情何限——看川剧“打神告庙”　欧阳予倩　人民日报　1959年4月5日8版
大气磅礴、动人心魄——谈扬剧“黄浦江激流”　袁斯洪　新文化报　1959年4月13日3版
从“跪”字出戏——评“陈三两爬堂”　范溶　新文化报　1959年4月16日4版
满足与期待——评“金沙江畔”　萧甲　北京日报　1959年5月14日3版
剧坛喜开迎春花——陇东道情“枫洛池”观后　叶中人　甘肃日报　1959年5月17日3版
谈北昆的“渔家乐”　秦瑾　文汇报　1959年5月25日3版
好戏需要好技巧——评扬剧“黄浦江激流”　戴不凡　人民日报　1959年5月26日7版
字音铿锵利落舞蹈刚柔并进梅兰芳公演“穆桂英挂帅”　人民日报　1959年5月27日7版
看“三关排宴”　罗合如　山西日报　1959年6月5日3版
怎样向传统戏曲学习技巧，谈“三上轿”的细节描写和刻画人物　长风　天津日报　1959年6月9日4版
谈“辕门射戟”的吕布　李四立　文汇报　1959年6月23—25日3版
谈昆曲“墙头马上”女主角李倩君　周玑璋　解放日报　1959年6月26日5版
昆曲“墙头马上”观后　陈西汀　解放日报　1959年6月27日6版
激动人心的“绿原红旗”　冯厚　人民日报　1959年7月8日8版
当代活武松——谈盖叫天先生演“醉打蒋门神”　何慢、龚义江　解放日报　1959年7月10日5版
谈越剧“则天皇帝”　傅骏　文汇报　1959年7月14日3版

简评京剧“巴林怒火” 绍奎、力亥 内蒙古日报 1959年7月18日2版
看“绿原红旗” 李健吾 光明日报 1959年7月18日3版
一曲难忘“蝶双飞”——谈粤剧“关汉卿” 韩北平 人民日报 1959年7月21日8版
古树逢春花满枝——从“过界岭”的演出谈起 梅艺 湖北日报 1959年7月26日3版
情深意新——马师曾和红线女在“关汉卿”中的创造 林涵表 文艺报 1959年7月29日3版
从“雷雨”谈沪剧表演风格 陈荣兰 解放日报 1959年7月29日5版
三看晋剧“草原烽火” 李赐 内蒙古日报 1959年8月2日3版
藏民走上新生的动人画面——看“绿原红旗” 梅兰芳 文汇报 1959年8月6日3版
看了“金玉奴”的一点感想 欧阳予倩 文汇报 1959年8月8日3版
“正字戏”和“金叶菊” 施克 文汇报 1959年8月20日3版
精练准确刻画入微——谈俞振飞和言慧珠在“贩马记”中的表演艺术 伊琳 内蒙古日报 1959年8月21日3版
崭露头角——看浙江省戏曲观摩中青年演员的表演 钟锡知 文汇报 1959年8月25日3版
川剧“白蛇传”的特色——四川省青年川剧团演出观后 赵锡骅 文汇报 1959年9月4日3版
一出优秀的古典悲喜剧——看省采茶剧团演出的“三女抢板” 三山等 江西日报 1959年9月7日3版
新放出的花朵——看陇东道情剧“枫洛池” 梅兰芳 人民日报 1959年9月10日8版
满园春色关不住一支红杏出墙来——看“蓝河怨”兼谈“二人转”的发展 吴矣 吉林日报 1959年9月14日4版
张飞的忠心和刘封的反骨——谈滇剧“鼓滚刘封” 林涵表 人民日报 1959年9月14日12版
艺术常青——看梅兰芳主演的“穆桂英挂帅” 马少波 人民日报 1959年9月26日12版
看陕西戏曲演出团的“三滴血” 张真 光明日报 1959年10月10日6版
“老梅越老越精神”——谈梅兰芳演“穆桂英挂帅” 刘乃崇 光明日报 1959年10月10日6版
评昆曲“墙头马上” 伊兵 光明日报 1959年10月10日6版
谈庐剧优秀传统剧“花绒记” 董群 安徽日报 1959年10月10日3版
“老当益壮”——看“穆桂英挂帅” 于连泉 文汇报 1959年10月12日3版
评越剧“红楼梦” 伊兵 人民日报 1959年10月14日7版
农民革命斗争的赞歌——谈梆剧“捻军颂” 董毛李 安徽日报 1959年10月24日3版
喜看潮剧新作“辞郎洲” 蔡楚生 光明日报 1959年10月25日3版
试评周信芳的新作“海瑞上疏” 卫明 文汇报 1959年10月27日5版
归宁的京剧之花 梅兰芳 人民日报 1959年10月28日8版
看南昌采茶戏“南瓜记”后 张艾丁 光明日报 1959年11月1日3版
喜看新历史剧的成就——介绍“淝水之战” 王浩然 解放日报 1959年11月4日6版
眉户剧“梁秋燕” 柳风 文汇报 1959年11月5日3版
可贵的舍己为人精神——观摩湘剧“生死牌” 俞一 人民日报 1959年11月5日8版
赞秦腔“烙碗计”和“断桥” 刘厚生 解放日报 1959年11月8日6版

一支生力军——云南省京剧演出观后　马少波　人民日报　1959年11月8日8版
动人心腑——评秦腔“赵氏孤儿”改编本的几场戏　光惟　文汇报　1959年11月9日5版
京剧“飞车擒敌”的艺术成就　陶雄　解放日报　1959年11月11日6版
评莆仙戏“父子恨”　羽化　光明日报　1959年11月11日6版
秦腔“赵氏孤儿”好　陶雄　解放日报　1959年11月12日6版
一出扣人心弦的戏——谈淮剧“三女抢板”　雪岩　文汇报　1959年11月18日3版
“试看风霜飞剑铓”——谈潮剧“辞郎洲”的形象处理　郭亮　解放日报　1959年11月21日5版
百花，跃进，新生，发展——看“跃进”“小百花”两河北梆子剧团演出有感　孟超　天津日报　1959年11月28日4版
阳光雨露中的花朵——介绍青年演员汇报演出中的三出京剧　卫明　解放日报　1959年12月2日6版
独树一格的伟大悲剧——记莆仙戏“团圆之后”　福建日报　1959年12月6日3版
关于彩调“刘三姐”的讨论　广西日报　1959年12月7—10日3版
关于“双拜月”和王瑞兰（湘剧）　彭俐侬　文汇报　1959年12月14日3版
越剧新枝一蓓蕾——看陆梅瑛扮演的杜十娘有感　吴歌　解放日报　1959年12月14日6版
早晨的太阳——谈谈青年汇报演出京剧部分　陶雄　解放日报　1959年12月16日5版
略谈新剧“多沙阿波”的结构　赵清阁　文汇报　1959年12月19日3版
云南京剧团的“白蛇传”的表演艺术　唐真　解放日报　1959年12月20日6版
金戈铁马气吞河山——评扬剧“百岁挂帅”　杨子、郭之　文汇报　1959年12月21日3版
塑造人物、发扬流派及其他——看沪、甬、锡剧青年汇报演出　何慢、应耐良　解放日报　1959年12月25日5版
谈花灯戏《探干妹》的艺术成就　蒙秋　陕西戏剧　1960年1月总11期12页
试谈《锦上添花》表演上的一些成就　刘修　陕西戏剧　1960年1月总11期14页
喜观《天波府》　李尤白　陕西戏剧　1960年1月总11期30页
谈《急子回头》中的几个人物　郭天钧　陕西戏剧　1960年1月总11期32页
试谈《白玉钿》的梦境处理　赵志恭　陕西戏剧　1960年1月总11期58页
喜看《双明珠》的演出　陈心锦、李培英　陕西戏剧　1960年1月总11期59页
碗碗腔《兵火缘》演的好　杜都　陕西戏剧　1960年1月总11期59页
谈越剧“红松林”的演出　左民　上海戏剧　1960年1月1期21页
滇池花香达申江——看关肃霜来沪演出的“白蛇传”和“多沙阿波”　中原　上海戏剧　1960年1月1期22页
谈谈越剧“白蛇传”的布景设计　苏石风　上海戏剧　1960年1月1期29页
卓越的性格描写（山东柳子戏“割袍”）　冯其庸　戏剧报　1960年1月1期14页
生动活泼的曲剧“赶脚”　钟秀　戏剧报　1960年1月2期11页
看楚剧“打豆腐”　薛恩厚　戏剧报　1960年1月2期14页
在新的水平线上——建国十周年献礼演出片谈　柏木、车明　安徽戏剧　1960年1月号总16期18页
“星星之火、可以燎原”——评黄梅戏《大别山上红旗飘》　白浪、泗珠　安徽戏剧　1960年1月号总16期23页

意在不言中——简谈张福籯同志在《采桑女》中的表演　马典　安徽戏剧　1960年1月号总16期32页
新人新事的赞歌——评《请牛医》等三个小戏　彭本位　湖南戏剧　1960年1月号10页
喜见艺苑出新人——看省京剧团小演员的《樊江关》　金汉川　湖南戏剧　1960年1月号11页
喜看《迎丰之歌》　戈琴　湖南戏剧　1960年1月号15页
试谈《陈三两》的主题与人物性格　杨一中　戏剧战线　1960年1月总19期45页
步步提高的《挡马》　羽佳　戏剧战线　1960年1月总19期47页
看筱桂桃演《杀宫》　祁兆良　戏剧战线　1960年1月总19期52页
从《团圆之后》的主题思想谈"三保""毒父"两个问题　舒谦　福建戏剧　1960年1月20日第1期14页
我对《团圆之后》几个人物的看法　石灵　福建戏剧　1960年1月20日第1期15页
看川剧"白蛇传"的"托举"有感　彭松　舞蹈　1960年1月1期24页
评庐剧《程红梅》的意义和成就　金芝　柏木　安徽戏剧　1960年2月号总17期20页
中流砥柱——黄梅戏《洪波曲》中塑造的共产党员形象　王乙　安徽戏剧　1960年2月号总17期23页
枣味甜心——谈又一梁祝折子戏《英台打枣》　阿广　安徽戏剧　1960年2月号总17期25页
我们需要更多反映大跃进的喜剧——从《史河两岸鲜花开》谈起　曲工　安徽戏剧　1960年2月号总17期27页
《小包公》的艺术特色　金芝　安徽戏剧　1960年2月号总17期28页
喜看湘剧青年跃进团演出《红梅记》　赞新　湖南戏剧　1960年2月号33页
一首惊心动魄的革命赞歌（湘剧《春雷》）　刘回春　湖南戏剧　1960年2月号35页
谈《柯山红日》（花鼓戏）的演出　周峥嵘　湖南戏剧　1960年2月号37页
看祁剧《降龙伏虎》的演出　白水　湖南戏剧　1960年2月号47页
谈秦腔《回乡记》存在的问题　文兵　陕西戏剧　1960年2月总12期60页
应注意传统剧目的思想性——看《苏武牧羊》有感　刘建华　陕西戏剧　1960年2月总12期65页
《合家欢》观后　李长辉　陕西戏剧　1960年2月总12期66页
看农民自编自演的《待女婿》　杨苏　陕西戏剧　1960年2月总12期67页
观京剧晴雯散记　卫明　上海戏剧　1960年2月2期7页
不灭的革命火焰——谈沪剧"芦荡火种"　何慢　上海戏剧　1960年2月2期14页
谈越剧火凤凰　英郁　上海戏剧　1960年2月2期15页
喜看雏凤舞东风——看川剧青年演员刘卯钊演"别宫出征"与"醉酒"　伯衡　戏剧报　1960年2月4期17页
谈老调"潘杨讼"　昌言　戏剧报　1960年2月4期40页
风格卓异的楚霸王——看盖叫天先生演"乌江恨"　何慢、龚义江　戏剧报　1960年2月4期43页
人性可以代替阶级性吗?（《团圆之后》）　曾征　福建戏剧　1960年2月20日第2期17页
《团圆之后》的主题思想和人物情节　德亮　福建戏剧　1960年2月20日第2期19页
关于杜国忠（《团圆之后》讨论）　张瑞增　福建戏剧　1960年2月20日第2期20页
"山茶"赞——喜看云南花灯剧团巡回演出　闻山　文艺报　1960年2月4期36页

“红姐妹”的人物描写（评剧） 杨哲民 剧本 1960年2月2期54页
看秦腔《赵氏孤儿》 马倚 长江戏剧 1960年2月总9期39页
泪花犹存笑颜开——一出新颖的喜剧《灵堂花烛》 孙殊青 裴显生 江苏戏曲 1960年2月号（总11期）56页
一出歌唱商业工作大跃进的好戏——谈天津市评剧院二团演出的“张士珍” 王冠生 东风 1960年2月4期16页
“骄”与“横”——谈川剧“铁笼山”中的杜后 杨之凤 峨眉 1960年2月2期85页
也谈《杨金花夺印》 毛达志 戏剧战线 1960年2月号总20期32页
一出有利于民族团结的好戏——越剧“文成公主”观后 冰心 民族团结 1960年2月2期34页
谈京剧“赵一曼” 卫明 戏剧报 1960年3月5期30页
大胆创造勇于革新——谈京剧“踏破东海千层浪” 龚义江 戏剧报 1960年3月6期12页
歌唱英雄黄公略 刘乃崇 戏剧报 1960年3月6期6页
薛仁贵担水 张真 戏剧报 1960年3月6期30页
优美的文琴戏“珠郎娘美” 俞百巍 戏剧报 1960年3月6期35页
一出有基础的好戏——《沙岭突围》观后感 龙平 湖南戏剧 1960年3月号22页
剧本、表演及其他——花鼓戏《柯山红日》观后杂感 马师曾 湖南戏剧 1960年3月号11页
陶醉在精湛艺术的气氛里（看湘剧、祁剧、花鼓戏的演出） 红线女 湖南戏剧 1960年3月号13页
浅谈《巧诛记》 杨云驰 湖南戏剧 1960年3月号20页
运用传统表现新人物——试谈阳戏青年演员雷学菊扮演的端阳 邹平 湖南戏剧 1960年3月号21页
谈越剧“文成公主”中的矛盾冲突 黄沙 上海戏剧 1960年3月22日3期
点石成金——略谈“青跃”改编的《教子》 海岚 戏剧战线 1960年3月号总21期26页
《夜祭》——别具风趣的折子戏 拂晓 安徽戏剧 1960年3月号总18期23页
西安舞台抗旱剧目百花齐放 陕西戏剧 1960年3月总13期30页
讨论《团圆之后》几点体会 代石 福建戏剧 1960年3月20日第3期19页
南花北放——谈天津越剧团《文成公主》的音乐 乔东君 戏曲音乐 1960年3月总15期18页
英雄人民创造了英雄形象——看《百岁挂帅》 何为 电影艺术 1960年3月号28页
看出国川剧“焚香记” 邓蕖如、朱禾 峨眉 1960年3月3期87页
看“灯”琐记——写于云南省花灯剧团的演出之后 杨琦 人民音乐 1960年3月3期10页
一首雄壮的战歌——评剧“红姐妹” 鲁煤 戏剧报 1960年4月7期17页
“俯”和“仰”之间——评“潘杨讼”中崔澄田扮演的潘洪 郭亮 戏剧报 1960年4月7期35页
鸡毛飞上天，桃李遍人间——评沪剧“鸡毛飞上天” 刘厚生、龚义江 戏剧报 1960年4月8期11页
京剧“巴林怒火”“白云红旗”观后 李超 戏剧报 1960年4月8期13页

喜看“张士珍” 张葆莘 戏剧报 1960年4月8期15页
谈武安落子“高山流水” 孟超 戏剧报 1960年4月8期19页
看武安平调落子的传统小戏 荀慧生 戏剧报 1960年4月8期21页
大跃进的胜利凯歌——看豫剧“冬去春来” 珂理 戏剧报 1960年4月8期17页
沙海红旗迎风飘 蒲邦宪 陕西戏剧 1960年4月总14期41页
初开花朵分外香——端公戏《双献料》观后 杨克忍 陕西戏剧 1960年4月总14期43页
谈弦子戏《三石二两七》 雷雨 陕西戏剧 1960年4月总14期46页
谈敫桂英在《打神告庙》一场的表演 张生采等 陕西戏剧 1960年4月总14期49页
又一曲共产主义凯歌 陕西师大中文系三年级丁班 陕西戏剧 1960年4月总14期52页
《寻儿记》反映了什么思想 含瑛 陕西戏剧 1960年4月总14期79页
高速度的产物——谈闽剧《郭可钦》的诞生 程震中 福建戏剧 1960年4月20日第4期8页
《天宫海国》是一出坏戏 文聿 福建戏剧 1960年4月20日第4期16页
福州市戏剧界座谈《天宫海国》 程震中等 福建戏剧 1960年4月20日第4期17页
谈《接专家》的演出 陈英杰 戏剧战线 1960年4月号总22期19页
《潘杨讼》的出色成就 宗一 戏剧战线 1960年4月号总22期52页
《火烧望海楼》观后 华犁 戏剧战线 1960年4月号总22期58页
漫谈京剧“柯山红日” 林涵表 北京戏剧 1960年4月8日第1期108页
大跃进的赞歌——评沪剧“鸡毛飞上天” 钟乃然 上海戏剧 1960年4月4期25页
评京剧“唐赛儿” 王浩然 上海戏剧 1960年4月4期27页
一出有毒的戏——批判花鼓戏《石义与奇花》 戈琴 湖南戏剧 1960年4月号13页
谈祁剧《斩潘案》 亦云 湖南戏剧 1960年4月号18页
“白蛇传”的艺术典型与悲剧的成因——与颜长珂同志商榷 关凌岚 戏剧研究 1960年4月1期107页
看二夹弦《白雪红心》 钧之 安徽戏剧 1960年4月总19期6页
略论窦娥冤 赖淮靖等 科学与教学 1960年4月1、2期45页
戏曲革新试谈——贺宜昌市京剧团演出《茶山七仙女》 朔明 长江戏剧 1960年4月总11期13页
继承与创造——在“峨眉”编辑部召开的“白蛇传”座谈会上的发言 李亚群 峨眉 1960年4月4期82页
谈《百花亭》一些细节处理 施成竹等 福建戏剧 1960年5月20日第5期10页
简评《摘花》中七仙女的表演 柯玲 福建戏剧 1960年5月20日第5期10页
评高甲丑戏《连升三级》 丁已 福建戏剧 1960年5月20日第5期10页
感情横溢的《昭君出塞》 张弓 福建戏剧 1960年5月20日第5期11页
独具一格的《捉王魁》 林为川等 福建戏剧 1960年5月20日第5期11页
评莆仙戏《靖边记》 游金章 福建戏剧 1960年5月20日第5期12页
对《团圆之后》的三点意见 曾建 福建戏剧 1960年5月20日第5期18页
关于施佾生的“毒父”（《团圆之后》中的情节） 张垣 福建戏剧 1960年5月20日第5期19页
京剧表现现代生活的新气象——看京剧“白云红旗”和“白毛女”的一些体会 张庚 戏剧报 1960年5月9期7页

谈评剧“八女颂” 范溶 戏剧报 1960年5月9期16页
一首新的“生活的凯歌” 胡金兆 戏剧报 1960年5月9期18页
看茂腔“花灯记” 翁偶虹 戏剧报 1960年5月9期20页
教师们盛赞沪剧“鸡毛飞上天” 乃宁 戏剧报 1960年5月10期25页
古代巾帼英雄群像——京剧“杨门女将”观后感 林言 戏剧报 1960年5月10期28页
谈闽剧“陈若霖斩皇子” 珂理 戏剧报 1960年5月10期30页
昆剧《活捉罗根元》的音乐改革尝试 殷月珠 江苏戏曲 1960年5月号总第14期10页
略谈《活捉罗根元》的美术设计 肖茅 江苏戏曲 1960年5月号总第14期12页
昆曲表现现代生活的新成就——谈《活捉罗根元》的演出及其他 于质彬 江苏戏曲 1960年5月号总第14期30页
批判《雁门关》的错误思想 芳草 江苏戏曲 1960年5月号总第14期45页
碗碗腔《一家人》的演出成就 烙印 陕西戏剧 1960年5月总15期20页
秦腔《红松林》演的好 玉山 陕西戏剧 1960年5月总15期21页
《大战豹子山》观后 李跃 陕西戏剧 1960年5月总15期22页
谈秦腔《杀驿》的演出 赵志恭 陕西戏剧 1960年5月总15期24页
喜欢《大破天门阵》 学范 陕西戏剧 1960年5月总15期25页
新的发展，新的创造——谈评剧《金沙江畔》的音乐 陈群 戏曲音乐 1960年5月总17期8页
新人物、新风格、新音乐——看豫剧《冬去春来》 乐集平 戏曲音乐 1960年5月总17期10页
颂《八女颂》 李明 戏曲音乐 1960年5月总17期12页
表现时代风貌颂扬革命精神——评越剧“最美的图画” 袁斯洪 上海戏剧 1960年5月5期21页
东风猛吹百花开——评淮剧“百花迎春” 余迅 上海戏剧 1960年5月5期22页
看了《包公晚年锄奸》一剧想起的 劳马 戏剧战线 1960年5月号总23期55页
伟大时代的伟大精神——评评剧《为了六十一个阶级弟兄》 士存 戏剧战线 1960年5月号总23期57页
春风万里好事多——评“生活的凯歌” 沈尧 北京戏剧 1960年5月8日第2期86页
激情洋溢的时代颂歌评“生活的凯歌” 杨金亭 前线 1960年5月10期21页
京剧《四川白毛女》的成功演出 杨荫浏 人民音乐 1960年5月号19页
谈沪剧《星星之火》的音乐设计 何树柏 戏曲音乐 1960年6月总18期7页

创造性的运用音乐程式——京剧《四川白毛女》观后感 中夫 戏曲音乐 1960年6月总18期14页
跃进的花朵——看曲剧《为了61个阶级弟兄》 招英 戏曲音乐 1960年6月总18期16页
集体创造，大胆革新——《白云红旗》观后 一兵 戏曲音乐 1960年6月总18期18页
谈川剧“宫怨”的唱腔处理 鸣凤、吴声 戏曲音乐 1960年6月总18期20页
谈淮北梆子“捻羊颂” 温凌 戏剧报 1960年6月11期19页
赵燕侠的“荀灌娘”观后漫笔 陶君起 戏剧报 1960年6月11期21页
可喜的黔剧“秦娘美” 欧阳予倩 戏剧报 1960年6月12期20页
独具一格的昆曲“文成公主” 陈延龄 戏剧报 1960年6月12期21页

新时代新人物的赞歌——喜看评剧《张士珍》　林涵表　戏剧战线　1960 年 6 月号总 24 期 32 页
从评剧《张士珍》谈起　陈北鸥　戏剧战线　1960 年 6 月号总 24 期 34 页
谈《渤海怒涛》的创作和演出　陶君起　戏剧战线　1960 年 6 月号总 24 期 37 页
从剧本《红星记》看杨润身同志创作中的错误倾向　劳马　戏剧战线　1960 年 6 月号总 24 期 54 页
百花向阳开，新枝结硕果——全省戏曲青年演员会演综合评述　习知　陕西戏剧　1960 年 6 月总 16 期 47 页
漫谈《打镇台》的演出　永光　陕西戏剧　1960 年 6 月总 16 期 60 页
谈《水淹泗州》的演出　飞云　陕西戏剧　1960 年 6 月总 16 期 61 页
关于《文成公主》　吕振羽　北京戏剧　1960 年 6 月 8 日第 3 期 88 页
谈谈三个剧种的《文成公主》　萨空了　北京戏剧　1960 年 6 月 8 日第 3 期 92 页
新枝勃发满园春——记北京市戏曲青年演员会演　徐琮　北京戏剧　1960 年 6 月 8 日第 3 期 95 页
浩然正气《夫人城》　叶家铮　福建戏剧　1960 年 6 月 20 日第 6 期 19 页
谈闽剧《郭可钦》　黄彬　福建戏剧　1960 年 6 月 20 日第 6 期 21 页
简评《岳霖》的舞台设计　杨雁　福建戏剧　1960 年 6 月 20 日第 6 期 23 页
谈昆曲《活捉罗根元》的改编　吴白匋　江苏戏曲　1960 年 6 月号总第 15 期 40 页
从越剧《南冠草》的再修改谈历史题材的古为今用　毕华琪　江苏戏曲　1960 年 6 月号总第 15 期 43 页
欢呼新事物——看芜湖市越剧团演出的《朵朵葵花向阳开》　光亚　安徽戏剧　1960 年 6 月总 21 期 29 页
读《追车》（黄梅戏）　合肥师范中文系戏剧小组　安徽戏剧　1960 年 6 月总 21 期 33 页
“晴空迅雷”散记　徐进　上海戏剧　1960 年 6 月 6 期 25 页
谈京剧（晴空迅雷）　孔令熙　上海戏剧　1960 年 6 月 6 期 30 页
高歌大时代，赞颂新人物——谈《朵朵葵花向阳开》和《势如破竹》　娄良鸿　安徽戏剧　1960 年 7 月总 22 期 17 页
百花怒放万紫千红——芜湖专区第二届戏曲会演观后感　南芝　安徽戏剧　1960 年 7 月总 22 期 19 页
共产党员形象在我省舞台上　刘天明等　安徽戏剧　1960 年 7 月总 22 期 21 页
评《朵朵葵花向阳开》　查富山　安徽戏剧　1960 年 7 月总 22 期 24 页
两出反映技术革命的新戏——《凤舞龙飞》与《龙腾虎跃》　东山　江苏戏曲　1960 年 7 月号总第 16 期 44 页
喜看淮阴市淮剧团的演出　春光　江苏戏曲　1960 年 7 月号总第 16 期 44 页
看越剧《洪湖赤卫队》　赵鸣　江苏戏曲　1960 年 7 月号总第 16 期 45 页
真人真事题材的处理及其他——闽剧《陈喀嬷》观后有感　君正　福建戏剧　1960 年 7 月 20 日第 7 期 20 页
评《一门忠义》　周一啸　福建戏剧　1960 年 7 月 20 日第 7 期 24 页
谈平讲戏《采桑》　姚颖华　福建戏剧　1960 年 7 月 20 日第 7 期 26 页
由历史上的李陵说到历史剧《苏武牧羊》　成英杰等　陕西戏剧　1960 年 7 月总 17 期 49 页
评剧《花为媒》是一个坏戏　洪柯　陕西戏剧　1960 年 7 月总 17 期 53 页

挺劲常青不老松——看硕锡轩演“寇准背靴”的体会 孟超 戏剧报 1960年7月13期24页
评剧《刘文学》观后 长风 戏剧战线 1960年7月号总25期34页
气壮山河的英雄赞歌——评京剧《杨门女将》 张定华 北京戏剧 1960年7月8日第4期78页
杨桂英的成长——试评戏曲艺术片“星星之火” 颜长珂 电影艺术 1960年7月号24页
新整理的一出好戏——《生死路》观感 亦鸣 福建戏剧 1960年8月第8期19页
喜看芗剧《海岛春秋》 南轩 福建戏剧 1960年8月第8期20页
走上革新道路的《革新的道路》 小文婴 福建戏剧 1960年8月第8期22页
试评高甲戏《文成公主》 柯玲 福建戏剧 1960年8月第8期24页
京戏《屠龙剑》观后 车干 福建戏剧 1960年8月第8期25页
《春在扬中》观后 赵江 江苏戏曲 1960年8月号总第17期44页
试从阶级观点分析《珍珠塔》——并与谢方松同志商榷 陆意 江苏戏曲 1960年8月号总第17期49页
谈《张飞审瓜》的演出及其风格 老桑、长辰 江苏戏曲 1960年8月号总第17期56页
《张飞审瓜》选曲（每月一曲） 江苏戏曲 1960年8月号总第17期57页
评《刘文学》的演出及其他 士存 戏剧战线 1960年8月号总26期19页
试评河北梆子《荀灌娘》 南开大学中文系地方戏研究小组 戏剧战线 1960年8月号总26期24页
谈山东梆子墙头记 哲生 戏剧报 1960年8月18期56页
一出有现实意义的新历史剧——谈越剧“金山战鼓” 曹漫之 上海戏剧 1960年8月8期10页
具有时代特色的小喜剧——谈《送猪》 郁雁楼 陕西戏剧 1960年8月总18期46页
喜看粤剧《关汉卿》 余耘 安徽戏剧 1960年8月总23期4页
“闹都堂”的童文正 周海滨 四川文学 1960年8月号69页
看《寇准罢宴》有感 慕平 江苏戏曲 1960年9月号总第18期28页
一出反帝斗争的好戏——评锡剧《天国怒火》 干白、子刚 江苏戏曲 1960年9月号总第18期29页
飞花点翠绣江山——看越剧《插秧曲》 鲁宁 江苏戏曲 1960年9月号总第18期31页
不能脱离阶级分析的观点——试就锡剧《珍珠塔》的人民性与局限性和谢芳松同志商榷 公思文 江苏戏曲 1960年9月号总第18期50页
对《珍珠塔》估价的商榷 林汉 江苏戏曲 1960年9月号总第18期52页
江海平原掀红浪——喜看越剧《红浪》 史路 江苏戏曲 1960年9月号总第18期53页
喜看越剧《斗诗亭》 仲岳 江苏戏曲 1960年9月号总第18期53页
“金山战鼓”振奋人心 汤草元、袁斯洪 上海戏剧 1960年9月9期35页
反抗侵略的英雄赞歌——推荐京剧“还我台湾” 王浩然 上海戏剧 1960年9月9期37页
关于“墙头马上”的景 孙浩然 上海戏剧 1960年9月9期41页
昆曲“红松林”音乐处理上的尝试 辛清华 上海戏剧 1960年9月9期42页
一出抨击资产阶级“人性论”的好戏 叶家铮 福建戏剧 1960年9月第9期9页
谈高甲戏《海瑞》 温凌 福建戏剧 1960年9月第9期11页
春风化雨寰闽江——观闽剧《东风万里》有感 季思 福建戏剧 1960年9月第9期13页

对《侨乡之歌》的意见　汇意　福建戏剧　1960年9月第9期14页
从“罢宴”所想起的　徐铁　戏剧报　1960年9月18期10页
看越剧“小忽雷”　孟超　戏剧报　1960年9月18期23页
评河北梆子《宝莲灯》　南开大学中文系戏剧评论组　戏剧战线　1960年9、10月总27期43页
赞《宝莲灯》　冀群力　戏剧战线　1960年9、10月总27期45页
戏曲艺人的新生——看“再生记”有感　张梦庚　大众电影　1960年9月18期18页
《文成公主》（越剧）——汉藏民族团结的赞歌　李连棠　安徽戏剧　1960年9月总24期19页
太行山上的鲜花——喜看现代剧“一棵苹果树”　栗守田　山西戏剧　1960年9月总2期40页
奋发图强、勤俭建国——评新史剧《卧薪尝胆》　任之　福建戏剧　1960年10月第10期7页
闽南农民革命的一页史诗——历史剧《邱二娘》评介　嵩陵　福建戏剧　1960年10月第10期10页
介绍一出爱国主义的新历史剧——《陈文龙》　莆小　福建戏剧　1960年10月第10期12页
一出有特色的折子戏　小文婴　福建戏剧　1960年10月第10期13页
《台湾凯歌》的舞台布景设计　许长欣　福建戏剧　1960年10月第10期16页
谈《伐子都》的表演艺术　李盛斌　福建戏剧　1960年10月第10期20页
赞京剧“满江红”　起龙　戏剧报　1960年10月19、20期40页
赞京剧“满江红”的岳飞　温浚　戏剧报　1960年10月19、20期43页
有爱憎才有艺术——鲜樱桃演出观摩札记　丘扬　戏剧报　1960年10月19、20期45页
试谈京剧“晴空迅雷”的艺术创造　龚义江　戏剧报　1960年10月19、20期58页
花开一朵万家香——简评柳琴剧《花香万家》　雪兵　江苏戏曲　1960年10月号总第19期37页
街道新人颂——看苏剧《好管家》　野藤　江苏戏曲　1960年10月号总第19期46页
看越剧《亲人》　艾陀　小兵　江苏戏曲　1960年10月号总第19期47页
《珍珠塔》的主线是甚么　白坚　江苏戏曲　1960年10月号总第19期53页
沪剧“在农业战线上的红旗突击手”观后感　万景亮　上海戏剧　1960年10月10期20页
高尚的人高尚的风格——谈甬剧“高尚的人”　周永泰　上海戏剧　1960年10月10期26页
三个具有现实意义的历史剧——谈青山、春泥、飞鸿越剧团演出的“卧薪尝胆”　萧云　上海戏剧　1960年10月10期27页
看青年演员演出专场　中共亳县县委写作组　安徽戏剧　1960年10月总25期29页
优秀的成绩、精彩的表演——看上海市京、昆、淮剧青年演出团的演出　洪非等　安徽戏剧　1960年10月总25期54页
从“穆桂英挂帅”交响诗谈起　夏白　人民音乐　1960年10月号18页
英雄气魄乐观精神——从“战洪州”略谈川剧对战争题材的处理　席明真　四川文学　1960年10月10期80页
谈谈“白沟河”的剧作与演出　顾红　山西戏剧　1960年10月总3期41页
《鸡毛飞上天》给我们在编演新剧方面的启发　中共涟水县委宣传部副部长纪普洲　江苏戏

曲 1960年11月号总第20期11页
激动人心的越剧《我的一家》 日华 江苏戏曲 1960年11月号总第20期28页
谈锡剧《孤雁归来》 显生 江苏戏曲 1960年11月号总第20期29页
一出思想性高战斗性强的好戏——简评《战士在故乡》 曲人 江苏戏曲 1960年11月号总第20期30页
不同的立场、不同的批判——也谈《珍珠塔》 沈半丁 江苏戏曲 1960年11月号总第20期32页
纵谈河南越调“无佞府” 孟超 戏剧报 1960年11月22期7页
谈沪剧“同心结”的喜剧处理 龚义江 戏剧报 1960年11月22期9页
评杨剧“义民册” 裴显生、艾陀 戏剧报 1960年11月21期10页
英雄的革命志气——看沪剧“高尚的人” 陈晓升、吴友生 上海戏剧 1960年11月11期6页
一门千城浩气长存——试谈“杨门女将”改编的成就 诸葛文谦 上海戏剧 1960年11月11期13页
“泥腿子”的颂歌及其他——看“斗诗亭”漫笔 徐景贤 上海电影 1960年11月1期10页
喜见“追鱼”添新采 黄碧 上海电影 1960年11月1期19页
一声春雷震天响——看合肥市庐剧团演出的《春雷》 继永等 安徽戏剧 1960年11月总26期10页
略谈“卧薪尝胆”的取材 王全太 山西戏剧 1960年11月总4期12页
好戏，《孙安动本》 曲人 江苏戏曲 1960年12月号总第21期12页
虚心学习、勇于创造——看越剧《八女颂》 顾永芝、蔡敦勇 江苏戏曲 1960年12月号总第21期12页
枯木今逢春——看扬剧《枯木逢春》 卞明 江苏戏曲 1960年12月号总第21期13页
略谈周云亮的《挑滑车》 于质彬 江苏戏曲 1960年12月号总第21期22页
试论《珍珠塔》 芳草 江苏戏曲 1960年12月号总第21期47页
生动的喜剧正面形象——谈沪剧“同心结”中的人物塑造 姚萌 上海戏剧 1960年12月12期15页
谈“淝水之战”的历史真实与耿义的艺术虚构问题 蒋星煜 上海戏剧 1960年12月12期23页
看京剧“汽车城”所想到的 胡金兆 戏剧报 1960年12月23、24期17页
看绍戏“孙悟空三打白骨精” 鲍世远、龚义江 戏剧报 1960年12月23、24期21页
略谈“杨门女将”的美术设计 陈兴明 大众电影 1960年12月24期22页
文成公主说了话 翦伯赞 北京日报 1960年1月1日5版
越剧艺术的新道路——喜看青年演员的“红松林” 吴琛 文汇报 1960年1月20日3版
光辉的革命母亲形象——评剧“苦菜花”观后 安宁、王珏 广西日报 1960年2月2日3版
从“则天皇帝”中看王熙春的表演艺术 白浪等 安徽日报 1960年2月11日3版
评庐剧“程红梅” 金芝、柏木 安徽日报 1960年2月17日3版
“文成”归宁时 马少波 文汇报 1960年2月19日3版
一个好戏——天津越剧团的“文成公主”观后 欧阳予倩 文汇报 1960年2月20日3版
试评京剧“红梅阁” 龙夫 解放日报 1960年2月29日5版

鸾旗宝马雪山行——喜看越剧“文成公主” 徐进 解放日报 1960年3月4日6版
先要弄清人物性格和主题思想——“刘三姐”创作和评论中的一个重要问题 韦望园 广西日报 1960年3月5日3版
一出成功的现代戏祁剧“黄公略” 晏甬 人民日报 1960年3月13日8版
川剧“陈国霞”及其他 林钟美 贵州日报 1960年3月13日6版
“鸡毛飞上天”是一出好戏 世远 解放日报 1960年3月14日5版
青年演出的“杨门女将” 陶君起 人民日报 1960年3月18日8版
一首动人心弦的教育诗篇——推荐沪剧“鸡毛飞上天” 计文蔚、秦德超 文汇报 1960年3月22日3版
金光闪亮的唐赛儿——谈京剧“唐赛儿” 郭清康 解放日报 1960年3月22日6版
喜看祁剧“昭君出塞” 南开中文系地方戏研究小组 天津日报 1960年3月22日4版
戏曲革新试谈——贺宜昌市京剧团演出“茶山七仙女” 朔明 湖北日报 1960年4月3日1版
全面的成就，难忘的感受——看秦腔“游西湖” 郑天健 广西日报 1960年4月20日3版
“星星之火”激动人心 刘厚生 人民日报 1960年4月24日8版
深化了主题思想——评南宁代表团的粤剧（刘三姐） 黄明、周韵等 广西日报 1960年4月24日3版
看柳州彩调“刘三姐”第五方案 李广宣 广西日报 1960年4月26日2版
沪剧“星星之火”的音乐 同音 人民日报 1960年5月8日8版
富有创造性的演出——看京剧“四川白毛女” 颜长珂 人民日报 1960年5月12日2版
一曲激动人心的生活凯歌——看了“生活的凯歌”以后 刘莱夫 北京日报 1960年5月13日3版
谈昆曲“文成公主” 吕振羽 北京日报 1960年5月13日3版
艺术革新的新花朵——京剧“柯山红日”观后 林涵表 光明日报 1960年5月14日3版
缅怀先烈斗志昂扬——谈评剧“八女颂” 哲生 人民日报 1960年5月17日8版
“生活的凯歌”鼓舞人心 张庚 人民日报 1960年5月28日8版
初开的花朵——成都市专业艺术表演团体青年少年会演部分川剧观后 华洁如、阳天 四川日报 1960年6月4日6版
飞得好飞得高——评剧“鸡毛飞上天” 郑楚华 文汇报 1960年6月13日3版
无产阶级世界观的光辉胜利——沪剧“鸡毛飞上天”观后感 范建中 解放日报 1960年6月13日5版
看“鸡毛飞上天”的感想 黄宝妹 文汇报 1960年6月13日3版
看黔剧“秦娘美” 梅兰芳 光明日报 1960年6月26日2版
壮志凌云雄风千秋——看京剧“杨门女将” 起龙 光明日报 1960年6月29日3版
谈婺剧“三请梨花”的演出 易木文 文汇报 1960年7月2日3版
京剧“晴空迅雷” 唐真 文汇报 1960年7月2日3版
谈新编“三请梨花” 朱扬、叔院 解放日报 1960年7月5日6版
沪剧“烈火春风” 梁裁 文汇报 1960年7月8日3版
巾帼英雄的颂歌——推荐评剧“八女颂” 曹松茂、郎停忠 文汇报 1960年7月12日3版
艺术革新的蓓蕾——滇剧“元江烽火”观后 戈申、立方 云南日报 1960年7月18日

3 版

反映技术革命的新京剧——喜看长春市京剧团的“汽车城” 林涵表 人民日报 1960 年 7 月 21 日 8 版

为戏曲舞台上的新人喝彩——评中路梆子“梵王宫”中的几个演员的表演 田千里 山西日报 1960 年 7 月 25 日 3 版

从提高思想中加强艺术感染力量——看豫剧“日月图”的演出所想到的 王景中 河南日报 1960 年 7 月 25 日 3 版

新人新戏新创造——看蒲剧“白沟河”演出后 彦之 山西日报 1960 年 7 月 25 日 3 版

坚定不移的革命意志——推荐闽剧“陈客嬷” 魏照风 解放日报 1960 年 7 月 27 日 6 版

反侵略的英雄战国——试论越剧“金山战鼓”的主题 何慢 解放日报 1960 年 8 月 2 日 6 版

灵子跪雨——沪剧“广岛姑娘”中的灵子性格 龚义江 解放日报 1960 年 8 月 4 日 6 版

侵略者的下场——看京剧“郑成功” 红蓼 解放日报 1960 年 8 月 5 日 6 版

喜赏秦腔“赵氏孤儿” 朱鸣 山西日报 1960 年 8 月 5 日 3 版

好戏传佳话——越剧“金山战鼓”观后 刘宗诒 文汇报 1960 年 8 月 5 日 3 版

还需要更传奇性些——越剧“小忽雷”观后 云天 光明日报 1960 年 8 月 10 日 3 版

鲜血凝成的友谊——评沪剧“金黛莱” 何慢 解放日报 1960 年 8 月 17 日 6 版

谈越剧“小忽雷” 薛恩厚、李肖 北京日报 1960 年 8 月 27 日 3 版

战斗的诗篇——介绍厦门高甲戏（海螺） 魏照风 解放日报 1960 年 8 月 27 日 6 版

披着露珠迎朝阳——谈昆曲青年演员刘异龙、梁谷音表演的“风雨送菜” 世远 解放日报 1960 年 8 月 29 日 6 版

功在勤学苦炼中——看青年演员梁斌的“夜奔”及其他 林阳 解放日报 1960 年 9 月 3 日 6 版

戏曲舞台上的闯将——京剧“晴空迅雷”观后 颜长珂 光明日报 1960 年 9 月 3 日 3 版

三战张月娥——小谈青年演员齐淑芳的演出 陈焕 解放日报 1960 年 9 月 8 日 6 版

歌颂光明鞭笞丑恶——谈山东梆子剧“墙头记”和“万家香” 马少波 人民日报 1960 年 9 月 11 日 7 版

“天才就是勤奋”——谈青年演员顾蕊芳在“鸡毛飞上天”中扮演的虎荣 享耳 解放日报 1960 年 9 月 13 日 6 版

学戏先要学政治——谈淮剧青年演员施月娥在“女审”中的表演 何慢 解放日报 1960 年 9 月 18 日 5 版

永生的光和热——谈甬剧“高尚的人” 郑楚华 解放日报 1960 年 9 月 19 日 6 版

努力创造新的英雄形象——川剧“十二老矿工”观后 席明真 重庆日报 1960 年 9 月 24 日 3 版

从“双烈记”到“金山战鼓” 徐进 文汇报 1960 年 10 月 10 日 3 版

论“杨门女将”的题材和主题 刘厚生 解放日报 1960 年 10 月 10 日 5 版

伟大的爱国主义精神——谈“杨门女将”的主题和改编工作 唐真 解放日报 1960 年 10 月 11 日 6 版

一次革新的尝试——改革河北梆子“宝莲灯”的体会 范凌霄 河北日报 1960 年 10 月 12 日 3 版

一代新人——略谈“杨门女将”青年演员的演出 陈洛宁 解放日报 1960 年 10 月 12 日 5 版

斗争精神的赞歌——看芗剧“水仙花” 姚萌 解放日报 1960年10月13日6版
艺苑新花——看河南南阳曲剧“阎家滩” 丹人 光明日报 1960年10月15日2版
成功的史剧精彩的演出——山东省鲁剧研究院吕剧团演出“蔡文姬”观后感 傅春和 旅大日报 1960年10月23日3版
民族团结的颂歌——沪剧“两代人”观感 苏其根等 解放日报 1960年11月1日2版
“金箍圈”挣断得好！——看京剧“三打白骨精”有感 龚义江 解放日报 1960年11月14日5版
京剧“唐赛儿” 小戎 云南日报 1960年12月13日3版
试谈京剧“满江红” 陶君起 光明日报 1960年12月20日3版
也谈“孙安动本”（柳子戏） 刘德重 解放日报 1960年12月26日6版
杂谈孙安与徐龙——看山东柳子戏“孙安动本” 唐真 文汇报 1960年12月29日3版
京剧“官渡之战”所反映的历史真实 刘乃崇 戏剧报 1961年1月1、2期47页
记北昆的几次展览演出 时韬 戏剧报 1961年1月1、2期58页
写在“游园惊梦”映出之前 俞振飞 上海电影 1961年1月号21页
评悲剧“双玉蝉”及对它的评论（甬剧） 陈刚 戏剧报 1961年2月4期15页
从演员的气质谈起——越剧“红楼梦”观后感 刘厚生 上海戏剧 1961年3月3期9页
小评莺莺——谈越剧青年演员朱东韵的表演 黄文锡 上海戏剧 1961年3月3期11页
俞振飞的“贩马记”及其他 周玑璋 上海戏剧 1961年3月3期28页
简谈“红楼梦”的布景设计 苏石风 上海戏剧 1961年3月3期31页
说赵旺（川剧“荷珠记”的主角） 屠岸 戏剧报 1961年3月6期10页
评京剧“满江红”对于赵构的处理 马彦祥 戏剧报 1961年3月6期28页
听戏曲联唱“首都英雄谱” 林绿 人民音乐 1961年3月3期12页
浅谈川剧“绣襦记”的表演成就 陶君起 戏剧报 1961年4月7、8期45页
“香罗帕”是一出好喜剧 夏衍 剧本 1961年4月号82页
剧协陕西省分会举行越剧“唐太宗”演出座谈会 肖润华 延河 1961年5月4、5期79页
谈“秦娘美” 赵景深 上海电影 1961年5月号23页
甬剧“半把剪刀”结尾探讨 薛允璜等 上海戏剧 1961年6月6期18页
贾桂念状 艾世菊 上海戏剧 1961年6月6期31页
驳《上党戏〈三关排宴〉导演处理》一文的人性论 曲六乙 山西戏剧 1961年1月总6期4页
漫谈童芷苓的“赵一曼” 卫明 上海戏剧 1961年7月7、8期18页
看梁谷音的“痴梦” 陈文娟 上海戏剧 1961年7月7、8期26页
姜佩东的“阳告、行路”赞 方赤 上海戏剧 1961年7月7、8期33页
谈“半把剪刀”的悲剧性 陈刚 戏剧报 1961年7月13期14页
别具一格的高甲戏“许仙说谢” 温凌 戏剧报 1961年7月13期21页
看评剧“钟离剑”后漫笔 刘乃崇 戏剧报 1961年7月14期22页
看昆曲新翻“李慧娘” 张真 戏剧报 1961年8月15、16期47页
温州看戏散记 顾仲彝 戏剧报 1961年8月15、16期50页
从“挑滑车”中的车与马谈起 田静 舞蹈 1961年8月6期9页
杂谈王传淞的昆曲折子“写状” 沈祖安 戏剧报 1961年8月15、16期43页
川剧“情探”点滴 屈守元 四川文学 1961年8月号90页

诗情画意——谈“钟馗嫁妹” 李健吾 剧本 1961年8月7、8期93页
评沪剧“向五儿” 方任 上海戏剧 1961年8月7、8期39页
贵与醉——关于梅先生的“贵妃醉酒” 卫明 上海戏剧 1961年9月9期32页
看晋剧的三个小戏 屠岸 戏剧报 1961年9月17、18期36页
谈“迎贤店”中的店婆 周企何 四川文学 1961年9月号89页
关于“卧薪尝胆”——致张真同志 范钧宏 剧本 1961年9月号83页
激昂悲壮，气贯长虹！——评京剧“杨门女将”的表演 李时钊 上海戏剧 1961年10月10期12页
试评扬剧“东方钟声” 姚家齐等 上海戏剧 1961年10月10期14页
关于历史和历史剧——从“卧薪尝胆”的许多不同剧本说起 茅盾 文学评论 1961年10月5期37页
红梅旧曲喜新翻——昆曲“李慧娘”观后感 杨宪益 剧本 1961年10月10期90页
漫谈“赤桑镇” 翁偶虹 戏剧报 1961年10月19、20期36页
关于“珍珠塔”的整理问题 郁章 上海戏剧 1961年11月11期24页
不要把丰富复杂的艺术形象简单化——关于“借黄糠”主人翁李俊明的性格探讨 周良材 上海戏剧 1961年11月11期26页
绍剧“斩经堂”的历史真实与思想意义 郭汉城 戏剧报 1961年11月21、22期18页
“岂好辩哉，不得已也”——谈“舌战群儒”中的诸葛亮 张德成 四川文学 1961年11月号82页
“乌龙院”的推陈出新 赵晓岚 戏剧报 1961年12月23、24期21页
谈“文天祥” 金素雯 戏剧报 1961年12月23、24期30页
赣南采茶戏观摩记 顾仲彝 上海戏剧 1961年12月12期29页
优秀的人材精湛的艺术——谈中国戏曲学校实验京剧团的三出旦角戏 之江 上海戏剧 1961年12月12期32页
浅谈周信芳的“描容上路” 卫明 文汇报 1961年1月2日2版
坚持党的阶级路线无往不胜——评大型现代戏“女书记” 陈曦 新湖南报 1961年1月9日3版
艺无止境——元旦听梅兰芳广播“汾河湾”有感 樊放 人民日报 1961年1月13日7版
隆冬“百花”艳 争看“荀灌娘”——看小百花剧团演出“荀灌娘” 王鸿熙 黑龙江日报 1961年1月14日3版
从“呀”到“啐”——谈昆曲“琴挑”里的两个关子 俞振飞 新民晚报 1961年1月15、17日6版
喜看山茶发新枝——滇剧“赵氏孤儿”观后 一木 云南日报 1961年1月16日3版
人民智慧的结晶——谈豫剧“三哭殿”主题和人物的处理 沈尧 人民日报 1961年1月19日7版
悲壮的颂歌——看历史剧“满江红” 张鹏 河南日报 1961年1月22日3版
“花子营”变成幸福庄——谈评剧“红姑娘与咕哝爷” 孙远 云南日报 1961年1月23日3版
一出朝气蓬勃、振奋人心的武戏——看京剧“甘宁百骑劫魏营” 钮骠、苏移 光明日报 1961年1月26日2版
杂谈京剧“海瑞上疏” 卫明 解放日报 1961年2月11日4版
重看京剧“北京四十天” 巴禾等 云南日报 1961年2月18日3版

传神写意，恰似莺莺——谈袁雪芬在“西厢记”中的表演艺术　朱铿　新民晚报　1961年2月19日2版
“秦香莲”故事是怎样发展起来的　吴小如　光明日报　1961年2月23日4版
句句山歌是利剑——看越剧“刘三姐”　张志　贵州日报　1961年2月25日3版
剥削阶级人性的生动写照——讽刺喜剧“墙头记”观后　孙芋　辽宁日报　1961年2月25日3版
甬剧“王鲲”的创作和演出　陈效纶　浙江日报　1961年2月28日3版
大胆的尝试精彩的表演——谈阿宫腔“王魁负义”的演出　樊立英　甘肃日报　1961年3月2日3版
精彩的技巧　动人的演出——中国京剧院四团演出的“杨门女将”观后　艾池　云南日报　1961年3月6日3版
欣看杨排风——谈“雏凤凌空”的成就与不足　一凡　北京日报　1961年3月7日3版
精湛的表演艺术——谈宁夏京剧团的二出小戏　宋景　广西日报　1961年3月8日2版
我看徽剧“醉酒”　李玉茹　解放日报　1961年3月11日4版
满台新人后生可爱——喜看徽剧“水淹七军”有感　周信芳　解放日报　1961年3月11日4版
看“海瑞罢官”所想到的　方三　北京日报　1961年3月11日3版
从“杨门女将”谈历史剧　张非　文汇报　1961年3月11日3版
忠君与爱国——从“满江红”谈历史英雄人物的积极精神和局限性　黄彬　福建日报　1961年3月12日3版
忠君思想及其他——对“满江红”的一点商榷　舒谦　福建日报　1961年3月12日3版
喜看豫剧的精彩演出　阎金锷　新湖南报　1961年3月13日3版
情节曲折意味深——看青岛市茂腔剧团的“花灯记”　唐真　解放日报　1961年3月15日4版
烧火丫头与大将军——也谈“雏凤凌空”里的杨排风　朴生　北京日报　1961年3月16日3版
茂腔“罗衫记”在整旧工作上的成就　严求适　文汇报　1961年3月18日2版
“满江红”班师一场是否符合历史真实　文婴　福建日报　1961年3月19日3版
“堂堂胆气，耿耿丹心”——谈“满江红”中的岳飞形象的创造　李少春　人民日报　1961年3月22日7版
谈茂腔“罗衫记”　赵景深　解放日报　1961年3月22日4版
正气凛然——谈京剧“满江红”和岳飞　蓝虹　中国青年报　1961年3月23日4版
雷霆万钧的“草原风暴”——看青海省京剧团的“绿原红旗”　唐真　解放日报　1961年3月23日4版
试论“荷珠配”改编问题　吴小如　光明日报　1961年4月25日4版
如何编好桂剧“金田起义”——区政协戏剧研究会举行第二次座谈会进行讨论　广西日报　1961年4月27日3版
贯彻“百花齐放、百家争鸣”方针活跃学术讨论风气——关于眉户剧“曲江歌女”的讨论　陕西日报　1961年5月1日2版
朝花滴露——河北梆子“宝莲灯”观后感　刘皓　人民日报　1961年5月3日8版
“曲江歌女”的积极意义在哪里？　肖润华　陕西日报　1961年5月10日3版
应具体分析不要全部否定——谈谈对“曲江歌女”的看法　王斌　陕西日报　1961年5月

10 日 3 版
“教子”“舍子”“伐子都”观后 薛恩厚 人民日报 1961 年 5 月 16 日 8 版
人民的爱憎——曲剧“李素萍”观后杂感 金芝 安徽日报 1961 年 5 月 18 日 3 版
从“绣襦记”到“曲江歌女” 金葳 陕西日报 1961 年 5 月 18 日 3 版
怎样推“陈”如何出“新”——文艺界对“王宝钏”一剧各抒己见 北京日报 1961 年 5 月 20 日 2 版
看川剧“绣襦记” 文灿 河南日报 1961 年 5 月 21 日 3 版
喜看粤剧“刘胡兰” 金灵 南方日报 1961 年 5 月 21 日 3 版
关于“绣襦记”和“曲江歌女” 姜炳泰 陕西日报 1961 年 5 月 22 日 3 版
春满羊城花满枝——南行观剧漫笔 林涵表 人民日报 1961 年 5 月 24 日 7 版
鲜樱桃的“亲家婆顶嘴”——五音戏观摩随笔 唐真 解放日报 1961 年 5 月 24 日 4 版
关于“杏花渡”的主题——兼与文丁同志商讨 范棒 重庆日报 1961 年 5 月 24 日 3 版
略谈“西域行”的人物塑造 沈兆荣 江西日报 1961 年 5 月 27 日 3 版
“西域行”学习札记（兼谈创作历史剧） 雪草 江西日报 1961 年 5 月 27 日 3 版
喜看“西域行”——兼谈对创作历史剧的几点浅见 晏亚仙 江西日报 1961 年 5 月 27 日 3 版
关于李亚仙的“烈性”（眉户剧“曲江歌女”的讨论） 袁允中 陕西日报 1961 年 5 月 28 日 3 版
从“悭吝人”想到“贻顺哥烛蒂” 刃霜 福建日报 1961 年 5 月 28 日 3 版
做群众生活的好管家人——西宁市评剧团演出的“张士珍”观后 张利修 青海日报 1961 年 5 月 31 日 3 版
看京剧“三盗令”想起的 陶君起 光明日报 1961 年 5 月 31 日 3 版
据老本演新戏——访傅全香谈越剧“珍珠塔” 缘嘉 新民晚报 1961 年 6 月 5 日 2 版
王宝钏是不是一枝寒梅？ 高琛 北京日报 1961 年 6 月 8 日 3 版
“则天女皇”演出前后 吴素秋 辽宁日报 1961 年 6 月 10 日 4 版
“海瑞罢官”演出杂感 马连良 光明日报 1961 年 6 月 10 日 4 版
“香罗帕”的编剧技巧 黄维钧 光明日报 1961 年 6 月 15 日 4 版
古树春满枝——谈东路秦腔“辕门斩子”及其他 风子 人民日报 1961 年 6 月 16 日 8 版
也谈王宝钏和“寒梅”——和高琛同志讨论 李桂云等 北京日报 1961 年 6 月 17 日 3 版
“焚棉山”中三躲火 李如春 新民晚报 1961 年 6 月 18 日 3 版
不团圆的“金玉奴”——荀慧生先生表演艺术欣赏 记之江 新民晚报 1961 年 6 月 19 日 2 版
西凉国考——在改编“王宝钏”的争论中插上一嘴 王育禾 北京日报 1961 年 6 月 20 日 3 版
江西学术界讨论新编历史剧“西域行” 汪麟 光明日报 1961 年 6 月 22 日 1 版
看荀派戏“花田错” 之江 解放日报 1961 年 6 月 24 日 4 版
同州梆子演出的三个戏 周贻白 光明日报 1961 年 6 月 26 日 2 版
曹操形象的诞生——旁听侯喜瑞教“马踏青苗”散记 殷野 文汇报 1961 年 6 月 27 日 2 版
根深叶茂花满枝——浅谈“含嫣”的新戏新人 朱鸣 山西日报 1961 年 6 月 28 日 3 版
也谈“杏花渡”的主题、主线及其他 文玲 重庆日报 1961 年 6 月 28 日 3 版
从“柜中缘”说起 李健吾 文汇报 1961 年 7 月 2 日 3 版

“死”中求活——谈“生死牌”的导演艺术　陶晓卒　四川日报　1961年7月6日3版
也谈“贻顺哥烛蒂”　何怀　福建日报　1961年7月9日3版
深刻地揭示矛盾，合理地刻画人物——从京剧“赤桑镇”谈起　凌欣　北京日报　1961年7月13日2版
第六百场演出——谈“杨乃武与小白菜”的艺术手法　林涵表　光明日报　1961年7月14日2版
凤头豹尾——谈扬剧“东方钟声”第一幕和最后一幕　何慢　文汇报　1961年7月14日2版
别出心裁的一出好戏——谈今晚演出的评剧“钟离剑”　徐琮等　北京日报　1961年7月15日2版
崔莺莺的叛逆性——谈袁雪芬在“西厢记”中的表演　袁斯洪　解放日报　1961年7月16日4版
戏与道——谈谈对改编“王宝钏”的看法　薛恩厚　北京日报　1961年7月20日3版
赵文奎的“五台会兄”　唐真　解放日报　1961年7月20日4版
省文艺界座谈滇剧“元江烽火”　晓丁　云南日报　1961年7月21日3版
评省苏昆剧团“窦娥冤”的演出　段熙仲　新华日报　1961年7月23日3版
谈川剧“荷珠配”中的赵旺　林昭德　重庆日报　1961年7月23日3版
满园新枝嫩绿可爱——看抚州市采茶剧“梅香”　孟萍　江西日报　1961年7月28日3版
喜剧的布景，布景的喜剧——谈越剧“喜相逢”的舞台设计　姚石　新民晚报　1961年7月29日2版
漫谈折子戏——简评闽剧折戏观摩演出　黄彬　福建日报　1961年8月3日3版
关于“三滴血”　霍松林　陕西日报　1961年8月5日3版
既“承旧”，又“创新”——看王传淞教昆曲“双下山”有感　柳河　浙江日报　1961年8月6日4版
古木逢春又发枝——谈湘剧“春秋配”　王大光　新湖南报　1961年8月8日3版
浓淡相宜（谈京剧“宇宙锋”）　杨天喜　人民日报　1961年8月9日7版
河北梆子“五彩轿”的表演　向阳　河北日报　1961年8月10日3版
“海瑞罢官”序　吴晗　光明日报　1961年8月17日4版
我对“蝴蝶杯”一剧的浅见　冬言　河北日报　1961年8月20日3版
怎样评价“蝴蝶杯”　杨一中　河北日报　1961年8月20日3版
老本“蝴蝶杯”基本上是出好戏　张特　河北日报　1961年8月22日3版
“卖华山”种种　何迈　天津日报　1961年8月22日4版
杂谈——“时迁偷鸡”　艾世菊　文汇报　1961年8月24日2版
一门忠烈的英雄长卷——杂谈京剧“杨家将”　鲁夷　重庆日报　1961年8月27日3版
雏鸣黔剧“卓文君”——兼与刘芥尘先生商榷　谢振东　贵州日报　1961年8月27日3版
略谈“金水桥”的艺术成就　王健民　文汇报　1961年8月30日2版
谈河北梆子“蝴蝶杯”的修改　田人　河北日报　1961年8月31日3版
个性以辣风格以情——观北昆“李慧娘”偶得　长白雁　光明日报　1961年9月1日2版
评河北梆子剧本“五彩轿”的结构艺术　张皖　天津日报　1961年9月1日4版
怎样表达她的复杂心境？——谈“党的女儿”的唱腔设计　筱文艳　新民晚报　1961年9月2日2版
“伐子都”及其他　子谦　内蒙古日报　1961年9月2日3版

“恶虎村”和黄天霸 李盛斌 福建日报 1961年9月3日3版
答萨兰同志——再谈“牧羊子”和“辕门斩子”的改编得失 黄彬 福建日报 1961年9月3日3版
“五彩轿”中海瑞形象的塑造 张皖 天津日报 1961年9月5日4版
“蝴蝶杯”为穷人出了气 吴知 河北日报 1961年9月5日3版
提几点“蝴蝶杯”的修改意见 晓晨 河北日报 1961年9月5日3版
由历史人物到戏剧人物——从“桃花扇”中的杨龙友说起 王毅 光明日报 1961年9月8日2版
可喜可贺——看晋剧青年演出 李健吾 人民日报 1961年9月9日8版
活泼诙谐合情合理——看七龄童演鲁迅笔下的“活无常” 王绍舜 浙江日报 1961年9月10日4版
评“贻顺哥烛蒂”再演出——兼论喜剧样式及节奏 歌鸣 福建日报 1961年9月10日4版
别具风格的豫剧“花打朝” 禹伯 天津日报 1961年9月10日4版
也谈“牧羊子”的改编得失 洪波 福建日报 1961年9月10日4版
桂花园内吐清香——柳州桂剧团三出折子戏观后 宋辰 广西日报 1961年9月13日3版
看祁剧“穆桂英挂帅” 余凡 江西日报 1961年9月13日3版
苏剧“醉归”改得好 赵景深 新民晚报 1961年9月13日2版
谈田玉川、胡凤莲的形象塑造 李向阳 河北日报 1961年9月14日4版
悲剧的梦，艺术的梦——欣赏张继青的昆曲“痴梦” 马蓝 解放日报 1961年9月14日4版
背叛封建礼教的女性——看石筱英演徐纫秋 姚声黄 文汇报 1961年9月17日3版
喜赏眉户戏“涧水东流” 蔡肇发等 山西日报 1961年9月18日3版
从历史剧谈到“金田起义”一剧的编写 吕集义 广西日报 1961年9月18日3版
“痴梦”的表演艺术 霁庵 文汇报 1961年9月19日4版
慎重地对待传统剧目——从邕剧“三娘教子”谈起 丘振声 广西日报 1961年9月20日3版
“窦娥冤”照原本演出 赵景深 文汇报 1961年9月21日4版
二人台“卖碗”的喜剧艺术 仙 内蒙古日报 1961年9月26日3版
浓而不烈淡而有味——谈杨金凤“卖酒”的表演技巧 继明 陕西日报 1961年9月26日3版
略说晋剧“杀宫”的整理 郭汉城 光明日报 1961年9月28日2版
谈苏剧“倩女离魂” 赵景深 文汇报 1961年10月5日4版
新人崛起奇迹纷呈——谈京昆实验剧团演出的“杨门女将” 言慧珠 新民晚报 1961年10月7日2版
雅俗共赏之妙——浅谈蒲剧“彩楼记”的台词 展弓 山西日报 1961年10月7日3版
京剧舞台青春焕发——看京昆实验剧团演“杨门女将” 何慢 解放日报 1961年10月7日4版
艺贵清新——喜看秦彩萍演出的徽剧“贵妃醉酒” 完艺舟 安徽日报 1961年10月8日3版
评“雏鸣黔剧‘卓文君’” 彭鹤松等 贵州日报 1961年10月8日3版
大胆谨慎开采粤剧“金藏”——从发掘整理“夫妻抢子”谈起 文觉非 南方日报 1961

年 10 月 8 日 3 版
老树新花别具一格——喜看阿宫腔“王魁负义” 王毓祥 人民日报 1961 年 10 月 11 日 8 版
老树、新枝、鲜花——从“银瓶”看杭剧改革的成就 沈祖安 浙江日报 1961 年 10 月 12 日 3 版
好个佘太君——试析孙花满在“杨门女将”中的表演 龚义江 解放日报 1961 年 10 月 12 日 4 版
喜看艺坛放奇葩——湖南湘剧剧院二团演出观后 宣仪著 广西日报 1961 年 10 月 13 日 4 版
探讨历史剧如何塑造统治阶级的正面人物形象省剧协座谈秦腔“唐太宗”的思想与艺术 秦燕 陕西日报 1961 年 10 月 14 日 3 版
百卉争妍演白娘——看戏校实验剧团的“白蛇传” 中原 新民晚报 1961 年 10 月 15 日 2 版
“贻顺哥烛蒂”的艺术风格及其他——同歌鸣同志商榷 卞卡 福建日报 1961 年 10 月 15 日 4 版
别具一格的优美唱腔——小谈姚梅凤同志的“七十二个我为薛丁山” 张铨 新华日报 1961 年 10 月 15 日 3 版
从赣剧“西域行”看民族团结题材的处理 曲六乙 光明日报 1961 年 10 月 15 日 2 版
华彩纷披“白蛇传” 赵景深 新民晚报 1961 年 10 月 16 日 2 版
谈“蝴蝶杯”的主题思想及其他 哲明 河北日报 1961 年 10 月 17 日 4 版
敦厚中见细腻——谈汪韵芝同志在“孔雀东南飞”中表演艺术 刘静杰 新华日报 1961 年 10 月 19 日 3 版
关公的笑、刀、马 葛梦亭 甘肃日报 1961 年 10 月 19 日 4 版
明确寄于丰富——孟超新作“李慧娘”观摩札记 丘扬 文汇报 1961 年 10 月 20 日 2 版
弃芜存菁，情意动人——谈湘剧“百花记”的改编 李寅 广西日报 1961 年 10 月 20 日 4 版
“白蛇传”的三个许仙 俞振飞 解放日报 1961 年 10 月 21 日 4 版
表情细腻，戏路宽广——谈梁谷音在“思凡”中的表演特色 言慧珠 解放日报 1961 年 10 月 22 日 4 版
珠联璧合——记锡剧著名演员联合演出的“珍珠塔” 师公等 新华日报 1961 年 10 月 25 日 3 版
谈北昆《荆钗记》的“双祭” 高文澜 光明日报 1961 年 10 月 26 日 2 版
看三出鬼戏 乔山 光明日报 1961 年 10 月 28 日 2 版
独具一格的喜剧——看闽剧“贻顺哥烛蒂” 蔡怀玉 福建日报 1961 年 10 月 29 日 4 版
“周瑜归天”的枪花 李仲林 文汇报 1961 年 10 月 29 日 2 版
且说卧薪尝胆这一场戏 景孤血 文汇报 1961 年 11 月 1 日 3 版
关于“蝴蝶杯”的讨论 明 天津日报 1961 年 11 月 1 日 4 版
简谈绍剧“龙虎斗” 艺集 中国青年报 1961 年 11 月 1 日 4 版
新花喜看上“荆钗”——略谈北昆青年演员张玉文的表演 景孤血 光明日报 1961 年 11 月 2 日 2 版
青年，有厚望焉！——看京剧“赤桑镇”后漫笔 晨少尧 光明日报 1961 年 11 月 3 日 2 版

它拨动了我欢乐的心弦——谈花鼓戏“三里湾”的艺术处理　王大光　新湖南报　1961年11月4日3版
“墙头马上”主题的积极意义　陈辽　新华日报　1961年11月5日3版
京剧“火烧望海楼”观后　李大珂　人民日报　1961年11月7日6版
试探戏曲遗产中的糟粕——兼论“蝴蝶杯”的糟粕所在　丛林　天津日报　1961年11月8日4版
挖掘精华，发扬传统（上）——重排“梁山伯与祝英台”札记　胡汝慧　浙江日报　1961年11月8日3版
谈京剧“青梅煮酒论英雄”　冯其庸　人民日报　1961年11月9日5版
写状　赵景深　文汇报　1961年11月10日4版
关于“审陈三”的讨论　文汇报　1961年11月11日3版
笑声中否定丑恶——谈楚剧“九相公闹馆”和汉剧“张大亮做媒”　易原符　湖北日报　1961年11月12日3版
评“孟丽君”　李健吾　人民日报　1961年11月12日5版
关于“闹齐廷”中的公子昭　赵循伯　重庆日报　1961年11月12日3版
试谈“意中缘”的改编　王殿基　大众日报　1961年11月12日3版
一恸一笑回味无穷——谈张继青在昆曲“痴梦”中的表演　宗尧　新华日报　1961年11月12日3版
麦城道上看英雄——评高盛麟对关羽形象的塑造　高宇　新湖南报　1961年11月15日3版
“高机与吴三春”的艺术成就　顾仲彝　浙江日报　1961年11月15日3版
“恶虎村”中的黄天霸　李盛斌　文汇报　1961年11月15日2版
我们需要这样的喜剧——看登封曲剧团演出的“卷席筒”　余昂　河南日报　1961年11月16日3版
扫秦　赵景深　文汇报　1961年11月17日4版
川剧的宝贵遗产——“红梅记”　周裕祥　重庆日报　1961年11月17日3版
“珍珠塔”的特色——介绍四个锡剧团的联合演出　兰丁　解放日报　1961年11月18日4版
谈“醉隶”的表演　李文杰　光明日报　1961年11月18日4版
访鼠　赵景深　文汇报　1961年11月19日4版
可喜的收获——谈锡剧上下集本“珍珠塔”　英郁　文汇报　1961年11月21日2版
有粗有细泼而不俗——谈刘小琴在“一文钱”中的表演艺术　刘三多　福建日报　1961年11月22日4版
谈“半把剪刀”的结尾　志崇　西藏日报　1961年11月23日3版
“墙头马上”的演变　赵景深　人民日报　1961年11月25日6版
下山　赵景深　文汇报　1961年11月26日4版
天才与劳动的结晶——从“贵妃醉酒”看梅兰芳的艺术成就　史行　浙江日报　1961年12月5日3版
真、善、美的艺术高峰——谈梅兰芳先生表演的“宇宙锋”　葛次江、顾曼庄　福建日报　1961年12月8日4版
浅谈评剧“马寡妇开店”　亦茗　青海日报　1961年12月9日3版
优美动人的艺术形象——谈梅兰芳同志表演的杜丽娘　周传瑛　浙江日报　1961年12月

10日4版
济济新人折折好戏——介绍中国戏校实验京剧团演出的几个折子戏　之江等　新民晚报　1961年12月12日2版
粤剧界的一件喜事——祝粤剧青年演员演出“六国大封相”　曾三多　南方日报　1961年12月16日3版
谈“盘妻索妻”的表演艺术　石灵　福建日报　1961年12月17日4版
合理与出奇——浅探京剧“九江口”的改编　高文澜　光明日报　1961年12月17日2版
界牌关前英雄将——看钱浩梁演的罗通　中原　解放日报　1961年12月23日4版
也谈评剧“马寡妇开店”——兼与亦茗同志商榷　然之　青海日报　1961年12月23日3版
波谲云诡的悦来店——谈刘秀荣在“悦来店”中的表演　马蓝　解放日报　1961年12月25日4版
为“胭脂虎”抱不平　李苏　湖北日报　1961年12月27日3版
一朵鲜艳的“红梅”——从“红梅记”的改编谈到昆曲“李慧娘”　陶君起、李大珂　人民日报　1961年12月28日5版
麒派杰作《乌龙院》　冯其庸　光明日报　1961年12月29日2版
周信芳杰作“乌龙院”的特色　顾仲彝　上海戏剧　1962年1月1期2页
打得好——看周信芳同志的“打严嵩”　卫明　上海戏剧　1962年1月1期7页
评锡剧“珍珠塔”——嘉定、红旗、金山、青浦四锡剧团联合演出观后　汪培　上海戏剧　1962年1月1期13页
蓓蕾初开新意浓——看男女合演的越剧“十一郎”　傅骏　上海戏剧　1962年1月1期15页
也谈“虹霓关”的整理问题　刘德重、鲍志伸　上海戏剧　1962年1月1期24页
创造性地学习流派——看李玉茹演出的“梅妃”　顾森柏　戏剧报　1962年1月1期26页
富有江南特色的生活小戏——看沪剧“女看灯”与“阿必大”　戏剧报　1962年1月1期31页
漫论“斩经堂”——与郭汉城同志商榷（绍剧）　冯其庸　戏剧报　1962年1月1期34页
欲“整”之，先“理”之——谈“穆桂英”的改编（豫剧）　若谷　奔流　1962年1月号37页
“穆桂英”改编的问题在哪里（豫剧）　吉鹏　奔流　1962年1月号40页
浅谈常香玉同志在“拷红”中的演唱艺术　王基笑　奔流　1962年1月号45页
京剧“义责王魁”琐谈　卫明　剧本　1962年1月号67页
从“卧薪尝胆”谈起　贺飞云　东海　1962年1月1期36页
试评“花为媒”——北窗谈艺之二（评剧）　白榕　青海湖　1962年1月号59页
金玉奴的命运　赵正　戏剧报　1962年2月2期6页
童芷苓演的武则天　刘保绵　戏剧报　1962年2月2期40页
可怕的灵魂——看汉剧“杨雄醉归”　刘乃崇　戏剧报　1962年2月2期44页
“斩经堂”我见——就正于郭汉城、冯其庸二同志　刘颂　戏剧报　1962年2月2期48页
无限情深杜丽娘——谈谈梅兰芳同志在“游园惊梦”中的表演艺术　俞振飞　上海戏剧　1962年2月2期22页
谈川剧“斩黄袍”中的赵匡胤　张德成　四川文学　1962年2月号75页
“穆桂英”座谈会纪要　本刊记者　奔流　1962年2月号35页

读豫剧“花打朝” 张真 剧本 1962年2月号66页
“斩经堂”不是一般的家庭悲剧 安西 戏剧报 1962年3月3期14页
我对“斩经堂”思想意义的看法 景孤血 戏剧报 1962年3月3期16页
读周信芳的“斩经堂”——并求教于马南邨同志 戴不凡 戏剧报 1962年3月3期19页
山川秀丽人物风流——漫谈云南省民族戏剧观摩演出 夏国云 戏剧报 1962年3月3期39页
“淮河营”的演出和学习流派 张葆萃 戏剧报 1962年3月3期42页
印色盒点睛——楚剧“杨绊讨亲”的性格刻画 徐铁 戏剧报 1962年3月3期47页
细腻真实的创造（淮剧“白罗衫”） 乔国范 上海戏剧 1962年3月3期20页
试谈京剧“连环套” 卫明 上海戏剧 1962年3月3期29页
谈淮剧“女审”的音乐设计 张铨 上海戏剧 1962年3月3期35页
浅谈常香玉同志在“拷红”中的演唱艺术（待续） 王基笑 奔流 1962年3月号46页
几出兄弟民族戏剧的导演处理——云南兄弟民族戏剧演出观后 曲六乙 边疆文艺 1962年3月号41页
南宁市文联讨论粤剧《西厢记》改编本 曾宁等 广西戏剧通讯 1962年4月1期38页
魄力雄强精神飞动的演出——看袁世海演“九江口”散记 戴不凡 戏剧报 1962年4月4期20页
“斩经堂”是典型的历史悲剧 王世德 戏剧报 1962年4月4期35页
读剧札记——从“四进士”看传统编剧方法的几个特点 龚义江 剧本 1962年4月号34页
对发展花灯音乐的几点看法——兼谈“魔鬼岩”的音乐创作 尹钊 边疆文艺 1962年4月号38页
浅谈常香玉同志在“拷红”中的演唱艺术 王基笑 奔流 1962年4月号43页
勤有功——看青年演员合演“红楼梦” 姚萌 上海戏剧 1962年5月4、5期46页
窦一虎在妓院中——我看“张文祥刺马” 虞留德 上海戏剧 1962年5月4、5期50页
弦是怎样折断的——听蒋云仙说“逼疯” 汪培 上海戏剧 1962年5月4、5期51页
不落窠臼的扬剧“放许仙” 周良材 上海戏剧 1962年5月4、5期52页
谈谈李慧娘的“提高” 郦青云 戏剧报 1962年5月5期47页
从两出好戏谈甬剧的发展 马彦祥 戏剧报 1962年5月5期51页
从赣剧“西厢记”的两场戏谈起 汪自强 星火 1962年5月3期19页
试论“牡丹亭、闺塾” 杨白桦 江海学刊 1962年5月号41页
试论越剧“祥林嫂”的改编 魏金枝 上海戏剧 1962年6月6期16页
深刻动人的祥林嫂——记中国剧协上海分会座谈越剧“祥林嫂” 其水 上海戏剧 1962年6月6期18页
烈烈人心、绵绵鬼情——看顾玉君演出的扬剧“阳告、阴告” 之江 上海戏剧 1962年6月6期20页
扬剧“白蛇传”的艺术特色 唐真 上海戏剧 1962年6月6期21页
李秀成和洪秀全——谈淮剧“万古忠义”的矛盾冲突 叶元 上海戏剧 1962年6月6期23页
也谈京剧“连环套” 刘化萱 上海戏剧 1962年6月6期30页
初看麟派新戏“澶渊之盟” 龚啸岚 戏剧报 1962年6月6期23页
喜看红线女演“花园对枪” 叶林 戏剧报 1962年6月6期27页

看赣剧“西域行” 李啸仓 戏剧报 1962年6月6期30页
试谈秦腔“串龙珠”的表演 赵孟祥 宁夏文艺 1962年6月6期31页
杂谈史与戏——从川剧“西山怒火”谈起 陈泽远 四川文学 1962年6月号64页
跋“李慧娘” 孟超 文学评论 1962年6月3期110页
“强项令”的艺术构思（京剧） 高文澜 戏剧报 1962年7月7期12页
向盖老学习“恶虎村”的表演 张云溪 戏剧报 1962年7月7期28页
同而有异粗中带细——四观上党梆子“徐公案” 景孤血 戏剧报 1962年7月7期35页
再论绍剧“斩经堂”——答刘颂、王世德同志 冯其庸 戏剧报 1962年7月7期38页
反璞归真——就越剧“红楼梦”谈尹桂芳的表演 江流 上海戏剧 1962年7月7期12页
性格照人的扬剧“断太后” 董友道 上海戏剧 1962年7月7期14页
沉石一掷浪千层——谈石筱英在沪剧“赤叶河”中出场的表演 何慢 上海戏剧 1962年7月7期22页
贵乎实事求是——从“虹霓关”讨论想到的两个问题 徐以礼 上海戏剧 1962年7月7期28页
漫谈“和亲记”的推陈出新 陈泽远 四川文学 1962年7月号71页
珠联璧合相得益彰——回忆康芷林、肖楷臣合演的“酒楼晒衣” 周慕莲 四川文学 1962年7月号74页
漫谈“啼笑姻缘”的演出 经奇 上海戏剧 1962年8月8期20页
谈谈越剧“梁祝”特有的几个折子（传统剧目编剧技巧的探讨） 简慧 上海戏剧 1962年8月8期26页
“双玉蝉”中芳儿的形象问题 顾仲彝 上海戏剧 1962年8月8期28页
试论“吴汉杀妻”的悲剧冲突——兼谈艺术对历史的矛盾关系 罗丝丁 戏剧报 1962年8月8期45页
马金凤的“花打朝” 王照慈 戏剧报 1962年8月8期50页
今日人权来何易——谈沪剧“为奴隶的母亲” 何慢 上海戏剧 1962年9月9期4页
故乡新戏说“双阳”——欣赏婺剧“双阳公主”漫记 马蓝 上海戏剧 1962年9月9期7页
评连台本戏“封神榜” 唐真 上海戏剧 1962年9月9期9页
“施公案”和施公戏 邵曾祺 上海戏剧 1962年9月9期14页
也谈“双玉蝉”中芳儿的形象问题——与顾仲彝同志商榷 袁斯洪 上海戏剧 1962年9月9期18页
谈秦剧“三回头” 萧润华 戏剧报 1962年9月9期29页
钻得深，摸得准，演得真——谈丁果仙演“八件衣”中的杨知县 山西省文化局戏研室讨论 张仁健执笔 戏剧报 1962年9月9期31页
“澶渊之盟”是一出好历史剧 张家驹 上海戏剧 1962年10月10期16页
在差别中见功力——“澶渊之盟”欣赏杂记 拾风 上海戏剧 1962年10月10期18页
一出引人入胜的现代剧——评扬剧“夺印” 吴歌 上海戏剧 1962年10月10期20页
看昆剧“西园记”小记 陆兼之 上海戏剧 1962年10月10期23页
谈（甬剧和淮剧“双玉蝉”中）芳儿形象的真实性和典型性——与袁斯洪同志商榷 沈鸿鑫 上海戏剧 1962年10月10期25页
江山如画，一时多少豪杰——评川剧“和亲记” 文萍 戏剧报 1962年10月10期11页
“斩经堂”讨论的来稿综述 本刊记者 戏剧报 1962年10月10期55页

看婺剧演出一得　李紫贵　戏剧报　1962年11月11期33页
谈吕剧“姊姐易嫁”　刘保绵　戏剧报　1962年11月11期36页
关于“火烧红莲寺”的争论　本刊资料室　戏剧报　1962年11月11期56页
为演员写戏——谈麒派新戏“澶渊之盟”　戴不凡　剧本　1962年11月10、11期106页
可贵的责任感——从顾月珍主演的“破镜重圆”说起　龚义江　上海戏剧　1962年11月11期18页
川剧“飞云剑”值得研究　童牧林　山花　1962年11月号59页
神话、迷信及其他——（陈山等）座谈京剧“济公大闹秦相府”　东海　1962年11月11期37页
豫剧“花打朝”浅探　张鹏　奔流　1962年11月号38页
谈“青梅赠钗”　周慕莲　四川文学　1962年11月号69页
谈越剧“杨立贝”　寒英　上海戏剧　1962年12月12期14页
评锡剧“遍野风潮”　张桂林、周永康　上海戏剧　1962年12月12期17页
试从三个剧目谈沪剧的“西装旗袍戏”　诸葛文谦　上海戏剧　1962年12月12期22页
评剧“在烈火中永生”的改编和演出　林涵表　戏剧报　1962年12月12期8页
粲花旧曲翻新章——看南昆新编喜剧“西园记”　李大珂　戏剧报　1962年12月12期12页
赞“胭脂”　谭伟　东海　1962年12月12期39页
漫谈豫剧“花打朝”的剧本和演出　若谷　奔流　1962年12月号48页
略谈“战宛城”　荀慧生　文汇报　1962年1月3日2版
看京剧“九江口”　戴不凡　人民日报　1962年1月6日6版
老树新花——“鸣冤记”观后　傅汉清等　江西日报　1962年1月7日3版
如何理解古典戏曲中的正面人物——兼论“蝴蝶杯”中田玉川的形象塑造　宗一　天津日报　1962年1月10日4版
试谈“蝴蝶杯”中的妙笔与败笔——与丛林同志商榷　李邦佐　天津日报　1962年1月10日4版
艺术贵在独创——谈江苏省淮海剧团的“樊梨花”　梁冰　新华日报　1962年1月11日3版
谈吉剧“包公赔情”的剧本改编　耿瑛　辽宁日报　1962年1月11日3版
简谈“武则天”的表演与唱腔　雍和　光明日报　1962年1月11日2版
老树红花——看开封市传统戏曲展览演出散记　苏鹰　河南日报　1962年1月14日3版
传神传情传真——林芝芳在“红裙记”中的表演特色　江风、湘衍　福建日报　1962年1月17日4版
“蝴蝶杯”的一场争论——“蝴蝶杯”讨论会旁听记　马伟勋　天津日报　1962年1月18日2版
浅谈“狸猫换太子”的修改——观省平弦实验剧团演出有感　吴剑秋　青海日报　1962年1月20日3版
关于豫剧“穆桂英”改编的讨论　阎豫昌　河南日报　1962年1月21日4版
漫评“十一郎”——谈越剧男女合演的可喜收获　薛允璜　文汇报　1962年1月25日2版
听侯调“莺莺拜月”　张肇东　光明日报　1962年2月1日4版
新一代和老一代——从新戏“红羊峪”谈起　昶之　北京日报　1962年2月10日3版
充满了生活气息的曲剧“啼笑因缘”　刘乃崇　北京日报　1962年2月15日3版

潮剧丑角观摩演出散记　戈辑　南方日报　1962年2月16日3版
婺剧奇花夸断桥　马篮　新民晚报　1962年2月20日2版
继承与发展——喜看北昆剧院的"棋盘会"　翁偶虹　光明日报　1962年2月20日2版
谈安荣卿在"墙头马上"中的表演　华粹琛　天津日报　1962年2月20日4版
新春观剧随笔（上）　荀慧生　新华日报　1962年2月25日3版
谈"梅妃"　郑大同　解放日报　1962年2月26日4版
杨小楼演黄天霸　孟超　光明日报　1962年2月27日4版
含蓄收敛意在传神——漫谈川剧"绛霄楼"　赵循伯　重庆日报　1962年2月28日3版
从"珍珠衫"中得到的启示——谈张筠青、孙云竹的表演　山人谭　吉林日报　1962年2月28日3版
风格别具的"碧玉簪"　张鹏　河南日报　1962年3月1日3版
春花赞——晋南蒲剧院青年剧团演出观后　胡正　山西日报　1962年3月1日3版
三紧三松起高潮——谈扬剧艺人潘喜云扮演吴汉的演技　思苏　新华日报　1962年3月1日2版
新春观剧随笔（中、下）　荀慧生　新华日报　1962年3月1、4日3版
戏曲舞台上的一支生力军——看河北省昆剧团的演出　王永运　天津日报　1962年3月2日4版
京剧"潘金莲"改编得好——看辽宁京剧院演出有感　林平、李凡　辽宁日报　1962年3月4日3版
辛勤的劳动精彩的表演——看梅兰芳京剧团的演出　冯纪汉　河南日报　1962年3月4日3版
再谈评剧"马寡妇开店"　亦茗　青海日报　1962年3月5日3版
刚健清新委婉动人——试谈张君秋在"望江亭"中的新腔创造　王雁　湖北日报　1962年3月6日3版
从戏里找出作者自己来——也谈老本"蝴蝶杯"　贺照　天津日报　1962年3月7日4版
试探老本"蝴蝶杯"的糟粕　曾健雄　天津日报　1962年3月7日4版
正义战胜强权——漫评"智斩鲁斋郎"的改编　沈尧　光明日报　1962年3月9日2版
杨剧唱腔中的"自由调"——试谈"金派梳妆"的艺术特色　杨城、雪怀　新华日报　1962年3月9日3版
动人心弦的好戏——荐评剧"半把剪刀"兼谈结尾处理　文卓　辽宁日报　1962年3月11日3版
"双渐赶苏卿"的遗响——读剧札记　程毅中　光明日报　1962年3月11日4版
京剧"望江亭"的表演艺术　汪洗　湖北日报　1962年3月11日3版
观剧有感——看晋南蒲剧院青年剧团演出之后　西戎　山西日报　1962年3月13日3版
对赣剧"西厢记"改编的不同看法——省剧协和作协举行座谈会　江西日报　1962年3月14日3版
谈李瑞芳扮演的郑盈盈——碗碗腔"小忽雷"观后感　胡文龙　陕西日报　1962年3月14日3版
贾宝玉舞台形象品衡——谈越剧演员竺水招的表演　南雁　吉林日报　1962年3月14日3版
试谈"三关排宴"的整理本　天池　山西日报　1962年3月17日3版
走遍山庄送戏上门——记石楼晋剧团下乡演出点滴　兆元、金万　山西日报　1962年3月

19 日 3 版
简繁有序，剪裁得体——看市评剧团的“人面桃花”后　然之　青海日报　1962 年 3 月 19 日 3 版
从杨派特点说到高盛麟的“挑滑车”　景孤血　光明日报　1962 年 3 月 20 日 2 版
博采众长独具慧心——谈李玉茹在“梅妃”中的表演艺术　刘静杰　新华日报　1962 年 3 月 22 日 3 版
“蝴蝶杯”讨论续志　张皖　天津日报　1962 年 3 月 24 日 2 版
“三关排宴”点滴谈　赵廷鹏　山西日报　1962 年 3 月 24 日 3 版
对“胭脂虎”讨论中几个问题的看法　石燕西　湖北日报　1962 年 3 月 25 日 3 版
笑迎姊妹上门来——看淮海剧演出有感　筱文艳　文汇报　1962 年 3 月 27 日 2 版
卧薪尝胆发愤图强——看长春市评剧团演“钟离剑”　山河　吉林日报　1962 年 3 月 29 日 2 版
进一步提高“万花船”的喜剧风格　王子云　天津日报　1962 年 3 月 30 日 4 版
第一次交锋——京剧“斩经堂”座谈会纪要　旅大日报　1962 年 4 月 4 日 3 版
曲达意做传情——从“秦香莲”看梁小鸾的表演艺术　朱寅禄　吉林日报　1962 年 4 月 4 日 3 版
从旁借力——漫谈甬剧“双玉蝉”的导演　蔡钧　北京日报　1962 年 4 月 5 日 3 版
大处着眼——谈高盛麟的“挑滑车”　丘扬　人民日报　1962 年 4 月 7 日 6 版
略谈“三关排宴”中的佘太君——兼与天池同志商榷　顾全芳　山西日报　1962 年 4 月 7 日 3 版
从“胭脂记”看梨园戏　秉箴　南方日报　1962 年 4 月 10 日 3 版
“泗州城”的两种演法　吕健　解放日报　1962 年 4 月 12 日 4 版
善学者还从规矩——观高盛麟同志的表演有感　曲六乙　光明日报　1962 年 4 月 13 日 2 版
热情澎湃的“朱弁冷山记”　秉箴　羊城晚报　1962 年 4 月 13 日 2 版
叶茂丰在树根深——看高盛麟戏有感　孟超　人民日报　1962 年 4 月 14 日 6 版
周仁该不该第三次挨打（对“周仁回府”一剧剧情内容的讨论）　阎义孝等　陕西日报　1962 年 4 月 14 日 4 版
风貌独有曲曲传神——安阳市豫剧院一团演出的“对花枪”观后　王永运　天津日报　1962 年 4 月 14 日 2 版
古为今用、基本功和瑕疵——漫谈河北梆子“荀灌娘”　铁可　新湖南报　1962 年 4 月 17 日 3 版
三十年前两台戏——“烤”与“戏”　摹竹　文汇报　1962 年 4 月 18 日 4 版
两出精致动人的甬剧　戴不凡　人民日报　1962 年 4 月 19 日 6 版
“蝶双飞”和传唱——就教于申述之同志　阿芷　羊城晚报　1962 年 4 月 21 日 2 版
评殷元和演出的“醉打山门”　野航　宁夏日报　1962 年 4 月 21 日 3 版
佘太君的典型意义与历史真实——与顾全芳同志谈“三关排宴”的改编　王一民　山西日报　1962 年 4 月 21 日 3 版
“拉郎配”研究——谈川剧古本、新本、粤剧改编本后的一些感想　申述之　羊城晚报　1962 年 4 月 26 日 2 版
传统故事的新处理——看川剧“和亲记”有感　陈富年等　四川日报　1962 年 4 月 27 日 3 版
“闯”出来的戏　曲牟　福建日报　1962 年 4 月 28 日 4 版

越剧新人的成功演出——看上海越剧院青年实验剧团的“红楼梦” 薛允璜 文汇报 1962年5月8日2版
既在意料之中又在意料之外——谈甬剧“双玉蝉”谢芳儿的人物创造 凤子 人民日报 1962年5月10日6版
略说戏和史——看赣剧“西域行” 长白雁 北京日报 1962年5月12日3版
越剧新一代在成长——谈越剧“红楼梦”中金美芳、姜佩东的演出 袁斯洪 解放日报 1962年5月16日4版
动人的“安安送米” 易剑 羊城晚报 1962年5月18日2版
评剧“刘胡兰”的新貌 张皖 天津日报 1962年5月19日2版
独特的构思，有力的控诉——略谈艺香潮剧团演出的“安安送米” 于燕郊 羊城晚报 1962年5月22日2版
试谈“澶渊之盟”的寇准形象 龚啸岚 湖北日报 1962年5月24日3版
十六年前后——袁雪芬谈越剧“祥林嫂”的演出 徐洁人 文汇报 1962年5月24日2版
精彩的封建群丑图——为“连升三级”（闽剧）喝彩 邓瑞昌 福建日报 1962年5月26日4版
“玉虎坠”与“访冯彦” 陈过、赵走 山西日报 1962年5月26日3版
色彩鲜明舞台形象——看赵燕侠演出的“红梅阁” 鹿雨 天津日报 1962年5月29日4版
遗音三日绕屋梁——看赣剧青阳腔“西厢记” 阮章竞 人民日报 1962年5月29日6版
从“催归”谈到小武的表演 梁荫棠 羊城晚报 1962年5月31日3版
一出深刻的历史悲剧——评哈尔滨市京剧团演出的“苏武牧羊” 林涵表 黑龙江日报 1962年6月2日4版
“祥林嫂”三次演出漫话 谷苇 解放日报 1962年6月3日4版
老戏新演——看改编的“杨三姐告状” 荀慧生 北京日报 1962年6月7日3版
甬剧“半把剪刀”结尾商榷 马彦祥 光明日报 1962年6月8日2版
从“玉蝴蝶”到“金福戏鬼”——谈潮剧“金福戏鬼”的剧本整理问题 于燕郊 羊城晚报 1962年6月8日2版
喜看“西域行”（赣剧） 王照慈 光明日报 1962年6月10日2版
“状元无点墨，入骨肆嘲讽”——看高甲戏“连升三级” 赵家欣 光明日报 1962年6月12日4版
一出令人注意的新戏——评沪剧“迎春花”的改编 周良材 文汇报 1962年6月13日2版
谈越剧“唐太宗”的气势 肖云儒 陕西日报 1962年6月16日3版
主题形象和风格——试谈“访冯彦”整理的得失 高衡、章灏 江西日报 1962年6月16日3版
剧本好导演好表演好 文艺界人士热烈赞扬赣剧“西域行” 本报 解放日报 1962年6月17日2版
赣剧西厢记的结尾和莺莺的性格 林涵表 解放日报 1962年6月19日4版
声声我最爱青阳——赣剧“西厢记”看后杂感 林宜 文汇报 1962年6月20日2版
从抒情诗到诗剧——青阳腔“西厢记”改编道路探索 沈尧 文汇报 1962年6月22日3版
赣剧“西厢记”和“董西厢” 孔西洲 新民晚报 1962年6月22日3版

感谢江西赣剧院为上海人民送来好戏，文艺界人士座谈“西厢记”“西域行” 本报 解放日报 1962年6月23日2版
轻松活泼别具风格——看中国评剧院演出的“花为媒” 荀慧生 天津日报 1962年6月26日4版
全神贯注地唱出来的歌——看高盛麟表演的“关羽走麦城” 于质彬 文汇报 1962年6月27日2版
和谐统一优美动听——从“英台打枣”谈影腔戏的唱腔 姜立田 黑龙江日报 1962年6月28日4版
赣剧“西厢记”漫评 黄文锡 江西日报 1962年7月8日3版
谈“抬花轿”中的周彩霞 郭汉城 光明日报 1962年7月10日4版
“立主脑”与“重机趣”——评“访冯彦”等剧的改编 老鹏 山西日报 1962年7月25日3版
“鸳鸯谱”的人物与音乐 刘成基 文汇报 1962年7月28日3版
富有民间色彩的喜剧“抬花轿” 颜长珂 人民日报 1962年8月2日6版
“宋士杰”与“审死官”——马师曾丑戏漫谈 林涵表 文汇报 1962年8月5日4版
谈梅兰芳的“黛玉葬花” 姜妙香 光明日报 1962年8月7日4版
梅兰芳的“贵妃醉酒”唱腔 何为 北京日报 1962年8月8日3版
梅兰芳的表演艺术——谈“贵妃醉酒”“宇宙锋”“白蛇传”三出戏 曲六乙 大公报 1962年8月8日3版
清新超俗的歌声——看张君秋同志演“状元媒” 云燕铭 黑龙江日报 1962年8月10日4版
唱得好做得巧——看裘盛戎同志演“姚期” 润章 黑龙江日报 1962年8月13日2版
探讨梅剧“霸王别姬” 丁至云 光明日报 1962年8月14日4版
“陈三两”的艺术成就 李苏 湖北日报 1962年8月19日3版
古木逢春话湘昆——兼谈郴州专区湘昆剧本“连环记”的表演艺术 尹伯康、昆资 新湖南报 1962年8月22日3版
刚柔苍劲淋漓尽致——谈宋玉芬“三女红”的唱腔 军羽 包头日报 1962年8月30日4版
漫谈“金花传”的演出 谢甲 甘肃日报 1962年9月1日4版
贾宝玉的舞台形象——谈尹桂芳的表演艺术 羽丰 福建日报 1962年9月2日4版
喜有弟子传芬芳——谈杨荣环演的“霸王别姬” 王永运 天津日报 1962年9月2日4版
婺江一枝花——看“双阳公主”谈婺剧传统表演艺术特色 田锣 解放日报 1962年9月3日4版
“陈三两”的艺术魅力 胡光凡 新湖南报 1962年9月8日3版
从“三教庙”谈对历史剧的要求 柯乌 广西日报 1962年9月8日4版
拿蒋家王朝亮相——回忆“升官图”演出前后 刘郁民 中国青年报 1962年9月8日4版
昆剧“西园记”观后——给浙江昆苏剧团的一封信 周建人 浙江日报 1962年9月9日4版
“火烧红莲寺”不是好戏 黄振 湖北日报 1962年9月11日3版
漫谈“黄金印” 郭开拙 四川日报 1962年9月16日3版

从神话到戏剧——谈“悦城龙母”的改编　稼文　羊城晚报　1962年9月17日2版
西园犹见一枝梅——看浙江昆苏剧团演出的“西园记”　赵景深　文汇报　1962年9月19日2版
“善恶到头终有报?”——也谈粤剧“阴阳河”　陈仕元　羊城晚报　1962年9月19日2版
古曲新声——喜听“八大曲本”选曲演出　易剑泉　羊城晚报　1962年9月21日2版
梅派“奇双会、哭监”的艺术造诣　姜妙香　光明日报　1962年9月22日4版
一出反映现实题材的新剧——评扬剧“夺印”　慰之　解放日报　1962年9月24日4版
喜看京剧“澶渊之盟”　卫明　解放日报　1962年9月25日4版
也谈“火烧红莲寺”的“是非得失”　吴逸民　湖北日报　1962年9月27日3版
“火烧红莲寺”是一出有害的戏　傅理文　新湖南报　1962年9月28日3版
我看汪世瑜演“西园记”　周传瑛　文汇报　1962年9月29日4版
心弦与之和鸣——谈桂剧“春娥教子”的音乐设计　宋辰　广西日报　1962年10月5日4版
揪心的力量——浅谈陈伯华在“宇宙锋”中的表演　秉箴　羊城晚报　1962年10月5日2版
一出有好的基础的戏——试评闻喜蒲剧团的“安安送米”　朱鸣　山西日报　1962年10月6日3版
谈评剧“谢瑶环”的音乐唱腔　田侠　辽宁日报　1962年10月7日3版
“玉堂春”我见——兼评焦尾琴同志的“常情”论　宋谋玚　山西日报　1962年10月9日3版
藏巧于朴——谈汉剧“双玉蝉”的表演艺术　百花　湖北日报　1962年10月10日3版
怎样评价火烧红莲寺　成箫　新湖南报　1962年10月10日3版
“四郎探母”还值得演出吗?　刘有宽　光明日报　1962年10月11日4版
梨园新声又一花——谈陇剧“枫洛池”　赵景深　文汇报　1962年10月13日2版
也谈“火烧红莲寺”——兼与傅理文、周仁济同志的商榷　俊克、克琳　新湖南报　1962年10月14日3版
陇东新曲颂渔家——看陇剧“枫洛池”　何慢　解放日报　1962年10月15日4版
面对现实发人深思——漫评扬剧“夺印”　王炼　文汇报　1962年10月16日2版
评价改编剧目不可离开原著——从小说“江湖奇侠传”谈到京剧“火烧红莲寺”　曾宪枚　新湖南报　1962年10月19日3版
浅谈婺剧的特色和革新——看浙江婺剧团演出散记　戴不凡　人民日报　1962年10月21日5版
略谈“济”剧的人物和情节　冯麟、钟秀　浙江日报　1962年10月21日4版
谈闻喜蒲剧团整理的“八件衣”　芦未凡、张仁健　山西日报　1962年10月24日3版
不值得“挖掘”的一出坏戏——对京剧“火烧红莲寺”的看法　阮绵长　新湖南报　1962年10月25日3版
婺剧音乐聆后感　刘吉典　光明日报　1962年10月27日3版
浅谈婺剧“双阳公主”的推陈出新　胡冬生　光明日报　1962年10月30日4版
“寓奇于正，寓谐于庄”——看吕剧丑角精彩表演　景孤血　北京日报　1962年11月2日3版
赞吕剧的三个喜剧　孟超　光明日报　1962年11月3日4版
“驼龙”不是一出好戏　王也夫　吉林日报　1962年11月4日3版

葫芦里装什么药——剖析“火烧红莲寺”的主题思想　徐淑华　新湖南报　1962 年 11 月 4 日 3 版

谈豫剧“三哭殿”和“对花枪”　田汉　人民日报　1962 年 11 月 7 日 6 版

重看锡剧“红色的种子”　农　解放日报　1962 年 11 月 11 日 4 版

生活、形象、技巧——从“柜中缘”看陈伯华同志的表演　铁可　新湖南报　1962 年 11 月 11 日 3 版

传统与创造——谈成都市川剧院演出的“红岩”　黄华实　四川日报　1962 年 11 月 11 日 3 版

京剧“七侠五义”宣扬什么　楚椒　福建日报　1962 年 11 月 11 日 4 版

还是不能喝彩——试评京剧头本“七侠五义”　曲穆　福建日报　1962 年 11 月 11 日 4 版

“火烧红莲寺”的基本倾向究竟——也与成箫、俊克、克琳同志等商榷　王大光、周峥嵘　新湖南报　1962 年 11 月 14 日 3 版

可贵的警惕性和斗争艺术——北方昆剧“棋盘会”观后杂感　易振　光明日报　1962 年 11 月 15 日 4 版

格调清奇色彩绚烂——李永兰在婺剧“断桥”中的表演　黄定　光明日报　1962 年 11 月 20 日 4 版

看吕剧的两个小喜剧　李啸仓　人民日报　1962 年 11 月 22 日 6 版

风趣动人的“藏楼搜楼”——济南市吕剧团演出观后　荀慧生　天津日报　1962 年 11 月 23 日 4 版

看越剧“杨立贝”的联想　何慢　解放日报　1962 年 11 月 28 日 4 版

英雄人物的颂歌——评川剧“红岩”　乐浪　云南日报　1962 年 11 月 29 日 3 版

客观一些、实际一些……——对“王大儒供状”的评论有感　屈平　羊城晚报　1962 年 11 月 29 日 2 版

一曲爱国主义的颂歌——衡阳市湘剧团演出王船山剧作“龙舟会”观后　姜生　新湖南报　1962 年 11 月 30 日 3 版

古代人民理想的化身——谈电影“孙安动本”中的孙安和徐龙　林涵表　光明日报　1962 年 12 月 1 日 4 版

戏曲传统的革新和发展——谈楚剧“甲午海战”　原符　湖北日报　1962 年 12 月 2 日 3 版

关于“王大儒供状”——粤剧编剧讲习会侧记之一　本报记者　羊城晚报　1962 年 12 月 19 日 2 版

看陇剧“枫洛池”的演出　盖叫天　光明日报　1962 年 12 月 20 日 4 版

“王大儒供状”试论　刘逸生　羊城晚报　1962 年 12 月 20 日 2 版

区别精华和糟粕——看京剧二本“杨门虎将”的杂感　何慢　解放日报　1962 年 12 月 26 日 4 版

别具一格的曲剧“野火春风斗古城”　刘乃崇　光明日报　1962 年 12 月 27 日 4 版

天山脚下的花朵——喜看越剧“王子与公主”　章力挥　文汇报　1962 年 12 月 28 日 2 版

枯木发芽吐新枝——看陇剧“枫洛池”的演出　盖叫天　甘肃日报　1962 年 12 月 29 日 4 版

谈谈越剧“杨立贝”的情节结构　钱英郁　戏剧报　1963 年 1 月 1 期 29 页

川剧“燕燕”中的三个形象　郦青云　戏剧报　1963 年 1 月 1 期 31 页

世家绝天伦风尘有知音——评越剧“绣襦记”的改编与演出　袁斯洪　上海戏剧　1963 年 2 月 2 期 19 页

革命的红灯永放光华——评沪剧“红灯记” 沈鸿鑫 上海戏剧 1963年2月2期23页
谈扬剧“夺印”的成就 东方明 戏剧报 1963年2月2期1页
“斩经堂”不是好戏 王子野 戏剧报 1963年2月2期13页
关于评剧“驼龙” 林之林 鸭绿江 1963年2月号112页
谈谈“龙舟会”的发掘和整理（湘剧） 铁可 湖南文学 1963年2月1、2期92页
试评绍剧“于谦” 双鱼 东海 1963年2月号47页
试谈“花打朝”的几个问题 柳松 奔流 1963年2月号28页
看滇剧“杜十娘” 王伟 边疆文艺 1963年2月号50页
一曲阶级斗争的凯歌——试评评剧“夺印”的演出 梅阡 戏剧报 1963年3月3期25页
南昆会演观摩侧记 曲六乙 戏剧报 1963年3月3期41页
谈京剧“红色风暴”的夜行 卫明 上海戏剧 1963年3月3期15页
也评越剧“绣儒记”的改编——兼与袁斯洪同志商榷 王一纲 上海戏剧 1963年3月3期19页
论越剧“胭脂”的改编成就和现实意义——并与陆炎同志商榷 一农 东海 1963年3月号21页
一出清新隽永的好戏——漫话昆曲“西园记” 白坚 东海 1963年3月号54页
“夺印”、评剧、现代戏 张庚等 文艺报 1963年3月3期15页
对“花打朝”的几点理解 牧丁 奔流 1963年3月号48页
“夺印”好！ 董润生 前线 1963年3月6期9页
平弦剧“王昭君”改编本漫评 刘凯 青海湖 1963年3月2期86页
张君秋在“望江亭”中的几段唱 唐吉 戏剧报 1963年4月4期34页
简评一年来反映农村生活的小戏 李钦 剧本 1963年4月号22页
农民座谈花鼓戏“李双双” 孙伟整理 湖南文学 1963年4月号61页
传统戏曲中的真人真事及其他——漫话“花打朝” 龚依群 奔流 1963年4月号51页
一出反映农村阶级斗争的好戏——谈评剧“夺印”音乐革新的成就 林绿 人民音乐 1963年4月号7页
热情歌颂当代先进人物——观杭剧“雷锋”有感 谭伟 东海 1963年4月4期15页
喜见越剧舞台上的现代人物——从张桂凤在《两块六》中塑造的老范形象谈起 钟泯 上海戏剧 1963年5月5期14页
谈越剧《夺印》的唱腔——兼及越剧唱腔表现现代人物问题 连波 上海戏剧 1963年5月5期15页
十年磨一剑——谈马金凤在《穆桂英挂帅》中的表演 唐真 上海戏剧 1963年5月5期31页
金石可开山可颓——喜看川剧《夫妻桥》 唐振常 上海戏剧 1963年5月5期32页
姜维怎不服孔明？（评河南商丘专区越调剧团申凤梅的演技） 马连良 戏剧报 1963年5月5期17页
驾驭传统，创造新的艺术境界——追忆梅兰芳“穆桂英挂帅”中的艺术创造 郑亦秋 戏剧报 1963年5月5期43页
从“四郎探母”说到“三关排宴” 冯麟 东海 1963年5月5期46页
谈“杨立贝”中的杨立贝 陆炎 东海 1963年5月5期48页
现代戏观摩后记 伊兵 雨花 1963年5月5期32页
扬剧“东风解冻”再探 凌竟亚 雨花 1963年5月5期36页

评剧、曲剧“夺印”座谈会纪要　本刊记者　北京文艺　1963年5月号53页
热情歌颂伟大的战士——喜看益阳花鼓戏“雷锋”　韩罕明　湖南文学　1963年5月号61页
评剧“夺印”纵横谈　珂理　北京文艺　1963年5月号47页
读扬剧《夺印》浅得　肖谭　剧本　1963年5月号78页
是真实还是虚伪——谈“花打朝”中程七奶奶的舞台形象　乡仆　奔流　1963年5月号55页
讽刺——有力的武器——看高甲戏《连升三级》　郦青云　戏剧报　1963年6月6期18页
有关《施公案》剧目的倾向性　陶君起　戏剧报　1963年6月6期26页
为新思想新风尚热情歌唱——看上海市人民沪剧团青年队演出的《八连之风》　孙锡钧　上海戏剧　1963年6月6期17页
评两个《夺印》的布景特色　幸熙　上海戏剧　1963年6月6期35页
粤剧传统剧目概述　郭秉箴　广西戏剧通讯　1963年6月总7期11页
从《夺印》演出谈剧本改编　鲁凝　边疆文艺　1963年6月号55页
《雷锋》戏剧述评　左正　延河　1963年6月号62页
掌握矛盾，主宰矛盾——小议《夺印》中何文进的塑造　子刚　雨花　1963年6月6期34页
剑锋犀利和情趣盎然——谈花鼓戏传统喜剧《装疯吵嫁》的整理本　高宇　湖南文学　1963年6月号70页
有意义的尝试——京剧《八一风暴》观后　张庚　戏剧报　1963年7月7期2页
新的探索和创造——评张家口市京剧团的《八一风暴》　李紫贵、刘保绵　戏剧报　1963年7月7期4页
看京剧《茶山七仙女》有感　龚啸岚　戏剧报　1963年7月7期8页
谈张桂凤在《两块六》中的表演　龚义江　戏剧报　1963年7月7期40页
日新又日新——看红线女演《李香君》　司元　戏剧报　1963年7月7期42页
大处着眼，小处着手——《审椅子》读后（小戏漫谈）　元欣　剧本　1963年7月号61页
谈《争儿记》的导演艺术及其他　刘厚生　上海戏剧　1963年7月7期4页
试谈《秋海棠》等戏的思想倾向　慕容文静　上海戏剧　1963年7月7期29页
看豫剧《李双双》　于黑丁　戏剧报　1963年8月8期18页
探隐发微——川剧《议剑》表演札记　李文杰　戏剧报　1963年8月8期44页
从看《血泪荡》想起的　文声　东海　1963年8月8期32页
看了京剧《八一风暴》有感　林涵表　文艺报　1963年8月7、8期53页
眼看树木竞长，必有大树凌空（评四个剧种的《夺印》）　明朗　四川文学　1963年8月号49页
给《招亲记》以恰当的估价　刘榴　山花　1963年8月号60页
《招亲记》的正面人物形象　耿恒　山花　1963年9月号46页
刘妻的描写是不真实的（《招亲记》）　熊承恩　山花　1963年9月号48页
一出庸俗的闹剧（《招亲记》）　吴牧　山花　1963年9月号49页
耻辱与尊严（《招亲记》）　方丁　山花　1963年9月号54页
新“王宝钏”　老舍　戏剧报　1963年9月9期3页
从半台戏到一台戏（评剧）　魏荣元　戏剧报　1963年9月9期17页
首都戏曲界座谈京剧《草原烽火》的演出　非　戏剧报　1963年9月9期52页

谈《斩三妖》中苏妲己的表演　颜锦艳　广西戏剧通讯　1963 年 9 月总 8 期 33 页
农村戏剧见闻　黄明、肖人　广西戏剧通讯　1963 年 9 月总 8 期 38 页
生活的一课——谈沪剧《巧遇过》　王浩然　上海戏剧　1963 年 9 月 8、9 期 8 页生丑糅和浑然一体——从越剧《双狮图》看张小巧的生丑表演　洪民华、矛林龙等　上海戏剧　1963 年 9 月 8、9 期 15 页
《花打朝》座谈纪要　本刊记者　奔流　1963 年 9 月号 60 页
京剧《草原烽火》观后　黄克保　戏剧报　1963 年 10 月 10 期 20 页
一出具有浓郁神话情趣的好戏——谈京剧《碧波仙子》　李希凡　戏剧报　1963 年 10 月 10 期 44 页
简谈越剧《争儿记》　龚义江　戏剧报　1963 年 10 月 10 期 50 页
从《碧玉簪》谈如何区别精华与糟粕——就教于何慢同志　王一纲　上海戏剧　1963 年 10 月 10 期 14 页
试谈京剧《红娘》　王家熙　上海戏剧　1963 年 10 月 10 期 20 页
京剧《红娘》的剧本和演出　唐真　上海戏剧　1963 年 10 月 10 期 23 页
浅谈京剧《三打白骨精》　丹宁　宁夏文艺　1963 年 10 月 5 期 60 页
京剧《杜鹃山》的破格和创新　夏文森　宁夏文艺　1963 年 10 月 5 期 63 页
不容拿劳动人民的尊严做交易（《招亲记》讨论）　林介夫　山花　1963 年 10 月号 54 页
开卷思余——读《招亲记》札记　周秦　山花　1963 年 10 月号 57 页
清晨，我走入春天的田野——《朝阳沟》给予的喜悦和启示　胡苏　电影文学　1963 年 10 月号 67 页
谈花鼓戏《杨立贝》　刘高林　湖南文学　1963 年 10 月号 66 页
评昆曲《红霞》　吴芝　上海戏剧　1963 年 11 月 11 期 6 页
拭目喜看新《晴雯》　徐进　上海戏剧　1963 年 11 月 11 期 8 页
略论京剧《彝陵之战》　英郁　上海戏剧　1963 年 11 月 11 期 10 页
京剧《唐赛儿》与推陈出新——观剧短札　李时钊　上海戏剧　1963 年 11 月 11 期 12 页
谈《精忠记》等剧中“忠”的问题　陆锡平　上海戏剧　1963 年 11 月 11 期 24 页
也从《碧玉簪》谈如何区别精华与糟粕　李远度　上海戏剧　1963 年 11 月 11 期 26 页
凿璞见玉磨砺生光——略谈川剧《芙奴传》中贾瞎子的形象　颜长珂　戏剧报　1963 年 11 月 11 期 30 页
谈采茶戏《井冈山的黎明》　严青　戏剧报　1963 年 11 月 11 期 32 页
这是不是根本的办法？——从金玉奴为什么不能出走所想起的　余睦人　戏剧报　1963 年 11 月 11 期 39 页
从《打样编筐》到《招亲记》　肖源锦　山花　1963 年 11 月号 52 页
《招亲记》表现了小市民的观点和趣味　袁远　山花　1963 年 11 月号 55 页
我们对《招亲记》及其争论的看法　纽福羡等　山花　1963 年 11 月号 58 页
《碧玉簪》的思想倾向　陈平　东海　1963 年 11 月 11 期 43 页
绍剧《血泪荡》的成就　文声　东海　1963 年 11 月 11 期 54 页
传统、生活、艺术作用——京剧《八一风暴》的启示　文燕　河北文学　1963 年 11 月 1 期 53 页
杂谈河北梆子表现现代生活——从河北梆子《红色宣传员》谈起　贺照　河北文学　1963 年 11 月 1 期 81 页
喜见川剧高腔音乐的革新——谈四川省川剧学校实验剧团《金沙江畔》的音乐改革　肖晴

人民音乐 1963年11月号5页
为新英雄人物塑像——谈评剧剧本《烈火丹心》 李安恒 北方文学 1963年11月号 59页
创造具有鲜明个性的英雄形象——试谈京剧《于谦》的得失 刘乃崇 北京文艺 1963年 11月号42页
莫把糟粕当精华——评《唐伯虎点秋香》 陈今 四川文学 1963年11月号68页
资产阶级低级趣味的化身——论沪剧《秋海棠》 戴不凡 戏剧报 1963年12月12期 30页
关于《团圆之后》的争论 本刊资料室 戏剧报 1963年12月12期36页
应当出什么“新”？——从《团圆之后》的争论所想起的 田粟 戏剧报 1963年12月12 期38页
动的是地方——谈谈《空城计》的表演 荀慧生 戏剧报 1963年12月12期43页
谈评剧《年青一代》 桠子 山花 1963年12月号53页
像与不像之争（评剧《年青一代》） 戈止 山花 1963年12月号61页
从婺剧《三清梨花》的改编谈推陈出新 廖震龙 东海 1963年12月12期45页
谈湖剧《麒麟带》里鬼魂形象 裴正琮 东海 1963年12月12期47页
再推陈再出新——《绣襦记》演变的探索 徐棻 四川文学 1963年12月号79页
也谈《碧玉簪》 亦沨 上海戏剧 1963年12月12期14页
从一把椅子谈起——读《审椅子》 完艺舟 安徽文学 1963年12月11、12期266页
农村新型妇女的形象——谈小粤剧《金银花》 蓝蓝 作品 1963年12月11、12期 268页
一出动人的现代戏——评剧“在烈火中永生”观后 金文丰 北京日报 1963年1月3日 3版
请看“夺印” 陈辽 新华日报 1963年1月6日3版
一堂新——川剧这次来京演出的特点 红光 北京日报 1963年1月12日3版
一堂深刻的阶级教育课——祝贺闽剧“九命沉冤”演出一百场 郑奕奏 福建日报 1963 年1月16日4版
我看“宏碧缘” 刘剑秋 陕西日报 1963年1月16日3版
“宏碧缘”的主题思想及其他 刘凤洲 陕西日报 1963年2月2日3版
不要替叛徒涂脂抹粉——对“四郎探母”要作阶级分析 林涵表 中国青年报 1963年2 月2日4版
看楚剧“西琳与帕尔哈特” 许弥地 新疆日报 1963年2月3日3版
一出反映农村阶级斗争的好戏——谈评剧“夺印”的剧本和演出 沈尧 北京日报 1963 年2月5日3版
谈粤剧“李香君”的演出 季思 羊城晚报 1963年2月8日2版
发掘革命英雄人物的心声——评剧“在烈火中永生”观后随笔 王震亚 人民日报 1963 年2月9日6版
漫谈粤剧“李香君” 秉箴 南方日报 1963年2月9日3版
喜看曲剧“喜笑颜开” 丁铁峰 大公报 1963年2月12日3版
“啼笑姻缘”有多少社会意义？ 魏世英 福建日报 1963年2月13日4版
新生活、新人物、新剧目——看曲剧“喜笑颜开”有感 薛恩厚 北京日报 1963年2月 14日3版

惊险之中显英雄——看爱华沪剧团演出“红灯记” 何慢 解放日报 1963年2月15日6版
洪流里的漩涡——评汾阳鼓锋剧团“封神榜” 张福玉、刘思奇 山西日报 1963年2月16日3版
笑里文章——川剧“秀才外传”的改编和演出 曹其敏 人民日报 1963年2月17日6版
各具特色——谈哈尔滨市京剧团的四个折子戏 吴秀琴 辽宁日报 1963年2月17日3版
试谈秦腔“金沙滩”的剧本和表演 刘金荣 甘肃日报 1963年2月20日4版
谈评剧“在烈火中永生” 胡冬生 光明日报 1963年2月21日4版
谈“教子”中的王春娥和“赶坡”中的王宝钏——戏曲表演艺术探索之二 何振中 陕西日报 1963年2月23日4版
漫谈“穆桂英挂帅” 左海 光明日报 1963年2月23日4版
生动优美的表演艺术——看马金凤主演的两出戏 刘保绵 光明日报 1963年2月25日2版
玛瑙瓶里的毒酒——简评河北梆子“南北合” 毛达志 河北日报 1963年3月3日4版
谈山歌剧“采桃” 赵景深 文汇报 1963年3月5日2版
“夺印”的思想意义和艺术特色——看戏札记 林婴 安徽日报 1963年3月12日4版
大胆创新，别具一格——谈与众不同的赣剧“西厢记” 纪述 羊城晚报 1963年3月14日3版
川剧丑角艺术——谈演出“投庄遇美”的体会 周企何 光明日报 1963年3月14日4版
浅谈川剧“燕燕”的改编 李行言、李振玉 光明日报 1963年3月18日2版
血写家谱教儿孙——越剧“杨立贝”观后感 柳河 浙江日报 1963年3月20日3版
谈川剧红岩（上集） 林钟美 贵州日报 1963年3月21日3版
川剧“燕燕”的舞台设计 赵桂椿 光明日报 1963年3月23日4版
生动的阶级斗争教材——看扬剧“女会计”演出 梁冰 安徽日报 1963年3月24日4版
“九江口”的成就 李寅 广西日报 1963年3月24日4版
扬剧“夺印”的现实意义及其艺术成就 林涵表 人民日报 1963年3月27日4版
笑声中的批评与赞美——看曲艺剧“喜笑颜开” 李啸仓 人民日报 1963年3月28日6版
略谈忠孝节义——关于“蟒蛇记”答读者问 鲁凝 云南日报 1963年3月28日3版
评“双阳公主”的改编和演出 铁健 黑龙江日报 1963年3月29日4版
戏曲舞台上的一朵鲜花——评现代剧“东风解冻”的剧本和演出 凌竞亚 新华日报 1963年3月31日2版
生活的启发——谈曲剧“喜笑颜开”的改编 于真等 大公报 1963年4月3日3版
家酿新酒令人醉——谈“吉剧剧本选” 金鼎 吉林日报 1963年4月7日4版
应该从头本“开天辟地”中吸取教训 肖凌 文汇报 1963年4月8日4版
荒诞不经的“神话剧”——简评新华京剧团头本“开天辟地” 钟山 解放日报 1963年4月11日4版
一出泼辣的讽刺戏——评河南越剧“李天保吊孝” 余吾家 光明日报 1963年4月11日4版
“开天辟地”宣扬什么 姚家齐等 文汇报 1963年4月12日2版
刚直、峭厉的海瑞形象——看蒲剧“港口驿” 沈尧 北京日报 1963年4月13日3版
社会主义新农民的动人形象——评沪剧“喜旺嫂子” 王浩然 文汇报 1963年4月18日

2 版
对海瑞形象的新创造——略谈晋南蒲剧院青年剧团演出的“港口驿” 杨扬 人民日报 1963 年 4 月 21 日 5 版
三关排宴和四郎探母 林涵表 工人日报 1963 年 4 月 23 日 4 版
京剧表现现代生活的新成就——喜看京剧“八一风暴” 胡冬生 光明日报 1963 年 4 月 27 日 4 版
《秀才外传》的来源 赵景深 新民晚报 1963 年 5 月 5 日 3 版
漫话越调“收姜维” 袁世海 光明日报 1963 年 5 月 7 日 4 版
真中求美 形象感人——谈京剧《九江口》中袁世海的表演 林一 新湖南报 1963 年 5 月 7 日 3 版
技高意深乐舞巧合——漫谈蒲剧“挂画”的表演和音乐 夏沙 光明日报 1963 年 5 月 11 日 4 版
略谈京剧“白毛女”中表演程式的运用 许彰孝 青海日报 1963 年 5 月 15 日 2 版
两出优美的小戏——谈蒲剧的“卖水”与“挂画” 余吾家 人民日报 1963 年 5 月 19 日 6 版
燕燕的性格 张庚 文汇报 1963 年 5 月 20 日 4 版
谈肖恩——蒲剧“扣门杀家”的特色 颜长珂 光明日报 1963 年 5 月 21 日 4 版
“斩经堂”不是一出好戏 横林 大公报 1963 年 5 月 22 日 3 版
三个“雷锋” 刘书才 北京日报 1963 年 5 月 23 日 3 版
从淮剧“回娘家”受到的教育 筱文艳 光明日报 1963 年 5 月 23 日 2 版
看一个好喜剧——评福建高甲戏“连升三级” 田汉 人民日报 1963 年 5 月 30 日 6 版
一出应该批判的戏——评《南北合》 王韧 天津日报 1963 年 6 月 3 日 4 版
临摹与创造——观青年演《搜书院》随感 彬轸 羊城晚报 1963 年 6 月 4 日 2 版
让八连之风广为传扬——评沪剧《八连之风》 朱扬 解放日报 1963 年 6 月 4 日 4 版
谈秦腔《雷锋》的思想与艺术特色 然之、柴景春 青海日报 1963 年 6 月 5 日 2 版
谈桂剧三出折子戏 胡海生 广西日报 1963 年 6 月 7 日 4 版
谈京剧“双玉蝉”和秦友梅的表演 吕文 吉林日报 1963 年 6 月 7 日 4 版
《四郎探母》的由来及思想倾向 李希凡 人民日报 1963 年 6 月 9 日 5 版
评粤剧《文天祥》 刘舒 羊城晚报 1963 年 6 月 12 日 2 版
喜闻“碗碗”发新腔——观碗碗腔“兵火缘”随笔 石万英 内蒙古日报 1963 年 6 月 16 日 3 版
从历史的真实到艺术的真实——谈《桃花扇》中侯方域的形象 黄清泉 湖北日报 1963 年 6 月 16 日 3 版
学习和尝试——《红色宣传员》从话剧到黄梅戏 乔志良等 安徽日报 1963 年 6 月 19 日 4 版
为王宝钏去垢涤尘 高义龙 光明日报 1963 年 6 月 20 日 4 版
唱破四关演《夺印》 何慢 文汇报 1963 年 6 月 21 日 2 版
糟粕去了吗？精华在哪里？——对南通专区京剧院二团上演《西游记》的一些意见 江曲等 新华日报 1963 年 6 月 26 日 3 版
用歌、舞、剧合写村史——看绍剧《血泪荡》 之江 新民晚报 1963 年 6 月 27 日 2 版
《六里桥》是出好戏 周良材 文汇报 1963 年 6 月 28 日 2 版
生活、斗争、艺术——楚剧《夺印》观后感 龚啸岚 湖北日报 1963 年 6 月 30 日 3 版

不断丰富　精益求精——看沪剧《杨立贝》后随感　陆孝　文汇报　1963年7月8日2版
锡剧《白丹山》赞评　高斯　新华日报　1963年7月14日3版
《李双双》从银幕到舞台——略谈豫剧《李双双》的再创造　郭景星、孙克辛　河南日报　1963年7月14日3版
看京剧《茶山七仙女》所想到的　李紫贵　北京日报　1963年7月18日3版
汉剧《夺印》中的何文进　刘继鸣　湖北日报　1963年7月21日3版
前进中的僮剧艺术——右江僮剧团演出的《百鸟衣》观后　潘其旭　广西日报　1963年7月25日2版
《霓红灯下的哨兵》和《夺印》的思想意义及艺术表现　苏执　重庆日报　1963年7月27日3版
赞京剧《八一风暴》　李啸仓　人民日报　1963年7月28日5版
革命的红旗代代传——看联合评剧团的现代戏《三代英雄》有感　丛林　天津日报　1963年7月29日4版
以阶级感情进行阶级教育——天津市越剧团演出的《杨立贝》简评　李大珂　人民日报　1963年8月4日6版
从京剧《八一风暴》谈起　袁世海　光明日报　1963年8月6日4版
看京剧《于谦》　陶君起　北京日报　1963年8月6日3版
寓美义于奇趣——谈桂剧《唐知县审诰命》的艺术表演　梁信　羊城晚报　1963年8月7日2版
歌新味厚——评张家口市京剧团演出的《八一风暴》　刘达华等　北京日报　1963年8月9日3版
《五鼠闹东京》等戏是宣扬什么思想？抹煞阶级斗争麻痹人民斗志　文卫军等　山西日报　1963年8月14日3版
可喜的收获——苏州专区现代剧目会演综评　苏研　新华日报　1963年8月16日3版
洋溢着时代精神的历史剧——看京剧《于谦》　胡冬生　光明日报　1963年8月17日4版
古树发新枝——看川剧的四个折子戏有感　山仁　吉林日报　1963年8月18日4版
大胆的尝试可喜的收获——简评京剧《杜鹃山》的改编和演出　于林　新疆日报　1963年8月21日3版
矛盾中迸发出来的语言——谈昆剧《吃茶》语言的戏剧性　李大珂　光明日报　1963年8月24日4版
金箍棒下不容妖——谈绍剧《孙悟空三打白骨精》　申玉　新湖南报　1963年8月25日3版
饶有风趣的《姊妹易嫁》——看济南市吕剧团的演出　刘思鹏　辽宁日报　1963年8月25日3版
浅谈《争儿记》的主题思想和艺术特色　晓虹、钱渊　浙江日报　1963年9月8日4版
看了京戏《杨立贝告状》以后　林火　旅大日报　1963年9月11日3版
京剧“一捧雪”宣扬什么思想？　颜长珂　光明日报　1963年9月14日4版
对几个传统剧目的分析　郭汉城　光明日报　1963年9月14日2版
漫谈四个《李双双》　史律　浙江日报　1963年9月15日4版
生活、传统、生活——试谈川剧现代剧《红岩》　何慢　人民日报　1963年9月22日5版
为京剧艺术开拓广阔的道路——评京剧《八一风暴》　阿庚、树林　河北日报　1963年9月22日4版

评京剧“草原烽火” 沈尧 人民日报 1963年9月25日6版
记住阶级仇！——工农兵谈京剧《杨立贝告状》 房树清等 旅大日报 1963年9月25日3版
新《王宝钏》 老舍 光明日报 1963年9月27日2版
评剧《杨三姐告状》是一出什么样的戏？——我市文艺界座谈北京大兴评剧演出的《杨三姐告状》 包放 包头日报 1963年9月28日3版
关于评剧《驼龙》的自我批判 大彬 黑龙江日报 1963年10月8日4版
一出大受欢迎的好戏——《杨立贝》座谈纪要 新湖南报 1963年10月8日3版
谈《团圆之后》(莆仙戏) 张艾丁 光明日报 1963年10月9日2版
试评花鼓戏《牛府贵婿》 峥嵘 新湖南报 1963年10月12日3版
历史真实和时代精神的结合——谈绍剧《于谦》的演出 王季思 羊城晚报 1963年10月12日2版
《红鬃烈马》是宣传封建思想的 王之榜 光明日报 1963年10月13日2版
谨防“鱼目混珠”——对晋剧《白玉楼》和《三疑计》的一点意见 杨雨 内蒙古日报 1963年10月15日3版
没有光明的黑暗王国——与张艾丁同志讨论《团圆之后》 林涵表 光明日报 1963年10月17日2版
被粉饰了的鹰犬（京剧《恶虎村》《连环套》） 新民 光明日报 1963年10月17日3版
光辉的形象——谈兰州市越剧团演出的大型现代戏《李贡》 舒生淮 甘肃日报 1963年10月18日4版
卑贱者最聪明——推荐京剧《春草闯堂》 蔚然 鞍山日报 1963年10月19日3版
共产主义风格的赞歌——评湘剧《李定国》 李子园 新湖南报 1963年10月19日3版
从川剧《李双双》谈起 辅之 四川日报 1963年10月20日3版
推陈出新的《和亲记》(川剧) 陶君起 光明日报 1963年10月22日4版
粤剧“伦理言情”剧试剖——兼谈《胡不归》等的评价问题 秉箴 羊城晚报 1963年10月24日2版
实事求是地评论《团圆之后》 李蒙英 光明日报 1963年10月24日3版
表现现代生活的新收获——评京剧《八一风暴》 李力迈 广西日报 1963年10月27日4版
继承什么样的传统？——从三改三演《秋海棠》谈起（沪剧） 邵滨孙 文汇报 1963年10月28日4版
惊雷在美洲上空滚动——看牡丹江市京剧团演出的《黑奴恨》 李安恒 黑龙江日报 1963年10月30日4版
“蟠桃园”反映了时代精神 钟纪明 陕西日报 1963年10月30日3版
创编更多反映现实生活的好剧本——谈京剧《明争暗斗》的改青 刘青 吉林日报 1963年10月31日4版
出色的再创造——谈春风粤剧团《今歌昔泪》的演出 徐重 南方日报 1963年11月2日3版
试谈《红梅岭》 袁光 陕西日报 1963年11月2日4版
我对《连环套》的一些意见 黄延复 光明日报 1963年11月3日3版
谈《潞安州》的“立尸不倒” 李邦佐 光明日报 1963年11月3日3版
新出于旧，古用于今——谈川剧《和亲记》的改编 刘开宇 光明日报 1963年11月3日

2 版
祥林嫂的十七年间——袁雪芬主演的《祥林嫂》 浩思 羊城晚报 1963 年 11 月 4 日 3 版
天山南北的京剧新花——喜看《西琳与帕尔阿特》 缪俊杰 人民日报 1963 年 11 月 5 日 6 版
芙蓉挺立抗严霜（昆曲《晴雯》） 赵景深 文汇报 1963 年 11 月 7 日 2 版
一部生动的阶级教科书——看哈尔滨市吕剧团演出的《杨立贝》 杨运泰 黑龙江日报 1963 年 11 月 11 日 4 版
笑看江天卷风云——谈京剧《梁红玉》 高文澜 光明日报 1963 年 11 月 12 日 4 版
刚健优美的艺术表演——看关肃霜演出的几个戏 冯先植 人民日报 1963 年 11 月 13 日 6 版
《九命沉冤》的创作和演出 福建闽剧院第三团 福建日报 1963 年 11 月 15 日 4 版
喜事幕后隐藏斗争——介绍镇江市扬剧团演出的现代戏《红色家谱》 之江 新民晚报 1963 年 11 月 15 日 2 版
为什么屡演不衰——谈潮剧《滨海风潮》的生活概况 徐重 南方日报 1963 年 11 月 16 日 2 版
一堂生动的阶级教育课——城乡观众欢迎新剧目《箭杆河边》 于文涛 北京日报 1963 年 11 月 16 日 2 版
关于《团圆之后》的争论 光明日报 1963 年 11 月 17 日 2 版
移步换形话《抢伞》 陆汉文 解放日报 1963 年 11 月 17 日 4 版
勇于推陈出新演好现代剧目本市戏曲工作者赞扬市越剧团演出的《年青的一代》 天津日报 1963 年 11 月 17 日 2 版
李双双生活在舞台上——看河南豫剧院三团的演出 曾未之 吉林日报 1963 年 11 月 20 日 4 版
充满血泪的控诉——看绍剧《血泪荡》 季华 广西日报 1963 年 11 月 21 日 4 版
生活道路的抉择——评潮剧《滨海风潮》 秉箴 羊城晚报 1963 年 11 月 21 日 2 版
《恶虎村》的思想倾向 温凌 文汇报 1963 年 11 月 21 日 4 版
灼灼其华——评豫剧《社长的女儿》 余昂 河南日报 1963 年 11 月 24 日 3 版
阶级斗争的生动教材——推荐豫剧《沙岗村》 张鹏 河南日报 1963 年 11 月 24 日 3 版
从薛觉先的两个戏谈起 江曙 羊城晚报 1963 年 11 月 25 日 2 版
启示——文水县晋剧团排演《夺印》散记 中央农村文化工作队山西队 文汇报 1963 年 11 月 26 日 2 版
从《游西湖》中李慧娘的形象试谈舞台上的“鬼” 晨虹 甘肃日报 1963 年 11 月 30 日 4 版
谈京剧现代戏表演的几个问题——兼评《八一风暴》演出的成就 李少春 人民日报 1963 年 12 月 1 日 5 版
巍巍红岩一青松——评潮剧《江姐》 林受之 南方日报 1963 年 12 月 1 日 3 版
寓意深远的“赛乌素沟畔” 林茅 内蒙古日报 1963 年 12 月 1 日 3 版
一出反映阶级斗争的好戏——“邻剧”观后札记 戴晨 内蒙古日报 1963 年 12 月 1 日 3 版
反映人民内部矛盾的好戏——谈巴盟代表队演出的“卖面” 邹致隆 内蒙古日报 1963 年 12 月 1 日 3 版
一个反映农村阶级斗争的好戏——看孝义县跃进剧团的《柳树坪》后 高鲁 山西日报

1963年12月3日3版
勇向刀丛谱壮歌——看潮剧《江姐》 黄展人 羊城晚报 1963年12月3日2版
粤剧绽新花——简谈粤剧《白毛女》的表演及其他 肖谢灵 羊城晚报 1963年12月3日2版
喜夸“新媳妇” 丹丁 大众日报 1963年12月4日4版
阳关大道——看群声河北梆子剧团的《血泪仇》 李健吾 北京日报 1963年12月5日3版
余音绕梁耐人寻味——评魏喜奎在《啼笑姻缘》中的表演及其他 石万英 内蒙古日报 1963年12月7日3版
从《孙悟空三打白骨精》看戏曲的推陈出新 六龄童 光明日报 1963年12月8日3版
可喜的革新创造——略谈吴汉林同志在《杜鹃山》中塑造的乌豆艺术形象 百新 湖北日报 1963年12月8日3版
旧形式为新内容服务的好例子——看北昆演出的《飞夺泸定桥》 白云生 大公报 1963年12月10日3版
赞豫剧《李双双》 胥树人 辽宁日报 1963年12月11日3版
从《明争暗斗》谈京剧表演的创新 徐冰 吉林日报 1963年12月11日4版
是揭露还是宣扬封建奴隶道德？——谈对《一捧雪》的评价 余均 大公报 1963年12月13日3版
杀菌消毒——评曲剧《祝你健康》 欧阳山尊 北京日报 1963年12月14日3版
昆曲“推陈出新”的尝试——看昆曲《飞夺泸定桥》 胡冬生 光明日报 1963年12月14日4版
凤翔巴里鹳吐新声——看关肃霜同志演《白蛇传》 厉慧敏 重庆日报 1963年12月14日3版
谈《游西湖》和鬼戏——对晨虹同志文章的几点意见 胡承祖 甘肃日报 1963年12月14日4版
抓住阶级矛盾的红线——从元杂剧《诈妮子调风月》到川剧《燕燕》 徐棻 四川日报 1963年12月15日3版
新的农村斗争史诗——试评粤剧《槐树庄》的改编和演出 刘舒 羊城晚报 1963年12月16日2版
从秦雪梅和李二嫂谈“节” 流羽 大公报 1963年12月17日3版
英雄形象鼓舞我革新创造（京剧《杜鹃山》） 田文玉 宁夏日报 1963年12月17日3版
红马驹性格——评剧《会计姑娘》随想 曲六乙 光明日报 1963年12月17日4版
《向阳商店》气象新 萧恩惠 北京日报 1963年12月17日3版
愿青年成为健康的革命接班人——京剧《祝你健康》观后 王巧林等 江西日报 1963年12月18日3版
京剧表现现代生活道路宽广——从演出《白毛女》《夺印》《青年一代》谈起 成都京剧团创编组 四川日报 1963年12月19日3版
对京剧《伐子都》之我见 张翔 内蒙古日报 1963年12月19日3版
歌颂新农民的诗篇——喜看甬剧《亮眼哥》 于丁 解放日报 1963年12月20日4版
《走雪山》主题思想倾向性初探 北流 内蒙古日报 1963年12月20日3版
可贵的第一步——看北京青年河北梆子剧团的《梅林山下》 黄克保 北京日报 1963年12月21日4版

争儿其表夺印其实——看河北梆子《梅林山下》　曲六乙　光明日报　1963年12月21日4版
试辨《济公传》——与鲁丁同志商榷并及戏曲的推陈出新　向阳等　黑龙江日报　1963年12月22日4版
这不是什么好货色——从沪剧《碧落黄泉》看鸳鸯蝴蝶派戏曲　戴不凡　光明日报　1963年12月24日3版
《一捧雪》到底宣扬了什么思想？　张庚　光明日报　1963年12月24日2版
从《大话》到《三件宝》　陆云飞　羊城晚报　1963年12月26日2版
赞评剧《红色宣传员》　徐苏　鞍山日报　1963年12月26日3版
老树新花——北昆现代剧观后　筱白玉霜　北京日报　1963年12月26日3版
一堂生动的阶级教育课——看越剧《杨立贝》　柯秦　陕西日报　1963年12月28日3版
广东戏剧战线上的一次丰收——广东省1963年支援农业优秀剧目汇报演出观摩散记　韦启玄　戏剧报　1964年1月1期23页
一出社会主义的新戏曲——评豫剧《朝阳沟》　沈尧　戏剧报　1964年1月1期36页
人物端赖意境高——观商丘市豫剧团的《社长的女儿》　英郁　上海戏剧　1964年1月1期32页
要做“亮眼哥”莫为“睁眼瞎”——评宁波市甬剧团的《亮眼哥》　袁斯洪　上海戏剧　1964年1月1期34页
动人的时代气息和时代感情——评剧《向阳商店》观后　李啸仓　北京文艺　1964年1月号5页
浅谈曲剧《箭杆河边》　刘乃崇　北京文艺　1964年1月号7页
试评黔剧《奢香夫人》　何平　山花　1964年1月号60页
在尖锐的斗争中塑造英雄形象——评沪剧《芦荡火种》　刘乃崇　戏剧报　1964年2月2期27页
谈豫剧《社长的女儿》　施今秀　戏剧报　1964年2期29页
肥沃的土地召唤着我们——谈《朝阳沟》人物转变的艺术处理　带纹幅　电影文学　1964年2月号77页
不断革命推陈出新——评陇剧《枫洛池》京剧《大破天门阵》秦腔《善士亭》的改编　杨文林　甘肃文艺　1964年2月号55页
略谈《碧玉簪》的思想倾向和改革问题　林辰夫　浙江学刊　1964年2月1期36页
豫剧《朝阳沟》的音乐创造　黄叶绿　人民音乐　1964年2月号5页
看昆曲《红灯传》有感　钦文　东海　1964年2月号86页
焕然一新的《朝阳沟》　简慧　电影艺术　1964年2月1期12页
京剧《杜鹃山》的改编和演出　杨秉辰　宁夏文艺　1964年2月1期67页
历史、因果、鬼权——评豫剧《司马茅告状》及其评论　蓝翎　奔流　1964年2月1期74页
创造革新，表现新时代——谈北京市几个现代题材戏曲剧目的音乐　乔东君　人民音乐　1964年3月号30页
评剧《夺印》中何文进唱腔的创作　刘汉章　人民音乐　1964年3月号33页
评沪剧《芦荡火种》的演出　潘光荪　上海戏剧　1964年3期10页
劳动熔炉铸新人——谈豫剧《朝阳沟》　艾克恩　红旗　1964年3月6期55页
谈豫剧《朝阳沟》和常香玉的表演　刘乃崇　中国妇女　1964年3期18页

为京剧演现代戏大声喝彩——评《两块六》等四出小戏的演出　姚家齐等　上海戏剧　1964年4期12页
越剧演员谈《柜台》　本刊整理　上海戏剧　1964年4期17页
咱们码头工人上了舞台啦——喜看淮剧《海港的早晨》的演出　林佑嘉　上海戏剧　1964年4期22页
红花绿枝舞东风——赞上海市农村群众文艺创作会演戏剧专场　天方　上海戏剧　1964年4期24页
饱满的政治热情朴实的艺术风格——试评上海市农村群众文艺创作会演中的几出小戏　姚家齐等　上海戏剧　1964年4期26页
篇幅小，容量不小——简评《借牛》《春姑拾斧》《翠英》　周景堂　长江戏剧　1964年4月第2期59页
漫谈《人欢马叫》　呼延端　奔流（戏剧专刊）　1964年4月2期54页
从吴广兴睡板凳的情节谈起——观剧札记一则　乡仆　奔流（戏剧专刊）　1964年4月2期59页
谈京剧《芦荡火种》的人物创造　韦范序　戏剧报　1964年4月4期14页
傣剧《夺印》在边疆　余丹　边疆文艺　1964年4月号58页
从《奇袭白虎团》的演出所想到的　丛耸　山东文学　1964年4月号43页
用劳动人民的语言表现劳动人民——谈《朝阳沟》的语言艺术　李刚　河北文学（戏剧增刊）　1964年4月2期59页
戏曲舞台的新气象——兼谈京剧《箭杆河边》的演出　夏文谊　宁夏文艺　1964年4月2期48页
独有英雄驱虎豹——试评京剧《智取威虎山》　姚萌　上海戏剧　1964年5月5期20页
评昆剧《琼花》的演出　陈文华　上海戏剧　1964年5月5期22页
京剧反映现代生活的新探索——《芦荡火种》观后　颜长珂　前线　1964年5月9期5页
从生活出发的一出好戏——为《奇袭白虎团》的演出喝彩　王兴志　上海戏剧　1964年6月6期4页
"浑然溶合"的一些探索——谈京剧《芦荡火种》　肖增良　上海戏剧　1964年6月6期5页
感人的《革命自有后来人》　陶君起　上海戏剧　1964年6月6期7页
谈京剧《箭杆河边》的演出　希戈　上海戏剧　1964年6月6期8页
一出波澜起伏的小戏——京剧《审椅子》欣赏　拾风　上海戏剧　1964年6月6期10页
绘声绘色有戏有人——评京剧《送肥记》的表演　王家熙　上海戏剧　1964年6月6期12页
海上英雄的赞歌——评京剧《战海浪》　之江　上海戏剧　1964年6月6期14页
唱有心声做有情——评京剧《柜台》的演出　李远度　上海戏剧　1964年6月6期16页
从《春梅祝寿》到《审椅子》　李玉茹　上海戏剧　1964年6月6期18页
评京剧《智取威虎山》的服装设计　苏石风　上海戏剧　1964年6月6期34页
从京剧《芦荡火种》得到的一点启示　龚义江　戏剧报　1964年6月6期21页
植根生活，借鉴传统——谈京剧《智取威虎山》中的两个正面形象　严江　戏剧报　1964年6月6期28页
生龙活虎般的英雄战士形象——从《奇袭白虎团》的成就谈起　冯牧　戏剧报　1964年6月6期31页

动人的京剧《六号门》　曹其敏　戏剧报　1964年6月6期34页
革命的形象，光辉的艺术——看京剧《革命自有后来人》　韦范序　戏剧报　1964年6月6期38页
京剧《箭杆河边》唱得好　葛西　戏剧报　1964年6月6期40页
从京剧《芦荡火种》谈起　冯其庸　文艺报　1964年6月6期13页
扬剧现代戏的音乐设计经验与问题——从《夺印》与《东风解冻》的音乐设计看扬剧音乐的推陈出新　武俊达　人民音乐　1964年6月号36页
京剧《李陵碑》改编的得与失　彭耳　山花　1964年6月号61页
革命英雄主义的颂歌——京剧《红灯记》观摩学习笔记　黄克保　戏剧报　1964年7月7期33页
英雄花开杜鹃山——看宁夏京剧团演出的《杜鹃山》　秦奉文　戏剧报　1964年7月7期38页
工人阶级的战歌和颂歌——看京剧《节振国》　冯牧　戏剧报　1964年7月7期40页
赞反映少数民族新生活的京剧现代戏　曲六乙　戏剧报　1964年7月7期43页
看三出反映社会主义新农村的京剧　欣秋　戏剧报　1964年7月7期46页
短小精悍丰富多彩——看京剧现代戏观摩演出的短剧　温凌　戏剧报　1964年7月7期49页
思想要领先，生活是源泉——从《芦荡火种》谈京剧演现代戏的问题　黎音　北京文艺1964年7月号52页
不能把阶级斗争丢在一边——京剧《箭杆河边》观后　温凌　北京文艺　1964年7月号55页
时代的激情英雄的风貌——看京剧《奇袭白虎团》　沈尧　北京文艺　1964年7月号57页
码头工人的家史革命斗争的赞歌——看天津市京剧团演出的《六号门》　李啸仓　北京文艺　1964年7月号60页
鲜明的工人形象浓郁的京剧风格——京剧《六号门》观后　范凡　上海戏剧　1964年7月7期10页
草原小英雄的赞歌——评京剧现代戏《草原英雄小姊妹》　刘乃崇　上海戏剧　1964年7月7期12页
评《智取威虎山》的美术设计　孙浩然　上海戏剧　1964年7月7期17页
谈京剧《节振国》的艺术创造　张静波　河北文学　1964年7月3期52页
为工人英雄塑像——谈京剧《节振国》　李庆番　河北文学　1964年7月3期56页
在探索的道路上——排演《六号门》杂谈　方沉　河北文学（戏剧增刊）　1964年7月3期17页
祝京剧《黛诺》的演出　碧波　边疆文艺　1964年7月号48页
崇高的思想，感人的形象——京剧《红嫂》观后　刘开宇　戏剧报　1964年8月8期38页
杜鹃山上英雄赞——看北京京剧团演出的《杜鹃山》　龚啸岚　戏剧报　1964年8月8期40页
看四出反映革命历史生活的新京剧　胡冬生　戏剧报　1964年8月8期42页
前仆后继革命人——京剧现代戏《红灯记》漫话　艾明　北京文艺　1964年8月号56页
漫谈《节振国》的人物塑造　颜长珂　北京文艺　1964年8月号59页
京剧革命现代戏观摩札记　德千、清扬　北京文艺　1964年8月号62页
坚持革命方向——京剧现代戏观摩演出大会演出节目观后　王朝闻　红旗　1964年8月16

期 44 页
时代的战鼓英雄的颂歌——看芗剧《碧水赞》 瞿翟 热风 1964 年 9 月 5 期 56 页
引人深思的一根“梁”——简评独幕越剧《梁》 筱芳 热风 1964 年 9 月 5 期 59 页
“红色桥梁”永不褪色——闽剧《红桥》观后 陈苕 热风 1964 年 9 月 5 期 60 页
谈淮剧《海港的早晨》 龚义江 戏剧报 1964 年 9 月 9 期 21 页
谈京剧《烈火里成长》 郝华 戏剧报 1964 年 9 月 9 期 26 页
京剧表现现代工人生活的新尝试——两个京剧《千万不要忘记》观后 似群 戏剧报 1964 年 9 月 9 期 27 页
浅谈京剧《箭杆河边》中老庆奎的唱腔设计 徐兰沅 人民音乐 1964 年 9 月 8、9 期 12 页
希望看到更多更好的现代戏——看京剧《杜鹃山》有感 月影 边疆文艺 1964 年 9 月号 67 页
戏剧革命的花朵——河南省现代戏剧观摩演出大会剧目漫谈 冯纪汉 奔流 1964 年 9 月 4 期 68 页
演革命戏做革命人——祝京剧《六号门》演出成功 张学新 河北文学 1964 年 10 月号 96 页
京剧《节振国》的新成就 丹忱 河北文学 1964 年 10 月号 98 页
中朝人民并肩战斗的颂歌——评京剧《奇袭白虎团》 魏传统 戏剧报 1964 年 10 月 10 期 22 页
怎样看待《一捧雪》 冯沅君 文学评论 1964 年 10 月 5 期 61 页
高大的少年英雄形象——喜看北路戏《张高谦》 王顺镇 热风 1964 年 10 月号 61 页
赞京剧现代戏《红灯记》 齐芳 文艺报 1964 年 11 月 10 期 19 页
昆剧革命化的新成就——评《琼花》的改编和演出 姚军 戏剧报 1964 年 12 月 11、12 期 37 页
社会主义街道的新面貌（评曲剧《红花向阳》） 田青 戏剧报 1964 年 12 月 11、12 期 44 页
教育下一代永当革命派（评吕剧《不是小问题》） 刘永元 戏剧报 1964 年 12 月 11、12 期 44 页
把革命的红灯接过来（评京剧《红灯记》） 李顺玉（朝鲜族） 戏剧报 1964 年 12 月 11、12 期 45 页
塑造工农兵英雄形象——对云南省 1964 年现代戏观摩演出剧本创作的一点感想 鲁凝 边疆文艺 1964 年 12 月 11、12 期 92 页
从塑造正面英雄形象出发——评《红嫂》从小说到京剧 丹丁 山东文学 1964 年 12 月 12 期 48 页
《李慧娘》——一株毒草 邓绍基 文学评论 1964 年 12 月 6 期 10 页
谈京剧《六号门》的人物，语言 学辛 新港 1964 年 12 月 11、12 期 111 页
赞扬剧《红色家谱》 张棣华 新华日报 1964 年 1 月 1 日 4 版
把革命的火种点燃起来——谈沪剧《芦荡火种》 冯少白 光明日报 1964 年 1 月 3 日 2 版
十年辛勤，开花结果——看河南省豫剧院三团《朝阳沟》演出后的祝词 张庚 人民日报 1964 年 1 月 3 日 6 版
最重要和最可贵的——河南省豫剧院三团演出观后 叶遥 人民日报 1964 年 1 月 3 日

2版
再推荐一个《李双双》——谈河南豫剧院三团的演出　胡金兆　光明日报　1964年1月3日2版
生动的形象深刻的教育——看豫剧《朝阳沟》　刘乃崇　光明日报　1964年1月3日2版
看沪剧《芦荡火种》　戴不凡　人民日报　1964年1月5日6版
姚璇秋饰演的江姐　陈名青　南方日报　1964年1月5日3版
在实践中提高——谈晋剧《汾水长流》的演出前后　文彬等　山西日报　1964年1月7日3版
勇于改革勇于创新——昆曲《红灯传》的启示　贝庚　浙江日报　1964年1月8日3版
反映阶级斗争别具一格的好戏——评扬剧《红色家谱》　鲍明路等　新华日报　1964年1月8日4版
京剧也能演现代戏——《不准出生的人》观后　仁成　鞍山日报　1964年1月9日3版
北京戏剧界举行座谈赞扬沪剧《芦荡火种》《巧遇记》　北京日报　1964年1月10日3版
看秦腔《三世仇》　雷茂奎　新疆日报　1964年1月10日4版
粤剧舞台上的《李双双》　尉迟仁　广西日报　1964年1月11日4版
祝豫剧《朝阳沟》演出的成功　肖尘　北京日报　1964年1月12日3版
喜看沪剧《巧遇记》　李超　工人日报　1964年1月14日4版
尖锐的斗争严峻的考验——看豫剧《社长的女儿》有感　周良材　解放日报　1964年1月21日4版
一出进行阶级教育的好戏，河南观众喜爱豫剧《社长的女儿》　人民日报　1964年1月21日2版
越剧舞台开新花——推荐越剧《党员登记表》　余夫　重庆日报　1964年1月22日3版
二人小戏一派新貌（评内蒙古自治区二人台、二人转联合演出团在北京的演出）　林绿　人民日报　1964年1月24日6版
又一出反映当前农村阶级斗争的好戏——介绍赣剧《社长的女儿》　汪麟　江西日报　1964年1月25日3版
认真演好现代戏——粤剧《红珊瑚》观后　顾乐真等　广西日报　1964年1月26日4版
糟粕未去，革新何来？——评粤西粤剧团演出的《游龙戏凤》　曹甄　羊城晚报　1964年1月27日2版
独具一格的喜剧——评豫剧《小二黑结婚》　王兴志　光明日报　1964年1月28日6版
为什么还要演出这样的坏戏？——看芜湖专区京剧团演出的《盘丝洞》　梁冰等　新华日报　1964年1月29日4版
为豫剧《李双双》喝彩　曾未之　河南日报　1964年1月30日3版
写阶级斗争演阶级斗争——谈《社长的女儿》、《沙岗村》、《刘氏牌坊》的创作和演出　龚依群　河南日报　1964年1月30日3版
奇在情理之中——观沪剧《芦荡火种》有感　曲六乙　北京日报　1964年1月31日3版
在革命的号角声中——看周信芳同志排现代戏《杨立贝》　卫明　文汇报　1964年2月1日2版
勇于革新合理继承——看京剧《奇袭白虎团》的演出　东野　大众日报　1964年2月5日3版
革命后代在斗争中锻炼成长——看河南商丘专区豫剧团演出的《社长的女儿》　李大珂　人民日报　1964年2月5日6版

李准谈豫剧《李双双》 曹甄 羊城晚报 1964 年 2 月 5 日 3 版
潍河岸上英雄赞——京剧《黎明的河边》观后 纪根垠 大众日报 1964 年 2 月 6 日 3 版
歌唱新时代表现工农兵——看京剧《雨前》《两垅地》《送茶》有感 佃基、赵璧 大众日报 1964 年 2 月 8 日 3 版
让吉剧焕发时代的光彩——赞《争儿记》的演出 路逵震 吉林日报 1964 年 2 月 9 日 4 版
不要走错第一步——豫剧《社长的女儿》评介 万涤青 光明日报 1964 年 2 月 16 日 4 版
京剧老圃发新花——现代剧《社长的女儿》观后感 唐真 解放日报 1964 年 2 月 21 日 4 版
可喜的新收获——推荐京剧现代剧《母子会》和《送肥记》 龚虹 解放日报 1964 年 2 月 21 日 4 版
心明则眼亮——看合肥市庐剧团演出《亮眼哥》 洛洋 安徽日报 1964 年 2 月 22 日 4 版
一个有血有肉的新人形象——谈严凤英演李善子 冬生 安徽日报 1964 年 2 月 22 日 4 版
“一”字管千里——看豫剧《社长的女儿》随感 张绰 南方日报 1964 年 2 月 22 日 3 版
怒火高烧话杜鹃——简评川剧现代戏《红杜鹃》 索非 四川日报 1964 年 2 月 23 日 3 版
反映勤俭办社的好戏——谈《两家亲》的剧本和演出 刘双江 四川日报 1964 年 2 月 27 日 3 版
热情洋溢的颂歌——评沪剧《鸡毛飞上天》 华云志 光明日报 1964 年 2 月 27 日 4 版
一遍拆洗一遍新——喜看沪剧《星星之火》所想起的 曲六乙 光明日报 1964 年 2 月 27 日 4 版
真实可信——谈马泰在《向阳商店》里的表演 王兴志 北京日报 1964 年 2 月 28 日 3 版
《赵氏孤儿》是一出什么样的戏 严彬 北京日报 1964 年 2 月 29 日 3 版
好剧本好演出——看河南开封专区豫剧团演出的《沙岗村》 杨田村 四川日报 1964 年 3 月 1 日 3 版
勇于改革勇于创新——昆曲《红灯传》的启示 贝庚 光明日报 1964 年 3 月 1 日 3 版
《啼笑因缘》和鸳鸯蝴蝶派 杨明远 北京日报 1964 年 3 月 3 日 3 版
京剧反映现实题材的新成就——推荐锦州市京剧团的《社长的女儿》 胡忌 辽宁日报 1964 年 3 月 4 日 3 版
继承与创新——兼谈豫剧《朝阳沟》的音乐设计 王基笑 光明日报 1964 年 3 月 5 日 3 版
让京剧更好地表现革命的主题——看京剧《社长的女儿》 李远度 文汇报 1964 年 3 月 5 日 2 版
京剧《审椅子》的唱功 小捷 解放日报 1964 年 3 月 9 日 4 版
赞京剧现代戏《青霞姑娘》 高义龙 解放日报 1964 年 3 月 9 日 4 版
努力创造社会主义时代的新曲剧——兼谈对曲剧《啼笑因缘》的认识 于真 光明日报 1964 年 3 月 15 日 2 版
提高认识，赶上时代——对曲剧《啼笑因缘》的重新认识 魏喜奎 光明日报 1964 年 3 月 15 日 2 版
大胆革新形象鲜明——谈谈京剧《井冈山的黎明》的演出成就 阎金锷 新湖南报 1964 年 3 月 20 日 3 版
阳澄湖畔的英雄歌——谈沪剧《芦荡火种》阿庆嫂的塑造 范华群 文汇报 1964 年 3 月 21 日 2 版

声情并茂——京剧《柜台》观后　缪依杭　解放日报　1964年3月23日4版
京剧现代戏《进山》的武打　龙柱　解放日报　1964年3月23日4版
善于吸收勇于创新——京剧现代戏《青霞姑娘》等观摩札记　雪隆　文汇报　1964年3月24日2版
方向对头舞台一新——记太原京剧团克服固步自封演出《社长的女儿》的经过　陈铿等　光明日报　1964年3月26日2版
一代风流谱新歌——简评《拦花轿》、《斗笔》　周景堂　湖北日报　1964年3月29日3版
感人的演出生动的形象——谈京剧《嘉陵怒涛》的演出　丁石铭　重庆日报　1964年4月1日3版
又迈出可喜的一步——漫评广东粤剧院二团演出的《社长的女儿》　秉箴　南方日报　1964年4月1日3版
在生活的潮流中——评川剧《就这一回》　度艺　重庆日报　1964年4月4日3版
京剧音乐在《芦荡火种》中的试验　李慕良　北京日报　1964年4月4日3版
以新颖的主题正确反映了人民内部矛盾——省市文艺界座谈《人欢马叫》纪要　河南日报　1964年4月5日3版
新时代、新人物的赞歌——介绍评剧《向阳商店》　张志清　甘肃日报　1964年4月5日4版
舞台上的回答——看京剧《审椅子》等有感　顾乐真等　广西日报　1964年4月7日4版
长人民志气灭敌人威风——看川剧《龙泉洞》　周迎　重庆日报　1964年4月9日3版
光辉闪闪的英雄形象——谈越剧《江姐》的演出　丁冬　重庆日报　1964年4月12日3版
深厚的生活真实的反映——看豫剧《沙岗村》　赵循伯　重庆日报　1964年4月16日3版
社会主义文苑中的一朵鲜花——谈京剧《草原英雄小姊妹》的演出　高粮　内蒙古日报　1964年4月16日3版
戏曲舞台上的红军形象——喜看《飞夺泸定桥》　周匝　重庆日报　1964年4月16日3版
阶级斗争的警雷——平弦戏《山村风雷》观后　刘凯　青海日报　1964年4月19日3版
草原上的战斗进行曲——谈京剧《草原两兄弟》　许彰孝　青海日报　1964年4月23日3版
在新程式的创造上迈开更大步伐——看广西京剧团演出《芦荡火种》　李力迈　广西日报　1964年4月24日4版
深入现实生活的硕果——谈长春市京剧团创编演出的《五把钥匙》　小马等　吉林日报　1964年4月26日4版
老树逢春花更闹——喜看新昆曲《红霞》　傅祥麟　南方日报　1964年4月27日3版
多编演反映现实生活的短剧——看豫剧《老快腿》有感　宋森　青海日报　1964年4月28日3版
跳出旧圈子创造新意境——评《杨立贝》（楚剧）　王里葵　湖北日报　1964年4月29日3版
谈京剧《芦荡火种》　温凌　人民日报　1964年5月3日6版
敢于斗争人民必胜——推荐京剧《首战平型关》　周长胜　浙江日报　1964年5月6日3版
商业战线盛开向阳花——介绍评剧《向阳商店》　青海日报　1964年5月8日4版
《芦荡火种》为什么能获得成功？（社论）　北京日报　1964年5月8日1版
坚持贯彻党的文艺方向用高标准要求演出质量京剧现代戏《芦荡火种》得到好评　北京日

报 1964年5月8日1版
评京剧《芦荡火种》 张梦庚 北京日报 1964年5月8日3版
功到自然成——《芦荡火种》演出片断 于文涛 北京日报 1964年5月8日2版
思想更比灯笼红——秦腔现代剧《灯笼记》 姜西霭 陕西日报 1964年5月8日3版
新英雄在风浪中涌现——谈秦腔现代剧《第一个浪头》 金葳 陕西日报 1964年5月8日3版
演现代戏晋剧初露头角——推荐晋剧《英雄小姐妹》 林凤山 包头日报 1964年5月10日4版
看修改加工后的京剧《智取威虎山》 卫明 文汇报 1964年5月10日2版
光辉的形象深刻的教育——建德婺剧团演出《雷锋》观后 史律 浙江日报 1964年5月10日4版
唱在当口上——评京剧《智取威虎山》 洪见功 解放日报 1964年5月11日2版
京剧《智取威虎山》面目一新 公冶金 解放日报 1964年5月11日5版
再谈《芦荡火种》为什么能获得成功（社论） 北京日报 1964年5月11日1版
京剧推陈出新的新成就——祝《智取威虎山》上演 本报评论员 解放日报 1964年5月11日1版
京剧更上一层楼——《智取威虎山》观感1－8 闻亦步 文汇报 1964年5月11－18日1版
突破旧调出新声——评京剧《智取威虎山》的表演艺术 初式 解放日报 1964年5月12日3版
从生活出发——谈《智取威虎山》的表演艺术 吕君樵 文汇报 1964年5月12日2版
精彩的唱词和念白 兰丁 解放日报 1964年5月14日2版
简谈《智取威虎山》的舞台美术 苏石风 文汇报 1964年5月14日2版
武戏文唱——评《智取威虎山》 何慢 解放日报 1964年5月15日2版
真假之间——京剧《智取威虎山》表演艺术小谈 姚萌 文汇报 1964年5月15日2版
从剧本上看《智取威虎山》的京剧特色 唐真 文汇报 1964年5月16日2版
一个可喜的收获——京剧《红嫂》观后 赵璧 大众日报 1964年5月17日3版
大胆而又妥帖地运用舞蹈艺术——评京剧《智取威虎山》 方亮 解放日报 1964年5月17日2版
谈京剧《智取威虎山》的服装 章杰 文汇报 1964年5月18日2版
谈《芦荡火种》中阿庆嫂的唱腔 赵燕侠 光明日报 1964年5月18日2版
京剧《芦荡火种》的艺术创造 方华 光明日报 1964年5月18日2版
京剧演现代戏的新成就——看在津上演的几出京剧现代戏 陈若帆等 河北日报 1964年5月20日3版
向观众推荐京剧《黛诺》 午青 云南日报 1964年5月21日3版
一支斗天的凯歌——僮剧“水轮泵之歌” 乐真 广西日报 1964年5月21日4版
以神传真以虚拟实——谈京剧《战海浪》 周培松 文汇报 1964年5月22日2版
金花颂——试谈李玉茹在《审椅子》中的表演艺术 陈文华 文汇报 1964年5月22日2版
朴实的唱腔巧妙的安排——漫谈《审椅子》唱腔艺术 郑大同 解放日报 1964年5月22日4版
唱做感人的《柜台》 甄堂 文汇报 1964年5月23日2版

小谈京剧《送肥记》　筱青海　文汇报　1964年5月23日2版
新生事物一定胜利——评剧《红花妹》　子中　广西日报　1964年5月26日4版
思想工作的力量——京剧《烈火里成长》　如中　广西日报　1964年5月28日4版
观众喜闻乐见的现代剧——试评川剧《军事代表智灭匪巢》　刘双江　四川日报　1964年5月29日3版
笑语声中见新人——独幕采茶剧《妈妈，你错了！》　何炎　广西日报　1964年5月31日4版
京剧《智取威虎山》面目一新　公冶金　北京日报　1964年6月2日3版
充满阳光的道路——评汉剧《毕业之后》　方北虹　湖北日报　1964年6月3日3版
地方戏曲与时代精神——芗剧《碧水赞》观后　闻治、方璞　福建日报　1964年6月5日4版
英雄的赞歌——《奇袭白虎团》观后　丹丁　光明日报　1964年6月6日2版
"浑然溶合"的一些探索——谈京剧《芦荡火种》　肖增民　光明日报　1964年6月6日2版
京剧表现现代生活的新成就——看北京京剧团演出的《芦荡火种》　冯其庸　文汇报　1964年6月6日4版
革命的英雄形象鲜明的京剧风格——评《革命自有后来人》的演出　胡金兆　光明日报　1964年6月6日3版
谈京剧《箭杆河边》的演出　希戈　光明日报　1964年6月6日3版
京剧音乐在《芦荡火种》中的试验　李慕良　解放日报　1964年6月7日4版
体现人民战士的英雄风貌——看《奇袭白虎团》有感　黄克保　人民日报　1964年6月7日8版
感人的《革命自有后来人》　陶君起　北京日报　1964年6月7日3版
把革新和继承结合起来——谈京剧《芦荡火种》　郭汉城等　人民日报　1964年6月8日6版
革命红旗代代传——看京剧《革命自有后来人》　林绿　人民日报　1964年6月8日6版
新花怒放——《箭杆河边》观后　袁世海　北京日报　1964年6月9日3版
量体裁衣——看京剧《箭杆河边》　颜长珂　人民日报　1964年6月9日6版
走进洪水前面的人——简谈汉剧《天鹅湖畔》　高琨　湖北日报　1964年6月9日3版
从生活出发的一出好戏——为《奇袭白虎团》的演出喝彩　汪兴志　光明日报　1964年6月10日4版
祝贺《奇袭白虎团》演出的成功　席宝昆　人民日报　1964年6月11日6版
培养共产主义的接班人——彩调《小糊涂遇险记》　丘振声　广西日报　1964年6月12日4版
题材新颖风格不同的四个小戏《送肥记》的表演艺术　唐真　光明日报　1964年6月13日2版
谈京剧《洪湖赤卫队》　希戈　光明日报　1964年6月13日3版
"看天下劳苦人民都解放"——京剧《洪湖赤卫队》观后　刘开宇　人民日报　1964年6月13日6版
时代风雷唱新篇——看京剧《千万不要忘记》　李安恒　光明日报　1964年6月13日2版
欢呼工人形象登上京剧舞台——评京剧《六号门》　云章　光明日报　1964年6月13日3版

新的题材新的风格——京剧《箭杆河边》观后感　燕云　北京日报　1964年6月13日3版
一曲革命接班人的赞歌——漫谈京剧《草原英雄小姐妹》　周文龙　光明日报　1964年6月13日3版
在革新的道路上——谈四出精彩动人的现代戏短剧　林涵表　人民日报　1964年6月14日8版
看得清走得正——桂剧《开步走》　韦望园　广西日报　1964年6月14日4版
新颖的题材重大的主题——评花鼓戏《山村锣鼓》　高琨　湖北日报　1964年6月14日3版
运输工人座谈京剧《六号门》　光明日报　1964年6月15日2版
《智取威虎山》观后漫笔　林涵表　光明日报　1964年6月15日2版
一支农民武装的革命化——谈川剧《飚子军》　陈国福、小棠　四川日报　1964年6月16日3版
表现工人的革命斗争——谈京剧《六号门》的演出　范凡　人民日报　1964年6月16日6版
时代气息京剧特色——看《草原英雄小姐妹》　左林　北京日报　1964年6月16日3版
红色少年的赞歌——试评《草原英雄小姐妹》　景孤血　人民日报　1964年6月17日6版
服务行业是光荣的革命岗位——北京曲剧《喜笑颜开》观后　汪熙　甘肃日报　1964年6月17日4版
谈现代戏中花旦的表演问题——看京剧《送肥记》有感　筱翠花　光明日报　1964年6月18日3版
藏族人民的翻身曲——评京剧《柯山红日》　王克之　光明日报　1964年6月18日2版
新的斗争生活新的艺术创造——评京剧《黛诺》　云一文　光明日报　1964年6月18日2版
浅析《奇袭白虎团》　高文澜　文汇报　1964年6月18日2版
京剧舞台上的工人形象——评《六号门》中李荣威塑造的胡二　洛生　解放日报　1964年6月18日4版
京剧舞台上的延安保卫战——评京剧《延安军民》　唐真　光明日报　1964年6月18日3版
京剧《李双双》在艺术上的探索　文泉　光明日报　1964年6月18日2版
用得适当演得新鲜——评《强渡大渡河》(现代戏)　宣武、恕忱　光明日报　1964年6月18日2版
热情的探索——看常香玉等演的《李双双》　余昂　河南日报　1964年6月18日3版
京剧《千万不要忘记》札记　曲六乙　北京日报　1964年6月19日3版
富有地方色彩的京剧——看京剧《千万不要忘记》的演出　张胤钊　人民日报　1964年6月19日6版
谈《黛诺》的剧本创作　沈尧　工人日报　1964年6月19日4版
一九六四年京剧现代戏观摩演出大会观摩杂感（五篇）　红线女等　北京日报　1964年6月19日3版
一个色彩鲜明的新人形象——看云南京剧团演出的《黛诺》　冯牧　北京日报　1964年6月20日3版
气质、流派、技巧——京剧现代戏观后　侯喜瑞　光明日报　1964年6月20日3版
谈生活与音乐、唱腔、技巧的关系——从《芦荡火种》《箭杆河边》《洪湖赤卫队》谈起

张梦庚　光明日报　1964年6月20日3版
唤起了对革命圣地的怀念——老战士座谈《延安军民》（京剧）　马也记录　北京日报　1964年6月20日3版
看京剧《柯山红日》　季文　人民日报　1964年6月21日8版
京剧《六号门》的思想、人物、语言　郭汉城　文汇报　1964年6月22日4版
革命人民不可征服——京剧现代戏《延安军民》观后感　艾克恩　人民日报　1964年6月24日6版
一出有现实教育意义的好戏——本报邀请部分观众座谈看（花鼓戏）《迎丰之歌》的感想　李德华等　新湖南报　1964年6月24日3版
在新的高度上塑造正面人物形象——评京剧《智取威虎山》　穆欣、张绰　光明日报　1964年6月25日2版
景颇山上的金凤凰——试谈关鹔鹴在《黛诺》中的艺术创造　刘乃崇　人民日报　1964年6月26日6版
在草原小英雄的鼓舞下　张丽君　文汇报　1964年6月26日2版
勇于探索敢于革新——京剧《杜鹃山》观后　宁兵　光明日报　1964年6月27日3版
坚贞不屈的革命烈士形象——评京剧《红岩》　齐京　光明日报　1964年6月27日3版
自成一格的《耕耘初记》（现代戏）　刘导黄　光明日报　1964年6月27日3版
一出有特色的戏——谈京剧《草原两兄弟》　习文　光明日报　1964年6月27日3版
谈京剧《五把钥匙》　闻锋　光明日报　1964年6月27日3版
可贵的努力有益的尝试——看南昌京剧团的两出现代戏　李行　人民日报　1964年6月28日8版
一出具有特色的阶级斗争戏——豫剧《刘氏牌坊》观后　余昂　河南日报　1964年6月28日3版
工人革命斗争的赞歌——看京剧《节振国》　黄菊盛　大公报　1964年6月30日3版
豪情浓墨绘英雄——观摩京剧现代戏《杜鹃山》学习笔记　何慢　人民日报　1964年6月30日6版
悲壮的悼歌战斗的召唤——谈《红岩》中一个激动人心的场面　钮骠　北京日报　1964年6月30日3版
漫谈《延安军民》的成就　高文澜　文汇报　1964年6月30日2版
北京京剧团座谈《智取威虎山》　北京日报　1964年7月2日1版
新的生活新的喜剧——京剧《耕耘初记》观后　郭汉城　人民日报　1964年7月2日6版
表现在京剧舞台上的“三代人”——看京剧《红灯记》　金文丰　光明日报　1964年7月3日2版
成长中的无产阶级革命英雄形象——评京剧《节振国》　王冠生、正西　光明日报　1964年7月3日2版
消防战士的颂歌——京剧《烈火里成长》观后　集成　光明日报　1964年7月3日2版
时刻警惕阶级敌人的阴谋——京剧《五把钥匙》观后　张为　人民日报　1964年7月4日6版
创天下靠枪，保天下也得靠枪——福建民兵座谈《南海长城》（地方戏）　薛秋帆　福建日报　1964年7月4日4版
《耕耘初记》在北京　王若渊　新华日报　1964年7月5日4版
缔造新时代的战歌——喜看京剧《节振国》　景孤血　北京日报　1964年7月5日3版

京剧《芦荡火种》的思想意义与艺术特色 龚义江 光明日报 1964年7月6日2版
努力创造革命战士的英雄形象——评京剧《智取威虎山》取得的成就 李希凡 人民日报 1964年7月6日6版
生动的革命传统教育——看京剧《红岩》 李行 人民日报 1964年7月6日6版
一曲知识分子劳动化的颂歌——谈京剧现代戏《耕耘初记》 伊兵 文汇报 1964年7月6日2版
光辉的革命英雄形象——谈京剧《节振国》的人物塑造 沈尧 人民日报 1964年7月7日6版
革命永似长江浪——观摩京剧现代戏《红灯记》学习笔记 何慢 人民日报 1964年7月8日6版
激动人心的演出——谈京剧《红灯记》中的“三代人” 张文库 北京日报 1964年7月8日6版
革命者的气度和形象——《杜鹃山》观后有感 曲六乙 北京日报 1964年7月8日6版
京剧《六号门》的思想、人物、语言 郭汉城 河北日报 1964年7月9日3版
京剧《千万不要忘记》断想 曲六乙 文汇报 1964年7月9日2版
努力表现新时代的劳动人民——看河南省京剧团演出的三个小戏 缪俊杰 人民日报 1964年7月10日6版
喜看京剧《红色娘子军》 黄菊盛 光明日报 1964年7月10日2版
有益的尝试可喜的收获——谈中国京剧院二团《千万不要忘记》的改编和演出 刘开宇 光明日报 1964年7月10日2版
谈《杜鹃山》的改编和演出 希戈 光明日报 1964年7月10日2版
苗岭红梅笑迎春——评京剧《苗岭风雷》 万紫千 光明日报 1964年7月10日2版
感人的形象——黛诺 张蓉华 人民日报 1964年7月10日6版
北京京剧团座谈宁夏京剧团演出的《杜鹃山》 北京日报 1964年7月11日1版
从《文昭关》到《杜鹃山》——兼谈演出京剧现代戏的一些体会 李鸣盛 北京日报 1964年7月11日3版
从不像到像——记天津市京剧团排演《六号门》的三部曲 李正杰 天津日报 1964年7月12日2版
学习京剧《智取威虎山》的革新精神 陈其通 光明日报 1964年7月12日2版
革命英雄人物的热情颂歌——浅谈京剧现代戏《延安军民》 孙景瑞 光明日报 1964年7月12日2版
光辉的形象动人的歌唱——看京剧《红嫂》与《再接鞭》 唐真 人民日报 1964年7月12日8版
风云荟萃杜鹃山——看北京京剧团演出《杜鹃山》 陶君起 大公报 1964年7月14日6版
动人的演出正确的道路——中路梆子《万紫千红》观后 陈工 山西日报 1964年7月15日3版
鲜明的主题动人的演出——评锡剧《红花曲》 吴萱 新华日报 1964年7月15日4版
为京剧舞台上的工人形象欢呼——煤矿工人座谈京剧《节振国》 萧凝 人民日报 1964年7月15日6版
可贵的革命闯劲——评淮海剧《海花》 采曦 新华日报 1964年7月15日4版
歌颂矿工斗争生活的革命历史戏——评河北省唐山市京剧团演出的《节振国》 王冠生

文汇报 1964年7月16日4版
新题材、新思想、新风格——京剧《草原英雄小姐妹》观后漫谈 廖震龙、彭兆棨 光明日报 1964年7月16日2版
引导青少年做毛主席的好学生（评介现代京剧《天天向上》） 傅良君 吉林日报 1964年7月16日4版
一出具有民族特色的好戏——看京剧《苗岭风雷》 杨景辉 人民日报 1964年7月16日6版
歌唱群众路线的胜利——《民运队》（地方戏）观后 刘静杰 新华日报 1964年7月17日4版
草原牧民的赞歌——谈京剧《草原两兄弟》 温凌 人民日报 1964年7月17日6版
教育好下一代——看京剧《千万不要忘记》 焕子 人民日报 1964年7月17日6版
杜鹃山上英雄歌——简评北京京剧院演出的《杜鹃山》 张胤德 人民日报 1964年7月18日6版
"心似葵花向太阳"——评宁夏京剧团《杜鹃山》的导演处理 郭亮 光明日报 1964年7月18日3版
京剧舞台上的《红色娘子军》 王照慈 人民日报 1964年7月18日6版
在舞台上更好地表现革命——京剧《红灯记》观后札记 高文澜 文汇报 1964年7月21日4版
唱出时代的感情——京剧现代戏观摩随感 张君秋 人民日报 1964年7月21日6版
冀东抗日大暴动的前奏——李运昌同志谈京剧《节振国》 小薇 北京日报 1964年7月24日3版
满腔热情歌颂红色接班人——关于《草原小姊妹》 王英斗 北京日报 1964年7月25日3版
京剧《芦荡火种》剧本改编的成就 陶雄 人民日报 1964年7月25日5版
尖锐的阶级斗争浓郁的民族风格——谈京剧《苗岭风雷》 曲六乙 文汇报 1964年7月27日2版
情浓意深文采动人——谈几出京剧现代戏的唱词 姜妙香 大公报 1964年7月28日3版
千万不要忘记阶级斗争——评扬剧《红色家谱》 张棣华 新华日报 1964年7月29日4版
浅谈京剧《红嫂》的改编和演出 高维彦 文汇报 1964年7月30日2版
推陈出新的硕果——看豫剧现代武打戏《红军飞夺泸定桥》 荆桦 河南日报 1964年7月30日3版
《豹子湾战斗》（京剧）——延安历史经验的再现 黄钢 人民日报 1964年7月30日6版
卧虎沟的一场风波——扬剧《伏虎》观后 采曦 新华日报 1964年8月2日4版
两首农村新人的颂歌——评淮剧《换良种》《田园新歌》 万放 新华日报 1964年8月2日4版
帮的颂歌——评锡剧《姐妹行》 郑洛 新华日报 1964年8月5日4版
奋发图强改造山河——评梆子戏《红梅》 李得荃 新华日报 1964年8月5日4版
京剧现代戏布景的新形式——学习《红灯记》的布景设计 幸熙 文汇报 1964年8月5日2版
中朝人民战斗友谊的赞歌——评京剧现代戏《奇袭白虎团》 邢智 大公报 1964年8月6日3版

敢于斗争，敢于胜利——京剧《首战平型关》观后　田化一　贵州日报　1964年8月13日3版
烈火才能炼真金——评越剧《林道静在农村》　喻泰康、李纪　新华日报　1964年8月13日4版
小事面前见精神——评陇剧《绝不是小事》　熊统歧　甘肃日报　1964年8月16日4版
努力为革命英雄造象——谈北京京剧团《杜鹃山》的改编和演出　廖震龙　文汇报　1964年8月17日4版
从塑造正面英雄形象出发——评《红嫂》从小说到京剧　丹丁　人民日报　1964年8月17日6版
崇高的思想鲜明的形象——喜看京剧现代戏《红嫂》　李时钊　光明日报　1964年8月18日3版
文化战线上的一场阵地争夺战——评秦剧《说书阵地》　杜守琴、张本海　甘肃日报　1964年8月21日4版
运用京剧传统演出现代戏的体会——关于《草原小姊妹》　王英斗　内蒙古日报　1964年8月23日3版
海防民兵的战歌——看豫剧《南海长城》　黎峰　河南日报　1964年8月23日3版
红色教师赞——昆曲《师生之间》观感　邵梵　包头日报　1964年8月23日4版
自成一格的《耕耘初记》　刘导黄　新华日报　1964年8月23日4版
谁应该成为舞台的主人——谈《智取威虎山》中的正面和反面人物　张力耘　大公报　1964年8月23日3版
扎根在群众中的“海南蝴蝶”　日升　羊城晚报　1964年8月25日1版
革命京剧舞台的初试耕耘——评《耕耘初记》的演出　曲滨　新华日报　1964年8月26日4版
魔窟的崩溃奴隶的新生——看川剧《不准出生的人》　乔晓扬　四川日报　1964年8月26日3版
激革命之情的好戏——谈京剧现代戏《杜鹃山》　南江　内蒙古日报　1964年8月26日3版
成功的演出学习的榜样　袁世海　光明日报　1964年8月26日2版
结合得好糅和得也很好——京剧《奇袭白虎团》观摩笔谈　高盛麟　光明日报　1964年8月26日2版
人民战士的英雄群象——看京剧《奇袭奶头山》　俞彩　重庆日报　1964年8月28日3版
喜看草原迎朝阳——看陇剧《草原初春》　陈宗凤　甘肃日报　1964年8月28日4版
塑造当代英雄形象的探索——上海京剧院演出的《芦荡火种》观摩札记　高义龙　文汇报　1964年8月28日2版
敢叫日月换新天——看高甲戏《惠女新传》　柳能春　福建日报　1964年8月28日4版
铸成新词唱新人——谈秦剧《砂田水秀》的道白及唱词　何来　甘肃日报　1964年8月30日4版
塑造现代英雄人物的新收获——评介南昌市京剧团演出的《奇袭白虎团》　恕忱　江西日报　1964年8月30日3版
爱憎分明的好嫂子——谈上海京剧院演出现代戏《红嫂》　之江　新民晚报　1964年9月2日2版
东风劲吹山花红——简评秦剧《山乡花红》　石绳　甘肃日报　1964年9月2日4版

彩笔浓墨绘英雄——谈京剧《红岩》 龚义江 文汇报 1964年9月3日2版
码头工人谈淮剧《海港的早晨》（《舞台气象一新》等四篇） 孙宝銮等 文汇报 1964年9月4日2版
在斗争的浪涛中前进——蒲剧《蛟河浪》观后 毓璋等 山西日报 1964年9月5日3版
京剧革命中的《六号门》 云心 天津日报 1964年9月6日4版
欢呼京剧艺术的新生命——《革命自有后来人》观后 子仲 湖北日报 1964年9月6日3版
思想革命化的一面镜子——看芗剧《碧水赞》的演出 魏世英 福建日报 1964年9月9日4版
一曲国际主义的英雄赞歌——观宁夏京剧一团演出《奇袭白虎团》 丹宁 宁夏日报 1964年9月10日3版
站到现实生活前面——评楚剧《秋后风云》 山木 湖北日报 1964年9月11日3版
《草原初春》聆新音（陇剧） 中子、史兵 甘肃日报 1964年9月12日4版
《山里红梅》的表演艺术 林明徽 南方日报 1964年9月13日3版
一曲自力更生的战歌——看《惠女新传》的演出 江天 福建日报 1964年9月13日4版
一切反动派都是纸老虎——看《首战平型关》有感 刘幼清 黑龙江日报 1964年9月13日4版
评粤剧《山里红梅》 希愚 南方日报 1964年9月14日3版
少年英雄的光辉形象——看《张高谦》的演出 甄瑕 福建日报 1964年9月15日4版
新喜剧颂新人——汉剧《春梅祝寿》观后 稼文 南方日报 1964年9月16日3版
提高革命警惕性抓好生产抓好枪——西安地区部分民兵干部和代表对现代戏《海防线上》的座谈纪要 郑轩整理 陕西日报 1964年9月18日3版
要演革命戏，先做革命人——看滇剧《红嫂》、《草原小姐妹》有感 文华生 云南日报 1964年9月19日3版
一根梁给我们的启示——越剧《梁》观后 方未艾 福建日报 1964年9月19日4版
社会主义新人的赞歌——漫谈《一颗红心》中新英雄人物的塑造及其他 洛林等 山西日报 1964年9月22日3版
朵朵葵花向阳开——琼剧《石井村》观后 胡铭 南方日报 1964年9月22日3版
悲惨的生活英勇的斗争——大同市评剧团演出的《煤海血泪》观后 徐文达等 山西日报 1964年9月22日3版
奋发图强易河山——北路梆子《丹凤朝阳》观后 方彦 山西日报 1964年9月22日3版
紧握枪把子保住印把子——漫谈现代戏《民兵的枪》 刘世洪 山西日报 1964年9月24日2版
古调新谱颂新人——《灯心绒》、《两次广播》、《赤叶河》观后 丁一山 西日报 1964年9月24日2版
全民皆兵的一曲颂歌——芗剧《一网打尽》观后 林微润等 福建日报 1964年9月25日4版
唱新演新革命情——省京剧团演出《奇袭白虎团》浅评 野艾 青海日报 1964年9月26日3版
人民战争的颂歌——省豫剧团演出的《芦荡火种》观后 许昌 青海日报 1964年9月27日3版
《智取威虎山》更上一层楼——《智取威虎山》新修改本评价 坤坡 文汇报 1964年9月

27日6版
踏上革命的征途——小学教师座谈《翠云岭》纪要 陈其安等整理 山西日报 1964年9月28日2版
精心的刻画有益的尝试——《丰收之后》《红灯记》观后 田野等 山西日报 1964年9月28日2版
反映现代生活的新成就——看市京剧团演出的《芦荡火种》 李行 重庆日报 1964年9月30日3版
感人的英雄形象——赞京剧《红嫂》 康力 广西日报 1964年10月4日4版
一个农村党员女干部的光辉形象——谈谈平弦剧《丰收之后》中的赵五婶 兰微涵 青海日报 1964年10月4日3版
赞美农村新人新思想——看温江专区农村文化工作队创作和演出的几出川剧 卓琴 四川日报 1964年10月5日3版
骨肉相连阶级情——谈秦腔《红嫂》 李增林 宁夏日报 1964年10月5日2版
中朝儿女的英雄气概——喜看京剧《奇袭白虎团》 李士文 四川日报 1964年10月5日3版
深厚的阶级感情——看京剧《红嫂》 柏龙驹 安徽日报 1964年10月6日4版
叛徒典型黄天霸 金幼筠 新民晚报 1964年10月8日3版
使人感动使人振奋（评《带兵的人》） 李门 羊城晚报 1964年10月8日2版
《带兵的人》的诞生——访《带兵的人》执笔者肖玉 傅振雄 羊城晚报 1964年10月8日1版
动人的声腔感人的意境——中路梆子《春暖花开》观后 朱维伦 山西日报 1964年10月9日3版
这是什么样的“情”？——评粤剧《故乡情》 于仁 南方日报 1964年10月10日3版
蒙古草原上的两朵鲜花——看上海京剧院学馆演出的《草原英雄小姊妹》 周培松 文汇报 1964年10月12日2版
千锤百炼精益求精——记京剧《红灯记》再度演出 姜德明 人民日报 1964年10月13日2版
思想深刻艺术感人——看京剧《芦荡火种》 田斌声等 黑龙江日报 1964年10月14日4版
希望重新评论《胭脂虎》 刘国清 湖北日报 1964年10月14日3版
矿山烈火炼英雄——推荐京剧《节振国》 陶雄 文汇报 1964年10月14日2版
在党的领导和关怀下京剧现代戏《红灯记》修改提高 北京日报 1964年10月14日1版
关于一九六一年—一九六二年《胭脂虎》的讨论情况 湖北日报 1964年10月14日3版
反映搬运工人斗争生活的好戏——革命现代京剧《六号门》观后 温砚石 辽宁日报 1964年10月15日3版
评剧舞台上的南海英雄——看评剧《南海长城》 沈尧 光明日报 1964年10月17日4版
“血染自由天”——晋剧《江姐》观后 贾勋 内蒙古日报 1964年10月17日3版
再接再厉，革命到底——川剧《革命自有后来人》观后 傅则等 四川日报 1964年10月18日3版
革命英雄人民的赞歌——看群众川剧团演出革命现代剧《红嫂》 冬尼 四川日报 1964年10月18日3版

江姐永远活在我们心中——看川剧《江姐》 严肃 四川日报 1964年10月18日3版
思想里要有一杆枪——秦腔《南海长城》观后 宋森 青海日报 1964年10月18日3版
《胭脂虎》究竟宣传了什么？ 吴岗等 湖北日报 1964年10月18日3版
为《胭脂虎》石中玉鸣什么不平 张永健 湖北日报 1964年10月21日3版
铁打铜浇的好琼花——看青年京剧昆剧团革命现代剧《琼花》 马蓝 新民晚报 1964年10月21日1版
当年芦荡战士谈《芦荡火种》 武璀 大公报 1964年10月22日3版
一朵琼花红似火——昆剧《琼花》演出散记 林之果等 解放日报 1964年10月22日2版
看革命的昆曲《琼花》以后 唐振常 文汇报 1964年10月23日2版
革命英雄的赞歌——晋剧《芦荡火种》观后 王志仁 包头日报 1964年10月23日4版
略评京剧《红灯记》 李厚生 人民日报 1964年10月24日5版
农村天地是无限广阔的——看川剧《她走不了》 晓杨 四川日报 1964年10月25日3版
川剧舞台上的崭新形象——评《喜事重重》 严肃 四川日报 1964年10月25日3版
永远当一名保卫祖国的坚强战士——生产建设兵团工一师机械厂民兵座谈《南海长城》 本报记者 新疆日报 1964年10月25日3版
万里海防铜墙铁壁——看楚剧《南海长城》 蔚然 新疆日报 1964年10月25日3版
思想上要有一杆枪——楚剧《南海长城》观后 王哲忠 新疆日报 1964年10月25日3版
这是什么样的历史观点？——论《胭脂虎》争论中的一个问题 陈安湖 湖北日报 1964年10月25日3版
可喜的收获——花灯剧《黄连庄的故事》观后 刘龙 云南日报 1964年10月26日3版
鲜明的现实意义浓郁的生活气息——花灯剧《岩山红》观后 邹曾 云南日报 1964年10月26日3版
为时代新人传神写照——滇剧《南摩》观后 翎华 云南日报 1964年10月26日3版
不断革命不断前进——滇剧《遍地花开》观后 施绍华 云南日报 1964年10月26日3版
古树新花颂英雄——滇剧《老树红花》观后 冯平 云南日报 1964年10月26日3版
新的演出新的高度——再看京剧现代戏《黛诺》 金穗 云南日报 1964年10月26日3版
革命现代戏的巨大生命力——记镇巴汉剧团的“起死回生” 杜岗甫、姚文华 陕西日报 1964年10月27日3版
牡丹之乡的一朵鲜花——看革命现代戏《牡丹向阳开》 许平 大公日报 1964年10月28日3版
百万农奴站起来——看川剧《不准出生的人》 余夫 重庆日报 1964年10月28日3版
对农村资本主义思想的辛辣嘲笑——温江专区农村文化工作队演出的川剧《划不划得过》观后 元丁 四川日报 1964年10月28日3版
川剧艺术的新品种——试评温江专区农村文化工作队演出的童话川剧《捉青蛙》 冬尼 四川日报 1964年10月28日3版
沪剧《芦荡火种》连演七个月 鲁影 人民日报 1964年10月29日3版
农村新人赞——看省梆子剧团演出的《龙马精神》 李广野 大众日报 1964年10月29

日 3 版
真切生动的革命战士形象　罗祥兴　大众日报　1964 年 10 月 29 日 2 版
昆明部分小学教师座谈《南摩》热烈欢迎滇剧艺术歌颂时代新人　云南日报　1964 年 10 月 31 日 1 版
省和济南市文艺工作者座谈《奇袭白虎团》　宋玉庆等　大众日报　1964 年 10 月 31 日 3 版
从塑造正面英雄形象出发——评《红嫂》从小说到京剧　丹丁　大众日报　1964 年 11 月 1 日 3 版
反复修改不断加工积极锤炼精益求精京剧《红嫂》主题思想更鲜明英雄形象更完美　大众日报　1964 年 11 月 1 日 1 版
真正的铜墙铁壁——《南海长城》观后（秦剧）　程耀章等　甘肃日报　1964 年 11 月 1 日 4 版
新时代的新愚公——滇剧《红云山》观后　闻彦　云南日报　1964 年 11 月 2 日 3 版
发扬无产阶级的革命坚持性——滇剧《丁廓山下》观后　傅成　云南日报　1964 年 11 月 2 日 3 版
铁打铜浇的好琼花——昆剧《琼花》演出散记　傅振雄　羊城晚报　1964 年 11 月 2 日 1 版
豪情壮志绘新图——京剧《春城凯歌》观后　吴淘　云南日报　1964 年 11 月 2 日 3 版
启示和鼓舞——看温州专区农村文化工作队来蓉演出　竞华　四川日报　1964 年 11 月 2 日 3 版
铁打铜浇的好琼花　李门　南方日报　1964 年 11 月 4 日 3 版
喜看琼岛英雄花　梁信　羊城晚报　1964 年 11 月 5 日 2 版
省和济南市文艺工作者座谈《红嫂》　张春秋等　大众日报　1964 年 11 月 6 日 3 版
大智大勇的英雄群象——看京剧《奇袭白虎团》　洛洋　安徽日报　1964 年 11 月 6 日 4 版
无产阶级的硬骨头形象——谈京剧现代戏《节振国》　周培松　解放日报　1964 年 11 月 7 日 4 版
知识分子参加劳动才能实现革命化——简介赣南采茶戏《五岭之春》　正南、木子　江西日报　1964 年 11 月 8 日 3 版
舞台上的三个琼花　何萍　南方日报　1964 年 11 月 8 日 3 版
“传”与“不传”之间——青年京昆剧团演出《琼花》有感　华传浩　羊城晚报　1964 年 11 月 8 日 2 版
歌颂农村新人的小型喜剧——评温江专区农村文化工作队演出的现代川剧《金钥匙》　向春红　四川日报　1964 年 11 月 9 日 3 版
一出反映农村阶级斗争的好戏——评成都市川剧院演出的《龙泉洞》　李庆信　四川日报　1964 年 11 月 9 日 3 版
创作和演出更多反映工人生活的现代戏——昆明机床厂职工座谈京剧《春城凯歌》　梅春先等　云南日报　1964 年 11 月 9 日 3 版
清新动人富有特色的好戏——天津市越剧团演出的《黛诺》观后　万放　新华日报　1964 年 11 月 11 日 4 版
只要戏演好不惜千回改——记黄梅戏剧团演革命现代戏《党的女儿》　苏冰　羊城晚报　1964 年 11 月 11 日 1 版
一个感人的农村新英雄人物形象——看川剧《龙马精神》　林钟美　贵州日报　1964 年 11 月 12 日 3 版

可喜的新收获——四平专区地方戏联合演出观后感　于鸣之　吉林日报　1964年11月13日3版
沂蒙山区的英雄颂歌——川剧《红嫂》观后　石艺　重庆日报　1964年11月13日3版
驳《化腐朽为神奇》论——评《胭脂虎》讨论中的一个问题　王为熊　湖北日报　1964年11月13日3版
《胭脂虎》是株大毒草——读者来信综述　湖北日报　1964年11月13日3版
放下架子向专区剧团学习——看温州专区农村文化工作队来蓉演出　曾荣华　四川日报　1964年11月13日3版
看《水牢记》忆阶级仇　傅文　重庆日报　1964年11月15日3版
战斗的回忆深刻的一课——看京剧《奇袭白虎团》　孙大林　解放日报　1964年11月15日4版
无产阶级革命精神代代传——看京剧革命现代戏《红灯记》　张荷　天津日报　1964年11月17日4版
新人新事新风尚——喜看川剧《柜台》　任健立　重庆日报　1964年11月18日3版
知识分子必须走与工农结合的道路——越剧《双莲记》简介　邹善萤　浙江日报　1964年11月18日3版
斗志昂扬，气势磅礴——绍剧《智取威虎山》简介　魏峨　浙江日报　1964年11月19日3版
丹心永照后来人——看京剧《自有后来人》　张朴夫　新疆日报　1964年11月20日3版
高唱无产阶级革命的颂歌——京剧现代戏《自有后来人》观后　张杨　新疆日报　1964年11月20日3版
提倡革命的现代戏短剧——丽江专区演出团的几出小戏观后　金穗　云南日报　1964年11月20日3版
歌颂革命英雄表现时代精神——喜看京剧《奇袭白虎团》　刘玉诠　鞍山日报　1964年11月20日3版
光芒四射的红色种子——黄梅戏《党的女儿》观后　丁婴　南方日报　1964年11月20日3版
革命人民的英雄气概——评成都市京剧团演出的《红嫂》　向春红　四川日报　1964年11月22日3版
剧本好排练好表演好音乐好——广东文艺界座谈昆剧《琼花》在革命化道路上喜获新成果　文汇报　1964年11月23日2版
昆曲改革的又一可喜成就——浅谈昆剧《奇袭白虎团》　周玑璋　文汇报　1964年11月23日2版
新型劳动者成长的道路——越剧《双莲记》观后　陈平　浙江日报　1964年11月25日3版
革命激情洋溢武打技巧高超——向北方昆曲剧院演出的《奇袭白虎团》学习　陆汉文　解放日报　1964年11月25日4版
喜赞昆剧《奇袭白虎团》　徐凌云　解放日报　1964年11月25日4版
主题思想鲜明艺术风格新颖——试评赣剧《我等着》　立里　江西日报　1964年11月26日3版
一出思想性艺术性紧密结合的好戏——评《小保管上任》的创作和演出　衍任、群思　江西日报　1964年11月26日3版

集体主义思想的赞歌——试评《四十个鸡蛋》 木子 江西日报 1964年11月26日3版
论昆剧《琼花》的艺术革新 李若虚 文汇报 1964年11月26日4版
以无产阶级的革命精神教育青年一代——评《向前看》 恕忱等 江西日报 1964年11月27日3版
新时代新风尚的赞歌——评《春风万里》 雷震 江西日报 1964年11月27日3版
京剧《智取威虎山》的成就兼谈戏曲剧本的改编 胡锡涛 解放日报 1964年11月27日5版
工农兵评越剧《山花烂熳》（三篇） 李国庆、施泉根、方登云 浙江日报 1964年11月29日4版
赵五娘不是“光辉的形象” 姚伟 光明日报 1964年11月29日6版
一曲矿工的赞歌——看京剧现代戏《节振国》以后 戴云凤 湖南日报 1964年11月29日4版
小型多样发人深思——喜看嫩江演出团的三出小评戏 马翔 黑龙江日报 1964年11月29日4版
一出反映工人斗争生活的好戏——评戏《一颗滚珠》观后 江水 黑龙江日报 1964年11月29日4版
红雨青山育新苗——评赣南采茶戏《五岭之春》 刘云 江西日报 1964年12月1日3版
新时代生活的赞歌——看成都市京剧团演出的《柜台》 李庆信 四川日报 1964年12月2日3版
坚持方向精益求精——记张家口市京剧团演出《八一风暴》前后 罗阳 安徽日报 1964年12月2日4版
看青年演员演《南海长城》 邓希可 吉林日报 1964年12月4日3版
主题鲜明人物生动——评剧《兰河激浪》观后 何华 黑龙江日报 1964年12月4日4版
红线女谈昆剧《琼花》 傅真 新民晚报 1964年12月4日2版
形象鲜明语言生动——评采茶戏《秧》的演出 赵融 江西日报 1964年12月4日3版
题材重大主题鲜明——评《山绿人红》 郑坤、江平 江西日报 1964年12月4日3版
我们喜爱这出戏——鹤岗矿务局南山煤矿基层干部、工人谈豫剧《试验前后》 黑龙江日报 1964年12月4日4版
不断革命勇往直前——看抚州采茶戏《金湾战歌》 金易 江西日报 1964年12月5日3版
社会主义新农民的赞歌——简评《寨上红》 新艺 江西日报 1964年12月5日3版
奋发图强创大业高举红旗永向前——评采茶戏《在荣誉面前》 广思 江西日报 1964年12月6日3版
歌颂江姐学习江姐——省直属机关部分党员干部座谈评剧《江姐》发言纪要 贵州日报 1964年12月6日3版
戏虽小，教育作用却不小——工农兵观众热烈赞扬观摩演出大会的六出小戏（座谈会） 吴光烈、曹建虹记录整理 浙江日报 1964年12月6日4版
构思新颖演出精彩——试评《怎么谈不拢》 集思、有汉 江西日报 1964年12月6日3版
楚调新声唱英雄——看楚剧《南方来信》 李久安 湖北日报 1964年12月6日3版
中朝战斗友谊的颂歌——赞黄浦京剧团《奇袭白虎团》 谢维义、王浩然 文汇报 1964年12月7日2版

深入生活的成果——谈《烈火里成长》中先进人物的塑造　龚啸岚　人民日报　1964 年 12 月 7 日 8 版
红心育良种——试评赣剧《这也是革命》　沙燕　江西日报　1964 年 12 月 8 日 3 版
不断革命永远前进——评采茶戏《山花朝阳》　钟声　江西日报　1964 年 12 月 9 日 3 版
一次精彩的演出——评《铁肩红心》的演出　黎玫　江西日报　1964 年 12 月 9 日 3 版
京剧反映现实生活大有可为——看京剧《交班》、《青梅》、《飞夺泸定桥》　宏志等　黑龙江日报　1964 年 12 月 9 日 4 版
《湖光春色》闪耀着时代精神　严火　黑龙江日报　1964 年 12 月 9 日 4 版
新人物新思想的颂歌——看《夺阵地》、《上任》、《三少年》（评剧）　李安恒　黑龙江日报　1964 年 12 月 9 日 4 版
思想不断革命才能永远前进——评评剧《创业之路》　赖兆庭　江西日报　1964 年 12 月 9 日 3 版
喜看琼岛英雄花（昆剧《琼花》）　梁信　解放日报　1964 年 12 月 9 日 4 版
继承先烈遗志将革命进行到底——贵州市部分工人座谈评剧《江姐》发言纪要　贵州日报　1964 年 12 月 10 日 3 版
感人至深的革命三代人——看北京青年河北梆子剧团的成功演出　孙玉华　鞍山日报　1964 年 12 月 10 日 3 版
喜见社会主义戏曲艺术新收获——省戏曲现代剧观摩演出剧目观后　洪水等　浙江日报　1964 年 12 月 11 日 3 版
赤胆忠心为革命——看豫剧《红嫂》　照衡、李禾　青海日报　1964 年 12 月 11 日 3 版
谈《山花烂熳》中塑造的叶爱群　史律　浙江日报　1964 年 12 月 11 日 3 版
改山改人改思想——评赣剧《春满龙山》　匡一点　江西日报　1964 年 12 月 12 日 2 版
把青春献给山区——看《山村姐妹》有感　田野　山西日报　1964 年 12 月 12 日 3 版
改得合理演得可信——看牡丹江专区演出团演出的《海防线上》　王守民　黑龙江日报　1964 年 12 月 16 日 4 版
新颖、别致、鲜明——看哈尔滨市演出团演出的《三个红领巾》（评剧）　曲梦瀛　黑龙江日报　1964 年 12 月 16 日 4 版
努力创造革命英雄的动人形象——看郭德发在京剧《八一风暴》中扮演杜震山　彭兆棨　浙江日报　1964 年 12 月 16 日 3 版
绞索越拉越紧——许昌市曲剧团演出的《南方来信》观后　文灿　河南日报　1964 年 12 月 17 日 3 版
祝贺越剧《江姐》的演出　王振魁　解放日报　1964 年 12 月 17 日 4 版
演好革命戏培养接班人——从《红灯记》的演出看我团青年演员的成长　郭树德　包头日报　1964 年 12 月 18 日 4 版
一盏红灯照天下革命烈火遍地燃——晋剧《红灯记》观后　徐幕、王林　包头日报　1964 年 12 月 18 日 4 版
反帝斗争的战歌——戏剧《南方来信》评介（评剧）　王永运　天津日报　1964 年 12 月 20 日 4 版
并肩前进——山东梆子《让车》　许云鹏　大众日报　1964 年 12 月 21 日 3 版
培育新花向阳开——山东梆子《春雨新苗》　鲁丁　大众日报　1964 年 12 月 21 日 3 版
反映科学实验中两种思想的斗争——枣梆《牡丹向阳开》　栾激泉、祖敏　大众日报　1964 年 12 月 21 日 3 版

一出风趣盎然的小戏——介绍梆子戏《卖姜芽》 白浪 安徽日报 1964年12月21日4版
即小见大戏短意深——看黄梅戏《两个苹果》 宗文 安徽日报 1964年12月21日4版
教育下一代永当革命派——看《不是小问题》的感想 刘永元 大众日报 1964年12月22日3版
喜赞《不是小问题》 于占德 大众日报 1964年12月22日3版
从自发反抗到自觉革命——闽剧《六号门》观后 朱仲生 福建日报 1964年12月22日4版
喜看新枝开红花——呼市青年晋剧团演出的《奇袭白虎团》观后 孙书祥 内蒙古日报 1964年12月23日3版
一生战斗为革命——花灯剧《江姐》观后 杨廷珍 云南日报 1964年12月23日3版
为什么《琼花》如此受人欢迎？ 本报评论员 解放日报 1964年12月23日2版
发扬自力更生、艰苦奋斗的革命传统——公安战士座谈秦剧现代戏《豹子湾战斗》 新疆日报 1964年12月24日3版
学习江姐革命精神做彻底的革命派——省工业交通系统第一次五好代表大会部分代表座谈祁剧《江姐》 湖南日报 1964年12月25日4版
强烈的感染深刻的教育——看歌剧《江姐》有感 童芷苓 解放日报 1964年12月25日4版
省戏曲、曲艺观摩演出大会举行观众座谈会，越剧《山花烂熳》得到工农兵好评 浙江日报 1964年12月26日1版
新人新风颂——喜看《送猪记》和《三回船》 艺华 大众日报 1964年12月27日3版
从红装到武装——谈昆剧《琼花》的改编（社论） 文汇报 1964年12月27日1版
自力更生的颂歌——看柳琴戏《车轮滚滚》 云生等 大众日报 1964年12月27日3版
信心百倍革命到底——祝沪剧《芦荡火种》演出新成就（社论） 文汇报 1964年12月29日1版
“阿庆嫂”三看《芦荡火种》 毕铭 解放日报 1964年12月29日4版
革命现代戏的强大生命力——祝贺《芦荡火种》演出的巨大成功（社论） 解放日报 1964年12月29日1版
敌人越反对的事我们越要干——花鼓戏《珠江风雷》观后 邹德兴 湖南日报 1964年12月30日4版
一定要贯彻执行党的阶级路线（评花鼓戏《珠江风雷》） 李艾初 湖南日报 1964年12月30日4版
谈越剧《山花烂熳》中叶爱群形象的塑造 王向东、肖云 戏剧报 1965年1月1期34页
红色接班人的动人形象——评江西高安采茶戏《小保管上任》 衍任、群思 戏剧报 1965年1月1期36页
工农兵评革命现代戏（四篇） 臧锅皂等 河北文学（戏剧增刊） 1965年1月1期53页
略谈河北梆子《红灯记》的音乐设计 张玉兆 河北文学（戏剧增刊） 1965年1月1期70页
一出富于现实意义的小戏——评戏《劳动家风代代传》简评 彭贤贵 北方文学 1965年1月号65页
看芭蕾舞剧《红色娘子军》和昆剧《琼花》有感 梁信 文艺报 1965年2月2期17页
从《芦荡火种》到《沙家浜》 江之水 戏剧报 1965年2月2期34页

《蟠桃园》歪曲了当前的阶级斗争　文四野　延河　1965年2月号60页
要关心对子女的教育——谈评剧《锻工之家》　赵瑞　戏剧报　1965年3月1期38页
《红灯记》的两处修改　红旗　1965年3月3期49页
革命英雄形象的光辉——京剧《红灯记》观摩学习笔记　李寅　广西文艺　1965年3月号40页
关于“清官”和公案戏《陈州粜米》的讨论纪要　中文系古典文学教研室　吉林师大学报（社会科学）　1965年3月4期41页
思想挂“红灯”，演好革命戏——京剧《红灯记》观摩演出笔记　傅锦华　广西文艺　1965年3月号43页
给我们上了重要一课——看安徽梆子戏《重要一课》　陈朝珠、宋佩新　戏剧报　1965年4月3期38页
学深学透《红灯记》演好革命现代戏　罗品超、文觉非　戏剧报　1965年4月3期44页
充满了无产阶级国际主义精神的演出——看京剧《南方来信》和评剧《南方烈火》　武玉琏、武登庆　戏剧报　1965年4月4期6页
“红灯”照耀我们前进　上海市爱华沪剧团　戏剧报　1965年4月4期34页
小滚珠上反映出来的大问题——简谈评剧《一颗滚珠》　孟雨禾　戏剧报　1965年4月4期42页
坚决为无产阶级革命英雄立传——浅谈京剧《红灯记》　左民　学术月刊　1965年4月号25页
一颗闪闪发光的红心——《一颗红心》观后　林工、徐华　火花　1965年4月号64页
使眉户剧音乐更好地反映时代精神——谈《一颗红心》的音乐创作经过　临猗眉　户剧团音乐研究组　人民音乐　1965年4月2期25页
《桃花扇》是伟大的爱国主义作品吗？　刘辉、文初　新建设　1965年4月号54页
向京剧《红灯记》学习（三篇）　林曾信等　奔流（戏剧专刊）　1965年5月2期61页
西安地区戏剧工作者在《蟠桃园》的讨论中普遍提高思想认识进一步端正文艺方向　延河　1965年6月号55页
越南南方人民的战斗颂歌——谈越剧《胡伯伯的孩子》和《阮八姐》　萧云　戏剧报　1965年6月5期7页
做一个劳动人民信得过的教师——评剧《三个红领巾》观后　杨治周　北方文学　1965年6月号62页
让工人形象在京剧舞台上大放光芒——看东北区京剧现代戏观摩演出会有感　斐军　戏剧报　1965年7月6期12页
谈几出反映人民革命武装斗争的京剧　徐进　戏剧报　1965年7月6期14页
《红灯记》与文化革命　郭小川　戏剧报　1965年7月6期25页
一支英雄的颂歌——川剧《凯歌百代》观后　于明辉　四川文学　1965年7月号64页
让我们的后代永远红下去——谈京剧《天天向上》　胡冬生　戏剧报　1965年8月7期43页
演高坚，学高坚——京剧《红色少年》排演中的政治工作　华鸿　戏剧报　1965年8月7期16页
京剧《五岔口》的舞蹈设计　赣艺　戏剧报　1965年8月7期18页
毛泽东思想照亮了革命现代戏的创作——评京剧《沙家浜》再创造的成就　李希凡　戏剧报　1965年8月7期25页

《节振国》的新丰采　冯牧　电影艺术　1965 年 8 月 4 期 34 页
这是煤矿工人的光荣——看《节振国》有感　赵怀安　电影艺术　1965 年 8 月 4 期 37 页
教育儿女与美帝国主义斗到底——五看《节振国》　郭雨田　电影艺术　1965 年 8 月 4 期 39 页
革命红心代代传——评楚剧《双教子》　李梧　长江文艺　1965 年 8 月号 60 页
可贵的革命热情（评《南方怒火》）（文艺短评）　文延平　延河　1965 年 8 月号 64 页
豪情浓墨绘新人——谈几出中小型现代戏剧目　李安恒　北方文学　1965 年 8 月号 54 页
在培养革命接班人上的阶级斗争——京剧《天天向上》主题的战斗性　张哲　长春　1965 年 8 月 4 期 87 页
戏剧战线的新成就——赞一九六五年西北地区现代戏观摩演出大会　李伯钊　戏剧报　1965 年 9 月 9 期 15 页
京剧舞台上的新花朵——西北会演中京剧现代戏观摩学习后记　诸葛文军　戏剧报　1965 年 9 月 9 期 23 页
批判地继承传统，大胆地革新创造——京剧《红灯记》观后　张润青　新建设　1965 年 9 月 8、9 期 70 页
论京剧《红灯记》　秋文　新建设　1965 年 9 月 8、9 期 70 页
谈川剧《龙泉洞》　李庆信　四川文学　1965 年 9 月号 71 页
千朵山花红烂漫——西南小戏观摩学习札记　刘厚生　戏剧报　1965 年 10 月 10 期 25 页
丹心照日月，急浪荡情怀——赞川剧《急浪丹心》　梁信　戏剧报　1965 年 10 月 10 期 28 页
动人的小戏《游乡》　刘有宽　文学评论　1965 年 10 月 5 期 21 页
一出精彩的小喜剧——《打铜锣》　立世　文学评论　1965 年 10 月 5 期 24 页
值得欢迎的小戏——评京剧《一路平安》和《带班》　杨荫隆　长春　1965 年 10 月 5 期 89 页
三条石工人谈京剧《三条石》　王锡荣　河北文学（戏剧增刊）　1965 年 10 月 4 期 82 页
评曲剧《游乡》　翁偶虹　新建设　1965 年 10 月号 35 页
试谈《借牛》的喜剧效果　江渊　长江文艺　1965 年 10 月号 58 页
揭露资产阶级罪恶的一出好戏——看川剧《嘉陵怒涛》　华宜　戏剧报　1965 年 11 月 11 期 32 页
崭新的花灯戏《平凡的岗位》　方晓天　戏剧报　1965 年 11 月 11 期 34 页
感人至深的一出小戏——评祁剧《送粮》　铁可　湖南文学　1965 年 11 月号 64 页
妙趣横生的小喜剧——谈花鼓戏《打铜锣》的艺术成就　徐叔华　湖南文学　1965 年 11 月号 66 页
从《海瑞罢官》谈到历史人物评价问题　陈锡祺　中山大学学报（哲学、社会科学版）1965 年 12 月 4 期 39 页
评《海瑞罢官》对海瑞的美化　裘汉康　中山大学学报（哲学、社会科学版）　1965 年 12 月 4 期 51 页
本校师生热烈开展关于《海瑞罢官》的争鸣讨论　中山大学学报（哲学、社会科学版）1965 年 12 月 4 期 105 页
必须揭露“清官”的本质——评《海瑞罢官》　王文生　武汉大学学报（人文科学版）1965 年 12 月 4 期 9 页
中文系学生笔谈《海瑞罢官》　武汉大学学报（人文科学版）　1965 年 12 月 4 期 25 页

关于《海瑞罢官》问题的讨论——记历史系师生讨论大会 武汉大学学报（人文科学版） 1965年12月4期63页
《海瑞罢官》问题的辩论在我校文科师生中热烈展开 本刊记者 南京大学学报（人文科学版） 1965年12月9卷2期202页
历史系讨论《海瑞罢官》及海瑞评价问题 郑州大学学报（人文科学版） 1965年12月1、2期129页
小戏的动人力量——谈《三回船》《送猪记》《两垅地》 韦范序 戏剧报 1965年12月12期44页
赞《向阳人家》 栾激泉、祖敏 大众日报 1965年1月3日3版
《寨上红》的语言艺术 刘晨波 新民晚报 1965年1月4日3版
人红山也红——评萍乡地方戏《寨上红》 丁云 文汇报 1965年1月5日3版
一出新鲜的科学实验题材的好戏——评江西萍乡地方戏《寨上红》 宋宗雪 解放日报 1965年1月6日4版
喜听新歌又一首——看河北梆子《槽头新曲》 划子 大众日报 1965年1月6日3版
阶级姐妹心连心——《并肩前进》观后 于桂兰 大众日报 1965年1月6日3版
叫人心明眼亮的革命戏——《山村在前进》 张玉宝 大众日报 1965年1月6日3版
革命者的英雄形象——看通化市京剧团的《江姐与双枪老太婆》 小马 吉林日报 1965年1月8日3版
每个生产队都需要这样的红管家——西宁市豫剧团演出的《红管家》观后 许昌 青海日报 1965年1月10日3版
喜看京剧《智取威虎山》 钟策、傅文 重庆日报 1965年1月10日3版
从不同角度反映当前农村兴无灭资斗争，江西三个小戏大长贫下中农志气（上海文艺界人士座谈） 文汇报 1965年1月11日2版
《蟠桃园》歪曲了我们时代英雄人物的精神风貌 闻燕实 陕西日报 1965年1月12日3版
以革命精神演革命戏——京剧《奇袭白虎团》观后随笔 石万英 内蒙古日报 1965年1月14日3版
由自发反抗到自觉的革命战士——看川剧《节振国》 文中 重庆日报 1965年1月15日3版
一出富有思想性和现实性的好戏——看江西萍乡地方戏《寨上红》 万康 新华日报 1965年1月15日2版
《铁肩红心》歌颂了贫下中农革命精神 吴秋凤、顾三宝 文汇报 1965年1月16日2版
弋阳腔的推陈出新——谈赣剧《铁肩红心》的音乐与唱词 村笛 新民晚报 1965年1月16日2版
喜看锡剧《江姐》的演出 力青 新华日报 1965年1月17日2版
青年贫农的光辉形象——评《铁肩红心》的洪青梅人物塑造 柏彬 文汇报 1965年1月17日2版
革命怒涛势不可遏——看越剧《南方来信》 丁汉 安徽日报 1965年1月18日4版
从莺莺到青梅——华东各省革命现代戏曲观后之六 闻亦步 文汇报 1965年1月18日2版
古老剧种颂新人——赞大型赣剧《铁肩红心》 九纲、荣智 解放日报 1965年1月19日4版

牢记阶级仇胸怀革命志——京剧《节振国》观后　孟水　内蒙古日报　1965年1月20日3版
《飒爽英姿》英姿焕发——看上海青年京昆剧团新排京剧　唐振常　文汇报　1965年1月21日2版
看北京实验京剧团演的《箭杆河边》　梅钟林　贵州日报　1965年1月22日3版
戏小文章大——试评《小保管上任》《秧》《怎么谈不拢》　洪彬　解放日报　1965年1月24日4版
花明山岙花红——谈越剧《山花烂熳》英雄形象的塑造　范民声、马圣贵　文汇报　1965年1月25日2版
群众是良师，实践最重要——婺剧《双红莲》的故事　林然　新民晚报　1965年1月26日3版
永远不忘阶级仇恨——搬运工人座谈京剧《六号门》　本报记者　新疆日报　1965年1月26日3版
一出相当成功的独幕戏——京剧《新程》观后　白静、光亚　安徽日报　1965年1月26日4版
红花朵朵向阳开——看京剧《向阳花》　行型　安徽日报　1965年1月26日4版
向《红灯记》学习，端正创作思想　谭青霜　羊城晚报　1965年1月27日2版
献给广州剧坛的迎春花——京剧《红灯记》观后　傅振雄　羊城晚报　1965年1月27日1版
一个导演“新兵”的话——看《红灯记》　郭慧　羊城晚报　1965年1月27日2版
满台光辉颂英雄——京剧《红灯记》观后　李门、董励　南方日报　1965年1月27日3版
少年儿童的光辉榜样——推荐京剧《草原小姐妹》　苏桥　重庆日报　1965年1月27日3版
劳动人民爱武装——看河南豫剧二团演出的《传家宝》　管见　河南日报　1965年1月28日3版
歌唱移风易俗斗争的胜利——简评越剧《迎新曲》　缉熙、洪彬　文汇报　1965年1月28日2版
有志者事竟成（评爱华沪剧团演出《红灯记》）（社论）　文汇报　1965年1月28日1版
谈京剧《箭杆河边》　冯纪汉　河南日报　1965年1月28日3版
英雄山上英雄人——介绍京剧《大别山上》　量石　安徽日报　1965年1月29日4版
试验田里炼新人——谈婺剧《双红莲》的主题思想及其他　彬声　文汇报　1965年1月30日2版
农村青年新风貌——简评婺剧《双红莲》　余诚　解放日报　1965年1月30日2版
看革命戏要怀革命情——看革命现代京剧《红灯记》后致战友书　梁信　羊城晚报　1965年1月31日2版
红灯高举起春雷——京剧《红灯记》观后杂感　胡希明　南方日报　1965年1月31日3版
京剧现代戏前途无量——喜看京剧《海港早晨》　本报评论员　解放日报　1965年2月2日1版
路子走对了（社论）　文汇报　1965年2月2日1版
两个红莲一对新人——谈婺剧《双红莲》人物形象的塑造　范民声　解放日报　1965年2月3日4版
学习京剧《红灯记》心得　红线女　南方日报　1965年2月6日3版

革命红灯代代传——喜看省京剧团演出《红灯记》　江曲　新华日报　1965年2月7日3版
《蟠桃园》歪曲了当前的阶级斗争　文四野　陕西日报　1965年2月8日3版
闪耀着时代光彩的纺织工人形象——简评锡剧《红花曲》　田心　文汇报　1965年2月8日2版
喜看吉剧《江姐》　谿珂　吉林日报　1965年2月10日3版
英雄的凯歌流传百代——工农兵欢迎革命现代戏《凯歌百代》　四川日报　1965年2月10日3版
铁骨傲严霜——看省、合肥市两庐剧团演出的《江姐》　谢伦泰　安徽日报　1965年2月10日4版
工人谈京剧《海港早晨》（《码头工人信得过的好干部》等三篇）　金日华等　文汇报　1965年2月12日4版
老树发新花——华东各省革命现代戏曲观后之八　闻亦步　文汇报　1965年2月13日2版
草原上的红色医生——看越剧《春到草原》　王安定　重庆日报　1965年2月14日3版
新思想新风格新探索——评锡剧《红花曲》的主题和黎玉贞形象　贺夫　文汇报　1965年2月15日2版
春讯——华东各省革命现代戏曲观后之九　闻亦步　文汇报　1965年2月15日2版
向黎玉贞学习——赞锡剧《红花曲》　李素兰　解放日报　1965年2月16日4版
明丽动人的一组生活小戏——简评《借驴》《农家宝》《大年夜》《姐妹行》　郑明　解放日报　1965年2月16日2版
喜看英雄戳纸老虎——赞京剧《奇袭白虎团》　康力　广西日报　1965年2月16日4版
一出反映革命历史斗争的好戏——《夺要塞》观后　林尽红　新华日报　1965年2月17日3版
让英雄人物占据舞台的最中心——华东各省革命现代戏曲观后之十　闻亦步　文汇报　1965年2月17日2版
反社会主义的思想和艺术——批判孟超同志的昆曲《李慧娘》代跋　卜林扉　光明日报　1965年2月17日2版
为新人谱新曲——《夜考》《红领巾》《心事》三个小戏观后　绍玺、缉熙　文汇报　1965年2月17日2版
向黄海前哨的民兵学习——南京民兵赞扬京剧革命现代戏《黄海前哨》　新华日报　1965年2月17日3版
从《芦荡火种》到《沙家浜》　安仲皇　北京日报　1965年2月18日2版
红旗飘扬处伏虎英雄多——看京剧《伏虎》　一松　新华日报　1965年2月19日3版
演戏也要多学辩证法——华东各省革命现代戏曲观后之十一　闻亦步　文汇报　1965年2月20日2版
革命战士的光辉形象——评京剧《江姐》　朝晖　新华日报　1965年2月20日3版
比学赶帮中的辩证法——赞锡剧《红花曲》　拾风　解放日报　1965年2月21日5版
描绘农村生活的一组彩画——评《借驴》《农家宝》《大年夜》《姐妹行》　九纲、荣智　文汇报　1965年2月21日2版
看京剧《海港早晨》有感　云天　解放日报　1965年2月21日5版
农村新人赞歌——评《夜考》《心事》《红领巾》三个小戏　沈鸿鑫　解放日报　1965年2月21日5版

红灯照亮革命路——评沪剧《红灯记》的改编成就　赵志强、刘景清　解放日报　1965年2月22日4版
李春成是时代英雄的典型　旌旗　陕西日报　1965年2月23日3版
党的干部不抓“纲”怎么能行——对《蟠桃园》的意见　陈念银　陕西日报　1965年2月23日3版
李春成不是英雄人物（《蟠桃园》）　范俊　陕西日报　1965年2月23日3版
上海戏剧界赞扬江苏四小戏　文汇报　1965年2月24日2版
农村革命化的新图景——看芗剧《碧水赞》　东方晓　解放日报　1965年2月24日5版
一出反映农村阶级斗争的粤剧新戏——评粤剧《珠江风雷》　于凡　南方日报　1965年2月26日3版
喜看侦察兵走上京剧舞台——看锦州市京剧团的《夜探葵花岛》　郭东岭　辽宁日报　1965年2月27日3版
要做高丹凤式的革命接班人——看锦州市京剧团《峪岭朝霞》　边文珍　辽宁日报　1965年2月27日3版
表现教育革命的新探索——评安徽梆子戏《重要一课》　戴厚英　文汇报　1965年2月27日2版
新事物的灿烂光辉——赞越剧《春风送暖》　闻潮　解放日报　1965年2月28日4版
街巷里的斗争——郑州市越调剧团演出的《红花向阳》观后　云良　河南日报　1965年2月28日3版
重评孟超新编《李慧娘》　齐向群　人民日报　1965年3月1日5版
梆子戏的新成就——赞《重要一课》　郭清康　解放日报　1965年3月1日4版
“一盘棋”精神的凯歌——浅谈芗剧《碧水赞》的戏剧冲突　范民声　解放日报　1965年3月1日4版
表现了炼钢工人的革命干劲——看京剧《一对红》　李绍奎　辽宁日报　1965年3月2日3版
长我们贫下中农的志气——三位贫下中农代表谈京剧《伏虎》观后感　新华日报　1965年3月2日3版
欲穷千里目，更上一层楼——略谈粤剧《珠江风雷》的成绩与不足　东英　南方日报　1965年3月2日3版
喜看粤剧《珠江风雷》　张东川　南方日报　1965年3月2日3版
京剧舞台上的《红石钟声》　林之林　辽宁日报　1965年3月3日3版
贫农社员畅谈京剧《红石钟声》　本报记者整理　辽宁日报　1965年3月3日3版
千锤百炼（《一颗红心》）　顾光　北京日报　1965年3月3日3版
一颗红心为集体　李章、于真　北京日报　1965年3月3日3版
为革命英雄塑像——沪剧《红灯记》观后　诸葛文净　文汇报　1965年3月3日4版
革命思想代代传——上海铁路局职工及家属座谈沪剧《红灯记》　钱良忠等整理　文汇报　1965年3月3日4版
我们要做坚强的小红松——辽宁省实验中学同学谈京剧《小红松》　辽宁日报　1965年3月4日3版
李冬梅——先进织绸工人的形象——京剧《零点一》观后　崔玉梅　辽宁日报　1965年3月4日3版
加强信心知难而进——学习京剧《红灯记》的体会　郎筠玉　南方日报　1965年3月4日

3版
思想感情的“翅膀”——学习《红灯记》语言一得　刘高林　羊城晚报　1965年3月5日2版
一颗热爱社会主义的红心——看眉户剧团演出的《一颗红心》　洛林、陈工　光明日报　1965年3月5日3版
新人新风貌——看京剧《公私之间》　何莫　辽宁日报　1965年3月6日3版
人民战士的英雄群像——看京剧《十人桥》　力青　新华日报　1965年3月6日3版
红色接班人的颂歌——赞闽剧《红色少年》　马燕影　解放日报　1965年3月7日5版
革命的内容和戏曲的特点——看华东现代戏曲的几点感想　肖箴　羊城晚报　1965年3月8日2版
评《红色少年》高坚形象的创造　丁丛　文汇报　1965年3月9日2版
把好社会主义的关口——京剧《把关》观后　棣华　新华日报　1965年3月10日3版
一次革命传统的教育——工程兵部队战士赞扬《十人桥》　新华日报　1965年3月10日3版
无产阶级战士的英雄形象——看柳州市桂剧二团演出的琼花　李力迈　广西日报　1965年3月11日4版
京剧革命化的优秀成果——评《红灯记》　刘厚生　解放日报　1965年3月12日4版
重要的启示——华东各省革命现代戏曲观后之十二　闻亦步　文汇报　1965年3月12日2版
向京剧《红灯记》学习　陶雄、唐真　文汇报　1965年3月13日4版
烈火金刚——谈京剧《红灯记》中李玉和英雄形象的塑造　刘开宇　文汇报　1965年3月13日4版
从女奴到革命战士——京剧《琼花》观后　洛洋　安徽日报　1965年3月14日4版
工农业战线新人物新风尚的赞歌——介绍山东三出独幕喜剧　黄滨　解放日报　1965年3月14日3版
培养红色接班人——评剧《山村姐妹》观后　祁斌　黑龙江日报　1965年3月14日4版
广阔天地新花开——喜看《三考小会计》等表现农村生活斗争的五出戏　肖荣　辽宁日报　1965年3月15日3版
满腔热情为革命演戏——京剧《红灯记》学习观摩的启示　爱华沪剧团　解放日报　1965年3月16日3版
政治与艺术的完美结合　黄佐临　解放日报　1965年3月16日3版
认真地向京剧《红灯记》学习　本报评论员　解放日报　1965年3月16日1版
精益求精的样板　袁雪芬　解放日报　1965年3月16日3版
小戏不“小”——简评《竞赛》《两垅地》《送猪记》　丁加　文汇报　1965年3月16日2版
向《红灯记》学习，提高表演导演水平　林榆　南方日报　1965年3月16日3版
赞京剧舞台上的工人形象——谈《红花朵朵》等六出工业题材的现代戏　李郁　辽宁日报　1965年3月17日3版
在艺术实践中有破有立——从京剧《红灯记》的改编试谈艺术观革命的一些问题　卫明　文汇报　1965年3月18日4版
政治是艺术创作的灵魂——谈京剧《红灯记》的剧本改编　徐景贤　文汇报　1965年3月18日4版

以正确的观点和方法培养下一代——闽剧《红色少年》观后　李承昌　文汇报　1965年3月18日2版
试评京剧《沙家浜》的改编（剧评）　郭汉城　人民日报　1965年3月18日6版
以阶级感情帮阶级姐妹——简评黄梅戏《春暖花开》　静之　解放日报　1965年3月18日2版
从《蟠桃园》的艺术处理看作者的思想感情　赵北海　陕西日报　1965年3月19日3版
一出歌颂革命英雄的好戏——看京剧《红灯记》　朱玛　四川日报　1965年3月19日3版
本地风光——华东各省革命现代戏曲观后之十三　闻亦步　文汇报　1965年3月19日2版
革命人爱看革命戏教育革命人——我省贫农下中农、农业先进生产者、先进单位代表会议部分代表座谈京剧革命现代戏《六号门》纪要　天津日报　1965年3月19日4版
健康明朗富有教育意义的新喜剧——谈朝阳京剧团演出的《瓜园记》　竹音　辽宁日报　1965年3月19日3版
《沙家浜》的启示　黄文锡　光明日报　1965年3月20日4版
有鬼就有害（评昆曲《李慧娘》）　宫言　工人日报　1965年3月23日4版
打破旧套大胆创新——看西宁市秦剧团演出《江姐》有感　宋森　青海日报　1965年3月23日3版
三出令人喜爱的小戏——省京现代戏会演剧目评介《一路平安》《服务线上》《送炮线》　徐兵等　吉林日报　1965年3月23日3版
从戏剧冲突看《蟠桃园》的错误思想倾向　师锋　陕西日报　1965年3月24日3版
学习京剧《红灯记》演好豫剧《红灯记》　崔兰田　河南日报　1965年3月24日3版
不断改进精益求精——赞邕剧《琼花》　蜀川、文林　广西日报　1965年3月24日4版
一曲革命斗争的高歌——评通化市京剧团演出的《烽火桥头》　集众　吉林日报　1965年3月24日3版
戏曲舞台上的新收获——京剧《天山的红花》等几出反映新疆兄弟民族生活的现代戏观感　郑文　新疆日报　1965年3月24日3版
新愚公的赞歌——喜看吕剧《沂河春雷》　丁加　解放日报　1965年3月24日5版
自力更生改天换地——评吕剧《沂河春雷》　洪彬　文汇报　1965年3月24日2版
看京剧《梅河两岸》　鸣杰　吉林日报　1965年3月27日3版
为崇高的友谊歌唱——看《图门江之歌》　从言　吉林日报　1965年3月27日3版
《红姊妹》的人物形象和表演特色　杨荫隆　吉林日报　1965年3月27日3版
新思想、新人物、新风尚——评《借驴》《农家宝》《姐妹行》《大年夜》　郑明　新华日报　1965年3月27日3版
学习《红灯记》的音乐创造　辛清华　解放日报　1965年3月28日5版
京剧舞台上的李玉和形象　李永德　解放日报　1965年3月28日5版
学习《红灯记》的不断革命精神　杨村彬　解放日报　1965年3月28日5版
革命的精神英雄的形象——本报邀请部分工人、学生座谈湘剧《红灯记》　湖南日报　1965年3月28日4版
农村同志谈《宝山迎春》　吉林日报　1965年3月28日3版
立意高人物新表演好——看江西省的三出采茶戏　陈惇　北京日报　1965年3月28日6版
新人新戏赞——看省戏校京剧科演出的《时刻准备着》　季仲　吉林日报　1965年3月30日3版
评京剧《宝山迎春》　嘉锡　吉林日报　1965年3月30日3版

抒革命豪情——学习京剧《红灯记》的语言艺术 高山东 文汇报 1965年4月1日4版
在毛泽东思想哺育下茁壮成长——喜看哲盟代表团演出的曲剧《小丹姑娘》 哈云 内蒙古日报 1965年4月2日3版
表现新英雄人物的武戏——看辽宁省京剧现代戏汇演中四出表现部队生活的新武戏 刘思鹏 辽宁日报 1965年4月2日3版
我们对《蟠桃园》有意见——咸阳沣东公社八家大队干部和贫下中农座谈纪要 陕西日报 1965年4月3日3版
贫下中农的颂歌——北路梆子《洪铁柱》观后 弋云鹏 内蒙古日报 1965年4月4日3版
向阳丹心映日红——看京剧《急浪丹心》 文宣 四川日报 1965年4月4日3版
女英雄形象——阿庆嫂 仝玲、周景林 人民日报 1965年4月5日6版
《蟠桃园》歪曲了现实生活 马叶 陕西日报 1965年4月7日3版
谈吉剧《江姐》的音乐创作 先程等 吉林日报 1965年4月9日3版
“红灯”照耀着前进的道路 张国铨 解放日报 1965年4月15日5版
看“红灯”，誓做红色接班人 路金妹 解放日报 1965年4月15日5版
我们主要向《红灯记》学习什么？ 丁一 解放日报 1965年4月16日3版
向京剧《红灯记》学习（《让革命红灯永放光芒》等六篇） 孙长胜等 文汇报 1965年4月16日4版
革命的战鼓，英雄的人民——推荐川剧《赤道战鼓》 若之 重庆日报 1965年4月19日3版
壮志豪情——看成都市川剧团改编演出《龙马精神》 于晗、龙涛 四川日报 1965年4月20日3版
一字不苟（评《红灯记》的修改） 石棱 羊城晚报 1965年4月24日2版
再谈《饭篮里有饭》（粤剧） 梅丝竹 羊城晚报 1965年4月25日2版
敢于斗争敢于胜利——再看吕剧《沂河春雷》 艺华 大众日报 1965年4月25日3版
令人喜爱的老贫农形象——看小型现代川剧《管得宽》 文萱 四川日报 1965年4月28日3版
国际主义英雄的赞歌——谈川剧《邱少云》的演出 申咏泉、张昶 四川日报 1965年4月28日3版
发挥京剧艺术兴无灭资的战斗作用——谈江西省京剧现代戏调演公演的几个剧目 江西日报 1965年4月28日3版
浩气贯长虹红灯传万代——看广西评剧团的《红灯记》 丘振声 广西日报 1965年5月6日3版
工农兵喜赞《沙家浜》 施丕石等 文汇报 1965年5月9日5版
喜看春花初放（赞天津市革命现代戏曲演出） 江天 天津日报 1965年5月9日5版
突出武装斗争加强英雄形象——谈京剧《沙家浜》的改编特色 丁学雷 解放日报 1965年5月10日4版
一番相见一番新——《沙家浜》人物欣赏随记 之江 解放日报 1965年5月10日4版
关于李春成的评价问题 裴亮 陕西日报 1965年5月10日3版
学习《沙家浜》的不断革命精神 杨文龙 文汇报 1965年5月11日4版
不断创造不断提高——看重新编排的川剧、越剧《江姐》 江激 重庆日报 1965年5月13日3版

喜看芭蕾学琼花 华文漪 解放日报 1965年5月13日6版
京剧《沙家浜》学习札记 红君 文汇报 1965年5月17日4版
富有革命精神的演出——评辽宁青年评剧团演出的《红灯记》 胥树人 辽宁日报 1965年5月18日3版
全民皆兵的真实写照——评京剧现代戏《前沿人家》 艺华 大众日报 1965年5月19日3版
欲穷千里目，更上一层楼——谈郭建光形象塑造 陈西汀 解放日报 1965年5月20日4版
启示、教育、鞭策——看《沙家浜》，向北京京剧团学习 上海人民沪剧团 解放日报 1965年5月20日4版
让戏曲更好地表现现代生活——谈芗剧《碧水赞》在戏曲化方面的一些探索 一清 福建日报 1965年5月20日3版
《红灯记》越改越好 姜妙香 光明日报 1965年5月20日4版
十年一剑——京剧《红灯记》演出者的豪情 邱扬 光明日报 1965年5月25日4版
革命人民是不可战胜的——试评京剧《烽火桥头》 卓宇 吉林日报 1965年5月26日3版
谈阿庆嫂的唱腔设计 吴歌 文汇报 1965年5月27日4版
《沙家浜》英雄人物音乐形象评析 刘如曾 文汇报 1965年5月27日4版
红灯继承人给我们的启示 劳黎 人民日报 1965年5月27日6版
革命接班人的光辉形象——评闽剧《红色少年》中高坚形象的塑造 钱之江 福建日报 1965年5月27日3版
培养坚强的无产阶级革命事业接班人——评京剧《天天向上》 舒凡 黑龙江日报 1965年5月28日4版
一出富有教育意义的好戏——漫谈京剧《一颗珠》 闻之 辽宁日报 1965年5月30日3版
武功的推陈出新（《沙家浜》） 林鹏程 文汇报 1965年6月2日4版
具有时代精神的京剧武打（《沙家浜》） 李仲林 文汇报 1965年6月2日4版
空白岛上红旗飘——喜看辽宁省演出团演出的京剧《插旗》 南雁 黑龙江日报 1965年6月3日4版
《蟠桃园》是一出贩卖人性论的坏戏——兼评瑰丽同志宣扬《蟠桃园》的错误观点 陇向春 甘肃日报 1965年6月4日4版
《沙家浜》的诞生 萧甲 文汇报 1965年6月5日4版
乱云飞渡仍从容——看佳木斯市京剧团的《雪岭苍松》 岸衡 辽宁日报 1965年6月5日3版
要学会用阶级观点看问题——看曲剧《一笔贷款》 管见 河南日报 1965年6月6日3版
突出政治写好英雄——看粤剧《沙家浜》有感 尉迟仁 广西日报 1965年6月6日3版
《沙家浜》舞台艺术的思想性 幸熙 文汇报 1965年6月7日4版
喜看川剧《凯歌百代》 文宣 四川日报 1965年6月7日3版
动人的革命英雄形象——《烽火桥头》观后 刘津 辽宁日报 1965年6月7日3版
为革命英雄写赞歌——从《雪岭苍松》《红石钟声》谈英雄人物的塑造（附短评：最根本的经验） 刘淑明 吉林日报 1965年6月9日3版

革命红灯代代传——京剧《红灯记》观后感　林亚光　重庆日报　1965年6月9日3版
生活气息扑面来——豫剧《人欢马叫》观后　张一弓　河南日报　1965年6月10日3版
时代的脉搏英雄的赞歌——我省农村文化工作队文艺汇报演出述评　荫曾、王杰　河北日报　1965年6月11日3版
千锤百炼精益求精——评豫剧《人欢马叫》的修改　河南日报　1965年6月13日3版
更好地发挥二人转的战斗作用——看东北三省二人转专场表演有感　刘青　黑龙江日报　1965年6月15日4版
严重的问题在于教育农民——谈豫剧《打牌坊》　管见　河南日报　1965年6月17日3版
丰富多彩耳目一新——喜看吉林省地方戏曲剧院二人转实验队的演出　于树春　辽宁日报　1965年6月17日3版
成功的创造从群众中来——看表现工人生活的新京剧　洛章　黑龙江日报　1965年6月18日4版
革命花开香飘四季——看辽宁、黑龙江、吉林三省二人转专场表演　齐虹　吉林日报　1965年6月18日3版
长革命的志气灭敌人的邪风——从几出反映革命战争的京剧谈起　徐进　吉林日报　1965年6月20日3版
传枪先要传思想——看河南省京剧团演出的《传枪》　余昂　河南日报　1965年6月20日3版
为小型京剧革命现代戏欢呼——评《松骨峰》《迎风斗浪》《瓜园记》《把关》《公私之间》　张路　辽宁日报　1965年6月20日3版
从阿庆嫂的一句台词谈起　张曙　解放日报　1965年6月21日4版
“打虎英雄”的凯歌——看川剧《凯歌百代》　牟光义　重庆日报　1965年6月22日3版
在京剧舞台上反映工人的战斗生活——记东北区京剧现代戏观摩演出会演出的工业题材现代戏　王运琛　光明日报　1965年6月23日2版
丢掉幻想，准备战斗——看川剧《赤道战鼓》　严肃　四川日报　1965年6月24日3版
面向工人写英雄——评七出工业题材新京戏的艺术创造　斐军　辽宁日报　1965年6月26日3版
京剧舞台上的新蓓蕾——喜看京剧儿童剧《红色少年》　江曲　新华日报　1965年7月4日3版
自力更生革命精神的赞歌——看河南豫剧院三团演出的《清凌渡》　陈锐　河南日报　1965年7月4日3版
评《山乡风云》（粤剧）　陈残云　羊城晚报　1965年7月5日2版
富有感染力的京剧《黄继光》　江路　四川日报　1965年7月7日3版
出奇制胜妙趣横生——谈湖南三个小花鼓戏　龚啸岚　羊城晚报　1965年7月8日2版
谨防“蛀木虫”——评彩调《三朵小红花》　曹秀刚　羊城晚报　1965年7月8日2版
革命的粤剧艺术的新探索——评《山乡风云》的演出　秉箴　广州日报　1965年7月8日4版
清新优美的小喜剧——评湖南花鼓戏《补锅》及其他　尹伯康　广州日报　1965年7月8日4版
传枪先要传思想——看河南省京剧团演出的《传枪》　余昂　羊城晚报　1965年7月10日2版
光辉的革命英雄人物形象——评京剧《地下火焰》　阎金锷　羊城晚报　1965年7月10日

2 版
前进路上——京剧《豹子湾战斗》观后 款风 羊城晚报 1965 年 7 月 10 日 2 版
针针线线皆辛苦——谈《红灯记》的艺术处理 许姬传 人民日报 1965 年 7 月 10 日 5 版
珠粒虽小关系重大——看哈尔滨市京剧团演出的《一颗珠》 贾德才 吉林日报 1965 年 7 月 10 日 3 版
不断革命，精益求精——喜看京剧《沙家浜》 余彬 重庆日报 1965 年 7 月 11 日 3 版
一出令人深思的好戏——评沈阳京剧院演出的《红石钟声》 李思得 吉林日报 1965 年 7 月 11 日 3 版
贫下中农革命精神的赞歌——看豫剧《人欢马叫》有感 丁超等 湖北日报 1965 年 7 月 12 日 3 版
粤剧艺术的崭新创造——评粤剧《山乡风云》 东婴 湖北日报 1965 年 7 月 12 日 3 版
一场引人深思的“争夺战”——评彩调《三朵小红花》 一兵 南方日报 1965 年 7 月 13 日 3 版
评京剧现代戏《前沿人家》 鲁民 大众日报 1965 年 7 月 14 日 3 版
喜看地方戏新花竞放——我省地方戏专场演出综合评述 马名超 黑龙江日报 1965 年 7 月 14 日 4 版
飒爽英姿——评粤剧《女民兵》 林艾 羊城晚报 1965 年 7 月 17 日 2 版
“奴才奉”及其他——《山乡风云》戏外杂谈之一 万汇藻 羊城晚报 1965 年 7 月 17 日 3 版
谈谈《女民兵》（粤剧）里的林桂香 王起 广西日报 1965 年 7 月 18 日 3 版
培养红色的新一代——评彩调《三朵小红花》 惠子 广西日报 1965 年 7 月 18 日 3 版
《沙家浜》演员访阳澄芦荡 天熊 北京日报 1965 年 7 月 18 日 3 版
谈京剧《通天关》 杨高 贵州日报 1965 年 7 月 18 日 3 版
人欢马叫，诗情洋溢——兼谈常香玉同志的表演艺术 秉箴 河南日报 1965 年 7 月 22 日 3 版
热情的鼓励——参加中南区戏剧观摩演出大会代表对我省三个小戏的评价 本报记者 河南日报 1965 年 7 月 22 日 3 版
深刻的主题多彩的艺术——中南区戏剧观摩演出第二轮优秀剧目评介 湘众 湖南日报 1965 年 7 月 22 日 3 版
新颖的构思，迷人的艺术——喜看河南省三个小型戏曲 刘回春 南方日报 1965 年 7 月 22 日 3 版
有特色的改编和演出——评京剧《带兵的人》 钱博 羊城晚报 1965 年 7 月 31 日 2 版
一首对平凡劳动的颂歌——谈评剧《平凡的岗位》 贵州大学中文系六二级评论组 贵州日报 1965 年 7 月 31 日 3 版
革命熔炉炼新人——喜看楚剧《海英》 李久安 河北日报 1965 年 8 月 2 日 3 版
喜看京剧《苗山颂》 梁信 羊城晚报 1965 年 8 月 4 日 2 版
贵在有特点（京剧《苗山颂》） 林蓝 羊城晚报 1965 年 8 月 4 日 2 版
漫谈京剧《带兵的人》 胡希明 广州日报 1965 年 8 月 4 日 4 版
反美前哨的鼓角——评粤剧《阿霞》的思想与艺术成就 张山 南方日报 1965 年 8 月 5 日 3 版
时代的写照，英雄的赞歌——评祁剧《送粮》和湘剧《山花颂》 陈忠邦 湖南日报 1965 年 8 月 8 日 2 版

革命武装斗争的颂歌——评市秦剧团演出的《沙家浜》 许昌 青海日报 1965年8月8日3版
浅谈京剧《杜鹃山》 乌兰兵 甘肃日报 1965年8月10日4版
弦外有音——谈越调《斗书场》 吕平 羊城晚报 1965年8月11日2版
“喜唱万山红遍时”——评潮剧《万山红》 钟艺 南方日报 1965年8月12日3版
奋发图强天地换——喜看豫剧《杏花营》 歌人 南方日报 1965年8月12日3版
推荐新京剧《海棠峪》（两篇） 刘宝霖等 北京日报 1965年8月12日3版
敢教日月换新天——简谈《秦岭长虹》的思想意义和演出 曾宪明 甘肃日报 1965年8月14日2版
胜利在望的兴奋——向阿霞致礼 萧荻 羊城晚报 1965年8月14日2版
借牛是一台好戏 江渊 羊城晚报 1965年8月15日2版
红心代代传——评楚剧《双教子》 吴岗 羊城晚报 1965年8月15日2版
以小见大，满台是戏——观摩小戏有感 许诺 广州日报 1965年8月15日4版
一场巧事寄深意——谈广东汉剧《一袋麦种》 一新 羊城晚报 1965年8月17日2版
贫下中农的颂歌——喜看汉剧《太阳出山》 冯康男 湖北日报 1965年8月18日3版
淡墨画出《万山红》 贺青 羊城晚报 1965年8月19日2版

向京剧《红灯记》学习 燕遇明 大众日报 1965年8月21日3版
为无产阶级的英雄立传——学习《红灯记》手记 赞红 大众日报 1965年8月23日3版
巨大的鼓舞，有力的鞭策——再看中国京剧院演出《红灯记》 尚长麟等 大众日报 1965年8月23日3版
拿起革命的枪——煤矿工人谈《节振国》（两篇） 刘宝明等 陕西日报 1965年8月23日2版
高歌慷慨唱琼花 张卉中等 光明日报 1965年8月24日4版
满台清新——推荐《海棠峪》兼谈京剧现代戏的音乐唱腔问题 徐兰沅 北京日报 1965年8月27日3版
挥舞刀枪荡敌寇——谈几出反映抗日战争的革命现代剧 王永远 河北日报 1965年9月1日3版
从《山乡风云》谈粤剧姓“粤” 谢芝兰 南方日报 1965年9月6日3版
喜看河北梆子《琼花》 韩俊卿 天津日报 1965年9月6日2版
自力更生革命精神的颂歌——武汉部队部分同志座谈京剧《豹子湾战斗》 湖北日报 1965年9月10日3版
从《山乡风云》谈粤剧音乐的继承和革新 甄羽 南方日报 1965年9月11日3版
轻骑捷旅火力强——综评中南区戏剧观摩下乡节日汇报演出队演出的小戏 秉箴 光明日报 1965年9月18日2版
三出精彩的湖南花鼓小戏（《补锅》《打铜锣》《烘房飘香》） 舒天楚 光明日报 1965年9月20日2版
下乡的好戏——看河南的三个小戏（《游乡》《扒瓜园》《斗书场》） 凤子 光明日报 1965年9月20日2版
新颖的题材，深刻的主题——贵州花灯剧《平凡的岗位》观后 张弩 四川日报 1965年9月21日3版
“穷棒子”精神万岁——看河南豫剧三团演出的《杏花营》有感 鹿鸣山 河南日报 1965

年9月23日3版

广东粤剧院结束在深圳的演出，香港观众高度评价《山乡风云》 南方日报 1965年9月23日1版

谈《借牛》的表演艺术 白云生 光明日报 1965年9月23日4版

革命精神的胜利凯歌——浅谈川剧《许云峰》中感人的一场戏 邓双琴 四川日报 1965年9月26日3版

彻底革命精神的赞歌——试评滇剧《高山红霞》的剧本和演出 冬尼 云南日报 1965年9月27日3版

英雄凯歌百代传——看川剧《黄继光》有感 成文 四川日报 1965年9月28日3版

在嘉定看好戏——《一分钱》《姑嫂比武》《好当家》招待县文艺骨干记详 之江 新民晚报 1965年10月4日2版

丹心昭日月，急浪荡情怀（川剧《急浪丹心》） 梁信 四川日报 1965年10月5日3版

传统表演技巧的继承和革新——从《游乡》《补锅》《借牛》谈起 景孤血 人民日报 1965年10月7日6版

武器轻威力大——中南区下乡小戏在京演出观摩散记 本报驻京记者 文汇报 1965年10月7日3版

心弦铮铮唱革命——看白剧《红色三弦》 曾克 四川日报 1965年10月10日3版

越剧舞台上的女飞行员——试谈越剧《女飞行员》改编的特色 龚义江 解放日报 1965年10月17日5版

革命红灯心上挂——中国京剧一团谈《红灯记》演出一年间（附短评：演戏为革命） 本报驻京记者 文汇报 1965年10月18日1版

高山红星千缕情——赞云南京剧院一团的《黛诺》 秉箴 南方日报 1965年10月19日3版

富于时代特色的小喜剧——从中南区戏剧观摩演出下乡节目谈起 中国戏曲研究院评论组 人民日报 1965年10月19日6版

略谈川剧《嘉陵怒涛》林玉英的形象 安民 重庆日报 1965年10月22日3版

一部揭露资产阶级罪恶的控诉书——《嘉陵怒涛》观后（川剧） 肖枫 重庆日报 1965年10月22日3版

京剧《南海长城》别具风采 为璞 解放日报 1965年10月22日4版

寓庄于谐的革命小戏——看湖南花鼓戏《烘房飘香》《打铜锣》《补锅》 朱铿 解放日报 1965年10月27日4版

农村天地阔，小戏大可为——看《游乡》《一袋麦种》《送粮》 陈家松 解放日报 1965年10月27日4版

一台教育人鼓舞人的小戏——看《双教子》《借牛》《红松店》 冯少白 解放日报 1965年10月27日4版

一首不断革命、彻底革命的赞歌——滇剧《高山红霞》观后 于蓼 重庆日报 1965年10月28日3版

突出政治，精益求精，不断革命——看河南省京剧团演出的《沙家浜》 戈华 河南日报 1965年10月28日3版

试评《黛诺》 肖荻 羊城晚报 1965年10月29日2版

反映农村现实斗争生活的好戏——看湖南花鼓戏《打铜锣》《补锅》《烘房飘香》 龚义江 文汇报 1965年10月29日2版

蔡九这个人（《打铜锣》） 凌国康 光明日报 1965年10月30日4版
以小见大——看楚剧《双教子》汉剧《借牛》歌剧《红松店》 新谷 文汇报 1965年10月30日2版
深刻的主题思想——评贵州花灯《平凡的岗位》 阿樵 重庆日报 1965年11月5日3版
《罢宴》的主题思想及其评价 刘致中 光明日报 1965年11月7日4版
看中国朋友演出评剧《阮文追》（越）陈文成 人民日报 1965年11月9日6版
评新编历史剧《海瑞罢官》（附：人民日报编者按） 姚文元 文汇报 1965年11月10日2版 人民日报 1965年11月30日5版
主题深刻，形象鲜明——赞《双教子》《借牛》《送粮》 梁冰 新华日报 1965年11月11日4版
正气贯长虹——川剧《许云峰》观后 朱言 重庆日报 1965年11月18日3版
越南人民英雄赞——看川剧《南方风雷》 湘文 重庆日报 1965年11月24日3版
有声有色鼓舞人心——京剧《战斗的南方》观后 史军 北京日报 1965年11月26日3版
以小见大，戏短意深——看湖南花鼓戏《烘房飘香》《打铜锣》《补锅》 孙家富 湖北日报 1965年11月28日3版
载歌载舞，小中见大——漫谈《红松店》《补锅》《游乡》三个小戏 西斋 天津日报 1965年11月28日4版
也谈《海瑞罢官》 马捷 文汇报 1965年11月30日4版
怎样更好地评价历史人物和历史剧——评《评新编历史剧〈海瑞罢官〉》 蔡成和 文汇报 1965年12月1日4版
对历史剧《海瑞罢官》的几点看法——与姚文元同志商榷 燕人 文汇报 1965年12月2日4版
编者按（批判《海瑞罢官》） 光明日报 1965年12月2日2版
海瑞与《海瑞罢官》 林丙义 文汇报 1965年12月3日4版
这段唱腔为什么会流行（《红灯记》） 上海音乐学院民族音乐理论系三、四年级评论组 文汇报 1965年12月4日4版
论海瑞的评价不宜过高 张家驹 文汇报 1965年12月4日4版
《海瑞罢官》问题的逐步展开 解放日报 1965年12月6日1版
评川剧《龙泉洞》 严肃 重庆日报 1965年12月7日3版
“史”和“戏”——贺吴晗的《海瑞罢官》演出（原载1961年2月16日《北京晚报》） 繁星 文汇报 1965年12月8日4版
评《海瑞罢官》（原载《北京文艺》1961年3月号） 邓允建 文汇报 1965年12月9日4版
羞为甘草剂，敢做南包公——读《海瑞罢官》散记（原载《北京文艺》1961年3月号） 曲六乙 文汇报 1965年12月9日4版
看《海瑞罢官》所想到的（原载1961年3月11日《北京晚报》） 方三 文汇报 1965年12月9日4版
我的两点看法——与姚文元同志商榷（评《海瑞罢官》） 崔军 北京日报 1965年12月9日2版
《海瑞罢官》是一出较好的历史戏 李振宇 北京日报 1965年12月9日2版
从《春梅祝寿》到《一袋麦种》 陈葆祥 南方日报 1965年12月9日3版

从《海瑞罢官》谈到“道德继承论”——与吴晗同志商榷 向阳生 北京日报 1965年12月12日2版
一概否定的态度是不对的——从姚文元同志批评吴晗同志的《海瑞罢官》说起 张汝范 北京日报 1965年12月12日3版
海瑞是不是“笑面虎”？——北京中文系部分学生讨论对海瑞的评价问题 北京日报 1965年12月12日3版
《海瑞的故事》后记（转载自《海瑞的故事》） 蒋星煜 文汇报 1965年12月13日4版
海瑞得到人民群众拥护的主要原因（节录自《海瑞》七章二节） 蒋星煜 文汇报 1965年12月13日4版
评京剧《海瑞上疏》（原载《上海戏剧》1959年2期） 徐以礼 文汇报 1965年12月13日4版
对待《海瑞罢官》问题应该“操两可”吗？——向常谈同志请教 黎军 北京日报 1965年12月13日3版
来稿摘登：对清官和贪官要看到其共性还要看到其个性 边文成 能不能学习海瑞的“刚直不阿” 王卓言 不能把旧史料照搬过来 罗懋煌 我对海瑞问题讨论的两点建议 林又青 按姚文元同志的标尺，很多问题解释不通 朱天运 北京日报 1965年12月13日2版
不能用形而上学代替辩证法——评《评新编历史剧〈海瑞罢官〉》 姚全兴 光明日报 1965年12月15日2版
关于《海瑞罢官》的主题思想及其倾向性 程参 光明日报 1965年12月15日2版
《海瑞罢官》必须批判 刘元高 文汇报 1965年12月15日4版
《海瑞罢官》的主题是什么？ 唐真 文汇报 1965年12月15日4版
关于《海瑞罢官》问题各种意见的简介（附编者按） 人民日报 1965年12月15日5版
也谈海瑞和《海瑞罢官》 樵子 人民日报 1965年12月15日4版
从“清官”谈到《海瑞罢官》 杭文兵 光明日报 1965年12月16日2版
《海瑞罢官》歪曲了历史真实 方克立 北京日报 1965年12月16日2版
河大部分教师座谈《海瑞罢官》等问题 天津日报 1965年12月16日4版
请看《海瑞罢官》的“现实意义” 朱彦 文汇报 1965年12月17日4版
《海瑞罢官》为封建王法唱颂歌 胡守钧 文汇报 1965年12月17日4版
《海瑞罢官》基本上应该肯定 羽白 文汇报 1965年12月17日4版
南京大学中文系学生戏剧研究小组就《海瑞罢官》问题展开讨论 新华日报 1965年12月17日3版
南京大学历史系讨论《海瑞罢官》问题的情况 新华日报 1965年12月17日3版
从《论海瑞》一文看真假海瑞 孙如琦等 光明日报 1965年12月17日2版
海瑞与“清官” 王连升等 北京日报 1965年12月18日3版
沂河两岸好风光——看山东吕剧《沂河两岸》 张季纯 人民日报 1965年12月17日6版
恰到好处——评京剧《带兵的人》 景孤血 羊城晚报 1965年12月17日2版
试论海瑞和《海瑞罢官》 郝昺衡 文汇报 1965年12月20日4版
《海瑞罢官》到底宣扬了什么？本省高等院校文科师生展开热烈讨论（附编者按） 大众日报 1965年12月21日3版
揭穿《海瑞罢官》的实质 曲文 大众日报 1965年12月21日3版

评剧舞台上的阮文追　舒天楚　光明日报　1965 年 12 月 21 日 4 版
怎样评价《海瑞罢官》——与姚文元同志商榷　朱熙　光明日报　1965 年 12 月 22 日 2 版
歪曲了历史真实的《海瑞罢官》　戎笙　光明日报　1965 年 12 月 22 日 2 版
信稿摘编：海瑞有值得学习的地方　李华等　　向海瑞学习的目的何在？　王宏业　《海瑞罢官》为谁服务　郭庠林等　　文汇报　1965 年 12 月 22 日 4 版
有关《海瑞罢官》的几个问题　魏建猷　光明日报　1965 年 12 月 23 日 2 版
不能伪造历史（评《海瑞罢官》）　水青　光明日报　1965 年 12 月 23 日 2 版
阶级斗争是历史发展的动力（评《海瑞罢官》）　崔富章等　光明日报　1965 年 12 月 23 日 2 版
读《评新编历史剧〈海瑞罢官〉》　吴越石　文汇报　1965 年 12 月 23 日 4 版
《海瑞罢官》的本质　刘大杰　文汇报　1965 年 12 月 23 日 4 版
海瑞是站在农民一边的吗？——与吴晗同志商榷　马绍冰　北京日报　1965 年 12 月 23 日 3 版
《许云峰》观后（川剧）　周延　重庆日报　1965 年 12 月 24 日 3 版
《评新编历史剧〈海瑞罢官〉》读后　亦鸣　人民日报　1965 年 12 月 25 日 5 版
改良乎？革命乎？（评《海瑞罢官》）　王辙　人民日报　1965 年 12 月 25 日 5 版
《海瑞罢官》宣扬了阶级调和论——来稿摘编：美化了统治阶级　蔡文锦　　用封建“王法”掩盖了阶级矛盾　师文伍　　对农民形象的歪曲　杨金龙　　人民日报　1965 年 12 月 25 日 5 版
“青天大老爷”真能“为民作主”吗？（评《海瑞罢官》）　徐连达等　文汇报　1965 年 12 月 25 日 4 版
不要锄掉《海瑞罢官》这朵花　王鸿德　文汇报　1965 年 12 月 25 日 4 版
粤剧革命化的新成就（介绍正在北京上演的《山乡风云》）　人民日报　1965 年 12 月 27 日 2 版
一场兴无灭资的斗争——评《山村供销员》　艾治国　山西日报　1965 年 12 月 28 日 3 版
由“沙公马”到“菊花青”——谈《三下桃园》的创作和演出（晋剧）　消寒　山西日报　1965 年 12 月 28 日 3 版
信稿摘编：海瑞推动了历史前进　李传勇等　　海瑞让步使人民得益　　“王法”能为冤民“作主张”吗？　李世华等　　“清官”和贪官是一路货色　洪文光　　文汇报　1965 年 12 月 28 日 4 版
《海瑞罢官》代表一种什么思潮　方求　人民日报　1965 年 12 月 29 日 7—8 版
欢呼戏剧革命的新成果——首都等地报纸评介甘南、武威歌舞团演出的小戏（8 篇）　甘肃日报　1965 年 12 月 29 日 4 版
关于《海瑞罢官》的自我批评（附编者按）　吴晗　人民日报　1965 年 12 月 30 日 5 版
批判《海瑞罢官》的新进展　本刊资料室　戏剧报　1966 年 1 月 1 期 12 页
我们要参加战斗——青年演员座谈《海瑞罢官》　戏剧报　1966 年 1 月 1 期 14 页
布历史的迷雾，唱时代的反调——评《海瑞罢官》　李衍柱　文艺报　1966 年 1 月 1 期 33 页
吴晗同志的错误是出自一时糊涂吗？——评《海瑞罢官》　陶光淮　吉林师大学报（社会科学）　1966 年 1 月 2 期 17 页
大寨精神的颂歌——喜看吕剧《沂河两岸》　中国音乐学院理论系《沂河两岸》评论组　人民音乐　1966 年 1 月 1 期 35 页

《海瑞罢官》与海瑞评价问题座谈纪要（河南史学界座谈会） 史学月刊 1966年1月1期 10页
关于《海瑞罢官》问题的讨论：海瑞一生果真是“处处事事为老百姓”设想吗 魏建猷 关于海瑞二三事 赵景深 清官和贪官 徐德嶙 海瑞罢官是反映了历史真实 朱伯康 坚持阶级分析，反对抽象继承 胡啸 学术月刊 1965年12月号11—23页
歪曲历史真实的历史剧——评《海瑞罢官》 袁世硕 山东文艺 1966年1月号121页
历史剧《海瑞罢官》反映的是什么政治方向？ 张可礼等 文史哲 1966年2月1期11页
《海瑞罢官》——唯心历史观的集中表现 王水照 文史哲 1966年2月1期18页
为什么《海瑞罢官》美化地主婆子 李同旭 文史哲 1966年2月1期34页
《海瑞罢官》批判逐步深入，《谢瑶环》批判正在展开 本刊资料室 戏剧报 1966年2月2期21页
清洁工人谈《平凡的岗位》 钟秀等 戏剧报 1966年2月2期36页
豫剧《人欢马叫》观后 华宣 戏剧报 1966年2月2期37页
为古而古，还是借古讽今——评《关于〈海瑞罢官〉的自我批评》 公盾等 文艺报 1966年2月2期21页
《谢瑶环》为谁“请命” 伊默 文艺报 1966年2月2期18页
历史剧《海瑞罢官》是一株大毒草 徐玉恒 电影文学 1966年2、3月号99页
批判《海瑞罢官》的思想倾向 说文 电影文学 1966年2、3月号104页
《海瑞罢官》为谁服务？ 阿丹 鸭绿江 1966年2月号67页
宣扬了阶级调和的《海瑞罢官》 陈震文 鸭绿江 1966年2月号67页
评《谢瑶环》 何其芳 文学评论 1966年2月1期1页
《海瑞罢官》和吴晗同志的唯心史观 王春元等 文学评论 1966年2月1期24页
《海瑞罢官》唱出了哪个阶级的心声 金钟鸣 长春 1966年2月号53页
从清官戏的本质看《海瑞罢官》 冯沅君 史学月刊 1966年2月2期40页
南开大学、河北大学、吉林师大历史系师生分别讨论《海瑞罢官》 历史教学 1966年2月号63页
《海瑞罢官》宣扬了些什么 张果夫等 山东文艺 1966年2月号110页
反党反社会主义共同体——《李慧娘》《海瑞罢官》《谢瑶环》综论 刘厚生 戏剧报 1966年3月3期7页
苍山洱海的红山茶——白剧《红色三弦》观后 阿将 戏剧报 1966年3月3期31页
豪情诗境见红心——试谈《雪花飘》中裘盛戎的表演 丘扬 戏剧报 1966年3月3期36页
《海瑞罢官》是阶级调和论的艺术标本 龙父等 扬州师院学报 1966年3月总20期24页
《海瑞罢官》是怎样“借古讽今”的 汤元凤 扬州师院学报 1966年3月总20期40页
关于《海瑞罢官》讨论情况的简介 延河 1966年3月号61页
甘肃省文化局和甘肃省文联共同召开座谈会批判《谢瑶环》 甘肃文艺 1966年3月号91页
“有毒草就得进行斗争”——省、市文艺界批判田汉的《谢瑶环》 四川文艺 1966年3月号60页
《海瑞罢官》是歪曲历史、借古讽今的毒草 卓宇 鸭绿江 1966年3月号51页
狡辩掩盖不了《海瑞罢官》的创作意图 杨荣国 学术研究 1966年4月2期21页

读吴晗同志《关于〈海瑞罢官〉的自我批评》 朱杰勤 学术研究 1966年4月2期23页
广东学术界部分人士座谈吴晗同志的《关于〈海瑞罢官〉的自我批评》 学术研究 1966年4月2期34页
《海瑞罢官》是一株大毒草 阳纯 鸭绿江 1966年4月号51页
批判田汉的《谢瑶环》及其“为民请命”思想 文锋 鸭绿江 1966年4月号54页
从《女巡按》到《谢瑶环》的改编看《谢瑶环》的反动实质 文青 文史哲 1966年4月2期40页
《谢瑶环》的矛头刺向哪里？——田汉同志的新编历史剧的反党、反社会主义实质 文四野 延河 1966年4月号55页
深刻的思想，崭新的艺术——评吕剧《沂河两岸》 周坚夫 山东文艺 1966年4月号93页
在斗争中锻炼提高自己（工农兵群众批判《海瑞罢官》） 朱臻 上海教育 1966年4月2期10页
北京大学法律系关于《海瑞罢官》问题的讨论 政法研究 1966年4月1期52页
封建统治阶级的长远利益和被剥削群众的当前利益是一致的吗——评《关于〈海瑞罢官〉的自我批评》中的一个论点 方延梁 学术月刊 1966年4月号19页
老树新花烂熳开——谈山东柳子戏《三回船》的艺术技巧 刘浏 光明日报 1966年1月3日3版
《山乡风云》和粤剧革命 余玲 光明日报 1966年1月3日3版
农村第一，普及第一，小型第一——评甘南、武威歌舞剧团演出的小戏（《新人物，新风格——新媳妇来了观后感》等五篇） 辛耀午等 甘肃日报 1966年1月5日4版
粤剧革命化的新成就——谈广东粤剧院演出的《山乡风云》 张颖 人民日报 1966年1月6日6版
移植也是一种创作性的劳动——看中国京剧院一批小戏的演出 武东涛 人民日报 1966年1月6日6版
三出精彩的山东小戏（《三回船》《送猪记》《两垅地》） 荀慧生 光明日报 1966年1月11日4版
《海瑞罢官》是和阶级教育唱对台戏 林恒元 福建日报 1966年1月28日3版
贫下中农谈海瑞（工农兵群众批判《海瑞罢官》） 张宪生 福建日报 1966年1月28日3版
人民战争的凯歌——前中国人民志愿军战士谈京剧《奇袭白虎团》（四篇） 李春融等 文汇报 1966年1月28日3版
替《海瑞罢官》喊冤——评《评新编历史剧〈海瑞罢官〉》 何正祥等 光明日报 1966年1月29日2版
西南的三出小戏——看川剧《管得宽》、话剧《好帮手》、滇剧《厨娘》 刘浏 光明日报 1966年1月29日4版
船工的壮志豪情——评川剧《急浪丹心》 江澜 光明日报 1966年1月29日4版
何惧脏和累，汗为人民滴——看贵州花灯剧《平凡的岗位》 华宣 光明日报 1966年1月29日4版
赞豫剧《人欢马叫》 姜声涛 光明日报 1966年1月29日4版
《海瑞罢官》歪曲了封建社会的主要矛盾（信稿摘编） 刘大新等 北京日报 1966年1月30日3版

《海瑞罢官》并没有宣扬阶级调和——与姚文元、向阳生等同志商榷 张烽 北京日报 1966年1月30日3版
《海瑞罢官》值得肯定 何世君 贵州日报 1966年2月1日3版
站稳了什么样的阶级立场——评《关于〈海瑞罢官〉的自我批评》的一个问题 李世臣等 贵州日报 1966年2月1日3版
田汉的《谢瑶环》是一棵大毒草 云松 人民日报 1966年2月1日5版
宣传革命，还是散播幻想？——《海瑞罢官》的艺术形象说明什么 李夏阳 新华日报 1966年2月1日3版
不可忘记的教训（工农兵群众批判《海瑞罢官》） 朱林中 文汇报 1966年2月1日4版
“源”远“流”更长——记山东三出革命现代戏戏曲化的成就 张卉中 光明日报 1966年2月1日2版
惊涛骇浪看新人——评川剧《急浪丹心》 刘厚生 人民日报 1966年2月2日6版
戏剧舞台上兴无灭资的战歌——谈贵州花灯戏《平凡的岗位》 闻希群 人民日报 1966年2月2日6版
光明日报编者按（对田汉的《谢瑶环》的批判） 光明日报 1966年2月2日4版
要种革命田，先做革命人——吕剧《沂河两岸》观后 丹丁 大众日报 1966年2月2日3版
粤剧《山乡风云》的成就 张东川 文汇报 1966年2月2日2版
《海瑞罢官》的艺术表现错在哪里？ 吴荫循 人民日报 1966年2月3日5版
驳《海瑞罢官》有“积极意义”论 邵鼎勋 人民日报 1966年2月3日5版
对《评新编历史剧〈海瑞罢官〉》一文质疑 方史 人民日报 1966年2月3日5版
辽宁师范学院中文系开展《海瑞罢官》问题讨论 辽宁日报 1966年2月5日3版
谁是历史的主人？——评《海瑞罢官》 朱靖华等 北京日报 1966年2月5日3版
向京剧《奇袭白虎团》学习 陶雄 文汇报 1966年2月6日3版
以革命精神塑造革命英雄形象——京剧《奇袭白虎团》观后 江俊峰 文汇报 1966年2月6日3版
嘉陵江上英雄的赞歌——看川剧《急浪丹心》 张颖 大公报 1966年2月6日3版
三支射向社会主义的毒箭——为什么要批判《海瑞罢官》《谢瑶环》《李慧娘》 薄习 南方日报 1966年2月9日3版
粤剧艺术革命化的可喜收获——看粤剧《山乡风云》 筱文艳 文汇报 1966年2月9日2版
对批判《海瑞罢官》的几点异议 时汉人 人民日报 1966年2月10日5版
省市文艺界座谈批判《谢瑶环》 甘肃日报 1966年2月10日4版
兰州大学、甘肃师大文科师生讨论和批判《海瑞罢官》 甘肃日报 1966年2月10日4版
一出反映人民内部矛盾的好戏——看豫剧《人欢马叫》 张东川 人民日报 1966年2月11日6版
《海瑞罢官》否定了阶级斗争，宣扬了阶级调和思想 黎风 陕西日报 1966年2月11日3版
《海瑞上疏》为谁效劳？ 于学雷 解放日报 1966年2月12日4版
评吴晗同志《关于〈海瑞罢官〉的自我批评》（农民来稿选刊）：吴晗同志站在什么立场上说话？ 冯根弟 哪有帮农民办好事的官老爷 吴金龙 解放日报 1966年2月12日4版

坚决铲掉这棵大毒草（工农兵群众批判《海瑞罢官》） 韩忻亮 文汇报 1966年2月13日4版

一定要辨清是非（工农兵群众批判《海瑞罢官》） 沈维明 文汇报 1966年2月13日4版

吴晗同志对后一代人“启发”些什么（工农兵群众批判《海瑞罢官》） 李平 文汇报 1966年2月13日4版

封建余孽的反扑（工农兵群众批判《海瑞罢官》） 陈乃风 文汇报 1966年2月18日4版

深刻的政治内容，鲜明的京剧特色（《奇袭白虎团》） 纪玉良 文汇报 1966年2月19日3版

《奇袭白虎团》在表演艺术上的继承和创新 方传芸 文汇报 1966年2月19日3版

从主题、人物、生活出发——试谈《奇袭白虎团》武打、舞蹈设计思想 郭坤泉 文汇报 1966年2月19日3版

让刘胡兰的革命精神代代相传——评剧《刘胡兰》观后 经百君 黑龙江日报 1966年2月19日3版

从《海瑞罢官》谈到“清官”戏 朝晖 北京日报 1966年2月20日6版

从《龙图公案》看“包公”形象的反动性 傅继馥 光明日报 1966年2月20日4版

《海瑞罢官》代表谁说话？ 宋天喜 云南日报 1966年2月22日3版

《海瑞罢官》究竟在宣扬什么？ 杨光楣 云南日报 1966年2月22日3版

我省学术界各抒己见热烈讨论《海瑞罢官》 云南日报 1966年2月22日3版

省文艺界讨论《海瑞罢官》和《谢瑶环》 云南日报 1966年2月22日3版

“清官”是骗人的（工农兵群众批判《海瑞罢官》） 徐体亮 文汇报 1966年2月22日4版

我受过《海瑞罢官》的毒害 葛蕴和 文汇报 1966年2月22日4版

什么人欣赏《海瑞罢官》？ 马心铭 文汇报 1966年2月22日4版

从清官戏的本质看《海瑞罢官》 冯沅君 大众日报 1966年2月22日3版

不同意吴晗同志的“自我批评”（工农兵群众批判《海瑞罢官》） 赵安亭 大众日报 1966年2月22日3版

从“海公祠”看《海瑞罢官》（来稿选登） 杰锋 解放日报 1966年2月22日4版

评《谢瑶环》 何其芳 人民日报 1966年2月24日5版

《海瑞罢官》是怎样宣扬阶级调和的？——兼评吴晗同志的《自我批评》 刘永年等 安徽日报 1966年2月24日3版

松江农民批判《海瑞罢官》——座谈纪要 文汇报 1966年2月25日4版

本市部分大中学生批判《海瑞罢官》（学术动态） 天津日报 1966年2月26日4版

吴晗同志向青年宣扬了什么？（工农兵群众批判《海瑞罢官》） 司人 北京日报 1966年2月26日3版

是“忘掉了阶级斗争”吗？（工农兵群众批判《海瑞罢官》） 孙朱之 福建日报 1966年2月27日3版

“尖刀”直指“虎”胸膛——略论京剧《奇袭白虎团》中严伟才的形象塑造 陈西汀 解放日报 1966年3月2日4版

用毛泽东思想塑造英雄人物——学习京剧《奇袭白虎团》札记 沈金波 解放日报 1966年3月2日4版

不可忘记阶级斗争——黔剧《人民办案》观后 司马羊 贵州日报 1966 年 3 月 3 日 3 版
一部进行阶级教育的好材料——省、市政法干部座谈黔剧《人民办案》 贵州日报 1966 年 3 月 3 日 3 版
人民民主专政的赞歌（评贵州省黔剧团演出的《人民办案》） 叶谷霖 贵州日报 1966 年 3 月 3 日 3 版
苍山洱海的红山茶——看白剧《红色三弦》 纪涛 光明日报 1966 年 3 月 3 日 4 版
为谁请命？向谁请命？——评田汉的《谢瑶环》 丁学雷 解放日报 1966 年 3 月 4 日 4 版
省剧协、省戏曲剧院、西北大学等单位召开座谈会严肃批判《谢瑶环》 陕西日报 1966 年 3 月 9 日 3 版
《谢瑶环》在群众中的坏影响 礼泉县剧团 陕西日报 1966 年 3 月 9 日 3 版
毒草必须锄掉——批判田汉的《谢瑶环》 林剑鸣等 陕西日报 1966 年 3 月 9 日 3 版
《海瑞罢官》给封建主义擦脂抹粉 弘快 贵州日报 1966 年 3 月 10 日 3 版
打扮假海瑞的所谓艺术手法 袁化甘等 文汇报 1966 年 3 月 11 日 4 版
向青年同志介绍《海瑞罢官》的讨论（学术讨论简介） 中国青年报 1966 年 3 月 12 日 3 版
关于《海瑞罢官》问题的讨论 体育报 1966 年 3 月 14、16 日 3 版
从根清除《海瑞罢官》的遗毒 郑新发 文汇报 1966 年 3 月 15 日 4 版
《海瑞罢官》散布了反社会主义的毒素 徐公持等 工人日报 1966 年 3 月 18 日 4 版
羽白同志在枉费心机——评《〈海瑞罢官〉基本上应该肯定》 伍干 文汇报 1966 年 3 月 18 日 4 版
《谢瑶环》的矛头刺向哪里？ 文四野 光明日报 1966 年 3 月 22 日 2 版
《谢瑶环》是反党反社会主义的大毒草 （来稿综述） 光明日报 1966 年 3 月 22 日 2 版
这是一场严肃的政治斗争——关于《海瑞罢官》讨论情况简介 包头日报 1966 年 3 月 22 日 3 版
还是从防空洞里走出来吧！——评吴晗同志《关于〈海瑞罢官〉的自我批评》 王扬 云南日报 1966 年 3 月 24 日 3 版
《谢瑶环》是株道道地地的大毒草 李有宏 陕西日报 1966 年 3 月 25 日 3 版
川剧《龙泉洞》的思想与艺术 朱莉 光明日报 1966 年 3 月 26 日 4 版
从“自在”的硬汉子到自觉的革命战士——京剧《节振国》观后 东志 大众日报 1966 年 3 月 26 日 3 版
百花笑迎春风开——看省小型戏曲调演 李冬生 安徽日报 1966 年 3 月 27 日 3 版
关于《海瑞罢官》的讨论情况（续志） 广西日报 1966 年 3 月 28 日 3 版
以小见大，发人深思——评红河州戏剧观摩演出队在昆演出的几个小戏 苗岭 云南日报 1966 年 3 月 28 日 3 版
大毒草《谢瑶环》批判简介 包头日报 1966 年 3 月 29 日 3 版
在京剧革命化道路上不断前进——观众赞京剧《智取威虎山》新面貌（三篇） 余肇炎等 解放日报 1966 年 3 月 30 日 4 版
喜看新花迎春开，天沔花鼓《拦花轿》浅析 孙山 湖北日报 1966 年 3 月 30 日 3 版
戏剧艺术的新花——西南区来京演出的革命现代戏综合述评 李云章 北京日报 1966 年 4 月 2 日 3 版
《谢瑶环》是反党反社会主义的大毒草——关于对田汉同志的《谢瑶环》及其戏剧主张的批

判　晋文兵　山西日报　1966年4月2日3版
反党反社会主义的坏戏——各报评田汉的《谢瑶环》情况简介　旅大日报　1966年4月2日3版
《海瑞骂皇帝》和《海瑞罢官》的反动实质　戚本禹　人民日报　1966年4月2日5版
《海瑞骂皇帝》和《海瑞罢官》是反党反社会主义的两株大毒草　关锋等　人民日报　1966年4月5日5版
不能回避要害问题——评吴晗同志《关于〈海瑞罢官〉的自我批评》　方求　人民日报　1966年4月7日6版
《海瑞罢官》鼓动右倾机会主义分子卷土重来　张国民　人民日报　1966年4月7日6版
工农兵都来批判大毒草《谢瑶环》　湖北日报　1966年4月7日3版
革命京剧焕发着毛泽东思想光辉——赞京剧《智取威虎山》（两篇）　文汇报　1966年4月7日2版
吴晗同志写《海瑞罢官》的政治目的是什么？（全国各地报刊发表文章的论点摘编，附编者按）　人民日报　1966年4月8日5版
从《海瑞罢官》几个稿本的比较看它的反动本质　杨金亭　北京日报　1966年4月8日5版
为什么说田汉的《谢瑶环》是大毒草（简介）　广州日报　1966年4月11日3版
《海瑞罢官》的政治"要求"　夏玉泉　天津日报　1966年4月12日3版
站稳立场，彻底揭露吴晗的政治错误——南大、河大、师院部分师生严肃批判吴晗同志的《海瑞罢官》　天津日报　1966年4月12日3版
武大历史系师生批判吴晗的《海瑞罢官》　湖北日报　1966年4月13日3版
《海瑞罢官》有着反动的政治目的　陈兴华　青海日报　1966年4月14日3版
《海瑞罢官》宣扬阶级调和论　周振声　青海日报　1966年4月14日3版
省文联召开座谈会，批判《谢瑶环》的反动实质　黑龙江日报　1966年4月15日2版
"史"和"戏"——贺吴晗的《海瑞罢官》演出（原载《北京晚报》1961年2月16日）　廖沫沙　北京日报　1966年4月16日3版
省戏曲剧院通过排演《向阳川》，在秦腔舞台艺术革新上大胆尝试　向阳　陕西日报　1966年4月18日3版
吴晗创作《海瑞罢官》的指导思想是"道德继承论"吗？——对向阳生《从〈海瑞罢官〉谈到"道德继承论"》一文的批判　肖杰　北京日报　1966年4月19日3版
《海瑞罢官》是吴晗反党反社会主义的政治武器　邢煦寰　新疆日报　1966年4月21日2版
学习《智取威虎山》，塑造革命英雄形象　尚长麟　解放日报　1966年4月24日5版
用毛泽东思想指导现代剧的创作——评京剧《智取威虎山》的新成就　贺夫　解放日报　1966年4月24日5版
邓拓同志的《从〈海瑞罢官〉谈到道德继承论》在为谁开脱？　郑伯农　北京日报　1966年4月28日2版
必须彻底批判《谢瑶环》这棵大毒草（省文化局和本报编辑部举行的部分观众和文艺工作者座谈的发言摘要）　安徽日报　1966年4月28日3版
读者来信指出《尖兵颂》是一出坏戏　魏洪　新华日报　1966年4月29日3版
京剧《尖兵颂》究竟歌颂了谁？　苏之章　新华日报　1966年4月29日3版
时刻不忘阶级斗争——看川剧《龙泉洞》得到的启示　江渊　湖北日报　1966年5月3日

3 版
《过春节》是一出激动人心的好戏　张平　宁夏日报　1966 年 6 月 15 日 3 版
毛主席的话威信最高——看秦腔《儿女奇志》　张栓来等　宁夏日报　1966 年 6 月 15 日 3 版
贫下中农要用枪杆子保卫社会主义——评眉户剧《一对红》　高建国等　宁夏日报　1966 年 6 月 24 日 3 版
黑藤上结的大毒瓜——揭露影片《孙安动本》的反动面目　张朝顺　吉林日报　1966 年 7 月 7 日 3 版
彻底肃清《孙安动本》的反动流毒　程希才　吉林日报　1966 年 7 月 7 日 3 版
评《连升三级》——铲除这株反党反社会主义的大毒草（附编者按）　王仁山　福建日报　1966 年 7 月 7 日 2 版
揭露李孟北精心设计“社会主义大悲剧”的罪恶勾当　省花灯剧团　云南日报　1966 年 7 月 8 日 2 版
揭穿《连升三级》的黑幕　陈保存等　福建日报　1966 年 7 月 9 日 3 版
用革命的“两杆子”横扫一切牛鬼蛇神——解放军某部战士批判大毒草《连升三级》　福建日报　1966 年 7 月 10 日 3 版
新社会无比光明，旧社会暗无天日——彻底铲除《连升三级》这棵反革命大毒草（七篇）　福建日报　1966 年 7 月 11 日 3 版
坚决用毛泽东思想培养革命下一代——喜看革命现代京剧《天天向上》　刘靖慧　吉林日报　1966 年 7 月 16 日 4 版
坚决肃清资产阶级教育思想——看《天天向上》有感　陈杰思　吉林日报　1966 年 7 月 16 日 4 版
举锤挥笔除毒草——泉州电厂五好工人批判《连升三级》　福建日报　1966 年 7 月 17 日 6 版
《连升三级》无处不毒！——从《连升三级》的舞台美术看王冬青的反动面目　高文　福建日报　1966 年 7 月 17 日 6 版
《海瑞回朝》是周扬黑帮反党的“海瑞”戏中的一面黑旗　黄东文　南方日报　1966 年 7 月 19 日 2 版
《红灯记》好得很！——驳郭晓棠对革命现代戏《红灯记》的诬蔑　予开文　河南日报　1966 年 7 月 19 日 3 版

（四）剧目改编创作经验

“打棍出箱”的改法　祝山　大众影剧　1949 年 6 月 25 日总 2 期 16—17 页
《野猪林》排演经过　李少春　文汇报　1949 年 11 月 13 日 5 版
“九尾狐”的排演过程　江新容　人民日报　1949 年 11 月 19 日 6 版
改编“九件衣”经过　骆月楼　戏曲报　1950 年 3 月 18 日 1 卷 4 期 7 页
改编“潘金莲”　李嘉廉　戏曲报　1950 年 3 月 25 日 1 卷 5 期 7 页
“新白兔记”是怎样排演的　李紫贵　人民戏剧　1950 年 4 月 1 日第 1 卷 1 期 47 页
改编“挑滑车”的几点经验　成骏　戏曲报　1950 年 4 月 1 日 1 卷 6 期 5 页
我怎样编“踏上新生路”　陈少春　戏曲报　1950 年 4 月 8 日 1 卷 7 期 7 页
“忠王李秀成”的编演过程（杭州）　丛树桂　戏曲报　1950 年 4 月 29 日 1 卷 10 期 8 页
“铁公鸡”改编演出在杭州　金倚萍　戏曲报　1950 年 5 月 6 日 1 卷 11 期 7 页

我是怎样改编“精忠说岳”的　王来珺　戏曲报　1950年5月13日1卷12期7页
“白蛇传”的改编　许姬传　戏曲报　1950年5月27日总14期2卷2期28页
我们怎样改编“秦香莲”　王子辉　戏曲报　1950年6月10日总16期2卷4期70页
修改“风波亭”的我见　王守仁　戏曲报　1950年6月10日总16期2卷4期74页
关于“白蛇传”的改编　刘纹　戏曲报　1950年6月17日总17期2卷5期94页
我怎样用评剧表演的凤兰　赵春　河北文艺　1950年8月1日总10期29—30页
我们怎样排演了“皇帝与妓女”　王子辉　戏曲报　1950年8月5日2卷12期237页
改编“连环套”的补充意见　方滢　戏曲报　1950年8月20日3卷1期253页
谈改编“恶虎村”　蔡宝华　戏曲报　1950年8月20日3卷1期253页
“反登州”的创作和排演经过　徐以进　戏曲报　1950年8月20日3卷1期266页
谈谈修改“战宛城”　孙秋潮　戏曲报　1950年9月5日3卷2期308页
再谈“连环套”的改编　司徒平　戏曲报　1950年9月5日3卷2期310页
谈“四郎探母”的改编　杨鲤　戏曲报　1950年9月20日3卷3期338页
学习梆子戏三点体验　王寿春　河北文艺　1950年9月总11期24页
改编“牛郎织女”总结　本报　戏剧新报　1950年9月合订本第13册
我学习桑园会的收获　孙凤文、王少梅　河北文艺　1950年9月总11期24页
我们排演了“皇帝与妓女”　杜培良　戏曲报　1950年10月5日3卷4期398页
《三打祝家庄》的创作过程和创作经验　魏晨旭　新戏曲　1950年10月20日1卷2期17—25页
谈《将相和》的改编和演出　方山　新戏曲　1950年10月20日1卷2期29—30页
改编“钓金鱼”　严朴　戏曲报　1950年10月20日3卷5期415页
“僧尼缘”的改编和演出　汪文白　戏剧新报　1950年10月合订本14期
新杨四郎改编演出座谈会记录　本报　戏剧新报　1950年10月合订本第14册
论“四郎探母”的改编　谷葑　戏曲报　1950年11月20日3卷7期493页
关于改编“四郎探母”的补充意见　孟特　戏曲报　1950年11月20日3卷7期495页
附“新大名府”导演注意　戏曲报　1950年12月5日3卷8、9期594页
“红娘子”改编后记　陈卓莹　南方日报　1950年2月12日5版
老戏应当怎样改法——从修改“马思远”谈起　鲁人　新民报　1950年2月26日、3月5日3版
从“打狗劝夫”再谈旧剧的改编　鲁人　新民报　1950年3月12日3版
京剧《云罗山》的编剧与演出　吕林　文汇报　1950年3月29日5版
我们怎样写“百鸟朝凤”（京剧）　金启璟　新民报　1950年5月1日3版
为“借红灯”公演写给观众的信　袁雪芬　大公报　1950年7月14日5版
第一次整理了旧越剧——《借红灯》　徐进　文汇报　1950年7月18日6版
编写《节烈千秋》的前后　吴素秋　文汇报　1950年7月18日6版
我们怎样排演“云罗山”　李少春　新民报　1950年7月24日3版
从“梁祝哀史”的改编工作谈起　王雁　新民报　1950年10月9日5版
“借红灯”演出工作总结（连载）　华东越剧团艺委会　大公报　1950年10月14日5版
我演“赛金花”　丁是娥　大公报　1950年11月18日5版
“廉颇蔺相如”排演经过　刘元彤　戏曲报　1951年1月20日3卷11期661页
我怎样修改了“失空斩”　苏坤　戏曲报　1951年1月20日3卷11期661页
关于“得意缘”的改编　以礼　戏曲报　1951年2月5日3卷12期702页

我们演出的旧戏是如何修改的？ 魏晨旭 戏曲报 1951年2月20日4卷1期21页
根据以前的经验教训重编“四郎探母” 景孤血 戏曲报 1951年3月5日4卷2期62页
我怎样修订了“三打祝家庄” 魏晨旭 戏曲报 1951年3月20日4卷3期109页
我怎样演阮春花的 高玉倩 大众戏曲 1951年3月第1卷1期21页
编写《柳毅传书》的经过 梅兰芳 新戏曲 1951年6月2卷2期15—16页
怎样改编连环套 周宝田、聿人、苏俗 新戏曲 1951年6月2卷2期16—18页
《新渔家仇》座谈会 于黑丁、李季、俞林、崔嵬、熊复等 长江文艺 1951年7月1日4卷6期38—45页
反对创作中的反历史反科学观点——讨论《新渔家仇》座谈会上的总结发言 熊复 长江文艺 1951年7月1日4卷6期46—48页
程树堂烈士和单弦牌子戏曲 杨荫浏 人民音乐 1951年7月5日2卷5期57页
评戏《艺海深仇》的创作 新凤霞、李凤阳 新戏曲 1951年7月2卷3期19—20页
我对《血训图》和《同心为国》的检讨 黄俊耀 西北文艺 1951年9月2卷6期30页
《精忠报国》编排缘起 谭富英 新戏曲 1951年10月1日2卷5期8—9页
关于“江汉渔歌”答李厚光同志 田汉 人民戏剧 1951年10月10日3卷6期48页
“梁山伯与祝英台”的再改编 徐进 人民戏剧 1951年11月10日3卷7期47页
导演越剧《梁山伯与祝英台》的点滴经验 黄沙 新戏曲 1951年11月20日2卷6期20—21页
梁山伯与祝英台的再改编 徐进 人民文学 1951年12月总26期32—33页
“皇帝与妓女”的改编和演出准备 筱汀 大公报 1951年6月2日7版
“虎符援赵”的创作与修改 郁成 新民报 1951年6月27日5版
我是这样修改戏词的 龙文玮 新民报 1951年7月9日5版
从“杏花村”作曲谈到越剧音乐发展问题 陈捷等 大公报 1951年8月11日5版
关于“艺海深仇”的修改 首都实验评剧团 新民报 1951年9月24日5版
关于“刘巧儿”的改编 王雁 新民报 1951年11月26日7版

我参加改编《信陵公子》的感想 刘农芸 西南文艺 1952年4月6期25页
我演孙玉姣 尹义 长江文艺 1952年10月1日总45期57—58页
首都实验评剧团怎样排演《女教师》 沈彭年 说说唱唱 1952年10月总34期8—12页
导演沪剧《罗汉钱》所想到的 张骏祥 文艺报 1952年12月10日总76期14—15页
关于“孔雀东南飞”的修改 张水、欧阳 新民报 1952年1月7日8版
京剧“红娘”试改 金刀 大公报 1952年2月16日6版
再谈处理“乔玄” 颂彰 新民报 1952年4月14日7版
关于沪剧界改编奥斯特洛夫斯基名著的问题 左弦 文汇报 1952年5月12日8版
我演“红娘”的感想 荀慧生 新民报 1952年7月28日7版
“结婚”是这样改成评剧的 王雁 新民报 1952年9月8日7版
我怎样扮演“招弟”这个角色 魏喜奎 新民报 1952年9月15日7版
我们演出曲剧的经过 曹宝禄等 新民报 1952年9月15日7版
我是怎样编写“小女婿”的 曹克英 北京日报 1952年10月10日3版
从“小女婿”“雁荡山”等剧的创作过程中所体会到的几个问题 东川 北京日报 1952年10月14日3版
我演孙玉姣 尹义 光明日报 1952年10月29日3版

古典舞剧“雁荡山”的编排及修改经过　徐菊华　光明日报　1952年11月15日3版
编写京剧“将相和”的一些经验　王颉竹　北京日报　1952年11月23日3版
京剧“三岔口”的改编过程　张云溪　北京日报　1952年12月9日3版
黄俊耀同志谈怎样扮演王三宝　李牧歌　天津日报　1952年12月13日4版
古典舞剧“雁荡山”的编排及修改经过（京剧）　徐菊华　大公报　1952年12月13日3版
我演孙玉姣　尹义（桂剧演员）　大公报　1952年12月13日3版
导演评戏《结婚》的一点心得　董进才　河北日报　1952年12月14日3版
关于淮剧“水漫蓝桥”“千里送京娘”“种大麦”的整理与改编工作　汪培　解放日报　1952年12月14日3版
谈川剧《踏伞》的修改与演出　李南力　西南文艺　1953年2月总14期36—38页
关于改编游龟山　黄俊耀　陕西文艺　1953年6月总16期12—13页
试改《法门寺》的说明　姜炳泰　陕西文艺　1953年9月总19期28—31页
我演祝英台　陈书舫　西南文艺　1953年9月总21期39—40页
关于川剧《柳荫记》的修改工作　赵循伯　西南文艺　1953年9月总21期46—48页
我扮演梁山伯的几点体会　姚水娟　浙江文艺　1953年12月15日总27期4页
我是怎样演祝英台的　张茵　浙江文艺　1953年12月15日总27期
我怎样演陈妙常的　阳友鹤　天津日报　1953年1月8日4版
访“评雪辩踪”中的刘翠屏——许倩云　李凡　天津日报　1953年1月8日4版
“五台会兄”的修改过程　吴晓雷　天津日报　1953年1月8日4版
我是怎样演刘奶婆的　刘万春　广西日报　1953年1月20日3版
我们是怎样整理“柳荫记”的　陈翔鹤　四川日报　1953年1月28日3版
我演“雁荡山”的一点体会　张世麟　天津日报　1953年2月2日4版
“陈快腿”的创造过程　菊桂舫　天津日报　1953年2月3日4版
排练地方戏的体会与感想　白云生　光明日报　1953年5月26日3版
学习地方戏“蓝桥会”的几点体会　韩世昌　光明日报　1953年5月27日3版
关于评剧“小二黑结婚”的导演工作　胡沙　光明日报　1953年6月22日3版
谈沪剧“罗汉钱”的改编　汪培　解放日报　1953年8月9日3版
改编京剧“黑旋风李逵”的一些体会　汪培　解放日报　1953年9月13日3版
我怎样表演祝英台　陈书舫　戏剧报　1954年1月1期17页
和萧长华先生谈“群英会”　戴不凡　戏剧报　1954年1月1期31页
《望娘滩》的创作经过　李明璋等　西南文艺　1954年1月总25期62—66页
我演杜十娘的一点体会　鲜灵霞　戏剧报　1954年3月3期19页
试谈以通讯改编剧本的问题——读剧本“未婚妻”和“一个志愿军战士的未婚妻”　金松　浙江文艺　1954年3月总30期25—28页
排演《法门寺》的一点心得　王群定　陕西文艺　1954年4月总26期33—35页
几个有关创作问题的我见（谈剧本“未婚妻”和“一个志愿军战士的未婚妻”）　菲舒　浙江文艺　1954年4月总31期36—39页
我对改编评剧“麻风女”的初步检讨　关凤奎　戏剧报　1954年5月5期13页
演“评雪辩踪”中吕蒙正的一点体会　曾荣华　戏剧报　1954年6月6期29页
我怎样演“评雪辩踪”中的刘翠屏　许倩云　戏剧报　1954年6月6期33页
谈粤剧“妇女代表”的改编和演出　丁东父　南方日报　1954年3月19日3版

我演张桂容　新翠霞　光明日报　1954 年 4 月 24 日 3 版
评剧“秦香莲”是怎样整理的　王群　北京日报　1954 年 5 月 29 日 3 版
《锁不住的人》的创作经过　于雁军　河北日报　1954 年 7 月 17 日 3 版
我怎样演“志愿军的未婚妻”　新凤霞　文汇报　1954 年 8 月 17 日 8 版
“志愿军的未婚妻”的排演　新凤霞　北京日报　1954 年 10 月 12 日 3 版
谈《两兄弟》的创作　胡小孩　浙江文艺　1955 年 1 月总 40 期 40—42 页
评剧“刘巧儿”的创作过程　新凤霞　戏剧报　1955 年 2 月 2 期 38 页
《一家人》的创作经过　孟青　安徽文艺　1955 年 2 月 29—30 页
试谈《盘盒》与《谈对湘剧〈盘盒〉的修改》　铁可　湖南文艺　1955 年 5 月 15 日总 40 期 36—41 页
谈对湘剧《盘盒》的修改　肖云　湖南文艺　1955 年 5 月 15 日总 40 期 42—44 页
我怎样演秦香莲？　筱白玉霜口述，萧荫记　大众电影　1955 年 8 月 26 日总 109 期第 16 期 10—11 页
我演梁山伯的点滴体会　童庆祁　戏剧报　1955 年 9 月 9 期 39 页
我所理解的祝英台的性格　潘凤霞　戏剧报　1955 年 9 月 9 期 40 页
谈谈《此路不通》的改编及其批评　张正文　陕西文艺　1955 年 9 月总 43 期 52—54 页
青年演员傅秀云谈表演经验　冯霞等　戏剧报　1955 年 10 月 10 期 46 页
闽剧“炼印”的整理经过　陈贻亮　大众电影　1955 年 12 月总 116 期第 23 期 16 页
我所改编的《此路不通》　白雨　陕西文艺　1955 年 12 月总 46 期 62—63 页
“陈三五娘”的音乐设计和一切体会　刘吉昌　人民音乐　1956 年 4 月总 37 期 14—16 页
《唐知县审诰命》是怎样改编出来的　一曲　西安戏剧　1956 年 5 月 15 日总 25 期 7 页
谈《王佐断臂》的改编　石化玉　西安戏剧　1956 年 6 月 10 日总 26 期 8 页
我演“十五贯”里的娄阿鼠　王传淞　戏剧报　1956 年 6 月总 30 期 8 页
我所理解的《黄泥岗》的人物　李少春　剧本　1956 年 6 月总 52 期 45—46 页
昆曲《十五贯》改革工作的几点经验　张季纯　北京文艺　1956 年 6 月总 14 期 33—34 页
我怎样扮演黑旋风李逵　袁世海　广播爱好者　1956 年 7 月总 13 期 13 页
试谈《走雪》的整理和演出　清之　西安戏剧　1956 年 8 月 5 日总 29 期 1—2 页
我是怎样与演员合作的　郑亦秋　西安戏剧　1956 年 8 月 5 日总 29 期 9—10 页
谈《游西湖》的二次改编和演出　萧润华、白浪、杨小一　西安戏剧　1956 年 8 月 30 日总 30 期 15—16 页
我演“打金枝”里的唐王　丁果仙　戏剧报　1956 年 8 月总 32 期 32 页
《打麦场》整理经过　裴斐　陕西文艺　1956 年 9 月总 55 期 18—25 页
我演穆桂英　马金凤　戏剧报　1956 年 9 月总 33 期 25 页
谈“我们修改《周仁回府》的理由”以后　仿仁　西安戏剧　1956 年 11 月 10 日总 35 期 1—2 页
关于黄梅戏《打猪草》音乐创作的讨论　何为　人民音乐　1956 年 11 月总 44 期 9—11 页
我演七仙女　严凤英　中国电影　1956 年 12 月 28 日总 3 期 30 页
我演董永　王少舫　中国电影　1956 年 12 月 28 日总 3 期 33 页
我是怎样扮演祝英台的　傅全香　天津日报　1956 年 1 月 8 日 4 版
整理花灯剧“三访亲”的体会　黎方　云南日报　1956 年 2 月 11 日 3 版
关于《十五贯》的改编　周传瑛　北京日报　1956 年 5 月 20 日 3 版
淮剧团“忠王李秀成”的写作　流泽　新民报晚刊　1956 年 6 月 29 日 6 版

从“除三害”“蝴蝶杯”的修改中谈一点个人的体会　范钧宏　河南日报　1956年7月15日3版
关于“胭脂”的改编　张侠生　河南日报　1956年11月30日3版
我怎样改编《附荐何文秀》　谭青霜　舞台与观众　1957年3月6日5版
动作的选择——周企何谈“迎贤店”　胡沙　戏剧报　1957年4月11日总43期19页
也谈“三岔口”的改编　张云溪　戏剧报　1957年4月总43期21页
试谈《劈山救母》一剧的改编　清之　西安戏剧　1957年4月15日总45期4—5页
也谈“盗草”的演法（问题讨论）　李慧芳　戏剧报　1957年5月总41期28页
愉快的合作——创作“猎虎记”中的一些体会　范钧宏　戏曲研究　1957年7月3期48页
“敬德装疯”的编写经过　祁野耘　戏曲研究　1957年7月3期52页
谈“穆柯寨”的整理——回忆与王瑶卿、侯喜瑞老先生们的合作　吕瑞明　戏曲研究　1957年7月3期55页
追忆“三顾茅庐”的整理工作　陶君起　戏曲研究　1957年7月3期59页
整理“无底洞”的一些体会　景孤血　戏曲研究　1957年7月3期66页
中国古典剧目《拾玉镯》的片断排演　表演专家鲍·格·库里涅夫、林敏译　戏剧学习（资料汇编）　1957年7月2期23页
我演“谭记儿”的点滴体会　杨淑英　西安戏剧　1957年7月30日总52期8页
略读粤剧“感动天地窦娥冤”的改编　钱博　舞台与观众　1957年9月21日18期4页
二嫂怎样借罗衣　丁玉兰　戏剧报　1957年10月总55期20页
我团是怎样学习眉户和整理排练“李亚仙”的　潘渊　西安戏剧　1957年10月30日总58期10—12页
“十戏九不同”——郝寿臣先生谈“捉放曹”的表演经验　吴晓铃　戏剧论丛　1957年11月4期179页
裘盛戎谈包拯形象的创造　丘扬　戏剧报　1957年11月总57期45页
眉户剧“梁秋燕”排演过程片断回忆　任国保　西安戏剧　1957年11月15日总59期8—10页
整理全本《刘海砍樵》的一点体会　王方之　新苗　1957年11月50—53页
回顾“王定保借当”的整理　陶钝　前哨　1957年12月10日46—47页
要觅得莺莺的心　袁雪芬　文汇报　1957年1月12日3页
我是怎样演《林冲夜奔》的　侯永奎　人民日报　1957年3月25、27日8版
关于“山东响马”的整理及其他　罗品超等　南方日报　1957年5月22日3页
关于“十五贯”执笔者问题　文汇报　1957年7月28日2页
我演现代剧表演中的点滴体会　王雅琴　戏曲研究　1958年1月1期34页
现代戏表演经验简介——我演现代戏所走过的路　姚澄　戏曲研究　1958年1月1期34页
我怎样体验生活，创造人物（现代戏表演经验简介）　杨华生　戏曲研究　1958年1月1期42页
作者的答信　林涵表　戏曲研究　1958年1月1期120页
我对李晚春一角的体会　张泳华　西安戏剧　1958年1月15日第1期9页
我们是如此“合作”的——和芜原改编“李蕙娘”的前后　樊粹庭　西安戏剧　1958年1月30日2期13页
“风雨双舟”排演提示　夏村　江苏文艺　1958年1月5日总4期25—26页
谈窦娥　程砚秋　戏剧论丛　1958年2月1期13页

扮演阿一甫的体会　孙正超　戏剧报　1958 年 3 月第 6 期 19 页
喜儿创造点滴　杜近芳　戏剧报　1958 年 4 月第 7 期 14 页
我怎样排演现代题材的戏曲　沈传锟　戏剧报　1958 年 4 月 8 期 22 页
回忆程砚秋老师教“宝莲灯”　涂沛等　戏剧报　1958 年 4 月 8 期 27 页
我的学艺生活和表演“雪里梅”的体会　周越先　戏曲研究　1958 年 4 月第 2 期 105 页
谈“曲江歌女”的改编　肖润华　西安戏剧　1958 年 4 月 15 日第 7 期 6 页
我们怎样排演京剧“白毛女”　阿甲　戏剧论丛　1958 年 5 月 2 期 137 页
在延安编演“逼上梁山”的经验　金紫光　戏剧论丛　1958 年 5 月 2 期 150 页
“岳母女婿一样病”排演简示　刘静杰、杨澈　江苏文艺　1958 年 5 月 5 日总 8 期 29—30 页
我演“母亲”的一些体会　韩俊卿　戏剧战线　1958 年 7 月创刊号 12 页
我演“黄世仁”　庄少先　戏剧战线　1958 年 7 月创刊号 13 页
我演“喜儿”遇到的问题　安荣卿　戏剧战线　1958 年 7 月创刊号 13 页
改编京剧白毛女的一些体会　范钧宏　戏曲研究　1958 年 7 月 3 期 26 页
评剧三里湾导演工作的点滴体会　胡沙、张玮　戏曲研究　1958 年 7 月 3 期 34 页
谈演现代戏的感想　崔兰田　戏剧报　1958 年 7 月 14 期 15 页
评剧“三里湾”导演工作的点滴体会　胡沙等　戏曲研究　1958 年 7 月 3 期 34 页
谈《朝阳沟》的剧本创作和演出　韩维琴　西安戏剧　1958 年 7 月 15 日第 13 期 5 页
戏曲艺术表现现代生活如何学习传统的表演——导演“风雪十里渡”的点滴经验及其他　沈传锟　戏剧论丛　1958 年 8 月 3 辑 48 页
谈杜近芳在京剧“白毛女”中的唱腔创作　李罡　戏剧论丛　1958 年 8 月 3 辑 85 页
谈“单刀会”的表演　张德成　戏剧报　1958 年 8 月第 16 期 34 页
谈豫剧《白毛女》的音乐设计　宋身鑫　西安戏剧　1958 年 8 月 27 日第 15、16 期 15 页
我不愿再演《秦家花园》了　张体恒　戏剧战线　1958 年 8 月号总 2 期 11 页
我演杨白劳的经过和体会　李少春　戏曲研究　1958 年 9 月第 4 期 83 页
我怎样根据花鼓戏特点改编“三里湾”　许在民　戏曲研究　1958 年 9 月 4 期 87 页
我是怎样创造王满喜这个喜剧人物的　张建军　戏曲研究　1958 年 9 月 4 期 90 页
豫剧反映现代生活的几点体会　杨兰春　戏曲研究　1958 年 9 月第 4 期 96 页
我演王仁厚的体会　河北省京剧团演员贯盛习　戏剧战线　1958 年 9 月号总 3 期 17 页
我演王东才的唱腔安排　河北省京剧团演员邹鸣述　戏剧战线　1958 年 9 月号总 3 期 18 页
我怎样演王老槐　邯郸专区平调落子剧团演员路洪祯　戏剧战线　1958 年 9 月号总 3 期 19 页
我怎样改编《红旗谱》的　邱林　戏剧战线　1958 年 9 月号总 3 期 14 页
排演“红旗谱”琐谈　方峥　戏剧战线　1958 年 9 月号总 3 期 15 页
排演现代剧的点滴体会　姚裕国　西安戏剧　1958 年 9 月 10 日第 17 期 6 页
第一次演现代剧的感想　王保易　西安戏剧　1958 年 9 月 10 日第 17 期 7 页
筱翠花先生谈“拾玉镯”　刘保绵、祁兆良　戏剧报　1958 年 9 月第 17 期 33 页
我们排演现代剧的经验和体会　田建军　西安戏剧　1958 年 9 月 30 日第 18 期 5 页
穆桂英——“舞台生活四十年”第三集连载　梅兰芳　戏剧报　1958 年 10 月第 19 期 36 页
共产主义精神的凯歌——谈潮剧“党重给了我光明”的创作　朱青　戏剧报　1958 年 10 月第 20 期 14 页
突破与继承——评剧《红旗谱》观后感　胡苏　戏剧战线　1958 年 10 月号总 4 期 8 页

我演朱洛忠的几点体会　河北省评剧团王月楼　戏剧战线　1958年10月号总4期31页
我演红霞的一些体会　麻采楼　安徽戏剧　1958年10月1日创刊号15页
我演喜儿　谢黛林　安徽戏剧　1958年10月1日创刊号16页
“桃花扇”排演札记　导演：欧阳予倩、记录整理：王南　戏剧学习（资料汇编）　1958年10月5期1页
“秦香莲”片断排演记录　导演专家：普·乌·列斯里　导演干部训练班整理　戏剧学习（资料汇编）　1958年10月5期37页
“士别三日”排演说明　陈争　小剧本　1958年10月总8期17页
我演现代戏的体会　曾荣华　四川戏曲　1958年10月1日第1期14页
生活不就是艺术——记面娃娃谈川剧“打红台”的表演心得　王朝闻　戏剧论丛　1958年11月第4期3页
京剧“红色风暴”的艺术创作经验　上海京剧院集体写作　戏剧论丛　1958年11月第4期145页
我演现代戏的体会　周越先　戏剧论丛　1958年11月第4期152页
记易兰英创造的李二嫂和郭冬梅　游之牧　戏剧论丛　1958年11月第4期154页
我演花鼓戏“三里湾”中的灵芝　龚业珩　戏剧论丛　1958年11月第4期161页
“红娘”表演札记　荀慧生　戏剧论丛　1958年11月第4期185页
谈《大字报》导演的艺术处理　曲中　西安戏剧　1958年11月第21期总82期18页
《跃进中的曙光》创作和演出的体会　西安市越剧团　西安戏剧　1958年11月第21期总82期13页
从演出《长征》谈我对演现代戏的认识　曹子道　西安戏剧　1958年11月第22期总83期9页
有好的思想才能演好英雄人物（演《长征》体会）　马龄童　西安戏剧　1958年11月第22期总83期10页
谈我导演《丁佑君》的体会　刘成基　四川戏曲　1958年11月10日第1期15页
我演现代戏的体会　曾荣华　四川戏曲　1958年11月10日第2期16页
《父女送钢》的排演说明　徐一　四川戏曲　1958年11月10日第2期36页
谈“鹰山春雷”几个场面的处理　慧中　戏剧报　1958年11月第21期28页
奇双会——“舞台生活四十年”第三集连载　梅兰芳　戏剧报　1958年11月22期35页
我和“红娘”　常香玉　安徽戏剧　1958年11月第2期总2期34页
《奇取奶头山》武打的设计　河北梆子剧团倪仟　戏剧战线　1958年11月号总5期50页
从民歌中诞生，在集体里成长——《牛郎织女笑开颜》创作经过　金芝　安徽戏剧　1958年12月第3期（总3）10页
“英雄炮兵”的编写与演出　张春华　小剧本　1958年12月总11期8页
狠狠地暴露敌人——我是怎样演右派分子李耀宗的　胡雍林　湖南戏剧　1958年12月创刊号总1期29页
《吹鼓手招亲》排演经过　张可威　西安戏剧　1958年12月第24期总85期21页
关于京剧“冰峰雄鹰”的创腔经验　马忆程　戏剧报　1958年12月23期19页
我与“霸王别姬”　梅兰芳　文汇报　1958年8月17日3版
政治挂帅出好戏上海京剧院“红色风暴”艺术总结　解放日报　1958年11月14日4版
我是怎样创造王满喜这个喜剧人物的　张建军　湖南戏剧　1959年1月总2期12页
京剧“白毛女”音乐设计上的几点做法　刘吉典　戏曲音乐　1959年1月创刊号7页

谈川剧《丁佑君》的创作和演出 川大瞿秋白文学社川剧研究组 四川戏曲 1959年1月10日第4期12页
关于戏曲剧目 张庚 红旗 1959年1月2期29页
创作“不朽的战士”的体会 邵阳祁剧团创作组 湖南戏剧 1959年2月总3期20页
我演叶长青 王明舫 湖南戏剧 1959年2月总3期24页
我是怎样演“抢伞”中的王瑞兰的 彭俐侬 湖南戏剧 1959年2月总3期26页
一次难忘的创作实践——参加《两个党员》剧本创作的体会 李果仁 湖南戏剧 1959年2月总3期19页
谈改编戏曲剧本的几个问题 林涵表 戏剧研究 1959年2月第1期28页
漫谈我演虞姬 梅兰芳 戏剧研究 1959年2月第1期49页
我演杜十娘和林黛玉 郑奕奏 戏剧研究 1959年2月第1期51页
新昆曲“红霞”的音乐创作——在大胆革新道路上的初步尝试 傅雪漪 戏曲音乐 1959年2月2期1页
我唱扬剧的一些体会 筱荣贵 戏曲音乐 1959年2月2期9页
《祈连风雪》创作经过 米钟华 西安戏剧 1959年2月15日第1期20页
对汉剧《朝阳沟》剧本修改的一点认识 李惠风 西安戏剧 1959年2月15日第1期26页
演现代戏的点滴体会 刘春泉 戏剧报 1959年2月3期20页
谈“春闺梦”的整理 于亚声 长江文艺 1959年2月2期55页
怎样排演这几出小戏 舒思 小剧本 1959年2月总15期26页
我演王昭君 谢美仙 湖南戏剧 1959年3月号6页
谈《两个党员》中方永贵这个人物的创造 刘高林 湖南戏剧 1959年3月号9页
谈《两个党员》音乐设计的几点体会 唐盛河 湖南戏剧 1959年3月号23页
我是怎样演安安的 龚丕琴 西安戏剧 1959年3月25日第3期25页
新昆曲“红霞”的音乐创作（续完）——在大胆革新道路上的初步尝试 傅雪漪 戏曲音乐 1959年3月3期22页
对整理《生死牌》的一点认识 刘回春 湖南戏剧 1959年4月号11页
谈演黄伯贤（《生死牌》） 廖建华等 湖南戏剧 1959年4月号15页
群众智慧之花——介绍《生死牌》整理经过 黑健 湖南戏剧 1959年4月号23页
谈谈《两面红旗》的创作 介忠、方文等 安徽戏剧 1959年4月（总7）17页
《双赶车》的创作经过 苏继坡 安徽戏剧 1959年4月（总7）18页
京剧“十八勇士强渡大渡河”的音乐设计 魏福孙 戏曲音乐 1959年4月4期6页
关于“红色的种子”（作者谈剧本创作）（锡剧） 夏阳 江苏戏曲 1959年4月总1期19页
《两妯娌》排演说明 舒思 小剧本 1959年4月总19期10页
我怎样扮演“晋信书”的 樊新民 陕西戏剧 1959年4月总3期64页
“石秀探庄”表演散记 茹富兰 舞蹈 1959年4月4期15页
我演杜十娘 贾桂兰 戏剧战线 1959年5月号总11期56页
扮演王丰的几点体会 邯专平调落子剧团任耀华 戏剧战线 1959年5月号总11期53页
我演《反五关》中的黄滚 邯专豫剧院三团常年来 戏剧战线 1959年5月号总11期54页
我演《孟良搬兵》 董武炎 湖南戏剧 1959年5月号15页

演《金沙滩》中的卢俊义　黄菊奎　湖南戏剧　1959 年 5 月号 20 页
重视传统节目的整理工作——从易俗社《徐州革命》的修改和演出谈起　肖润华　西安戏剧　1959 年 5 月 25 日第 7 期 12 页
我和《一剑千秋》中的刘芳　马兰鱼　西安戏剧　1959 年 5 月 25 日第 7 期 22 页
我和话剧导演合作的体会　尹西　戏剧报　1959 年 5 月 10 期 29 页
整理“百岁挂帅”的几点经验　吴白陶等　江苏戏曲　1959 年 5 月总 2 期 51 页
秦腔《党的女儿》音乐设计　屈东民、康民强　戏曲音乐　1959 年 5 月 5 期 9 页
我演“夜奔”的几点体会　茹富兰　舞蹈　1959 年 5 月号 16 页
记梅兰芳先生排演穆桂英挂帅　郑亦秋　戏剧报　1959 年 6 月 12 期 13 页
“义责王魁”的编导演　周信芳　戏剧报　1959 年 6 月 12 期 36 页
谈演牛皋　贺华元　湖南戏剧　1959 年 6 月号 22 页
我演王三钻子　陈扬辉　湖南戏剧　1959 年 6 月号 24 页
我如何理解和扮演陈勋这个角色　苏育民　西安戏剧　1959 年 6 月 25 日第 8、9 期 16 页
学习传统和运用传统——我扮演刘巧兰的点滴体会　黄贤明　西安戏剧　1959 年 6 月 25 日第 8、9 期 19 页
集体塑造的形象——我演“星星之火”中杨桂英的体会　筱爱琴　戏剧研究　1959 年 6 月 2 期 47 页
记周信芳先生排“义责王魁”　陶雄　戏剧研究　1959 年 6 月 2 期 40 页
谈越剧改编“桃花扇”的新成就　陈中凡　江苏戏曲　1959 年 6 月总 3 期 26 页
关于《一个平凡的母亲》的音乐设计　贺孝忠　戏曲音乐　1959 年 7 月 7 期 26 页
评剧《八女投江》的唱腔改革　靳蕾　戏曲音乐　1959 年 7 月 7 期 10 页
京剧《嫩水雄鹰》的音乐设计　马玉发　戏曲音乐　1959 年 7 月 7 期 15 页
五十年的艺术经验——“义责王魁”的编导演　周信芳　戏剧报　1959 年 7 月 14 期 34 页
我演“金玉奴”　荀慧生　戏剧报　1959 年 7 月 13 期 27 页
我是怎样表演“百花公主”的？　夏胜东　长江戏剧　1959 年 7 月总 2 期 15 页
我怎样表演湖北高腔“抢伞”中的蒋世隆　陈建华　长江戏剧　1959 年 7 月总 2 期 17 页
编剧琐谈　荀慧生　剧本　1959 年 7 月 92 页
我演“醉皂”　华传浩　戏剧研究　1959 年 7 月 3 期 43 页
我们怎样演出关汉卿原本“窦娥冤”——导演昆剧“窦娥冤”杂忆　肖铎渠　几点经验　吴白陶等　江苏戏曲　1959 年 5 月总 2 期 51 页
秦腔《党的女儿》音乐设计　屈东民、康民强　戏曲音乐　1959 年 5 月 5 期 9 页
我演“夜奔”的几点体会　茹富兰　舞蹈　1959 年 5 月号 16 页
记梅兰芳先生排演穆桂英挂帅　郑亦秋　戏剧报　1959 年 6 月 12 期 13 页
“义责王魁”的编导演　周信芳　戏剧报　1959 年 6 月 12 期 36 页
我演王三钻子　陈扬辉　湖南戏剧　1959 年 6 月号 24 页
谈演牛皋　贺华元　湖南戏剧　1959 年 6 月号 22 页
我如何理解和扮演陈勋这个角色　苏育民　西安戏剧　1959 年 6 月 25 日第 8、9 期 16 页
学习传统和运用传统——我扮演刘巧兰的点滴体会　黄贤明　西安戏剧　1959 年 6 月 25 日第 8、9 期 19 页
记周信芳先生排“义责王魁”　陶雄　戏剧研究　1959 年 6 月 2 期 40 页
集体塑造的形象——我演“星星之火”中杨桂英的体会　筱爱琴　戏剧研究　1959 年 6 月 2 期 47 页

谈越剧改编“桃花扇”的新成就　陈中凡　江苏戏曲　1959年6月总3期26页
评剧《八女投江》的唱腔改革　靳蕾　戏曲音乐　1959年7月7期10页
京剧《嫩水雄鹰》的音乐设计　马玉发　戏曲音乐　1959年7月7期15页
关于《一个平凡的母亲》的音乐设计　贺孝忠　戏曲音乐　1959年7月7期26页
我演“金玉奴”　荀慧生　戏剧报　1959年7月13期27页
五十年的艺术经验——“义责王魁”的编导演　周信芳　戏剧报　1959年7月14期34页
我是怎样表演“百花公主”的？　夏胜东　长江戏剧　1959年7月总2期15页
我怎样表演湖北高腔“抢伞”中的蒋世隆　陈建华　长江戏剧　1959年7月总2期17页
编剧琐谈　荀慧生　剧本　1959年7月92页
我演“醉皂”　华传浩　戏剧研究　1959年7月3期43页
我们怎样演出关汉卿原本“窦娥冤”——导演昆剧“窦娥冤”杂忆　肖铎渠　江苏戏曲　1959年7月总4期36页
我演的杜十娘　鲜灵霞　戏剧战线　1959年7月号总13期44页
尚友社请川剧老艺人谈《穆桂英》表演艺术　虹裳　陕西戏剧　1959年7月总5期38页
我扮演金英的几点体会　保定市评剧团新艳琴　戏剧战线　1959年8月号总14期10页
移植《荒山泪》的一些体会　赵荣琛　戏剧战线　1959年8月号总14期39页
谈《金玉奴》的改编　荀慧生　戏剧战线　1959年8月号总14期44页
《关羽走麦城》的排练　于宗琨　长江戏剧　1959年8月总8期12页
生活、技巧与运用传统——我演张大珍的体会　琴丽芳　长江戏剧　1959年8月总8期14页
鬼魂戏的表演技巧——从演“红梅阁”中“阴配”一折想起的　筱翠花　戏剧报　1959年8月16期20页
五十年来的艺术经验——“打渔杀家”　周信芳　戏剧报　1959年8月16期36页
《装灶王》的主题孕育和创作实践　王振球　湖南戏剧　1959年8月号21页
对严婉玉性格的理解及导演处理　颗颗珠　湖南戏剧　1959年8月号25页
我演朱廉秀　红线女　文艺报　1959年8月16期14页
我们排演“红梅记”的体会　西安市越剧团　江苏戏曲　1959年8月总5期36页
谈谈《闯帘》的整理　张智　安徽戏剧　1959年8月总11期29页
《祝英台挂帅》是这样诞生的　陈显远　陕西戏剧　1959年8月总6期69页
演喜剧要掌握分寸——我演毛国金　刘昭应　湖南戏剧　1959年9月号6页
关于《炊事员的风波》的改编　范舟　湖南戏剧　1959年9月号13页
演王大妈的体会　王佑生　湖南戏剧　1959年9月号15页
是党的领导的成功——谈湘剧《大破天门阵》的改编　周章　湖南戏剧　1959年9月号24页
运用传统程式不能生搬硬套——演黄公略的几点体会　何少连　湖南戏剧　1959年9月号26页
如何对待历史人物——从《白罗衫》的改编说起　曼晴　戏剧战线　1959年9月号总15期15页
《白罗衫》三辨　赵大民　戏剧战线　1959年9月号总15期18页
略谈《火烧望海楼》的表演　张家口市京剧团关玉峰　戏剧战线　1959年9月号总15期24页
再度塑造一位爱国女英雄——穆桂英　梅兰芳　戏剧研究　1959年9月4期107页

我演谢宝和关汉卿　马师曾　戏剧研究　1959年9月4期115页
五十年来的艺术经验——“打渔杀家”　周信芳　戏剧报　1959年9、10月17—19期72页
继承和发展戏曲传统艺术——改编川剧“赵氏孤儿”的一些体会　罗健卿　红岩　1959年9月9期47页
从田汉“西厢记”的改编谈莺莺性格及结尾处理　俞琳　戏剧研究　1959年10月5期20页
谈“红楼二尤”的唱做　荀慧生　戏剧研究　1959年10月5期43页
阎逢春在“出棠邑”中的人物创造　祁兆良　戏剧研究　1959年10月5期58页
上党戏“三关排宴”的导演处理——兼谈继承导演艺术传统的问题　黄克保　戏剧研究　1959年10月5期64页
摸索在现代剧的排练场　林榆　戏剧研究　1959年10月5期75页
一个热爱祖国，乐趣横生的英雄形象——扮演焦光普的一点体会　董少华　湖南戏剧　1959年10月号4页
演《拜月》的体会　彭俐侬　湖南戏剧　1959年10月号19页
祥林嫂和陶珍（演员体会）　梁器之　湖南戏剧　1959年10月号27页
我是怎样演黄伯贤的　刘春泉　湖南戏剧　1959年10月号29页
我演胡秀英　肖重圭　湖南戏剧　1959年10月号31页
我怎样表演“走麦场”的关羽　高盛麟　戏剧报　1959年10月20期15页
五十年来的艺术经验——“乌龙院”　周信芳　戏剧报　1959年10月20期36页
严肃对待戏曲遗产——对《祝英台挂帅》改编的意见　星浪，蓬莱　陕西戏剧　1959年10月总8期31页
我怎样创造吴志海这个角色　刘小虎　陕西戏剧　1959年10月总8期64页
我演《清风亭》中的李月英　杨丹卿（艺名筱桂桃）　戏剧战线　1959年10月号总16期65页
我怎样处理唱腔？　喜彩莲　戏曲音乐　1959年10月10期5页
我怎样表演的《端花》　邯郸专区平调落子剧团陈素珍　戏剧战线　1959年11月号总17期22页
怎样排演的《赶女婿》　田大川　戏剧战线　1959年11月号总17期34页
我团排演阿宫腔《锦香亭》的经过　铜川市秦剧三团　陕西戏剧　1959年11月总9期25页
《打龙棚》的整理经过　王道中、何朝宏、张友崧　陕西戏剧　1959年11月总9期43页
五十年来的艺术经验——“乌龙院”　周信芳　戏剧报　1959年11月21期36页
改编《女店员》学习札记　鲁虹　长江戏剧　1959年11月总6期20页
谈谈《捻军颂》的编写　阜阳专署文教局剧目组　安徽戏剧　1959年11月总14期44页
创作《黄公略》的几点体会　蒋桂荪等　湖南戏剧　1959年11月号13页
谈船上的戏　刘静杰　江苏戏曲　1959年11、12月总8期50页、总9期60页
谈《苏武》中一段唱腔的设计　李邦佐　戏曲音乐　1959年11月11期6页
从“淝水之战”设计中所体会的　幸熙　上海戏剧　1959年12月第3期29页
萧何月下追韩信（未完）　周信芳　上海戏剧　1959年12月第3期30页
五十年来的艺术经验——“乌龙院”　周信芳　戏剧报　1959年12月24期54页
评剧“金沙江畔”的导演工作——提高评剧现代戏表演艺术的尝试　胡沙、张玮　戏剧研

究 1959年12月6期41页
演祁剧《白氏盗草》 吕素贞 湖南戏剧 1959年12月号32页
“堆字大陆板”的创作经过 高秀英 戏曲音乐 1959年12月12期9页
我演出“赤壁之战”的感想 马连良 文汇报 1959年1月21日3版
谈王昭君的塑造 田汉 人民日报 1959年1月21日7版
创作“星星之火”的感受 宗华 文汇报 1959年2月22日3版
改编“长坂坡”兼论给曹操洗脸 来新夏 天津日报 1959年3月26日4版
从“三代”的尝试中得到的几点体会 凌鹤 文汇报 1959年4月5日3版
怎样修改新编京剧“赤壁之战”——一读者提出修改的具体建议并对新编“西厢记”中的人物处理也提出了意见 光明日报 1959年5月8日2版
“打渔杀家”的表演艺术 周信芳 文汇报 1959年6月12—14日6版
红娘、金玉奴和荀灌娘——谈谈我的三出戏的整理和改编 荀慧生 文汇报 1959年6月20日3版
“绿原红旗”的创作过程 张武明 文汇报 1959年7月13日3版
参加“荀灌娘”创作的点滴体会 王韧 天津日报 1959年7月18日4版
且说尤三姐 荀慧生 北京日报 1959年7月21日3版
我演朱廉秀 红线女 光明日报 1959年7月30日3版
三演“小飞娥”的感受 丁是娥 解放日报 1959年9月22日8版
简谈“赵氏孤儿”的改编过程 马健翎 文汇报 1959年11月11日3版
杂谈“劈山救母”——排演手记 唐真 文汇报 1959年11月27日3版
整理“生死牌”的体会 吴虎 解放日报 1959年12月18日6版
京剧“多沙阿波”创作漫谈 吴枫 文汇报 1959年12月18日3版
我的感受和决心——并谈谈“佘赛花” 杜近芳 北京日报 1959年12月22日3版
排演《海上渔歌》的经过和体会 晋响亭 福建戏剧 1960年1月20日第1期12页
我对施佾生的初步探索 林栋志 福建戏剧 1960年1月20日第1期17页
我对柳氏的体会和表演 王国金 福建戏剧 1960年1月20日第1期19页
谈《武松打虎》表演艺术 李盛斌 福建戏剧 1960年1月20日第1期22页
五十年来的艺术经验“乌龙院” 周信芳 戏剧报 1960年1月1期44页
五十年来的艺术经验“乌龙院” 周信芳 戏剧报 1960年1月2期43页
从邬飞霞说起——谈《枫洛池》的改编 丁明 陕西戏剧 1960年1月总11期16页
参加《锦上添花》剧本创作的一些体会 王道中、何朝宏 陕西戏剧 1960年1月总11期23页
创作、改编剧本的几点体会 李筱凤 湖南戏剧 1960年1月号19页
我学演小白兔的过程 唐蔚芳 湖南戏剧 1960年1月号31页
萧何月下追韩信（一续） 周信芳 上海戏剧 1960年1月1期31页
利用传统，表现现代生活——谈曲剧《赶脚》的音乐创造 王培英 戏曲音乐1960年1月总13期7页
我演“墙头马上” 言慧珠 上海戏剧 1960年2月2期22页
我演武则天的体会 王文娟 上海戏剧 1960年2月3期32页
《花园扎枪》的整理经过 省庐剧团《花》剧整理小组 安徽戏剧 1960年2月总17期39页
整理《英台打枣》的点滴感受 芜湖市庐剧团剧目组 安徽戏剧 1960年2月总17期

45 页

五十年来的艺术经验“清风亭”（未完） 周信芳 戏剧报 1960 年 2 月 3 期 44 页

谈《贵妃醉酒》（汉剧）的唱腔 刘顺娥述 长江戏剧 1960 年 2 月总 9 期 30 页

《荀灌娘》的音乐改革 崔玉琮 戏曲音乐 1960 年 2 月总 14 期 15 页

谈《教子》中的音乐设计 李志男 戏剧战线 1960 年 3 月号总 21 期 28 页

《子都之死》的导演处理 维松 戏剧战线 1960 年 3 月号总 21 期 30 页

漫谈《挡马》的表演 仲春、晓梦 戏剧战线 1960 年 3 月号总 21 期 32 页

向戏曲传统学习——谈《红旗谱》中的念、作及其他 孙树林、张铸、阿庚 戏剧战线 1960 年 3 月号总 21 期 44 页

谈《三上轿》的表演和改革 韩俊卿 戏剧战线 1960 年 3 月号总 21 期 46 页

一定要刻苦探索人物的内心气质——饰演杨帆的初步体会 蒋啸虎 湖南戏剧 1960 年 3 月号 23 页

特务罗家的造型 张建军 湖南戏剧 1960 年 3 月号 25 页

谈“游西湖”中“鬼怨”的创造 戏剧理论进修班毕业学员冯光宓 戏剧学习（资料汇编） 1960 年 3 月 8 期 55 页

我演程红梅的点滴体会 汪鸿云 安徽戏剧 1960 年 3 月总 18 期 26 页

杂说“太白醉写”的表演 俞振飞 戏剧报 1960 年 3 月 6 期 36 页

“百岁挂帅”的整理和改编 吴白匋、银洲 大众电影 1960 年 3 月 5 期 16 页

萧何月下追韩信 周信芳 上海戏剧 1960 年 3 月 3 期 40 页

我演屈原的体会 尹桂芳 福建戏剧 1960 年 3 月 20 日第 3 期 21 页

《十三姐妹闯三关》的创作经过 兴平县演出代表团 陕西戏剧 1960 年 4 月总 14 期 38 页

漫谈《兵火缘》的艺术创造 茅稚 陕西戏剧 1960 年 4 月总 14 期 42 页

谈《九连珠》的舞台美术创造 安华 陕西戏剧 1960 年 4 月总 14 期 44 页

西安评剧团编演《徐学惠》一剧的经过 张连寿 陕西戏剧 1960 年 4 月总 14 期 55 页

让这一曲凯歌响得更嘹亮——《为了六十一个阶级兄弟》的创作经过 陈舟 湖南戏剧 1960 年 4 月号 15 页

扮演菊花的三点体会 左大玢 湖南戏剧 1960 年 4 月号 25 页

学演穆桂英 姜剑梅 湖南戏剧 1960 年 4 月号 27 页

萧何月下追韩信（完） 周信芳 上海戏剧 1960 年 4 月 4 期 42 页

导演“芙奴传”的几点体会 周裕祥 峨眉 1960 年 4 月 4 期 87 页

我演武则天的体会（完） 王文娟 上海戏剧 1960 年 4 月 4 期 31 页

扮演发姑，秋姑的体会 张继青、章继涓 江苏戏曲 1960 年 5 月号总第 14 期 13 页

我演小狗子 范继信 江苏戏曲 1960 年 5 月号总第 14 期 15 页

我怎样演扑火 赵桂华 江苏戏曲 1960 年 5 月号总第 14 期 17 页

龚大妈的几段唱腔 张丽君 江苏戏曲 1960 年 5 月号总第 14 期 18 页

《红姑娘》的服装 胡雪琴 江苏戏曲 1960 年 5 月号总第 14 期 19 页

京剧《四川白毛女》音乐创作的点滴体会 黄金陆 戏曲音乐 1960 年 5 月总 17 期 5 页

京剧《巴林怒火》唱腔设计简介 周滨 戏曲音乐 1960 年 5 月总第 17 期 7 页

参加道情剧《木匠迎亲》导、表演的一点体会 王林夫 陕西戏剧 1960 年 5 月总 15 期 68 页

关于“生活凯歌”的创作体验 中国评剧院创作小组 北京戏剧 1960 年 5 月 8 日第 2 期 81 页

"清风亭"（五十年来的艺术经验） 周信芳 戏剧报 1960年5月9期38页
谈"春满人间"的创作 艾重 小剧本 1960年6月总42期17页
谈"彩凤双飞"的创作 赵舜 小剧本 1960年6月总42期18页
谈《清官册》的剧本整理 王芝植 陕西戏剧 1960年6月总16期60页
《张士珍》编、导、演出后记 天津市评剧院艺术室 戏剧战线 1960年6月号总24期35页
五十年来的艺术经验"清风亭" 周信芳 戏剧报 1960年6月11期38页
我演焦桂英的体会——谈川剧"焚香记"中的人物塑造 胡漱芳 四川文学 1960年6月72页
运用传统艺术表演《夫妻红》的体会 林栋志 福建戏剧 1960年7月20日第7期12页
田间的汗珠会在舞台上开花结果——扮演"夫妻红"中的李乃红的体会 王国金 福建戏剧 1960年7月20日第7期14页
从《捻军颂》谈起——编历史剧的几点体会 阜阳专署文教局 安徽戏剧 1960年7月总22期26页
试谈"彬彬腔"（此篇系介绍锡剧演员王彬彬演唱的文章） 东草 江苏戏曲 1960年7月号总第16号41页
我演"盘夫"中的严兰贞 金采凤 上海戏剧 1960年7月33页
戏曲应该努力反映现实斗争——从创作《人民公社万岁》体会谈起 王云深 江苏戏曲 1960年8月号总第17号17页
从人物出发"死腔活唱" 杨企雯 江苏戏曲 1960年8月号总第17号22页
我是怎样改革《梳妆台》唱腔的 金运贵 江苏戏曲 1960年8月号总第17号23页
谈《春雷》的音乐设计 徐荣奎 戏剧战线 1960年8月号总26期16页
一次革新的尝试——改革河北梆子《宝莲灯》的体会 河北省河北梆子剧院院长 范凌霄 戏剧战线 1960年9、10月号总27期39页
谈河北梆子《宝莲灯》的音乐设计 李志男 戏剧战线 1960年9、10月号总27期41页
顾老（顾锡轩）谈《背靴》 完艺舟（记） 安徽戏剧 1960年9月总24期13页
总结经验，演好现代剧——排演京剧《红色风暴》的体会 福建省京剧团艺委会 福建戏剧 1960年9月第9期17页
张桂轩老先生谈"十一郎" 施秋、春扬 江苏戏曲 1960年9月号总第18号36页
记顾锡轩谈"背靴"的表演 完艺舟 戏剧报 1960年9月17期37页
我们对京剧艺术革新尝试——排演京剧四川白毛女的体会 刘木铎 戏剧报 1960年10月19、20期52页
我演林黛玉的体会（连载） 王文娟 戏剧报 1960年10月19、20期67页
我演现代戏的体会 曹锁元 山西戏剧 1960年10月总3期15页
我是怎样扮演"梵王宫"中含嫣的 田桂兰 山西戏剧 1960年10月总3期17页
导演《捡牛粪》点滴体会 吴捷秋 福建戏剧 1960年10月第10期15页
在毛主席的文艺旗帜下努力前进——记越剧"斗诗亭"的修改 胡小孩 求是 1960年11月10、11期45页
"相梁、刺梁"的整理和表演 华传浩 上海戏剧 1960年10月10期39页
在创作歌剧中学习戏曲表现手法——创作"红珊瑚"的几点体会 胡士平、林荫梧 戏剧报 1960年11月22期20页
我演林黛玉的体会（续） 王文娟 戏剧报 1960年11月21期28页

我演林黛玉的体会（完） 王文娟 戏剧报 1960年11月22期37页
我演柳直荀 淮阴市越剧团俞新萍 江苏戏曲 1960年11月号总第20号15页
谈我在《苦菜花》中扮演的娟子 沭阳县淮海剧团范珍美 江苏戏曲 1960年11月号总第20号16页
创作和演出历史剧“白沟河”的体会 晋南青年蒲剧院 山西戏剧 1960年11月总4期14页
我演秦香莲的体会 王爱爱 山西戏剧 1960年11月总4期16页
“相梁、刺梁”的整理和表演（一续） 华传浩 上海戏剧 1960年11月11期36页
评剧“金沙江畔”音乐创作两点经验 贺飞、杨培 人民音乐 1960年12月11、12月号58页
我是这样扮演越王勾践的 李铁英 山西戏剧 1960年12月总5期12页
我第一次扮演这样的角色 刘福梅 山西戏剧 1960年12月总5期13页
我对刘铁柱形象塑造的几点体会 李英杰 山西戏剧 1960年12月总5期14页
饰演“金枝”十年 冀萍 山西戏剧 1960年12月总5期15页
累、痛、恨、急、悲——“断桥”中扮演白蛇的点滴体会 李爱花 山西戏剧 1960年12月总5期16页
编写现代京剧《火烧震东市》的几点体会 泰兴县文联戏剧组 江苏戏曲 1960年12月号总第21号20页
我怎样演杨排风的 建湖县淮剧团青年演员周桂珍 江苏戏曲 1960年12月号总第21号23页
五十年来的艺术经验——“清风亭” 周信芳 戏剧报 1960年12月23、24期64页
“相梁、刺梁”的整理和表演（续完） 华传浩 上海戏剧 1960年12月12期36页
从“三滴血”谈古典剧目的整理改编 王起 广州日报 1960年1月12日3版
我怎样演现代戏？ 张德福 广西日报 1960年2月2日3版
京剧能很好地表现现代生活——“茶山七仙女”的创作和演出的体会 靳万春 1960年4月3日6版
思想、生活、角色——从饰演“星星之火”中的杨桂英谈起 筱爱琴 光明日报 1960年5月5日3版
向传统戏曲艺术学习——导演话剧“红旗谱”的体会 蔡松林 光明日报 1960年7月30日3版
关于党的领导干部形象塑造 上海戏剧学院戏曲编导进修班 解放日报 1960年8月7日5版
饰演支书赵广全的体会 王善甫 河南日报 1960年9月4日3版
我演谢宝和关汉卿 马师曾 光明日报 1960年9月7日3版
略谈人物创造 陈书舫 四川日报 1960年9月8日6版
在老英雄们的鼓舞下——创作和演出“十二个老矿工”的体会 市川“十二个老矿工”工作小组 重庆日报 1960年9月24日3版
我演“寇准背鞋”（淮北梆子） 顾锡轩 光明日报 1960年9月28日3版
演“杜十娘”和“丁佑君”的体会 陈书舫 光明日报 1960年10月5日3版
扮演宝莲灯中三圣母的体会 韩淑英 天津日报 1960年10月9日3版
英雄的山村妇女形象——我扮演拴宝娘的体会 郎咸芳 旅大日报 1960年11月16日2版

演黄伯贤的体会　刘春泉　光明日报　1960年11月23日3版
让它更加波澜壮阔——京剧“满江红”的不断修改和反复加工　徐琮　北京日报　1960年12月22日3版
谈“梵王宫”的改编　杜波等　山西戏剧　1961年1月总6期39页
我是这样扮演“胡从善”的　姬荣生　山西戏剧　1961年1月总6期41页
扮演“花婆”的一点体会　阎金凤　山西戏剧　1961年1月总6期41页
我怎样饰演“春雷”中的唐霞　陈尚志　山西戏剧　1961年2月总8期40页
我演“邢燕子”　赵篆英　山西戏剧　1961年2月总8期41页
“游园惊梦”从舞台到银幕　梅兰芳　戏剧报　1961年3月5期36页
向传统戏曲学习的一点体会——谈“蔡文姬”舞台设计过程中的学习心得　陈永祥　上海戏剧　1961年4月4期35页
河北梆子“宝莲灯”改变商榷　何海生　戏剧报　1961年5月9、10期29页
“海周过关”的表演心得　孙正阳　上海戏剧　1961年5月5期27页
我演须贾　刘成基　四川文学　1961年6月号68页
午夜挑灯修史剧——整理京剧“赤壁鏖兵”的回忆　萧长华　剧本　1961年8月7、8期31页
我演梁山伯　范瑞娟　戏剧报　1961年8月15、16期61页
听盖老漫话戏剧创作　李超　剧本　1961年10月10期66页
我演梁山伯　范瑞娟　戏剧报　1961年10月19、20期68页
我演梁山伯（三）　范瑞娟　戏剧报　1961年11月21、22期66页
我演梁山伯（四）　范瑞娟　戏剧报　1961年12月23、24期62页
我演“盘夫”中的严兰贞　金采凤　光明日报　1961年1月28日3版
我怎样扮演吕蒙正——略谈川剧文生表演艺术　曾荣华　四川日报　1961年4月6日3版
技巧、剧情、艺术——我怎样演“刁窗”　阳友鹤　四川日报　1961年4月13日3版
我演关汉卿　马师曾　广西日报　1961年4月14日2版
常香玉谈红娘形象的塑造　周坤　光明日报　1961年5月6日4版
深入理解刻苦学习——谈谈我怎样学演“猴戏”　王少泉　四川日报　1961年5月18日3版
演“刁窗”的一些体会　阳友鹤　光明日报　1961年5月20日4版
从“对歌”谈我演刘三姐的体会　傅锦华　湖北日报　1961年5月21日3版
我怎样扮演吕蒙正——略谈川剧文生表演艺术　曾荣华　光明日报　1961年6月3日3版
如何正确对待文学艺术遗产——谈眉户剧“曲江歌女”的改编　金葳　陕西日报　1961年6月8日3版
用传统的手法重演“赵一曼”　童芷苓　新民晚报　1961年6月27日2版
我演关汉卿　马师曾　解放日报　1961年7月9日4版
理想的范本——“武松打店”　梅兰芳　光明日报　1961年7月13日4版
去粗留精日臻完美——谈“五女护宁州”的剧本创作　润章　黑龙江日报　1961年7月14日3版
从生活真实到艺术真实的探索——谈沪剧“鸡毛飞上天”的创作　陈荣兰　人民日报　1961年7月19日7版
洗去污泥出新荷——谈川剧“荷珠配”的整理改编　谢代　重庆日报　1961年7月19日3版

“边疆文艺”开展关于川剧“葫芦信”改编等问题的讨论　越仙　云南日报　1961年7月21日3版
向戏曲学习的第一步——饰演“红珊瑚”珊妹的体会　王敏　福建日报　1961年8月6日3版
饰演霍小玉的体会　郭西珠　福建日报　1961年8月17日3版
我演须贾　刘成基　光明日报　1961年8月26日4版
我演庞三娘　范泽华　南方日报　1961年8月27日3版
略谈昆曲“李慧娘”的导演　郑亦秋　光明日报　1961年9月1日2版
我演大义凛然的洪母　郭西珠　文汇报　1961年9月8日2版
梅妃的再现　李玉茹　文汇报　1961年9月17日2版
学演昆剧“太白醉写”　姚继昆　新华日报　1961年9月21日4版
谈同州梆子“辕门斩子”的改编　雨辰等　陕西日报　1961年10月6日3版
冠生新人——访沈傅芷谈蔡正仁的表演　马蓝　新民晚报　1961年10月20日2版
我怎样塑造蔺相如　刘逢春　甘肃日报　1961年10月29日3版
我演关羽四十年　刘全禄　甘肃日报　1961年11月8日4版
杜丽娘角色初探　潘凤霞　光明日报　1961年11月25日4版
更上一层楼——谈越剧“云中落绣鞋”的改编　张步虹　天津日报　1961年11月29日4版
“红梅记”导演手记　周裕祥　重庆日报　1961年12月2日3版
我演“别兄”　杨振雄　解放日报　1961年12月5日4版
我演穆桂英　华素琴　光明日报　1961年12月7日4版
猴戏表演一得——谈“三打白骨精”中的孙悟空　六龄童　光明日报　1961年12月16日4版
忆排“战宛城”　钟华　文汇报　1961年12月16日2版
“读状”——“四进士”表演艺术经验片断　周信芳　解放日报　1961年12月19日4版
改编川剧“鸳鸯谱”的经过　周静　剧本　1962年1月1月号61页
“九江口”改编漫谈　范钧宏　戏剧报　1962年3月3期21页
“长坂坡”的跑箭、抓帔　赵桐珊　戏剧报　1962年3月3期54页
梅兰芳先生对编剧的一些看法（完）　许姬传　剧本　1962年3月2、3月号78、75页
整理桂剧传统剧目《李逵夺鱼》的初步总结　卞璟　广西戏剧通讯　1962年4月1期19页
我演李逵　蒋金亮口述　广西戏剧通讯　1962年4月1期25页
化无形为有形——盖老与田冲谈勾践表演片断　龚义江　戏剧报　1962年4月4期52页
“秋海棠”导演中的几点体会　兰瑛　山东文学　1962年4月4月号33页
绍剧“孙悟空三打白骨精”的艺术处理　邢胜奎　东海　1962年4月4期34页
“三打祝家庄”剧作回忆　任桂林　戏剧报　1962年5月5期13页
关于“祥林嫂”的布景设计　苏石风　上海戏剧　1962年5月4、5期63页
漫谈“红梅阁”的表演技巧　荀慧生　戏剧报　1962年7月7期17页
关于“团圆之后”的写作与修改问题　陈仁鉴　热风　1962年7月4期48页
谈“杜十娘”表演　荀慧生　河北文学　1962年7月7月号35期
与梅兰芳先生合演“霸王别姬”所得　刘连荣　上海戏剧　1962年8月8期7页
略谈淮剧“牙痕记”的整理　西柳　上海戏剧　1962年8月8期22页
在传统的基础上不断革新——略记梅兰芳修改“醉酒”和“宇宙锋”　何异旭　戏剧报

1962年8月8期15页
昆曲“浣纱记”中的伯嚭　王传淞　东海　1962年8月8期31页
我怎样扮演“杀狗”中的焦氏　屈效梅　宁夏文艺　1962年9月7期84页
关羽和他的刀——京剧“单刀会”表演谈　刘奎官　边疆文艺　1962年11月11月号45页
塑造关羽形象的一些体会　张云良　新华日报　1962年1月18日3版
我演“闹天宫”　郭玉昆　湖北日报　1962年1月21日3版
一个几乎没有台词的角色的创造　杨兰春　河南日报　1962年2月11日3版
打开人物的心灵——扮演《刘氏牌坊》中刘保太的一点体会　李杰　河南日报　1962年2月11日3版
和慧娘一同成长——谈演“鸳鸯谱”的体会　小舫　光明日报　1962年3月1日4版
杂谈“盗御马”　郝寿臣口述，吴晓铃记　文汇报　1962年3月3日3版
漫谈艺术创造的甘苦　沈祖安　浙江日报　1962年3月4日4版
谈“武松醉打蒋门神”的表演　李大春　甘肃日报　1962年3月7日4版
改编“蝴蝶杯”的体会　昌言　河北日报　1962年3月11日4版
谈“错中缘”的改编　齐先谋、左一民　江西日报　1962年3月21日3版
漫谈工人戏剧创作　欧阳予倩　工人日报　1962年3月25日2版
漫谈“思春”表演（上）　荀慧生　光明日报　1962年3月31日4版
关于姜桂枝的形象塑造　王兰君　甘肃日报　1962年4月15日4版
关于悲剧形象的塑造——访上海市堇风甬剧团演员徐凤仙、范素琴　张皖　天津日报　1962年5月3日2版
继承遗产发展更新——改编“西厢记”“还魂记”等剧的几点体会　石凌鹤　光明日报　1962年5月9日2版
艰苦的劳动感人的毅力——周信芳在“澶渊之盟”中的艺术创造过程　吕仲　湖北日报　1962年5月20日3版
我演“玉堂春”　李丽芳　宁夏日报　1962年5月30日3版
老戏新唱——扮演“断太后”中李后的体会　高秀英　光明日报　1962年6月5日4版
贾宝玉角色创造的体会　竺水招　新华日报　1962年6月10日3版
略谈我演“梅妃”的体会　李玉茹　江西日报　1962年6月24日3版
谁不想寻个好女婿——豫剧演员姚淑芳谈“抬花轿”的表演　张卉中　光明日报　1962年7月11日2版
从小说到戏——谈越剧“红楼梦”的改编　徐进　人民日报　1962年7月15日5版
情节——“杨门女将”写作札记　范钧宏、吕瑞明　文汇报　1962年8月1日3版
灯下偶得——“桃花扇”和“小忽雷”的创作过程及其相互关系　刘辉　光明日报　1962年8月12日4版
谈京剧“强项令”的剧作和演出　孟超　人民日报　1962年8月19日5版
推陈出新——改编“孙悟空三打白骨精”的体会　王顾明　浙江日报　1962年8月30日3版
关羽形象的塑造　刘奎官　云南日报　1962年9月3日3版
青出于蓝——谈豫剧“司马貌告状”剧本的整理　张鹏　河南日报　1962年9月6日3版
性格节奏及其他——昆剧“西园记”导演手记　诸君　浙江日报　1962年9月16日4版
认真学习人民群众的语言——编写“燕青卖线”的一点感受　王近朱　吉林日报　1962年9月19日3版

在周院长身边——我在“澶渊之盟”排演中的感受　赵晓岚　新民晚报　1962年9月21日2版
一出新戏的诞生　贾建虹　浙江日报　1962年9月22日3版
我演贾宝玉　尹桂芳　福建日报　1962年10月7日4版
改编“孙悟空三打白骨精”的体会　王顾明　光明日报　1962年10月16日2版
如何将小说描写化为舞台形象——改编“胭脂”的一点感想　魏峨、双戈　浙江日报　1962年11月4日4版
“感于内”而“形于外”——浅谈红娘和春兰的身段动作　刘英华　光明日报　1962年11月8日4版
我演过的几出机关布景戏　林芝芳　福建日报　1962年11月16日4版
夺下这颗“印”——记扬州专区扬剧团编写现代剧“夺印”的经过　徐洁人　文汇报　1962年11月21日2版
我演（“金沙江畔”）红军老班长金万德　梁永璋　浙江日报　1962年12月9日4版
写出农民的血泪仇——现代剧“九命沉冤”创作体会　刘丹青　福建日报　1962年12月9日4版
我演“范进中举”　奚啸伯　解放日报　1962年12月14日4版
“红梅记”导演手记　周裕祥　光明日报　1962年12月14日4版
我演“范进中举”　奚啸伯　河北日报　1962年12月30日3版
我对《黄鹤楼》的表演的处理　马玉珂　广西戏剧通讯　1963年1月总4期24页
我演《绣楼赠塔》的陈翠娥　颜锦艳　广西戏剧通讯　1963年1月总4期26页
谈贾桂念状　肖长华　戏剧报　1963年2月2期42页
谈谈演坏人　刘成基　戏剧报　1963年3月3期44页
再谈我怎样演诸葛亮　张德成　四川文学　1963年3月3月号66页
京剧“悟空戏”的表演技法（完）　郑法祥　上海戏剧　1963年3月3期29页
谈《议剑刺董》中曹操的表演　艾光卿　广西戏剧通讯　1963年4月总5期3页
我怎样演《芦花荡》中的张飞　杜木生　广西戏剧通讯　1963年4月总5期7页
我是怎样创造唱腔的　陈苑仙　广西戏剧通讯　1963年4月总5期9页
唱出人物的情绪来　花月仙　戏剧报　1963年4月4期44页
我演《抢伞》　谢玉君　广西戏剧通讯　1963年5月总6期25页
我演《乙保写状》　邓芳桐　广西戏剧通讯　1963年5月总6期28页
从《金沙江畔》的唱腔创造谈起　黄艺君　广西戏剧通讯　1963年5月总6期30页
坚持就是胜利——记京剧“八一风暴”的演出过程　王兴志　戏剧报　1963年5月5期21页
创作“夺印”的体会　扬州专区扬剧团　文艺报　1963年5月5期13页
我怎样演《六部大审》中的闵爵　唐金祥　广西戏剧通讯　1963年6月总7期32页
演戏就是演人——答管忠同志　裘盛戎　北京文艺　1963年6月6月号55页
扮演杨子荣的一些体会　李仲林　上海戏剧　1963年6月6期26页
排演越剧小戏《探山》一得　方海如　戏剧报　1963年6月6期41页
谈《连升三级》的创作体会　王冬青　剧本　1963年6月6月号47页
排《争儿记》遇到的问题及看法　黄沙　上海戏剧　1963年7月7期7页
我演《三气周瑜》的体会　马玉珂　广西戏剧通讯　1963年9月总8期31页
学习《关汉卿》剧作的几点体会　黎彦　剧本　1963年9月9月号61页

《杨立贝》的创作加工过程　省文化局戏剧处　东海　1963年9月9期42页
越剧《李双双》的改编经过　宁波市越剧团　东海　1963年10月10期49页
“推陈出新”首先是“出”思想之“新”——谈几个传统剧目的改编　李希凡　剧本　1963年11月10、11月号44页
略谈传统剧目的整理改编问题　廖文　广西戏剧通讯　1963年12月总9期26页
关于邕剧《雪仲冤》改编中的一些问题　洪高明　广西戏剧通讯　1963年12月总9期33页
京剧能演现代戏——导演《霓虹灯下的哨兵》有感　赵麟童　东海　1963年12月12期49页
浅谈“王宝钏”的整理和演出　张仁健、卢未凡　山西日报　1963年1月5日3版
热情地反映火热的斗争——漫谈创作“夺印”的一些体会　李亚如等　新华日报　1963年1月9日3版
京剧“赵氏孤儿”的唱腔设计　李慕良　光明日报　1963年1月10日4版
在演“杨立贝”中所得到的　陈少芳　文汇报　1963年3月19日2版
编演“李双双”的体会　宝鸡专区人民剧团　陕西日报　1963年4月1日3版
有突破才能创新——谈从穆桂英到程七奶奶的表演　马金凤　文汇报　1963年5月22日2版
“勘玉钏”“金玉奴”学习心得　厉慧敏　重庆日报　1963年5月25日3版
百花齐放推陈出新——访“孙悟空三打白骨精”导演之一杨小仲同志　陈清泉　解放日报　1963年5月25日4版
一篇通讯怎样变成剧本——《夺印》的创作经过　罗纳　羊城晚报　1963年6月3日3版
在实践中学习——谈《连升三级》的创作体会　王冬青　光明日报　1963年6月11日4版
和革命时代相结合——演出现代剧《夺印》的体会　成都市京剧团　四川日报　1963年6月27日3版
参与《红霞》排演的体会　白云生　光明日报　1963年7月21日4版
我演陈友才　钟惠然　湖北日报　1963年7月21日3版
勇于实践敢于革新——记兰州市越剧团现代戏《李贡》的排练　莫舍　甘肃日报　1963年8月11日4版
我演李君蕊　云燕铭　光明日报　1963年8月22日4版
坚持下去不断提高——越剧《杨立贝》编演经过和体会　昌化越剧团　浙江日报　1963年8月30日2版
从半台戏到一台戏　魏荣元　光明日报　1963年9月9日3版
到工农群众中去到火热的斗争中去——从《杨立贝》的编演看我们走过的道路　张湘卿　浙江日报　1963年10月4日3版
在编剧和演员中间——锡剧《白丹山》导演琐谈　宋顺锦　新华日报　1963年10月17日4版
坚决夺下这颗“印”——《夺印》从创作到演出是怎样解决“四怕”的？　扬州专区扬剧团　解放日报　1963年10月27日5版
在表现现代生活的大道上迈步——演现代剧“两块六”的一些体会　张桂凤　解放日报　1963年10月27日5版
《三关排宴》不是从《四郎探母》改编的新剧目　曹至　光明日报　1963年11月3日3版
日日新又日新——谈谈我对《武松》的革新　盖叫天　光明日报　1963年11月6日2版

谈《一捧雪》和京剧对它的改编　吴国钦　光明日报　1963年11月10日2版
从《红霞》排演试谈昆曲革新　陆放等　文汇报　1963年11月11日4版
试论解放前二三十年的粤剧剧目及其继承——兼论“投其所好”论的思想根源和历史根源　于家言　羊城晚报　1963年11月14日2版
从几个粤剧传统剧目的整理改编看“投其所好”论的影响　鹤图　羊城晚报　1963年11月14日2版
怎样让现代人物在舞台上高歌酣舞——马科谈京剧现代戏的韵白和舞蹈　之江　新民晚报　1963年11月21日2版
试谈“投其所好”论的几种表现　阿丙　羊城晚报　1963年11月25日2版
关于“投其所好”论的不同意见　剧协广东分会资料室　羊城晚报　1963年11月25日2版
大胆革新勇于创造——在《杜鹃山》中演乌豆的体会　洪深　福建日报　1963年12月7日4版
我们怎样演出京剧《八一风暴》　张家口市京剧团　光明日报　1963年12月15日3版
学新人演新人——扮演《朝阳沟》中王银环的体会　魏云　辽宁日报　1963年12月17日3版
在“榜山风格”的鼓舞下——创作芗剧《碧水赞》的经过　吴毅等　福建日报　1963年12月20日4版
消除顾虑勇于创新——从编演现代戏曲的“五怕”谈起　朱丹南　四川文学　1964年2月1、2月号97页
排演京剧《夺印》的点滴体会　筱樊春楼　四川文学　1964年2月1、2月号110页
革命化——演好英雄人物的关键——扮演王刚一得　庄则敬　戏剧报　1964年4月4期37页
谈创造“倩如”的体会——复慧君同志信　罗啸华　上海戏剧　1964年4月4期19页
一次新的学习——演出《柜台》有感　言少朋、张少楼　上海戏剧　1964年5月5期24页
放下架子，从头学起——排演《芦荡火种》的点滴体会　赵燕侠　戏剧报　1964年6月6期25页
让革命的红灯在京剧舞台上放出光芒——在京剧《红灯记》排演场上　刘乃崇　戏剧报　1964年6月6期46页
我怎样演黛诺　关鹔鹴　戏剧报　1964年7月7期56页
创造当代的英雄形象歌颂革命的时代精神——谈京剧《智取威虎山》的改编　刘厚生等　戏剧报　1964年7月7期28页
新的课题新的尝试——扮演《红灯记》中李奶奶的体会　高玉倩　戏剧报　1964年7月7期53页
学少剑波演少剑波　纪玉良　戏剧报　1964年7月7期60页
我演阿庆嫂的一点体会　赵燕侠　中国妇女　1964年7月7期13页
在《六号门》中怎样演工人　李荣威　河北文学（戏剧增刊）　1964年7月3期24页
京剧《六号门》导演札记　方沉等　戏剧报　1964年8月8期44页
用革命的精神演好京剧现代戏——向北京京剧团学习《芦荡火种》的体会　段丽君　四川文学　1964年8月8月号62页
塑造当代少数民族的英雄形象——导演《黛诺》的点滴体会　吴枫　戏剧报　1964年10月10期42页

要演革命戏先做革命人——参加一九六四年京剧现代戏观摩演出大会的体会　关鹔鹴　边疆文艺　1964年10月10月号50页
从《叶含嫣》到《李双双》　李素琴　河北文学（戏剧增刊）　1964年10月4期52页
京剧《红灯记》的音乐革新　刘吉典　人民音乐　1964年11月10、11月号70页
在京剧《六号门》中演胡二　李荣威　戏剧报　1964年12月11、12期74页
演现代戏的一点体会　常香玉　北京日报　1964年1月1日6版
演红霞所遇到和想到的　李淑君　北京日报　1964年1月30日2版
参加火热的斗争反映火热的斗争——扬剧《红色家谱》是怎样诞生的　镇江市扬剧团编剧小组　新华日报　1964年1月30日4版
河北梆子能演现代戏——衡水专区河北梆子剧团演现代戏的体会　高庆海等　河北日报　1964年2月8日2版
细致地表现人物情感的多面性——演李双双的一点体会　马琳　河南日报　1964年2月11日3版
迎头赶上反映伟大的时代——改编《朝阳沟》的感受和启示　赵循伯　重庆日报　1964年2月12日3版
我演现代戏　常香玉　河南日报　1964年2月23日3版
在京剧现代戏的道路上——记张家口市京剧团排演现代戏的一段历程　方峥等　河北日报　1964年2月23日2版
京剧演现代戏大有可为——在《井冈山的黎明》中饰黄辅臣的体会　达子江　新湖南报　1964年2月29日3版
细致地表现人物感情的多面性——我是怎样演李双双的　马琳　光明日报　1964年3月5日2版
不断实践，演好现代戏——我演现代戏的一些体会　常香玉　光明日报　1964年3月5日2版
从演赵五娘到演赵五婶　戚雅仙　解放日报　1964年3月10日4版
更好地表现我们时代的先进人物——从小飞娥到林佩芬　丁是娥　人民日报　1964年3月11日5版
努力演好昆曲现代戏——参加演出昆曲《红霞》的一些体会　侯永奎　文汇报　1964年3月14日2版
京剧表现当前现实生活的尝试——我们是怎样排演京剧《千万不要忘记》的　邹功甫　北京日报　1964年3月21日3版
在集体关怀下成长——沪剧《芦荡火种》创作记事　徐洁人　文汇报　1964年3月21日2版
力求准确地塑造革命英雄形象——排演“芦荡火种”的一点体会　赵燕侠　北京日报　1964年4月4日3版
他们在康庄大道上前进——京剧《草原英雄小姊妹》编创散记　方可等　内蒙古日报　1964年4月16日3版
我演王金兰　李剑佟　青海日报　1964年4月19日3版
谈王金兰的形象塑造　肖彰祥　青海日报　1964年4月19日3版
“阿庆嫂”的革命气质是怎样体现出来的——赵燕侠谈塑造京剧《芦荡火种》女主人公的体会　吴闻等　文汇报　1964年4月28日2版
演戏演人刻画内心——演出《芦荡火种》的一点体会　马长礼　北京日报　1964年4月28

日2版
我演杨子荣——《智取威虎山》演出札记　李仲林　解放日报　1964年5月14日4版
入林海探雪原——试谈京剧《智取威虎山》美术设计创作　丁本兴　解放日报　1964年5月16日2版
老艺人能演好现代戏——略谈我在现代戏中演反派角色的体会　高新岳　陕西日报　1964年5月18日3版
修改《智取威虎山》的几点体会　陶雄　文汇报　1964年5月19日2版
演反面人物要有深度——扮演《芦荡火种》中伪司令的一点体会　周和桐　北京日报　1964年5月19日3版
一次新的尝试——演出京剧《柜台》有感　言少朋等　解放日报　1964年5月22日4版
加速革命化演好现代戏——在《奇袭白虎团》中扮演严伟才的体会　宋玉庆　大众日报　1964年5月30日3版
在京剧艺术革新的道路上——编演《奇袭白虎团》的几点体会　山东省京剧团　大众日报　1964年5月30日3版
《芦荡火种》音乐设计札记　陆松龄　北京日报　1964年5月30日3版
反映新时代塑造新英雄——创编评剧《红花妹》的点滴体会　马有田、林安　广西日报　1964年6月4日4版
加速革命化演好现代戏——在《奇袭白虎团》中扮演严伟才的体会　宋玉庆　人民日报　1964年6月4日6版
《智取威虎山》的修改和加工　陶雄　人民日报　1964年6月5日6版
《智取威虎山》的改编与演出　唐真　光明日报　1964年6月6日2版
从椰枝到黛诺——略谈扮演兄弟民族人物的一点体会　关鹔鹴　人民日报　1964年6月6日6版
从生活出发对待艺术革新——扮演少剑波的一些体会　纪玉良　北京日报　1964年6月6日3版
在京剧艺术革新的道路上——编演《奇袭白虎团》的几点体会　山东省京剧团　解放日报　1964年6月11日2版
在《六号门》中怎样演工人　李荣威　光明日报　1964年6月13日3版
出人意外，在人意中——谈几出现代戏里的新唱腔、新动作、新手法　姜妙香　人民日报　1964年6月15日6版
我演钱二嫂　童芷苓　人民日报　1964年6月16日6版
在探索和创新的道路上——记京剧《节振国》的创作和排演　方学　河北日报　1964年6月17日3版
生活的启示——扮演京剧《箭杆河边》中佟庆奎的体会　张学津　解放日报　1964年6月18日4版
努力演好当代英雄人物　宋玉庆　文汇报　1964年6月19日2版
让搬运工人登上京剧舞台——谈京剧《六号门》改编和排演过程中的几个问题　谢国祥　文汇报　1964年6月23日2版
演麦力生老人的体会　高百岁　人民日报　1964年6月30日6版
我怎样演《黛诺》中的文帅　徐敏初　人民日报　1964年7月2日6版
《六号门》排演的体会　方沉　北京日报　1964年7月5日3版
从《节振国》的排演中得到的体会　河北省唐山市京剧团　光明日报　1964年7月5日

2 版
改编昆曲《红灯传》的一些感想　沈祖安、田夫　浙江日报　1964 年 7 月 10 日 3 版
风格、人物、生活——豫剧《李双双》的导演体会　许欣　河南日报　1964 年 7 月 12 日 3 版
扮演《红灯记》中李奶奶的体会　高玉倩　光明日报　1964 年 7 月 16 日 2 版
革命化的路上——从扮演《杜鹃山》的贺湘谈起　李丽芳　北京日报　1964 年 7 月 18 日 3 版
循生活之规蹈生活之矩——在《杜鹃山》中演郑志万的体会　马连良　北京日报　1964 年 7 月 20 日 5 版
走出第一步——《杜鹃山》演出心得　裘盛戎　北京日报　1964 年 7 月 20 日 5 版
要演好革命戏必须做革命人——我扮阿庆嫂的点滴体会　段丽君　四川日报　1964 年 7 月 21 日 3 版
我和琼花——排演《红色娘子军》的学习心得　杨秋玲　北京日报　1964 年 7 月 28 日 5 版
扮演红嫂的一些体会　张春秋　光明日报　1964 年 8 月 6 日 2 版
演麦力生老人的体会　高百岁　湖北日报　1964 年 8 月 7 日 3 版
提高思想水平是演好现代戏的关键——记省京剧院演出“八一风暴”前后　英杰　吉林日报　1964 年 8 月 9 日 3 版
导演《六号门》的几点体会　方沉　天津日报　1964 年 8 月 15 日 4 版
集体的劳动革命的产物——记《惠女新传》(高甲戏) 创作的经过　张元锦、朱文庭　福建日报　1964 年 8 月 28 日 4 版
从下生活到上舞台——访演员赵晓岚谈京剧《芦荡火种》　之江　新民晚报　1964 年 9 月 9 日 2 版
《节振国》编演过程中的几点体会　罗楠　人民日报　1964 年 9 月 19 日 5 版
深入生活的第一步——导演芗剧《碧水赞》的感受　陈德根　福建日报　1964 年 9 月 19 日 4 版
深入生活这一课题一点不能放松——改编京剧《黛诺》的几点体会　金素秋　人民日报　1964 年 9 月 25 日 5 版
努力探索英雄人物的内心世界——扮演阿庆嫂的点滴感受　厉慧敏　重庆日报　1964 年 9 月 30 日 3 版
“双带兵”——排演《带兵的人》的体会　李长华　南方日报　1964 年 10 月 10 日 3 版
“三结合”的光辉——《带兵的人》创作后记　肖玉　羊城晚报　1964 年 10 月 23 日 2 版
我演钟阿婆 (楚剧)　刘翠兰　新疆日报　1964 年 10 月 25 日 3 版
我演“红嫂”的体会　王熙春　安徽日报　1964 年 10 月 26 日 4 版
塑造工农兵的英雄形象——略谈滇剧《老树红花》的创作体会　楚雄彝族自治州创作组　云南日报　1964 年 10 月 29 日 3 版
向英雄学习向生活学习——略谈我演郑爱华的一些感受 (滇剧)　周乃芳　云南日报　1964 年 10 月 29 日 3 版
京剧《奇袭白虎团》的创作和演出　山东省京剧团　人民日报　1964 年 11 月 1 日 7 版
台上演琼花，台下学琼花——昆剧《琼花》排练散记　何剑萍　南方日报　1964 年 11 月 4 日 3 版
做革命人演革命戏　张春秋　大众日报　1964 年 11 月 6 日 3 版
深入生活改造思想写好剧本——创作《瞭廓山下》的经过和体会　曲靖专区现代戏创作组

云南日报 1964年11月12日3版
为了演好工农兵——越剧排演革命现代戏点滴 寒清等 文汇报 1964年11月13日2版
学李玉梅演李玉梅 严凤英 南方日报 1964年11月15日4版
三下工地——参加滇剧《起点》创作的感受 张茀 云南日报 1964年11月21日2版
必须扎根在工农群众之中——在《双莲记》中扮演赵红莲的一些感受 吕金枝 浙江日报 1964年11月25日3版
扮演阿庆嫂前后 丁是娥 新民晚报 1964年12月9日2版
边演边改的九个月（《芦荡火种》） 邵滨孙、解洪元等 新民晚报 1964年12月9日2版
一定要把立足点移过来——谈越剧《双莲记》创作过程对我的教育 盛华光 浙江日报 1964年12月9日3版
北昆演员向战士学"艺"——《奇袭白虎团》排练前在部队生活和学习情况 之江 新民晚报 1964年12月12日2版
学习红嫂彻底革命——在川剧《红嫂》中扮演红嫂的体会 高凤莲 重庆日报 1964年12月15日3版
从李秋香到李双双——谈谈演现代革命戏的初步体会 崔兰田 光明日报 1964年12月17日4版
《奇袭白虎团》是怎样移植为昆剧的？ 陆放 解放日报 1964年12月20日5版
我演阿庆嫂 丁是娥 文汇报 1964年12月29日4版
在沪剧革命化的道路上——上海市人民沪剧团《芦荡火种》演员座谈会侧记 谷苇 解放日报 1964年12月29日1版
解放思想，打破框框——加工修改郭建光形象的一点感受 谭元寿 戏剧报 1965年2月2期36页
《节振国》创作体会 李国昌 戏剧报 1965年2月2期46页
认真进行思想改造，积极促进革命化，劳动化——从《严父慈母》到《不是小问题》的创作体会 济宁专区剧目创作组 山东文学 1965年2月2月号43页
昆剧《琼花》唱腔音乐的革新 滕永然 戏剧报 1965年4月3期46页
为无产阶级英雄立传——谈京剧《红灯记》的剧本改编 欧阳文彬、徐景贤 戏剧报 1965年4月4期30页
让革命的红心光芒四射——在《一颗红心》里塑造许老三英雄形象的几点体会 山西省临猗县眉户剧团 文艺报 1965年5月4期30页
提高革命现代戏质量的门路在哪里？——改编、排演京剧《一路平安》的体会 长春市京剧团 戏剧报 1965年7月6期18页
炼钢工人帮助我们进行艺术创造——《一对红》编排前后 鞍山市京剧团武戏组 戏剧报 1965年7月6期21页
京剧《让马》导演体会 史玉良 戏剧报 1965年7月6期23页
《沙家浜》修改过程中的一些体会 北京京剧团 戏剧报 1965年8月7期31页
我是怎样写小戏《追蛋》的？ 谢乃才 戏剧报 1965年8月7期20页
编演《前沿人家》的几点感受 《前沿人家》编导小组 山东文学 1965年8月8月号52页
一次革命化的排练——陕西省军区五一剧团《南方怒火》排练纪实 郑中义 延河 1965年8月8月号60页
粤剧表现现代生活的探索——《山乡风云》导演的几点体会 林榆 戏剧报 1965年10月

10期38页
写京剧现代戏如何安唱　卫明　戏剧报　1965年12月12期33页
在生产劳动中学习创作（《送猪记》剧本的创作）　李万荣　大众日报　1965年1月6日3版
演员观众都在变——我扮演“阿庆嫂”的一些体会　赵燕侠　工人日报　1965年1月12日4版
我演招秀（赣剧）　马紫云　解放日报　1965年1月13日4版
深入生活改造思想——谈谈扮演《山绿人红》中林红的一些体会　张婉珍等　江西日报　1965年1月14日3版
演戏，需要革命的激情——我演少剑波的学习体会　童祥苓　文汇报　1965年1月16日2版
发扬革命精神排练革命戏剧——秦剧《江姐》排练侧记　省文化局报导组　甘肃日报　1965年1月31日2版
为塑造革命英雄形象而努力　钱浩梁　羊城晚报　1965年1月31日2版
到生活中去学习先进人物——我演《海港早晨》深入生活纪事　童芷苓　文汇报　1965年2月2日2版
述英雄的成长颂英雄的伟大——记中江县川剧团根据黄继光英雄事迹编演现代戏《凯歌百代》　何伦武　四川日报　1965年2月6日3版
昆剧《琼花》音乐的新探索　辛清华　文汇报　1965年2月6日4版
在越剧舞台上塑造英雄人物　何贤芬　光明日报　1965年2月11日6版
精雕细刻塑造英雄形象——记晋剧《琼花》的排练和演出　王文绪　山西日报　1965年2月15日3版
发扬革命先烈的革命精神积极投入三大革命运动——秦剧《江姐》座谈　甘肃日报　1965年2月16日4版
越剧也要演好现代戏——演唐伯虎和杨子荣的不同体会　过泉花　光明日报　1965年2月20日4版
农村基层干部的光辉形象——略谈芗剧《碧水赞》张克坚的形象塑造　华川　文汇报　1965年2月28日2版
炼钢工人——我们最好的老师——《一对红》编排散记　张幼芳　辽宁日报　1965年3月2日3版
为塑造高大的革命英雄形象而努力　钱浩梁　南方日报　1965年3月2日3版
创作《一颗红心》的体会　临猗县眉户剧团创作组　北京日报　1965年3月3日3版
英雄人物鞭策着我前进——扮演严伟才札记　程起春　广西日报　1965年3月5日4版
京剧姓“京”——京剧《红灯记》学习心得　高盛麟　羊城晚报　1965年3月12日2版
越剧音乐应抒革命之情——谈《山花烂熳》的音乐改革　越剧《山花烂熳》音乐组　解放日报　1965年3月13日5版
《送猪记》是这样写出来的　李万荣　解放日报　1965年3月13日5版
演革命戏做革命人——扮演《红灯记》中铁梅的体会　吴韵芳、胡芝梅　河南日报　1965年3月18日3版
为塑造正面人物服务——扮演《红灯记》中鸠山的体会　宋又声　河南日报　1965年3月18日3版
从生活和传统里吸取营养——扮演《红灯记》中李玉和的体会　李民华、刘仲麟　河南日

报　1965年3月18日3版
我为什么演不好艾玉兰——谈我扮演这个角色过程的思想认识（《蟠桃园》）　温喜爱　陕西日报　1965年3月19日3版
为谁演戏？——演革命现代戏的一些体会　魏云　文汇报　1965年3月20日5版
锡剧《红曲花》创作手记　无锡市文化局戏曲创作研究室　文汇报　1965年3月20日5版
不能例外——《一颗红心》音乐创作心得　山西省临猗县眉户剧团音乐研究组　北京日报　1965年3月20日2版
演铁梅学铁梅　刘长瑜　文汇报　1965年3月22日4版
努力塑造革命母亲的形象　高玉倩　文汇报　1965年3月22日4版
为无产阶级英雄立传　钱浩梁　文汇报　1965年3月22日4版
谈《锤炼》的改编和演出　闻匆　吉林日报　1965年3月24日3版
艺术革命首先要思想革命——记唐山市京剧团编演现代戏《节振国》的体会　本报记者　吉林日报　1965年3月26日4版
坚持兴无灭资的斗争努力实现戏曲革命化——改编演出沪剧《红灯记》的初步总结　爱华沪剧团　文汇报　1965年4月1日4版
精雕细刻为红灯——京剧《红灯记》后台生活散章　陈必智　文汇报　1965年4月7日2版
鸠山这个角色是怎样演出来的？　袁世海　新民晚报　1965年4月8日3版
改编京剧《红灯记》的体会　张东川　文汇报　1965年4月9日4版
京剧《红灯记》音乐唱腔设计的点滴体会　刘吉典、李金泉　文汇报　1965年4月9日4版
更真实更丰满——扮演《沙家浜》阿庆嫂的体会　赵燕侠　光明日报　1965年5月1日4版
谈京剧《红灯记》的音乐创作　吴一立　光明日报　1965年5月6日4版
塑造郭建光的英雄形象　谭元寿　文汇报　1965年5月17日4版
评郭建光的唱腔音乐设计　于会泳　文汇报　1965年5月17日4版
不断革命精益求精——《雪岭苍松》加工重排七年间　佳木斯市京剧团　黑龙江日报　1965年5月17日4版
坚持政治第一——谈京剧《沙家浜》的改编　胡锡涛　文汇报　1965年5月22日4版
革命现代京剧《沙家浜》剧本修改评注　文汇报　1965年5月22日4版
向生活学习在实践中提高——谈《插旗》（京剧）的编导过程　黄汉臣、黄云鹏　辽宁日报　1965年5月28日3版
坚决作彻底革命派把京剧革命进行到底——从《芦荡火种》到《沙家浜》修改过程中的一些体会　薛恩厚　解放日报　1965年5月30日5版
扮演阿庆嫂的一点体会　刘秀荣　解放日报　1965年5月30日5版
为塑造革命英雄形象而努力（《沙家浜》）　北京京剧团武剧组　文汇报　1965年6月2日4版
京剧《红灯记》改编和创作的初步体会　张东川　人民日报　1965年6月3日6版
改戏有感（《沙家浜》）　赵燕侠　文汇报　1965年6月5日4版
精益求精的《红灯记》——中国京剧院副院长答记者问　北京日报　1965年6月8日3版
有了工农兵感情，才能演好工农兵——在（京剧）《红石钟声》中扮演郭长青的点滴体会　杨元勋　黑龙江日报　1965年6月12日4版

精研细节，深化主题——和观众谈谈《沙家浜》的修改加工 北京京剧团 北京日报 1965年6月23日3版
我们是怎样塑造高坚这个英雄形象的（京剧《红色少年》） 姚颖华 解放日报 1965年6月30日4版
从生活真实到艺术真实——豫剧《人欢马叫》的创作体会 许文 羊城晚报 1965年7月7日2版
新内容需要新形式——导演湖南花鼓戏《补锅》的体会 张建军 羊城晚报 1965年7月8日2版
政治是灵魂，生活是源泉，中南区小型戏曲编导谈创作体会 羊城晚报 1965年7月16日1版
我是怎样扮演群众角色的 常小玉 羊城晚报 1965年7月18日2版
一首共产主义风格的颂歌——谈京剧《龙江颂》的改编 龚义江 文汇报 1965年7月19日2版
紧锣密鼓动人心弦——谈《地下火焰》的改编和演出 回春等 湖南日报 1965年7月22日3版
认真演好配角——扮演吴大娘的零星体会 常香玉 羊城晚报 1965年7月23日2版
从张同志到王大娘 筱文艳 文汇报 1965年7月28日4版
努力塑造英雄人物的音乐形象——京剧《红灯记》音乐创作的体会 刘吉典等 人民日报 1965年8月6日6版
到创作的源泉中去——《传枪》习作记感 王景中 河南日报 1965年8月8日3版
生活、主题、人物——创作《游乡》（河南曲剧）的体会 赵淑忍 河南日报 1965年8月8日3版
从诸葛亮到宋大妈 申凤梅 羊城晚报 1965年8月11日2版
坚持政治第一，坚持不断革命——改编《杜鹃山》的肤浅体会 宁夏京剧一团编导室 甘肃日报 1965年8月12日4版
怎样才能写好革命现代戏——《红色工兵》《电闪雷鸣》《朝阳》剧作者谈体会 羊城晚报 1965年8月14日1版
演纯厚嫂，学纯厚嫂 陈伯华 羊城晚报 1965年8月18日2版
京剧《红灯记》改编和创作的初步体会 张东川 大众日报 1965年8月21日3版
一出好戏的诞生——记评剧《平凡的岗位》创作经过 杨高 贵州日报 1965年9月14日3版
我们是怎样创作《平凡的岗位》的 贵州省平凡的岗位创作组 四川日报 1965年10月14日3版
学习小戏的创作经验 金芝 安徽日报 1965年10月21日3版
“黛诺”的修改 金素秋 羊城晚报 1965年10月28日2版
“三结合”的产物——记二人转《人民的好车站》的创作和修改 纪群仑 辽宁日报 1965年11月4日3版
红灯照亮了前进的道路——记京剧《红灯记》的创作过程 王金凤 人民日报 1965年11月19日6版
《急浪丹心》排演中的探索 刘成钧 戏剧报 1966年1月1期16页
我演《游乡》中的姚三元 耿庚辰 戏剧报 1966年1月1期20页
《小站内外》排演提示 张玮 小剧本 戏剧报 1966年2月总44期18页

演革命戏做革命人——演《红灯记》的点滴体会　杜近芳　文汇报　1966 年 1 月 26 日 4 版
吃透原著，认真移植——湖南花鼓戏《补锅》移植的几点体会　湖北省戏曲学校楚剧科　湖北日报　1966 年 2 月 27 日 3 版
为革命现代戏"锦上添花"——对移植粤剧《山乡风云》的初步认识　朱彬　湖北日报　1966 年 2 月 27 日 3 版
李玉和和"我"——革命现代戏移植学习笔记　李罗克　湖北日报　1966 年 2 月 27 日 3 版
锲而不舍，精益求精——谈京剧"红嫂"的加工修改　龚义江　文汇报　1966 年 3 月 7 日 2 版
喜见红嫂形象更光辉——简评京剧《红嫂》的修改　范民声　解放日报　1966 年 3 月 14 日 4 版

戏曲剧本

女儿的亲事（秧歌剧） 吕原、倪时知、李正一 河北文艺 1949年11月创刊1期3—11页
翻身乐（秧歌剧） 何苦、葛覃 河南日报 1949年12月8日3版
贺新年（花鼓戏）现代戏 伍禾 湖北文艺 1950年1月1日1卷3期56—59页
新打花鼓（京剧）现代戏 裘德煌 江西文艺 1950年创1卷55—58页
香炉回家（京剧）现代戏 景孤血 说说唱唱 1950年1月创44—50页
劝爸爸买公债（曲子戏） 平夫 翻身文艺 1950年2月1日1卷2期32—36页
老汉拜年（花鼓戏）现代戏 黄德恩 湖北文艺 1950年2月1卷4期21—24页
货郎担（曲子戏）现代戏 平夫 翻身文艺 1950年3月10日1卷4期23—25页
劝夫（广场曲子剧） 董伯超 湖北文艺 1950年4月1卷6期27—29页
五更劝夫（花鼓戏）现代戏 周令林 湖北文艺 1950年4月1卷6期30—35页
两张像片（秧歌剧） 谷峪 河北文艺 1950年5月1日总7期2—6页
韩玉娘（梆子戏） 林岩改编 河北文艺 1950年5月1日总7期11—17页
柳金妹翻身（越剧） 黄沙等 戏曲报 1950年5月20日2卷1—2期
劳动夫妻（秧歌剧） 李冰、杏绵、培芝集体创作 河北文艺 1950年6月总8期5—10页
新新四劝（嘣嘣戏） 华北京剧院编 河北文艺 1950年6月1日总8期11—16页
劳动模范回家（小秧歌剧） 杨宗和 河北文艺 1950年6月总8期17页
两姊妹（越剧） 敢治原著，吕仲改编 戏曲报 1950年6月10日2卷4期75页
风云儿女（提纲） 英郁等 戏曲报 1950年6月17日2卷5期96页
农家乐（新楚剧） 喻洪斌 湖北文艺 1950年6月2卷1期16—19页
姊妹比庄稼（秧歌剧） 李德润 河北文艺 1950年7月1日总9期10—14页
妙手回春（丝弦） 董苏、雪芹 河北文艺 1950年7月总9期18—20页
接喜报（梆子戏） 王文彬改编 河北文艺 1950年7月1日总9期21—23页
乞巧图（新编殷末奴隶暴动史剧） 墨遗萍 戏曲报 1950年7月1日2卷7—11期
邢群姐告状（梆子，丝弦通用） 华含 河北文艺 1950年8月总10期11—16页
攒私房（新楚剧） 汪塔 湖北文艺 1950年8月1日2卷3期49—58页
代耕（花鼓戏） 欧阳彩桂 湖南文艺 1951年8月1卷3期5—10页
七巧姻缘（京剧）又名牛郎织女 凌鹤、叶红 江西文艺 1950年8月1卷3期57—77页
三上轿（梆子戏） 磁县光明剧团改编 河北文艺 1950年9月1日总11期14—16页
巧计劝姑（新楚剧） 孙海林 湖北文艺 1950年9月1日2卷4期11—13页
退婚（戏曲剧本） 薛恩厚 新戏曲 1950年9月20日1卷1期47—57页
关公整周仓（梆子戏） 朱赞庭 河南文艺 1950年9月20日1卷5期13—15页
三全其美（秧歌剧） 李铁山 河北文艺 1950年10月总12期8—11页
蓝桥会（梆子、评戏通用） 沙河县人民文化馆刘琚佩 河北文艺 1950年10月1日总12期14—18页
“纸老虎”（新京剧） 徐以礼 戏曲报 1950年10月5日3卷4期396页
“昭君和番”（京剧） 布谷 戏曲报 1950年10月5日3卷4期396页
“同心花”（沪剧） 斯洪 戏曲报 1950年10月5日3卷4期397页

毛主席的婚姻法救了咱（梆子戏） 朱赞庭 河南文艺 1950年11月1日1卷6期17—21页

珠江泪（新粤剧） 陈残云、马师曾、杨子静、陈卓莹 华南文艺 1950年11月1日1卷2期总2期18—41页

董母教女（新型花鼓戏） 省文化工作团集体创作 湖北文艺 1950年11月2卷6期41—43页

羊入虎口（采茶戏） 项雅颂 湖北文艺 1950年11月2卷6期60—66页

传家宝（越剧） 赵树理原著，成容等改编 戏曲报 1950年11月5日3卷6期475页

新大名府（京剧、上） 杨绍萱 戏曲报 1950年11月20日3卷7期509页

生产模范（河南梆子） 周口市中集体创作 翻身文艺 1950年11月15日3卷5期38—39页

新大名府（京剧、下） 杨绍萱 戏曲报 1950年12月5日3卷8、9期586页

劝夫生产度过灾荒（曲子戏） 湛鸿训 翻身文艺 1950年12月25日4卷2期25—31页

鸳鸯楼（后部武松） 方滢 大公报 1950年1月6日6版

挑年画（秧歌剧） 刘振声 河北日报 1950年1月7日4版

万民欢（一名红旗军的祝捷年）（连载） 吴幻荪等 新民报 1950年1月8日至9日、10日3版1页

钉缸（秧歌剧） 虞棘 河南日报 1950年1月14日3版

买公债（秧歌剧） 张一朴 山西日报 1950年1月15日4版

劝购公债（秧歌剧） 金明 甘肃日报 1950年1月16日4版

王老三渡荒（秧歌剧） 青县大王庄小学 河北日报 1950年1月17日4版

农家乐（地方戏） 颜一烟等 河南日报 1950年1月29日3版

新打灶王（小戏曲）（连载） 沈彭年 新民报 1950年1月29、30日2月1日2版

灶王爷“归天”（秧歌剧） 石侯、朱燕 河北日报 1950年2月4日4版

挑年画（秧歌剧） 刘振声 人民日报 1950年2月5日5版

劝购公债（秧歌剧） 金明 青海日报 1950年2月7日4版

由人不由命（秧歌剧） 向一 黑龙江日报 1950年2月12日4版

买公债（独幕秧歌剧） 剑芦、平之 江西日报 1950年2月14日4版

说唱中苏友好（秧歌剧） 哈铁文工团 福建日报 1950年2月20日4版

拜新年 流沙 江西日报 1950年2月22日4版

我非买不可（小秧歌剧） 向一 黑龙江日报 1950年3月7日4版

买公债（秧歌剧） 琮琇 吉林日报 1950年3月14日4版

二流子开荒生产（小戏曲） 范钧宏 新民报 1950年3月19日3版

生产要争强（秧歌剧） 黄真 新民报 1950年4月3日3版

烟鬼叹（新型京剧） 陆菁 新黔日报 1950年4月16日4版

庆祝中苏新约（小粤剧） 曾伟、唐烽 南方日报 1950年4月16日5版

王二姐换面（小戏曲） 范钧宏 新民报 1950年4月17日3版

工人阶级一条心（新越剧） 茅左本 大公报 1950年4月23日6版

光荣花（地方戏） 萧丹、张品 甘肃日报 1950年4月26日3版

婚姻自由——一名“三骂媒婆”（京剧） 范钧宏 新民报 1950年5月1、8日3版

作阳春（花鼓戏） 陈芜 湖南日报 1950年5月29日3版

刘满试妻（地方戏） 徐叔华 湖南日报 1950年6月12日3版

新双怕婆（小戏曲） 沈彭年 新民报 1950年6月12、19日3版
借钱还线（秧歌剧） 无名氏 新黔日报 1950年6月28日4版
胡大妈看香（京剧） 慕家 新民报 1950年7月3日3版1页
从今以后不求神（待续） 过祇明 大公报 1950年7月9日6版
地主乾塘（花鼓戏） 徐叔华 湖南日报 1950年7月24日3版
挂号信（小戏曲） 慕家 新民报 1950年9月11、18日3版
咱们一起去上学（有韵小戏） 邱欣 新民报 1950年9月25日7版
锦上添花（花灯戏） 秦黛 广西日报 1950年10月1日6版
推土车（长沙地方戏） 徐叔华 湖南日报 1950年10月5日3版
《翠屏山》 黄裳 文汇报（附刊） 1950年10月18日2版
募寒衣（独幕越剧） 孙旭 大公报 1950年11月4日6版
如此朋友（反美宣传小戏曲） 慕家 新民报 1950年11月20日5版
广西解放一周年（独幕粤曲） 曾宁 广西日报 1950年12月12日3版
血债（花灯剧本） 春晖 云南日报 1950年12月16日5版
一门英豪（新京剧） 李双寿 工人日报 1950年12月17日2版
陈六叔退租（白榄剧） 石瑛 南方日报 1950年12月17日5版
合家欢（小戏曲） 沈彭年 新民报 1950年12月18、25日8版
模范军属（秧歌剧） 北京零售公司秘书科 新民报 1950年12月18日7版
卖货郎与李大娘（秧歌剧） 龚屏 江西日报 1950年12月24日3版
赶嫁妆（小戏曲） 君虹 新民报 1950年12月25日5版
参加翻身队（地方戏） 陈芜 湖南日报 1950年12月26日3版
翻身乐（曲子剧） 郑张 河南日报 1950年12月31日4版
五张年画（秧歌剧） 郭静等 内蒙文艺 1951年1月1日1卷4期25—26页
刘强与王桂英（蹦蹦戏） 丁绍先 内蒙文艺 1951年1月1日1卷4期27—31页
除祸害（地方戏）现代戏 董苏 河北文艺 1951年1月1日2卷3期总15期7—11页
贺新年（曲剧） 姜中 翻身文艺 1951年1月1日8卷2期4—11页
谣言（秧歌剧） 苏一萍 西北文艺 1951年1月第1卷4期48—54页
李逵夺鱼（新京剧） 杨绍萱 戏曲报 1951年1月5日3卷10期632页
信陵公子（越剧、上） 孙旭等编 戏曲报 1951年1月20日3卷11期669页
窃符救赵（京剧） 华粹深 新戏曲 1951年1月20日1卷4、5期合58—64页
信陵公子（越剧、下） 孙旭等编 戏曲报 1951年2月5日3卷12期705页
唇亡齿寒（新京剧） 苏坤等 戏曲报 1951年2月20日4卷1期36页
拜年（秧歌剧） 德韵 翻身文艺 1951年2月15日4卷5期1—5页
唇亡齿寒（京剧） 朱慕家、王颉竹合编 新戏曲 1951年2月20日1卷6期26—33页
绣慰问袋（地方戏）现代戏 捷民、岳辰、千群 河北文艺 1951年3月1日2卷5期总17期9—14页
打周仓（评戏、四弦通用） 定兴易上村剧团刘兴洲 河北文艺 1951年3月1日2卷5期总17期22—26页
水漫金山（京剧）（连载） 杨业谦、刘正平 河北文艺 1951年3月1日2卷5期、6期总17、18期1—8页、14—18页
翻身果子翻身花（越剧） 柳溪原著，徐进改编 戏曲报 1951年3月5日4卷2期78页
父子争先（越剧） 野鹤 戏曲报 1951年3月20日4卷3期118页

棉花（洛子、梆子通用） 赞皇一高、曹友之 河北文艺 1951年4月1日2卷6期总18期10—18页

分地吐沉冤（粤剧） 陈卓莹 华南文艺 1951年4月1日2卷1期总7期22—30页

游击队的母亲（越剧）（连载） 大辉 戏曲报 1951年4月5日4卷4期157页

哥俩回家（南阳曲子戏） 信阳专署文工团创作组作老赵执笔 翻身文艺 1951年4月25日5卷4期33—47页

青苗曲（粤剧） 莫汝城等 华南文艺 1951年5月1日2卷2期总8期2—11页

治木虱（粤剧） 杨子静 华南文艺 1951年5月1日2卷2期总8期20—21页

光荣人家（粤剧） 陈璐 华南文艺 1951年5月1日2卷2期总8期22—24页

保卫胜利果实（粤剧） 李伟彦等 华南文艺 1951年5月1日2卷2期总8期25—28页

林家大湾血泪仇（三场楚剧） 黄冈南极村剧团集体创作 湖北文艺 1951年5月3卷5期14—19页

马家岭天亮了（三幕楚剧） 黄冈马家岭村剧团集体创作 湖北文艺 1951年5月3卷5期28—32页

美人计（三场楚剧） 黄冈宦家十功村剧团集体创作 湖北文艺 1951年5月3卷5期28—32页

血海深仇（梆子戏） 董尚志 翻身文艺 1951年5月10日5卷5期1—9页

除三害（京剧） 陈伯之 戏曲报 1951年5月20日4卷7期276页

团结起来（粤剧） 李崧、陆风、李配言 华南文艺 1951年6月1日3卷1期总9期14—19页

血泪控诉九宫道（新评剧） 江风等作 山东文艺 1951年6月5日2卷5、6期合刊30—40页

保家卫国（京剧）（连载） 十兵团京剧团，丁国岭执笔 福建文艺 1951年6月15日1卷3、4、5期67—79页

一封慰劳信（越剧） 贾守本原著，邵慕水改编 戏曲报 1951年6月20日4卷9期357页

受骗（眉户） 秦良玉 甘肃文学 1951年6月2卷6期14—25页

同心为国（眉户） 黄俊耀 西北文艺 1951年6月2卷3期35—42页

普天同庆党生辰（粤剧） 傅炜生 华南文艺 1951年7月5日3卷2期总10期8—10页

天罗地网（梆子戏） 吴钟镇 翻身文艺 1951年7月16日6卷3期1—6页

认清敌人（越剧） 杨少坪 戏曲报 1951年7月5日4卷10期394页

立场问题（越剧） 苏毅谨 戏曲报 1951年7月20日4卷11期430页

红花还得绿叶扶（越剧） 冰秋 戏曲报 1951年7月20日4卷11期436页

高秀山回家（梆剧） 吉学霈原著、马忠亚、魏乃鑫改编 翻身文艺 1951年8月16日6卷5期20—31页

土改功臣（粤剧）（未完） 蔡汝南 广西文艺 1951年8月16日1卷4期49—55页

模范军属（梆剧） 王逸才 翻身文艺 1951年9月1日6卷6期18—25页

全家捐献（梆剧） 潘道谦 翻身文艺 1951年9月16日7卷1期32—37页

小春送鸡蛋（粤剧） 陈璐 华南文艺 1951年9月5日3卷4期总12期33—37页

土改功臣（续完） 蔡汝南 广西文艺 1951年9月16日1卷5期47—51页

结婚（花鼓戏） 周汉平 湖南文艺 1951年9月1卷4期30—40页

贵生参军（花鼓戏） 刘白 江西文艺 1951年9月3卷2期24—25页

捉特务（眉户） 钱生华 甘肃文学 1951年9月3卷3期25—32页
互助好（梆子戏） 高志仁 翻身文艺 1951年10月1日7卷2期14—20页
记工好（梆剧） 朱赞庭 翻身文艺 1951年10月16日7卷3期1—6页
大义灭亲（桂剧） 汪振民 广西文艺 1951年10月16日1卷6期24—30页
大庆丰年（越剧） 刘苏 浙江文艺 1951年10月20日1卷1期4—23页
争先学文化（花鼓戏） 沈金涛 湖南文艺 1951年10月1卷5期1—6页
兄妹优属（采茶戏） 舒一夔 江西文艺 1951年10月3卷3期39—40页
夫妻上学（采茶戏） 纪风、林青 江西文艺 1951年10月3卷3期48—53页
一举两得（梆子戏） 吴钟镇 翻身文艺 1951年11月1日7卷4期1—7页
不能松劲（梆子戏） 魏乃鑫 翻身文艺 1951年11月1日7卷4期10—12页
贯彻执行婚姻法（梆剧） 朱赞庭、吴钟镇 翻身文艺 1951年11月16日7卷5期3—10页
讲平等（梆剧） 马贞显 翻身文艺 1951年11月16日7卷5期27—30页
在毛主席面前（越剧） 胡小孩原作，金松改写 浙江文艺 1951年11月20日1卷2期7—12页
双登记（地方戏）现代戏 张扬 河北文艺 1951年11月25日3卷6期总26期15—25页
不能松动（采茶戏） 吕森等 江西文艺 1951年11月3卷4期31—37页
廖仁福（花鼓戏） 陈寿庚 湖南文艺 1951年11月1卷6期9—21页
王二嫂拥军（蹦蹦戏） 赵连华等编 东北文艺 1951年12月1日4卷5期总23期55—57页
太平观念要不得（梆剧） 贺春生 翻身文艺 1951年12月1日7卷6期1—7页
小心地主反间记（曲剧） 贾翰如 翻身文艺 1951年12月1日7卷6期13—17页
别信谣言（梆剧） 村夫 翻身文艺 1951年12月16日8卷1期3—8页
三封信（梆剧） 立群 翻身文艺 1951年12月16日8卷1期13—18页
还我血债（曲剧） 郏县六区苏坟村农村剧团集体创作 翻身文艺 1951年12月16日8卷1期29—37页
迎新年（独幕越剧） 宁宇 浙江文艺 1951年12月20日1卷3期3—8页
贺年信（秧歌剧） 黄金等 吉林文艺 1951年12月30日总53期11—16页
梁山伯与祝英台（越剧） 南微改编，宋之由、徐进等修改 人民文学 1951年12月总26期14—31页
门板（江西地方戏）现代戏 伍禾 江西文艺 1951年12月3卷5、6期13—20页
喜报（采茶戏） 丁枫，胡北野 江西文艺 1951年12月3卷5、6期34—39页
码头恨（江西地方戏） 天河煤矿文娱组集体创作 江西文艺 1951年12月3卷5、6期40—46页
罗汉钱（戏曲） 端木蕻良改编 说说唱唱 1951年12月总24期11—34页
热闹年（小戏曲） 慕家 新民报 1951年1月1日16版
保卫好日子（越剧） 陆明 大公报 1951年1月6日5版
赶嫁妆（续完） 君虹 新民报 1951年1月8日5版
失汉城（京剧）现代戏 山东医学院抗美援朝宣传队 大众日报 1951年1月12日5版
告诉毛主席（秧歌剧） 王任远 河北日报 1951年1月14日4版
姑嫂争做慰问品（秧歌剧） 张凤瑞 河北日报 1951年1月15日4版

小两口过节（曲剧） 景昌 河南日报 1951年1月18日4版
自卫队（秧歌剧） 安志和 青海日报 1951年1月20日4版
模范人家（地方戏） 克西 河南日报 1951年1月22日4版
推小车（地方戏） 映月、艺风 陕西日报 1951年1月23日4版
路会（地方剧） 史玉樵原作，罗旋文改编 江西日报 1951年1月24日3版
拜年（楚剧） 汪塔 湖北日报 1951年1月28、29日3版
慰问品（秧歌剧） 黄顺宗 天津日报 1951年1月28日5版
村头花鼓（小调剧）现代戏 林中梅 大众日报 1951年1月29日5版
遂心如意（小戏曲） 君虹 新民报 1951年1月29日5版
抗美援朝理当然（秧歌剧） 赵墨池 河北日报 1951年1月31日4版
纸老虎（新型京剧） 王若望、江愚天、王帖 新黔日报 1951年2月3日5、6版
无情鸡（粤剧） 杨子静 南方日报 1951年2月3日5版
合家欢（楚剧） 虹影 湖北日报 1951年2月7日2版
喻老四过年（楚剧）现代戏 思汉 湖北日报 1951年2月8日2版
看你往哪儿钻（小戏曲） 方韧 新民报 1951年2月5、12日5版
小两口上民校（梆子） 丁郁萍 河南日报 1951年2月19日4版
光荣家庭（秦腔短剧） 崔鲜明等 陕西日报 1951年2月22日4版
夫妻老军（秧歌剧） 林玮 福建日报 1951年2月22日4版
翻身生产全家乐（秧歌剧） 易宣 湖南日报 1951年3月11日3版
新王大娘补缸（小戏曲） 邓耐梅 新民报 1951年4月8、9日5版
刘四嫂（评戏脚本） 方创 新民报 1951年4月13—15日3版
不要麻痹（楚剧） 岫云 湖北日报 1951年4月15日6版
坚决镇压反革命（梆子） 朱赞庭 河南日报 1951年4月16日4版
白江口（京戏） 李岳南等 新民报 1951年4月20、23日4版
天罗地网（越剧） 金松 浙江日报 1951年5月21日6版
放下包袱（评剧） 任燕 新民报 1951年5月21、28日5版
外甥捉舅舅（秦腔短剧） 谷枝 陕西日报 1951年5月25日4版
土地回家家家乐（小粤剧） 柯牧 南方日报 1951年5月26日5版
警惕反革命报复（梆子） 朱赞庭 河南日报 1951年6月4日4版
爱国增产（楚剧） 浠水县濛马小学文娱组编 湖北日报 1951年6月10日6版
全家齐捐献（曲剧） 刘毅光 河南日报 1951年6月18日4版
光荣人家（秧歌剧） 杨万禄 甘肃日报 1951年9月13日3版
警惕不法地主的破坏活动（曲剧） 李清波等合编，宋景昌改写 河南日报 1951年10月9、10、11日3版
王老倌抬担架——热爱志愿军的故事（地方戏） 朱力士 湖南日报 1951年11月11日5版
林西玲结婚（曲剧） 刘毅光 河南日报 1951年11月11日4版
隐瞒无罪，自报有功（地方戏） 沙 湖北日报 1951年11月12日3版
斗地主（秧歌剧） 秦良玉 甘肃日报 1951年11月13日3版
新年探亲（曲剧） 周玉石 河南日报 1951年11月18日4版
嫂嫂学文化（曲剧） 郑张 河南日报 1951年11月25日4版
婚姻自主（小戏曲） 陈文和 福建日报 1951年11月27日4版

淮河岸上（梆子） 朱赞庭 河南日报 1951年12月2日4版
结婚（秦腔） 马烽原作，雁浦改编 陕西日报 1951年12月10、12日4版
增产节约（曲剧） 郭文化原著，刘毅光改编 河南日报 1951年12月30日4版
节约六千万（小秧歌剧） 万里山 西北文艺 1952年1月1日总16期43—45页
光荣之家（小秧歌剧） 陈世维 西北文艺 1952年1月1日总16期50—52页
反对包办婚姻（梆剧） 孙冰如 翻身文艺 1952年1月1日8卷2期28—35页
全家上冬学（曲剧） 孙冰如 翻身文艺 1952年1月16日8卷3期27—34页
喜鹊登枝（地方戏）现代戏 德润、祝国 河北文艺 1952年1月10日第1期总29期1—13页
窗花信（洛子、梆子调通用） 于平新诗、邢专文工团昌言编剧 河北文艺 1952年1月10日1期总29期37—41页
买年货（采茶戏） 吕森、何流 江西文艺 1952年1月4卷1期总19期12—18页
婚姻问题（山歌剧） 方平 江西文艺 1952年1月4卷1期总19期29—35页
新式结婚（花鼓戏） 章布仁、冯士奇 湖南文艺 1952年1月2卷1期总7期8—16页
劳模回家（花鼓戏） 陈芜 湖南文艺 1952年1月2卷1期总7期20—25页
永远向前（地方戏） 李先远 湖北文艺 1952年1月5卷1期21—28页
徐村开沟（地方戏） 王东柏 安徽文艺 1952年1月总1期5—25页
改嫁（梆剧） 冯金堂 翻身文艺 1952年2月1日8卷4期1—11页
坦白认错（梆剧） 吴钟镇 翻身文艺 1952年2月1日8卷4期25—30页
美满婚姻（曲剧） 村夫 翻身文艺 1952年2月16日8卷5期14—21页
文化翻身（地方戏） 杨步道 湖北文艺 1952年2月1日5卷3期6—11页
群众眼睛雪亮（地方戏） 蕲春凤凰村剧团创作 湖北文艺 1952年2月1日5卷3期24—30页
天罗地网（地方戏） 谢远青、李懋森 湖北文艺 1952年2月16日5卷4期24—31页
观灯（花鼓戏） 周汉平 湖南文艺 1952年2期总8期13—16页
爱国生产（地花戏） 张汉卿 湖南文艺 1952年2期总8期21—23页
烟袋（采茶戏） 邹昌盛、乔林 江西文艺 1952年2月总20期20—24页
一担翻身粮（采茶戏） 景江、枫原 江西文艺 1952年2月总20期25—31页
往远看（蹦蹦戏） 路匆、孙略 东北文艺 1952年2月1日5卷1期56—58页
选好种好（越剧） 钟元龙、程帆 浙江文艺 1952年2月15日1卷5期6—18页
阶级分家（小型粤剧） 鲁鹏 广西文艺 1952年2月1日总9期29—36页
两条路（三反评剧草本） 曹克美、黄晶、曹显明 戏曲新报 1952年2月10日136期10—12页
新人新婚姻（地方戏） 陈扬恩 湖北文艺 1952年3月1日5卷5期13—20页
站在哪一边?（地方戏） 王再励 湖北文艺 1952年3月16日5卷6期8—12页
落网（地方戏）现代戏 张楷 湖北文艺 1952年3月16日5卷6期27—33页
划阶级（采茶剧） 宜山县第四区农民剧团集体创作 广西文艺 1952年3月1日总10期36—40页
双喜临门（新采茶剧） 岳玲 广西文艺 1952年3月1日总10期41—47页
劳模回村（曲剧） 云生 翻身文艺 1952年3月1日8卷6期28—35页
糖衣炮弹（眉户剧） 姜应宗等 西北文艺 1952年3月1日总18期31—42页
围剿大老虎（地方戏） 聿人 江西文艺 1952年3月总21期24—36页

检举奸商（秦腔） 宋齐 陕西文艺 1952年3月创刊号42—59页
改嫁（地方戏）现代戏 随县城关镇业余剧团 湖北文艺 1952年4月1日5卷7期25—30页
组织起来搞生产（曲剧） 刘毅光 翻身文艺 1952年4月16日第8期3—11页
防旱多掘井（梆剧） 冯金堂 翻身文艺 1952年4月16日第8期32—38页
变工好（眉户） 张尔宁 陕西文艺 1952年4月第1卷2期27—43页
不要麻痹（秦腔） 咸阳文工团 陕西文艺 1952年4月第1卷2期44—48页
脚跟站稳（秦腔） 白浪 陕西文艺 1952年4月第1卷2期49—65页
文化担子是良媒（山歌剧） 方平 江西文艺 1952年4月总22期25—34页
瞒田不光荣（采茶戏） 李德堉 江西文艺 1952年4月总22期31—36页
互助好（花鼓戏） 周乐和 湖南文艺 1952年4期总10期9—18页
生产《检查日》（花鼓戏） 周守忠 湖南文艺 1952年4期总10期22—26页
刘正明站稳立场（曲艺剧） 陈寿荪等 剧本 1952年4期23页
治蚜虫（曲剧） 张锁 翻身文艺 1952年5月1日第9期24—32页
买新犁（曲剧） 许顺湛等 翻身文艺 1952年5月16日第10期7—14页
互助要比单干强（梆剧） 韩培心 翻身文艺 1952年5月16日第10期29—36页
扑灭细菌（评戏或演唱） 马越潭 东北文艺 1952年5月1日第5卷第4期总28期58—62页
粮耗子（蹦蹦戏） 谢文林 东北文艺 1952年5月1日第5卷第4期总28期69—71页
赶修荆堤（花鼓戏） 杨集贤 湖南文艺 1952年5期总11期14—19页
劳动模范董全官（地方戏） 艾连科 湖北文艺 1952年5月16日5卷10期12—20页
互助组订计划（采茶戏） 彭泽农村剧团 江西文艺 1952年5月总23期22—30页
粉碎细菌战（地方戏） 陈扬恩 湖北文艺 1952年6月1日5卷11期14—22页
分洪生产两不误（地方戏） 张万林 湖北文艺 1952年6月1日5卷11期26—32页
互助得丰收（花鼓戏） 兵马乡村剧团 湖南文艺 1952年6期总12期2—10页
抱娃娃组（花鼓戏） 陈寿庚 湖南文艺 1952年6期总12期11—19页
永保红旗（花鼓戏） 小东方 湖南文艺 1952年6期总12期20—30页
互助模范（花鼓戏） 长沙县一区第二文工队 湖南文艺 1952年6期总12期31—43页
天下农民是一家（曲剧） 姜中 翻身文艺 1952年6月16日第12期21—27页
抗旱（曲剧） 胡松茂 翻身文艺 1952年7月1日第13期26—35页
当真能栽活（眉户） 咸阳文工团 陕西文艺 1952年7月第1卷4期35—51页
爱国防疫（眉户） 百仁、庸滔 陕西文艺 1952年7月第1卷5期28—39页
全家学文化（花鼓戏） 刘树成 湖南文艺 1952年7期总13期1—11页
落花生（花鼓戏） 湘潭橘云乡农剧团 湖南文艺 1952年7期总13期12—19页
爱国卫生要认真（梆剧） 冯金堂 翻身文艺 1952年8月1日14、15期总57、58期合刊32—37页
农忙托儿所（曲剧） 杨志豪、朱赞庭 翻身文艺 1952年8月16日总59期22—28页
户户千斤（花鼓戏） 刘春生 湖南文艺 1952年8期总14期15—29页
三喜（花鼓戏） 陈鉴尧 湖南文艺 1952年8期总14期35—48页
送公粮（花鼓戏） 湘潭白马乡工农剧团 湖南文艺 1952年8期总14期43—48页
小女婿（评剧） 曹克英 剧本 1952年8期18页
牛郎织女（地方戏） 范钧宏等 剧本 1952年8期51页

父女进城（蹦蹦） 扬旗 东北文艺 1952年9月1日总31、32期54—57页
把生意做好（梆剧） 云生 翻身文艺 1952年9月1日总60期22—30页
康沟河（梆剧）现代戏 青勃 翻身文艺 1952年9月16日总61期25—38页
争取参加修洞庭湖（花鼓戏） 唐士珉 湖南文艺 1952年9期总15期11—14页
新法接生好（花鼓戏） 李美傅 湖南文艺 1952年9期总15期23—29页
陈可友上北京（花鼓戏） 周乐和 湖南文艺 1952年9期总15期30—40页
解开疙瘩（秦腔）现代戏 非三 陕西文艺 1952年9月2卷1期43—50页
收割（山歌剧） 晓平 广西文艺 1952年9月1日总16期21—29页
文化大翻身（曲剧） 王国柱 翻身文艺 1952年10月1日总62期15—26页
柳树井（梆剧） 老舍原著 翻身文艺 1952年10月16日总63期26—36页
迎接国庆（独幕粤剧） 鲁鹏 广西文艺 1952年10月1日总17期2—4页
报上当（采茶剧） 丁一、李光 广西文艺 1952年10月1日总17期30—34页
周德功学文化（蹦蹦） 陈谷音 东北文艺 1952年10月1日总33期15—18页
全家学文化（花鼓戏） 刘树成 湖南文艺 1952年10月15日第7期1—11页
落花生（花鼓戏） 湘潭市橘云乡农村剧团集体创作 湖南文艺 1952年10月15日第7期12—19页
林九叔赶会（地方戏） 曹玉模 安徽文艺 1952年10月总2期7—13页
抢收（地方戏） 白石 安徽文艺 1952年10月总2期23—31页
喜庆丰收（花鼓戏） 陈祖林 江西文艺 1952年10月总27、28期合刊13—21页
新事新办（曲艺剧） 天津曲艺团曹荆予等执笔 说说唱唱 1952年10月总34期37—52页
罗汉钱（沪剧） 宗华等 剧本 1952年10、11期6页
白蛇传（越剧） 华东戏曲研究院创作室改编 剧本 1952年10、11期56页
秋江（川剧） 剧本 1952年10、11期86页
刘海砍樵（花鼓戏） 剧本 1952年10、11期91页
葛麻（楚剧） 剧本 1952年10、11期99页
五台会兄（川剧） 剧本 1952年10、11期111页
婚姻争自由（曲剧） 时更新、时家治等 翻身文艺 1952年11月1日总64期22—29页
丰收（曲剧） 孙谦、林杉原著，朱赞庭改编 翻身文艺 1952年11月16日总65期13—27页
三喜（花鼓戏） 陈鉴尧 湖南文艺 1952年11月15日第8期35—39页
送公粮（花鼓戏） 湘潭白马乡工农剧团集体创作 湖南文艺 1952年11月15日第8期43—50页
水漫蓝桥（江淮剧） 人民文学 1952年11月总37期43—45页
千里送京娘（江淮剧） 人民文学 1952年11月总37期46—84页
评雪辨踪（川剧） 人民文学 1952年11月总37期49—53页
刘海砍樵（湖南花鼓戏） 第一次全国戏曲演出本 说说唱唱 1952年11月35期38—44页
种大麦（江淮剧） 第一次全国戏曲演出本 说说唱唱 1952年11月总35期44—52页
户户千斤（花鼓戏） 刘春生 湖南文艺 1952年11月15日第8期15—29页
送喜报（地方戏） 权学良 安徽文艺 1952年11月总3期9—14页
中苏友好万万年（川剧、歌剧） 何序改编 四川文艺 1952年11月10日总3期24—

28页
选郎（地方戏）现代戏　省戏曲改进委员会　江西文艺　1952年11月总29期18—35页
爱国储蓄（梆剧）　王凤梧　翻身文艺　1952年12月1日总66期26—33页
三只鸡（梆剧）　李二、刘学智原作，王焕予、周孝武、吴震东编剧　翻身文艺　1952年12月16日总67期4—14页
新嫁妆（曲剧）　陈雨门　翻身文艺　1952年12月16日总67期18—29页
新年送新礼（梆剧）　荆世峰　翻身文艺　1952年12月16日总67期37—41页
土地证（采茶戏）　舒一夔　江西文艺　1952年12月总30期7—13页
罪归地主（地方戏）　嘉舫、陶澹　江西文艺　1952年12月总30期14—25页
翻身学文化（采茶戏）　刘复庭、杨扶芝　江西文艺　1952年12月总30期26—35页
秋江（川剧修改本）　转载　四川文艺　1952年12月10日总5期
争取参加修洞庭湖（花鼓戏）　唐士珉　湖南文艺　1952年12月15日第9期1—8页
陈可友上北京（花鼓戏）　周乐和　湖南文艺　1952年12月15日第9期30—40页
苦水井（地方戏）　潘际帆　安徽文艺　1952年12月总4期4—15页
办喜事（眉户）现代戏　奥树欣　陕西文艺　1952年12月2卷4期总10期44—55页
割麦（秦腔）　映明、王烈　西北文艺　1952年12月总27期27—29页
一封信（眉户）　张昭　西北文艺　1952年12月总27期30页
柳荫记（川剧）　剧本　1952年12期3页
秋江（川剧）　重庆市戏改会编导班修改　西南文艺　1952年12月40—47页
游龟山（秦腔）　马建翎修改　人民文学　1952年12月总38期83—91页
李茂生过年（秧歌剧）　李万林　青海日报　1952年1月6日4版
检举贪污分子（梆子）　朱赞庭　河南日报　1952年1月13日2版
买年货（采茶戏）　吕森、何流　江西日报　1952年1月17日5版
拜年（秧歌剧）　据川西农民报舒蜀改编　甘肃日报　1952年1月19日3版
优待军属（眉户剧）　梁玉　甘肃日报　1952年1月21日3版
喜上加喜（秦腔短剧）　秦云凡　陕西日报　1952年1月27日4版
肥鸡送与烈军属（粤曲）　曾志斌　广西日报　1952年1月31日4版
廉洁奉公（评剧）　王雁　新民报　1952年3月24、26日7版
办喜事（秦腔剧本）　薛青改编　甘肃日报　1952年4月29日3版
缴公粮（秦腔短剧）　张崇武　陕西日报　1952年7月21日4版
速成识字办法好（曲剧）　余金铨　河南日报　1952年12月8日3版
水漫兰桥（一名兰桥会）（江淮剧）　上海文化局艺管处创作室　解放日报　1952年12月14日3版
组织起来争丰收（曲剧）　邹廷贤　河南日报　1952年12月24日3版
献礼（越剧）　李骅　浙江日报　1952年12月30日3版
选郎（梆剧）现代戏　翻身文艺　1953年1月1日总68期3—17页
新路（曲剧）现代戏　林霜原作，刘毅光改编　翻身文艺　1953年1月1日总68期22—40页
幸福家庭（曲剧）　高锡恩　翻身文艺　1953年1月16日总69期1—13页
代耕（梆剧）　陈正鲁原作　翻身文艺　1953年1月16日总69期17—20页
新年新任务（曲剧）　苏印川　翻身文艺　1953年1月16日总69期31—35页
打破老规矩（地方戏）　熊斌贤　江西文艺　1953年1月总31期18—28页

新卖杂货（采茶戏） 聿人等 江西文艺 1953年1月总31期31—43页
新年喜事（采茶剧） 杨矗等作 广西文艺 1953年1月1日总19期8—16页
住新房（粤剧） 鲁鹏等 广西文艺 1953年1月1日总19期17—23页
姑嫂忙（花鼓戏） 钟宜淳 湖南文艺 1953年1月总19期8—13页
学习模范（花鼓戏） 唐志良、刘春生 湖南文艺 1953年1月总19期26—35页
杨大嫂找马（蹦蹦戏） 赵育秀、郎纯林 东北文艺 1953年1月1日总36期40—41页
接土地证（小剧本） 黄梅县卢坪乡剧团 湖北文艺 1953年1月6卷1期29—37页
生产学习两不误（越剧） 马六乔、杭一苇 浙江文艺 1953年1月15日总16期7—21页
惠芳担水（眉户） 白龙、王绳武 西北文艺 1953年1月总28期30—38页
五朵红花（贵州花灯剧） 胡学文执笔 西南文艺 1953年1月35—40页
团圆（小剧本） 骨纵、李一萍 湖北文艺 1953年1月5卷21期6—19页
腾出手来（戏曲） 任桂林等 剧本 1953年1期39页
尊婆爱媳（梆剧） 郭力 翻身文艺 1953年2月1日总70期19—31页
薛金梅结婚（梆剧） 朱葆茸 翻身文艺 1953年2月16日总71期20—30页
查田定座（采茶剧） 谢林 广西文艺 1953年2月1日总20期2—7页
一封信（川剧） 吕武塘改编 四川文艺 1953年2月10日总9期15—19页
纠纷（地方戏）现代戏 孔童村业余剧团 安徽文艺 1953年2月15日总6期1—10页
家庭会（地方戏） 胡夺五等 安徽文艺 1953年2月15日总6期50—55页
百日缘（楚剧） 剧本 1953年2期55页
闯宫（滇剧） 剧本 1953年2期65页
兰桥会（江淮剧） 剧本 1953年2期60页
婚姻自当家（花鼓戏） 莱阳竹市农村剧团 湖南文艺 1953年2月总20期8—27页
刘海砍樵（花鼓戏） 何冬保、北方 湖南文艺 1953年2月总20期33—46页
送棉衣（花鼓戏） 周健明 湖南文艺 1953年2月总20期47—55页
美满婚姻（地方戏） 南昌市城南乡农村剧团 江西文艺 1953年2月总32期11—26页
刘三做饭（秦腔）现代戏 映明、王烈 陕西文艺 1953年2月2卷6期总12期32—42页
一家和睦好生产（地方戏） 农村剧团 湖南文艺 1953年3月总21期6—14页
平朗村除匪 杨承禹 湖南文艺 1953年3月总21期26—33页
赵小兰（地方戏） 农村剧团 湖南文艺 1953年3月总21期38—52页
娘送女（调子戏） 吕定一 广西文艺 1953年3月1日总21期10—16页
许珍珠（粤剧） 谢醒伯 广西文艺 1953年3月1日总21期17—24页
打猪草（黄梅戏） 华东文化部艺管处整理 文艺月报 1953年3月总3期54—57页
攀笋（采茶戏）现代戏 江西省剧改会 江西文艺 1953年3月总33期22—37页
赵小兰（梆剧） 金剑原作，陈雨门改编 翻身文艺 1953年3月16日总73期26—44页
拔祸根（小剧本） 王延祚、兆西 湖北文艺 1953年3月16日6卷5、6期41页
家和万事兴（越剧） 沈祖安 浙江文艺 1953年3月15日总18期1—16页
治水为大家（扬剧） 江郁杨庄剧团集体创作 江苏文艺 1953年3月15日总2、3期合刊35—42页
黑旋风李逵（京剧） 王征夫整理 剧本 1953年4期3页
宇宙锋（汉剧） 剧本 1953年4期22页

拾玉镯（桂剧） 剧本 1953年4期27页
打金枝（晋剧） 剧本 1953年4期32页
麦收之前（曲剧） 谭亿原作，葛新改编 翻身文艺 1953年4月7日总74期22—33页
大家评理（梆剧） 老舍原作 翻身文艺 1953年4月18日总75期16—38页
好军属（花鼓戏） 何冬保 湖南文艺 1953年4月总22期1—10页
柴彩林（花鼓戏） 露雨 湖南文艺 1953年4月总22期24—36页
农忙时节（地方戏） 天门县柳河乡剧团集体创作 湖北文艺 1953年4月16日总58期3—13页
秋香送茶（常锡剧） 吴白陶、谢鸣、俞介君、唐望集体改编 江苏文艺 1953年4月15日总4期24—35页
荷花姑娘的婚事（越剧） 郁忆之原作，旸人改写 浙江文艺 1953年4月15日总19期3—19页
两对新夫妻（吕戏） 唐聚庆 山东文艺 1953年4月10日复刊2期28—45页
张春霞（秦腔）现代戏 愚省、左毅 陕西文艺 1953年4月3卷2期总14期37—58页
幸福的家庭（吕戏） 莱阳文化馆贾殿彬原作，崔向工改编 山东文艺 1953年5月10日复刊3期
争相上淮堤（地方戏） 溅星 安徽文艺 1953年5月15日总9期41—47页
桃子熟了（独幕儿童梆剧） 任大霖编剧，蓝光修改 翻身文艺 1953年5月16日总77期22—32页
解疙瘩（小剧本） 马珊 湖北文艺 1953年5月16日总60期31—36页
反徐州（川剧、梆子腔） 范光翔等改编 剧本 1953年5期65页
借靴（豫剧） 李洁改编 剧本 1953年5期74页
春云借犁（花鼓戏） 龙芳燎 湖南文艺 1953年5月总23期4—15页
老赵渡荒（花鼓戏） 农村剧团 湖南文艺 1953年5月总23期16—20页
游龟山（秦腔）（续） 马健翎修改 人民文学 1953年1月总39期87—98页
车水（小剧本） 刘群山 湖北文艺 1953年6月1日总61期24—30页
六月的大地一片青（二人转） 玉珍 黑龙江文艺 1953年6月1日总163期3—4页
横山渠（曲剧） 郏县苏坟寺剧团集体创作，王丙寅、王福乾执笔 翻身文艺 1953年6月1日总78期21—30页
小姑贤（吕戏）又名《王登云休妻》 山东省文联地方戏曲研究室，山东省歌剧团整理本 山东文艺 1953年6月10日复刊4期30—48页
渡荒（地方剧）现代戏 程里、鹏万 江苏文艺 1953年6月15日总6期29—36页
妇女代表（梆剧） 孙芋原作，柳子中改编 翻身文艺 1953年6月16日总79期17—33页
一把镰刀（眉户剧） 左毅、庸滔 陕西文艺 1953年6月总16期45—50页
光荣的人（花鼓戏） 谭金泉 湖南文艺 1953年6月总24期7—17页
模范夫妻（花鼓戏） 黄建国执笔 湖南文艺 1953年6月总24期24—34页
两亲家（小剧本） 陈道信 湖北文艺 1953年7月1日6卷13期28—34页
爱情（梆剧） 李蔚 河南文艺 1953年7月1日总80期
三千张锄板（二人转） 谷音 黑龙江文艺 1953年7月1日总165期4—5页
妇女代表（花鼓戏） 孙芋原作，枫原改编 湖南文艺 1953年7月15日9—25页
李素英下田（黄梅调） 徐志鹏 安徽文艺 1953年7月15日总11期42—49页

钗头凤（闽剧） 剧本 1953 年 7 期 65 页
思凡（湘剧） 剧本 1953 年 7 期 69 页
翠香记（川剧） 剧本 1953 年 7 期 72 页
小姑贤（吕戏） 山东文联地方戏研究室整理 文艺月报 1953 年 7 月总 7 期 62—70 页
李大妈参加选举（地方戏） 硕昌，北野 江西文艺 1953 年 7 月总 37 期 31—44 页
紫荆花上开红花（小评剧） 刘瑶 黑龙江文艺 1953 年 8 月 1 日总 167 期 6—8 页
选民证（梆剧） 安澜 河南文艺 1953 年 8 月 1 日总 82 期 21—28 页
妈赶来了（山歌剧） 王冶新 贵州文艺 1953 年 8 月 10 日总 15 期 28—35 页
打桑（倒七戏） 张金柱口述，洪霏整理 安徽文艺 1953 年 8 月 15 日总 12 期 48—52 页
选好人（小剧本） 萧纳 湖北文艺 1953 年 8 月 16 日 6 卷 16 期 17—26 页
三回头（古装梆剧） 河南省文化局戏曲改进委员会集体整理，严吾，金昌执笔 河南文艺 1953 年 8 月 16 日总 83 期 22—34 页
王二卖粮（眉户短剧）现代戏 田叶古 陕西文艺 1953 年 8 月总 18 期 43—50 页
妇女代表（地方戏） 据孙芋原作改编 江西文艺 1953 年 8 月总 38 期 24—38 页
白蛇传（京剧） 田汉 剧本 1953 年 8 期 5 页
带头人（花鼓戏） 陈新春等 湖南文艺 1953 年 9 月 15 日 39—52 页
两弟兄（秦腔）现代戏 丁明、张宁 陕西文艺 1953 年 9 月总 19 期 39—50 页
这道桥搭得好（小剧本） 黄梅严大墩乡剧团集体创作 湖北文艺 1953 年 9 月 16 日 6 卷 18 期 5—12 页
柳荫记（川剧） 原又新川剧院 西南文艺 1953 年 9 月总 21 期 24—38 页
金满丰（花灯剧） 千坡 贵州文艺 1953 年 9 月 25 日总 18 期 18—25 页
回组（梆剧）现代戏 姜中 河南文艺 1953 年 9 月 16 日总 85 期 16—31 页
拾棉花（泗洲戏） 魏玉林、李如道、陈宝林口述，完艺舟整理 安徽文艺 1953 年 9 月 15 日总 13 期
张羽煮海（评剧） 王亚平 剧本 1953 年 9 期 3 页
喜事（梆剧）现代戏 黎岚 河南文艺 1953 年 10 月 1 日总 86 期 15—33 页
选代表（梆剧）现代戏 安澜 河南文艺 1953 年 10 月 16 日总 87 期 17—26 页
杨大嫂找马（二人转） 赵育秀等 吉林文艺 1953 年 10 月 16 日第 19 期 16—21 页
杨八姐游春（二人转） 吉林文艺 1953 年 10 月 16 日第 19 期 22—24 页
两弟兄（秦腔） 丁明、张宁 陕西文艺 1953 年 10 月号总 20 期 33—47 页
盘广货（采茶戏）现代戏 裘宗润等 江西文艺 1953 年 10 月总 39 期 27—38 页
拾麦穗（越剧） 罗敏然 浙江文艺 1953 年 10 月 15 日总 25 期
选出好代表（黄梅调） 谢超振 安徽文艺 1953 年 10 月 15 日总 14 期 13—15 页
王二姐思夫（民间小戏） 何迟 说说唱唱 1953 年 10 月总 46 期 32—42 页
儿女亲事（小剧本） 天门柳河乡剧团集体创作 湖北文艺 1953 年 10 月 15 日 6 卷 19 期 28—35 页
打渔杀家（京剧） 剧本 1953 年 10 期 76 页
借靴（古装梆剧） 李洁改编 河南文艺 1953 年 11 月 1 日总 88 期 18—30 页
三棵梨树（二人转） 孟广明、胡景祺 黑龙江文艺 1953 年 11 月 1 日总 173 期 2—3 页
转学（独幕山歌剧） 萧之亮 贵州文艺 1953 年 11 月 10 日总 21 期 25—28 页
腾出手来（戏曲） 任桂林、苏家惠 山东文艺 1953 年 11 月 10 日复刊 9 期 23—38 页
讨学钱（倒七戏） 王本银、王业明口述，金全才整理 安徽文艺 1953 年 11 月 15 日总

15 期 50—59 页
母女赶选举（小越剧） 朱秋枫 浙江文艺 1953 年 11 月 15 日总 26 期
走这条路（小剧本） 魏子良 湖北文艺 1953 年 11 月 15 日 6 卷 20 期 3—12 页
罗汉钱（眉户） 省眉户团改编 陕西文艺 1953 年 11 月号总 21 期 29—48 页
我还是拥护他（地方戏） 铁牛等 江西文艺 1953 年 11 月总 41 期 20—34 页
组长和女婿（地方戏） 姜中 江西文艺 1953 年 11 月总 41 期 35—44 页
空城记（京剧） 郝寿臣等整理 剧本 1953 年 11 期 68 页
女起解（京剧） 剧本 1953 年 12 期 92 页
三堂会审（京剧） 剧本 1953 年 12 期 97 页
金戒指（梆剧）现代戏 王钰祥 河南文艺 1953 年 12 月 1 日总 90 期 16—24 页
不能走那一条路（曲剧） 李淮原作，景昌改编 河南文艺 1953 年 12 月 20 日总 91 期 7—20 页
卖秧（地方戏） 永修树下乡农剧团集体创作 江西文艺 1953 年 12 月总 42 期 21—32 页
把粮食卖给国家（地方戏） 据伯展原作改编 江西文艺 1953 年 12 月总 42 期 33—42 页
三只鸡（二人转） 胡景歧等 吉林文艺 1953 年 12 月 5 日第 22 期 29—36 页
卖粮给国家（秦腔） 田益荣 陕西文艺 1953 年 12 月总 22 期 1—17 页
张老汉进城卖粮（二人转） 李明 黑龙江文艺 1953 年 12 月 15 日总 176 期 7 页
探亲相劝（小越剧） 李朴园 浙江文艺 1953 年 12 月 15 日总 27 期
打长工（倒七戏） 张金柱口述，辛人整理 安徽文艺 1953 年 12 月 15 日总 16 期 51—57 页
双生赶船（地方戏） 纪根垠、元膺整理 山东文艺 1953 年 12 月 10 日复刊 10 期 12—27 页
两路口（小剧本） 萧纳 湖北文艺 1953 年 12 月 15 日 6 卷 21 期 10—21 页
幸福家庭（桂剧） 徐君慧 广西日报 1953 年 1 月 1 日 3 版
大家谈窍门（地方戏） 苏锦心 江西日报 1953 年 1 月 18 日 3 版
交爱国公粮（采茶剧） 杨钦华 广西日报 1953 年 1 月 30 日 3 版
锁不住的人（地方戏） 于雁军 河北日报 1953 年 1 月 31 日、2 月 7 日 3 版
喜报（花鼓戏） 省文工团创作 湖南日报 1953 年 2 月 1 日 3 版
兴修水利（小粤剧） 韦炳熊 广西日报 1953 年 2 月 1 日 3 版
相亲（越剧） 胡洋 浙江日报 1953 年 2 月 12 日 3 版
吕蒙正（楚剧） 武汉市剧目室 湖北日报 1953 年 2 月 15 日 2 版
罗汉钱（梆子） 王笑声执笔 河南日报 1953 年 2 月 19 日 3 版，2 月 22 日 2 版
赶潘（楚剧） 武汉市剧目室 湖北日报 1953 年 2 月 21 日 3 版
好婚姻（秦腔） 林草 甘肃日报 1953 年 2 月 26、27 日 3 版
走亲（地方戏）（续） 刘俊鹏 河北日报 1953 年 2 月 28 日 3 版
接生（越剧） 刘祁赓 浙江日报 1953 年 5 月 26 日 3 版
覃老小的转变（采茶剧） 谢林 广西日报 1953 年 6 月 4 日 3 版
借谷种（花灯戏） 唐瑞阶 广西日报 1953 年 6 月 27 日 3 版
多种杂粮预防春荒（桂剧） 蒋昌绪 广西日报 1953 年 9 月 12 日 3 版
钉子（越剧） 高平改编 浙江日报 1953 年 9 月 29 日 3 版
《一条鱼》（秦腔短剧） 岳盛祥 宁夏日报 1953 年 10 月 17 日 3 版，10 月 21 日 3 版
杨八姐游春（蹦蹦） 杨露整理 吉林日报 1953 年 11 月 21 日 4 版

马五进城（蹦蹦） 李万君 吉林日报 1953年12月3日4版
卖粮路上（地方戏） 金全才 安徽日报 1953年12月5日3版
标准饭（越剧） 高平 浙江日报 1953年12月18日3版
“死宝”变成“活宝”（二人转） 萧钟棠 广西日报 1953年12月19日3版
三女婿拜寿（越剧） 高平 浙江日报 1953年12月30日3版
锈（梆剧）现代戏 费礼文原著、车丁改编 河南文艺 1954年1月1日总92期23—36页
卖粮（花鼓戏） 熊春祜 湖南文艺 1954年1月15日总27期5—14页
岔路回头（地方戏）据小说《此路不通》改编 周章 湖南文艺 1954年1月15日总27期54页
月亮湾（梆剧）现代剧 刘燧等原作，朱赞庭改编 河南文艺 1954年1月16日总93期17—32页
怎么办?（地方戏）据话剧《坚决打击投机商》改编 蒋达、马千、余逸 江苏文艺 1954年1月15日总13期4—14页
爱国人家（小剧本） 宋小山 湖北文艺 1954年1月15日总72期8—16页
栽树的人（小剧本） 范寄文等 湖北文艺 1954年1月15日总72期41—54页
双回头（二人转） 王希安 吉林文艺 1954年1月20日增刊1—10页
奔向幸福前程（评剧） 李涵 黑龙江文艺 1954年1月21日总179期2—5页
喜事（地方戏） 郭真初等 江西文艺 1954年1月总43期17—30页
秧麦（采茶戏） 吴硕昌等 江西文艺 1954年1月总43期32—38页
打差算账（河北梆子） 刘和山等整理 河北文艺 1954年1月总82期31—39页
望娘滩（川剧） 李明华等 西南文艺 1954年1月总25期27—42页
回头走大路（越剧） 闻竹雨 浙江文艺 1954年1月总28期7—28页
卖粮途中（秦腔）现代戏 孙迟 陕西文艺 1954年1月总23期30—34页
扁担枪（秦腔）现代戏 长安木偶剧社 陕西文艺 1954年1月总23期42—47页
母女俩 禾丁 广西文艺 1954年1月总23期1—12页
李二哥拜年（调子戏） 晓平 广西文艺 1954年1月总23期17—22页
单纱难成线（小粤剧） 曾宁 广西文艺 1954年1月总23期23—25页
双卖粮（桂南采茶戏） 曾嘉 广西文艺 1954年1月总23期26—29页
猎虎记（京剧） 范钧宏 剧本 1954年2期7页
茶瓶记（评剧） 明楼等整理 剧本 1954年2期75页
两兄弟（甬剧） 胡小孩 剧本 1954年2期105页
打面缸（常锡戏） 季彦辉整理 剧本 1954年2期141页
不能走那一条路（评剧） 李准原作，景昌改编 黑龙江文艺 1954年2月11日总181期2—7页
买公债（二人转） 谷音 黑龙江文艺 1954年2月11日总181期10—11页
猪八戒拱地（评剧） 杨际生改编 黑龙江文艺 1954年2月21日总182期2—4页
卖菜（二人转） 大民 黑龙江文艺 1954年2月21日总182期5—7页
草苗争长（梆剧） 李直、张蓬原作，田真改编 河南文艺 1954年2月1日总94期24—42页
雨后（曲剧） 王东柏原作，王祖培改编 河南文艺 1954年2月16日总95期16—25页
未婚妻（越剧） 石汉 浙江文艺 1954年2月总29期1—24页

轧棉花（桂剧） 唐瑞阶 广西文艺 1954年2月总24期15—22页
挖界石（秦腔） 映明 陕西文艺 1954年2月总24期33—42页
喜讯（小剧本） 魏光亮等 湖北文艺 1954年2月15日总73期36—41页
十个苹果（二人转） 严守仁原作，刘君改编 黑龙江文艺 1954年3月11日总184期4—6页
杨二奶回组（评戏） 于荔改编 黑龙江文艺 1954年3月21日总185期2—7页
墙头草比四季花（勾嘴戏） 徐西南 广西文艺 1954年3月总25期3—10页
阿三戏公爹（调子戏） 江容安、罗茂坤执笔整理 广西文艺 1954年3月总25期11—21页
不能走那一条路（花鼓戏） 李准原作，熊春祜改编 湖南文艺 1954年3月15日总28期50—58页
观灯（花鼓戏） 石炭改编 湖北文艺 1954年3月15日总74期31—34页
三不愿意（古装梆剧） 东北戏曲学校集体整理，赵慧深执笔 河南文艺 1954年3月1日总96期25—41页
火焰山（京剧） 沙立 河北文艺 1954年3月20日总83期2—17页
青梅犁地（眉户）现代戏 雷雨 陕西文艺 1954年3月总25期37—61页
走正路（地方戏） 江修林 江西文艺 1954年3月总45期30—42页
借水瓢（泗州戏） 陈保林口述，鲁彦周整理 安徽文艺 1954年3月总18期40—43页
不能走那一条路（越剧） 李准原作，景昌改编 浙江文艺 1954年3月总30期7—24页
杨八姐闹酒店（豫剧） 李洁整理 长江文艺 1954年3月总55期62—67页
不能走那条路（眉户剧） 赵龙改编 宁夏文艺 1954年4月1日总2期18—38页
不能走那条路（秦腔） 景昌改编 陕西文艺 1954年4月总26期38—53页
存款（二人转） 村路、树卉 黑龙江文艺 1954年4月5日总186期4—7页
方雪华（越剧） 浦江文溪农村剧团创作，闻竹雨修改 浙江文艺 1954年4月总31期1—34页
三击掌（河北梆子） 根据老艺人赵殿元先生的本子 河北文艺 1954年4月总84期34—38页
岔路回头（地方戏）据小说《不能走那条路》改编 练福和 江苏文艺 1954年4月15日总16期18—29页
百里长堤（地方戏） 严亚楚 湖北文艺 1954年4月15日总75期31—44页
抢修锅炉（二人转） 谷音 黑龙江文艺 1954年5月5日总189期7—8页
咱组是青枝绿叶（评剧） 李荣久 黑龙江文艺 1954年5月25日总191期2—4页
不残废的心（二人转） 野草 黑龙江文艺 1954年5月25日总191期5—6页
讨学钱（倒七戏） 丕本银等口述，金全才整理 剧本 1954年5期106页
三上轿（京剧） 韩俊卿等整理 剧本 1954年5期129页
骂灶分家（湘剧） 湖南戏曲改进委员会修审，易宣执笔 湖南文艺 1954年5月15日总29期45—55页
人往高处走（地方歌剧） 杨兰春、郭文灿改编 河南文艺 1954年5月16日总101期18—30页
修桥（山歌剧）现代戏 雪伦 广东文艺 1954年5月创刊号39—44页
不能走那条路（地方戏） 本刊 江西文艺 1954年5月47期33—45页
打瓜园（皖南花鼓戏） 胡兰庭、王运威、刘永濂整理，洪非修改 安徽文艺 1954年5

月总 20 期 42—51 页
不能走那条路（调子戏） 李准原著，江容安、晓平改编 广西文艺 1954 年 6 月总 28 期 53—64 页
不能走那条路（粤剧）现代戏 何兵改编 广东文艺 1954 年 6 月 21—30 页
供销社为生产服务（小评戏） 白苓 黑龙江文艺 1954 年 6 月 15 日总 193 期 2—4 页
绣荷包（常锡剧） 江苏省文化局戏曲审定组整理，谢鸣执笔，郑桦记谱 江苏文艺 1954 年 6 月 15 日总 18 期 40—46 页
前途（地方戏） 文莽彦 江西文艺 1954 年 6 月总 48 期 34—44 页
粮食（秦腔） 彭加原著，穆志民改编 陕西文艺 1954 年 6 月总 28 期 40—59 页
毕业以后（梆剧） 刘全信 河南文艺 1954 年 6 月 16 日总 103 期 38—48 页
入社（秦腔） 师纶 宁夏文艺 1954 年 6 月 1 日总 3 期 40—56 页
赵大叔（小评戏） 马烽原作，石军改编 黑龙江文艺 1954 年 7 月 5 日总 195 期 5—8 页
胜利花开满地红（小评戏） 石坚 黑龙江文艺 1954 年 7 月 15 日总 196 期 7 页
田螺姑娘（地方戏） 舒羽 江西文艺 1954 年 7 月总 49 期 34—45 页
打乾棒（泗州戏） 完艺舟整理 安徽文艺 1954 年 7 月 15 日总 22 期 41 页
张全（二人转） 郑毅 黑龙江文艺 1954 年 8 月 15 日总 199 期 8 页
马（评剧） 王洪儒 黑龙江文艺 1954 年 8 月 25 日总 200 期 4—6 页
火车开来的时候（梆剧） 王拙成原作，姜中改编 河南文艺 1954 年 8 月 16 日总 107 期 25—34 页
小白旗的风波（梆剧） 李翎 河南文艺 1954 年 8 月 16 日总 107 期 34—50 页
哪条道好（评剧） 墨林、陈英 吉林文艺 1954 年 8 月 16 日本年 16 期 3—13 页
借马（地方戏） 文浦 河北文艺 1954 年 8 月总 112 期 18—29 页
还是新办法好（粤剧）现代戏 梁威、江流秋 广东文艺 1954 年 8 月 42—45 页
刘惠芳（秦腔） 澄源改编 陕西文艺 1954 年 8 月总 30 期 43—60 页
望娘滩（川剧） 李明璋 剧本 1954 年 8 期 74 页
海上渔歌（越剧） 周行原著，陆高平改写 浙江文艺 1954 年 9 月增刊第 1 辑总 36 期 1—25 页
两兄弟（越剧） 胡小孩 浙江文艺 1954 年 9 月 5 日总 36 期 23—53 页
打底叶（二人转） 谷音 黑龙江文艺 1954 年 9 月 5 日总 201 期 8 页
别当小事看（二人转） 纪英原作，大军改写 黑龙江文艺 1954 年 9 月 29 日总 203 期 6—7 页
打鸟（邵阳花鼓戏） 邵阳实验楚剧团王佑生、夏云桂、谢宝珍口述，湖南花鼓戏剧团编导组整理 湖南文艺 1954 年 9 月 15 日总 32 期 25—33 页
借钱（地方戏）现代戏 熊斌贤 江西文艺 1954 年 9 月总 51 期 35 页
刘惠芳（秦腔） 澄源改编 陕西文艺 1954 年 9 月总 31 期 40—57 页
喝面叶（柳琴剧） 宗词整理 江苏文艺 1954 年 9 月 15 日总 21 期 1—11 页
秦香莲（河北梆子） 华粹深整理 剧本 1954 年 9 期 66 页
采茶歌（采茶戏） 凌鹤 江西文艺 1954 年 10 月总 52 期 33—38 页
扩堤抢险（地方戏） 高安地方剧团 江西文艺 1954 年 10 月总 52 期 39—47 页
韩梅梅（邵阳花鼓戏）据同名小说改编 陈明生改编，王光绍整理 湖南文艺副刊文艺演唱材料 1954 年 10 月 1—19 页
取宝（山歌剧） 王冶新 贵州文艺 1954 年 10 月总 44 期 54—63 页

海上渔歌（粤剧）现代戏　林仙根、容思　广东文艺　1954年10月13—25页
在火车上（谐剧）　王永梭　说说唱唱　1954年10月总58期23—28页
借罗衣（倒七戏）　刘正元、戴志生口述，刘琪等人执笔　安徽文艺　1954年10月15日总25期39—47页
牧牛（睦剧）　金孝雷等集体整理　浙江文艺　1954年10月总37期1—14页
迎春花开了（眉户）　陆苍等　陕西文艺　1954年10月总32期42—75页
步步高升（粤剧）现代戏　麦汉、赖森　广东文艺　1954年11月11—15页
一心向党（山歌剧）　雪伦　广东文艺　1954年11月30—42页
人往高处走（采茶戏）　抚州专区采茶剧团　江西文艺　1954年11月总53期23—45页
姑嫂摘茶（采茶戏）　九江专区采茶剧团　江西文艺　1954年11月总53期46—50页
董连海休养（粤剧）　谢醒伯改编　广西文艺　1954年11月总33期11—18页
迎春花开了（眉户）　陆苍等　陕西文艺　1954年11月总33期37—61页
组长和女婿（地方戏）现代戏　李德润　河北文艺　1954年11月20日总91期11—31页
十担粮（地方戏）现代戏　王鸿　江苏文艺　1954年11月15日总23期13—21页
人往高处走（地方戏）　武汉楚剧团沈念禾改编　湖南文艺副刊文艺演唱材料，原载（湖北文艺）副刊　1954年11月1—21页
炼印（闽剧）　舒谦执笔　文艺月报　1954年11月总23期64—72页
寻工夫（柳腔剧）　李川、秋潮整理　说说唱唱　1954年11月总59期43—49页
金黛莱（沪剧）　汪培等　剧本　1954年12期2页
炼印（闽剧）　方振荣等整理　剧本　1954年12期104页
鸿雁传书（淮扬戏）　何鹤等整理　剧本　1954年12期123页
分红之前（地方戏）　湖鸣、梅生　江苏文艺　1954年12月15日总24期7—12页
钻山取宝（地方戏）现代戏　周珉　江苏文艺　1954年12月15日总24期40—48页
站在斗争的前列（地方戏）　无锡市第二店员业余剧团，余慕陶执笔　江苏文艺　1954年12月15日总24期49—62页
收割时候（粤剧）　曹玉模话剧原作，林标改编　广西文艺　1954年12月总34期10—18页
交地（地方戏）　徐君慧　广西文艺　1954年12月总34期19—30页
小白旗的风波（地方戏）现代戏　李翎　说说唱唱　1954年12月总60期5—17页
牧牛（地方戏）　金孝电等整理　说说唱唱　1954年12月总60期32—38页
割断联系（地方戏）　宣凯　江西文艺　1954年12月总54期31—41页
有窍门（地方戏）　景德镇市工会工人创作组　江西文艺　1954年12月总54期42—50页
做个好社员（粤剧）　范凯、李雁　广东文艺　1954年12月2—9页
统购统销好主张（山歌剧）现代戏　冬菁、秋朗、李茵　广东文艺　1954年12月15—21页
纠纷（地方戏）据西戎同名小说改编　范正明改编　湖南文艺副刊　1954年12月1—23页
两兄弟（梆剧）（连载）　胡小孩　河南文艺　1954年12月总114、115期34—38页
岩青嫂（越剧）现代戏　尤文贵　浙江文艺　1954年12月总39期1—10页
迎春花开了（眉户）　陆苍等　陕西文艺　1954年12月总34期41—60页
小白旗的风波（评剧）原载（河南文艺）　李翎　吉林文艺　1954年12月25日本年24期25页
走娘家（地方戏）　梁缶　安徽文艺　1954年12月15日总27期48页

一缸油（地方戏） 熊斌贤 江西日报 1954年1月7日3版
张老头卖粮（采茶剧） 李中兴 广西日报 1954年1月9日3版
卖黄谷（四川曲艺剧） 张海平 四川日报 1954年1月10日3版
把余粮卖给国家（花灯剧） 毕绍文 云南日报 1954年1月16日3版
联合生产好（花灯剧） 胡小孩原作，昆明一区工会改编 云南日报 1954年1月23日3版
亲兄弟（板凳戏） 邓钦 四川日报 1954年1月26日3版
走社会主义的路（眉户剧） 亦明 山西日报 1954年1月28日3版
不走歪路（越剧） 晨芒 浙江日报 1954年1月28日3版
春风吹到诺敏河（梆子） 朱赞庭、王笑声 河南日报 1954年1月28、29、30日3版
夫妻比功（地方戏） 刘玉璋 宁夏日报 1954年2月17日3版
防沙造林（秧歌剧） 马永锡执笔 宁夏日报 1954年2月27日3版，3月3日3版，3月9、10日3版续完
借钱（桂剧） 李延平 广西日报 1954年6月22日3版
《赵小兰》（乡剧） 黄风 福建日报 1954年8月26日3版
今天为了明天（二人转） 赖子 广西日报 1954年9月18日3版
入社前的风波（地方戏） 汪金凯 河北日报 1954年12月25日3版
妹在漓江（调子戏） 白珩 广西日报 1954年12月29日3版
副社长（粤剧）现代戏 林渭佳 广东文艺 1955年1月25—31页
开沟 谭元杰作，欧鸥整理 广东文艺 1955年1月32—40页
划清界限（山歌剧）现代戏 素华 广东文艺 1955年1月41—49页
光明大道（吕戏） 刘孝英 剧本 1955年1月总35期74—103页
喝面叶（柳琴戏） 根据徐州市柳琴剧团原本整理，宋词改编 剧本 1955年1月总35期116—126页
庵堂相会（常锡戏） 吴白匋、谢鸣、杨彻、俞介君整理，谢鸣执笔 剧本 1955年1月总35期127—138页
百年大计（梆剧） 丛深原作，岳举、岛琪改编 河南文艺 1955年1月1日总116期37—57页
寇准背靴（古装梆剧） 王镇南整理 河南文艺 1955年1月16日总117期43—63页
一张请假条（越剧） 杭州市湖墅文化馆 浙江文艺 1955年1月总40期8—14页
养猪员（越剧） 费淑芬 浙江文艺 1955年1月总40期34—39页
妇女代表（秦腔） 孙芋 陕西文艺 1955年1月总35期34—65页
十八里相送（眉户）传统戏 张野整理 陕西文艺 1955年1月总35期67页
换旗（地方戏）现代戏 汪信正、蔡怡生 江苏文艺 1955年1月5日总25期27—37页
粮食（地方戏）现代戏 申伸 河北文艺 1955年1月20日总93期4—15页
买洋车（眉户）现代戏 李学璟 山西文艺 1955年1月复刊10期总43期13—21页
小白旗的风波（地方戏） 李翎 贵州文艺 1955年1月总50期35—50页
打箍（采茶戏） 记修林 江西文艺 1955年1月总55期33—37页
写总结（谐剧） 戈路 说说唱唱 1955年1月总61期34—40页
毛主席的好女儿（粤剧）现代戏 吕志昂 广东文艺 1955年2月2—7页
福泉入社（粤剧）现代戏 陈璐 广东文艺 1955年2月11—18页
海上渔歌（梆剧） 周行原作，开封市和平剧团演出本 河南文艺 1955年2月1日总

118 期 35—39 页
面片汤（地方戏）原名：喝面叶　据徐州柳琴剧团原本整理，宋词执笔　浙江文艺　1955 年 2 月总 41 期 17—23 页
光荣应征（花灯戏）　林道鹏、熊佩光、徐灿章、陈燕新　贵州文艺　1955 年 2 月总 51 期 49—60 页
月亮弯弯照花桥（采茶戏）　吴石唱　江西文艺　1955 年 2 月总 56 期 24—31 页
三家福（台湾戏——芗剧）　根据陈碨、颜招治口述幕表芗剧编导会议集体创作，颜梓和、王游治、黄海瑞整理　剧本　1955 年 3 月总 37 期 40—56 页
两狼山（山东梆子）　山东省文化事业管理局戏曲工作组，根据莱芜梆子演出本整理，张彭执笔　剧本　1955 年 3 月总 37 期 57—62 页
走上新路（常锡戏）　高晓声、叶玉诚　剧本　1955 年 3 月总 37 期 63—127 页
此路不通（秦腔）　白雨改编　陕西文艺　1955 年 3 月 37 期 39—53 页
开会（地方戏）　林凡　江西文艺　1955 年 3 月总 57 期 37—45 页
谁是好社员（粤剧）现代戏　林渭佳改编　广东文艺　1955 年 3 月 8—17 页
望妈娘　袁从棣整理　贵州文艺　1955 年 3 月总 53 期 41—46 页
炒谷计（越剧）现代戏　高平　浙江文艺　1955 年 3 月总 42 期 3—9 页
白大强（二人转）　赵起超等　黑龙江文艺　1955 年 3 月 20 日总 12 期 11—12 页
父与子（评剧）现代戏　张痕　辽宁文艺　1955 年 3 月 36—50 页
八十亩胶泥地（花灯戏）　马烽原作，鸿沐改编　贵州文艺　1955 年 4 月总 55 期 26—44 页
秧（山歌剧）　金声　贵州文艺　1955 年 4 月总 56 期 35—42 页
两个货郎担（花鼓戏）　戴清濂　湖南文艺副刊，文艺宣传资料　1955 年 4 月 1—12 页
拨火棍（湘剧）　第三届赴朝慰问文工团湖南分团整理，铁可执笔　湖南文艺　1955 年 4 月 15 日总 39 期 43—52 页
挑女婿（扬剧）　东升、杨澈执笔　剧本　1955 年 4 月总 38 期 77—97 页
盘夫（越剧）　陈羽、徐进、苏雪安整理　剧本　1955 年 4 月总 38 期 98—111 页
两盏灯（眉户）　蒙秋　陕西文艺　1955 年 4 月总 38 期 35—47 页
采茶（花鼓戏）　薛子俊、张阳生等整理　安徽文艺　1955 年 4 月 43—45 页
奋勇直前（粤剧）现代戏　莫弛　广东文艺　1955 年 4 月 11—18 页
一封家信（越剧）　马树中　浙江文艺　1955 年 4 月总 43 期 31—38 页
刘大婶（地方戏）　依新　江西文艺　1955 年 4 月总 58 期 28—39 页
韩梅梅（评剧）　马烽原作，山河改编　吉林文艺　1955 年 4 月 5 日 7 期 28—45 页
交底（二人转）　吴德明、郭巫琛等　黑龙江文艺　1955 年 5 月 5 日总 15 期
一锅稀饭（花鼓戏）　吴枫原作，钟嵩柏、李鼐铭改编　湖南文艺　1955 年 5 月 15 日总 40 期 45—54 页
刘莲英（粤剧）现代戏　崔德志原著，容思改编　广东文艺　1955 年 5 月 21—32 页
走西口（二人台）　席子杰等十一人整理，席执笔　内蒙古文艺　1955 年 5 月总 11 期 58—63 页
看女（眉户）现代戏　赵雁翼　甘肃文艺　1955 年 5 月创 1 期 40—48 页
尼姑思凡（二人台）　席子杰等整理，苗文琦执笔　内蒙古文艺　1955 年 6 月总 12 期 29—30 页
打黄狼（二人转）　孟庆增整理　内蒙古文艺　1955 年 6 月总 12 期 31—37 页

春香传（越剧） 华东戏曲研究院编审室，庄志改编 剧本 1955年6月总40期118—160页
两粮女（地方戏） 詹文耀 江西文艺 1955年6月总60期42—55页
稳步前进（秦腔） 刘粤基 陕西文艺 1955年6、7月总40、41期46—56、46—54页
海嬷嬷（越剧）现代戏 袁伦生 浙江文艺 1955年6月总45期41—48页
姐妹告状（豫剧）据豫剧《对绣鞋》整理 阎立品、何凌云整理 长江文艺 1955年6月总70期63—70页
社员讨亲（花鼓戏） 周硕沂 湖南文艺 1955年6月15日总41期49—55页
韩水渡榕江（山歌剧）现代戏 陈扬明改编 广东文艺 1955年6月12—20页
两个饲养员（眉户） 秦良玉 甘肃文艺 1955年6月总2期29—36页
梧桐树下（地方戏）现代戏 昌言 河北文艺 1955年7月7日总99期5—15页
三碗剩饭（地方戏）现代戏 赵建昌 河北文艺 1955年7月7日总99期61—66页
套购（花鼓戏） 欧阳荣昌 湖南文艺 1955年7月15日总42期14—25页
南庄收租（花鼓戏） 孙阳生整理 湖南文艺 1955年7月15日总42期34—41页
兄妹俩（越剧）现代戏 言射 浙江文艺 1955年7月总46期15—22页
五哥放羊（二人台） 沈沉等整理 内蒙古文艺 1955年7月总13期36—38页
刘莲英（梆剧） 崔德志原作，严吾改编 河南文艺 1955年7月1日总128、129期41—53页
桥边会（二人转） 李涵 黑龙江文艺 1955年7月5日总19期15—16页
赶脚（小型戏曲） 李翎 剧本 1955年7月总41期144—153页
唐知县审诰命（河南梆子） 刘正平改编 剧本 1955年8月总42期134—159页
两个货郎担（花鼓戏） 戴清濂 剧本 1955年8月总42期160—171页
雷雨夜（粤剧）现代戏 尤文责原作，梁佩琼改编 广东文艺 1955年合刊8、9期53—61页
捡柴（古典秦腔） 王平整理 甘肃文艺 1955年8月总4期43—49页
唐知县审诰命（河南梆子） 刘正平改编 河北文艺 1955年8月7日总100期13—27页
擦亮眼睛（梆剧） 张弓弩 河南文艺 1955年8月16日总131期41—72页
擦亮眼睛（评剧） 张弓弩 黑龙江文艺 1955年8月20日总22期11—27页
打金钱（二人台） 霍世昌等整理 内蒙古文艺 1955年8月总14期54—57页
偷印（越剧）现代戏 蔚锦 浙江文艺 1955年8月总47期16—21页
两封信（地方戏）现代戏 锡龙 江苏文艺 1955年9月25日总32、33期合刊34—41页
店员老赵（地方戏）现代戏 谢毅芳改编 江苏文艺 1955年9月25日总32、33期合刊45—56页
矿山之夜（眉户） 林草 甘肃文艺 1955年9月总5期14—22页
擒匪记（秦腔） 尤文贵、李翼 甘肃文艺 1955年9月总5期29—35页
半截火柴（地方戏）现代戏 昌言 河北文艺 1955年9月7日总101期18—25页
新村开出新花朵（地方戏）现代戏 张庆田 河北文艺 1955年9月7日总101期33—46页
海上渔歌（秦腔） 周行 陕西文艺 1955年9月总43期39—51页
风雪之夜（越剧）现代戏 陈璟 浙江文艺 1955年9月总48期31—47页
麻痹一点也不行（二人转） 赵起超 黑龙江文艺 1955年9月5日总23期6—7页
柳湖风波（地方歌剧） 黄相 江西文艺 1955年9月总63期42—50页

打柴得宝（河南梆子） 昌言改编 剧本 1955年9月总43期160—170页
转社（独幕粤剧）现代戏 范凯 广东文艺 1955年10月19—24页
捉妖记（六场粤剧）现代戏 评剧编剧：徐苏、何路安，粤剧改编：李雁 广东文艺 1955年10月40—57页
生日（地方歌剧） 杰夫 江西文艺 1955年10月总64期26—36页
养媳妇（锡剧） 江苏省文化局戏曲编审室整理，谢鸣执笔 江苏文艺 1955年10月20日总34期30—42页
海岛上的小姑娘（小型戏曲） 章明 剧本 1955年10月总44期119—128页
打柴得宝（古装梆剧） 昌言改编 河南文艺 1955年10月16日总135期38—46页
中秋之夜（楚剧） 贾承基原作，周炬光、袁璧玉改编 湖北文艺 1955年10月总93期43页
夏收之夜（秦腔） 刘粤基 陕西文艺 1955年10月总44期44—52页
一件棉袄（越剧） 黎明、何潭沛 浙江文艺 1955年10月总49期30—39页
一夜之间（眉户） 秦良玉 甘肃文艺 1955年10月总6期8—17页
废品的来历（二人转） 赵德成原作，石军改编 黑龙江文艺 1955年10月30日总25、26期29—31页
大渡江（越剧） 闻竹雨 浙江文艺 1955年11、12月合刊总50期16—27页
全家学文化（越剧） 丽水后铺农业社文娱组 浙江文艺 1955年11、12月合刊总50期72—76页
三家福（地方戏）据陈碨、颜招治口述幕表芗剧编导会议集体讨论 颜梓和等整理 浙江文艺 1955年11、12月合刊总50期85—96页
铲草皮（赣南采茶戏） 上犹县剧团 江西文艺 1955年11月总65期47—52页
捉虎（地方歌剧） 汪波 江西文艺 1955年11月总65期53—57页
孟广泰一家（三场粤剧）现代戏 李准原作、陆风改编 广东文艺 1955年11月28—37页
一齐入社（粤剧）现代戏 谢培茂 广东文艺 1955年11月51—54页
探病（二人台）据《要女婿》《二姑娘的病》改编 苗文琦 内蒙古文艺 1955年11月总17期55—62页
疯僧扫秦（晋剧） 丁耀辰、崔吉先口述 内蒙古文艺 1955年11月总17期92—97页
应征前夕（评剧） 方泽宗 剧本 1955年11月总45期88—120页
送石榴（小型戏曲） 邱自操、杨更生 剧本 1955年11月总45期121—126页
东郭先生（地方戏） 杨和胜整理 贵州文艺 1955年11月总69期35—45页
挑鱼（评剧）现代戏 翁景澍 辽宁文艺 1955年11期42—49页
秀香姑娘（二人转） 徐维志 黑龙江文艺 1955年11月5日总27期13页
借罗衣（倒七戏） 刘正元等 民间文学 1955年11月总8期42页
串乡货郎（秦腔） 罗英章 甘肃文艺 1955年11月1日总7期30—36页
扔界石（小型戏曲） 侯喜旺 剧本 1955年12月总46期37—40页
一篮草子（小型戏曲） 费昭圭 剧本 1955年12月总46期44—50页
一家人（小型戏曲） 六安新安集业余剧团集体创作 剧本 1955年12月总46期51—65页
一张申请（地方戏） 季春 江西文艺 1955年12月总66期24—39页
探亲（地方戏） 黄席秋 江西文艺 1955年12月总66期40—45页

质量（地方戏） 李家渡职工俱乐部 江西文艺 1955年12月总66期52—55页
丰收（秦腔） 李藩等 甘肃文艺 1955年12月1日总8期12—15页
绣花手帕（秦腔） 陈惠轩等 甘肃文艺 1955年12月1日总8期25—29页
丈人和女婿（越剧） 费淑芬 浙江文艺 1955年11、12月合刊总50期28—37页
过关（越剧）现代戏 北山 浙江文艺 1955年11、12月合刊总50期38—43页
千条流水归海洋（山歌剧）现代戏 林清水 广东文艺 1955年12月14—28页
爱社模范张淑秋（二人转） 岳德清 黑龙江文艺 1955年12月20日总30期12—13页
鬼胎（眉户） 雷雨 陕西文艺 1955年12月总46期6—19页
修船（地方戏）现代戏 练方生 江苏文艺 1955年12月15日总36期44—53页
山村的姑娘（地方戏）现代戏 王昌言 河北文艺 1955年12月7日总104期5—30页
海上渔歌（地方戏） 周行 河北日报 1955年1月5、6日3版
不能走那一条路（评剧） 李准原作，景昌改编 黑龙江日报 1955年1月7日3版
走婆家（小型眉户喜剧） 赵雁翼 甘肃日报 1955年1月14日3版
喜临门（评剧）现代戏 灯草 辽宁日报 1955年1月15—16日3版
一担萝卜（花鼓戏） 赵陵 湖南日报 1955年1月16日3版
双推磨（二人台） 吴白陶等原作，沈沉改编 内蒙古日报 1955年1月22日4版
看亲（花灯小戏） 毕绍文 云南日报 1955年1月22日3版
一捆稻草（地方戏） 承新平 新华日报 1955年12月2日3版
养猪模范（二人转） 李雨亭等 吉林日报 1955年12月18日3版
卖花（灯戏） 刘延高 江西文艺 1956年1月总67期18—23页
结婚那天（地方戏） 胡国伟 江西文艺 1956年1月总67期26—33页
宋家园（地方戏） 依新、帅懋勋 江西文艺 1956年1月总67期34—46页
王大娘补缸 嘉奂影文化馆整理 湖北文艺 1956年1月总96期66—72页
雪山放羊（恩施灯戏） 恩施文化馆整理 湖北文艺 1956年1月总96期73—81页
扩社（地方戏） 筱毛山 湖南文艺 1956年1月总43期34—40页
草蛇拦路（小嘉剧）现代戏 田似良原作、齐芝田整理 湖南文艺 1956年1月总43期45—49页
黄花岭（越剧） 舒慧原著、吴雪虹改编 浙江文艺 1956年1月总51期3—17页
掷界石（小型戏曲） 侯喜旺 浙江文艺 1956年1月总51期23—28页
入社（眉户） 石鲁 陕西文艺 1956年1月号总47期1—9页
金色鲤鱼（眉户童话剧） 柳风 陕西文艺 1956年1月号总47期40—72页
山地开荒（粤剧现代戏） 莫弛 广东文艺 1956年1月11—20页
三看亲（彩调） 向虹整理 广西文艺 1956年1月总46期22—33页
入社之前（秦腔） 秦良玉 甘肃文艺 1956年1月总9期28—34页
毛主席知道咱们的心（评剧） 赵庆勋 辽宁文艺 1956年1月51—61页
一根车轴（灯影剧）现代戏 郭永星 青海文艺 1956年1月创1期16—22页
祝寿（地方歌剧） 世民、彦周 安徽文艺 1956年1月29—35页
黄河翻了身（二人台） 老曾、于末 内蒙古文艺 1956年1月总19期55—59页
粮食（眉户） 黄俊耀 剧本 1956年1月总47期75—107页
分山药（地方戏）现代戏 文浦、贵食 河北文艺 1956年2月总106期22—29页
闹瓜园（评剧）传统戏 齐家 河北文艺 1956年2月总106期38—44页
双回门（地方戏）现代戏 艳绯 河北文艺 1956年2月总106期51—57页

去报名的路上（小越剧） 石红 浙江文艺 1956年2月总52期13—17页
一个晚上（越剧） 林路原作，陈志放改编 浙江文艺 1956年2月总52期26—32页
比犁（地方戏） 黄定国 江西文艺 1956年2月总68期41—48页
两个心眼（秦腔） 奥树欣改编 陕西文艺 1956年2月总48期43—57页
请兽医（眉户） 王仲一 陕西文艺 1956年2月号总48期
上夜校（地方戏） 陈安南 江西文艺 1956年2月总68期49—53页
东郭先生（吕剧） 山东省戏曲工作组秋潮执笔 剧本 1956年2月总48期95—103页
喜事（评剧、现代戏） 刘文海 辽宁文艺 1956年2月总32期49—54页
一担肥田粉（彩调） 柳州第二文化馆改编 广西文艺 1956年2月总47期6—14页
学文化（花灯） 杨贵森 边疆文艺 1956年2月62—68页
两亲家谈心（恩施灯戏） 恩施文化馆 湖北文艺 1956年2月总97期39—45页
扩社的时候（独幕粤剧） 韩旭原作，李雁改编 广东文艺 1956年2月18—34页
一张申请书（地方戏） 季青 湖南文艺 1956年2月1日总44期54—68页
竞赛（彩调） 康濯原著 莎红、海云、向凡改编 广西文艺 1956年3月总48期4—15页
看报（地方戏） 龙辛 广西文艺 1956年3月总48期16—21页
昭君出塞（邵阳高腔） 传统本 湖南文艺 1956年3月1日总45期41—48页
审假旨（衡阳湘戏） 传统本 湖南文艺 1956年3月1日总45期49—57页
黄泥岗（京剧） 安娥 剧本 1956年3月总49期59—84页
以社为家（地方戏） 马春阳 江苏文艺 1956年3月15日总39期17—22页
半口袋豌豆料（秦腔） 张承铎 甘肃文艺 1956年3月总11期26—31页
一把米（评剧） 王树勋、张肇基图 内蒙古文艺 1956年3月总21期26—30页
双贺喜（二人台） 谭瓘 内蒙古文艺 1956年4月总21期6—8页
含作桥（二人转）现代戏 杜雨春等创作 内蒙古文艺 1956年4月总21期20—23页
送驴（眉户） 刘兆云 甘肃文艺 1956年4月总12期21—24页
学文化（秦腔） 新苗 甘肃文艺 1956年4月总12期30—33页
入社忙（地方戏） 登禾 湖南文艺 1956年4月1日总46期46—54页
三访亲（花灯） 黎方、李润、蒋世凯整理 边疆文艺 1956年4月9—33页
蛇郎（花灯剧） 徐灿章、王野农、张秉熊、李华祖集体改编 贵州文艺 1956年4月10日总79期42—58页
学文化（彩调） 邓质钢 广西文艺 1956年4月总49期10—14页
白杨寨的早晨（眉户） 白龙、王绳武 陕西文艺 1956年4月号总50、51期38—56、33—55页
质量问题（地方戏） 徐荷生 江西文艺 1956年4月总70期38—46页
重圆（川剧） 黄英 剧本 1956年4月总50期88—92页
采红菱（戏曲） 费淑芬 剧本（农村版） 1956年5月1日第5期1—7页
变了（戏曲） 陈桂珍 剧本（农村版） 1956年5月第5期16页
孟良搬兵（汉剧） 柳荫整理 剧本 1956年5月总51期61—64页
一袋肥田粉（地方戏） 依红改编 江西文艺 1956年5月总71期37—43页
找艾莱（彩调） 武鸣锣墟业余剧团 广西文艺 1956年5月总50期6—9页
两个心眼（粤剧） 赵羽翔原作，谢醒伯、莎红改编 广西文艺 1956年5月总50期9—16页

小姑贤（古典秦腔） 五小玲演出本，刘金荣整理 甘肃文艺 1956年5月总13期44—50
页

文艺 1956年5、6月31—37页
北文艺 1956年5月总109期36—42页
年5月10日25—35页
版） 1956年6月第6期1页
1956年6月第6期17页
（农村版） 1956年6月第6期24页
） 1956年6月第6期32页
文艺 1956年6月总72期29—35页
团 江西文艺 1956年6月总72期34—38页
省《十五贯》整理小组整理、陈思执笔 剧本 1956

1956年6月总56期38—42页
陕西文艺 1956年6月总52期19—30页
内蒙古文艺 1956年6月总24期65—72页
东文艺 1956年6月41—50页
956年6、7月总14期35—40、33—40页
文艺 1956年7月号总53期2—34页
西文艺 1956年7月号总53期35—49页
陕西文艺 1956年7月号总53期50—56页
人民文学 1956年7月总81期63—68页
学 1956年7月总81期69—78页
文编 贵州文艺 1956年7月10日总85期20—29页
石应才、石永成、吴德兴合编 贵州文艺 1956年

文艺 1956年7月总111期30—42页
浙江文艺 1956年7月总57期40—46页
明 内蒙古文艺 1956年7月总25期42—44页
团整理 江西文艺 1956年7月16日总73期35—

56年7月总52期2—10页
·那基克道尔基、莱·达木丁苏荣原作，范钧宏改编
3页

十五贯（昆曲） 陈思执笔 新苗 1956年7月总1期59—84页

九只鸡（地方戏） 朱剑、王其德改编 前哨 1956年7月10日14—27页

搜书院（粤剧） 广东粤剧团整理，杨子静、英汝城、林仙根执笔 剧本 1956年8月总54期33—50页

打鸟（邵阳花鼓戏） 邵阳花鼓戏剧团、湖南省歌剧团整理 剧本 1956年8月总54期73—79页

牛皋扯旨（滇剧） 杨明整理 剧本 1956年8月总54期92—95页

捡柴（小演唱） 田苗 剧本（农村版） 1956年8月第8期18页

半夜失牛犊（戏曲） 钱元亮 剧本（农村版） 1956年8月第8期26页
幸福泉（眉户） 泥浪 甘肃文艺 1956年8月总16期31—36页
留情面（山歌剧） 罗焕文 广东文艺 1956年8月总28期20页
果园拾子（花灯剧） 王正明 贵州文艺 1956年8月25日总88期39—49页
俏妹子（赣南采茶戏） 丁敏等整理 江西文艺 1956年8月16日总74期38—43页
张连卖布（眉户） 李瑞阳 陕西文艺 1956年8月号总54期44—55页
人民警察（谐剧） 王永梭 草地 1956年8月总2期32—37页
谭记儿（川剧） 关汉卿原著，李明璋改编 剧本 1956年9月总55期8—24页
献马（小型戏曲） 杨润身 剧本 1956年9月总55期68—94页
昭君出塞（祁阳高腔） 周宪、朱奇平整理 剧本 1956年9月总55期91—94页
献器材（二人转） 王守章 吉林文艺 1956年9月16日总18期2—3页
回杯记（民间小戏） 李青山等口述、于永江记 吉林文艺 1956年9月1日总17期3—14页
麦收季节（越剧） 俞德川 浙江文艺 1956年9月总59期终刊
巧打算（眉户） 牛忠孝、路占宽 甘肃文艺 1956年9月总17期30—34页
公正人（调子戏） 覃泽 广西文艺 1956年9月总54期6—12页
归来（汉中曲子戏）现代戏 鲁彦周、张世杰 陕西文艺 1956年9月总55期37—64页
监察委员（粤剧） 容艾 广东文艺 1956年9月总29期37—42页
张二嫂（评剧） 魏庆骥 辽宁文艺 1956年9月18期50—57页
三家林（莆仙戏） 陈仁鉴 园地 1956年9月总3期30—36页
状元图（地方戏） 李左之 河北文艺 1956年9月38—46页
扯萝卜菜（湖南花鼓戏） 何保等 民间文学 1956年10月总19期57页
补皮鞋（江西采茶戏） 舒羽 民间文学 1956年10月总19期70页
惊五更（二人台） 张文秀整理 内蒙古文艺 1956年10月总28期57—61页
车辩记（晋剧） 谭权 内蒙古文艺 1956年10月总28期65—72页
穆桂英挂帅（豫剧） 马金凤、宋词整理 剧本 1956年10月总56期55—67页
补皮鞋（江西采茶戏） 剧本（农村版） 1956年10月10期22页
这不是小事情（地方戏） 黄润芳等 广东文艺 1956年10月总30期23—28页
白杨树下（评剧） 翁景澍 辽宁文艺 1956年10月19期47—56页
买胭脂（花灯剧） 杨和胜整理 贵州文艺 1956年10月25日总92期
苏武牧羊（古典秦腔） 五一秦腔剧团改编 甘肃文艺 1956年10月总18期38—40页
赶会（楚剧传统剧目） 集体整理，黄振执笔 湖北文艺 1956年10月10日总105期36—44页
叫差（戏曲） 湖北黄岗汉剧团童少华口述，陈虹整理 长江文艺 1956年10月总86期60—66页
双铧黎（闽剧） 刘珊 园地 1956年10月总4期30—41页
二大妈探病（地方戏） 李青山等改编 长春 1956年10月1日总1期70—72页
假登科（地方戏） 齐家 河北文艺 1956年11月115期11—27页
走娘家（地方戏） 陈雷 河北文艺 1956年11月115期52—59页
打瓜招亲（滇剧） 杨明、梅雪艳整理 剧本 1956年11月总57期65—71页
九子鞭（巴陵戏） 岳阳湘剧团集体整理 剧本 1956年11月总57期72—80页
补碗（楚剧） 童少陔改编 湖北文艺 1956年11月10日总106期33—40页

打鸟（花鼓戏） 何万杰口述，来昌县文化馆记录 广东文艺 1956年11月总31期32—40页
谁无父母（评剧） 陈广春 辽宁文艺 1956年11月22期58—65页
四岔（眉户）传统戏 吴思谦、丁明 陕西文艺 1956年11月号总56期47—62页
李桂芝（花灯剧） 甘振林 边疆文艺 1956年11月70—83页
劝妈妈（眉户）现代戏 民间艺人王治岐 甘肃文艺 1956年11月总19期24—29页
十块钱（地方戏）现代戏 鲁牛 江苏文艺 1956年11月15日总47期5—10页
小两口分家（二人转） 李青山、昶奎改编 长春 1956年11月1日总2期52—53页
大牛和小牛（莆仙戏） 陈仁鉴 园地 1956年11月总5期48—58页
夏收场上（秦腔）现代戏 剑秋 甘肃文艺 1956年12月总20期30—35页
醉打阎王（秦腔）传统戏 姚航整理 甘肃文艺 1956年12月总20期41—46页
刘三犁地（眉户）现代戏 王廷山 甘肃文艺 1956年12月总20期47—51页
杜十娘怒沉百宝箱（眉户） 李云廷演唱本，李海舟整理 甘肃文艺 1956年12月总20期52—56页
田裁缝看亲（楚剧） 唐藻改编 剧本 1956年12月总58期5—8页
打猎回书（湘剧高腔） 崔嵬整理 剧本 1956年12月总58期39—47页
借粮（河南地方戏） 叶川整理 剧本 1956年12月总58期66—73页
大卖菜（二人台） 谭权 内蒙古文艺 1956年12月总30期68—74页
炊事员之光（评剧）现代戏 赵建昌 内蒙古文艺 1956年12月总30期75—84页
自留人（调子戏） 韦优 广西文艺 1956年12月总57期3—10页
蚂蚁抬饭（粤剧） 孔宪荣改编 广西文艺 1956年12月总57期11—16页
包公铡侄（独幕粤剧） 老天寿口述、陈仕元整理 广东文艺 1956年12月总32期
重圆（独幕粤剧） 黄英原作，千里改编 广东文艺 1956年12月总32期43—49页
三保舞龙（阳戏） 杨鲜老口述 新苗 1956年12月总6期19—23页
女社员（花鼓戏） 许在民改编 新苗 1956年12月总6期72—84页
老两口（评剧） 王亚夫 辽宁文艺 1956年12月23期53—62页
村头树下（评剧） 刘军、张德春 辽宁文艺 1956年12月24期58—61页
巧嘴儿（地方戏）传统戏 葛翠琳、黎文 陕西文艺 1956年12月总58期48—51页
隔门贤（道情戏） 乔支 陕西文艺 1956年12月总58期57—62页
党费（地方戏） 左之 河北文艺 1956年12月21—32页
杨三笑（楚剧） 新洲县楚剧团文化馆整理 湖北文艺 1956年12月10日总107期56—73页
六月六（地戏） 徐灿章改编 贵州文艺 1956年12月总96期3—14页
母子俩（地方戏）现代戏 任美 江苏文艺 1956年12月15日总48期25—30页
三看亲（广西彩调） 唐王金等 民间文学 1956年12月总21期85页
鸳鸯嫁老雕（地方戏） 程喜发唱、王肯记 长春 1956年12月1日总3期54—59页
林丁犯夜（川剧：弹戏） 刘裕能等 红岩 1956年12月6期70页
奇错（山东梆子） 刘汉卿整理 前哨 1956年12月10日7—21页
新小放牛（小型秧歌剧） 虞哲光 解放日报 1956年1月29日3版
滇剧“借亲配” 张季纯 光明日报 1956年6月15日3版
十五贯 李信 劳动报 1956年6月26日3版
徐三回社（眉鄂剧） 单德渊 新疆日报 1956年12月30日3版

打铁（花鼓戏） 江东执笔 新苗 1957年1月总6期47—57页
土地戏 孙东成、廖连山唱本 新苗 1957年1月总6期58—62页
假报喜（湘潭花鼓戏） 戴清海 新苗 1957年1月总7期39—46页
界树下（戏曲） 丁清泉 剧本 1957年1期72页
两架山（大弦子戏） 郝福云等整理 剧本 1957年1期78页
张三借靴（赣剧高腔）传统戏 舒羽、聿人整理 星火 1957年1月创43—48页
看麦子的人（小型戏曲）现代戏 白丁 江苏文艺 1957年1月15日总49期29—33页
两妯娌（秦腔） 李藩 陇花 1957年1月29—31页
搬窑（文琴戏） 熊佐禹、张国光、龙万铠、何银枢整理 山花 1957年1月创刊1期57—61页
拉郎配（川剧） 黄丹、黄志德 草地 1957年1、2月总7、8期58—63、44—50页
两亲家（地方戏）现代戏 太兴文化馆文艺组集体创作，劳羊执笔 江苏文艺 1957年2月15日总50期1—12页
一场虚惊（地方戏）现代戏 承新平 江苏文艺 1957年2月15日总50期21—27页
小住家（二人转） 陈万成口述，孙学士整理 哈尔滨文艺 1957年2月1日总10期22—23页
柜中缘（评剧） 哈尔滨文艺 1957年2月1日总10期40—44页
七错（山东梆子） 张继丈口述、杨汉卿等执笔 剧本 1957年2期62页
阳河摘印（蒲州梆子） 秦学敏等整理 剧本 1957年2期76页
夜梦冠带（巴陵汉剧） 杨安江、潘云霞口述，曹藻记录 湖北文艺 1957年2月总109期28—29页
拳打镇关西（粤剧） 杜鉴培 广东文艺 1957年2月40—48页
姑嫂拌嘴（评剧） 赵庆勋 辽宁文艺 1957年2月2期35—36页
杨八姐闹店（传统兰州眉户） 海舟整理，戴煜口述 陇花 1957年2月35—38页
司马茅告状（豫剧） 赵亮卿等整理 奔流 1957年2月总2期
拜月记（长沙湘剧高腔） 朱少希执笔 新苗 1957年2月总7期2—26页
乘龙快婿（地方戏）现代戏 任美 江苏文艺 1957年3月15日总51期12—19页
送蚊帐（地方戏）现代戏 张炳文执笔，宜兴县文化馆整理 江苏文艺 1957年3月15日总51期25—31页
好会计（山歌剧）现代戏 石菊 广东文艺 1957年3月35页
好闺女（秦腔）现代戏 张宝山 陇花 1957年3月24—28页
京娘送兄（滇剧） 李桂兰口述，李桂兰、郭伟然、鲁凝整理 边疆文艺 1957年3月44—49页
拉郎配（川剧高腔） 成都川剧团改编 人民文学 1957年4月总90期103—116页
破四门（云南花灯） 张金华等 民间文学 1957年4月总25期82页
碧血丹心（京剧） 李逸生等 剧本 1957年4期80页
斩李虎（湘剧） 艺联湘剧团艺委会 新苗 1957年4月总9期49—55页
罢宴（京剧） 吴少岳 辽宁文艺 1957年4月总46期32—34页
三关排宴（上党梆子） 山西长治专区人民剧团演出本 剧本 1957年5期46页
徐公案（上党梆子） 洛林整理 剧本 1957年5期88页
红军灯（花灯） 梅世德等整理 山花 1957年5月56—59页
劝爱宝（评剧） 赵惠文等口述，楚衷白改编 蜜蜂 1957年5月7日总5期13—20页

鲍不平（评剧） 刘子学 辽宁文艺 1957年5月总47期34—37页
捶金扇（花灯传统剧目） 杨炯明、戴旦、熊介臣整理 边疆文艺 1957年5—6月合期100—103页
包公碎銮舆（粤剧） 李雁 广东文艺 1957年6月40页
探阴山（京剧） 李宝櫆改编 剧本 1957年6期42页
捆被套（柳琴戏） 宋词整理 剧本 1957年7期64页
李逵探母（京剧） 翁偶虹、袁世海 剧本 1957年7期70页
退红旗（粤剧）现代戏 黄润芳改编 广东文艺 1957年7月24—30页
此路不通（山歌剧）现代戏 李龙添 广东文艺 1957年7月33—39页
孟姜女（评剧） 王亚平 春雷 1957年7、8月31—35、39—43页
碰壁（山歌剧）现代戏 石菊 广东文艺 1957年8月27—33页
金鳞记（戏曲） 田汉等 剧本 1957年8期20页
苏六娘（潮剧） 张华云等 剧本 1957年9期62页
张二嫂看戏（小戏曲） 属工 剧本 1957年9期85页
等他（地方戏） 李光复 剧本 1957年8期92页
新棉衣（粤剧）现代戏 钟帆 广东文艺 1957年9月43—50页
打督邮（传统秦腔） 甘草整理 陇花 1957年9月51—53页
百里奚认妻（汉剧） 杨启祥整理 南国戏剧 1957年10月20日（创）总1期35页
闹钗（潮剧） 广东潮剧团创作组整理 南国戏剧 1957年10月20日总1期37—40页
狗衔金钗（琼剧） 伍洪芳等整理，林炬执笔 南国戏剧 1957年10月20日总1期41—46页
姑娘心里不平静（甬剧） 胡小孩 剧本 1957年10期19页
请厨师（小戏曲） 宗铨 剧本 1957年10期97页
绿原红旗（京剧） 省京集体创作、张武明执笔 青海湖 1958年10月增1期2—20页
夜会（眉户） 姚航、秦良玉 陇花 1957年10月29—33页
赵万利下乡（地方戏） 松青等 桥 1957年10月第7期34—37页
要打出洞蛇（独幕粤剧） 如松、余壮 广东文艺 1957年10月43—54页
送米记（婺剧） 方平、刘苏改编 东海 1957年11月45—58页
好女儿（山歌剧） 石菊 广东文艺 1957年11月38—43页
桃花扇 章翠 语文教学 1957年11月15—16页
试刀面（秦腔） 赵燕翼 陇花 1957年12月33—38页
三块木板（秦腔） 陇农 陇花 1957年12月39—42页
在合作食堂里（眉户） 罗英章 陇花 1957年12月47—50页
防霜以前（眉户） 王廷山 陇花 1957年12月51—54页
秋瑾 成容 剧本 1957年12月12期7页
新推磨（小型剧曲） 杨子固 剧本 1957年12月12期91页
柳二姑现形记（地方戏） 熊维喜、郭家森 桥 1957年12月第9期30—34页
母女顶嘴（河南曲子小戏） 金城整理 桥 1957年12月第9期35—37页
乔老爷上轿（弹戏） 重庆川剧院改编 人民文学 1957年12月总97期73—89页
十五的月亮（越剧） 慕容舸 东海 1957年12月47—51页
三拜花堂（地方戏） 清苑哈哈剧团演出本，曹子祥整理 蜜蜂 1957年12月7日总12期39—48页

团圆之后（莆仙戏） 陈仁鉴 热风 1957年12月12—28页
分粮记（评剧）现代戏 赵庆勋 春雷 1957年12月12—18页
王大娘进城（小评剧） 谷音 黑龙江日报 1957年1月15日3版
第一天劳动（地方戏）现代戏 练福和 江苏文艺 1958年1月5日总4期9—14页
风雨双舟（地方戏）现代戏 吴蓟 江苏文艺 1958年1月5日总4期20—25页
妈妈高兴了（地方戏）现代戏 茅望四 江苏文艺 1958年1月5日总4期30—34页
苏吉尼玛（藏戏） 王尧译 青海湖 1958年1月21—24页
张二梅看郎（万载地方戏） 余一冈整理 星火 1958年1月40—43页
掀车（小戏曲） 苍水 剧本 1958年1月1期82页
双喜临门（地方戏）现代戏 王武陵、耿淑武 江苏文艺 1958年2月5日总5期10—17页
补灶爷（眉鄠剧） 丁明 陕西日报 1958年2月9日3版
卓瓦桑姆（藏戏） 王尧译 青海湖 1958年2月22—29页
一窑砖（地方戏）现代戏 陈云逸 江苏文艺 1958年3月5日总6期28—33页
诺桑（藏戏） 王尧译 青海湖 1958年3月2—8页
遇亲（花鼓戏） 筱毛三 湖南教育 1958年3月第3期40页
夏元淳（九场京剧） 范钧宏等 剧本 1958年3月3期42页
月夜黑影（地方戏）现代戏 冯群 江苏文艺 1958年4月5日总7期18—21页
小小风波（地方戏）现代戏 如东五义二社创作组邓新改写 江苏文艺 1958年4月5日总7期24—29页
朗萨姑娘（藏戏） 王尧译 青海湖 1958年4月22—29页
刘介梅（四幕八场楚剧） 丁邑等 剧本 1958年4月第4期53页
填池塘（地方戏）现代戏 吴江县锡剧团集体龚征执笔 江苏文艺 1958年5月5日总8期12—16页
岳母女婿一样病（地方戏）现代戏 俞介君、谢鸣 江苏文艺 1958年5月5日总8期25—29页
顿月顿珠弟兄（藏戏） 王尧译 青海湖 1958年5月32—36页
打草鞋（地方戏）现代戏 张锦峥 江苏文艺 1958年6月5日总9期21—25页
赤美滚登（藏戏） 王尧译 青海湖 1958年6月6—11页
一罐银元（五场眉户戏） 咸阳周陵乡“五一”一社俱乐部 剧本 1958年6月49页
扬鞭万里趁东风（三场新戏曲） 湖南三都资兴煤矿职工方昌期 小剧本 1958年7月总2期4页
舞石磙（黄梅戏） 马子林 小剧本 1958年7月总2期12页
开矿（新戏曲） 周振清 小剧本 1958年7月总2期24页
全家插红旗（地方戏）现代戏 小炊 江苏文艺 1958年7月5日总10期9—12页
六十寿辰（扬剧）现代戏 邗江 韦人 江苏文艺 1958年7月5日总10期24—27页
鬼神惊（小型戏曲） 邱真 戏曲战线 1958年7月创刊号28页
战鼓催春（湖南花鼓戏） 陈曦等 人民文学 1958年7月41页
朝阳沟（六场豫剧） 杨兰春 剧本 1958年7月42页
费萨尔王朝的末日（新戏曲） 张智、李骐骥 小剧本 1958年8月总3期13页
婆媳之间（新戏曲） 王景中 小剧本 1958年8月总4期6页
红旗谱（评剧） 梁斌原著，邱林改编 戏剧战线 1958年8月号总2期19页

迎头赶上（小型眉户剧） 西安市阿房区阿房乡五一农业社业余剧团集体创作 西安戏剧 1958年8月27日第15、16期18页
川剧《丁佑君》选曲 陈书舫演唱、林云鹏记谱 戏曲音乐 1958年8月8期35页
巧遇（地方剧） 刘粤基 人民文学 1958年8月60页
红色的种子（十三场江苏锡剧） 夏阳等 剧本 1958年9月15页
四川白毛女（十三场川剧） 池克明等 剧本 1958年9月46页
比比看（豫剧） 杨兰春、赵籍身 剧本 1958年9月66页
张四快（湖南花鼓戏） 许在民 剧本 1958年9月71页
劝导员（闽剧） 林飞 剧本 1958年9月74页
两个铜观音（新戏曲） 江萍 小剧本 1958年9月总5期17页
槐荫重逢（新戏曲） 钟昭栋 小剧本 1958年9月总5期22页
夫妻相逢（新戏曲） 张真、戴不凡 小剧本 1958年9月总6期1页
搬窑（豫剧） 周海水口述，王焕亭等整理 戏剧战线 1958年9月号总3期48页
五根檩（新戏曲） 徐水县遂城人民公社干部郝东风 小剧本 1958年10月总7期25页
卖水车（新戏曲） 武斌、王湘 小剧本 1958年10月总7期29页
土高炉旁（新戏曲） 章昊 小剧本 1958年10月总8期1页
士别三日（曲剧） 刘振烝、孙逊 小剧本 1958年10月总8期9页
半夜送砖办高炉（新戏曲） 海门文化馆集体创作 小剧本 1958年10月总8期27页
风雨同路人（越剧） 黄世钰 剧本 1958年10月10期78页
灿烂前程（地方戏） 皓青 剧本 1958年10月86页
全家争上游（地方戏）现代戏 李权 江苏文艺 1958年10月20日总15期12—14页
淮河两岸一朵花（泗州戏） 沙芦 安徽戏剧 1958年10月1日创刊号总1期30页
丁佑君（川剧）（待续） 李明璋 四川戏曲 1958年10月1日第1期36页
朝霞初现（小型戏曲） 张朴 戏剧战线 1958年10月号总4期19页
过山岗（新戏曲） 苏继坡 小剧本 1958年11月总9期2页
鱼尾板（新评剧） 陈桂珍原作，宜思修改 小剧本 1958年11月总9期17页
全民大练兵（新戏曲） 杨茂林 小剧本 1958年11月总9期24页
体育红旗迎风扬（新戏曲） 熊哨空 小剧本 1958年11月总9期27页
家庭夜战队（新戏曲） 肖孟竣 小剧本 1958年11月总10期9页
钢帅升帐（戏曲活报剧） 河北省豫剧团周孝武 戏剧战线 1958年11月号总5期14页
钢铁元帅破三关 唐山市马家沟砖厂刘永祥 戏剧战线 1958年11月号总5期16页
大浪潮卷平小风波（小型戏曲） 肥乡县曲剧团集体创作 戏剧战线 1958年11月号总5期20页
奇取奶头山（河北梆子） 王昌言根据曲波著《林海雪原》改编 戏剧战线 1958年11月号总5期44页
新农民进城（地方戏）现代戏 周琤杰、陈阳 江苏文艺 1958年11月5日总16期10—13页
妇女钢铁连（新楚剧）（献给恩施双河乡六个办钢铁的妇女） 崔焉 长江文艺 1958年11、12月合刊总111、112期137—144页
婆媳砸矿石（小戏曲） 刘禄祥等 安徽戏剧 1958年11月第2期总2期28页
父女送钢（川剧） 苹萍等集体创作 四川戏曲 1958年11月10日第2期35页
碧血扬州（扬剧） 石来鸿 剧本 1958年11月11期43页

英雄炮兵（新京剧） 张春华、范钧宏 小剧本 1958年12月总11期1页
大丰收中的小喜剧（新戏曲） 孜汲 小剧本 1958年12月总11期22页
两相猜（新戏曲） 沈祖祥 小剧本 1958年12月总11期26页
两个女孩子（新戏曲） 姚舫 小剧本 1958年12月总12期1页
丰收时节（二场越剧） 方海如 小剧本 1958年12月总12期19页
六姑娘（三场秦腔） 甘肃秦腔剧本集体创作，渠丕震、沈爱莲、王界禄执笔 小剧本 1958年12月总12期26页
牛郎织女笑开颜——安徽省庐剧团演出本 金芝 北京文艺 1958年12月12期3页
搬家（评剧） 赵建昌 北京文艺 1958年12月12期11页
捉水鬼（京剧） 范钧宏 北京文艺 1958年12月12期18页
鲜花盛开 罗山豫剧团集体创作 奔流 1958年12月总24期43—49页
红薯王（地方戏曲） 内乡师岗分社文工团集体创作，铁流执笔 奔流 1958年12月总24期48—49页
在钢铁工地上（地方戏曲） 登封县文联业余创作组 奔流 1958年12月总24期50—51页
牛郎织女笑开颜（戏曲庐剧） 金芝 安徽戏剧 1958年12月第3期12页
藏锤记（泗州戏） 霍桂霞等 安徽戏剧 1958年12月总3期44页
团圆饭（梆子戏） 苏继坡等 安徽戏剧 1958年12月总3期49页
喜讯（川剧） 灌县中心乡临江俱乐部集体创作 四川戏曲 1958年12月10日第3期14页
女队长（京剧） 杨作堂 四川戏曲 1958年12月10日第3期18页
两个老人（川剧） 吕武塘 四川戏曲 1958年12月10日第3期31页
鸿顺里（评剧） 杨紫江、冯育坤、林彦、陈嘉章 戏剧战线 1958年12月号总6期18页
看媳妇（地方戏） 永年县文化馆戴月 戏剧战线 1958年12月号总6期42页
红松林 抚州市采茶剧团集体创作 剧本 1958年12月12期53页
转唐山 广东汉剧团编写组 剧本 1958年12月12期89页
人间天上（大型秦腔剧） 宁夏回族自治区银川剧院集体创作 姚以壮、李维涤执笔 陕西戏剧 1958年12月创刊号47页
吹鼓手招亲（陕南端公戏） 裴斐 陕西戏剧 1958年12月创刊号83页
清真寺的秘密（评剧） 乐都县评剧团集体创作 青海湖 1958年12月10—28页
劳动花开映山红（越剧） 石红 浙江日报 1958年4月6日3版
关不住的姑娘（越剧） 胡小孩等 浙江日报 1958年4月9日3版
一日千里（越剧） 顾锡东 浙江日报 1958年4月23日3版
斩断侵略者的黑手（时事京剧） 马少波 人民日报 1958年7月23日8版
旧恨新仇（沪剧） 上海人民沪剧团共青团支部集体创作 文汇报 1958年8月10日3版
牛郎织女笑开颜 金芝 新文化报 1958年11月11日5版
上灶（川剧） 端木梧潭 小剧本 1959年1月总13期8页
查夜（新戏曲） 丁亮 小剧本 1959年1月总13期24页
老来红（新戏曲） 孜汲 小剧本 1959年1月总13期30页
姑嫂看画（小戏曲） 吴蓟 小剧本 1959年1月总14期1页
过春节（小戏曲） 介忠、方文、沙芦 小剧本 1959年1月总14期8页

电影秦腔“火焰驹”选曲（彦贵唱） 陈妙华演唱，薛增禄编曲 戏曲音乐 1959年1月创刊号30页
豫剧“刘胡兰”选曲（母亲唱） 高洁演唱，王基笑编曲 戏曲音乐 1959年1月创刊号32页
京剧“白毛女”选曲（喜儿唱） 杜近芳演唱 戏曲音乐 1959年1月创刊号34页
《长生殿》曲谱（川剧胡琴唱腔选一） 薛义安念腔，饶秉钧记谱，刘全三校胡琴 四川戏曲 1959年1月10日第4期20页
凤英下田（川剧） 金堂县二区龙王乡山村俱乐部集体创作 四川戏曲 1959年1月10日第4期27页
红色炊事员（川剧） 汪洋 四川戏曲 1959年1月10日第4期30页
接女婿（庐剧） 万哲生 安徽戏剧 1959年1月总4期10页
红色三少女（豫剧） 蚌埠专区豫剧团集体创作（王斌等整理） 安徽戏剧 1959年1月（总4）28页
水淹七军（吹腔、拨子） 省徽剧团演出本 安徽戏剧 1959年1月总4期38页
红花岗 广州三轮车工会十分站粤剧组创作，中国戏剧家协会广州分会“红花岗”创作组整理改编 剧本 1959年1月15日8页
大字报（评剧） 天津市艺文评剧团创作小组改编 戏剧战线 1959年1月号总7期31页
接专家（戏曲） 遵化县马相营王占田 戏剧战线 1959年1月号总7期35页
返老还童（戏曲） 王兆梅 戏剧战线 1959年1月号总7期38页
月亮潭（大型秦腔剧） 袁多寿、任国保 陕西戏剧 1959年2月总2期4页
三滴血（秦腔历史剧） 范紫东原著，易俗社集体讨论整理，谢迈千执笔 陕西戏剧 1959年2月总2期42页
捞铁沙（秦腔短剧） 余巧云 陕西戏剧 1959年2月总2期66页
搭玉米（眉户短剧） 李生邦 陕西戏剧 1959年2月总2期69页
浪房（眉户短剧） 小可 陕西戏剧 1959年2月总2期71页
扬剧“二度梅”选曲（“重台别”一场陈杏元独唱） 筱荣贵演唱 戏曲音乐 1959年2月2期26页
昆曲“红霞”选曲（红霞独唱） 李淑君演唱，傅雪漪、吴南青编曲 戏曲音乐 1959年2月2期28页
锡剧“红色的种子”选曲（华小风独唱） 姚澄演唱，郑华改编 戏曲音乐 1959年2月2期30页
眉户剧“梁秋燕”选曲（春生、秋燕对唱） 李瑞芳、任永华唱，朱晞、姚伶、任应凯配曲 戏曲音乐 1959年2月2期33页
节振国（大型京剧） 唐山市京剧团 戏剧战线 1959年2月总8期7页
嫦娥迎宾（戏曲） 河北省戏曲研究室剧本组集体编写 戏剧战线 1959年2月总8期47页
风雨铁牛山（戏曲） 赵禄、周孝武、张觉非、徐雅堂 戏剧战线 1959年2月总8期52页
赵氏孤儿（秦腔）三幕十二场 马健翎改编 剧本 1959年2月2期3页
接女婿（小戏曲） 万哲生 剧本 1959年2月2期90页
双捡菌（小型传统戏曲） 萍乡矿区职工陈焕生、彭志雄、颜训志整理 小剧本 1959年2月总15期6页

休假的日子（小戏曲） 孜汲 小剧本 1959年2月总15期13页
跃进之家（小戏曲） 杨濮华原作、王锡类改写 小剧本 1959年2月总15期16页
婆媳修书（小戏曲） 丹军 小剧本 1959年2月总16期23页
两面红旗（泗州戏） 介忠等 安徽戏剧 1959年2月总5期16页
李素萍（曲剧） 阜阳专区曲剧团整理 安徽戏剧 1959年2月总5期20页
风雨之夜（川剧） 王子章、张昌志 四川戏曲 1959年2月10日第5期11页
鲤鱼哥与黑么姑（堂灯戏） 夹江群众文化代表团 四川戏曲 1959年2月10日第5期14页
一朵红花（曲剧） 枣阳县曲剧团创作组 长江文艺 1959年2月2期61页
夜战莲花江（花鼓戏） 湖南省花鼓戏剧团集体创作 湖南戏剧 1959年2月总3期36页
老还少（秦腔喜剧） 田益荣、萧润华 西安戏剧 1959年2月15日第1期11页
拾袋记（小戏曲） 宁波郭巨人民公社文工团集体创作 小剧本 1959年3月总17期11页
夸亲家（小戏曲） 戴月 小剧本 1959年3月总17期21页
两人行（小戏曲） 浙江巨县文艺代表团集体创作，凌济忠整理 小剧本 1959年3月总18期7页
写春联（小戏曲） 张晶 小剧本 1959年3月总18期12页
借髢髢（小型传统戏曲） 乔羽 小剧本 1959年3月总18期28页
京剧“荒山泪”选曲（七场张慧珠独唱） 程砚秋演唱 戏曲音乐 1959年3月3期31页
川剧高腔“王昭君”选曲（“宫怨”一场王昭君独唱） 鸣凤演唱、吴声整理 戏曲音乐 1959年3月3期33页
采茶戏“三代”选曲（李春兰独唱） 邓筱兰演唱、任祖千、左一民、黄国强整理 戏曲音乐 1959年3月3期36页
春夜（戏曲） 大名县豫剧团张觉非、姜复元 戏剧战线 1959年3月号总9期13页
风雨路上（评剧） 石家庄专区评剧团李振铎 戏剧战线 1959年3月号总9期34页
盘坡（武安平调） 李秀奇、郭文武口述，李秀奇整理 戏剧战线 1959年3月号总9期41页
逃学（眉户剧） 王光哲 西安戏剧 1959年3月10日第2期12页
一杆枪（端公戏） 李玉皎、解予山 西安戏剧 1959年3月25日第3期13页
闹齐庭三折（川剧高腔） 赵循伯整理 四川戏曲 1959年3月10日第6期16页
顾大娘嫁女（川剧高腔） 何天鳌 四川戏曲 1959年3月10日第6期24页
生死牌 刘回春执笔、集体整理 湖南戏剧 1959年3月号30页
三代（八场采茶戏） 凌鹤 剧本 1959年3月第3期51页
借靴（徽剧） 安徽省徽剧团整理 安徽戏剧 1959年3月总6期20页
两妯娌（小戏曲） 于捷 小剧本 1959年4月总19期4页
夜探托儿所（小戏曲） 川沙县顾路人民公社 小剧本 1959年4月总19期22页
分秒必争（小京剧） 北京兴平机械厂文学组、中国京剧院下放干部集体创作 小剧本 1959年4月总20期15页
婆媳的心（小戏曲） 董山江 小剧本 1959年4月总20期25页
汉剧《宇宙锋》选曲（赵艳容独唱） 陈伯华演唱，施正镐记谱 戏曲音乐 1959年4月4期32页
评剧《三里湾》选曲（范登高独唱） 张德福演唱，贺飞音乐设计 戏曲音乐 1959年4

月 4 期 34 页
京剧《十八勇士强渡大渡河》选曲（一）长征诗 （二）得胜令 魏福孙编曲 戏曲音乐 1959 年 4 月 4 期 38 页
送肥曲（小戏曲） 任野萍、赵禄 戏剧战线 1959 年 4 月号总 10 期 38 页
朝阳东升百花开（评剧） 迁安县评剧团任佩馆 戏剧战线 1959 年 4 月号总 10 期 42 页
棉衣做给炼钢人（黄梅戏） 戈原作，王冠亚配曲 安徽戏剧 1959 年 4 月总 7 期 20 页
姑娘的好对象（黄梅戏） 刘振华原著，雪磊改编 安徽戏剧 1959 年 4 月总 7 期 29 页
一家人（淮剧） 江苏省淮剧团 江苏戏曲 1959 年 4 月总 1 期 27 页
打乾隆（京剧） 镇江市京剧团 江苏戏曲 1959 年 4 月总 1 期 35 页
打乾隆 江苏省镇江市京剧团集体 剧本 1959 年 4 月 48 页
一家人 江苏省淮剧团集体创作 剧本 1959 年 4 月 61 页
官禁民灯（淮剧） 马仲贻、吕君樵 萌芽 1959 年 4 月 8 期 7 页
送宝得宝（小戏曲） 钱元亮 小剧本 1959 年 5 月总 21 期 11 页
接喜报（小吕剧） 李经武 小剧本 1959 年 5 月总 21 期 15 页
闹菜园（云南花灯戏） 柯家国、黎音整理 小剧本 1959 年 5 月总 21 期 19 页
考新郎（板板腔） 陕西兴平县召公人民公社文工团集体创作，县文化馆改编 小剧本 1959 年 5 月总 22 期 15 页
张大嫂借驴（小戏曲） 乾县东风人民公社文工团集体创作，咸阳选区代表团整理 小剧本 1959 年 5 月总 22 期 21 页
蒲剧《三家店》选曲（秦琼独唱） 张庆奎演唱，潘仲甫记谱 戏曲音乐 1959 年 5 月 5 期 33 页
沪剧《母亲》选曲（华芳、母亲二重唱） 石筱英、筱爱琴演唱，何树柏编曲 戏曲音乐 1959 年 5 月 5 期 36 页
吕剧《李二嫂改嫁》选曲（李二嫂独唱） 张斌、张禹田编曲，郎咸芬演唱 戏曲音乐 1959 年 5 月 5 期 38 页
黄浦江激流 上海华联扬剧团集体讨论，陆金宝等编剧 剧本 1959 年 5 月 3 页
义责王魁 吕仲 剧本 1959 年 5 月 71 页
百岁挂帅（扬剧） 江苏省扬剧团集体整理，吴白陶等执笔 江苏戏曲 1959 年 5 月总 2 期 18 页
救风尘（锡剧） 江苏省锡剧团剧目组集体改编，俞介君执笔 江苏戏曲 1959 年 5 月总 2 期 35 页
越狱记（大型戏曲） 磁县豫剧一团编导室编剧 戏剧战线 1959 年 5 月号总 11 期 29 页
胡迪骂阎 李果仁整理 湖南戏剧 1959 年 5 月号 31 页
红旗飘在托儿所（四川花鼓戏） 周应政、武定一 红岩 1959 年 5 月 54 页
大红灯（小戏曲） 孙迟 陕西戏剧 1959 年 6 月总 4 期 39 页
上茶山（陕南花腔戏） 李宁整理 陕西戏剧 1959 年 6 月总 4 期 41 页
双献料（陕南端公戏） 西乡剧团集体创作，张化、文瑜执笔 陕西戏剧 1959 年 6 月总 4 期 46 页
回乡记（秦腔剧） 黄本强 陕西戏剧 1959 年 6 月总 4 期 51 页
淮剧《党的女儿》选曲（李玉梅独唱） 筱文艳唱 戏曲音乐 1959 年 6 月 6 期 33 页
越剧《生活的道路》选曲（孔振华独唱） 徐玉兰演唱，高明、春阳记谱 戏曲音乐 1959 年 6 月 6 期 36 页

找樑记（地方戏） 陈亚龙 安徽戏剧（增刊） 1959年6月总12期11页
女驸马（黄梅戏） 安徽省黄梅戏剧团改编 安徽戏剧 1959年6月总9期18页
皮匠挂帅 许啸东、华宏坤 剧本 1959年6月79页
为了夏收（小戏曲） 刘浩 小剧本 1959年6月总23期20页
荀灌娘（河北梆子） 小百花剧团集体创作 戏剧战线 1959年6月号总12期2页
小拜年（花鼓戏） 文运斌口述 湖南戏剧 1959年6月号35页
红二师（大型评剧） 武斌、刘继、张朴、徐天 戏剧战线 1959年7月号总13期4页
评剧《八女投江》选曲（胡秀芝独唱） 张丽华演唱，靳蕾编曲 戏曲音乐 1959年7月7期31页
京剧《嫩水雄鹰》选曲 一、沃登珠独（旦）唱曲 二、火龙太（花脸）独唱曲 刘鑫铃、沈云森、孙德权、王慕秋设计，马玉发记谱 戏曲音乐 1959年7月7期34页
盼红军（淮剧“党的女儿”序幕曲） 张铨、李步才改编 戏曲音乐 1959年7月7期37页
探干妹（云南花灯传统小戏） 杨明改编 小剧本 1959年7月总25期9页
闹新房（小戏曲） 李文贵 小剧本 1959年7月总25期25页
城乡路上（小沪剧） 五一人民公社严乔大队吴林宝 小剧本 1959年7月总26期25页
滚鼓山（京剧） 祁野耘等 剧本 1959年7月73页
闹金阶（汉剧） 黄振 剧本 1959年7月81页
磨房会（徽剧青阳腔） 安徽省徽剧团整理 安徽戏剧 1959年7月总10期16页
淤泥河（徽剧拨子） 安徽省徽剧团整理 安徽戏剧 1959年7月总10期19页
打豆腐（楚剧） 武汉市楚剧团传统剧目整理小组整理 长江戏剧 1959年7月总2期34页
装灶王（花鼓戏） 邵东花鼓戏剧团编剧，王振球执笔 湖南戏剧 1959年7月号25页
樊梨花（淮海剧） 元阜等 江苏戏曲 1959年7月总4期7页
英台思春（泗州戏） 霍桂霞口述，完艺舟整理 安徽戏剧 1959年8月总11期15页
山伯闯帘（庐剧） 董少轩等口述，张智整理 安徽戏剧 1959年8月总11期19页
山伯访友（青阳腔） 安徽省徽剧团研究室整理 安徽戏剧 1959年8月总11期24页
婆媳寄信（推剧） 白实诚 安徽戏剧 1959年8月总11期37页
摘石榴（锡剧） 倪松、匡耀良、沈化南整理 小剧本 1959年8月总27期13页
绿水红莲（小戏曲） 李慧中 小剧本 1959年8月总27期23页
钟媒记（小戏曲） 孔昭勋 小剧本 1959年8月总28期16页
“白蛇传”三折（扬剧） 吴白陶等 江苏戏曲 1959年8月总5期20页
大破天门阵（湘剧） 省湘剧团集体整理 湖南戏剧 1959年8月号28页
僧尼下山（扬剧） 陆夫整理 江苏戏曲 1959年8月总5期30页
喜看京剧《茶山七仙女》 万里 长江戏剧 1959年8月总3期26页
杨绊讨亲（楚剧） 武汉市楚剧团传统剧目整理小组整理 长江戏剧 1959年8月总3期33页
西吉滩（大型秦腔现代剧） 宁夏回族自治区秦剧院集体创作，姚以壮、赵千里执笔 陕西戏剧 1959年8月总6期3页
招郎榜（汉中地方戏） 张世杰 陕西戏剧 1959年8月总6期52页
粤剧《搜书院》选曲 红线女演唱，陆国俊记谱 戏曲音乐 1959年8月8期32页
华剧《借水》选曲 王玉娴演唱，米晞改编，黄玉英、杨世科整理 戏曲音乐 1959年8

月 8 期 38 页
潘杨讼（老调） 刘谷、方峥改编 戏剧战线 1959 年 8 月号总 14 期 12 页
十送英台（皖南花鼓戏） 柯正贵口述，隆冠整理 安徽戏剧 1959 年 8 月总 11 期 13 页
借水车（黄梅戏） 王成树 安徽戏剧（增刊） 1959 年 9 月总 12 期 7 页
花绒记（庐剧） 安徽省庐剧团集体改编，王森、金芝执笔 安徽戏剧 1959 年 9 月总 12 期 15 页
扫花堂（皖南花鼓戏） 芜湖专区皖南花鼓戏剧团整理 安徽戏剧 1959 年 9 月总 12 期 37 页
豫剧《陈三两爬堂》选曲 崔兰田演唱 戏曲音乐 1959 年 9 月 9 期 30 页
越调《收姜维》选曲 申凤梅演唱，赵抱衡记谱 戏曲音乐 1959 年 9 月 9 期 32 页
推字大陆板（扬剧）《鸿雁传书》选曲 高秀英演唱，陈大琦记谱 戏曲音乐 1959 年 9 月 9 期 35 页
打豆腐 武汉楚剧团传统剧目整理小组 剧本 1959 年 9 月 9 期 56 页
响马传（戏曲） 翁偶虹 剧本 1959 年 9 月 9 期 62 页
母子英雄（评剧） 李冰等编剧 戏曲战线 1959 年 9 月总 15 期 28 页
卖银瓶（评剧） 天津市南开区艺文评剧团张淑敏、赵景海 戏剧战线 1959 年 3 月号总 9 期 30 页
张三赶脚（小戏曲） 秋潮 小剧本 1959 年 9 月总 29、30 期 27 页
小翻车（河南曲子） 白永林口述，康子亮改编 小剧本 1959 年 9 月总 29、30 期 37 页
我的一家（花鼓戏） 王方之等 湖南戏剧 1959 年 9 月号 29 页
赵氏孤儿 重庆市川剧院剧目组集体改编 红岩 1959 年 9 月 9 期 13 页
罗帕记（黄梅戏） 安徽省黄梅戏剧团集体改编，金芝、乔志良执笔 安徽戏剧 1959 年 10 月总 13 期 23 页
张飞祭马（青阳腔） 安徽省徽剧团研究室整理，钧宁执笔 安徽戏剧 1959 年 10 月总 13 期 44 页
采桑女（梆子戏） 蚌埠专区文教科剧目组编 安徽戏剧 1959 年 10 月总 13 期 48 页
史河两岸鲜花开（戏曲） 柏木等 安徽戏剧 1959 年 10 月总 13 期 57 页
京剧《穆桂英挂帅》选曲 梅兰芳演唱，张复记谱 戏曲音乐 1959 年 10 月 10 期 30 页
滇剧《千里送京娘》选曲 碧金玉、赵吟涛演唱，金高记谱 戏曲音乐 1959 年 10 月 10 期 32 页
闽剧《紫玉钗》选曲 郭西珠演唱，林学仁记谱 戏曲音乐 1959 年 10 月 10 期 35 页
抢伞 胡小孩 剧本 1959 年 10 月 10 期 6 页
六离门（闽剧） 舒谦 剧本 1959 年 10 月 10 期 36 页
红姐妹（评剧） 周小楼等 剧本 1959 年 10 月 10 期 93 页
借草（小戏曲） 苏宁、籍华 小剧本 1959 年 10 月总 31 期 16 页
京娘送兄（滇戏传统剧目） 鲁凝、郭伟然整理，杨明再度整理 小剧本 1959 年 10 月总 31 期 22 页
瓜园会（湖南花鼓戏） 唐周 小剧本 1959 年 10 月总 32 期 28 页
两颗铃（大型反特眉户剧） 马健翎、黄俊耀、柳风、史雷 陕西戏剧 1959 年 10 月总 8 期 35 页
为孩子遮阳有感（谈现代戏） 慕平 江苏戏曲 1959 年 10 月总 7 期 22 页
菊花（湘剧） 陈曦等 湖南戏剧 1959 年 10 月号 47 页

月照东墙（小戏曲） 关山 小戏曲 1959年10月总32期1页
好邻居（评剧） 线连和 戏剧战线 1959年11月号总17期14页
端花（武安落子） 章羽、王汉星整理 戏剧战线 1959年11月号总17期20页
赶女婿（丝弦） 毛达志整理 戏剧战线 1959年11月号总17期27页
牧羊（河北梆子《苏武》选曲） 王玉磬演唱，郭筱亭、王玉磬编曲 戏曲音乐 1959年11月11期29页
潮剧《辞郎洲》选曲 姚璇秋、翁銮金演唱，陈华、张文、吟词编曲 戏曲音乐 1959年11月11期33页
鬼怨（秦腔《游西湖》选曲） 马蓝鱼演唱，姚伶、荆生彦设计 戏曲音乐 1959年11月11期36页
打龙棚（汉剧） 何朝宏、张友嵩、王道中、陈培基整理 陕西戏剧 1959年11月总9期28页
枫洛池（大型古典道情剧） 甘肃省戏曲剧院剧目组集体创作 陕西戏剧 1959年11月总9期49页
黄公略（祁剧高腔） 邵阳市祁剧团集体创作 湖南戏剧 1959年11月号28页
打铁（花鼓戏） 衡阳市戏改小组集体整理 湖南戏剧 1959年11月号41页
捻军颂（梆子戏） 阜阳专署文教局剧目组 安徽戏剧 1959年11月总14期28页
夜祭（泗州戏） 魏玉林口述，完艺舟整理 安徽戏剧 1959年11月总14期61页
团圆之后 福建省仙游县编剧小组改编 剧本 1959年11月4页
海瑞上疏 上海京剧院集体创作，许思言执笔 上海戏剧 1959年11月2期33页
望娘滩（川剧） 李明璋、朱禾原著，成都市川剧院剧目组整理，刘成基、徐文耀执笔 小剧本 1959年11月总33期19页
婆媳争先（豫剧） 固始县石佛生产大队业余文工队集体创作，固始县京剧团信专剧目组整理 奔流 1959年11月总35期37—39页
一双鞋（小戏曲） 六安县新安人民公社业余剧团集体创作 安徽戏剧 1959年12月总15期11页
撑船（小戏曲） 张良苏 安徽戏剧 1959年12月总15期15页
上长街（小戏曲） 桐城县青草人民公社业余文工团集体创作，汪福来执笔 安徽戏剧 1959年12月总15期18页
河神娶妇（扬剧） 炳辉县扬剧团整理，陈宏杏执笔，蚌埠专区文化局剧目组改编 安徽戏剧 1959年12月总15期35页
贺婚曲（湖南花鼓戏《刘海戏金蝉》选曲） 左希宾编曲 戏曲音乐 1959年12月12期25页
采茶戏《南瓜记》选曲 邓筱兰演唱，左一民编曲 戏曲音乐 1959年12月12期27页
桂剧《雪夜访普》选曲 王盈秋演唱，朱锡华记谱 戏曲音乐 1959年12月12期28页
评剧《金沙江畔》选曲 新凤霞演唱，薛恩厚作词，徐文华等音乐设计 戏曲音乐 1959年12月12期31页
灵堂花烛（柳琴剧） 江苏省柳琴剧团 江苏戏曲 1959年12月总9期23页
奇怪的信（小型地方戏） 尹子 江苏戏曲 1959年12月总9期42页
双进城（淮海剧） 泗阳文化宫集体创作 江苏戏曲 1959年12月总9期47页
战太平（河北梆子） 河北省青年跃进团整理 戏剧战线 1959年12月总18期24页
三争衣（小戏曲） 老杜 戏剧战线 1959年12月总18期27页

请牛医（花鼓戏） 谢让尧 湖南戏剧 1959年12月号39页
父子支援修水利（花鼓戏） 金汉川等 湖南戏剧 1959年12月号45页
吃汤团（小戏曲） 胡泽先 小剧本 1959年12月总35期16页
决口（中型评剧） 吉林洮安评剧团集体创作，刘富堂、彭彩峰执笔 小剧本 1959年12月总36期5页
甜瓜园（豫剧） 开封专署文化局创作组 奔流 1959年12月总36期37—40页
三打王英 福建晋江专区代表队莆仙戏编剧小组 剧本 1959年12月12期98页
隔门贤（关中道情） 长安人民剧团整理 陕西戏剧 1959年12月总10期42页
姑嫂相会（沪剧） 南汇县下沙人民公社 解放日报 1959年1月17日6版
家乡变了样（评戏） 河北日报 1959年1月18日3版
炊事员（眉户剧） 永宁县王太公社业余文工队第三创作组集体创作 宁夏日报 1959年1月25日3版
都是售货员（新京剧） 本报 大公报 1959年2月4日3版
荀灌娘（剧本）（连载） 小百花剧团集体创作 天津日报 1959年4月8至15日4版
赶车 宁夏日报 1959年5月24日3版
团圆之后（蒲仙戏） 福建省仙游县编剧小组改编 文汇报 1959年8月11—16日3版
望媳妇（沪剧） 上海县文化馆 解放日报 1959年11月27日6版
母女红（小越剧） 卢俊迈 浙江日报 1959年12月18日3版
洮河赶船（眉户） 赵燕翼、李海舟 甘肃日报 1959年12月20日3版
柳子戏《玩会跳船》选曲 李艳珍演唱，山东省柳子戏剧团供稿 戏曲音乐 1960年1月总13期32页
柳腔《梁祝姻缘》选曲 张秀云唱，钟庆海记谱 戏曲音乐 1960年1月总13期35页
河南曲剧《下乡》选曲 万宝珠演唱，马力前音乐设计，王培莹记谱 戏曲音乐 1960年1月总13期38页
寻羊（小戏曲） 毛世文 陕西戏剧 1960年1月总11期3页
状元媒（秦腔历史剧） 三意社艺委会集体整理，袁允中执笔 陕西戏剧 1960年1月总11期36页
人民公社万岁（花鼓戏） 湖南省花鼓戏剧团集体创作 湖南戏剧 1960年1月号35页
双下山（湘戏） 陈曦等整理 湖南戏剧 1960年1月号55页
上河工（僮子戏） 南通市僮子戏实验剧团集体创作 江苏戏曲 1960年1月号总第10号43页
舟会（丹剧） 丹阳县文化馆、丹阳县丹剧团集体改编 江苏戏曲 1960年1月号总第10号47页
孙安动本（十场柳子戏） 赵剑秋等整理 剧本 1960年1月1期59页
龙凤呈祥（地方戏） 沙四之 安徽戏剧 1960年1月总16期33页
思春下山（青阳腔） 岳西高腔剧团集体整理，王湛执笔 安徽戏剧 1960年1月总16期45页
孝子冤 安庆市文教局剧目组，安庆市黄梅戏剧团整理，时习之执笔 安徽戏剧 1960年1月总16期50页
新春大吉（莆仙戏） 福建戏剧 1960年1月20日第1期25页
满堂红（沪剧） 陈剑云 上海戏剧 1960年1月1期35页
开门红 石受成改写 长江戏剧 1960年1月总8期43页

远方来信（川剧） 李明璋 峨嵋 1960年1月1期57页
楚剧《红色标兵》选曲 易佑庄编曲 戏曲音乐 1960年2月总14期25页
云南花灯戏《依莱汗》选曲 尹钊改编 戏曲音乐 1960年2月总14期27页
陇东道情《枫洛池》选曲 甘肃戏曲剧院音乐组编曲 戏曲音乐 1960年2月总14期30页
京剧《九江口》选曲 袁世海演唱，张复记谱 戏曲音乐 1960年2月总14期33页
越剧《红楼梦》选曲 徐玉兰演唱，顾振遐、高鸣编曲 戏曲音乐 1960年2月总14期35页
水库红花（地方戏） 完艺舟 安徽戏剧（增刊） 1960年2月（总17）20页
花园扎枪（庐剧） 安徽省庐剧团集体整理 安徽戏剧 1960年2月总17期34页
英台打枣（庐剧） 芜湖市庐剧团剧目室整理，李骐骥执笔 安徽戏剧 1960年2月总17期41页
小包公（坠子戏） 安徽省坠子戏剧团集体整理，王兴予执笔 安徽戏剧 1960年2月总17期50页
养猪场上（陕南端公戏） 西乡城关公社文工团创作组 陕西戏剧 1960年2月总12期32页
巧遇（豫剧） 西安运输西站职工业余剧团集体创作，工人李宪章执笔 陕西戏剧 1960年2月总12期36页
争鸡（眉户戏） 咸阳渭城公社创作组编 陕西戏剧 1960年2月总12期41页
补渠（眉户戏） 贺炳丁 陕西戏剧 1960年2月总12期49页
海舟过关（汉剧传统剧目） 李罗克整理 长江戏剧 1960年2月总9期42页
回心转意（小戏曲） 丁明 小剧本 1960年2月总38期19页
火烧望海楼（京剧） 耒新夏、张文轩 戏剧战线 1960年2月号总20期3页
拜塔（闽剧传统折子戏） 福州闽剧院第一团创作组整理 福建戏剧 1960年2月20日第2期26页
新对象（评剧） 安西 剧本 1960年2月2期60页
箍桶记（越剧） 竺芳森 陈鸿钧 上海戏剧 1960年2月2期45页
工人农民心连心（沪剧） 徐林祥 萌芽 1960年2月3期22页
辛辛苦苦的领工员（地方戏） 张宝增 戏剧战线 1960年3月号总21期9页
杜十娘（河北梆子剧本） 河北省青年跃进剧团整理 戏剧战线 1960年3月号总21期19页
教子（河北梆子剧本） 河北省青年跃进剧团整理 戏剧战线 1960年3月号总21期23页
井台会（丝弦剧本） 保定专区老调剧团整理 戏剧战线 1960年3月号总21期39页
盼红军（京剧《柯山红日》选曲） 张雯英、叶盛兰、张盛利演唱 刘吉曲编曲 戏曲音乐 1960年3月总15期30页
京剧《春闺梦》选曲 程砚秋演唱，周昌华胡琴，肖晴记谱 戏曲音乐 1960年3月总15期33页
湘剧《拜月记》选曲 彭俐侬演唱 戏曲音乐 1960年3月总15期37页
两面红旗（花鼓戏） 浏阳社港公社业余文工团编 湖南戏剧 1960年3月号30页
一盏汽灯（花鼓戏） 衡阳市戏曲创作小组 湖南戏剧 1960年3月号35页
追车（黄梅戏） 重庆市文教局剧目组集体创作 安徽戏剧 1960年3月总18期31页

衣箱　蕾子　安徽戏剧　1960年3月总18期43页
青面兽大战鲁智深　周俊臣　上海戏剧　1960年3月3期42页
老来红（沪剧）　张汀、张昌焕　上海戏剧　1960年3月3期46页
斗诗亭　胡小孩　剧本　1960年3月30页
《敬酒》（梅林戏）　泰宁城关业余剧团　福建戏剧　1960年3月20日第3期25页
好大婶（小戏曲）　李慧中　小剧本　1960年3月总39期30页
闹渡——根据传统花灯剧“昭江渡”整理　杨明、黎方　民间文学　1960年3月3期76页
朵朵葵花向阳开（三场评剧）　芜湖市文化局剧目组编剧　张华执笔　小剧本　1960年4月总40期1页
张大娘进城（小戏曲）　李横　小剧本　1960年4月总40期13页
红烧鸡（小戏曲）　松江县新五公社文工团徐林祥　小剧本　1960年4月总40期33页
刘成看菜（云南传统花灯戏）　李润、余荣琨、熊介臣、黎方、鲁凝改编，陈源编曲　小剧本　1960年4月总40期41页
白雪红心（二夹弦）　陈金龙　安徽戏剧　1960年4月总19期10页
全家红（泗州戏）　赵继云　安徽戏剧　1960年4月总19期20页
沙河调（淮北梆子）　钟铭勋　安徽戏剧　1960年4月总19期29页
柯山红日（文幕京剧）　陈其通原著，范钧宏改编　北京戏剧　1960年4月8日第1期83页
柯山红日　范钧宏改编　北京戏剧　1960年4月4期83页
豫剧《冬去春来》选曲　马琳演唱艺术室音乐组集体编曲　戏曲音乐　1960年4月总16期32页
湖北高腔《拜月记》选曲　易佑庄编曲　戏曲音乐　1960年4月总16期37页
茶山七仙女（京剧）　宜昌市京剧团集体创作　长江戏剧　1960年4月总11期60页
“鸡毛飞上天”（沪剧）　丁是娥等　上海戏剧　1960年4月4期51页
为了六十一个阶级弟兄（大型评剧）　陈北鸥等　戏剧战线　1960年4月号总22期32页
郭可钦（闽剧）　福州闽剧院创作组　福建戏剧　1960年4月20日第4期23页
包公赔情　宋长清等改编　剧本　1960年4月4期96页
隔垛高墙隔重山（沪剧《星星之火》选曲）　筱爱琴、李锦华唱，刘如曾编曲整理　戏曲音乐　1960年5月总17期27页
越剧《斗诗亭》选曲　大风编曲　戏曲音乐　1960年5月总17期31页
评剧《张士珍》选曲　新翠霞演唱，天津市评剧院二团集体编曲　戏曲音乐　1960年5月总17期34页
京剧《四川白毛女》选曲　刘秀荣演唱，黄金陆编曲　戏曲音乐　1960年5月总17期37页
程红梅（庐剧）　皖西庐剧团集体创作　安徽戏剧　1960年5月总20期18页
红旗日（小戏曲）　湾九　安徽戏剧　1960年5月总20期59页
好管家（小戏曲）　汤学楚　小剧本　1960年5月总41期31页
怒火燎原（小戏曲）　李慧中、张洁　小剧本　1960年5月总41期37页
送猪（眉户剧）　省戏曲剧院一团集体创作　陕西戏剧　1960年5月总15期45页
活捉罗根元（昆剧）　徐子权改编　江苏戏曲　1960年5月号总第14号22页
则天皇帝（越剧）　吴琛　上海戏剧　1960年5月5期31页
武大妈（戏曲本）　晋东南专区上党落子剧团编导组集体创作　山西戏剧　1960年5月总

1期18页
渤海怒涛（大型评剧） 天津市评剧院集体创作 戏剧战线 1960年5月号总23期1页
生活的凯歌（评剧） 集体创作 安西等执笔 北京戏剧 1960年5月8日第2期3页
跃进花 高琛等 剧本 1960年5月5期91页
评剧《金沙江畔》选曲 马泰演唱，贺飞设计 戏曲音乐 1960年6月总18期31页
京剧《巴林怒火》选曲 张小霞、牛炳印演唱 昭盟京剧团集体编曲 戏曲音乐 1960年6月总18期33页
蒲剧《薛刚反朝》选曲 阎逢春演唱 戏曲音乐 1960年6月总18期36页
朵朵葵花向阳开（越剧） 芜湖市文化局剧目组 安徽戏剧 1960年6月总21期39页
杨八姐救兄（泗州戏） 五河县泗州戏剧团整理 安徽戏剧 1960年6月总21期52页
文成公主（九场昆曲） 许金驹编，黄励等整理 北京戏剧 1960年6月8日第3期13页
草原烽火（十五场京剧） 乌兰巴干原著，王雁改编 北京戏剧 1960年6月8日第3期55页
春满人间（沪剧） 上海五金交电公司彭美德、上海食品第一商店方卞 小剧本 1960年6月总42期1页
彩凤双飞（越剧） 杭州市工人业余艺术团集体创作 小剧本 1960年6月总42期12页
抗旱序曲（小型戏曲） 秦玉祥 戏剧战线 1960年6月号总24期45页
打灶神（楚剧传统剧目） 武汉市楚剧团艺术室整理 长江戏剧 1960年6月总12、13期33页
鸡毛飞上天 丁是娥等 剧本 1960年6月48页
锦江街 成都市川剧一团创作，王志秋等 四川文学 1960年6月6期51页
春满人间 彭美德、方卞 上海戏剧 1960年6月6期48页
义民册（扬剧） 吴白陶、杜章林、欧阳钦 江苏戏曲 1960年6月号总第15号45页
满江红（秦腔历史剧） 张敏之 陕西戏剧 1960年7月总17期23页
徐学惠（评剧）（未完待续） 昌黎县评剧团集体创作 戏剧战线 1960年7月号总25期52页
彩凤飞翔（大型曲剧） 北京曲艺团曲剧队集体创作，刘司昌等执笔 北京戏剧 1960年7月8日第4期56页
势如破竹（越剧） 芜湖市越剧团集体创作 安徽戏剧 1960年7月总22期34页
太湖儿女（沪剧） 无锡市沪剧团集体创作，李俊良执笔 江苏戏曲 1960年7月号总第16号15页
反帝烽火处处烧（时事活报京剧） 林涵表 小剧本 1960年7月总43期1页
杨门女将（大型京剧）（附选曲） 范钧宏、吕瑞明 北京戏剧 1960年7月8日 第4期12页
三盗令（京剧） 吕瑞明、陈延龄 北京戏剧 1960年5月8日第2期72页
佘赛花（十二场京剧） 景孤血、祁野耘 北京戏剧 1960年6月8日第3期74页
双报喜（小戏曲） 刘西霖 安徽戏剧 1960年8月总23期18页
姊妹花（小戏曲） 宋津 安徽戏剧 1960年8月总23期23页
英台担水（庐剧） 繁昌县庐剧团剧目组集体整理 安徽戏剧 1960年8月总23期27页
全家红（小戏曲） 中国人民解放军某部鹤龄、文彪、瑞祥、有琪 戏剧战线 1960年8月号总26期26页
徐学惠（评剧）（续完） 昌黎县评剧团集体创作 戏剧战线 1960年8月号总26期34页

过街的老鼠（反帝街头剧创作选） 莆田县编剧小组 福建戏剧 1960年8月第8期31页
朱文太平线（梨园戏传统剧目） 省梨园戏剧目工作组整理 福建戏剧 1960年8月第8期36页
插秧苗（越剧） 南京市越剧团集体创作 众思、大为、金羽、建华执笔 江苏戏曲 1960年8月号总第17号25页
张飞审瓜（锡剧） 镇江专区锡剧院集体创作，黄珏执笔 江苏戏曲 1960年8月号总第17号52页
让水（眉户剧） 陕西省戏曲剧院 陕西戏剧 1960年8月总18期18页
喜讯（小戏曲） 王光鼎执笔 陕西戏剧 1960年8月总18期25页
墙头记 山东省鲁剧研究院艺术室集体改编 剧本 1960年9月8、9期174页
搬窑 贵州省黔剧演出团 剧本 1960年9月8、9期190页
大别山上红旗飘（黄梅戏） 岳西县黄梅戏剧团集体创作 安徽戏剧 1960年9月总24期28页
海瑞（高甲戏） 南安县高甲戏剧团集体整理 福建戏剧 1960年9月第9期29页
寇准罢宴（京剧） 江苏省京剧院创作研究室集体整理 江苏戏曲 1960年9月号总第18号22页
一棵苹果树 晋东南戏曲编导组整理 山西戏剧 1960年9月总2期27页
宝莲灯（河北梆子） 河北省青年跃进剧团集体创作 王昌言执笔 戏剧战线 1960年9、10月号总27期31页
满江红 马少波等 剧本 1960年10月10期45页
义民册 吴白匋等 剧本 1960年10月10期86页
笋江波（高甲戏） 王冬青 福建戏剧 1960年10月10期28页
花香万家（柳琴剧） 江苏省柳琴剧团集体创作 李大任、王季务执笔 江苏戏曲 1960年10月号总第19号15页
走上第一线（地方戏） 晨星改写 安徽戏剧 1960年10月总25期48页
白沟河（曲本）（新编历史剧） 赵乙等 山西戏剧 1960年10月总3期28页
车马奔腾（小戏曲） 张良苏 安徽戏剧 1960年11月总26期14页
四老让书（戏曲） 太湖县文教局剧目组等编 安徽戏剧 1960年11月总26期18页
送花（小戏曲） 芜湖市文化局剧目组集体创作 安徽戏剧 1960年11月总26期26页
擒鬼记（小戏曲） 红雨 安徽戏剧 1960年11月总26期31页
等女婿（甬剧） 筱小民 上海戏剧 1960年11月11期39页
风雨送来（昆曲现代剧） 上海市戏曲学校师生 上海戏剧 1960年11月11期43页
吴明同志（豫剧） 天津市豫剧团集体创作 赵大明执笔 戏剧战线 1960年11、12月总28期49页
春到黄河滩（淮海剧） 江苏省淮海剧团集体创作 张立平、吴毓璞执笔 江苏戏曲 1960年11月号（总第20号）37页
张飞审瓜 镇江专区锡剧院艺术室黄珏执笔 剧本 1960年11月11月号91页
亲家婆顶咀（山东五音戏） 山东省淄博市五音剧团整理 民间文学 1960年12月12月号50页
拐磨子（山东五音戏） 山东省淄博市五音剧团整理 民间文学 1960年12月12月号67页
罢宴 周玑璋等改编 上海戏剧 1960年12月12期40页

新女婿探亲（小评剧）　向然　黑龙江日报　1960年1月10日3版
访女婿（眉户小演唱）　张牧、李海舟　甘肃日报　1960年1月13日3版
跃进桥边（越剧）　沈祖安　浙江日报　1960年1月15日3版
大喜日（沪剧小演唱）　林文　解放日报　1960年1月22日6版
怒打瘟神（越剧活报）　曹韦等　文汇报　1960年6月20日3版
阿宫　王彦铭　陕西日报　1960年6月22日3版
赶“瘟神”　贵阳市评剧团集体创作　贵州日报　1960年7月3日5版
十二个老矿工　重庆市川剧院剧目组　重庆日报　1960年9月24日3版
满圆春（淮剧）　张明　解放日报　1960年10月8日6版
下乡前夜（小戏曲）　安庆市文教局剧目组　安徽戏剧　1961年1月总28期7页
赶郎（传统小戏）　宗合　安徽戏剧　1961年1月总28期11页
卖甜瓜（传统戏）　灵璧县泗州戏剧团整理　安徽戏剧　1961年1月总28期16页
抢伞（小戏曲）　胡小孩　安徽戏剧　1961年1月总28期27页
灯（小戏曲）　张庆和　安徽戏剧　1961年1月总28期34页
梵王宫　山西戏曲剧院艺术室集体改编　山西戏剧　1961年1月总6期19页
徐策跪城　周信芳　上海戏剧　1961年1月1、2期32页
寸金桥　广东省湛江专区戏曲研究会、粤西粤剧团　剧本　1961年1月1月号10页
新来的队长（小型戏曲）　高华民　戏剧战线　1961年1月总29期38页
春花争艳（新戏曲）　李进义等　山西戏剧　1961年2月总8期15页
半把剪刀　天方整理改编　剧本　1961年4月4月号40页
香罗帕　薛艳秋、张洪恩口述提纲，重庆市川剧院剧目组整理　剧本　1961年4月4月号72页
嵩口司　福建仙游县编剧小组改编　剧本　1961年5、6月号4页
禹门关　唐彬如等　剧本　1961年5、6月号61页
许仙谢医　泉州市高甲戏剧团剧目工作组　剧本　1961年5、6月号73页
荷珠配　重庆市川剧院整理，李文韵等执笔　剧本　1961年5、6月号113页
审剧本　江苏剧目工作委员会扬州分会、扬州市扬剧一团　剧本　1961年5、6月号133页
谢瑶环　田汉　剧本　1961年8月7、8期6页
李慧娘（昆曲）　孟超　剧本　1961年8月7、8期78页
吹鼓手招亲（陕南八岔戏）　裴斐　剧本　1961年8月7、8期147页
双验（京剧）　田宝山等　延河　1961年8月号37页
莺莺听琴（二人转“西厢”一折）　王守田演唱，耿英整理　文艺红旗　1961年9月号46页
三关排宴（上党梆子）　赵树理　电影文学　1961年9月号50页
钟离剑　中国评剧院集体讨论，安西等执笔　剧本　1961年9月号4页
三搜店　陈立祥等　剧本　1961年10期57页
卖布　河北邯郸专区平调落子剧团　剧本　1961年10期72页
“孟丽君”　李健吾　文艺报　1961年10期2页
金马驹　张觉飞、刘志轩　河北文学（戏剧增刊）　1964年10月4期61页
金沙滩　山东济宁市山东梆子剧团艺委会改编，王传友执笔　剧本　1961年11月11月号74页
跳无常（浙江省绍剧团演出本）　剧本　1961年12月12月号80页

女吊（浙江省绍剧团演出本） 剧本 1961年12月12月号84页
五郎破阵（戏曲剧本） 念禾 长江文艺 1961年12月总135期67页
小二姐做梦（河南豫剧） 曹金瑞口述，周则生整理 民间文学 1961年12月12月号76页
寒江解索（小型花鼓戏） 集群 新湖南报 1961年1月3日3版
挂年画（小戏曲） 于捷 宁夏日报 1961年1月29日3版
姐妹观灯（二人转） 万军 吉林日报 1961年2月14日4版
争出工（花鼓戏） 胡寿盘 新湖南报 1961年11月12日3版
思凡 广东粤剧院艺术室整理 南方日报 1961年12月24日3版
鸳鸯谱 成都市川剧院剧目 剧本 1962年1月1月号41页
李逵绣花（川剧、弹戏） 朱禾 四川文学 1962年1月1月号46页
孙友骂相（黔剧根据贵州弹词改编） 林丹 山花 1962年1月1月号36页
束画眉 赣南采茶剧团整理 星火 1962年1月1期50页
杨瞎子讨人（豫南花鼓戏） 蔡宽智、林曾信 奔流 1962年1月1月号19页
小黑驴儿（坠子） 蒋敬生整理 长江文艺 1962年2月1期78页
螺蛳姑娘（僮戏） 文山僮族苗族自治州僮剧团 边疆文艺 1962年2月2期41页
挑菜（二人台） 河北文学 1962年2月2月号75页
赶脚（河北丝弦戏） 刘艳芳整理 民间文学 1962年2月1期105页
春草闯堂（莆仙戏） 陈仁鉴等 热风 1962年2月2期45页
真假崔三（扬剧） 张洪喜、张庆述，杨雪怀执笔 雨花 1962年2月2期48页
姊妹易嫁（五音戏） 王慎斋执笔 山东文学 1962年2月2月号46页
花打朝 何凌云整理 剧本 1962年2月2月号45页
杨绊讨亲 武汉市楚剧团传统剧目整理小组整理 剧本 1962年3月3月号87页
背女婿（戏剧剧本） 咸阳市周陵公社陵照村俱乐部创作，赵西文执笔 延河 1962年3月3月号48页
火烧磨房 云南大理白族自治州白剧团 剧本 1962年4月4月号23页
红拂夜奔（昆曲） 孟超 人民文学 1962年4月号47页
李逵夺鱼（根据桂剧传统剧目《李逵闹江》整理） 卞璟、蒋金亮 广西戏剧通讯 1962年4月1期28页
东方氏的再嫁（京剧） 刘乃崇 上海戏剧 1962年5月4、5期59页
对褓罗 王春生 奔流 1962年5月5月号39页
强项令 范钧宏、吴少岳 剧本 1962年5月5月号87页
双玉蝉（根据邓超尘整理的同名闽剧传统剧目改编） 王行 剧本 1962年7月7月号31页
宋定伯捉鬼 王放 河北文学 1962年9月9月号42页
连升三级（七场高甲戏） 王冬青 剧本 1962年9月9月号28页
澶渊之盟 陈西汀编剧 剧本 1962年11月10、11月号76页
闹房（山东吕剧） 山东济南市吕剧团集体讨论，于廷臣、弁家明整理 民间文学 1962年12月6期26页
司马貌告状（豫剧） 陈宪章整理 长江文艺 1962年12月6期71页
“爱管闲事”的人（花灯剧） 张志 山花 1962年12月12月号44页
洪月娥做梦（二人转） 李青山述 曲艺 1962年12月6期32页

伏虎　潘振华　剧本　1963年2月 2月号42页
夫妻桥（完）（川剧）　李明璋编，钟曦修改　剧本　1963年2月 2月号75页
山乡巨变（湖南花鼓戏）　孙阳生等改编　湖南文学　1963年2月 1、2月号96页
夺印　李亚如等　剧本　1963年3月 3月号2页
王二小接闺女　周永熙改编　剧本　1963年3月 3月号64页
两亲家　黄宗池　剧本　1963年4月 4月号15页
进宝卖猪　程光远　剧本　1963年4月 4月号37页
三件宝　陆云飞口述、陈冠卿等整理　剧本　1963年4月 4月号61页
龙舟会（衡阳湘剧）（根据王船山原著改编）　衡阳市“龙舟会”剧本发掘整理小组　湖南文学　1963年4月 4月号63页
雷锋　傅昊平　东海　1963年4月 4期5页
刁玉霍说妻　柴国柱　剧本　1963年5月 5月号5页
东风解冻　石未鸿等　雨花　1963年5月 5期1页
小海螺　沈祖安　东海　1963年6月 6期30页
喜临门　郑旭华　东海　1963年6月 6期37页
开渠　赵树理　人民文学　1963年6月 6月号65页
三入师门　胡度　四川文学　1963年6月 6月号53页
打桑园（河北秧歌）　毛兆晃整理　民间文学　1963年6月 3期88页
李双双　李准等　剧本　1963年7月 7月号2页
审椅子　李骐骥　安徽文学　1963年7月 7期101页
罢宴（川剧、高腔）　席明真、李净白　四川文学　1963年7月 7月号51页
两个工分　顾允中　雨花　1963年7月 7期19页
烈火丹心（评剧）　吴家莱等　北方文学　1963年8月 8月号3页
血泪荡（绍剧）　绍兴县《血泪荡》创作小组，沈祖安等改编　东海　1963年8月 8期34页
招亲记（花灯剧）——根据阳戏《打样编筐》改编　卓廉操　山花　1963年8月 8月号65页
相亲记　张方　甘肃文艺　1963年8月 8月号31页
绿叶红花（二人转）　宫钦科　鸭绿江　1963年8月 8月号94页
春梅祝寿　赖扬芬、陈允庄　作品　1963年8月 8期91页
红云崖　梁上泉、陆棨　剧本　1963年9月 9月号3页
春风春雨　李熏陶　剧本　1963年9月 9月号50页
带枪的理发师　章明　作品　1963年9月 9期96页
烈火丹心（评剧）　吴家莱等编　北方文学　1963年9月 9月号42页
宝莲灯（地方戏）　王昌言执笔　剧本　1963年11月 10、11月号114页
鞋底风波　唐洪魁　广西文艺　1963年10月 10月号44页
看女儿（眉户剧）　陈维俭　宁夏文艺　1963年10月 5期47页
换麦记　马春阳、姚明锦　雨花　1963年10月 10期30页
看场（地方戏）　金行健　甘肃文艺　1963年11月 11月号53页
擦亮眼睛（花灯剧）　茁生　边疆文艺　1963年11月 11月号38页
牧羊歌（地方戏）　舒谦　热风　1963年11月 6期41页
奢香夫人（地方戏）　俞白巍、朱云鹏　剧本　1963年11月 10、11月号52页

八一风暴　关玉峰等改编　河北文学　1963年11月1期25页
金豆种　李熏陶　湖南文学　1963年12月号13页
退色　筱毛三　湖南文学　1963年12月号26页
何腾蛟（巴陵戏）　姜思敏等　湖南文学　1963年12月号34页
田老满卖瓜　韦僮蕃　广西文艺　1963年12月号22页
迷途问路　马有田　广西文艺　1963年12月号27页
正气歌　马少波　山东文学　1963年12月号7页
送茶　李坤元　山东文学　1963年12月号23页
花生种　舒羽等　剧本　1963年12月号68页
千纳鞋　诗竹　雨花　1963年12期1页
沙岗村　杨海滨等　奔流　1963年12月创刊号3页
买表记（婺剧）　谭伟　东海　1963年12月号2页
两张借条（楚剧）　张家麒　长江文艺　1963年12月号60页
喜相逢　黄秉德等　北京文艺　1963年12月号31页
柳春桃　奚青汶　北方文学　1963年12月号25页
海上擒匪（二人转）　宫钦科　鸭绿江　1963年12月号81页
借笼担　白浪　延河　1963年12月号48页
三岔路口（小闽剧）　林琅　福建日报　1963年12月4日4版
摔三弦　罗石贤　新湖南报　1963年12月7日3版
送粮歌　黄小炜　福建日报　1963年12月8日4版
好媳妇（曲剧）　蒋振亚　河南日报　1963年12月11日3版
三丑会（评剧）　刘厚明　中国青年报　1963年12月14日4版
社长的女儿　张宇瑞　河南日报　1963年12月24日3版
社长的女儿　张宇瑞　河南日报　1963年12月28日3版
拜新年（对子调）　韦洁晶　广西日报　1963年12月28日4版
墙东墙西　赵龙　甘肃文艺　1964年1月号23页
挖界石（秦腔）　姚舫　甘肃文艺　1964年1月号34页
新三娘教子（秦腔）　郭育麟　甘肃文艺　1964年1月号38页
一件棉袄　万哲生　安徽文学　1964年1期134页
捉“鬼”记　黄光杰　安徽文学　1964年1期146页
《会计姑娘》（中国评剧院集体编写　胡沙、何孝充执笔　张玮、李肖导演　中国评剧院一团演出）　刘乃崇　文艺报　1964年1期7页
春姑拾斧　陈鹤鸣等　长江戏剧　1964年2月1期11页
人欢马叫　刘锡年等　奔流　1964年1期17页
春江水秀（花灯剧）　黎方　边疆文艺　1964年1月1月号46页
红灯记　凌大可等　剧本　1964年2月号40页
桃园沟　戴月　剧本　1964年2月号84页
换房　任红举　剧本　1964年2月号91页
借牛（小戏曲）　刘高　长江戏剧　1964年2月第1期3页
春姑拾斧（小戏曲）　陈鹤鸣等　长江戏剧　1964年2月第1期11页
十八相送（河南曲剧）　高琨整理　民间文学　1964年2月1期139页
王宝钏（根据邱肖鹏等著《五亩地》改编）　老舍著　北京文艺　1964年2月号31页

喜临门　佟紫东　河北文学（戏剧增刊）　1964年2月2期64页
青龙口（桂剧）　李寅　广西文艺　1964年2月号40页
做案板（眉户剧）　翟辰恩　宁夏文艺　1964年2月1期42页
认羊（小沪剧）　姚关弟　上海戏剧　1964年3期23页
风雨红灯　黎方　边疆文艺　1964年3月号18页
霜夜　杜致远　奔流　1964年3月1期57页
神仙灶　金孤　东海　1964年3月号22页
鱼鹰归队（现代戏曲）　高琨　长江戏剧　1964年4月第2期2页
拒亲　徐月波编、陈鹤鸣等整理　长江戏剧　1964年4月2期26页
一筐花　襄阳柿铺俱乐部集体创作，襄阳花鼓剧团改编，刘应武执笔　长江戏剧　1964年4月2期45页
三喜临门　杨军涛等　东海　1964年4月号75页
队长的家事（花灯剧）　戴旦改编　边疆文艺　1964年4月号47页
游厂（花灯）　贵阳矿山机器厂钢花业余艺术团　山花　1964年4月号43页
激浪丹心（地方戏）　梁人　上海戏剧　1964年5月5期33页
刘氏牌坊（地方戏）　万哲　奔流（戏剧专刊）　1964年6月3期13页
八块八（地方戏）　张远　奔流（戏剧专刊）　1964年6月3期51页
卖箩筐（地方戏）　黄俊岭　剧本　1964年6月6月号50页
老两口过年（小戏曲）　孝感县创作组　长江戏剧　1964年6月第3期61页
草原英雄小姊妹（戏）　赵纪鑫　草原　1964年6月6月号51页
同舟共济（越剧）　方海如　东海　1964年6月6月号64页
节振国　河北省唐山市京剧团于英执笔　剧本　1964年7月号2页
红嫂　山东省淄博市京剧团　剧本　1964年7月号36页
送肥记　金素雯　剧本　1964年7月号50页
好媳妇　河南省京剧团　剧本　1964年7月号55页
战海浪　上海京剧院卫明执笔　剧本　1964年7月号64页
强渡大渡河　江西省南昌市京剧团洪艺等执笔　剧本　1964年7月号68页
红管家　河南省京剧团　剧本　1964年7月号76页
打铜锣　李果仁　剧本　1964年7月号89页
开步走（八场桂剧）　李寅　广西文艺　1964年8月7、8月号16页
妈妈，你错了！(桂南采茶)　庞松声　广西文艺　1964年8月7、8月号80页
劝嫂（采茶戏）　朱昌勤原作、钟振辉改编　作品　1964年7月7月号113页
桑园人家（眉户现代剧）　商县文艺创作小组　延河　1964年8月7、8月号22页
把关（地方戏）　筱小民　东海　1964年7月7月号38页
节振国　唐山市京剧团　河北文学（戏剧增刊）　1964年7月3期27页
双教子（楚剧）　孝感县创作组　长江戏剧　1964年8月第4期1页
弹花机（楚剧）　宜都县楚剧团集体创作　长江戏剧　1964年8月第4期12页
扫雪（楚剧）　胡德九　长江戏剧　1964年8月第4期21页
迎难而进（现代戏）　张芃　长江戏剧　1964年8月第4期58页
送秧　安乡花鼓戏剧团张德勋执笔　湖南文学　1964年8月号11页
办嫁妆　德安评剧团孟彪勋执笔　湖南文学　1964年8月号11页
补锅　唐周著、徐叔华改写　湖南文学　1964年8月号22页

真的对不住 梁春明 湖南文学 1964年8月号31页
草原英雄小姐妹——1964年京剧现代戏观摩演出剧目之一 赵纪鑫 剧本 1964年8月8期47页
月明心亮 雷国旦 剧本 1964年8月8期62页
传经记 李三金、新疆军区评剧团排演组改编 新疆文学 1964年8月号55页
绝不是小事 庆阳专区剧团创作组 甘肃文艺 1964年9月9月号18页
普通社员 庆阳专区剧团创作组 甘肃文艺 1964年9月9月号34页
说书阵地 张掖专区七一剧团 甘肃文艺 1964年9月9月号39页
秧（小型戏曲） 崇仁县采茶剧团周悦文执笔 星火 1964年9月号31页
我等着 余干赣剧团编剧组祁玉书等执笔 星火 1964年9月号38页
花床单 胡一辉 星火 1964年9月号55页
奇袭白虎团——一九六四年京剧现代戏观摩演出剧目之一 李师斌等 剧本 1964年9月9月号1页
两个组长 汕头市工人创作组戏剧小组 作品 1964年9月9月号125页
扬鞭催马 王铁耀、周文山 奔流（戏剧专刊） 1964年9月4期41页
探亲 马绍先 山花 1964年9月号46页
樑 林柏森 热风 1964年9月5期45页
六号门（京剧） 陈嘉章等改编 河北文学（戏剧增刊） 1964年10月4期20页
抢险 吴燕 河北文学（戏剧增刊） 1964年10月4期54页
风雨之夜 宁宗宪 安徽文学 1964年10月10期136页
巧遇（花灯剧） 殷宗器 边疆文艺 1964年10月10月号45页
石井村（琼剧） 朱逸群等 作品 1964年10月10月号91页
福来（沪剧表演唱） 范奕中 文汇报 1964年10月25日4版
六号门（京剧改编） 陈嘉章等 新港 1964年10月10月号13页
春风送暖（潮剧） 林乙茂等 作品 1964年11月11月号41页
嫁女（独幕粤剧） 莫志勤等 作品 1964年11月11月号108页
麻包（独幕粤剧） 野风等 作品 1964年11月11月号125页
一颗红心——山西省戏曲现代戏观摩演出剧目（眉户） 临猗眉户剧团创作组 火花 1964年11月11月号40页
彩礼——山西省戏曲现代戏观摩演出剧目 杨炳郁 火花 1964年11月11月号51页
红灯记——一九六四年京剧现代戏观摩演出剧目 翁偶虹、阿甲改编 剧本 1964年11月11月号2页
双教子 湖北省孝感县创作组 剧本 1964年11月11月号49页
儿女奇志 山海勋 奔流（戏剧专刊） 1964年11月5期3页
父女俩 宝丰豫剧团编剧、许昌专区越调剧团改编 奔流（戏剧专刊） 1964年11月5期10页
苗岭风雷（京剧现代戏） 贵阳市京剧团创作组 山花 1964年11月11、12月号90页
智取威虎山——一九六四年京剧现代戏观摩演出剧目 上海京剧院改编 剧本 1964年12月12月号1页
难为迎亲伯（地方戏） 林国雄、徐常波 剧本 1964年12月12月号69页
抢筐（地方戏） 8048部队四连演唱组 剧本 1964年12月12月号76页
两个苹果（戏曲） 安庆专署文教局剧目组改编 安徽文学 1964年12月12期31页

三颗红心（戏曲） 东至县文教局剧目组、安庆专署文教局剧目组 安徽文学 1964年12月12期42页
买牛（戏曲） 稼騄 安徽文学 1964年12月12期53页
黛诺（京剧） 金素秋等改编 边疆文艺 1964年12月11、12月号35页
老树红花（滇剧） 楚雄州创作组 边疆文艺 1964年12月11、12月号57页
长堤（滇剧） 金卓桐 边疆文艺 1964年12月11、12月号81页
三袋土豆（二人转） 徐维志 北方文学 1964年12月12月号39页
步步高（二人转） 今歌 北方文学 1964年12月12月号41页
劳动家风代代传（又名《要当家》）（小评剧） 崔宝库、温远 北方文学 1964年12月12月号56页
红嫂（京剧现代戏） 山东省淄博市京剧团改编 山东文学 1964年12月12期23页
送猪记（小戏曲） 泰安专区戏曲编导组改编 山东文学 1964年12月12期42页
惠芳嫂（琼剧） 林剑、陈亮 作品 1964年12月12月号70页
盘妻（潮剧） 揭阳县锡西俱乐部、玉春香潮剧团创作组 作品 1964年12月12月号128页
评比之前（独幕粤剧） 刘莎 广西文艺 1964年12月12月号23页
金钥匙（川剧弹戏） 温江专区农村文化工作队创作组 四川文学 1964年12月11、12月号33页
韩太公运粮（彩莲船） 王德芳 延河 1964年12月12月号46页
光明路（地方戏） 林连三 新港 1964年12月11、12月号114页
砸秤杆（小戏曲） 王鸿钧 河南日报 1964年1月12日3版
惩罚这个战争罪犯（京剧） 省京剧团剧目组 青海日报 1964年8月15日2版
喜事重重（川剧灯戏） 温江专区农村文化工作队创作组 四川日报 1964年10月26日3版
金钥匙（川剧弹戏） 温江专区农村文化工作队创作组 四川日报 1964年11月10日3版
前沿人家（中型地方戏曲） 李中一等 山东文学 1965年1月1月号3页
不是小问题（山东梆子） 侯云鹏等 山东文学 1965年1月1月号17页
菜场上（独幕眉户戏） 刘文策改编 延河 1965年1月1月号70页
琼花（根据电影《红色娘子军》改编） 周兼白改编 剧本 1965年2月1期48页
小保管上任 剧本 1965年2月1期75页
怎么谈不拢 剧本 1965年2月1期85页
送猪记 李万荣 剧本 1965年2月1期91页
传家宝（地方戏） 新云平、王景中 奔流（戏剧专刊） 1965年2月1期8页
麦苗青青（地方戏） 原创 奔流（戏剧专刊） 1965年2月1期15页
车水欢歌（地方戏） 王少先 奔流（戏剧专刊） 1965年2月1期29页
槽头新曲（小戏曲） 东阿县业余戏剧创作组 山东文学 1965年2月2月号51页
一颗滚珠（评剧） 哈尔滨市评剧团 北方文学 1965年2月2月号32页
山花烂漫（越剧） 顾锡东 收获 1965年2月2期73页
一绺线麻（小戏曲） 中夭 长春 1965年2月1期67页
红灯记（京剧现代戏剧本） 翁偶虹、阿甲改编 红旗 1965年2月2期34页
接亲人（小戏曲） 靳选第 火花 1965年2月2月号35页

红花曲（地方戏） 无锡市文化局戏曲创作研究室 剧本 1965 年 4 月 2 期 33 页
一颗红心 临猗眉户剧团创作组 剧本 1965 年 4 月 2 期 62 页
掏粪 马泰 戏剧报 1965 年 4 月 4 期 47 页
大风之歌（戏曲剧本） 商水县剧目组 奔流（戏剧专刊） 1965 年 5 月 2 期 13 页
游乡（戏曲本） 项城县剧目组 奔流（戏剧专刊） 1965 年 5 月 2 期 43 页
扒瓜园（戏曲本） 范县戏剧创作组 奔流（戏剧专刊） 1965 年 5 月 2 期 49 页
树人 宝丰县豫剧团 奔流（戏剧专刊） 1965 年 5 月 2 期 55 页
婚事（眉户剧） 曹学植 甘肃文艺 1965 年 5 月 5 月号 32 页
老赤卫队员的一家（陇剧） 李应魁 甘肃文艺 1965 年 5 月 5 月号 40 页
镶牙记（二人转） 儒鹏等 曲艺 1965 年 6 期 33 页
人民的好车站（二人转） 苗蕾 曲艺 1965 年 6 期 44 页
南方烈火（戏曲本）（根据上海人艺的同名话剧改编） 胡沙等 剧本 1965 年 6 月 3 期 19 页
一颗红心（眉户剧戏曲艺术片剧本） 临猗县眉户剧团创作组 电影文学 1965 年 6 月 6 月号 23 页
三个红领巾（评剧） 哈尔滨市评剧团 北方文学 1965 年 6 月 6 月号 30 页
考媳妇（秦腔） 张承铎 甘肃文艺 1965 年 6 月 6 月号 40 页
内蒙古自治区一九六五年革命现代戏曲会演节目专辑（一双鞋、追书担、老双红、秀梅办学、牧民与司机、山村购销员、王院生） 陈宁等 草原 1965 年 6 月 3 期 46 页
松江渡（小戏曲）（根据高志伟的同名歌剧改编） 王近朱等 长春 1965 年 6 期 8 页
喜迎春（戏曲本） 白文清等 甘肃文艺 1965 年 7 月 7 月号 27 页
买床单（戏曲本） 任风仪 甘肃文艺 1965 年 7 月 7 月号 37 页
送山芋（戏曲本） 王保舜 河北文学（戏剧增刊） 1965 年 7 月 3 期 37 页
新库工（戏曲本） 夏寿邦 河北文学（戏剧增刊） 1965 年 7 月 3 期 62 页
春花烂漫（戏曲本） 陈传湘 星火 1965 年 7 月 7 月号 75 页
雪地红心（戏曲本） 昌文 星火 1965 年 7 月 7 月号 79 页
双教子（楚剧） 湖北省孝感县创作组原著、湖北省戏曲学校编导组整理 长江文艺 1965 年 7 月 7 月号 24 页
上任（戏曲本） 王毅 北方文学 1965 年 7 月 7 月号 76 页
管得宽（川剧、弹戏） 大竹县农村川剧团创作组 四川文学 1965 年 7 月 7 月号 29 页
一对红（小型京剧） 鲁桂林等 剧本 1965 年 8 月 4 期 77 页
一路平安（小型京剧） 长春市京剧团创作组 剧本 1965 年 8 月 4 期 82 页
让马（小型京剧） 陈昊等 剧本 1965 年 8 月 4 期 89 页
五岔口（小型京剧） 江金惠 剧本 1965 年 8 月 4 期 93 页
南方姊妹 吕竹 北方文学 1965 年 8 月 8 月号 5 页
让马 陈昊等 北方文学 1965 年 8 月 8 月号 34 页
女民兵（粤剧） 梧州市实践粤剧团创作组 广西文艺 1965 年 8 月 8 月号 10 页
比武之前（眉户剧） 严子江 甘肃文艺 1965 年 8 月 8 月号 52 页
风雷渡（京剧） 上饶市创作组等 星火 1965 年 8 月 8 月号 51 页
天天向上（戏曲本） 仲志成 长春 1965 年 8 月 4 期 54 页
斗书场（戏曲本） 河南商水县剧目组 剧本（增刊） 1965 年 9 月 3 期 8 页
枫林渡（根据京剧《把关》整理） 齐欣 剧本（增刊） 1965 年 9 月 3 期 24 页

送粮（戏曲本） 湖南省戏曲工作室《送粮》改编小组 剧本（增刊） 1965年9月3期45页
东海小哨兵（戏曲本） 浙江温州专区瓯剧团 剧本（增刊） 1965年9月3期50页
风雷渡（京剧） 江西上饶市京剧团 剧本（增刊） 1965年9月3期64页
越海插旗（京剧） 北京京剧二团 剧本（增刊） 1965年9月3期72页
红姐妹（川剧、弹戏） 南充专区戏剧创作组 四川文学 1965年9月9月号32页
柜台之外（小戏曲） 张志清 河北文学（戏剧增刊） 1965年10月4期33页
一桶炸药（小戏曲） 韩耀宗 河北文学（戏剧增刊） 1965年10月4期53页
治山迷（小戏曲） 李裕民 河北文学（戏剧增刊） 1965年10月4期66页
三朵小红花（彩调剧） 周民霞 羊城晚报 1965年10月5日2版
三朵小红花（彩调剧） 周民霞 广西文艺 1965年10月10月号41页
杏花雨（戏曲本） 农建十一师政治部文工团 甘肃文艺 1965年10月10月号52页
借牛（汉剧） 刘高 长江文艺 1965年10月10月号9页
人欢马叫（戏曲本） 许文 剧本 1965年10月5期67页
烽火桥头（戏曲本） 路丁 长春 1965年10月5期57页
接新娘（眉户） 于川 甘肃文艺 1965年11月11月号5页
苦练（秦腔） 薛培栋 甘肃文艺 1965年11月11月号12页
参军之前（秦腔） 盖国善 甘肃文艺 1965年11月11月号17页
喜相逢（小戏曲） 李耕五 奔流（戏剧专刊） 1965年11月4期14页
车轴记（小戏曲） 新野县农村文化工作队 奔流（戏剧增刊） 1965年11月4期21页
探亲记（小戏曲） 张生一等 奔流（戏剧增刊） 1965年11月4期33页
两个老社员（花灯剧） 郭思九 边疆文艺 1965年11月11月号7页
支前（小戏曲） 云南人民艺术剧院花灯剧团创作组 边疆文艺 1965年11月11月号14页
朝阳（戏曲本） 谢民 广西文艺 1965年11月11月号55页
一笼麦穗（陕南地方戏） 明登文 延河 1965年11月11月号34页
腾屋（小戏曲） 李厚义 长江文艺 1965年12月号43页
两个售货员（小戏曲） 石首县百货公司 长江文艺 1965年12月号62页
婆媳之间（独幕粤剧） 贵县西江粤剧团创编组 广西文艺 1965年12月号43页
闹春潮（二人转） 束己等 北方文学 1965年12月号21页
心向集体（眉户剧） 张映文等 甘肃文艺 1965年12月号67页
沂河两岸（吕剧） 《沂河两岸创作组》 山东文学 1965年12月号38页
喜鹊喳喳（四场戏曲） 许天柏 火花 1965年12月号增刊1页
学黎坪（戏曲联唱） 汉中县文工团创作组 延河 1965年12月号26页
迎新人（采茶戏） 田承富 星火 1965年12月号3页
怎么谈不拢（赣南采茶戏） 《怎么谈不拢》创作组 解放日报 1965年1月7日5版
小保管上任（高安采茶戏） 《小保管上任》创作组 解放日报 1965年1月9日5版
秧（抚州采茶戏） 崇仁采茶剧团 解放日报 1965年1月9日6版
一家都为建设忙（花鼓戏） 刘松培 湖南日报 1965年1月22日4版
三回船（山东梆子） 胡沁 人民日报 1965年1月23日6版
沙家浜（根据文牧原著沪剧《芦荡火种》改编） 北京京剧团 人民日报 1965年3月18—20日5、6版

毛泽东思想的颂歌（花灯剧） 桂桦 贵州日报 1965年4月27日3版
东海小哨兵 温州专区瓯剧团 浙江日报 1965年5月23日4版
传枪（京剧）（根据豫剧《传家宝》改编） 高嘉麟 河南日报 1965年6月19日3版
追蛋（越剧） 谢乃才 中国青年报 1965年6月22日3版
人民的好车站（二人转本） 苗蕾 辽宁日报 1965年6月22日3版
瓜园记（戏曲本） 联荣等、伟凡改编 辽宁日报 1965年7月10日3版
传枪（戏曲本） 高嘉麟改编 广州日报 1965年7月12日4版
补锅（小型花鼓戏） 唐周等 羊城晚报 1965年8月6日2版
下滩地（秦腔） 周至县司竹公社马坊大队俱乐部创作组 陕西日报 1965年8月7日3版
游乡（曲剧） 河南省商丘专区项城县剧目组编剧、张路整理 羊城晚报 1965年8月16日2版
借牛（汉剧） 刘高 湖北日报 1965年9月5日3版
双教子（楚剧） 孝感县创作组 湖北日报 1965年9月8日3版
游乡（河南曲剧） 河南省周口专区项城县剧目组 大公报 1965年9月20日3版
打铜锣（花鼓戏） 李果仁 人民日报 1965年9月25日6版
鱼水情深（戏曲本） 刘应选等 辽宁日报 1965年9月10日3版
把关（黔剧） 贵州省毕节专区剧目工作组 贵州日报 1965年10月10日3版
游乡（曲剧） 项城县剧目组 河南日报 1965年10月14日3版
一分钱（锡剧） 嘉定县望仙公社业余创作组 文汇报 1965年10月14日3版
一袋麦种（广东汉剧）（根据赖扬芬、陈允庄原作《春梅祝寿》改编） 陈衍等 南方日报 1965年10月30日3版
追蛋（小戏曲） 谢乃才 人民日报 1965年11月27日5版
海瑞罢官（历史剧）（根据北京出版社1961年11月出版的《海瑞罢官》第一版转载） 吴晗 文汇报 1965年12月7日4版
镶牙记（二人转） 儒鹏等 人民日报 1965年12月31日6版
三下桃园（中路梆子） 晋中青年晋剧团 火花戏剧专刊 1966年1期1页
山村供销员（上党梆子） 屯留麟山剧团 火花戏剧专刊 1966年1期21页
半把挫刀（中路梆子） 太原市万柏林文化宫职工业余文艺创作组 火花戏剧专刊 1966年1期44页
靶场风波（中路梆子） 昔阳晋剧团 火花戏剧专刊 1966年1期50页
抢耕（蒲州梆子） 行乐贤 火花戏剧专刊 1966年1期59页
春燕曲（三场豫剧） 郭茂如 奔流（戏剧专刊） 1966年1期20页
赶船（小戏曲） 项城县剧目组 奔流（戏剧专刊） 1966年1期44页
两床棉絮（天沔花鼓戏） 天门县天沔花鼓剧团 长江文艺 1966年1月号17页
两根压条（汉剧） 柳荫 长江文艺 1966年1月号31页
猎虎迎春（小京剧） 江西宜春专区《猎虎迎春》创作组 小剧本 1966年1月总43期35页
姑嫂打靶（小戏曲） 韩桂林 河北文学（戏剧增刊） 1966年第1号25页
新农村（白剧） 龙门公社俱乐部创作组 边疆文艺 1966年1月号16页
双送肥（关中道情） 谢正义 延河 1966年1月号23页
去接王杰的枪（吕剧） 李二 解放军文艺 1966年1月号59页

小站内外（小型戏曲） 安徽省萧县编写组集体创作 小剧本 1966年2月总44期2页
去接王杰的枪（小吕剧） 济南部队《青春红似火》创作组集体创作 李二执笔 小剧本 1966年2月总44期32页
新人骏马（小型戏曲） 安徽省宿县文化科剧目组集体创作 小剧本 1966年2月总44期41页
一家人（小型戏曲） 艾文等 河北文学（戏剧增刊） 1966年2期6页
轰鸡（小型戏曲） 尧山壁 河北文学（戏剧增刊） 1966年2期15页
焦裕禄（七场京剧） 河南省京剧团编导组 奔流（戏剧专刊） 1966年2期12页
焦裕禄（八场豫剧） 焦作市文化局剧目组 奔流（戏剧专刊） 1966年2期62页
滚河夜渡（小戏曲） 宜城县创作组 长江文艺 1966年2月号57页
两箩谷子（花灯戏） 王相忠 边疆文艺 1966年3月号38页
一杯茶（小型戏曲） 杜金玺等 小剧本 1966年3月总45期32页
牛栏春雨（小型戏曲） 安徽和县《牛栏春雨》创作组 小剧本 1966年4月总46期35页
追驴（小型戏曲） 山西夏县蒲剧团创作组改编 小剧本 1966年4月总46期46页
知心人（滇剧） 红河哈尼族彝族自治州戏剧创作组 边疆文艺 1966年4月号31页
回门新曲（戏曲） 历城县窑头大队文化室 山东文艺 1966年4月号64页
一毫米（二人转） 北票县曲艺创作组 曲艺 1966年4期32页
巴山儿女（小戏曲） 薛长明 延河 1966年4月号47页
板凳墙（小戏曲） 重庆市川剧院创作组改编 小剧本 1966年5月总47期11页
双赴会（小戏曲） 凤章 小剧本 1966年5月总47期29页
表演之前（小戏曲） 上海第一纺织机械厂创作组创作 薛福昌执笔 小剧本 1966年5月总47期41页
好上加好（越剧） 江西省赣州市越剧团 解放日报 1966年1月12日5版
谢瑶环（剧本） 田汉 光明日报 1966年2月2日4版

戏曲史研究

（一）剧种史及其艺术特点

腰鼓与花鼓　阿合　大众影剧　1949 年 9 月总 3 期
台湾的草台戏　定　大众影剧　1949 年 9 月总 5 期
谈谈京戏的凝固化问题　魏晨旭　新民报　1949 年 10 月 23 日
京剧里的几种迷信方式　洛根　新民报　1949 年 10 月 30 日
范瑞娟谈新越剧　文汇报　1949 年 10 月 27 日
越剧当前的问题　袁雪芬　大公报　1949 年 11 月 13 日
秧歌剧的音乐　哈华　解放日报　1949 年 12 月 27 日
仅存的宗教剧——目连戏　陈忠美　戏曲报　1950 年 1 月 3 卷 10 期
年轻的地方戏——四平调　张紫等　戏曲报　1950 年 1 月 3 卷 10 期
楚剧奋斗史　王若愚　戏剧新报　1950 年 1 月总 5 期
旧剧新话　李啸仓　戏剧新报　1950 年 1 月总 5 期
大众京剧的改造　葛多　戏曲报　1950 年 3 月 1 卷 2 期
长沙的几种地方戏　刘斐章　长江文艺　1950 年 3 月 2 卷 2 期
略谈旧剧的表演方法　愚翁　戏曲报　1950 年 3 月 1 卷 5 期
中国戏曲发展史略与旧剧革命的方向　杨绍萱　人民戏剧　1950 年 4 月 1 卷 1 期
没落时期京戏的美学观　阿甲　人民戏剧　1950 年 4 月 1 卷 1 期
谈甬剧　衡延　戏曲报　1950 年 4 月 1 卷 8 期
从山西梆子看传统的中国唱法　郭兰英　文艺报　1950 年 4 月 2 卷 3 期
宁波的越剧　姜凡　戏曲报　1950 年 5 月 1 卷 11 期
常锡文戏近况　赵更生　戏曲报　1950 年 5 月 1 卷 12 期
江淮戏的过去与现在　仇长奎　戏曲报　1950 年 5 月 2 卷 1 期
常锡戏要加紧学习改造　张茂生　戏曲报　1950 年 6 月 2 卷 4 期
怎样改造常锡戏　王钦元　戏曲报　1950 年 6 月 2 卷 5 期
从历史的发展看昆腔戏的前途　戴不凡　戏曲报　1950 年 6 月 2 卷 6 期
介绍饶河戏　叶红　江西文艺　1950 年 6 月 1 卷 1 期
南昌的地区方戏　安文　长江文艺　1950 年 6 月 2 卷 5 期
谈豫剧的“推陈出新”　赵悔深　河南文艺　1950 年 6 月 1 卷 2、3 期合刊
淮扬戏近况　刘凤嶙　戏曲报　1950 年 7 月 2 卷 7 期
京剧的“人物介绍”　陶雄　戏曲报　1950 年 7 月 2 卷 9 期
从地方戏看京戏　程砚秋　人民戏剧　1950 年 7 月 1 卷 4 期
楚剧原始曲调记谱第一阶段的工作　康贻　戏剧新报　1950 年 7 月总 11 期
解放前后的江淮戏　骆宏彦　戏曲报　1950 年 8 月 2 卷 12 期
关于倒七戏　张紫　戏曲报　1950 年 8 月 2 卷 12 期
金华昆腔戏　戴不凡　戏曲报　1950 年 8 月 3 卷 1 期
关于绍兴高腔　戴不凡　戏曲报　1950 年 8 月 3 卷 1 期
闽南戏与闽南戏艺人的现状　文浩　戏曲报　1950 年 8 月 3 卷 1 期
方言剧与地方形式　光未然　人民戏剧　1950 年 8 月 1 卷 5 期

对粤剧改进的意见　欧阳山　戏剧新报　1950年8月总12期
贵州农村中的戏剧　白浪　贵州文艺　1950年8月1卷1期
漫谈河南梆子　光　戏曲报　1950年9月3卷3期
绍兴平调　文郎　戏曲报　1950年9月3卷3期
从秧歌剧到地方戏　黄芝冈　人民戏剧　1950年9月1卷6期
谈江浙地方戏的幕表制　徐扶明　戏曲报　1950年10月3卷5期
江西的赣剧　聿人　戏曲报　1950年10月3卷5期
评黄芝冈论黄巾起义的问题　王纲　戏曲报　1950年10月3卷5期
泗州小戏初步调查　蓝戈等　戏曲报　1950年10月3卷5期
试论地方戏的产生及其来源　马彦祥　新戏曲　1950年10月1卷2期
河南曲子戏　吕忠爽　新戏曲　1950年10月1卷2期
黄梅调　王兆乾　新戏曲　1950年10月1卷2期
我对地方戏的认识和几点意见　虞棘　山东文艺　1950年10月1卷5期
吕戏介绍　苗晶　山东文艺　1950年10月1卷5期
关于弋阳腔　武建伦　江西文艺　1950年10月1卷5期
漫谈评剧“做工”　陈素珍　河北文艺　1950年10月总12期
论京戏中“引子”的作用　钟琴　戏曲报　1950年11月3卷6期
我们怎样处理越剧男女合演的音乐问题　茅芦　戏曲报　1950年11月3卷7期
关于桂戏　方非　戏曲报　1950年11月3卷7期
维扬戏的发展概况　杨少坪等　戏曲报　1950年11月3卷7期
皮黄剧的变质换形　周贻白　新戏曲　1950年11月1卷3期
云南的地方戏　戴旦　新戏曲　1950年11月1卷3期
论京戏与地方戏的关系问题　杨绍萱　新戏曲　1950年11月1卷3期
淮海小戏及其艺人的改造和提高　魏海平　戏曲报　1950年12月3卷8、9期
我对越剧音乐的管见　童振达　戏曲报　1950年12月3卷8、9期
湖南的花鼓戏　李厚光　戏曲报　1950年12月3卷8、9期
绍兴平胡调的初步调查报告　布毂　戏曲报　1950年12月3卷8、9期
中国戏曲史上的南北曲问题　杨绍萱　人民戏剧　1950年12月2卷2、3期
关于中国戏曲发展的几个实例　周贻白　人民戏剧　1950年12月2卷2、3期
越剧曲调的构成形式　蓬绿　戏剧新报　1950年12月总16期
王燕成谈“道情”　戏剧新报　1950年12月总16期
丝弦老调和评戏唱法的初步研究　汤雪耕　人民音乐　1950年12月1卷4期
秦腔唱法的初步研究　张树楠　人民音乐　1950年12月1卷4期
初步改造中的闽剧　陈啸高　福建日报　1950年2月21日
新越剧万象更新　梅朵　文汇报　1950年2月25日
谈穷生戏　周信芳　文汇报　1950年3月29日
昆曲还有前途吗　罗常培　文汇报　1950年6月22、23日
谈粤曲小调剧　李门　南方日报　1950年7月1日
沪剧要回到群众中去　丁是娥　大公报　1950年7月30日
新文化运动与戏剧革命　杨绍萱　文汇报　1950年8月6日
京剧的布景和灯光　钧宏　新民报　1950年8月21日
关于粤剧曲本中的小曲问题　白瑜　南方日报　1950年9月9日

谈京剧中牌子的源流及如何运用　迟景荣　新民报　自1950年10月9日始连载15篇
甬剧不被人瞧不起——谈甬剧的今昔　金迅　大公报　1950年10月28日
由新曲艺的演出展览谈到曲艺剧　尚奇　新民报　1950年11月27日
谈京戏与地方戏——访问马彦祥先生　本报记者　文汇报附刊　1950年12月13日
新扬琴戏（吕戏）介绍　屈人　戏曲报　1951年1月3卷10期
关于常锡剧　倪鑫森　戏曲报　1951年1月3卷10期
福建的新乐剧及其革命传统　陈啸高　戏曲报　1951年1月3卷11期
吕戏介绍（上）　山东省立剧院戏工室　戏曲报　1951年1月3卷11期
三个不完全的调查统计（一）全国戏曲种类及其流行区域初步统计　本刊资料室　新戏曲　1951年1月1卷4、5期合刊
绍兴的高腔　蒋星煜　戏曲报　1951年2月4卷1期
桂戏一瞥　陈志良　新戏曲　1951年2月1卷6期
江淮戏的曲调　鲁竹忆述、石明等记谱　戏曲报　1951年3月4卷2期
江浙地方戏的对子戏　徐扶明　戏曲报　1951年3月4卷3期
越剧话旧（连载）　竺静华　大众戏曲　1951年3—11月1卷1—9期
武宁茶戏介绍　黎宁　江西文艺　1951年3月2卷1、2期
赣戏的音乐　程南豪　江西文艺　1951年3月2卷1、2期
“黄梅调”的初步调查　张紫　戏曲报　1951年4月4卷4期
关于锡剧　高阳　戏曲报　1951年4月4卷5期
苏南苏北各城市流行戏曲种类图　华东文化部戏改处　戏曲报　1951年4月4卷5期
谈锡剧的新发展　徐扶明　戏曲报　1951年4月4卷5期
山东省各城市流行戏曲种类图　华东文化部戏改处　戏曲报　1951年4月4卷5期
赣剧中的宝藏　李啸仓　长江文艺　1951年4月4卷3期
略谈越剧唱词的写作　徐进　戏曲报　1951年5月4卷6期
皖南皖北各城市流行戏曲种类图　华东文化部戏改处　戏曲报　1951年5月4卷6期
浙江省各城市流行戏曲种类图　华东文化部戏改处　戏曲报　1951年5月4卷6期
福建省各城市流行戏曲种类图　华东文化部戏改处　戏曲报　1951年5月4卷6期
谈江浙地方戏的同场戏　徐扶明　戏曲报　1951年5月4卷6期
凤阳花鼓的演变　蒋星煜　戏曲报　1951年5月4卷7期
全国戏曲种类及流行区域初步统计修正与补充　本刊资料室　新戏曲　1951年5月2卷1期
京剧故事来源的初步统计　景孤血　新戏曲　1951年5月2卷1期
中国戏剧声腔的三大源流　周贻白　新戏曲　1951年5月2卷1期
谈山西梆子　大兵　新戏曲　1951年5月2卷1期
中国的傀儡戏（上）（下）　陈志良　新戏曲　1951年5、6月2卷1、2期
“五音戏”的初步调查　李赵璧等　戏曲报　1951年6月4卷8期
雁北的地方戏“耍孩儿”　李这剧　戏曲报　1951年6月4卷8期
谈谈“洛阳曲子”　谷剑东　戏曲报　1951年6月4卷9期
全国戏曲种类统计修正　本刊资料室　新戏曲　1951年6月2卷2期
失传了的赛剧　吕军　新戏曲　1951年6月2卷2期
地方戏曲、民歌调查研究工作介绍　王少岩、苗晶　山东文艺　1951年6月2卷5、6期合刊

丝弦老调兴评戏的唱法中所涉及的音韵问题　杨荫浏　人民音乐　1951年6月2卷4期
谈江浙地方戏的弹词戏　徐扶明　戏曲报　1951年7月4卷10期
在困难中前进的闽南戏　朱碧波　戏曲报　1951年7月4卷11期
关于“谈谈洛阳曲子”　李振山　戏曲报　1951年7月4卷11期
关于汉调二黄　陈哲生　新戏曲　1951年7月2卷3期
谈河南梆子　魏镇清　新戏曲　1951年7月2卷3期
介绍闽南戏　龚书铎　新戏曲　1951年7月2卷3期
“全国戏曲种类及其流行区域初步统计”修正与补充　本刊资料室　新戏曲　1951年7月2卷3期
山东“茂腔”和“柳腔”的介绍　纪根垠　新戏曲　1951年8月2卷4期
湖南花鼓戏的音乐　刘已明　人民音乐　1951年8月2卷6期
“倒七戏”曲调介绍　汪飘　戏曲报　1951年8月4卷12期
绍兴鹦歌戏　文郎　戏曲报　1951年8月4卷12期
秦腔源流质疑　程砚秋、杜颖陶　新戏曲　1951年11月2卷6期
在改革中的湖南花鼓戏　阎锷金　新戏曲　1951年11月2卷6期
洛子戏音乐介绍　关立人　人民音乐　1951年12月总15期
怎样具体研究评戏的唱腔　鲁人　新民报　1951年1月15日
江西戏曲宝藏——介绍赣戏　程耘平、王荧　江西日报　1951年2月4日
谈评戏发展的方向　慕家　新民报　1951年3月5日
京剧发展略史（连载）　张繆子　大公报　1951年6月2日
地方戏动态　新戏曲研究会　新民报　1951年6月4日
产生不良效果的“时装京剧”　俞律　文汇报　1951年11月19日副页
铲除评戏中的“活词”　新凤霞、李凤阳　文汇报　1951年11月30日副页
向现代剧发展的淮剧　骆宏彦　大公报　1951年12月15日
新评剧在剧场中取得了优势——《小女婿》在东北评剧院一年演出126场　安西、颜长珂　戏曲新报　1952年1月总135期
大家来写花鼓戏　周乐和　湖南文艺　1952年6月总12期
我对在评戏基础上发展新歌剧的看法　程光华　东北文艺　1952年9月总31、32期
评剧可以作为创造新歌剧的根据　齐复春　东北文艺　1952年9月总31、32期
如何丰富评戏音乐的表现力　吴蕤　东北文艺　1952年9月总31、32期
评戏不能表现我们今天伟大工人阶级的思想感情　尔文　东北文艺　1952年9月总31、32期
要从发展上看问题　刘洙　东北文艺　1952年9月总31、32期
北京的“曲剧”　老舍　说说唱唱　1952年9月总33期
要端正评剧及评剧艺人的看法　郎进　东北文艺　1952年10月总33期
评剧的生长和发展　美晨　东北文艺　1952年10月总33期
试谈评剧的发展及其音乐　何力　东北文艺　1952年10月总33期
我们的看法　夏青等　东北文艺　1952年10月总33期
我对评剧的看法和认识　曹克英　东北文艺　1952年10月总33期
以评剧为基础，可以发展新歌剧　梁志异　东北文艺　1952年10月总33期
我对评剧开始有了新的认识　马宏勋　东北文艺　1952年10月总33期
在评剧的基础上稳步发展，把歌剧推向新的历史阶段　刘剑吟　东北文艺　1952年10月总

33 期
虚心向民族、民间艺术学习　编辑部整理　东北文艺　1952 年 11 月总 34 期
我对于以评剧为基础发展新歌剧的看法　显谛　东北文艺　1952 年 11 月总 34 期
由评剧的发展来谈发展民族的新歌剧　东川　东北文艺　1952 年 11 月总 34 期
百花齐放中的桂戏　欧阳予倩　文艺报　1952 年 11 月总 75 期
谈谈川剧　何洛　文艺报　1952 年 11 月总 75 期
谈谈京戏中的人物　哲堂　新民报　1952 年 1 月 14 日
看《生死恨》谈京剧的化妆　黄立珈　新民报　1952 年 2 月 18 日
评戏的发展方向　鲁人　新民报　1952 年 3 月 1 日
试谈曲艺剧的改进和发展　何迟　天津日报　1952 年 5 月 20 日
集录采茶曲调的体会　冯琪　广西日报　1952 年 5 月 23 日
漫谈“河南梆子”　杨织如　新民报　1952 年 6 月 16 日
试谈京戏的表演问题　子产　新民报　1952 年 7 月 21 日
评剧的演变及其发展　记者　大众报　1952 年 10 月 11 日
越剧的成长及其发展　记者　大众报　1952 年 10 月 18 日
戏曲艺术中的两朵鲜花——介绍“泗州戏”和“黄梅调”　程芷　文汇报　1952 年 11 月 14 日
民间戏曲艺术的两个花朵——看过黄梅戏和泗州戏的演出之后　张拓　大众报　1952 年 11 月 15 日
中南区地方戏曲种类简介　本报　文汇报　1952 年 12 月 9 日
川剧音乐漫谈　乔东君　光明日报　1952 年 12 月 18 日
川剧简介　本报　东北日报　1952 年 12 月 22 日
东北戏曲界与川剧团座谈——向川剧学习　赵慧珠　东北日报　1952 年 12 月 29 日
谈川剧的音乐　李尼　东北日报　1952 年 12 月 30 日
略论川剧的传统、现状及其远景　李长路　西南文艺　1953 年 1 月号
怎样使豫梆剧的艺术形式便于表现现实生活　樊粹庭　西北文艺　1953 年 1 月总 28 期
把地方戏曲重视起来　湘之　山东文艺　1953 年 4 月复刊 2 期
民族艺术的丰富遗产——川剧高腔音乐　邱之漾、周静　西南文艺　1953 年 1 月总 13 期
谈傩戏　王兆乾　文艺月报　1953 年 7 月总 7 期
试谈黄梅调　洪非　文艺月报　1953 年 7 月总 7 期
河南梆子的男声唱腔问题　程云　长江文艺　1953 年 10 月总 50 期
二人转表演上的几个问题　苏宁　吉林文艺　1953 年 11 月二本合期
常锡剧音乐的形成与基本特征（连载）　叶林　人民音乐　自 1953 年 12 月总 16 期始
和几位名演员谈川剧——欢迎西南区代表团来津演出　章凤琳　天津日报　1953 年 1 月 5 日
看川剧的一些感想　邓泛　大众报　1953 年 1 月 10 日
百花齐放的桂剧　欧阳予倩　广西日报　1953 年 1 月 18 日
从湖南的剧种谈到湖南得奖的剧目　刘斐章　湖南日报　1953 年 1 月 21 日
贵州的花灯　张志　新黔日报　1953 年 2 月 2 日
调子戏在宜山　江容安　广西日报　1953 年 2 月 27 日
谈民间小戏、拆唱及其他　李岳南　北京日报　1953 年 3 月 22 日
全国戏曲会演以来的粤剧界　邝君侠　南方日报　1953 年 8 月 15 日

试谈京剧艺术上的几个问题——东北区观摩演出大会观后　杜颖陶　光明日报　1953年9月15日
黔东南的侗戏　赵道祺　新黔日报　1953年10月23日
山东地方戏——吕剧概况　张斌　大众日报　1953年11月12日
上海近来演出的越剧和沪剧　张十方　光明日报　1953年2月14日
谈湖剧和睦剧　李朴园　浙江日报　1953年12月23日
谈黄梅戏　洪非　安徽文艺　1954年1月总17期
我对京戏小生唱法问题的一些意见　龚允怡　人民音乐　1954年2月总17期
泗州戏介绍　绿渠　安徽文艺　1954年3月总18期
对京戏小生唱法的我见　陈陶　人民音乐　1954年4月总18期
京戏小生唱法可不必发展　吴晓铃　人民音乐　1954年4月总18期
元人杂剧史（连载）　阿英　剧本　1954年4月第4期
试谈川剧的演出和表演艺术　龙梭　文艺月报　1954年5月总17期
几种优秀的民间艺术形式　槐人　陕西文艺　1954年6月总28期
看戏杂记——漫谈江淮戏　艾煊　江苏文艺　1954年8月总20、21期连载
看苏剧、常锡戏和维杨戏杂谈（上）（下）　静人　江苏文艺　1954年8月总20、21期
关于藏族戏剧的演出及其他　王余　西南文艺　1954年8月号
对京戏小生唱法问题的补充说明　龚允怡　人民音乐　1954年12月总22期
在佛子岭水库的工农兵对京戏小生唱法的意见　罗丁　人民音乐　1954年12月总22期
京戏小生唱法的商讨　石韧　人民音乐　1954年12月总22期
京戏小生应从唱腔上发展　卢檠　人民音乐　1954年12月总22期
对京剧表演艺术的一点体会　梅兰芳　戏剧报　1954年12月第12期
安徽省优秀剧种之一——泗州戏　时白林等　安徽日报　1954年1月27日
向川剧学习　刘厚生　解放日报　1954年3月10日
对川剧的印象　瞿白音　文汇报　1954年3月14日
继承越剧的优良传统　金松　浙江日报　1954年5月7日
谈谈调子戏　覃桂清　广西日报　1954年6月12日
地方戏剧种介绍（柳子戏、柳琴戏）　纪根垠　大众日报　1954年8月10日
剧种介绍山东梆子，莱芜梆子　张彭　大众日报　1954年8月13日
剧种介绍——茂腔与柳腔、二夹弦　张彭、纪根垠　大众日报　1954年8月14日
闽西傀儡戏　章元　福建日报　1954年8月20日
高甲戏　福建日报　1954年8月21日
河北梆子剧介绍　李庆番　河北日报　1954年8月21日
蒲仙戏　福建日报　1954年8月22日
芗剧　福建日报　1954年8月27日
《借髢髢》和武安落子　庆番等　河北日报　1954年8月28日
梨园戏　福建日报　1954年8月31日
福建三角戏　福建日报　1954年9月1日
说北曲杂剧系由女性演唱　叶玉华　光明日报　1954年9月21日
我国民族戏曲艺术宝藏之一——赣剧　流沙　江西日报　1954年10月21日
谈民间小戏艺术的特色　张啸虎　光明日报　1954年10月23日
在江西民间广泛流传的采茶戏　聿人　江西日报　1954年10月29日

京戏小生唱法应如何发展 王震亚 人民音乐 1955年2月总24期
萧长华先生对京戏小生唱法的意见 本刊记者 人民音乐 1955年2月总24期
对京戏小生唱法的意见 舒模 人民音乐 1955年3月总25期
侗族、僮族、黎族的戏曲和歌舞 胡沙 文艺报 1955年4月总131期
川剧名丑周企何谈丑角的表演艺术 叶乔 戏剧报 1955年7月第7期
京剧一知谈 欧阳予倩 戏剧报 1955年10月第10期
粤剧杂谈 寒山 作品 1955年11月总8期
文化部艺术局与中国剧协举行越剧座谈会 本刊 戏剧报 1955年12月第12期
在斗争中发展起来的越剧 华东区戏曲观摩演出大会纪念合刊改写 大众日报 1955年1月9日
曲剧的唱腔和它的发展前途 王亚平 光明日报 1955年1月29日
谈曲剧 罗合如 北京日报 1955年3月13日
桂剧——一朵鲜艳的奇葩 黄宁婴 南方日报 1955年3月23日
京剧的布景 鲁田 光明日报 1955年4月30日
评阿英“元人杂剧史” 陈健 光明日报 1955年5月22日
朴素而美丽的地方戏——山东省吕剧团演出观后 虞棘 北京日报 1955年10月6日
山东吕剧简介 陶钝 北京日报 1955年10月6日
论元杂剧 严敦易 光明日报 1955年11月6日
什么叫“蹦蹦”? 徐胡沙 文艺学习 1956年1月总22期
百花齐放 万紫千红（参加湖南省第二届戏曲观摩会演各剧种简介） 湖南文艺 1956年1月总43期
金元杂剧 柏繁 戏剧报 1956年2月总26期
丰富多彩的湖南戏曲艺术 青霓 湖南文艺 1956年2月总44期
河南梆子男声腔调的改革问题 路继贤 人民音乐 1956年2月总35期
明清传奇 柏繁 戏剧报 1956年3月总27期
从“三访亲”看花灯剧的发展道路 碧波 边疆文艺 1956年4月号
记晋剧座谈会 长 戏剧报 1956年6月总30期
南国红豆发新枝 本报记者 戏剧报 1956年6月总30期
沪剧在发展中的一些问题 本报记者 戏剧报 1956年6月总30期
昆剧 资料室 戏剧报 1956年6月总30期
粤剧 李门 戏剧报 1956年6月总30期
我对于京剧中丑角的一点希望 于洋 剧本 1956年6月总52期
学习苏昆剧团演员的表演艺术 孙维世 文艺报 1956年6月总157期
丰富多彩的湖南戏曲 李啸仓 戏剧报 1956年7月总31期
滇剧 云南省滇剧团资料室 戏剧报 1956年7月总31期
谈谈小型新粤剧 辛耘 广东文艺 1956年7月总27期
琼剧简介 郑放 舞台与观众 1956年7月第7期
越剧音乐 刘如曾 人民音乐 1956年7月总40期
从沪剧有没有传统谈起 丁是娥 文艺月报 1956年8月总44期
元剧的现实主义精神 宋汉濯 新建设 1956年8月总95期
谈谈京剧欣赏问题 吴祖光 中国青年 1956年8月总190期
川剧工作中的两个问题及其他 何序 草地 1956年8月总2期

关于京剧唱腔问题的一些体会　杜近芳　西安戏剧　1956年8月总29期
让楚剧像楚剧　沈云陔　戏剧报　1956年9月总33期
从京剧音韵谈起　朱明龙　戏剧报　1956年9月总33期
“梨园戏和芗剧”音乐中曲调线条的初步研究　曾西音　福建师范学院学报（社会科学版）1956年9月1期
在北京看滇戏　蔡国铭　边疆文艺　1956年9月号
秦腔的源流和演变（一）（二）　王绍猷　西安戏剧　1956年9月总32、33期
谈谈豫剧的唱法问题　常香玉　河南文艺　1956年9月总148期
试谈昆曲表演的舞台动作方法　丁修询　戏剧报　1956年10月总34期
湖南花鼓戏的前途　何冬保　戏剧报　1956年10月总34期
北路梆子的复活　刘健华　戏剧报　1956年10月总34期
“二人转”不只是二个人转　王肯　长春　1956年10月总1期
京剧的练声方法　傅雪漪　人民音乐　1956年10月总43期
汉剧的老曲牌哪里去了　程汉珍　戏剧报　1956年11月总35期
为绍剧呼吁　洪春台　戏剧报　1956年11月总35期
沪剧也有传统　石筱英　戏剧报　1956年11月总35期
沪剧变成了“新歌剧”　陈应时　戏剧报　1956年11月总35期
黄梅戏座谈会　犁　戏剧报　1956年11月总35期
谈辰河戏　刘回春、青霓　新苗　1956年11月总5期
一个古老的剧种——正字戏　丛文　舞台与观众　1956年11月第14期
谈川剧舞蹈动作设计　徐公堤　草地　1956年11月总5期
集中艺人、发展昆剧　陈朗　戏剧报　1956年12月总36期
回忆上党戏　徐吾家　戏剧报　1956年12月总36期
谈几点川剧艺术上的问题　刘念兹　草地　1956年12月总6期
湖剧和它的传统剧目《麒麟带》　金萝　东海　1956年12月第3期
杭剧今昔谈　林莘莞　东海　1956年12月第3期
秦腔落后之原因　王绍猷　西安戏剧　1956年12月总37期
颇有研究价值的地戏　翟强　贵州文艺　1956年12月总96期
读“论元杂剧”　傅璇琮　光明日报　1956年1月22日
反对古典文学研究中的庸俗社会学倾向——评严郭易同志“论元杂剧”　邓绍基　光明日报　1956年4月15日
谈昆剧　吴晓铃　工人日报　1956年4月17日
美丽动人的花灯艺术——记云南省第一次戏曲观摩演出大会的花灯戏　黎方　光明日报　1956年5月12日
从广东粤剧团公演谈粤剧　叶恭绰　光明日报　1956年5月18日
滇剧简介　本报　云南日报　1956年5月21日
来自云南的艺术名花——滇剧简介　祁兆良　北京日报　1956年6月5日
让南国红豆在祖国的大花园里茂盛成长——广东粤剧团在首都演出的一点感想　林榆　南方日报　1956年6月10日
一个丰富的艺术宝库——介绍湖南戏曲艺术团演出的几个剧种　黄克保　北京日报　1956年6月10日
活泼清新的滇剧　本报　北京日报　1956年6月12日

消灭京剧台词中的差错 文翰 北京日报 1956年6月12日
吉安采茶戏和吉安采茶剧团 张衍任 江西日报 1956年6月14日
谈湖南戏 罗合如 人民日报 1956年6月15日
优美的滇剧和湖南戏 明辉 工人日报 1956年6月15日
“百花齐放”声中的“上党戏” 赵树理 北京日报 1956年7月14日
上党戏演出上的一些特点 秦春风 人民日报 1956年7月25日
琼剧——海南岛的美丽花朵 本报 南方日报 1956年8月10日
谈昆剧中的舞蹈（连载） 白云生 天津日报 1956年8月11、13、15日
古老的剧种——徽戏 程宽 安徽日报 1956年8月12日
关于宋元南戏的几点理解 傅璇琮 光明日报 1956年8月12日
天津最早的评戏 白云峰 天津日报 1956年8月19日
谈谈东北地方戏 周正 吉林日报 1956年9月1日
试谈川剧高腔音乐的伴奏问题 郑隐飞 四川日报 1956年9月6日
丰富多彩的山东戏曲 纪根垠 大众日报 1956年9月6日
怎样欣赏京戏（连载） 吴伯威 吉林日报 1956年9月9、11、13、21、23日
湘西“辰河戏”的舞台表演艺术 张英 光明日报 1956年9月22日
谈“黄梅戏” 洪非 人民日报 1956年9月26日
回首当年话昆剧 周瘦鹃 新华日报 1956年10月4日
川剧高腔杂谈 邱仲彭 四川日报 1956年10月9日
安徽地方戏曲的一朵花庐剧和庐剧团 秦聿震 光明日报 1956年10月21日
万年长青的昆曲 白云生 文汇报 1956年11月2日
昆剧的唱词好懂吗？ 赵景深 文汇报 1956年11月4日
谈昆剧小生的表演 白云生 解放日报 1956年11月11日
甬剧是有优秀传统的剧种为什么近年来日趋衰落？ 英华 文汇报 1956年11月17日
关于文琴戏 徐剑平 新黔日报 1956年11月18日
谈昆曲丑角的表演（连载） 白云生 天津日报 1956年11月19、26日
一些越剧“没有家乡味了” 秦晓卓 光明日报 1956年11月24日
京剧的唱和做 马连良 工人日报 1956年12月1日
极有发展前途的文琴戏 短评 新黔日报 1956年12月6日
我对云南花灯发展的看法 李芹 云南日报 1956年12月6日
谈京剧 周玑璋 解放日报 1956年12月7日
从花灯的基础谈起 苏义 云南日报 1956年12月12日
关于目连戏 长年 人民日报 1956年12月13日
采茶戏的姐妹花——介绍福建的三角戏 计星 文汇报 1956年12月23日
关于邕剧的风格 辛鸿 广西日报 1956年12月30日
略谈川剧旦角的基本训练与表演要求 阳友鹤 戏曲研究 1957年1月1期
略谈旦角水袖的运用 程砚秋 戏曲研究 1957年1月1期
略谈川剧小生的表演问题 曾荣华 戏曲研究 1957年1月1期
对秦腔唱腔改革的认识 余巧云 西安戏剧 1957年1月总39期
试谈秦腔音乐、配曲，唱腔问题 王海容 西安戏剧 1957年1月总39期
南岛鲜花——琼剧 莽夫 戏剧报 1957年1月总37期
全国剧种初步统计 苏一 戏剧论丛 1957年1月1期

“贵州弹词”（文琴）的文字资料　俞百巍　山花　1957年1月总1期
我怎样对待民间传统艺术——采茶　彭芳　广东文艺　1957年1月号
莎士比亚的戏剧和京戏　张振先　争鸣　1957年1月3期
川剧的锣鼓与舞蹈　徐公堤　草地　1957年1月总7期
提高粤剧舞台美术质量的存在问题　潘福麟　舞台与观众　1957年1月1期
为温州和剧呼吁　杨志雄　戏剧报　1957年3月总42期
为一个剧种正名　董每戡　戏剧报　1957年3月总42期
让桂花开得更芬芳　刘真　漓江　1957年3月3期
让彩调这朵花开得更茂盛　白律　漓江　1957年3月3期
闲话“碗碗腔”　方林　西安戏剧　1957年3月总3期
江西的赣剧　本刊资料室　舞台与观众　1957年3月6期
初探京剧锣鼓　史的　争鸣　1957年3月总5期
关于郿鄠戏　李瑞阳　西安戏剧　1957年4月总45期
继承发扬郿鄠剧种　段言令　西安戏剧　1957年4月45期
对秦腔艺术风格的一点看法　长虹　西安戏剧　1957年4月总45期
秦腔风格的初步探索　雷雨　西安戏剧　1957年4月总46期
由汉语规范化谈到京剧的字韵问题　徐慕云、黄家衡　戏剧论丛　1957年4月2期
“全国剧种初步统计”订正、补充（连载）　读者　戏剧论丛　1957年4、7月第2、3期
谈昆曲的唱念做　俞振飞　戏剧报　1957年4月总44期
杂剧、院本和传奇　胡行之　语文学习　1957年4月总67期
略谈花幻及其发展　太平　山花　1957年4月号
漫谈越剧　俞一　文艺学习　1957年4月总37期
赣剧诸腔调的来源与演变　李啸仓　戏曲研究　1957年4月2期
庐剧、泗州戏　辛人、艺舟　戏剧报　1957年5月总45期
曲剧需要阳光雨露　首都戏曲界座谈　戏剧报　1957年5月总46期
为河北梆子说几句话　李桂云　戏剧报　1957年5月总46期
秦腔种种　游默　戏剧报　1957年5月总46期
朴素、豪迈、富于生活色彩的艺术——看安阳市豫剧团演出随笔　姚雪垠　文艺报　1957年5月总176期
和长虹同志商榷秦腔风格　任哲中　西安戏剧　1957年5月总47期
谈谈“曲剧”　关士杰　北京文艺　1957年5月总25期
“传”字辈——曲剧　褚元仿　新观察　1957年5月第10期
西安的戏曲　李凌　旅行家　1957年5月号
越调是不会被消灭的　王蓓萱　戏剧报　1957年6月总47期
漫谈评剧的继往开来　阮文涛　戏剧报　1957年6月总48期
秦腔声乐艺术中急应解决的问题　余景儒　西安戏剧　1957年6月总49期
从几个侧面来谈秦腔风格问题　赤虹　西安戏剧　1957年6月总49期
对李静慈先生谈郿鄠的意见　墨遗萍　西安戏剧　1957年6月总50期
泗州戏、潮剧及其他　小恕　新观察　1957年6月第12期
漫谈粤剧的传统表演艺术问题　梁少初　舞台与观众　1957年6月12、13期
“全国剧种的初步统计”补遗　刘雁声　戏曲研究　1957年7月3期
中国评剧院两年来在舞台美术工作上的一些尝试　程乃昺等　戏曲研究　1957年7月3期

试评中国评剧院的布景设计　龚和德　戏曲研究　1957 年 7 月 3 期
谈谈花灯　刘际厦等　山花　1957 年 7 月号
关于花灯的几点意见　郭可诹　山花　1957 年 7 月号
试谈花灯剧的发展　廖敏　山花　1957 年 7 月号
应该让秦腔音乐继续发展　峥嵘　人民音乐　1957 年 7 月总 52 期
云南花灯音乐的问题在哪里　尹钊　人民音乐　1957 年 7 月总 52 期
川剧音乐工作的两个问题　阳友鹤　人民音乐　1957 年 7 月总 52 期
皖北农村剧团与黄梅调　田荣　戏曲报　1951 年 7 月 4 卷 11 期
绝技在蒲剧表演中的运用　祁兆良　戏剧报　1957 年 7 月总 50 期
秦腔板胡的拉奏及其他　王东生　西安戏剧　1957 年 7 月总 51 期
我对川剧音乐问题的认识　彭文元　人民音乐　1957 年 8 月总 53 期
沪剧音乐目前的问题　朱介生　人民音乐　1957 年 8 月总 53 期
谈元杂剧的产生和体制　王初复等　语文教学通讯　1957 年 8 月号
海丰县西秦戏　林影　舞台与观众　1957 年 8 月 16 期
谈秦腔音乐的风格问题　王依群　西安戏剧　1957 年 8 月总 54 期
介绍江西青阳腔的发掘抢救工作　北萱、丁子　戏剧报　1957 年 9 月总 52 期
中国戏剧与傀儡戏影戏　周贻白　戏剧学习（资料汇编）　1957 年 9 月 2 期
“不是共产党来了，赣剧就绝了”　赣剧团全体演员　星火　1957 年 9 月号
粤剧的一些表演艺术　曾三多　戏曲研究　1957 年 10 月 4 期
评剧音乐的调式研究（上、下）　施正镐　戏曲研究　1957 年 10 月 4 期、1958 年 1 月 1 期
秦腔　陈登原　西安戏剧　1957 年 10 月总 58 期
“汉调二簧”的源流与沿革　李仲修　西安戏剧　1957 年 10 月总 58 期
桂阳湘昆的艺术传统　程一中　戏剧报　1957 年 10 月总 55 期
谈僮剧　贾建真　戏剧报　1957 年 10 月总 56 期
传奇小说与传奇戏曲　宋松筠　语文教学通讯　1957 年 10 月号
京剧字韵不能逐步采用北京语音吗？　李少春　戏剧论丛　1957 年 11 月 4 期
京剧前辈念韵初探　陈富年　戏剧论丛　1957 年 11 月 4 期
川剧杂感　陈白尘　戏剧报　1957 年 11 月总 57 期
粤剧舞台漫步　俞尚陵　南国戏剧　1957 年 12 月总 2 期
“陕西地方戏曲丛刊”第四种“碗碗腔丛刊”序　田益荣　西安戏剧　1957 年 12 月总 61 期
成都艺坛论川戏　傅世悌　光明日报　1957 年 1 月 7 日
我对整理粤剧遗产的一些认识　白驹荣　南方日报　1957 年 1 月 7 日
从“像不像京戏”谈起　杜士俊　人民日报　1957 年 1 月 12 日
“根本问题是什么?”——对沙梅同志一文的意见　于叔府　四川日报　1957 年 1 月 19 日
又活了一个剧种（丰县柳子戏二十年兴衰）　宋词　新华日报　1957 年 2 月 5 日
去看一次曲剧　陈梦家　人民日报　1957 年 2 月 14 日
也来谈谈曲剧　张艾丁　人民日报　1957 年 2 月 15 日
从“元曲”谈到戏曲的问题　胡忌　光明日报　1957 年 3 月 3 日
桂剧是怎样形成的　李文钊　广西日报　1957 年 3 月 3 日
探讨昆腔的历史　蒋星煜　解放日报　1957 年 3 月 4 日
京剧腔调简述　文火　解放日报　1957 年 3 月 24 日
西藏的歌舞剧——藏戏　谷蓝　大公报　1957 年 3 月 28 日

粤剧也应用有保留剧目　林榆　南方日报　1957 年 4 月 3 日
京剧花旦的表演　于连泉　大公报　1957 年 4 月 20 日
为琼剧说几句公道话　陈仕元　南方日报　1957 年 4 月 21 日
广东汉剧与广东汉剧团　姚传声　南方日报　1957 年 4 月 24 日
评剧应该怎样发展　王昕　辽宁日报　1957 年 5 月 14 日
粤剧表演艺术的宝库　钟海　南方日报　1957 年 5 月 25 日
京剧里的“起霸”（上、下）　杨貌　新民报晚刊　1957 年 5 月 26 日
为什么几年来评戏发展迟缓？　本报记者　辽宁日报　1957 年 5 月 29 日
略谈潮汉琼剧的渊源　叶恭绰　人民日报　1957 年 5 月 30 日
复兴昆曲　梁诚瑞　光明日报　1957 年 6 月 10 日
提高桂剧艺术的关键在哪里　李金光　广西日报　1957 年 6 月 15 日
丰富多彩的川剧　沈云陔　湖北日报　1957 年 6 月 15 日
关于桂剧的形成　莫一庸　广西日报　1957 年 6 月 16 日
关于昆剧评价的一些问题　王悦　人民日报　1957 年 6 月 21 日
从看“宝莲灯”谈我对桂剧的印象　韬　贵州日报　1957 年 7 月 14 日
我对蒲州戏演技上的观感　邓初民　人民日报　1957 年 7 月 26 日
一朵古老的名花——宜黄戏　凌鹤等　江西日报　1957 年 7 月 27 日
关于温州昆曲　陈适　浙江日报　1957 年 7 月 28 日
川剧随笔　黄裳　文汇报　1957 年 8 月 10 日
和谭正璧先生商榷元代是否以曲取士的问题　周妙中　光明日报　1957 年 9 月 29 日
满园春色的巴陵戏　李筱风　新湖南报　1957 年 10 月 3 日
黄梅戏这朵花开放得茁壮又艳丽　王少舫　安徽日报　1957 年 10 月 6 日
继承讽刺艺术的战斗传统——古代滑稽戏简论　祝肇年　光明日报　1957 年 10 月 13 日
扬剧的今昔——驳朱契、曾宪洛、王染野的谬论　夏村　新华日报　1957 年 10 月 24 日
谈贵州梆子戏和文琴戏的演出　赵少农等　贵州日报　1957 年 11 月 13 口
冀中民间戏剧的花朵——丝弦戏　程砚秋　人民日报　1957 年 11 月 21 日
从《牡丹亭》话到昆剧复兴　赵景深　文汇报　1957 年 12 月 5 日
贵州戏曲杂谈　芥尘　贵州日报　1957 年 12 月 5 日
“桂剧问题”的大是大非　李寅　广西日报　1957 年 12 月 7 日
丝弦戏在北京　程砚秋　文汇报　1957 年 12 月 8 日
四十年来粤剧表演艺术的变化　白驹荣　戏曲研究　1958 年 1 月第 1 期
谈永嘉昆剧生旦的表演艺术　陈适　戏剧报　1958 年 1 月第 1 期
南国一枝初绽的鲜花　陈大枫　戏剧报　1958 年 1 月第 2 期
谈川剧中的舞蹈表演　琼莲芳　舞蹈　1958 年 1 月第 1 期
驳我国戏剧出于傀儡戏影戏说　任二北　戏剧论丛　1958 年 2 月第 1 期
郿鄠来源之初步探索　王绍猷　西安戏剧　1958 年 2 月第 4 期
《汉调桄桄》简介　陈显远　西安戏剧　1958 年 3 月第 5 期
谈关于中国戏曲史研究的几个问题　李啸仓等　戏曲研究　1958 年 4 月第 2 期
论龙岩杂戏　杜立芳　戏曲研究　1958 年 4 月第 2 期
简介晋南的“锣鼓杂戏”　王遐举　戏曲研究　1958 年 4 月第 2 期
谈谈闽剧旦角的表演　郑奕奏　戏曲研究　1953 年 4 月第 2 期
论川剧高腔音乐　沙梅　音乐研究　1958 年 4 月第 2 期、6 月第 3 期

谈昆曲歌唱的用气 傅雪漪 音乐研究 1958年4月第2期
谈昆曲小生表演艺术 周传瑛 戏剧报 1958年4月第7期
关于藏戏 开斗山 青海湖 1958年5月号
京剧表演艺术七窍 陈富瑞 戏剧教学 1958年6月第2期
理想的评剧 胡沙 戏剧战线 1958年7月创刊号
我们的分歧在哪里——对“谈关于中国戏曲史研究的几个问题”一文的意见 文众 戏曲研究 1958年7月第3期
谈楚剧表现现代生活的一点感想 沈云陔 戏剧报 1958年7月第14期
谈“青阳腔”与“徽剧”的源流 洪非 安徽史学通讯 1958年7月第4期
略论藏族民间戏剧故事 王尧 青海湖 1958年7月号
让越剧音乐更好地为表现现代生活服务——谈越剧男女合演及现代剧的音乐问题 周大风 戏剧论丛 1958年8月第3期
山东省地方戏曲剧种简介 纪根垠 山东省志资料 1958年8月创刊号
再谈理想的评剧 胡沙 戏剧战线 1958年8月总2期
读“元剧的现实主义精神”后的几点意见 澥浛 人文杂志 1958年8月第4期
同州梆子为什么能死而复生 曹兴午 西安戏剧 1958年9月第18期
“二人台”简介 曹宏仁 戏剧战线 1958年9月总3期
吕剧四平腔与扬剧梳妆台 武俊达 音乐研究 1958年10月第5期
介绍新剧种“客家戏” 许诺 戏剧报 1958年10月第20期
从京剧音乐曲调来看所谓“公共财产”论 陶君起 戏剧论丛 1958年11月第4期
秦腔的艺术 封至模 戏剧论丛 1958年11月第4期
丁老纵谈黄梅戏 车明 安徽戏剧 1958年11月始连载
漫谈徽州长标“目连戏” 刀均宁 安徽戏剧 1958年11月第2期
淮剧杂谈 陈白尘 戏剧报 1958年11月第22期
西北戏曲的新花朵——介绍陕西的华剧 杨琦 戏剧报 1958年11月第22期
戏曲舞台上的一朵新花——陇东道情简介 李迟 西安戏剧 1958年11月第22期
大胆的尝试、独特的风格——浅谈陇东道情的演出 新芽 西安戏剧 1958年11月第22期
理想的评剧——导演艺术技巧浅谈（上）（下） 胡沙 戏剧战线 1958年11月总5期、1959年2月总8期
长恨滩上的一面红旗（秦腔） 毛宙 戏剧报 1958年12月第23期
漫谈正字戏 罗合如 戏剧报 1958年12月第24期
陇东道情是怎样搬上舞台的 甘肃秦腔戏团 戏剧报 1958年12月第23期
谈谈庐剧的传统艺术 王本银、陈庭榜 安徽戏剧 1958年12月总3期
对“论川剧高腔音乐”的几点意见 王川 音乐研究 1958年12月第6期
古老剧种的回春——省徽剧一年 周思木 安徽日报 1958年1月9日
关于昆剧复兴问题——并与赵景深先生商榷 英郁 文汇报 1958年1月12日
贵州戏曲杂谈 芥尘 贵州日报 1958年1月15日
评剧的新收获 夏静 人民日报 1958年1月22日
回顾我省1957年的好戏运动 王丕一 辽宁日报 1958年1月23日
新生的剧种——丝弦戏 谢上新 新湖南报 1958年2月3日
贵州戏曲的成因 芥尘 贵州日报 1958年2月4日

目连戏今昔　亦夫　江西日报　1958 年 2 月 4 日
论元曲"四大神物"说　尹明　光明日报　1958 年 3 月 9 日
枯木逢春——徽戏的形成、发展、影响、衰落和复活　洪非　安徽日报　1958 年 3 月 12 日
什么是京剧的传统？　张梦庚　人民日报　1958 年 4 月 1 日
感谢党抢救了同州梆子　王谋儿　陕西日报　1958 年 7 月 26 日
梨簧戏简介　何正　安徽日报　1958 年 8 月 2 日
略谈闽剧　张迅　解放日报　1958 年 8 月 12 日
关于越剧唱腔问题——上海越剧院答读者的信　文汇报　1958 年 10 月 18 日
怎样评价王国维的"宋元戏曲史"——评赵夯同志"读'宋元戏曲史'"　徐凌云　光明日报　1958 年 11 月 9 日
首都文艺界座谈陕西戏　哲明整理　新文化报　1958 年 12 月 21 日
谈谈长沙湘戏　伯康　湖南戏剧　1959 年 1 月总 2 期
古老而又年轻的徽戏（上）（下）　均宁　安徽戏剧　1959 年 1 月总 4 期、2 月总 5 期
再谈关于川剧布景问题　郭挥　四川戏曲　1959 年 1 月第 4 期
晋南戏剧历史资料的点滴发现　郭勇　文物　1959 年 1 月第 1 期
从头说起（川剧艺术讲话第一讲）　四川省川剧学校编，张德成讲　四川戏曲　1959 年 2 月第 5 期
川剧唢呐曲牌简介　黄一良　四川戏曲　1959 年 2 月第 5 期
川剧高腔曲牌介绍（一）（二）　林云鹏　四川戏曲　1959 年 2 月第 5 期、3 月第 6 期
花部农谭　雕菰楼主人　戏剧研究　1959 年 2 月第 1 期
从徽剧的演变谈到徽剧的新生　刘静源　戏剧报　1959 年 2 月第 3 期
对秦腔传统导演方法的探索　王小民　西安戏剧　1959 年 2 月第 1 期
继承传统、发扬传统——谈大荔剧团在运用碗碗腔音乐上的成就　茅稚　西安戏剧　1959 年 3 月第 2 期
秦腔声韵初探　封至模　西安戏剧　1959 年 3 月第 2 期
弦板腔搬上大戏舞台　西安戏剧　1959 年 3 月第 3 期
对沙梅《论川剧高腔音乐》一书的意见　李振玉　四川戏曲　1959 年 3 月第 6 期
从采茶歌到黄梅戏　洪非　安徽戏剧　1959 年 3 月总 6 期
从徽剧的演变谈到徽剧的新生——谈会演中的几出徽剧　刘静远　安徽戏剧　1959 年 3 月总 6 期
苗家、土家有了戏　唐克立　湖南戏剧　1959 年 3 月号
武安平调、落子　河北省戏曲研究室史料组　戏剧战线　1959 年 3 月总 9 期
京剧音乐是八股音乐吗？——和沙梅同志商榷　张正治　音乐研究　1959 年 4 月第 2 期
再谈川剧高腔的三个问题——答复王川同志　沙梅　音乐研究　1959 年 4 月第 2 期
谈谈"二人台"　陈士华　西安戏剧　1959 年 4 月第 4 期
试谈秦腔唱腔中的几个问题　任哲中　西安戏剧　1959 年 4 月第 5 期
"托"得严紧——川剧学习札记　丘扬　戏剧报　1959 年 4 月第 8 期
京剧打击乐（武场）　刘古典　人民音乐　1959 年 4 月号
试谈川剧高腔的帮腔伴奏及其改造　于晗　戏曲音乐　1959 年 4 月第 4 期
谈湘戏弹腔中关羽的音乐造型——传统戏曲音乐学习札记之一　张九　湖南戏剧　1959 年 4 月号
《岳西高腔》片断　王兆乾　安徽戏剧　1959 年 4 月总 7 期

丝弦剧种初探 南泥 戏剧战线 1959年4月总10期
四上北京的川剧 席明真 新观察 1959年4月第7期
吕剧音乐改革工作的几点体会 山东省吕剧团音乐组 戏曲音乐 1959年5月第5期
谈沪剧的二重唱与三重唱 何树柏 戏曲音乐 1959年5月第5期
让祖国戏曲遍地开花——新发现剧种介绍（三则） 戏曲音乐 1959年5月第5期
京剧技术讲座一、怎样选择好胡琴 杨宝忠 戏曲音乐 1959年5月第5期
音乐家、戏剧家讨论川剧音乐问题 人民音乐 1959年5月号
川剧演员谈川剧音乐 人民音乐 1959年5月号
京剧的文场和曲牌音乐 刘吉典 人民音乐 1959年5月号
巴陵戏的“内八功” 许升云 湖南戏剧 1959年5月号
谈湘戏反十板头 欧寿廷 湖南戏剧 1959年5月号
为徽剧的新生喝彩——记中国剧协召开的徽剧座谈会 戏剧报 1959年5月第10期
一朵新花——瑶剧 泗县瑶剧团贾湘芝 安徽戏剧 1956年5月总8期
傍妆台（汉剧曲牌） 何金波等口传、黄源淮等记谱 戏曲音乐 1956年6月第6期
京剧技术讲座二、胡琴的使用和保养 三、演奏的基本知识 杨宝忠 戏曲音乐 1959年6月第6期
谈谈扬剧的音乐伴奏 王少华 戏曲音乐 1959年6月第6期
剧种介绍：藏戏 方 戏曲音乐 1956年6月第6期
中国戏曲舞台艺术在十三世纪初叶已经形成——金代侯马董墓舞台调查报告 刘念兹 戏剧研究 1959年6月第2期
“五四”时期关于戏曲的论争 温凌 戏剧研究 1959年6月第2期
“五四”运动和戏曲革新 任桂林 戏剧研究 1959年6月第2期
弋阳腔的产生和发展 流沙 戏剧报 1959年6月第11期
试谈二簧腔的源流问题 刘国杰 音乐研究 1959年6月第3期
祁阳戏简介 刘回春 湖南戏剧 1959年6月号
京剧的腔调 刘吉典 人民音乐 1959年6月号
豫剧板胡转调的试验 王明遂、盛启道 陕西戏剧 1959年6月总4期
我对继承和发展庐剧音乐的一些意见 王柏龄 安徽戏剧 1959年6月总9期
关于晚清川剧的改良运动 冬尼 戏剧研究 1959年7月第3期
昆丑的表演 王传淞 戏剧研究 1959年7月第3期
藏戏 锦华 戏剧研究 1959年7月第3期
试谈“蹦蹦戏”中“拉场戏”音乐的发展问题 祁景芳 戏曲音乐 1959年7月第7期
京剧技术讲座四、胡琴的弓法 杨宝忠 戏曲音乐 1959年7月第7至11期
优美而古老的昆曲音乐 樊步义 人民音乐 1959年7月号
衡阳花鼓戏音乐简单介绍 一贝 湖南戏剧 1959年7月号
喜看老树发新枝 伊兵等 安徽戏剧 1959年7月总10期
谈京剧表演程式 吴白匋 江苏戏曲 1959年7月总4期
学习唱工、不断提高——对川剧唱工的几点认识和体会 陈书舫 戏曲音乐 1959年8月第8期
谈中路梆子须生的演唱方法——访问丁果仙同志 潘仲甫 戏曲音乐 1959年8月第8期
华剧音乐简介 杨世科、黄育英 戏曲音乐 1959年8月第8期
谈奥剧唱工 红线女 戏曲音乐 1959年8月第8期

陕西省戏剧界座谈川剧表演艺术　虹裳　陕西戏剧　1959 年 8 月总 6 期
川剧的奇光异彩吸引着我　裴然　陕西戏剧　1959 年 8 月总 6 期
丰富多彩的扬剧音乐　新兵等　江苏戏曲　1959 年 8 月总 5 期
扬剧表演艺术中的丑和旦　夏银　江苏戏曲　1959 年 8 月总 5 期
谈扬剧的源流　陶甫　江苏戏曲　1959 年 8 月总 5 期
靖水寨上红旗飘　红色歌声永飞扬——第二次国内革命战争时期岳西的黄梅活动　王兆乾　安徽戏剧　1959 年 8 月总 11 期
嗨子戏　李文彬　安徽戏剧　1959 年 8 月总 11 期
三观扬剧一得　戴不凡　戏剧报　1959 年 8 月第 16 期
漫谈京剧剧本创作　马少波　北京文艺　1959 年 8 月号
江西苏区的戏剧　中文戏“江西苏区文学史稿”编写组戏剧组　科学与教学　1959 年 8 月第 4 期
漫谈庐剧的念白　李琪骥　安徽戏剧　1959 年 9 月总 12 期
对庐剧语言的两点意见　振亚　安徽戏剧　1959 年 9 月总 12 期
谈谈庐剧语言问题　孙邦栋等　安徽戏剧　1959 年 9 月总 12 期
简介皖南花鼓戏　芜湖专区皖南花鼓戏剧团　安徽戏剧　1959 年 9 月总 12 期
漫谈豫剧板胡的伴奏方法　王冠军　戏曲音乐　1959 年 9 月第 9 期
豫剧简介　河南省豫剧院艺术室　戏曲音乐　1959 年 9 月第 9 期
侗戏简介　方暨申　戏曲音乐　1959 年 9 月第 9 期
在新社会中评剧的发展　龚万才　戏曲音乐　1959 年 9 月第 9 期
淮剧今昔　徐月亮　江苏戏曲　1959 年 9 月总 6 期
淮剧话旧——“淮剧话旧座谈会”侧记　东山　江苏戏曲　1959 年 9 月总 6 期
抗日战争时期盐阜区的淮剧　潜隐　江苏戏曲　1959 年 9 月总 6 期
淮剧音乐的特色　张铨　江苏戏曲　1959 年 9 月总 6 期
我国有多少剧种？　本刊　戏剧报　1959 年 9 月第 18 期
从南戏谈到青阳调　吴慊静　安徽史学通讯　1959 年 9 月第 3 期
中国剧曲声腔史的新页　周贻白　戏剧研究　1959 年 9 月第 4 期
傩戏　董泗珠　安徽戏剧　1959 年 10 月总 13 期
继承徽戏遗产　发扬徽戏遗产　蕾子　安徽戏剧　1959 年 10 月总 13 期
会、通、精、化——我对京剧唱、念的体会　马连良　戏曲音乐　1959 年 10 月第 10 期
粤剧小武表演艺术漫谈　靓少佳　戏剧研究　1959 年 10 月第 5 期
欢迎新事物、新生命——祝陇东道情剧的诞生　马少波　戏剧报　1959 年 10 月 19 期
欢呼吉林新剧种的诞生　鞠劲秋　奋进　1959 年 10 月第 10 期
百花齐放中的川剧文学——学戏杂记　席明真　蛾眉　1959 年 10 月第 1 期创刊号
邯郸地区戏剧十年　河北省邯郸专署副专员张良才　戏剧战线　1959 年 10 月总 16 期
舞台上百花争艳——谈民间剧种搬上舞台　杜鹏程、袁光、鲁侠、周军、陈幼韩　陕西戏剧　1959 年 10 月总 8 期
我们是怎样把碗碗腔搬上舞台的　吴德　陕西戏剧　1959 年 11 月总 9 期
别具风格的陇东道情　秦燕　陕西戏剧　1959 年 11 月总 9 期
陇东道情怎样走上舞台　甘肃省戏曲剧院　陕西戏剧　1959 年 11 月总 9 期
河北梆子音乐简介　崔玉琮　戏曲音乐　1959 年 11 月第 11 期
湘剧花鼓戏常用锣鼓点介绍　贾古　湖南戏剧　1959 年 11 月至 1960 年 1 月

欣欣向荣的巴陵戏　李筱凤　湖南戏剧　1959年11月号
清音戏　刘维彬　安徽戏剧　1959年11月总14期
略谈泗州戏的表演艺术　高长廉　安徽戏剧　1959年11月总14期
丰富多彩的潮剧艺术　林涵表　戏剧报　1959年11月第21期
河北梆子三军突起　胡沙　戏剧战线　1959年11月总17期
川剧音乐放谈　阳友鹤　戏曲音乐　1959年12月第12期
京剧技术讲座五、胡琴的伴奏方法　杨宝忠　戏曲音乐　1959年12月第12期
柳琴剧的音乐唱腔　解铮等　江苏戏曲　1959年12月总9期
柳琴剧介绍　江苏戏曲　1959年12月总9期
梨簧戏梅开二度　芜湖市梨簧戏剧团　安徽戏剧　1959年12月总15期
简谈花鼓戏　黑健　湖南戏剧　1959年12月号
刘毓中先生谈秦腔须生基本功　王保易　陕西戏剧　1959年12月总10期始连载
漫谈越剧男女合演问题　傅骏　文汇报　1959年1月3日
文艺花园中出现一朵鲜花——剧种彝剧诞生　云南日报　1959年1月9日
评剧为什么叫评剧？　胡沙　人民日报　1959年2月8日
一座金代的舞台　畅文斋　人民日报　1959年2月22日
漫谈京剧的派别　秋文　新文化报　1959年3月10日
闲谈评剧的提高　胡沙　新文化报　1959年3月19日
丰富多彩的山西地方戏曲　寒声　山西日报　1959年4月6、10日
浅谈上党戏的音乐　李近义　山西日报　1959年4月10日
徽剧的新生　安明　人民日报　1959年4月26日
略谈徽戏的声腔及其形成　蕾子　文汇报　1959年5月21日
枯木逢春发新枝（徽剧）　顾绛　光明日报　1959年5月24日
丰富多彩的“新疆曲子”戏　段文其　新疆日报　1959年6月3至6日
谈赣剧弋阳腔　流沙　光明日报　1959年6月7日
还魂记及其他　田汉　人民日报　1959年6月8日
论粤剧艺术的发展和提高　华嘉　南方日报　1959年6月8日
丰富多彩的“彩调”　林羽　人民日报　1959年6月12日
关于“京剧版画”　王树村　文汇报　1959年6月19日
古木新枝——谈江西弋阳腔　马少波　人民日报　1959年6月19日
江西古典戏曲札记　戴不凡　光明日报　1959年6月24日
谈河北梆子的艺术风格　李邦佐　天津日报　1959年6月28日
谈谈豫剧的唱腔　常香玉　河南日报　1959年7月10日
从侯马出土的文物看我国戏曲的发展　山西日报　1959年7月11日
梨园戏和大小梨园　刘英华　北京日报　1959年7月16日
“弦板腔”登台　若冰　陕西日报　1959年7月16日
青海平弦是怎样搬上舞台的？　西宁市戏剧学校平弦班　青海日报　1959年7月19日
闽人善歌舞　钟锡知　文汇报　1959年7月31日
莆仙戏　陈啃高　文汇报　1959年7月31日
闽剧　陈啃高　文汇报　1959年8月1日
保持地方戏曲的艺术风格　王玉西　河北日报　1959年8月2日
拳拳乡情谈茂腔　孟超　北京日报　1959年8月6日

闽南奇葩——梨园戏　俞琳　文汇报　1959年8月18日
扬州的芍药花——扬剧　胡导黄　光明日报　1959年8月18日
丰富多彩的川剧　光羽　文汇报　1959年8月21日
扬剧有精品　马少波　人民日报　1959年9月3日
“鲁斋郎”杂剧有民族思想吗？　李茂肃　光明日报　1959年9月6日
恢复了青春的川剧艺术　席明真　光明日报　1959年9月6日
从地头演唱到舞台演出——泗州戏十年来不寻常的发展　蚌埠市泗州戏剧院　安徽日报　1959年9月14日
黄梅戏的过去和现在　洪非　安徽日报　1959年9月14日
徽剧新生记　周思木　安徽日报　1959年9月14日
庐剧今昔　振亚等　安徽日报　1959年9月14日
淮剧的新生　张常海　光明日报　1959年9月22日
民族戏剧繁花满枝　艾池　云南日报　1959年9月27日
昆曲的新生与发展　金紫光　文汇报　1959年9月27日
从申剧到沪剧　陈荣兰等　文汇报　1959年9月27日
老树红花——党复活了失传四十多年的同州梆子　雷鸣　陕西日报　1959年9月27日
当春卉树花开满枝——记锡剧十年多的巨大变化　何枫等　新华日报　1959年9月29日
江西戏曲一枝花　本报　江西日报　1959年10月7日
川剧艺术的春天　齐风　重庆日报　1959年10月8日
舞台上百花争妍——谈民间剧种搬上舞台　杜鹏程等　文汇报　1959年10月18日
百尺竿头再进一步——关于新剧种的一些意见　吴矣　吉林日报　1959年10月21日
文琴戏要来个特大跃进　苗春亭同志在文琴剧座谈会上作了重要讲话　贵州日报　1959年10月30日
南昌采茶戏　沈兆荣　光明日报　1959年11月1日
东海贝珠——记山东柳腔、两夹弦、柳子戏　马少波　北京日报　1959年11月22日
柳子戏　人民日报　1959年11月29日
东柳重青　梅兰芳　人民日报　1959年11月29日
安徽徽剧的挖掘和整理　文汇报　1959年12月20日
京剧架子花脸的基本功　侯喜瑞口述，张胤德整理　天津日报　1959年12月21日
昆曲的由来、演变及特点　华粹深　天津日报　1959年12月28日
柳子戏　戏曲音乐　1960年1月总13期
谈关于粤剧音乐发展的问题　叶鲁　戏曲音乐　1960年1月总13期
对越剧音乐传统的几点看法　卢炳容　戏曲音乐　1960年1月总13期
莆仙戏音乐介绍　谢新　戏曲音乐　1960年1月总13期
京剧锣鼓技术讲座　松文明　戏曲音乐　1960年1月总13期
青阳腔长出了绿叶　冯天禄　安徽戏剧　1960年1月总16期
青阳腔和太平腔戏曲　叶德均　安徽戏剧　1960年1月总16期
淮北花鼓戏　王杰东、李仁　安徽戏剧　1960年1月总16期
欢迎来自秦岭的兄弟艺术——介绍秦腔、郿鄠、碗碗腔　江渊　长江戏剧　1960年1月总8期
沅水之畔一枝花——阳戏介绍　凤凰县文化科　湖南戏剧　1960年1月号
僮子戏、山歌剧、丹剧　刘浪等　江苏戏曲　1960年1月总10期

黄梅戏音乐介绍 钱振源 人民音乐 1960年1月第1期
从打击乐的发展来谈淮剧锣鼓的运用 张铨、步才 戏曲音乐 1960年2月总14期
我对淮海戏锣鼓的认识与初步整理 谷广发 戏曲音乐 1960年2月总14期
一朵瑰丽的新花——简介影调戏 文鸣 戏曲音乐 1960年2月总14期
楚剧简介 易佑庄 戏曲音乐 1960年2月总14期
云南花灯戏 云南省花灯团 戏曲音乐 1960年2月总14期
全省有多少剧种? 本刊资料室 安徽戏剧 1960年2月总17期
长沙湘剧“毯子功” 省戏曲工作室表演组 湖南戏剧 1960年2月号
一次别致的演出——中国京剧团在北欧之二 王平 江苏戏曲 1960年2月总11期
黄梅戏早期史探 洪非 安徽史学 1960年2月创刊号始连载
三大秦班在蓉城 雷震中 陕西戏剧 1960年2月总12期
湖南花鼓戏音乐 左希宾、贾古 人民音乐 1960年2月第2期
楚剧的迓腔 刘正维 音乐研究 1960年2月第1期
古老的剧种 丰富的遗产(黄岩乱弹音乐介绍) 李子敏 戏曲音乐 1960年3月总15期
座谈云南花灯剧音乐的发展——记中国音协花灯剧音乐座谈会 张壁 戏曲音乐 1960年3月总15期
潮剧源流考略 筱三阳 理论与实践 1960年3月第3期
百花争艳放异彩,新剧种西安大会师 大会宣传处 陕西戏剧 1960年3月总13期
梅林、北路和平讲三剧种在闽东北又获生机 福建戏剧 1960年3月第3期
江西青阳腔脚色与扮演 张愚 安徽戏剧 1960年3月总18期
碗碗腔搬上舞台的几点体会 陕西省戏曲剧院 陕西戏剧 1960年4月总14期
陕西道情怎样搬上舞台 安康专区演出代表团 陕西戏剧 1960年4月总14期
线胡戏搬上舞台的经过 乾城县代表团 陕西戏剧 1960年4月总14期
一枝古朴清香的奇花——看西路碗碗腔的演出 李静慈 陕西戏剧 1960年4月总14期
党洒甘露百花放“老调”枯木得逢春 贾万金 戏剧战线 1960年4月总22期
在党的文艺方针照耀下的“老调”剧种 杨培生 戏剧战线 1960年4月总22期
谈有关京剧锣鼓临场演奏的一些问题 松文明 戏曲音乐 1960年4月总16期
京剧音韵杂谈 秋文 戏曲音乐 1960年4月总16期
简记越剧舞台布景设计——参加上海越剧院舞美实践的体会 苏石凤 戏剧研究 1960年4月第1期
五十年来的艺术经验 周信芳 戏剧报 1960年4月第7期
漫谈高甲戏的丑 许仰川 福建戏剧 1960年5月第5期
京剧艺术的继承、革新与发展 上海京剧院 上海戏剧 1960年5月第5期
喜听北京曲剧 时白林 安徽戏剧 1960年5月总20期
南国红豆好,誉满长安城——西安戏剧界座谈广东粤剧 本刊记者 陕西戏剧 1960年5月总15期
平调落子欣欣向荣 周基 戏剧战线 1960年5月总23期
谈“苏剧” 肖铎渠 江苏戏曲 1960年5月总第14期
我对上党戏的意见 渠允恭 山西戏剧 1960年5月总1期
越剧花开在北京 张梦庚 戏剧报 1960年5月第10期
徽戏今昔 周思木 虚与实 1960年5月第5期
正在发展着的湖北高腔 周炬光 长江戏剧 1960年6月总12、13期

通山采茶戏正在新生　程云　长江戏剧　1960 年 6 月总 12、13 期
发展黔剧的几点体会　张世珠、张德贤　戏剧报　1960 年 6 月第 12 期
富有革命传统的洪山戏　来安县洪山戏剧团　安徽戏剧　1960 年 6 月总 21 期
祝新生的黔剧更好地发展——记中国剧协举行的黔剧座谈会　胡金兆　戏剧报　1960 年 7 月第 13 期
应重视闽剧各流派唱腔的继承　陈孝慈　福建戏剧　1960 年 7 月第 7 期
道情戏　界首县少年文工团剧目组　安徽戏剧　1960 年 8 月总 23 期
“唐山戏”的诞生　戏剧战线　1960 年 8 月总 26 期
谈莆仙戏的“蹀步”　林栋志　福建戏剧　1960 年 8 月第 8 期
庐剧虚字谈　振亚　安徽戏剧　1960 年 10 月总 25 期
传统唱腔的发展看黄梅戏音乐工作的几个问题　王兆乾　安徽戏剧　1960 年 10 月总 25 期
谈川剧高腔的伴奏问题　吴声　人民音乐　1960 年 10 月号
古老剧种丁丁腔　徐州师范学院艺术专修科　江苏戏曲　1960 年 10 月总 19 期
道路是正确的、成绩是巨大的——和王兆乾同志商榷　董振亚　安徽戏剧　1960 年 11 月总 26 期
关于中路梆子道白问题讨论　丁果仙等　山西戏剧　1960 年 12 月总 5 期
要向前看（与王兆乾商榷）　查文艳　安徽戏剧　1960 年 12 月总 27 期
“南北曲”与“南北昆”　吴南青　戏曲音乐　1960 年 12 月总 14 期
元曲研究的成就及其存在的问题　陈中凡　文学评论　1960 年第 6 期
百花园里添新枝（吉剧）　杨文元　吉林日报　1960 年 2 月 7 日
我省新剧种正式命名为“吉剧”　吉林日报　1960 年 2 月 7 日
“青海平弦”戏上了舞台　西宁市戏校　光明日报　1960 年 2 月 18 日
滇南山茶红艳艳——谈云南花灯戏的歌舞艺术　罗合如　光明日报　1960 年 2 月 21 日
话说云南花灯　花边　光明日报　1960 年 2 月 21 日
迅速成长的云南“花灯”　杨琦　人民日报　1960 年 2 月 21 日
在党的文艺方针照耀下的老调“剧种”　杨培生　人民日报　1960 年 3 月 15 日
两个优秀河北地方剧种——看平调与落子的感想　张梦庚　光明日报　1960 年 4 月 8 日
平调落子欣欣向荣　周基　光明日报　1960 年 4 月 17 日
一夜东风花满树——祝黔剧的蓬勃成长　马少波　人民日报　1960 年 6 月 24 日
大跃进中初绽的花朵——黔剧　张世珠　人民日报　1960 年 7 月 5 日
创造社会主义的新滇剧　社论　云南日报　1960 年 7 月 18 日
芗剧——郑成功的家乡戏　邵集　广州日报　1960 年 8 月 6 日
枝蔓千里花并蒂——谈晋剧在内蒙古的传播发展　向在瑜　山西日报　1960 年 9 月 4 日
在毛泽东文艺思想光辉照耀下南阳曲剧获得了新的生命　孙鼎　光明日报　1960 年 10 月 15 日
看五音戏的演出　荀慧生　光明日报　1960 年 10 月 25 日
越剧发展简介　木冰　广州日报　1960 年 10 月 27 日
漫谈河南越调的特色　陶君起　人民日报　1960 年 12 月 14 日
五音戏观摩札记　邱杨　文汇报　1960 年 12 月 14 日
浅谈柳子戏的源流和特色　蒋星煜　文汇报　1960 年 12 月 18 日
看山东柳子戏　龚义江　解放日报　1960 年 12 月 21 日
越剧传统丑角戏的特点　筱世昌　文汇报　1960 年 12 月 25 日

中路梆子花脸唱腔问题讨论　祁宝柱等　山西戏剧　1961年1月总6期
对中路梆子道白的意见　钟亟　山西戏剧　1961年1月总6、8期
关于京剧中的幕间曲　苏移　人民音乐　1961年1月号
中路梆子老旦唱腔问题讨论　寒声等　山西戏剧　1961年2月总8期
也谈中路梆子道白问题　荣铮　山西戏剧　1961年2月总8期
京剧旦角发音方法初探　言慧珠　人民音乐　1961年3月第3期
从一些剧目看广东粤剧　叶林　戏剧报　1961年4月第7、8期
我们怎样保管越剧服装　罗梅影　戏剧报　1961年5月第9、10期
编写"中国戏剧史"的管见　周贻白　戏剧报　1961年5月第9、10期
昆丑的配角戏　华传浩　上海戏剧　1961年5月第5期
试谈越剧丑角的行当特色　筱世昌　上海戏剧　1961年5月第5期
谈西路评剧重登舞台　薛恩厚　戏剧报　1961年6月第11、12期
同州梆子在北京　戏剧报　1961年7月第13期
辰河戏雉尾生的表演　尹汉卿　戏剧报　1961年7月第14期
谈谈越剧服装　苏石风　戏剧报　1961年7月第14期
谈京剧架子花脸的表演　侯喜瑞　戏剧报　1961年7月第14期
虚实结合生动活泼——记广东戏曲编导观摩座谈会　秉箴　戏剧报　1961年8月第15、16期
学习川剧的表现方法　永言　舞蹈　1961年8月第6期
昆剧中的"丑"行　徐凌云　上海戏剧　1961年10月第10、11期
略谈瓯剧源流和"高机与吴三春"　蒋星煜　上海戏剧　1961年12月第12期
红花绿叶相得益彰——谈川剧中的配角　席明真　四川文学　1961年12月第12期
喜见河北梆子新军突起　河北日报　1961年1月3日
中国戏剧家协会云南省分会省文化局联合召开滇剧座谈会　云南日报　1961年1月16日
论京剧流派　秋文　文汇报　1961年2月23、24日
睦剧　施洛　浙江日报　1961年2月28日
山西的四大梆子　赵生　人民日报　1961年3月5日
杂谈徽剧　朱素君　解放日报　1961年3月8日
徽剧声腔的形成及其在戏曲史上的地位　蒋星煜　文汇报　1961年3月10日
谈谈徽剧"青阳腔"　小秋　解放日报　1961年3月12日
徽剧的剧目、声腔和表演艺术　长风　文汇报　1961年3月14日
论闽剧唱腔　郑突奏　福建日报　1961年3月19日
谈川剧丑角艺术　刘成基　四川日报　1961年3月23日
首都戏剧界讨论川剧艺术　文汇报　1961年3月24日
赣剧的脸谱　雷震　江西日报　1961年4月2日
对中路梆子道白的浅见　朱耀龙　山西日报　1961年5月13日
评剧的形成和发展　学群　大公报　1961年5月14日
从余派谈京剧唱腔的"韵味"　秋文　文汇报　1961年5月24日
徽剧在上海　蕾子　安徽日报　1961年5月28日
昆曲和其他剧目的联系及区别　时韬　大公报　1961年6月4日
山西小戏"耍孩儿"　朱鸣　人民日报　1961年6月11日
同州梆子介绍　人民日报　1961年6月17日

古木新芽春满枝——介绍同州梆子　大公报　1961年6月18日
扫边剧谈——勾践与西施　边生　光明日报　1961年6月20日
谈莆仙戏唱腔　黄文狄　福建日报　1961年6月20日
王无能和独脚戏　杨溢　新民晚报　1961年6月20日
浅谈“独脚戏”　姚萌　文汇报　1961年6月23日
看同州梆子　梅兰芳　人民日报　1961年6月24日
昆曲中的女小生　陆左华　人民日报　1961年6月25日
明代的“独脚戏”　蒋星煜　解放日报　1961年6月25日
在党的文艺方针照耀下同州梆子恢复了青春　罗明　光明日报　1961年6月26日
略谈独脚戏的12种形式　笑嘻嘻　解放日报　1961年6月27日
略谈河北梆子的艺术风格　李邦佐　河北日报　1961年7月7日
川剧何止“三小”重　人凡　文汇报　1961年7月8日
师公戏的源流及特点　黄景　广西日报　1961年7月15日
说“徽戏”　均宁　安徽日报　1961年7月16日
乱弹戏的新生　刘关权　人民日报　1961年7月19日
谈“南词引正”中的几个问题——昆腔形成历史的新探索　蒋星煜　文汇报　1961年7月19日
古树新花又一枝——汉调二簧介绍　曹兴午　陕西日报　1961年7月22日
东河戏的形成及发展　流沙　江西日报　1961年7月23日
扫边剧谈——剧种之间　边生　光明日报　1961年7月29日
越剧小史　王绍舜　浙江日报　1961年7月30日
试谈桂剧的艺术风格——从桂剧的武戏谈起　李寅　广西日报　1961年7月31日
老曲家小谈南北昆——徐凌云访问记　马蓝　新民晚报　1961年8月3、5日
昆丑的几出和尚戏　华传浩　解放日报　1961年8月4日
艺宣扬剧团通过演唱会等活动回忆、发掘扬剧传统曲调　文汇报　1961年8月9日
“二黄”源流考　均宁　安徽日报　1961年8月10日
纯朴健美的丝弦戏　肖武　河南日报　1961年8月20日
曲剧这朵花　萌芽　云南日报　1961年8月22日
桂剧的脸谱　黄枫　广西日报　1961年8月23日
豫剧唱腔流派　林绿　人民日报　1961年8月27日
试论评剧的继承、革新及其他　李奇文　天津日报　1961年8月29日
曲剧十年　魏喜奎　北京日报　1961年8月29日
古代演员如何进入角色　霍松林　光明日报　1961年8月31日
形中寓神圆中求美——漫话京剧表演艺术的舞蹈程式　潘侠凤　吉林日报　1961年9月1日
晋剧的源流及其特点　杨并　人民日报　1961年9月3日
秦腔表演艺术流派问题初探　陈幼韩　陕西日报　1961年9月5日
甜的艺术——漫谈山西中路梆子　郭兰英　北京日报　1961年9月5日
“二人转”——吉剧取资的宝库兼谈吉剧“包公赔情”、“燕青卖线”的改编　华迦　吉林日报　1961年9月8日
秦腔史话　李静慈　陕西日报　1961年9月9日
赣南祁剧的青春　程耘平　江西日报　1961年9月10日

晋剧　光明日报　1961年9月10日
桂剧究竟有没有功夫和玩艺　卞璟　广西日报　1961年9月11日
扬琴与川剧唱腔　周继培　重庆日报　1961年9月14日
阿宫腔搬上舞台　安南　人民日报　1961年9月17日
苏剧史话　王凌寒　解放日报　1961年9月17日
首都戏曲界对同州梆子的评价　姬颖　陕西日报　1961年9月18日
勤学苦练，继续提高同州梆子艺术质量　罗明　陕西日报　1961年9月18日
有家底，有传统，有功夫——从青仁演员看晋剧艺术的继承和发展　祁兆良　北京日报　1961年9月19日
成都戏剧界探讨川剧喜剧特色　人民日报　1961年9月21日
曲调优美动听语汇丰富多彩上海文艺界人士分析苏昆剧的艺术特点　文汇报　1961年9月21日
滇剧史话　戴旦　云南日报　1961年9月23日
看苏剧漫笔　筱文艳　新民晚报　1961年9月26日
桂花芬芳——也谈桂剧艺术的丰富传统　王石坚　广西日报　1961年9月27日
谈华传浩新著"我演昆丑"　平泊　文汇报　1961年10月4日
京剧丑角的逗哏艺术　孙盛华　文汇报　1961年10月8日
去芜存菁精育新花——黑龙江省地方新剧种"龙江剧"介绍　黑龙江省龙江剧实验剧院　黑龙江日报　1961年10月12日
黄梅戏　怀宁县委编写组等　人民日报　1961年10月15日
滇剧新姿　黄登科　云南日报　1961年10月16日
读"我演昆丑"　高岑　新民晚报　1961年10月18日
昆曲剧本的文学特点　时韬　光明日报　1961年10月19日
锡剧小史　艾芊　新华日报　1961年10月22日
京剧表演的"绝活"　吕健　文汇报　1961年10月22日
挖掘少数民族戏曲遗产提高地方小戏艺术质量　省市文艺界座谈湘西阳戏　新湖南报　1961年10月25日
川剧脸谱略谈　张德成　重庆日报　1961年10月25日
重看绍兴目连戏　郭汉城　光明日报　1961年10月31日
曲艺戏曲的魅力　易剑泉　南方日报　1961年11月12日
汉剧探源　江渊　人民日报　1961年11月13日
漫谈滇剧丑角　倪开陞　云南日报　1961年11月14日
昆曲的起源和发展　赵景深　光明日报　1961年11月18日
弋阳腔　汪麟　人民日报　1961年11月19日
宋元时代的戏剧形象　许顺湛　河南日报　1961年11月19日
贵阳川剧团发扬高腔戏中的帮腔特色　本报　人民日报　1961年11月20日
曲艺曲剧双花并茂　陶钝　北京日报　1961年10月26日
谈曲剧的曲艺特点　赵其昌　北京日报　1961年10月26日
锡剧门外漫谈——观摩锡剧会演以后　石陶　新华日报　1961年11月28日
湘昆浅谈　余懋盛　光明日报　1961年11月28日
同中存异话京剧　李邦佐　光明日报　1961年11月30日
锡剧　古平　人民日报　1961年12月3日

川剧脸谱略谈　张德成　光明日报　1961 年 12 月 5 日
传奇的“家门”　顾乐真　光明日报　1961 年 12 月 7 日
重听乡音话乱弹　林怡　文汇报　1961 年 12 月 7 日
丹剧音乐浅谈　张铨　新华日报　1961 年 12 月 10 日
浅谈神池和临县“道情”　武艺民　山西日报　1961 年 12 月 11 日
漫话“罗罗腔”　祝之　山西日报　1961 年 12 月 11 日
大跃进中诞生的新剧种——丹剧　人民日报　1961 年 12 月 15 日
我们找到了“宁波昆曲”　钱瓔　解放日报　1961 年 12 月 17 日
丰富的云南花灯音乐　伊金　云南日报　1961 年 12 月 30 日
傣剧艺术的新生　岚凤　民族团结　1962 年 1 月号
吉剧唱词拔萃　吉林省吉剧团创编室　长春　1962 年 1 月号
试谈扬剧的戏路　山人　雨花　1962 年 2 月第 2 期
锡剧语言、音乐及其他——“锡剧门外漫谈”读后　顾加生、武俊达　雨花　1962 年 2 月第 2 期
白族吹吹腔传统与源流初探　杨明、刘钺　边疆文艺　1962 年 2 月第 2 期
锡剧语言问题漫谈　俞介君、叶至诚　雨花　1962 年 3 月第 3 期
杂谈淮海剧的语言问题　张立平　雨花　1962 年 3 月第 3 期
云南兄弟民族戏剧三题　曲六乙　戏剧报　1962 年 4 月第 4 期
邕剧杂谈　辛鸿　广西戏剧通讯　1962 年 4 月第 1 期
桂剧源流考　胡仲实　广西戏剧通讯　1962 年 4 月第 1 期
曲六乙同志谈：云南兄弟民族戏剧发展中的几个问题　廖文记录　广西戏剧通讯　1962 年 4 月第 1 期
谈桂剧旦行传统行当分类及演出情况　周游　广西戏剧通讯　1962 年 4 月第 1 期
彩调音乐初探　宋辰　广西戏剧通讯　1962 年 4 月第 1 期
漫话平弦剧　亢树楠　青海湖　1962 年 4 月号
对平弦戏的点滴浅见　晓阳　青海湖　1962 年 4 月号
由近及远先内后外——学习剧种发展规律一得　曲六乙　广西文艺　1962 年 4 月号
杂谈二人转　张园芳　长春　1962 年 4 月第 4 期
扬剧的前身——香火戏　思苏整理　扬州师范学报　1962 年 5 月第 14 期
浅谈民族戏剧的音乐——云南民族戏剧观摩演出观后　林绿　人民音乐　1962 年 6 月 5、6 月号
绚丽多彩的广西彩调　江容安　广西文艺　1962 年 6 月号
探索京剧“亮相”的形体美　顾森伯　舞蹈　1962 年 6 月第 3 期、8 月第 4 期
桂北彩调初探　红松龄　广西戏剧通讯　1962 年 7 月第 2 期
试谈僮剧音乐　余品瑞　广西戏剧通讯　1962 年 7 月第 2 期
桂剧不是混血儿　肖泽昌　广西戏剧通讯　1962 年 7 月第 2 期
青阳腔的源流初探　滕永然　上海戏剧　1962 年 7 月第 7 期
谈赣剧——在上海剧协和作协座谈会上的发言　赵景深　上海戏剧　1962 年 7 月第 7 期
潮剧整理研究丑角表演艺术　林淳钧　戏剧报　1962 年 7 月第 7 期
真正的喜剧效果　李文杰　戏剧报　1962 年 8 月第 8 期
京剧脸谱　郭元汾、萧维章　宁夏文艺　1962 年 9 月第 7 期
采茶歌中的宋元南戏　景深　戏剧报　1962 年 9 月第 9 期

对子戏研究　叶林　江海学刊　1962年10月第10期
百花齐放中的桂戏　欧阳予倩　广西文艺　1962年10月号
广西何时有戏的？　文午　广西戏剧通讯　1962年11月第3期
谈彩调音乐形象　孔德扬　广西戏剧通讯　1962年11月第3期
彩调沿革初探　全区彩调老艺人座谈会剧目组整理　广西戏剧通讯　1962年11月第3期
《桂剧源流考》质疑　江平　广西戏剧通讯　1962年11月第3期
广西民间艺术的瑰宝、各族人民心爱的花儿　侯枫　广西戏剧通讯　1962年11月第3期
选题——京剧反映现代生活写作散笔　范钧宏　戏剧报　1962年11月第11期
谈谈吕剧与现代剧目　陶钝　戏剧报　1962年12月第12期
昆山腔发展史的再探索　蒋星煜　上海戏剧　1962年12月第12期
论戏曲史上临川派与吴江派之争　吴新雷　江海学刊　1962年12月号
漫谈婺剧的艺术特色——写在浙江婺剧团来京演出之后　何为　人民音乐　1962年12月号
从如何着手提高扬剧音乐怎样继承扬剧表演传统　扬州市戏曲工作者提出许多新看法　文汇报　1962年1月9日
吉剧音乐的源头及其借鉴、创造　申文凯　吉林日报　1962年1月10日
僮剧——一幅美丽的僮锦　乐浪　云南日报　1962年1月11日
深受傣族人民喜爱的傣剧　金穗　云南日报　1962年1月11日
新兴的剧种——彝剧　刘树邦　云南日报　1962年1月11日
略谈白族吹吹腔的传统与源流　杨明、刘钺　云南日报　1962年1月11日
谈河北高腔　粹深　天津日报　1962年1月14日
评剧唱腔初探　张士奎　吉林日报　1962年1月17日
浅谈弋阳腔　汪麟　光明日报　1962年1月28日
略论二人转在创作、流传中的几个特点　马名超　黑龙江日报　1962年1月30日
云南民族戏剧简介　光明日报　1962年1月31日
浅探河北梆子丑角　李邦佐　河北日报　1962年2月9日
也谈河北梆子花旦——与李邦佐同志商榷　杨晔　天津日报　1962年2月14日
京剧的锣鼓　霜刃　福建日报　1962年2月18日
川剧武戏特色点滴谈　阳天　光明日报　1962年2月27日
关于明清传奇中的“合”　李煜昆　光明日报　1962年3月1日
粤北采茶戏　江萍　光明日报　1962年3月3日
谈扬剧的丑角艺术　江村　新华日报　1962年3月7日
昆戏里的白面　管际安　文汇报　1962年3月16日
高甲戏　杨波　福建日报　1962年3月17日
复旦大学编著的“中国文学史”对“英雄成败”杂剧的评价问题　华粹深　光明日报　1962年3月18日
我爱淮海剧　龚义江　解放日报　1962年3月19日
略谈永嘉昆剧的表演艺术　陆炎　浙江日报　1962年3月21日
谈昆丑　鲁田　北京日报　1962年3月22日
淮海戏之忆　汤草元　解放日报　1962年3月25日
谈资料探方向——试谈“二人台”　屈解　内蒙古日报　1962年3月30日
梨园戏的传说及其他　曹甄　羊城晚报　1962年4月9日
二人转是戏，还是曲艺？　隋书金　黑龙江日报　1962年4月10日

五音戏和“鲜樱桃” 宋文范等 大众日报 1962年4月19日
评“桂剧音乐” 宋辰 广西日报 1962年4月23日
谈二人转“说口”艺术的继承和发展 白万程 吉林日报 1962年4月24日
“二人转”探源 向然 黑龙江日报 1962年4月24日
川剧高腔点滴 宋立本 光明日报 1962年5月15日
论评剧艺术 胡沙 北京日报 1962年5月22日
“竹马戏”在闽南再生 侯民杰 福建日报 1962年5月23日
在探索的道路上前进——漫谈陇剧发展中的点滴体会 秦陇文 甘肃日报 1962年5月24日
弋阳腔和青阳腔 黄文锡 人民日报 1962年5月27日
看赣剧致凌鹤兄 孟超 光明日报 1962年5月31日
川剧艺诀释义 胡度 文汇报 1962年6月12、13、19、28日，7月4、6日
走边——京剧中象征赶路的动作 潘侠风 大公报 1962年6月12日
具有独特风格的二人台戏剧艺术 大海 内蒙古日报 1962年6月14日
汤显祖谈弋阳腔和青阳腔 赵景深 解放日报 1962年6月17日
谈谈二人转传统脚本 张川 黑龙江日报 1962年6月20日
试谈京剧武打技巧的真实性与倾向性 景孤血 文汇报 1962年6月26日
神、鬼、人、妖——谈京剧花脸的“扎屁股垫肚子戏” 陈富瑞 文汇报 1962年7月8、10、11、12日
睦剧艺术在发展 睁眉 浙江日报 1962年7月21日
台湾歌仔戏今昔 路工 文汇报 1962年8月4日
唐宋遗音——竹马戏 路工 光明日报 1962年8月21日
昆曲脸谱浅谈 鲁田黎 光明日报 1962年8月23日
粤剧女丑的表演艺术 谭玉真 羊城晚报 1962年9月1日
我爱婺剧的农民气息 顾仲彝 新民晚报 1962年9月4日
川剧资阳河流派初探 张有年 四川日报 1962年9月9日
平弦戏刍议 刘凯、任丽璋 青海日报 1962年9月13日
一笑寓褒贬 四两拨千斤——川剧喜剧学习札记 萧然、阳天 光明日报 1962年9月16、17日
河北梆子发展概说 马文龙 天津日报 1962年9月19日
环江的毛难戏 韦志彪、商霭如 广西日报 1962年9月20日
漫话元曲 韩珍重、庄毅 福建日报 1962年9月23日
关于京剧唱腔中吐字收音的一些体会 赵燕侠 人民日报 1962年10月7日
东路二人台调查札记 彭书智 内蒙古日报 1962年10月10日
情意深深说“道情” 苏坤 解放日报 1962年10月11日
京剧字音读法漫谈 罗亮生 文汇报 1962年10月20日
婺剧的“乱弹”和“滩簧” 蒋星煜 光明日报 1962年10月23日
珍贵吕剧的底根 陶钝 北京日报 1962年11月10日
漫谈粤剧的艺术风格 林涵表 南方日报 1962年11月11日
昆曲小考 李谷鸣 安徽日报 1962年11月23日
粤剧反映现实生活的传统 秉箴 南方日报 1962年12月9日
滇剧这朵花 黄虹 云南日报 1962年12月10日

杂谈闽郡郑派艺术　陈后肃　福建日报　1962年12月12日
让花灯更好地为农民服务　鲁凝　云南日报　1962年12月13日
粤剧编剧讲习会之一、二、三　本报记者　羊城晚报　1962年12月19—21日
也谈“滇剧这朵花”　谢雪梅　云南日报　1962年12月24日
侗剧这朵花　郑光松、吴居敬　广西戏剧通讯　1963年1月总4期
谈谈壮剧唱腔的源流和演变　韦苇　广西戏剧通讯　1963年1月总4期
京剧“悟空戏”的表演技法　郑法祥　上海戏剧　1963年1月第1期起连载
试论戏曲的起源和形成　张庚　新建设　1963年1月号
中国最古的歌舞剧——西周的颂乐　刘季高　江淮学刊　1963年2月第1期
东北二人转调查报告　马名超　哈尔滨师范学院学报　1963年3月第1期
侗剧音乐介绍　广西戏剧通讯　1963年4月总5期
南宁师公戏简介　南宁市文化馆　广西戏剧通讯　1963年5月总6期
祁剧与桂剧的关系及其异同　区戏研室祁剧观摩小组　广西戏剧通讯　1963年5月总6期
壮剧音乐的继承和发展　韦苇　广西戏剧通讯　1963年5月总6期
浅谈壮剧的推陈出新　丁世博　广西戏剧通讯　1963年5月总6期
豫剧源流初探　冯纪汉　奔流　1963年5月号起连载
越剧演现代剧的风格与题材问题　傅骏　上海戏剧　1963年5月第5期
“宾阳丝弦戏”初探　余品瑞　广西戏剧通讯　1963年6月总7期
壮剧的历史及其发展中几个问题的探讨　丘振声、潘其旭　广西戏剧通讯　1963年6月总7期
史九敬先、九山书会和温州南戏　胡雪冈　温州师范学院学报　1963年6月第1期
漫谈越剧现代剧的服装　苏石风　上海戏剧　1963年7月第7期
试谈京剧的丑角戏与丑角　张梦庚　戏剧报　1963年7月第7期
毛难戏介绍　韦志彪、商霭如　广西戏剧通讯　1963年9月总8期
浅谈邕剧音乐　高文秀　广西戏剧通讯　1963年9月总8期
从设计、创作的角度分析彩调音乐　刘裕德　广西戏剧通讯　1963年9月总8期
谈沪剧唱腔的板式特点　滕永然　上海戏剧　1963年9月8、9期
昆曲爱好者的佳音——介绍《昆曲津梁》一书　张正治　人民音乐　1963年9月第8、9期
川剧语言琐谈　阿烈　四川文学　1963年9月号
南宋“说话”四家数　胡士莹　杭州大学学报　1963年10月第2期
关于元杂剧的分析评议及其他——对中国科学院文学研究所所编《中国文学史》元代文学部分的几点商榷　孙龙父　扬州师院学报　1963年10月第18期
关于桂剧剧目问题的一些看法　李寅　广西戏剧通讯　1963年12月总9期
到过上海的宁波昆曲　高峡湖　新民晚报　1963年1月10日
谈粤剧刀马旦　谢北流　南方日报　1963年1月13日
进一步发挥滇剧的教育作用　戚少斌　云南日报　1963年1月21日
“说话”艺术溯源　胡士莹　文汇报　1963年1月23日
科诨与喜剧——元杂剧喜剧艺术杂论之一　楚平　文汇报　1963年1月30日
关于京剧“点绛唇”的遮脸　苏移　文汇报　1963年2月5日
关于昆曲表演艺术风格的一些问题——苏、浙、沪三省（市）昆曲观摩演出观后　曲六乙　文汇报　1963年2月7日
从历史上谈河北梆子的兴盛　马龙文　河北日报　1963年2月19日

要善于琢磨——金开芳谈评剧的表演　王春霖整理　辽宁日报　1963年2月22日
来自戏曲之乡的赣剧——谈赣剧的渊源　肇沅　羊城晚报　1963年3月13日
唐代民间、宫廷、寺院中的说话　胡士莹　光明日报　1963年3月24日
粤剧编剧七弊　李门　羊城晚报　1963年4月11日
越调语言赞　林曦　人民日报　1963年4月23日
曲坛又放一枝花——长阳发现“南曲”　蒋敬生　湖北日报　1963年4月26日
京剧音乐漫谈　李慕良　人民日报　1963年5月4日
关于杂剧楔子和联套的曲牌的用法——《中国文学史》的一个小错误　沈祖棻　光明日报　1963年5月12日
有三百年历史的闽剧　纪述　羊城晚报　1963年5月15日
新花初绽——辽南剧初次演出观感　胡忌　辽宁日报　1963年5月24日
高甲戏的“丑”　蔡展龙　北京日报　1963年5月25日
高甲戏的艺术特色　左海　人民日报　1963年6月2日
我国少数民族的戏剧　徐祖文　大公报　1963年10月23日
花朝新曲唱苏丹——看紫金花朝戏演出　安立今　南方日报　1963年11月21日
川剧舞蹈学习零记　小桷　舞蹈　1964年2月第1期
广开二人转剧目来源　王也夫　长春　1964年2月号
从“像”与“不像”谈京剧表演艺术革新成败的标准　佃基　山东文学　1964年4月号
京剧现代戏的语言问题　陶君起　上海戏剧　1964年4月第4期
京、昆现代戏服装设计中的一些体会和看法　幸熙、龚柏安　上海戏剧　1964年5月第5期
古人笔下的“现代戏”　芦笛　前线　1964年5月第9期
花灯舞台上的新气象　九思　边疆文艺　1964年6月号
花灯小戏的特色　戴旦　边疆文艺　1964年6月号
关于京剧现代戏音乐的若干问题（上）（下）　于会泳　上海戏剧　1964年6月第6期、7月第7期
元人杂剧的本色派和文采派　王季思　学术研究　1964年6月第3期
从思想内容与艺术成就衡量元杂剧（上）　冯沅君　山东大学学报　1964年6月第2期
京剧表现当代生活的历史的回顾　刘开宇　前线　1964年6月第12期
谈京剧现代戏的语言特色　范钧宏　文艺报　1964年7月第7期
草原上的戏剧轻骑兵——看二人台、二人转演出随感　曲六乙　北京日报　1964年1月24日
曲剧艺术的成长道路　于真　北京日报　1964年2月11日
发挥二人转的战斗作用　高叶等　吉林日报　1964年2月21日
新评戏前途无限宽广　胡沙　文汇报　1964年2月28日
谈谈曲剧音乐的戏曲化问题　刘书方　北京日报　1964年2月29日
我对京剧特色的看法　徐兰沅　北京日报　1964年3月28日
服装、道具、布景——京剧现代戏舞台美术欣赏　鲁田　人民日报　1964年6月21日
略谈京剧旦角唱腔问题　荀慧生　北京日报　1964年6月30日
京剧现代戏布景的新尝试　鲁田　光明日报　1964年7月2日
京剧花脸的广阔前途　袁世海　人民日报　1964年7月4日
谈京剧现代戏的打击乐　高鹤年　光明日报　1964年7月16日

谈京剧现代戏的舞台美术工作　张学文、崔祥麟　光明日报　1964 年 7 月 22 日
浅谈京剧现代戏念白　李慧芳　人民日报　1964 年 7 月 31 日
更高度的提炼——试谈京剧现代戏布景艺术的特点问题　龚和德　光明日报　1964 年 7 月 31 日
京剧现代戏的道白与唱词　修玉祥、刘思鹏　光明日报　1964 年 8 月 6 日
京剧现代戏的音乐问题　刘如曾　文汇报　1964 年 8 月 13 日
京剧现代戏的服装设计艺术　汪洗　光明日报　1964 年 8 月 18 日
浅谈京剧现代革命戏的语言艺术　屠岸　光明日报　1964 年 9 月 8 日
江汉平原花满枝——天沔花鼓戏的新生　吴哲　湖北日报　1964 年 9 月 27 日
昆剧史话　白甲　羊城晚报　1964 年 10 月 31 日
从天仙到英雄——简介在前进中的黄梅戏　余遵　羊城晚报　1964 年 11 月 12 日
谈京剧现代戏的字音和韵辙　胡双宝　中国语文　1965 年 4 月第 2 期
谈谈京剧《红灯记》唱念的一些问题——在一个座谈会上的发言　袁世海　戏剧报　1965 年 7 月第 6 期
革命的内容喜闻乐见的形式——看黑龙江省演出团二人转专场表演　阿俚　辽宁日报　1965 年 6 月 17 日
芗剧今昔　解放日报　1965 年 2 月 24 日
谈粤剧的唱、念、做、打　陈酉名　南方日报　1965 年 3 月 16 日
浅谈京剧皮黄腔的创腔和演唱　连波　文汇报　1965 年 10 月 4 日
京剧剧本的音乐构思及其他　吴歌　文汇报　1965 年 10 月 18 日
元明戏剧史上的阶级斗争　冯其庸　光明日报　1965 年 10 月 24 日
演二人转并不低气——二人转演员座谈会纪要　辽宁日报　1965 年 11 月 12 日
浅谈京剧“成套唱腔”的运用　辛清华　文汇报　1965 年 12 月 21 日
川剧旦角在现代戏中如何用嗓？——答青年同行　陈书舫　戏剧报　1966 年 1 月第 1 期

（二）古代作家作品

《秣陵风雨》和孔尚任的《桃花扇》　冯达　天津日报　1949 年 10 月 26 日
琵琶记与旧戏封建说教的典型性　黄芝冈　人民戏剧　1951 年 3 月 2 卷第 6 期
关于“李舜臣”　任桂林　河北文艺　1951 年 6 月 2 卷第 8 期
评杨绍萱同志的“魏长生之子多亦”　李啸仓　新戏曲　1951 年 11 月 2 卷第 6 期
桃花扇的作者孔尚任　范宁　光明日报　1951 年 11 月 10 日
论“西厢记”的现实性　程以中　大公报　1952 年 8 月 2 日
关于《西厢记》　何剑熏　西南文艺　1953 年 5 月总 17 期
读“西厢记”随笔　陈风　剧本　1954 年 1 月第 1 期
关汉卿和他的元杂剧　王季思　人民文学　1954 年 4 月总 54 期
关于洪升和他的戏曲《长生殿》　钱东甫　文艺月报　1954 年 8 月总 20 期
西厢记叙说　王季思　人民文学　1954 年 9 月总 59 期
对“读西厢记随笔”的商榷　陈郎　剧本　1954 年 12 月第 12 期
答《对“读西厢记随笔”的商榷》　陈凡　剧本　1954 年 12 月第 12 期
马致远的杂剧　徐朔方　新建设　1954 年 12 月总 75 期
对《关汉卿和他的元杂剧》的一点意见　顾学颉　人民文学　1954 年 12 月总 62 期
影印“古本戏曲丛刊”缘起　郑振铎　光明日报　1954 年 3 月 1 日

关汉卿考略　孙楷第　光明日报　1954年3月15日
论“西厢记”　徐朔方　光明日报　1954年5月10日
孔尚任及其“桃花扇”　马雍　光明日报　1954年5月24日
崔莺莺·元稹·“莺莺传”　曹家琪　光明日报　1954年9月14日
读“长生殿传奇”　陈友琴　光明日报　1954年9月21日
论“长生殿”的思想性——对目前有关“长生殿”评论的商榷　程千帆　文艺月报　1955年4月总28期、5月总29期
《元人杂剧史》中的错误和缺点　戴不凡　剧本　1955年7月总41期
论《西厢记》　宋之的　人民文学　1955年10月总72期
论睢景臣的“高祖还乡”哨遍　许政扬　南开大学学报　1955年10月第1期
谈关汉卿的“窦娥冤”　陈志宪　光明日报　1955年4月3日
洪升生年确证的材料及其他　陈光汉　光明日报　1955年5月1日
关于“琵琶记”　王文琛　光明日报　1955年5月8日
金圣叹批改“西厢记”的反动意图　霍松林　光明日报　1955年5月29日
明代青阳腔剧本的新发现　赵景深　复旦学报　1956年5月第1期
王实甫的“西厢记”　宋汉濯　文艺学习　1956年6月总27期
论《琵琶记》的封建性和人民性　黄芝冈　剧本　1956年8月总54期
试谈高则诚《琵琶记》　陈多　剧本　1956年8月总54期
试谈《琵琶记》的主题思想　温陵　剧本　1956年8月总54期
百家争论《琵琶记》　柏繁　剧本　1956年8月总54期
对“琵琶记”的热烈讨论　柏繁　戏剧报　1956年8月总32期
谈“琵琶记”　赵景深　戏剧报　1956年8月总32期
八个问题、两种答案——参加《琵琶记》讨论有感　长之　文艺报　1956年8月总161期
高则诚事略　戴不凡　文艺报　1956年8月总162期
蔡伯喈论辩　许之乔　剧本　1956年9月总55期
从《琵琶记》的结构上看《琵琶记》的主题思想　李长之　剧本　1956年9月总55期
赵五娘的悲剧　戴不凡　剧本　1956年10月总56期
洪升生平及其作品　熊德基　福建师范学院学报　1956年9月第1期
“牡丹亭”　陈志宪　草地　1956年11月总5期
长亭送别——谈王西厢与董西厢　方本炎　人民文学　1956年12月总86期
论纪君祥的“赵氏孤儿”杂剧　陈中凡　南京大学学报　1956年12月第4期
“琵琶记”中的牛小姐　柏繁　争鸣　1956年12月第2期
略论“梧桐雨”杂剧　陈健　光明日报　1956年2月26日
读“林冲宝剑记”　仲弘　光明日报　1956年3月18日
谈关汉卿及其作品“窦娥冤”和“救风尘”　王季思　光明日报　1956年3月25日
琵琶记是怎样的一个戏曲　徐朔方　光明日报　1956年4月8日
关于对“元曲选”的评价　戴不凡　人民日报　1956年5月12日
“琵琶记”作者的世界观和现实主义创作　李希凡　人民日报　1956年7月24日
关于“琵琶记”的争论　温凌　北京日报　1956年8月24日
谈琵琶记　俞平伯　光明日报　1956年8月25日
琵琶记论辩　许之乔　人民日报　1956年9月5日
关于古典剧作“琵琶记”的争论　颜振奋　人民日报　1956年9月16日

"琵琶论"论战的第一回 文汇报 1956年10月24日
略谈"汉宫秋"的主题思想 陈述桂 光明日报 1956年11月4日
臧懋循与"元曲选" 徐扶明 光明日报 1956年12月2日
论西厢记及其改编 林涵表 戏曲研究 1957年1月第1期
谈马致远的"天净沙" 沈祖棻 语文教学 1957年1月总5期
赵五娘和琵琶记 李希凡 长江文艺 1957年2月总90期
试谈李笠翁的"曲话" 罗明 剧本 1957年2月第2期
关于"西厢记"和有关"西厢记"的评论 刘秉义 山西师范学院学报 1957年2月第1期
论琵琶记(通过它看到的几个问题) 李拓之 学术论坛 1957年2月第1期
"长生殿"的主题思想究意是什么? 周来祥等 文史哲 1957年2月总54期
李笠翁曲话(部分) 沈心友等 剧本 1957年3月第3期
李笠翁事略 戴不凡 剧本 1957年3月第3期
"桃花扇"校注前言 王季思 文学研究 1957年3月第1期
"琵琶记"的评价问题 何其芳 文学研究 1957年3月第1期
李调元——四川杰出的戏剧家 冬尼 草地 1957年3月总9期
金圣叹与西厢记 陈纪叶 东海 1957年3月号
试谈"汉宫秋"的主题思想 宋玉柱 文史哲 1957年4月总56期
读"论琵琶记"后的几点意见 孙腾芳 学术论坛 1957年5月号
从三不从谈琵琶记的成就 郑论 学术论坛 1957年5月号
元杂剧的山西作家及其作品 陈过 山西师范学院学报 1957年5月第2期
关于浣纱记的一些问题 薄坚石 山西师范学院学报 1957年5月第2期
略论元郑光祖的"王粲登楼"杂剧 陈过 火花 1957年5月第8期
和范朴齐先生谈《啸楼谭戏》 孙由美 草地 1957年5月第11期
王实甫生平的探索——王实甫退隐散套跋 冯沅君 文学研究 1957年6月号
略论关汉卿及其作品 冯钟其 新建设 1957年6月总105期
关汉卿和"窦娥冤"的几个方面 梅广平 语文教学通讯 1957年6月号
关于元曲家的两个问题(答复一位朋友的来信) 冯沅君 文史哲 1957年7月号
论"长生殿"的人物、主题和创作方法——兼评"长生殿"的主题思想究意是什么?" 王士博 文史哲 1957年7月号
牡丹亭中的几个人物形象 梅溪 文史哲 1957年7月号
马致远的"天净沙"小令和"夜行船"套数 隋树森 语文学习 1957年7月号
读"窦娥冤"的一点体会 顾学颉 语文学习 1957年7月号
试谈李笠翁的写剧理论 陈多 剧本 1957年7月第7期
马致远的"双调夜行船(秋思)" 梁聚泰 语文教学通讯 1957年8月号
评范朴齐的《啸楼谭戏》 康之弟 草地 1957年8月总14期
关汉卿的创作道路 王季思 南国戏剧 1957年10月总1期
汤显祖的时代精神和他的"牡丹亭" 黄芝冈 南国戏剧 1957年10月总1期
李开先和他的"林冲宝剑记" 徐扶明 文史哲 1957年10月号
论杂剧"梧桐雨" 宋阴谷 东北人民大学学报 1957年10月号
纪念汤显祖 戴不凡 戏剧报 1957年11月总58期
崔怀宝月夜闻筝考 柳文英 山西师范学院学报 1957年11月第4期

论孔尚任的“桃花扇” 高文 语文教学通讯 1957年11月号
纪念汤显祖逝世340周年 文艺报 1957年12月总38期
琵琶记的作者高则诚 胡雪冈 光明日报 1957年1月27日
关汉卿“单刀会”的前二折 李健吾 人民日报 1957年2月5日
关于“金印记” 武建伦等 江西日报 1957年2月15日
“长生殿”的主题思想到底是什么？ 丁冬 光明日报 1957年4月7日
关汉卿作品考 邵曾祺 光明日报 1957年4月28日
说西厢记的几种结局 熊韩汇 福建日报 1957年6月9日
陈三五娘的遗迹 林颂 福建日报 1957年7月24日
谈关汉卿的“鲁斋郎”杂剧 王季思 光明日报 1957年9月27、29日
试论汤显祖和其剧作——纪念汤显祖逝世三百四十周年 石凌鹤 江西日报 1957年11月12日
关汉卿的“拜月亭” 尚达翔 光明日报 1957年11月17日
“金琬钗”的作者是谁？ 东兆熊 陕西日报 1957年11月20日
略谈朱有敦杂剧的思想性 朱君毅等 光明日报 1957年12月1日
明代上海大剧作家范文若 蒋星煜 新民晚报 1957年12月5日
汤显祖和他的传奇 周巩璋 解放日报 1957年12月7日
纪念汤显祖学习汤显祖 俞振飞 文汇报 1957年12月8日
伟大的剧作家关汉卿 马鸿腾 解放日报 1957年12月14日
对“论西厢记及其改编”的几点意见 碧波 戏曲研究 1958年1月第1期
关汉卿创造理想性格 李健吾 戏剧论丛 1958年2月第1期
关汉卿笔下妇女性格的特征 戴不凡 戏剧论丛 1958年2月第1期
关汉卿的年代问题——与孙楷第先生商榷 苏夷 戏剧论丛 1958年2月第1期
世界文化名人——关汉卿 戴不凡 戏剧报 1958年2月第4期
关汉卿——我国十三世纪的伟大戏曲家 郑振铎 戏剧报 1958年3月第6期
从“牡丹亭”看传统剧目的主题思想 郭汉城 戏曲研究 1958年4月第2期
关汉卿及其戏曲 胡忌 读书 1958年4月第4期
略论桃花扇的艺术特征 黄天骥 中山大学学报 1958年4月第1期
论“窦娥冤” 林钟美 戏剧论丛 1958年5月第2期
南戏怎样改编关汉卿的“拜月亭” 陈中凡 戏剧论丛 1958年5月第2期
“窦娥冤”和“东梅孝妇” 香文 戏剧论丛 1958年5月第2期
“诈妮子调风月”写定本说明 王季思 戏剧论丛 1958年5月第2期
关汉卿研究 周贻白 戏剧论丛 1958年5月第2期
谈关汉卿“拜月亭”第四折 刘逸生 戏剧论丛 1958年5月第2期
中国伟大的戏曲家关汉卿 郑振铎 戏剧论丛 1958年5月第2期
关汉卿不朽 夏衍 戏剧论丛 1958年5月第2期
我国戏曲史上的关汉卿 杨绍萱 戏剧论丛 1958年5月第2期
从剧作看关汉卿的思想 温凌 戏剧论丛 1958年5月第2期
伟大的元代戏剧战士关汉卿 田汉 戏剧论丛 1958年5月第2期
我国伟大戏剧家关汉卿 吴晓铃 北京文艺 1958年5月第5期
谈关汉卿的“窦娥冤” 徐文斗 学术论坛 1958年5月第2期
读关汉卿“窦娥冤”第三折 张真 剧本 1958年6月号

纪念我国伟大的戏剧家关汉卿 社论 剧本 1958年6月号
“单刀会”的结构及其他 戴不凡 剧本 1958年6月号
介绍关汉卿的时代及其剧作 周贻白 剧本 1958年6月号
从“窦娥冤”看关汉卿剧作的政治感情 张真 戏曲报 1958年6月12期
伟大的戏曲家关汉卿永垂不朽 社论 戏剧报 1958年6月第11期
杂谈关汉卿的创作态度 戴不凡 戏剧报 1958年6月第11期
关汉卿杂剧的战斗精神 王季思 作品 1958年6月号
谈元代杂剧 刘逸生 作品 1958年6月号
论关汉卿 杨晦 文学研究 1958年6月第2期
元曲家考略续编 孙楷第 文学研究 1958年6月第2期
关汉卿剧作的时代精神——纪念关汉卿创作700周年 正奇 学术月刊 1958年6月第6期
关汉卿及其剧作 戴不凡 文艺报 1958年6月第12期
纪念我们伟大的前辈、人民戏剧家关汉卿 姜炳泰 西安戏剧 1958年6月第12期
伟大的戏曲家关汉卿 张为 戏曲研究 1958年7月第3期
关汉卿杂剧源流略述 傅惜华 戏曲研究 1958年7月第3期
伟大的戏剧家关汉卿 黄励 戏剧战线 1958年7月创刊号
纪念元代剧作家关汉卿 舒思 小剧本 1958年7月总2期
关汉卿学术研究座谈会记录 戏剧论丛 1958年8月第3期
关于关汉卿研究的几个问题 温凌 戏剧论丛 1958年8月第3期
再论关汉卿——关汉卿与西厢记问题 杨晦 北京大学学报 1958年8月第3期
略谈汤显祖和他的“邯郸记” 谭行 中山大学学报 1958年10月第2期
关汉卿研究中的一些问题 许之乔 戏剧论丛 1958年11月第4期
关于“牡丹亭”的改编 赵景深 光明日报 1958年1月12日
“双渐”资料——釜底治曲记之二 谭正璧 光明日报 1958年1月26日
“牡丹亭”的浪漫主义色彩和现实主义精神 陈志宪 光明日报 1958年1月26日
也谈王国维的境界说 叶秀山 光明日报 1958年3月16日
再谈“元曲四大神物”——兼答尹明先生“论元曲四大神物说” 谭正璧 光明日报 1958年4月13日
传奇“牡丹亭”和话本“杜丽娘记”——釜底治曲记之三 谭正璧 光明日报 1958年4月27日
也谈关汉卿的“鲁斋郎”杂剧 程毅中 光明日报 1958年6月8日
关汉卿和他的杂剧 赵景深 光明日报 1958年6月8日
谈关汉卿笔下的妓女形象 胡仲实 光明日报 1958年6月15日
关于关汉卿的散套 邹啸 光明日报 1958年6月15日
关汉卿战斗的一生 王季思 人民日报 1958年6月18日
关汉卿不朽 夏衍 文汇报 1958年6月20日
继往开来大跃进！——纪念伟大戏剧家关汉卿 马少波 光明日报 1958年6月27日
纪念中国最伟大的戏曲家关汉卿 杨晦 工人日报 1958年6月28日
学习关汉卿，并超过关汉卿 郭沫若 人民日报 1958年6月28日
向关汉卿学习 刘厚生 解放日报 1958年6月28日
人民的戏曲家关汉卿 郑振铎 中国青年报 1958年6月28日

纪念我国伟大的戏剧家关汉卿　熊佛西　文汇报　1958年6月28日
为什么要纪念关汉卿——答北京日报读者问　关汉卿纪念大会筹备会工作组　北京日报　1958年6月28日
关汉卿生年新探——从高文秀是东平府学生员说起　戴不凡　光明日报　1958年6月29日
从“关汉卿”看艺术家的道路　施克　南方日报　1958年6月29日
从研究关汉卿作品所引起的一个问题　仲平　光明日报　1958年9月21日
试论“窦娥冤”杂剧的创作方法　聂恩彦　人文科学杂志　1959年2月号
戏剧理论家——焦循　本刊资料室　安徽戏剧　1959年3月总6期
关于元杂剧的贬曹倾向——兼与景孤血同志商榷　雪克　杭州大学学报　1959年第3期
“琵琶记”不是反现实主义作品　中文系三年级“琵琶记”专题研究小组第二组　甘肃师范大学学报　1959年4月第3期
戏曲理论家——李笠翁　白浪　安徽戏剧　1959年5月总8期
孟汉卿及其杂剧《摩合罗》　曾平晖　安徽戏剧　1959年6月总9期
漫谈“赵氏孤儿”二三事——取材、年代、史实、两个“论点”之争及其他　墨遗萍　陕西戏剧　1959年6月第4期
元代南戏剧目和佚曲的新发现——介绍张大复的“寒山堂曲谱”　赵景深　复旦大学学报　1959年6月第6期
元曲家考略续编　孙楷第　文学评论　1959年8月第4期
“桃花扇”笔法杂书　戴不凡　剧本　1959年9月第9期
白朴和他的杂剧　中文系三年级古典文学研究组　山西师范学院学报　1959年10月第3期
“紫玉钗”和“紫钗记”　戴不凡　戏剧报　1959年10月第20期
马致远及其《汉宫秋》　宗志黄　合肥师范学院学报　1959年10月第2期
汪道昆及其《洛水悲》简说　曾平晖　安徽戏剧　1959年10月总13期
丘园（江苏戏曲家）　云秋　江苏戏曲　1959年11月总8期
读汤显祖传奇劄记之一　赵景深　语言文学　1959年11月第5期
沈璟（江苏戏曲家）　朱顺德　江苏戏曲　1959年12月总9期
谈“西厢记”论崔张结局　孟超　新文化报　1959年1月28日
从“西厢记”的结尾谈起　王冬青　文汇报　1959年2月3日
西厢结尾的我见　王尔龄　文汇报　1959年2月3日
谈“西厢记”的结局及其他　张守法　新文化报　1959年2月7日
论莺莺私奔及其他　曲六乙　文汇报　1959年3月3日
关于“西厢记”的结尾　吴晓铃　新文化报　1959年3月4日
莺莺的历史局限性与阶级局限性——论红娘的作用与西厢记的结尾　朱素君　文汇报　1959年3月11日
不能一概而论——关于莺莺私奔问题与曲六乙同志商榷　王尔龄　文汇报　1959年3月15日
莺莺可以私奔——也谈“西厢记”的结尾　张家英　文汇报　1959年3月28日
从吕硕园订的“牡丹亭”谈到考证工作　吴晓铃　光明日报　1959年6月7日
元曲　宗一　天津日报　1959年9月16日
略谈元杂剧中的民族思想问题　程弘　光明日报　1959年12月27日
关汉卿　舒思　小剧本　1960年1月总37期
论李渔对于中国戏曲理论上的贡献　陈赓平　甘肃师范大学学报　1960年1月第1期

读汤显祖传奇劄记之二　赵景深　语言文学　1960年1月第1期
谈“荆钗记”　赵景深　复旦大学学报　1960年1月第1期
论关汉卿和他的杂剧　屈守元　四川师范学院学报　1960年1月号
评元曲“墙头马上”和昆剧改编本　流治　上海戏剧　1960年2月第2期
关汉卿的“窦娥冤”　何森　文学知识　1960年2月第2期
关于“西厢记”的创作时代及其作者　陈中凡　江海学刊　1960年2月第2期
伟大的戏曲音乐家——魏良辅　傅雪漪　人民音乐　1960年3月第3期
汤显祖戏剧本事的历史探溯　谭正璧　戏剧研究　1960年4月第1期
元杂剧的花旦化妆　黎新　戏剧研究　1960年4月第1期
论“杀狗记”　胡仲实　戏剧研究　1960年4月第1期
柳敬亭（江苏戏曲家）　武超　江苏戏曲　1960年4月号
《水浒》名家王效松与何云飞（江苏戏曲家）　潘伯英等　江苏戏曲　1960年5月号
中山大学中文系整理珍藏的“蒙古车王府曲本”　中山大学中文系整理“车王府曲本”小组　江苏戏曲　1960年5月号
顾大典（江苏戏曲家）　成贤　江苏戏曲　1960年6月号
苏州三张（江苏戏曲家）　段洛　江苏戏曲　1960年7月号
叶小纨（江苏戏曲家）　李佑一　江苏戏曲　1960年11月号
明心鉴　周贻白　戏剧报　1960年12月第23、24期
王世贞（江苏戏曲家）　杨溢　江苏戏曲　1960年12月号
论洪升与长生殿　黄天骥　中山大学学报　1960年12月第4期
古代戏曲的蔡文姬　程弘　光明日报　1960年1月3日
读“调风月”偶得　侯康乙　光明日报　1960年2月14日
读曲札记——关于李渔　聂石樵　光明日报　1960年6月12日
读“宋金杂剧考后”　赵景深　光明日报　1960年8月28日
王国维戏曲理论的思想本质　王季思　光明日报　1960年8月28日
也谈郑廷玉的“看钱奴买冤家债主”　尹明　光明日报　1960年11月6日
马致远和他的散曲　李茂肃　光明日报　1960年11月6日
马致远杂剧作品的思想性和艺术性　徐扶明　光明日报　1960年11月6日
试论白朴的“墙头马上”　吴新雷　光明日报　1960年11月13日
校订“西游记·胖姑”折书后　俞平伯　戏剧报　1961年1月第1、2期
“汉宫秋”杂剧的思想与艺术　吴新雷　戏剧报　1961年2月第4期
中文系文学史教研室讨论“长生殿”　赵齐平　北京大学学报　1961年3月第2期
重读“马伶传”　张真　戏剧报　1961年4月第7、8期
马伶传　侯方域　戏剧报　1961年4月第7、8期
“南词引正”校注　钱南扬　戏剧报　1961年4月第7、8期
魏良辅和他的著作“南词引正”　路工　戏剧报　1961年4月第7、8期
元曲家考略续编　孙楷第　文学评论　1961年4月第2期
“西厢记”三论　古典文学教研组宋元小组　山东大学学报　1961年4月第1期
记最近所见几部珍本戏曲小说　王树伟　文物　1961年4月第3期
说斋郎　陈汝衡　戏剧报　1961年5月第9、10期
关于“汉宫秋”几个小问题　王玉章　戏剧报　1961年6月第11、12期
读传奇“精忠旗”　冯其庸　戏剧报　1961年6月第11、12期

冯梦龙戏曲表演艺术 陆树仑等 戏剧报 1961年7月第13期
潘之恒——明代戏曲表演艺术评论家 路工 戏剧报 1961年7月第14期
论汤显祖“紫钗记”和“南柯记”的思想性——从歌颂自然情景的春天到政治倾向的“乌托邦” 侯外庐 新建设 1961年7月号
论“长生殿”的主题思想 中国文学史教研室赵齐平执笔 北京大学学报 1961年7月第4期
古典戏剧中浪漫主义初探 冯沅君 文史哲 1961年8月第1期
不要把艺术形象和历史人物混为一谈——评“桃花扇”王季思、苏环中校注本中的两个注子 孔家 文史哲 1961年8月第1期
从历史素材到“赵氏孤儿”杂剧 陈中凡 戏剧报 1961年8月第15、16期
试论马致远“汉宫秋”的思想性 任中杰 哈尔滨师范学院学报 1961年8月第1期
昆曲表演艺术的一代范本——“审音鉴古录” 郭亮 戏剧报 1961年10月第19、20期
西谛题跋 郑振铎 文学评论 1961年10月5期
“琵琶记”的艺术动人力量 王季思 文学评论 1961年10月第5期
“长生殿”的主题思想 北大中文系1956年级“长生殿”科学研究小组 北京大学学报 1961年11月第6期
谈评价马致远及其作品的一些问题 赵景深 光明日报 1961年1月15日
关于“西厢记”杂剧的作者问题——对杨晦同志“关著王续说”的商榷 陈中凡 光明日报 1961年1月29日
读“彩楼记”——读剧札记 程毅中 光明日报 1961年1月29日
为“汤显祖年谱”再说几句话 徐朔方 光明日报 1961年3月5日
再谈“西厢记”的作者问题 陈中凡 光明日报 1961年4月30日
“牡丹亭”外传 侯外庐 人民日报 1961年5月3日
“再生缘”前十七卷和它的作者陈瑞生 郭沫若 光明日报 1961年5月4日
关于“汉秋宫”的评价问题——与蓟伯赞同志商榷 刘知渐 光明日报 1961年5月7日
“车王府曲本”的整理情况 赵征 光明日报 1961年5月7日
孔尚任 袁世硕 大众日报 1961年5月7日
与蓟伯赞同志商榷“汉宫秋” 徐扶明 光明日报 1961年6月4日
再谈“再生缘”的作者陈瑞生 郭沫若 光明日报 1961年6月8日
学习“王昭君”问题的读本札记 吴小如 光明日报 1961年6月9日
关于马致远“汉宫秋”的评价问题 资文 文汇报 1961年6月28日
窦娥冤——悲剧性 李健吾 人民日报 1961年7月4日
窦娥冤——丑的插入 李健吾 人民日报 1961年7月7日
陈州粜米——喜剧性 李健吾 人民日报 1961年7月12日
“曲海知新”读后记 周贻白 文汇报 1961年7月22日
千秋共此心——马师曾谈关汉卿与朱帘秀 关睢 新民晚报 1961年8月7日
也谈“西厢记”的作者问题——向陈中凡先生请教 张清华 天津日报 1961年8月16日
汤显祖“邯郸记”的思想与风格 侯外庐 人民日报 1961年8月16日
扫边剧谈——忆“关汉卿” 边生 光明日报 1961年8月19日
侯外庐论汤显祖的“四梦” 文汇报 1961年8月26日
关于“南词引正” 南扬 文汇报 1961年9月2日
关于“蝴蝶杯”的传说 青丁 河北日报 1961年9月5日

古典名剧“千忠戳”初探 徐扶明 文汇报 1961年9月9日
安徽戏剧人物 杨长河 安徽日报 1961年10月8日
“玉簪记”作者高濂 布谷 新民晚报 1961年10月19日
关于“西厢记”作者问题的再进一步探讨 陈中凡 光明日报 1961年10月22日
谈“荆钗记”和昆曲的改编 陆放 北京日报 1961年11月4日
宣鼎和他的“粉铎图咏” 赵景深 文汇报 1961年11月9日
结构、情节、语言——读李笠翁“闲情偶寄”一书札记 卢天等 河北日报 1961年11月20日
“荆钗记”南戏演变初探——兼与傅惜华赵景深两先生商榷 叶子铭等 文汇报 1961年11月29日
业精于勤——读古典戏曲论著偶感 宋绵有 光明日报 1961年12月2日
关汉卿及其“窦娥冤” 杨森 甘肃日报 1961年12月20日
读“桐桥倚棹录”随笔五则 平伯 戏剧报 1962年1月第1期
从“下山”到“僧尼会” 赵景深 上海戏剧 1962年1月第1期
马致远——元曲四大家之一 河北历代著名作家传略编写组 河北文学 1962年1月号
关汉卿杂剧中现实主义与浪漫主义相结合的范例 陈中凡 南京大学学报 1962年1月第1期
心肝·面目·口角——读张岱“彭天锡串戏” 温凌 戏剧报 1962年2月第2期
顾思义及其作品“余慈相会”的发现 谭正璧 上海戏剧 1962年2月第2期
“双渐苏卿”本事新证 谭正璧 戏剧报 1962年4月第4期
论“长生殿” 许可 文学评论 1962年4月第2期
关汉卿作或续作“西厢”说溯源 谭正璧 学术月刊 1962年4月第4期
清初上海名戏曲家黄之隽 蒋星煜 上海戏剧 1962年5月第4、5期
“桃花寨”传奇作者问题 马蹄疾 江海学刊 1962年5月号
汤显祖的“牡丹亭”简论 陈中凡 文学评论 1962年8月第4期
徐渭的“歌代啸” 陈瘦竹 江海学刊 1962年8月号
清代中叶上海著名连台本戏剧作家张照 蒋星煜 上海戏剧 1962年9月第9期
槃薖硕人增改定本西厢记初读零记 叶余 文物 1962年9月第9期
论“西厢记”的艺术特色 伍六及 北京大学学报 1962年10月第5期
读董解元“西厢记” 安旗 文艺报 1962年10月第10期
元曲十家考略 马蹄疾 江海学报 1962年12月号
关于魏良辅 苏兴 江海学刊 1962年12月号
李玉生平、交游、作品考 吴新雷 江海学刊 1962年12月号
介绍吴永嘉重编本“明心鉴” 吴新雷 戏剧报 1962年12月第12期
“元人杂剧中的舞蹈资料”质疑 烈骏 光明日报 1962年1月7日
从元淮的五首诗谈元杂剧的几个问题 刘世德 文汇报 1962年1月24日
李玉的“风云会”传奇——“古本戏曲丛刊”编余偶得之一 吴晓铃 文汇报 1962年2月17日
关于“南柯记”第二十四出“风谣”及其他 徐朔方 光明日报 1962年2月18日
“南词叙录”和“花部农谭” 陈赓平 光明日报 1962年3月11日
汤显祖的生活、思想和创作——“汤显祖全集”前言 徐朔方 人民日报 1962年3月21日

“鸣凤记”中的赵文华　王传淞　光明日报　1962年3月22日
可歌·可读·可解——读王骥德“曲律”札记　颜长珂　文汇报　1962年4月12日
“曲品”真本的考见——曲海钩沉探源录　吴新雷　文汇报　1962年4月20日
“四美记”就是李玄玉的“洛阳桥记”　周绍良　光明日报　1962年5月24日
“翻西厢”“锦西厢”辩　周绍良　光明日报　1962年5月26日
玉钗缘传奇叙　吴敬梓　文汇报　1962年6月6日
杨排风的衍化——曲海钩沉探源录　吴新雷　文汇报　1962年6月13日
从“煞风景”的侯方域说起　张毕来　光明日报　1962年6月28日
“红楼梦”戏曲——“古本戏曲丛刊”编余偶得之二　吴晓铃　文汇报　1962年7月4日
文徵明手写“斗金牌”传奇　吴新雷　文汇报　1962年7月18日
“桃花影传奇”的作者　周绍良　文汇报　1962年7月19日
“千金寿”传奇及其作者沈筠——“古本戏曲丛刊”编余偶得之三　吴晓铃　文汇报　1962年7月25日
“桃花扇传奇”乃范鹤年作　赵景深　文汇报　1962年8月4日
也谈侯方域的“出家”问题　刘知渐　光明日报　1962年8月23日
“古本戏曲丛刊九集序”稿　吴晓铃　光明日报　1962年8月26日
“四美记”不是李玄玉的“洛阳桥记”——“古本戏曲丛刊”编余偶得之四　吴晓铃　文汇报　1962年9月1日
梁启超编写粤剧　陈华新　南方日报　1962年9月9日
汤显祖与“牡丹亭”　董清泉　湖北日报　1962年9月12日
李笠翁关于戏曲导演的学说　高宇　文汇报　1962年10月13日
也谈侯方域的失节问题　秋耘　广西日报　1962年11月13日
关于李卓吾评批的曲本　吴新雷　江海学刊　1963年4月号
秋声谱中的武则天　王竹楼　江海学刊　1963年4月号
历史、戏剧、观众——谈“桃花扇”原著中的侯方域的形象　戴不凡　北京文艺　1963年4月号
元曲家考略续编　孙楷第　文学评论　1963年4月第2期
蒋士铨的《红雪楼十二种填词》　吴新雷　江海学刊　1963年5月第5期
方成培与《白蛇传》　洪非　安徽文学　1963年5月第5期
怎样探索汤显祖的曲意——和侯外庐同志论《牡丹亭》　王季思　文学评论　1963年6月第3期
汤显祖的文学思想——意、趣、神、色　黄天骥　中山大学学报　1953年6月第1、2期
谈《长生殿》中杨玉环形象塑造　郭晋稀　甘肃师范大学学报　1963年7月第1期
马致远《破幽梦孤雁汉宫秋》杂剧校识　高熙曾　河北大学学报　1963年7月第4期
对《元曲十家考略》一文的几点质疑　施仁兴　江海学刊　1963年8月号
汤显祖剧作的腔调问题　钱南扬　南京大学学报　1963年9月第2期
元曲家考略续编　孙楷第　文学评论　1963年10月第5期
一个有关牡丹亭传奇的话本　姜志雄　北京大学学报　1963年12月第6期
李笠翁的“非奇不传”戏剧观　李東丝　黑龙江日报　1963年1月29日
西厢定本后记　王季思　光明日报　1963年4月7日
钟鼓师与明内廷戏剧　徐凌云　光明日报　1963年4月28日
《牡丹亭》与《倩女离魂》　吴晓铃　光明日报　1963年11月10日

关于金刻《刘知远诸宫调》的校注　星逸　江海学刊　1964 年 1 月号
关于《搜神记》　范宁　文学评论　1964 年 2 月第 1 期
增补本《曲品》的发现　赵景深　复旦大学学报　1964 年 4 月第 1 期
宋元小说戏曲语释（一）　许政扬　南开大学学报　1964 年 4 月 5 卷第 1 期
论明清南曲谱的流派　钱南扬　南京大学学报　1964 年 6 月 8 卷第 2 期
关于《刘知远诸宫调》残卷词话的校释　刘坚　中国语文　1964 年 6 月第 3 期
《论崔莺莺》　南薰　文学评论　1964 年 8 月第 4 期
汤显祖《牡丹亭》思想倾向试探——兼谈《牡丹亭》评论中的问题　程学颐　浙江师范学院学报　1964 年 11 月第 1 期
《赵氏孤儿》中的“复仇”与“义”　颜长珂　北京日报　1964 年 3 月 14 日
《西厢记》评论中存在的问题　李汉秋　光明日报　1964 年 8 月 23 日
应该正确评价孔尚任的《桃花扇》　陈毓罴　光明日报　1964 年 10 月 18 日
《长生殿》是否具有“爱国思想”和“民族感情”　章培恒　光明日报　1964 年 10 月 31 日
为何曲意迴护——从孔尚任的一首诗谈起　祝冬泗　光明日报　1964 年 11 月 29 日
评《长生殿》研究中的“真挚爱情”说　周琪　光明日报　1964 年 12 月 27 日
马致远杂剧试论　吴国钦　中山大学学报　1965 年 1 月第 1 期
古代戏曲家在发音原理上的贡献　李葆瑞　吉林师范大学学报　1965 年 2 月第 2 期
试论王实甫的《西厢记》　张铨锡　新建设　1965 年 3 月号
也谈《长生殿》　吴庚舜等　文学评论　1965 年 4 月第 2 期
是批判地继承，还是盲目地崇拜？——谈近年来关汉卿评价中的几个问题　齐森华等　华东师大学报　1965 年 5 月第 1 期
关于《一捧雪》的题材（附冯沅君的回信）　刘致中等　文学评论　1965 年 6 月第 3 期
怎样看待《窦娥冤》及其改编本　冯沅君　文学评论　1965 年 8 月第 4 期
关于《荆钗记》的评价问题　徐祝庆等　光明日报　1965 年 9 月 19 日
封建道德的颂歌——从赵五娘等形象和主要情节看《琵琶记》　陈企孟等　复旦大学学报　1965 年 11 月第 2 期
《桃花扇》的出现适应了清初封建统治者的政治需要　刘世德　光明日报　1965 年 1 月 17 日
不能这样“拢高”古人（《评〈鸣凤记〉初探》）　拱辰　光明日报　1965 年 1 月 31 日
对关汉卿《不伏老》散曲评价质疑　齐森华　光明日报　1965 年 1 月 31 日
关于李渔戏剧理论的两个问题　吴枝培　光明日报　1965 年 1 月 31 日
关汉卿杂剧的民主性和局限性　陈中凡　光明日报　1965 年 8 月 22 日
《窦娥冤》评价中的几个问题　金宁芬　光明日报　1965 年 9 月 12 日
关于《桃花扇》的思想评价问题　王双启　光明日报　1965 年 10 月 17 日
评李渔的戏曲理论　黄海章　学术研究　1966 年第 2 期
谈谈李玉剧作中的两个问题　刘致中　光明日报　1966 年 3 月 6 日
对金批《西厢记》的我见　段茂南　光明日报　1966 年 3 月 6 日
华东师范大学中文系五年级学生讨论《陈州粜米》　光明日报　1966 年 4 月 24 日

（三）史料

共舞台翻了身　洪荒　文汇报　1949 年 12 月 19 日
漫谈越剧——介绍东山越艺社　孙弓　新民报　1950 年 9 月 4 日

正风剧社　王雁　新民报　1950 年 10 月 16 日
易俗社与王天民　徐琮　戏曲报　1951 年 1 月 3 卷第 10 期
关于梁山伯祝英台故事　何其芳　戏曲报　1951 年 4 月 4 卷第 5 期
梁祝故事的发生和演变　荛公　人民文学　1953 年 2 月总 40 期
古典文学中的梁祝故事　严敦易　人民文学　1953 年 12 月总 50 期
鲁迅与戏剧艺术　唐韬　文艺月报　1956 年 10 月总 46 期
金元戏剧的新资料——“针儿线”和“清闲真道本”　胡忌　光明日报　1956 年 4 月 29 日
况公祠和“十五贯”档案　范烟桥　人民日报　1956 年 7 月 24 日
关于况公祠和“十五贯”事件——范烟桥：“况公祠和‘十五贯’档案读后”　蒋星煜　新民报　1956 年 7 月 26 日
清宫琐记——宫内演戏　裕容龄　新观察　1957 年 5 月第 10 期
共产党救活了“易俗社”　杨公愚　西安戏剧　1957 年 12 月总 61 期
谈本省戏剧文献　钱南扬　浙江日报　1957 年 3 月 17 日
“大世界”四十年　何国芳等　解放日报　1957 年 7 月 13 日
关于“老郎”的研究　王利器　新戏曲　1957 年 8 月 2 卷第 4 期
贵州的正式戏班演出始于何时？　芥尘　贵州日报　1957 年 11 月 22 日
三庆会与康子林　周慕莲　四川戏曲　1958 年 10 月第 1 期
西安易俗社的四十七年　杨公愚等　戏剧论丛　1958 年 11 月第 4 期
由枯萎到争奇斗艳——记解放前后戏曲艺术的不同境遇　丛林　天津日报　1958 年 2 月 24 日
田汉同志给陕西省戏曲赴京演出团演出《三滴血》的题词　西安戏剧　1959 年 3 月第 2 期
田汉同志给陕西省戏曲赴京演出团演出《火焰驹》的题词　西安戏剧　1959 年 3 月第 3 期
田汉同志给陕西省戏曲赴京演出团演出《游西湖》的题词　西安戏剧　1959 年 4 月第 4 期
田汉同志给陕西省戏曲赴京演出团演出《金琬钗》的题词　西安戏剧　1959 年 4 月第 5 期
田汉同志给陕西省戏曲赴京演出团演出《赵氏孤儿》的题词　西安戏剧　1959 年 5 月第 6 期
田汉同志给陕西省戏曲赴京演出团演出《白玉瑱》的题词　西安戏剧　1959 年 5 月第 7 期
《中国地方戏曲集成》（河北卷）出版　戏剧战线　1959 年 6 月号
评剧史料　王乃和　戏剧战线　1959 年 6 月总 12 期、10 月总 16 期
田汉同志给陕西省戏曲赴京演出团演出现代剧《一罐银元》和《闹粮》的题词　西安戏剧　1959 年 6 月第 8、9 期
《文南词》简介　雪心　安徽戏剧　1959 年 6 月总 9 期
在一百六十九年以前徽戏首次进京　安徽戏剧　1959 年 7 月总 10 期
梅欧阁　铸　江苏戏曲　1959 年 8 月总 5 期
沙市老郎庙调查散记　马力等　长江戏剧　1959 年 8 月总 3 期
谈“录鬼簿”　王季思　文艺报　1959 年 8 月第 16 期
唐戏弄俑　田进　戏剧研究　1959 年 9 月第 4 期
金山寺和白龙洞　文之　江苏戏曲　1959 年 10 月总 7 期
犹如身入百花丛——介绍江苏省科学文化展览会的戏曲部分　吴和慎　江苏戏曲　1959 年 11 月总 8 期
北固山上佳话多　怡平等　江苏戏曲　1959 年 12 月总 9 期
泥塑戏文　云秋　江苏戏曲　1959 年 12 月总 9 期

十年成就光辉灿烂——介绍省社会主义建设展览馆里的戏剧事业展览室 七五 湖南戏剧 1959年12月号
《小剧本》一九五九年总目录 小剧本 1959年12月总36期
一部正在编写的《陕西地方戏曲史》 昭 陕西戏剧 1960年1月总11期
喜《汉剧曲牌》出版 清明 戏曲音乐 1960年2月总14期
传说中的祝英台古迹 忆慈 江苏戏曲 1960年3月总12期
中国古代杂技艺术 人可 江苏戏曲 1960年3月总12期
唐代的乐舞与杂戏——关于“唐戏弄”一书的正谬 周贻白 戏剧学习 1960年3月第8期
董必武副主席为《洪湖赤卫队》和《茶山七仙女》两剧题诗 长江戏剧 1960年3月总10期
柳毅的传说 未工 江苏戏曲 1960年5月总第14期
苏州老郎庙 高端洛 江苏戏曲 1960年5月总14期
初期的无产阶级戏剧运动 姚时晓 上海戏剧 1960年5月第5期
光荣榜（我省戏剧、曲艺界参加省和全国文教群英会代表名单） 戏剧战线 1960年6月总24期
《陈三五娘》文献初探 林颂 福建戏剧 1960年8月第8期
打乾隆与七星街 采风 江苏戏曲 1960年8月总17期
红楼一馆——“十年来戏剧工作成就展览”江苏馆巡礼 江曲 江苏戏曲 1960年9月号总18期
宜兴周处 人可 江苏戏曲 1960年9月总18期
全国第三次文代大会决议（1960年8月13日通过） 安徽戏剧 1960年9月总24期
孙猴子的老家 鸣之 江苏戏曲 1960年10月总19期
虞姬的故乡 袁同生 江苏戏曲 1960年11月总20期
新颖多彩的苏州戏衣 吴山 江苏戏曲 1960年11月总20期
《桃花扇》与泰州 泰州艺术剧院创作室 江苏戏曲 1960年12月总21期
北宋的杂剧雕砖 赵景深 戏剧报 1961年5月第9、10期
西谛所藏善本戏曲题识 郑振铎 文学评论 1961年10月第5期
关于“崔徽”的出处 程毅中 光明日报 1981年6月27日
从民间传说剧目看戏剧史料——读剧札记 程毅中 光明日报 1961年7月9、16日，8月20日
“优孟衣冠”——谁是我国戏剧表演的始祖？（据江云“优孟衣冠”一文改写） 中国青年报 1961年8月29日
亥辛革命前后戏剧界轶闻二则 李程 山西日报 1961年10月11日
写蔡文姬故事的古代戏曲 傅骏 新民晚报 1961年10月17日
元人杂剧中的舞蹈资料——读曲杂记 李春祥 光明日报 1961年10月29日
回忆延安文艺座谈会前后鲁艺的戏剧活动 张庚 延河 1962年3月号
西安易俗社五十年 陕西省西安市文化局文艺研究室 戏剧报 1962年9月第9期
“思凡、下山”的来历和演变 文力等 上海戏剧 1962年9月第9期
四大徽班进京 均宁 安徽日报 1962年3月27日
谈海瑞和张居正的矛盾 蒋星煜 羊城晚报 1962年6月14日
老树红花，青春永驻——祝贺易俗社成立五十周年 尚小云 陕西日报 1962年8月13日

鲁迅和易俗社　孙伏园　人民日报　1962年8月14日
移风易俗五十年——西安易俗社简历　西安市文化局文艺研究室　陕西日报　1962年8月14日
返老还童——为易俗社五十周年纪念而作　刘毓中　陕西日报　1962年8月14日
清末滇剧的"三大班"　戴旦　云南日报　1962年9月6日
古代的剧评　戴不凡　文汇报　1962年9月11日
明珠出土记——江南地方昆曲发掘二三事　陈必智　文汇报　1962年12月26日
剧场探源　崔志远　河北日报　1962年12月26日
清代六省戏班在广东　冼玉清　中山大学学报　1963年9月第3期
论鸳鸯蝴蝶派对戏曲的思想影响　罗荪　文汇报　1963年11月28日
看戏七十年——戏剧家徐凌云谈剧坛今昔　之江　新民晚报　1963年10月8日
元剧"冲末""外末"辩释——读曲札记　黄天骥　中山大学学报　1964年6月第2期
蓝采和原是流浪汉　马岱　羊城晚报　1964年1月9日
最古的"现代剧目"《东海黄公》　杨梅　羊城晚报　1964年1月16日
最早的粤剧行会组织　黄榴　羊城晚报　1964年7月24日
关于海瑞的早期戏曲　朱帆　羊城晚报　1966年4月18日

现代戏曲艺术家评介

（一）表演艺术家

我参加华北评剧院的前后　李和曾　大众影剧　1949年6月18日总1期10—11页
我从世界和平大会归来（连载）　程砚秋　大众影剧　1949年6月18日总1、2期
全国政协首届会议发言，特别邀请代表周信芳发言　天津日报　1949年9月26日4版
李和曾（一）　王荔　新民报　1949年10月9日3版
周信芳向四百艺人讲话，勉作人民艺术家　人民日报　1949年10月13日4版
往日今朝大不同　周信芳　新民报　1949年10月16日3版
高玉倩　方华　新民报　1949年10月23日3版
江新容　郑佳　新民报　1949年10月30日3版
李忆兰　王荔　新民报　1949年11月6日3版
在国民党反动派统治下，越剧姐妹的血泪生活（连载）　吕云甫　文汇报　1949年11月18、21、23日
翻身后的北京戏曲艺人（连载）　肖风　文汇报　1949年12月12、16日6版
周信芳：话剧加唱　李晴　戏曲报　1950年5月27日（总14）2卷2期22—39页
欢迎周福才先生（省文联举办座谈会）　河北文艺　1950年6月总8期10页
老调艺人周福才谈演唱等问题　刘正平　河北文艺　1950年7月1日总9期9页
女艺人邵英翻身记　Ftaok Chow作，陶雄译　戏曲报　1950年7月29日2卷11期211页
剧坛回忆录（连载）　徐慕云　戏剧新报　1950年8月合订本第12、13册
旧艺人王祥云的改造　王子辉　戏曲报　1950年8月20日3卷1期276页
我的戏剧生活（连载）　王瑶卿　新戏曲　1950年9月20日1卷1—6期，1951年7月2卷1—3期43—44页
王瑶卿访问记　本社　北京文艺　1950年9月创刊49页
全国戏曲工作会议前后的感想　梅兰芳　文艺报　1950年12月20日3卷5期7—8页
艺人张宝魁的事业精神　一锋　戏曲报　1950年12月5日3卷8、9期584页
旧剧演技里的现实意义——访问名武生尚和玉先生　王朝闻　人民日报　1950年2月26日5版
老伶工王瑶卿　徐琮　新民报　1950年5月29日2版
新凤霞　方明　新民报　1950年5月29日2版
我的思想转变过程　李盛藻　新民报　1950年6月19日3版
一个旧艺人的改造——记京剧跑龙套　姜振海　雷蛰　文汇报　1950年7月29日3版
悼念金仲仁（艺人谈感想）　方华　新民报　1950年8月7日3版
“三朵花”之一的顾月珍　林青　文汇报　1950年9月26日6版
访谭富英、裘盛戎　文裔　大公报　1950年10月7日5版
应该有这样一部传记——关于梅先生的《舞台生活四十年》　黄裳　文汇报　1950年10月15日4版
旧京剧名旦刘喜奎　魏珉　文汇报（附刊）　1950年10月21日2版
越剧艺人范瑞娟先生访问记　沈可人　戏曲报　1951年1月5日3卷10期624页
记一个艺人的改造　晏本辉　戏曲报　1951年1月5日3卷10期627页

记沪剧艺人邵滨孙先生　沈可人　戏曲报　1951年1月20日3卷11期663页
青年盖叫天　吴祖光　新观察　1951年1月2卷1期28—29页
我认识了自己　邢桂桂　戏曲报　1951年2月20日4卷1期22页
坚持进步，老当益壮的周信芳先生　陶雄　戏曲报　1951年2月20日4卷1期23页
周信芳先生的艺术成就　黄裳　大众戏曲　1951年3月第1卷1期8页
刘喜奎传（连载）　魏珉　大众戏曲　1951年3月第1卷1期14页
刘喜奎——威武不屈的女艺人　蔚明　新观察　1951年3月2卷5期28—29页
刘喜奎传（连载）　魏珉　大众戏曲　1951年4月第1卷2期26页
我所知道的刘喜奎　周信芳　大众戏曲　1951年4月第1卷2期28页
叶盛兰走上了光明大道　萧风　新观察　1951年4月2卷7期27—28页
盖叫天的艺术成就　黄裳　大众戏曲　1951年5月第1卷3期18页
访问尚小云　姚芳藻　大众戏曲　1951年5月第1卷3期21页
青年演员介绍（一）：金采凤　慕容子　大众戏曲　1951年5月第1卷3期22页
刘喜奎传（连载）　魏珉　大众戏曲　1951年5月第1卷3期28页
老戏剧家王瑶卿　蔚明　新观察　1951年6月2卷11期27—28页
我为什么参加了京剧工作团　叶盛兰　新戏曲　1951年6月2卷2期27—28页
刘喜奎传　魏珉　大众戏曲　1951年6月第1卷4期36页
刘喜奎传（连载续完）　魏珉　大众戏曲　1951年7月第1卷3期28页
青年演员介绍（三）：章燕飞　小塞　大众戏曲　1951年7月第1卷5期25页
从“四进士”谈周信芳先生的舞台艺术　阿甲　人民戏剧　1951年7月10日3卷3期20页
魏长生之事迹　杨绍萱　新戏曲　1951年7月2卷3期20—28页
我在汉口演出的情况　梅兰芳　大众戏曲　1951年8月第1卷6期5页
我怎样参加了“华东越剧实验团”　付全香　大众戏曲　1951年8月第1卷6期21页
青年演员介绍（四）：汪筱英　达君　大众戏曲　1951年8月第1卷6期29页
我怎样认识了中国共产党　郝寿臣　新戏曲　1951年8月2卷4期1—2页
创造北京皮黄戏的艺人——高阴亭、米喜子、程长庚　杨绍萱　新戏曲　1951年8月2卷4期12—15页
新凤霞与新评剧　杨双　新观察　1951年9月3卷3期27—28页
评剧名演员李再雯　蔚明　文汇报　1951年10月26日副页4版
我怎样演梁山伯的　范瑞娟　人民戏剧　1951年11月10日第3卷7期49页
我演祝英台的一点体会　付全香　人民戏剧　1951年11月10日第3卷7期51页
常香玉和“香玉剧社”号战斗机　何凌云　长江文艺　1951年12月总32、33期合刊66—68页
青年盖叫天　吴祖光　大公报　1951年1月20日5版
上海文化局庆祝周信芳先生演剧五十年纪念，举行戏曲界敬老大会特辑（有周信芳、冯雪峰、刘厚生、陈白尘、黄裳等短文）　文汇报　1951年2月3日附刊2版
五十年舞台生活（介绍周信芳）　顾国权　大公报　1951年2月3日6版
贺周信芳演剧五十年　赵景深　大公报　1951年2月3日6版
关于周信芳先生　文汇报　1951年2月4日4版
盖叫天先生舞台上给我们上课　舒荆轲　大公报　1951年2月17日5版
中国戏曲研究院成立特刊（有梅兰芳、徐琮、王瑶卿、高玉倩等文）　新民报　1951年4

月2日5版
盖叫天是一个典型　王芸生　大公报　1951年4月21日6版
盖叫天的艺术生活　徐以礼等　大公报　1951年4月21日6版
女艺人新凤霞离婚了，还鼓励魏喜奎也离了婚　徐琮　新民报　1951年6月20日5版
庆祝中国共产党三十周年纪念专刊（有李少春、谭富英、李盛藻、裘盛戎、新凤霞、喜彩春等文章）　新民报　1951年7月2日5版
以实际行动庆祝党的生日　叶盛兰　新民报　1951年7月9日5版
介绍我们的前辈　言慧珠　文汇报　1951年7月18日4版
我在汉口演出的情况　梅兰芳　人民日报　1951年7月22日3版
作人民的演员　新凤霞　人民日报　1951年9月25日3版
作人民的演员　新凤霞　文汇报　1951年9月28日副页4版
国庆前夕访梅兰芳院长　蔚明　文汇报　1951年9月30日副页4版
我为什么参加国家剧团　李少春　文汇报　1951年10月21日副页4版
新的认识——关于童芷苓的演出　金莱　文汇报　1951年10月28日副页4版
我参加国家剧团的感想和志愿（上）（下）　李少春　文汇报　1951年11月24、25日副页4版
爱国艺人常香玉　鹤　人民日报　1951年11月25日4版
从“锁麟囊”谈起——访程砚秋先生　容城　文汇报　1951年12月18日副页4版
梅兰芳的舞台艺术　黄裳　新观察　1952年9月第16期28—30页
虚心向前辈艺人学习　袁雪芬　文艺报　1952年10月25日总73期18页
爱国艺人常香玉　江浦　说说唱唱　1952年10月总34期5—7页
爱国艺人常香玉　吴祖光　新观察　1952年11月第19期24—25页
常香玉争取早日捐献飞机一架并愿彻底进行思想改造　常香玉　人民日报　1952年1月9日2版
访爱国演员常香玉和《香玉剧社》　李苏子　新湖南报　1952年1月10日3版
我要改正错误重新做艺人　马连良　新民报　1952年8月8日2版
解放了的新艳秋　甘为　大公报　1952年8月16日3版
“舞台生活四十年”读后　于质彬　新民报　1952年9月1日7版
爱国艺人常香玉　尔泗　北京日报　1952年10月8日3版
参加第三届国庆节的感想　常香玉　北京日报　1952年10月8日3版
参加全国戏曲观摩演出大会的感想（有周信芳、袁雪芬、丁是娥、何叫天等文）　解放日报　1952年10月20日3版
访常香玉　方明　光明日报　1952年10月28日3版
我的喜悦和感受（有感于第一次全国戏曲会演）　周信芳　文汇报　1952年11月18日8版
爱国艺人常香玉　肖枫　中国青年报　1952年11月25日4版
我看到了老艺人的前途和责任　李翠芬　南方日报　1952年12月2日3版
为创造人民新粤剧而努力　罗品超（粤剧演员）　南方日报　1952年12月3日3版
我们的前途和努力方向　郎筠玉（粤剧演员）　南方日报　1952年12月5日3版
参加全国戏曲会演的感想　吕玉郎（粤剧演员）　南方日报　1952年12月5日3版
五十年舞台生活（上）（待续）——周信芳先生的京剧改革工作　罗言　大公报　1952年12月6日3版

艺人可熬出头来了！——访问获演员一等奖的刘毓中　燕城　天津日报　1952年12月12日4版
党养育大的演员史雷　苏荣　天津日报　1952年12月12日4版
汉剧艺人陈伯华与“宇宙锋”　本报　文汇报　1952年12月12日8版
争取做一个光荣的人民演员　陈伯华　湖北日报　1952年12月28日3版
川剧演员陈书舫与《柳荫记》　方艾　东北日报　1952年12月30日3版
纪念史坦尼斯拉夫斯基　梅兰芳　文艺报　1953年1月30日总79期36—37页
《舞台生活四十年》对演员修养的几点提示　钟惦棐　文艺报　1953年7月15日总90期12—14页
访“柳荫记”的演员陈书舫　李枚歌　天津日报　1953年1月8日4版
纪念史坦尼斯拉夫斯基　梅兰芳　人民日报　1953年1月17日3版
我恢复了中断二十年的演剧生活　雪艳琴　大公报　1953年1月25日3版
青年戏曲工作者的成长——访地方戏曲青年代表陈书舫和韩少云　张荫槐　光明日报　1953年6月12日3版
优秀艺人金枝叶　莎红　广西日报　1953年8月26日3版
欣慰的演出　梅兰芳　北京日报　1953年10月11日3版
卓越的表演艺术家——梅兰芳　吴祖光　北京日报　1953年10月11日3版
裘盛戎的舞台艺术　少若　光明日报　1953年10月24日3版
傅全香的表演艺术——谈越剧“梁山伯与祝英台”　崔景泰　文汇报　1953年10月26日8版
一个演员最光荣和最幸福的日子　常香玉　戏剧报　1954年1月1期9页
一点体会　小白玉霜　戏剧报　1954年1月1期30页
我怎样学会了演京剧　欧阳予倩　戏剧报　1954年2月1、2期3页
再向赵燕侠敲一次警钟　何海生　戏剧报　1954年2月2期14页
巩固赴朝慰问演出的收获　周信芳　戏剧报　1954年2月2期17页
生平最快乐的一件事　程砚秋　戏剧报　1954年2月2期18页
访问盖叫天　王朝闻　文艺报　1954年4月15日总108期32—37页
希望马连良先生有以自省　马濯三　戏剧报　1954年6月6期47页
关于川剧《情探》的表演　周慕莲　西南文艺　1954年6、7月52—58页、58—63页
以实际行动补偿我的过失　马连良　戏剧报　1954年7月7期43页
袁雪芬演的祝英台（电影“梁祝”评介）　姜薏　文汇报　1954年8月26日8版
我的决心和希望——在河北省第二次文代会上的发言　贾桂兰　河北文艺　1954年8月总88期第47页
关于川剧表演艺术家贾培之　本报　戏剧报　1954年10月10期17页
略谈盖叫天先生的戏　黄裳　大众电影　1954年11月26日第22期总91期10—11页
对京剧表演艺术的一点体会　梅兰芳　戏剧报　1954年12月20日总12期27页
谈陈书舫表演的陈妙常　邱扬　文汇报　1954年3月10日8版
献给川剧团（诗）　袁雪芬　解放日报　1954年3月15日3版
胡玉庭舞台生活五十年　洪非、王兆乾　安徽日报　1954年4月7日3版
永远青春表演艺术家——梅兰芳　宋词　新华日报　1954年4月12日3版
访问京剧名演员李玉茹　顾峰　福建日报　1954年4月28日3版
舞台劳动五十五年——介绍湘戏名老艺人罗元德　谭君实　湖南日报　1954年5月9日

3 版
回忆王瑶卿先生　周贻白　北京日报　1954 年 6 月 12 日 3 版
继承王瑶卿先生的精神前进　梅兰芳　光明日报　1954 年 6 月 25 日 2 版
悼瑶卿先生　程砚秋　光明日报　1954 年 6 月 25 日 2 版
纪念优秀的戏剧家王瑶卿先生　马少波　人民日报　1954 年 6 月 25 日 3 版
卓越的戏剧改革家和戏剧教育家王瑶卿先生　马彦祥　光明日报　1954 年 6 月 26 日 2 版
悼王瑶卿先生　史若虚　北京日报　1954 年 6 月 26 日 3 版
访盖叫天　阳晓　浙江日报　1954 年 7 月 17 日 3 版
以实际行动补偿我的过失——感谢马濯三同志对我的批评　马连良　北京日报　1954 年 7 月 20 日 3 版
从“戏子”到人民艺人，访六十七岁湘戏名演员罗元德　天马　新湖南报　1954 年 8 月 4 日 3 版
试谈闽剧老艺人郑奕奏的表演艺术　赵豪欢　福建日报　1954 年 8 月 19 日 3 版
访袁雪芬　叶世涛　工人日报　1954 年 8 月 21 日 3 版
访袁雪芬　叶世涛　新黔日报　1954 年 8 月 28 日 3 版
艰苦学习舞台艺术的贾桂兰　木耳　河北日报　1954 年 8 月 28 日 3 版
舞台生活十七年　汪韵之　新华日报　1954 年 10 月 8 日 3 版
访名演员丁果仙　杨仲翔　山西日报　1954 年 11 月 29 日 2 版
粤剧艺人李文茂反清起义一百周年纪念专刊（有田汉、梅兰芳、丁波、白驹荣等文及李的事迹介绍）　南方日报　1954 年 12 月 1 日 3 版
热爱自己工作的老艺人（谈盖叫天）　白沉　解放日报　1954 年 12 月 2 日 3 版
艺术家的辛勤创造——关于“盖叫天的舞台艺术”　黄裳　文汇报　1954 年 12 月 3 日 8 版
谈“盖叫天的舞台艺术”　陶雄　解放日报　1954 年 12 月 4 日 3 版
“学到老”——介绍盖叫天先生的艺术创作　田淞　北京日报　1954 年 12 月 22 日 3 版
各地报刊展开对赵燕侠色情下流表演的批评　记者　戏剧报　1955 年 1 月 1 期 52 页
真实的表演——谈评剧演员喜彩莲　邱扬　新观察　1955 年 1 月第 2 期 30 页
勤学苦练的榜样（周信芳、盖叫天、梅兰芳、程砚秋）　戴不凡　戏剧报　1955 年 2 月号总第 14 号 44 页
梅兰芳、周信芳舞台生活五十年纪念　本刊　戏剧报　1955 年 4 月 4 期 2 页
真正的演员、美的创造者——梅兰芳　欧阳予倩　戏剧报　1955 年 4 月 4 期 4 页
战斗的表演艺术家——周信芳　田汉　戏剧报　1955 年 4 月 4 期 7 页
王瑶卿先生怎样设计京剧“柳荫记”的唱腔　黄克保　戏剧报　1955 年 4 月 4 期 31 页
庆贺梅兰芳周信芳舞台生活五十年　本刊记者　文艺报　1955 年 4 月 15 日本年 7 号总 130 期 24—25 页
梅兰芳先生的艺术青春长在　吴祖光　文艺报　1955 年 4 月 30 日本年 8 号总 131 期 24—26 页
周信芳先生的表演艺术　陶雄　文艺报　1955 年 4 月 30 日本年 8 号总 131 期 27—29 页
周信芳谈“学到老”　吕仲、天衣　新观察　1955 年 4 月第 8 期 26 页
在梅兰芳周信芳舞台生活五十年纪念会上的讲话　夏衍　戏剧报　1955 年 5 月 5 期 3 页
记梅兰芳周信芳舞台生活五十年纪念　壁厚　戏剧报　1955 年 5 月 5 期 4 页
梅兰芳先生在“宇宙锋”中的新创造　黄鸿　戏剧报　1955 年 5 月 5 期 34 页
对周信芳艺术成就的几点认识　龚虹　戏剧报　1955 年 5 月 5 期 37 页

从周信芳先生的“乌龙院”说起　邱扬　戏剧报　1955年5月5期40页
读“舞台生活四十年”　唐湜　戏剧报　1955年5月5期42页
王瑶卿先生怎样设计京剧“柳荫记”的唱腔　黄克保　戏剧报　1955年5月5期45页
赵燕侠开始有了进步　何海生　戏剧报　1955年6月6期19页
我怎样创造春香的形象　王文娟　戏剧报　1955年6月6期40页
从“洛神”看梅兰芳先生的革新精神　祁兆良等　戏剧报　1955年6月6期50页
萧长华先生谈“激权激瑜”　黄克保等　戏剧报　1955年9月9期33页
我看日本歌舞伎的演出　梅兰芳　戏剧报　1955年11月11期15页
辛勤的艺术劳动者（记青年积极分子吕瑞英）　陈刚　戏剧报　1955年11月11期22页
热爱工农兵的好演员（记青年演员碧燕燕）　罗立　戏剧报　1955年11月11期24页
戏剧界的老前辈、共产党的新战士——访欧阳予倩同志　本刊　新观察　1955年12月第24期3—5页
访问《炼印》的主要演员林赶山　东晓　大众电影　1955年12月总116期第23期17—18页
看了周信芳先生的表演以后　岳忠唐　江西日报　1955年2月12日3版
梅兰芳先生的艺术青春　龚义江　光明日报　1955年3月26日3版
周信芳先生对戏曲剧目的整理　陶雄　光明日报　1955年4月9日3版
爱国主义，现实主义的艺术家——祝梅兰芳、周信芳先生舞台生活五十年　马少波　人民日报　1955年4月11日3版
真正的演员——美的创造者　欧阳予倩　光明日报　1955年4月12日3版
真正的演员——美的创造者　欧阳予倩　北京日报　1955年4月12日3版
战斗的表演艺术家——周信芳　田汉　北京日报　1955年4月12日3版
战斗的表演艺术家——周信芳　田汉　光明日报　1955年4月12日3版
好学不倦的艺术家——周信芳　戴不凡　中国青年报　1955年4月12日3版
衷心感谢党和毛主席的培养和领导——在纪念会上答词摘要　周信芳　人民日报　1955年4月14日3版
为着人民、为着祖国的美好未来，贡献出我们的一切——在纪念会上发言摘要　梅兰芳　人民日报　1955年4月14日3版
梅兰芳的艺术成就　王颉竹等　大公报　1955年4月17日3版
周信芳的表演艺术　刘念渠　大公报　1955年4月17日3版
梅兰芳、周信芳舞台生活五十年　新敏　大公报　1955年4月17日3版
改正错误，继续提高表演艺术——看赵燕侠的演出　孟耕　北京日报　1955年4月30日3版
爱国主义、现实主义的艺术家——祝梅兰芳、周信芳先生舞台生活五十周年　马少波　吉林日报　1955年6月19日3版
欢迎周信芳先生舞台生活五十年纪念来济公演　王统照、黄禾　大众日报　1955年10月12日3版
周信芳先生谈京剧表演艺术　袁风　大众日报　1955年10月26日3版
向卓越的表演艺术家周信芳先生学习　钱静人、郑山尊　新华日报　1955年11月10日3版
访常德湘戏艺人毛太满　谢上　新湖南报　1955年12月31日3版
马师曾的舞台生活（连载）　沈纪　舞台与观众　1956年至1957年各期

让我的舞台艺术和千百万群众见面　梅兰芳　大众电影　1956 年 2 月总 120 期 5 页
让更多的人欣赏梅兰芳的艺术　李维明　新观察　1956 年 2 月第 3 期 20—21 页
访问梅兰芳先生　关白陶　江苏文艺　1956 年 3 月 15 日总 39 期 26—28 页
白驹荣的生活片断　丁黎　舞台与观众　1956 年 4 月 16 日 1 期
著名评戏艺人刘艳霞　成滴石　吉林文艺　1956 年 5 月 16 日本年 6 期 41—43 页
访京剧老艺人余德禄　赵英　吉林文艺　1956 年 5 月 16 日本年 10 期 44—45 页
七十三岁老艺人樊永在　蔚兰　吉林文艺　1956 年 5 月 16 日本年 10 期 45 页
楚岫云　山风　舞台与观众　1956 年 5 月 16 日 3 期 9 页
周传瑛和他在“十五贯”中的艺术创造　戴不凡　戏剧报　1956 年 6 月总 30 期 10 页
谈林小群的表演艺术　蒋生艾　舞台与观众　1956 年 7 月 1 日 6 期 6—7 页
访藏剧名演员扎西顿珠　高平　戏剧报　1956 年 8 月总 32 期 36 页
两心交流　梅兰芳　戏剧报　1956 年 9 月总 33 期 16 页
看常香玉的“花木兰”　林涵表　大众电影　1956 年 9 月总 135 期 6 页
四位年轻的花旦——谈青年演员郑倚文、李艳霜、李燕清、小木兰的表演艺术　张志光　舞台与观众　1956 年 10 月 1 日 12 期 6—7 页
卫少芬　黎风　舞台与观众　1956 年 10 月 16 日 13 期 6 页
粉墨春秋　盖叫天　戏剧报　1956 年 10 月总 34 期 12 页
谭鑫培在舞台艺术上的创造　富年　草地　1956 年 10 月总 4 期 56—57 页
学习前辈艺人勤学苦练到老不懈的精神——谈张桂轩老先生　田汉　戏剧报　1956 年 11 月总 35 期 25 页
粉墨春秋（连载）　盖叫天　戏剧报　1956 年 11 月总 35 期 37 页
迷之县（朱林逢）和他的演唱艺术　方林　西安戏剧　1956 年 11 月 25 日总 36 期 13 页
向卓越的表演艺术家盖叫天先生学习　田汉　戏剧报　1956 年 12 月总 36 期 7 页
生我者父母，知我者共产党　盖叫天　戏剧报　1956 年 12 月总 36 期 8 页
戏曲艺术的斗士盖叫天　欧阳予倩　戏剧报　1956 年 12 月总 36 期 10 页
粉墨春秋（连载）　盖叫天　戏剧报　1956 年 12 月总 36 期 12 页
田汉咏诗贺盖叫天先生　戏剧报　1956 年 12 月总 36 期 12 页
排演现代戏的一些体会　新凤霞　戏剧报　1956 年 12 月总 36 期 25 页
学到老的演员——盖叫天舞台生活六十年　吴承惠　新观察　1956 年 12 月第 23 期 28—29 页
给青年戏剧工作者们的话　梅兰芳　中国青年报　1956 年 1 月 1 日 2 版
晋剧名演员“水上漂”的表演艺术　史蒙　光明日报　1956 年 3 月 31 日 3 版
老艺人张德明先生送交会演大会十四个秦腔剧本　李静慈　陕西日报　1956 年 7 月 13 日 3 版
从北京带回来的荣誉——访浙江昆苏剧团主要演员周传瑛、王傅淞、朱国梁　金梦　浙江日报　1956 年 7 月 13 日 3 版
艺术生命的复活（介绍粤剧演员白驹荣同志）　徐凯翔等　光明日报　1956 年 7 月 14 日 3 版
从崎岖小径到康庄大道（一个昆曲演员的自述）　周传瑛　人民日报　1956 年 7 月 17—20 日 8 版
谈红线女和李月秋的表演　李凌　北京日报　1956 年 8 月 22 日 3 版
三十年来的艰辛劳动（记徽剧老艺人项少轩的舞台生活）　戈贝　安徽日报　1956 年 8 月

25日3版
台上台下十八年——记北路梆子演员贾桂林　尔泗　北京日报　1956年9月10日3版
梅兰芳的贵妃醉酒　许姬传　新闻日报　1956年9月23日4版
访昆曲前辈徐凌云先生　王染野　新华日报　1956年9月28日3版
看王传淞饰鲜于佶　白云生　新华日报　1956年9月30日3版
袁雪芬谈祥林嫂　张曙　新闻日报　1956年10月2日4版
还她艺术生命——记艺人雪艳琴的遭遇　屠湛　辽宁日报　1956年10月4日3版
悼战斗的老艺人黄元和之死　田汉　人民日报　1956年10月5日8版
云南省戏曲界名老艺人介绍　云南日报　1956年10月18日3版
演戏人的话　俞振飞　解放日报　1956年11月1日4版
祝盖叫天先生的艺术青春　周传瑛　浙江日报　1956年11月9日4版
祝贺盖老舞台上的花甲生日　黄裳　文汇报　1956年11月10日3版
戏曲艺术的斗士盖叫天先生　欧阳予倩　解放日报　1956年11月10日4版
盖叫天先生二三事　王惟　新闻日报　1956年11月11日4版
盖叫天——勤劳，勇敢，诚挚的艺术家　刘厚生　人民日报　1956年11月14日7版
盖叫天先生的故事　何慢等　文汇报　1956年11月18日3版
昆曲艺术家韩世昌　边军　解放日报　1956年11月20日4版
一个演员的锻炼与创造（豫剧女演员陈素贞的艺术造诣深）　安娥　河南日报　1956年12月9日3版
互相学习，不断学习（湖南戏曲艺术座谈会上）　梅兰芳　新湖南报　1956年12月20日3版
访陈书舫（川剧著名演员）　黄裳　文汇报　1956年12月27日2版
看盖老的纪念演出　白云生　戏剧报　1957年1月总37期9页
赵燕侠的唱　沙弗、杨和　戏剧报　1957年1月总37期10—11页
几位老先生（“粉墨春秋”连载）　盖叫天　戏剧报　1957年1月总37期20页
几位老先生　盖叫天　戏剧报　1957年1月总38期32页
郎筠玉（粤剧艺人介绍）　风　舞台与观众　1957年1月6日1期6—7页
谈杨小楼饰赵云和他的武工　富年　草地　1957年1月总7期56—57页
一个辛勤劳动的艺术家——记回到广州一年的马师曾　莫汝城　广东文艺　1957年1月20—22页
鑫艳铃舞台生活小纪　曹三　辽宁文艺　1957年1月1期13—14页
神仙驾云人“驾气”（“粉墨春秋”连载）　盖叫天　戏剧报　1957年2月总39期12页
与昆剧前辈们在一起　钮骠　戏剧报　1957年2月总40期27页
量体裁衣（“粉墨春秋”连载）　盖叫天　戏剧报　1957年2月总40期34页
梅兰芳在南昌　长空　戏剧报　1957年2月总40期36页
谭玉真（粤剧艺人介绍）　丁马　舞台与观众　1957年2月21日3、4期9页
继承川剧表演艺术传统的榜样——琐谈张德成、李家政的“文公走雪”　冬尼　草地　1957年2月总8期41—43页
盘坐听讲（“粉墨春秋”连载）　盖叫天　戏剧报　1957年3月总41期8页
陈素真与“叶念嫣”　江华、李战　戏剧报　1957年3月总41期20页
盘坐听讲（续）　盖叫天　戏剧报　1957年3月总42期31页
漫谈秦腔的老艺人与青年演员　姚鼎铭　西安戏剧　1957年3月15日总43期8—9页

程砚秋先生的勤学苦练　祁兆良　戏曲研究　1957年4月2期12页
赣湘鄂旅行演出手记　梅兰芳　戏剧论丛　1957年4月2—12页
梅兰芳一年来的艺术活动　许姬传　文艺报（周刊）　1957年4月21日总172期13—14页
访“活孟德”——郝寿臣　袁韵宣、刘保绵　戏剧报　1957年5月总45期23页
马连良先生在武汉　王雁　戏剧报　1957年5月总45期26页
对陈素真同志的批评是错误的　戏剧报　1957年5月总46期20页
厉慧良的艺术才能　唐祈　戏剧报　1957年5月总46期23页
名老艺人靓少英　红船旧侣　舞台与观众　1957年5月6日9期7页
秦腔艺人考略（之一）陈雨农先生艺术简介　封至模　西安戏剧　1957年5月15日总47期12—15页
我申诉我在兰州的遭遇　陈素真　戏剧报　1957年6月总47期11页
访雷喜福先生　杨和　戏剧报　1957年6月总47期12页
敬爱的汪笑侬先生　周信芳　戏剧报　1957年6月12期总48期3页
纪念爱国艺人汪笑侬　徐凌云　戏剧报　1957年6月12期总48期6页
向于连泉先生学戏　邹慧兰　戏剧报　1957年6月总48期22页
访侯喜瑞先生　杨和　戏剧报　1957年6月总48期35页
秦腔名艺人考略（之二）谈润润子的表演艺术　封至模　西安戏剧　1957年6月30日总50期10—12页
回忆前辈老艺人的艺术实践　刘毓中　西安戏剧　1957年6月30日总50期12—15页
20年前的海外名旦孙颂文　凌云　舞台与观众　1957年6月6日11期6—7页
有人应声才推门（“粉墨春秋”连载）　盖叫天　戏剧报　1957年7月13期总49期33页
秦腔名艺人考略（之三）党甘亭——胎里红　封至模　西安戏剧　1957年7月15日总51期8—9页
新凤霞两访杨三姐　龚之方　新观察　1957年7月总13期31—35页
青年演员李瑞芳访问记　蒙秋　西安戏剧　1957年8月15日总53期6—9页
西府秦腔老艺人——张德明　樊君　西安戏剧　1957年8月15日总53期8—9页
欢迎你：戏曲界忠诚的老将，尚小云先生　袁多寿　西安戏剧　1957年8月15日总53期10—11页
秦腔名艺人考略（之四）李云亭　封至模　西安戏剧　1957年8月15日总53期12—13页
介绍晋剧著名演员丁果仙　杨映　西安戏剧　1957年8月15日总53期15—16页
一个事业心顽强的青年演员（马蓝鱼）　北海　西安戏剧　1957年8月30日总54期19—21页
在党的培养下成长的湘剧青年女演员姚璇秋　紫阳　舞台与观众　1957年8月21日16期6—7页
正字戏的后起之秀，介绍青年演员王佩瑚　雨青　舞台与观众　1957年8月6日15期8页
艺人们的声音（演员魏香庭、尹义、周瑞华、玉灵枝、欧少久、邵文艳访问记）　本刊记者　山花　1957年8月4—7页
艺术青春常在（梅兰芳）　田滨　西安戏剧　1957年9月30日总56期7页
秦腔艺人刘箴俗简介　郗德绥　西安戏剧　1957年9月30日总56期12页
秦腔名艺人考略（之五）刘立杰　封至模　西安戏剧　1957年9月30日总56期13—14页
默（“粉墨春秋”连载）　盖叫天　戏剧报　1957年9月总53期34页

陈素真的反动面目彻底暴露　新华社　戏剧报　1957年9月18期总54期33页
张飞脑袋孔明心（粉墨春秋）　盖叫天　戏剧报　1957年9月18期总54期44页
一代艺人薛觉先（一）　沈纪　舞台与观众　1957年9月6日17期9页
周慕蓬与“情探”　刘念慈　戏剧报　1957年10月总56期34页
冯钟华（粤剧艺人介绍）　丁雷　舞台与观众　1957年10月21日20期8页
洪妙的老旦戏　林澜　南国戏剧　1957年10月20日总1期29—30页
六十斤重的担子压一压（“粉墨春秋”连载）　盖叫天　戏剧报　1957年11月总57期21期48页
略谈汪笑侬的表演艺术　李洪春、董维贤、曲六乙　戏剧报　1957年11月22期总58期43页
略谈汪笑侬的表演艺术——纪念汪笑侬先生诞生一百周年　李洪春等　戏剧报　1957年11月22期总58期43页
李云（粤剧艺人介绍）　皓心　舞台与观众　1957年11月6日21期8页
李桂云的歌唱艺术　萧方　戏剧报　1957年12月23期总59期28页
看宋上华演的秦腔“沙狗”　王东明　戏剧报　1957年12月总59期32页
萧长华先生传略　戏剧报　1957年12月总60期16页
纪念萧长华先生艺术生活七十年　本报　戏剧报　1957年12月24期总60期16页
萧长华先生的艺术劳动和道德品质　梅兰芳　戏剧报　1957年12月24期总60期25页
萧长华先生青春长在　程砚秋　戏剧报　1957年12月总60期26页
杨淑英同志表演的深度（成都市川剧团女演员）　唐湜　光明日报　1957年2月23日3版
魏喜奎和曲剧　陈端绍　光明日报　1957年3月7日2版
热心培养青年的老艺术家——记萧长华老先生　殷野　中国青年报　1957年3月11日3版
同光十三绝（未完）　翁偶虹　北京日报　1957年3月17日4版
同光十三绝（续完）　翁偶虹　北京日报　1957年3月23日3版
访陈伯华　谷苇　解放日报　1957年4月14日2版
看陈伯华　顾仲彝　文汇报　1957年4月28日3版
看泰国艺术团的表演　梅兰芳　人民日报　1957年5月14日8版
访问程砚秋（谈他对山西戏剧改革的一些看法）　朱鸣　山西日报　1957年5月20日2版
一条漫长曲折的艺术道路——“马师曾的戏剧生涯代序”　李门　南方日报　1957年5月26日3版
今日高盛麟　夏华乙　解放日报　1957年6月3日3版
忆汪笑侬　徐凌云　新民报晚刊　1957年6月7日6版
人民需要这样的演员（豫剧演员陈素真）　田汉　人民日报　1957年6月22日8版
“满城争说话武松”（谈盖叫天先生的表演艺术）　文火等　湖北日报　1957年6月22日4版
刘奎官的生活片断　顾峰　云南日报　1957年6月23日4版
一位在新社会成长的优秀演员（潮剧团女演员姚璇秋）　续磊　南方日报　1957年7月13日3版
盖叫天俞振飞等赞成不演坏戏的主张要求演员开香花除毒草　解放日报　1957年7月27日1版
一个使人迷恋的演员——陈素真　朱琳　光明日报　1957年8月13日3版
从川“丑”谈到李文杰的表演　屈楚　文汇报　1957年8月13日3版

学习梅兰芳先生的表演艺术——许姬传先生谈梅先生演出的“贵妃醉酒” 汀 陕西日报 1957年9月24日3版
访李月秋 蓝羽 四川日报 1957年10月1日3版
一个乡村姑娘怎样成为演员——访上海人民沪剧团朱慧琴 黄力仑 解放日报 1957年10月9日3版
京剧演员中的新生力量 王雁 光明日报 1957年10月15日3版
抚今思昔——中国评剧院演员今昔生活展览巡礼 尔泗 北京日报 1957年11月26日3版
萧长华先生八十寿辰 贯大元 大公报 1957年12月27日3版
萧老先生的艺术劳动和道德品质 梅兰芳 光明日报 1957年12月28日3版
回家乡演戏 何叫天 解放日报 1957年12月29日4版
用艺术为人民服务七十年萧长华八十寿辰得荣誉奖状 新华社 人民日报 1957年12月30日7版
谈尊师爱徒与我的表演经验 俞振飞 戏曲研究 1958年1月1期61页
程砚秋的生活道路 于奇 新观察 1958年1月1期23页
戏曲教育家肖长华 晏甬 戏剧报 1958年2月3期36页
欧阳予倩 读书月报 1958年2月2期12页
忆程砚秋先生谈小动作 祁兆良 戏剧报 1958年3月第6期26页
不输长巷卖花声——悼程砚秋同志 马少波 文艺报 1958年3月第6期41页
关于程砚秋先生的一些事情 徐凌霄 戏剧报 1958年4月第7期32页
谈程腔——悼砚秋同志 俞振飞 戏剧报 1958年4月第7期33页
程砚秋老师的表演 李玉茹 戏剧报 1958年4月8期26页
永远忘不了程砚秋先生对我们的教导 陈尚华 西安戏剧 1958年4月15日第7期5页
秦腔名艺人考略（之六） 王文鹏 西安戏剧 1958年4月15日第7期10页
尊师爱艺，勤学苦练——追忆程砚秋同志 杨兴 西安戏剧 1958年4月30日第8期4页
我认识的程砚秋同志 陈叔通 新观察 1958年4月第7期24页
悼念，学习程砚秋同志 戏曲研究 1958年4月2期1页
程门学戏记 江新蓉 戏剧报 1958年5月9期33页
李少春的孙悟空 翁偶虹 戏剧报 1958年5月10期28页
活猴郝振基 鲁田 戏剧报 1958年5月10期30页
欢迎周信芳先生 西安戏剧 1958年5月30日第10期6页
程砚秋创腔二三例 肖晴 戏剧论丛 1958年5月2辑208页
看周信芳先生表演的宋士杰 史美强 西安戏剧 1958年6月15日第11期4页
难得的学习机会（看信芳演出） 郭毅 西安戏剧 1958年6月15日第11期5页
秦腔名艺人考略之七（马平民） 封至模 西安戏剧 1958年7月15日第13期13页
怜、化、心中存事——略谈裘盛戎的表演艺术 邱扬 戏剧战线 1958年7月创刊号14页
下乡演出的一些感受 丁是娥 戏曲研究 1958年9月第4期81页
访问秦腔演员周辅国 超英 西安戏剧 1958年8月30日第18期13页
清代驰名北京的川籍名角有哪些？ 太石 四川戏曲 1958年10月1日第1期32页
奇双会——“舞台生活四十年”第三集连载 梅兰芳 戏剧报 1958年11月第21期35页
访高甲戏老艺人吴远宋 徐铁 戏剧论丛 1958年11月第4期159页
一个青年演员的成长——访黄梅戏演员潘璟琍同志 董成 安徽戏剧 1958年11月第21

期总2期
党培养出来的一朵庐剧之花——访庐剧演员丁玉兰　本刊记者　安徽戏剧　1958年12月第3期总3期26页
祝一位不平凡的老人长寿（萧长华老先生舞台生活七十年纪念）　田汉　人民日报　1958年1月3日8版
“麒麟童”在高桥　何国芳　文汇报　1958年1月5日2版
下乡演出日记　丁是娥　解放日报　1958年2月11日6版
戏剧也要来个大跃进——访川剧演员陈书舫　李根蒂　文汇报　1958年2月15日2版
廖静秋同志（川剧女演员）　巴金　解放日报　1958年2月28日6版
杰出的表演艺术家——梅兰芳　本报　安徽日报　1958年3月1日3版
京剧艺术家程砚秋病逝　本报　人民日报　1958年3月11日1版
哭程砚秋先生　荀慧生　人民日报　1958年3月12日8版
哀悼程砚秋先生　陈叔通　人民日报　1958年3月12日8版
试谈尚小云的表演艺术　火禾等　甘肃日报　1958年3月12日3版
一个最有才能的党员艺术家去世了　夏衍　人民日报　1958年3月13日8版
悼党的戏曲战士程砚秋同志　田汉　人民日报　1958年3月13日8版
中共追认程砚秋同志为正式党员　罗合如　文汇报　1958年3月13日2版
悼念砚秋　梅兰芳　人民日报　1958年3月14日8版
向程砚秋同志学习　刘厚生　文汇报　1958年3月16日3版
回忆程砚秋同志二三事　幼韩　陕西日报　1958年3月23日3版
常香玉在马鞍山　吉克　安徽日报　1958年4月10日3版
周信芳率领的京剧团一次不平常的巡回演出　文汇报　1958年4月19日2版
可贵的一堂戏剧课（谈梅兰芳表演艺术）　张玑父　山西日报　1958年5月30日3版
我是怎样学猴戏的　六龄童　天津日报　1958年6月8日4版
袁雪芬来闽演出二三事　宗华　福建日报　1958年6月27日3版
七省巡回演出归来　周信芳　解放日报　1958年8月19日6版
谈裘盛戎的表演艺术　杨继曾　内蒙古日报　1958年9月21日3版
“五边”带给我们的变化　丁是娥　文汇报　1958年10月23日2版
老侗戏师梁绍华和他的“珠郎、娘美”　谢振东　新文化报　1958年12月6日2版
记梅兰芳先生练昆腔　朱家溍　戏曲音乐　1959年1月创刊号17页
从绘画谈到“天女散花”——“舞台生活四十年”第三集连载　梅兰芳　戏剧报　1959年1、5月1—9期35—36页
介绍黄梅戏演员——严凤英　董成　安徽戏剧　1959年1月总4期21页
泗州戏演员李宝琴访问记　完艺舟　安徽戏剧　1959年2月总5期15页
纪念程砚秋学习程砚秋　俞振飞　戏曲音乐　1959年3月3期1页
向程砚秋先生学习的几点体会　钟世章　戏曲音乐　1959年3月3期3页
访问京剧名演员姜妙香先生　叶枫　戏曲音乐　1959年3月3期8页
一个重视音乐工作的优秀演员　吴一立　戏曲音乐　1959年3月3期9页
廖静秋谈唱腔回忆片断　阳天　四川戏曲　1959年3月10日第6期2页
纪念廖静秋病故一周年　周企何　四川戏曲　1959年3月10日第6期5页
欢迎尚小云先生在西安落户　西安戏剧　1959年3月10日第2期26页
声情美永——记程砚秋同志谈演唱艺术　萧晴　戏剧报　1959年3月6期24页

尚小云先生在剧校 贾自立 西安戏剧 1959年4月10日第4期18页
尚小云先生简介 赵清泉 西安戏剧 1959年4月10日第4期19页
梆子戏老艺人顾锡轩访问记 董成 安徽戏剧 1959年4月总7期10页
继承，改革传统的典范——程砚秋 肖晴 戏曲音乐 1959年4月4期13页
三十年艺术生活——李春森回忆录 李四立等整理 长江戏剧 1959年6月总1期12页、1959年7月总2期29页、1959年8月总3期28页、1959年9月总4期25页、1959年10月总5期30页、1959年12月总7期37页、1960年3月总10期28页、1960年6月总12、13合期31页
我的艺术道路 高盛麟口述 长江戏剧 1959年6月总1期15页、1959年7月总2期31页、1959年8月总3期31页、1959年9月总4期28页、1959年11月总6期22页、1959年12月总7期39页、1960年2月总9期35页
学习“麒派”的几点体会 高百岁 长江戏剧 1959年6月总1期18页
梅兰芳谈编剧——摘自《舞台生活四十年》一、二、集 剧本 1959年6月30页
泗州戏名丑魏玉林语录 刘明龙 安徽戏剧 1959年6月总9期9页
尚小云先生参加体力劳动 曹兴午 陕西戏剧 1959年6月总4期68页
介绍青年演员左大玢 李莎 湖南戏剧 1959年6月号13页
一棵成长中的新苗——秦腔演员刘茹惠访问记 苏棠 陕西戏剧 1959年7月总5期38页
刘箴俗——秦腔名艺人传略之八 封至模 陕西戏剧 1959年7月总5期54页
关心老徽调，重视小演员——京剧前辈侯喜瑞李浩春访问记 钧宁 安徽戏剧 1959年7月总10期15页
一个有为的青年演员——杨正义 周笑先 长江戏剧 1959年7月总2期14页
八十年如一日——访87岁京剧老艺人张桂轩先生 刘静杰 江苏戏曲 1959年7月总4期32页
言菊朋艺术话旧 景孤血 戏剧报 1959年8月15期26页
谈红线女的表演艺术 张庚 新观察 1959年8月15期23页
楚剧团青年演员的成长 周炬光 长江戏剧 1959年8月总3期6页
优美、动人的王彬彬唱腔——谈锡剧演员王彬彬同志的演唱 章德瑜 戏曲音乐 1959年8月8期13页
大白玉霜和小白玉霜的不同 筱白玉霜 戏剧报 1959年9月18期25页
看万金红精彩的表演 蒋 湖南戏剧 1959年9月号18页
两个世界两块天——从郭玉鉷同志的经历（演员）谈起 戈琴 湖南戏剧 1959年10月号34页
访祁剧演员谢美仙同志 朱正尧 湖南戏剧 1959年10月号44页
我的学唱 关正明 长江戏剧 1959年10月总5期21页
简谈筱爱琴同志的表演艺术 胡导 上海戏剧 1959年10月创刊1期29页
干劲冲天的老艺术家——记“群英会”特邀代表、河北梆子老艺人王庆林 鲁煤 戏剧报 1959年11月21期4页
解放后重生的“表情种子”——记“群英会”特邀代表、重庆市川剧院院长周慕莲 朱青 戏剧报 1959年11月第22期30页
悼念汪派传人王凤卿 梅兰芳 戏剧报 1959年11月第22期32页
五十年来的艺术经验——“乌龙院” 周信芳 戏剧报 1959年11月第22期36页
达子红的唱 胡十八 湖南戏剧 1959年11月号21页

青年演员介绍——金国纯、李明珍、陈爱珠 共田等 湖南戏剧 1959年11月号24页
沐浴在党的阳光下——访锡剧老艺人王嘉大 倪松 江苏戏曲 1959年11月总8期36页
五十年来的艺术经验“乌龙院” 周信芳 戏剧报 1959年12月第23期37页
新时代的“穆桂英”——记群英会特邀代表中国戏曲学校青年演员谢锐青 刘乃崇 戏剧报 1959年12月24期13页
豫剧的青年红旗手——记群英会特邀代表河南豫剧三团青年演员马琳 游默 戏剧报 1959年12月24期15页
朝花艳且鲜——谈上海市青年汇报演出中的沪剧演员 龚义江 戏剧报 1959年12月24期36页
喜看柳子戏两个青年演员的表演 余仲华 戏剧报 1959年12月24期44页
悼王庆林同志（河北梆子演员） 王雪波 戏剧战线 1959年12月总18期38页
省、市文艺界追悼老艺术家王庆林同志 戏剧战线 1959年12月总18期38页
悼念老英雄（王庆林）再鼓新干劲 韩俊卿 戏剧战线 1959年12月总18期40页
优秀青年演员介绍——肖重圭、庄丽君、朱球球 龙佳等 湖南戏剧 1959年12月号16页
坚强的姑娘——访问青年演员黄多莉 文之蒙 湖南戏剧 1959年12月号29页
纪念程砚秋同志，发展他的艺术创造 田汉 光明日报 1959年3月9日3版
老艺人也要做闯将为纪念程砚秋同志逝世一周年而作 俞振飞 文汇报 1959年3月9日3版
漫谈程派 马少波 人民日报 1959年3月11日8版
难忘的程砚秋老师 江新蓉 新文化报 1959年3月13日4版
程砚秋同志的艺术道路 梅兰芳 光明日报 1959年3月16日3版
初放的花朵——喜看川剧青年演员的演出 吴雪 中国青年报 1959年3月22日3版
访谭富英 单也 文汇报 1959年4月7日3版
试谈马派的艺术道路 张荣善 天津日报 1959年6月13日4版
“霸王枪”上功夫深——访问京剧表演艺术家盖叫天 陈莹、谷苇 解放日报 1959年6月19日5版
她在台上与台下——访北路梆子演员贾桂林 朱鸣 山西日报 1959年7月5日3版
锻炼——访上党梆子演员郭金顺 韩钟昆 山西日报 1959年7月11日3版
四大名旦各有千秋 陶君起 中国青年报 1959年7月26日3版
艺术的魅力在哪里？——听红线女歌唱杂谈 李凌 人民日报 1959年7月28日8版
十年和五十年 周信芳 人民日报 1959年9月19日12版
童芷苓十年抒情 何国芳 文汇报 1959年9月22日5版
我这十年 常香玉 河南日报 1959年10月1日8版
千般妙处万种风光 梅兰芳 北京日报 1959年10月1日9版
新的道路 俞振飞 新民晚报 1959年10月28、30日6版
新的探索新的道路 马师曾 人民日报 1959年11月3日8版
“党给了我演戏的才能!”——听秦腔演员马蓝鱼谈她的成长 解放日报 1959年11月11日3版
尚小云先生与“双阳公主” 秋虹 陕西日报 1959年11月11日4版
谈言派艺术 徐以礼 文汇报 1959年12月12日3版
永远为边疆服务——访云南省京剧团演员关鹔鹴 高文海 文汇报 1959年12月16日

3版
喜报一封祭先翁——纪念先父菊朋公诞辰七十周年　言慧珠　解放日报　1959年12月18日6版
向侯喜瑞求艺　钧宁　文汇报　1959年12月20日5版
天下无难事只怕有心人——访青年越剧演员黄籍容　萤火　湖南戏剧　1960年1月号13页
摔不坏的铁罗汉——王求喜向三好进军二三事　朱诚　湖南戏剧　1960年1月号23页
"大家都是我的师父"——记曾金贵同志学花脸　阎金锷　湖南戏剧　1960年1月号25页
慧眼识"眼语"——漫谈王少舫作《会做戏的眼睛》及其他　牛男　安徽戏剧　1960年1月（总16）49页
勇往直前的人——记"群英会"特邀代表吕瑞英　毛瑞宁　戏剧报　1960年1月1期21页
汉剧表演艺术家李春森逝世　长江戏剧　1960年2月总9期10页
祝福！戏剧战线上的新人——记沙市汉剧团青年演员沈文慧　周传志等　长江戏剧　1960年2月总9期22页
青年演员魏仁兰的成长　燕辉　长江戏剧　1960年2月总9期24页
在党的指引下——访先进工作者、湘剧名演员刘春泉　老月　湖南戏剧　1960年2月号19页
两父子比干劲——先进工作者王佑生、王求喜访问记　徐叔华　湖南戏剧　1960年2月号25页
介绍全省第二届青少年演（学）员会演中的几位小演员　福建戏剧　1960年2月20日第2期15页
勤学苦练创新腔——介绍豫剧名演员桑振君的创作活动　许昌专区豫剧团乐队　戏曲音乐　1960年2月总14期12页
五十年来的艺术经验——"清风亭"　周信芳　戏剧报　1960年3月5期44页
花灯新人史宝凤　金重　戏剧报　1960年3月6期23页
在党的哺育下成长——黄梅戏青年演员斯淑娴和她在《洪波曲》中的表演　雪磊、柯南　安徽戏剧　1960年3月（总18）27页
评少年演员章其祥的表演　雨村　安徽戏剧　1960年3月（总18）29页
演员介绍——张淑敏、张志奎、王端楼、田春鸟、路翠阁、高明利、杨一中等　戏剧战线　1960年3月号总21期16页
桃李芳菲满园春——介绍福建京剧学校几位小演员　文平、曼萍　福建戏剧　1960年3月20日第3期14页
让程派艺术常青　王吟秋　戏曲音乐　1960年3月总15期3页
评剧新演员于萍　胡沙、瑞宁　戏剧报　1960年4月7期32页
松柏长青——访京剧老前辈张桂轩先生　江曲　戏剧报　1960年4月8期38页
评王熙春饰演的武则天　沙芦　安徽戏剧　1960年4月总19期27页
演员介绍　周贺之等　戏剧战线　1960年4月号总22期53页
谈"尚派"艺术　李吴　戏曲音乐　1960年4月总16期17页
听党的话，坚持为工农兵服务——介绍筱爱琴同志的先进事迹　林阳　上海戏剧　1960年4月4期16页
坚持勤学苦练，争取又红又专——青年演员范俊芳介绍　一鸣　陕西戏剧　1960年5月总15期11页
和同志们共同前进——青年演员乔梅英的成长　山谷　陕西戏剧　1960年5月总15期

12页
成长中的青年演员黄云霞　高方昉　陕西戏剧　1960年5月总15期14页
只有跟着党走才有光明前途——青年演员牟宗汉介绍　王健　陕西戏剧　1960年5月总15期15页
沿着红专道路前进的青年演员王义民　王保平　陕西戏剧　1960年5月总15期16页
党是重生父母，剧团是幸福家庭——介绍青年演员蔡正芳　陈虎　陕西戏剧　1960年5月总15期17页
不断前进的青年演员李月娥　燕南飞、武民　陕西戏剧　1960年5月总15期19页
多面手邵庆辉　陈志亮　福建戏剧　1960年5月20日第5期8页
周恭斌和关金炎（戏曲演员）　闻亦观　福建戏剧　1960年5月20日第5期8页
为党的艺术事业贡献一切的贾桂林同志　山西戏剧　1960年5月总1期13页
初开的花朵，争芳竞艳（青年演员介绍）　澍荆　山西戏剧　1960年5月总1期15页
沿着党所指引的方向前进——介绍童芷苓同志的先进事迹　李和章　上海戏剧　1960年5月5期6页
松柏长青——访京剧老前辈张桂轩先生（完）　江曲　戏剧报　1960年5月9期36页
杂谈张云溪的表演　李焕仁　安徽戏剧　1960年5月总20期48页
东风吹，新蕾放——记京剧青年演员武美玲　江水、春阳　江苏戏曲　1960年5月号总第14号39页
钢铁意志，百折不回——介绍青年演员刘铁造　田君人　陕西戏剧　1960年6月总16期50页
永远听党的话，做毛主席的好学生——介绍青年演员马永爱　赵好育　陕西戏剧　1960年6月总16期51页
不断前进的青年演员阎瑞民　扁东　陕西戏剧　1960年6月总16期52页
好演员，好教师——介绍青年演员李四德　米方　陕西戏剧　1960年6月总16期53页
勤学苦练的青年演员赵梦兰　学歌　陕西戏剧　1960年6月总16期54页
全心全意为党的事业——介绍福州闽剧院演员郭西珠同志　方问　福建戏剧　1960年6月20日第6期16页
优秀的文艺战士、戏曲艺术接班人——记天门县天沔花鼓剧团青年演员颜珍德　靳莱　长江戏剧　1960年6月总12、13期26页
黄浦江边的鲜花在八闽盛开——介绍越剧演员尹桂芳和京剧演员袁灵云　方问　福建戏剧　1960年7月20日第7期18页
从贫农的女儿到优秀演员　海燕　福建戏剧　1960年7月20日第7期29页
粉墨春秋（二）　盖叫天口述，何慢、龚义江记录整理　上海戏剧　1960年7月7期35页
黄梅戏新人——麻彩楼　杨庄　安徽戏剧　1960年7月总22期30页
永远跟着党——青年演员陈建华成长的故事　彭岗　长江戏剧　1960年8月总14、15期22页
小红旗手——夏家珍　王为熊　长江戏剧　1960年8月总14、15期25页
迎红线女，赞朱帘秀　严凤英　安徽戏剧　1960年8月总23期5页
记一百一十九岁老艺人王维林　戏剧报记者　戏剧报　1960年9月18期36页
五十年来的艺术经验　周信芳　戏剧报　1960年9月18期38页
漫谈《描金凤》名家——赵家四代（江苏戏曲家）　潘伯英著，高天整理　江苏戏曲　1960年9月号总第18号34页

继承 融会 发展——谈越剧演员商芳臣的唱腔 元坚 江苏戏曲 1960年9月号（总第18号）46页
听党的话，在红专道路上奋勇前进——记蒲剧优秀青年演员裴青莲的成长 晋南蒲剧院青年演出团 山西戏剧 1960年9月总2期25页
严凤英、王少舫两同志入党 蓝天 安徽戏剧 1960年11月总26期5页
方素珍的“老淮调” 戴玉升 江苏戏曲 1960年12月号总第21号16页
谈昆曲小生蔡正仁的成长 野鹤 解放日报 1960年1月21日6版
谈言派戏 言慧珠 光明日报 1960年2月10日6版
一次世界观的革命 丁是娥 文汇报 1960年2月23日3版
几页难忘的日记（回忆程砚秋同志） 杜近芳 文汇报 1960年3月4日3版
艺术之花为工农兵而开——广州京剧团团长付祥麟的先进事迹 曼云 广州日报 1960年5月16日3版
梆剧女演员张福兰 安徽日报 1960年5月24日3版
筱月英两访越剧院 裴辛 解放日报 1960年6月4日5版
感奋的时刻——在文教群英会上学习札记 范瑞娟 北京日报 1960年6月16日3版
新耳目——看青年演员陈正柱的“猴戏” 左民 解放日报 1960年9月1日6版
死学活用大胆革新——简评艺华沪剧团演员王盘声革新唱腔 唐秋生 解放日报 1960年9月22日6版
“闲时练，急时用”——看盖老练功有感 姚萌 解放日报 1960年10月29日6版
小“沉香”誓学小八路——访河北省青年跃进剧团十二岁小演员裴艳玲 高文海 文汇报 1960年12月10日3版
学唱心得 红线女 光明日报 1960年12月14日3版
他还是第一次醉酒赋诗——看戏曲学校青年演员蔡正仁“醉写” 马蓝 新民晚报 1960年12月20日2版
活张飞赞 卫明 上海戏剧 1961年1月1期13页
周凤林表演艺术的回忆 徐凌云 上海戏剧 1961年1月1期36页
学到老的盖叫天——介绍舞台生活记录“粉墨春秋” 徐以礼 上海戏剧 1961年1月1期36页
试谈麒派唱腔 卫明 戏剧报 1961年1月1、2期18页
悼念周慕莲同志 斐东篱 戏剧报 1961年2月4期30页
言菊朋演唱艺术欣赏 秋文 上海戏剧 1961年2月2期29页
谈“麒派”艺术 林鹏程等 上海戏剧 1961年3月3期16页
粉墨春秋 盖叫天口述 上海戏剧 1961年3月3期33页
藏族戏剧家扎西顿珠病逝 戏剧报 1961年3月6期15页
缺少些什么——从欧阳予倩、梅兰芳同志给我们排舞谈起 胡景刚 舞蹈 1961年4月3、4期19页
李春森的艺术创造 李紫贵 戏剧报 1961年5月9、10期65页
忆泰戈尔 梅兰芳 人民文学 1961年5月号28页
粉墨春秋（二）“狮子楼”（续完） 盖叫天 上海戏剧 1961年5月5期34页
既“稳”又“冲”——看筱高雪樵的演出 龚义江 上海戏剧 1961年6月6期13页
两代人学艺 张鸿声 戏剧报 1961年6月11、12期15页
向杰出的老艺术家盖叫天学习 本刊评论员 戏剧报 1961年7月13期1页

谈梅派艺术的特点　杨畹农　戏剧报　1961年7月13期26页
笔谈盖叫天的表演艺术——学习盖派艺术的一些感受　李少春　戏剧报　1961年7月14期11页
“英雄义”不愧盖老杰作　王连平　戏剧报　1961年7月14期14页
从盖老的“打店”说起　老舍　戏剧报　1961年7月14期18页
梅兰芳同志精神不死　田汉　戏剧报　1961年8月15、16期1页
悼梅畹华　陈叔通　戏剧报　1961年8月15、16期4页
梅兰芳同志永垂不朽！　本刊　戏剧报　1961年8月15、16期5页
悼念梅兰芳同志　周信芳　戏剧报　1961年8月15、16期11页
颂美的创造者　伊兵　戏剧报　1961年8月15、16期13页
追忆往事——悼兰芳弟　姜妙香　戏剧报　1961年8月15、16期18页
要用学习他来纪念他　荀慧生　戏剧报　1961年8月15、16期22页
忆梅师　言慧珠　戏剧报　1961年8月15、16期22页
忆梅先生　欧阳山尊　戏剧报　1961年8月15、16期28页
存妙笔于人间　许姬传　戏剧报　1961年8月15、16期28页
不谢的花——忆记苏联朋友谈梅兰芳同志　乌兰汗　戏剧报　1961年8月15、16期35页
昆丑新芽——看青年演员刘异龙的戏　马蓝　上海戏剧　1961年8月7、8期23页
昆曲旦角的后起之秀——华文漪　严司　上海戏剧　1961年8月7、8期25页
博观约取兼收并蓄——谈李永德的唱功　张之江　上海戏剧　1961年8月7、8期27页
蔡正红在艺术上的新发展　野鹤　上海戏剧　1961年8月7、8期27页
昆曲中的女小生——岳美缇　陆式　上海戏剧　1961年8月7、8期28页
茁壮的新苗——李炳淑　徐以礼　上海戏剧　1961年8月7、8期30页
题王瑶卿先生说戏唱片册子　梅兰芳遗作　剧本　1961年8月7、8期4页
悼梅兰芳同志（诗十二首）　田汉　剧本　1961年8月7、8期5页
在梅兰芳同志追悼会上的悼词　吕复　上海戏剧　1961年9月9期2页
悼念梅兰芳同志　周信芳　上海戏剧　1961年9月9期3页
大家想念梅兰芳　盖叫天　上海戏剧　1961年9月9期5页
怀梅兰芳先生　丰子恺　上海戏剧　1961年9月9期6页
悼梅兰芳同志　熊佛西　上海戏剧　1961年9月9期7页
是谁给梅兰芳同志以力量和鼓舞？　刘厚生　上海戏剧　1961年9月9期8页
梅师的表演为什么那样美　李玉茹　上海戏剧　1961年9月9期10页
“宇宙锋”考课——以此敬献于先师梅兰芳　陈伯华　上海戏剧　1961年9月9期11页
梅派的唱念及其他　杨畹农　上海戏剧　1961年9月9期14页
忆梅师在香港的生活片断　王熙春　上海戏剧　1961年9月9期17页
给梅兰芳先生司鼓六年　王燮元　上海戏剧　1961年9月9期18页
与梅兰芳院长同在朝鲜的日子　乔英才　上海戏剧　1961年9月9期21页
难忘的印象——记梅兰芳同志在福建前线慰问片断　张荣杰　上海戏剧　1961年9月9期24页
纪念梅兰芳学习梅兰芳——614厂纪念梅兰芳同志座谈会发言之一部分　614厂业余影剧评论小组　上海戏剧　1961年9月9期26页
永不知道满足的革新家　陶雄　上海戏剧　1961年9月9期28页
学习梅派艺术的点滴体会　顾森柏　上海戏剧　1961年9月9期32页

梅谢犹留万载芳——梅派表演艺术点滴谈　周翁园　上海戏剧　1961年9月9期32页
中国传统戏曲舞台形象之美——梅兰芳“舞台生活四十年”的一些美学问题　秋文　上海戏剧　1961年9月9期35页
浅谈梅兰芳的唱腔艺术　陶君起　戏剧报　1961年9月17、18期50页
卓越的导演才能——看盖老排“英雄义”札记　樊放　戏剧报　1961年9月17、18期68页
悼梅兰芳同志　吕骥　人民音乐　1961年9月号2页
向盖叫天老师学习　尔充等　舞蹈　1961年10月7期3页
学习盖老偶感二则　童山　舞蹈　1961年10月7期28页
看盖老排戏杂记　何海生　戏剧报　1961年10月19、20期39页
我的良师益友周信芳　应云卫　上海戏剧　1961年11月11期16页
“谈经思马帐，立雪愧程门”——纪念周信芳老师六十年舞台生活　高百岁　上海戏剧　1961年11月11期10页
“麒派”服装，造型的特点　李桐森　上海戏剧　1961年11月11期13页
漫谈运用戏曲资料与培养下一代（续）　梅兰芳　戏剧报　1961年11月21、22期37页
抗战八年中的梅兰芳　许源来　戏剧报　1961年11月21、22期44页
梅兰芳的演唱艺术　肖晴　人民音乐　1961年11月号12页
向周信芳同志的战斗精神学习——周信芳演剧生活六十年纪念会上致词　田汉　戏剧报　1961年12月23、24期1页
茅盾为周信芳戏剧生活六十年纪念的题词　戏剧报　1961年12月23、24期2页
祝周信芳同志青春常在　徐平羽　戏剧报　1961年12月23、24期4页
欧阳予倩给周信芳的贺信　戏剧报　1961年12月23、24期5页
舞台花甲（谈周信芳）　老舍　戏剧报　1961年12月23、24期6页
六十年的战斗——纪念周信芳演剧生活六十年　本刊编辑部　戏剧报　1961年12月23、24期7页
祝周信芳同志长青不老　魏金枝　戏剧报　1961年12月23、24期14页
我学麒派艺术的一些心得　袁世海　戏剧报　1961年12月23、24期16页
四十年来看麒麟童所见　苏少卿　戏剧报　1961年12月23、24期27页
悼郝寿臣先生　张梦庚　戏剧报　1961年12月23、24期46页
战斗的演剧生活，战斗的六十年——祝贺周信芳同志演剧生活六十年　吕复　上海戏剧　1961年12月12期2页
杰出的京剧艺术家周信芳　姜椿芳　上海戏剧　1961年12月12期4页
敢于破勇于立——略谈周信芳同志的革新创造　陶雄　上海戏剧　1961年12月12期8页
炉火纯青出神入化——给周信芳同志配戏的体会　刘斌昆　上海戏剧　1961年12月12期12页
试谈“麒派”唱腔　郝德泉　上海戏剧　1961年12月12期16页
忆周老（周信芳）在解放前的政治生活片断　吕君樵　上海戏剧　1961年12月12期18页
老师是这样领我进门的（纪念周信芳演剧生活六十年）　萧润增　上海戏剧　1961年12月12期20页
梅兰芳同志解放前的电影活动　刘南枝　上海电影　1961年12月12期10页
快人刘三姐——谈严凤英同志的表演　山戈　安徽日报　1961年1月15日3版
蓓蕾初开——记青年沪剧演员邢月莉　唐秋生　解放日报　1961年1月25日6版

向侯喜瑞老师学戏　袁国林　光明日报　1961年2月25日4版
豫剧舞台上的新军　周坤　光明日报　1961年3月17日2版
川剧新人新演技　凤子　人民日报　1961年3月20日1版
从京剧老旦的表演谈到王晶华　陶君起　人民日报　1961年3月22日7版
只有提高认识，才能提高艺术　周传瑛　天津日报　1961年3月31日4版
漫谈戏曲画　梅兰芳　文汇报　1961年4月9日3版
谈童芷苓的表演艺术　刘静源　安徽日报　1961年4月27日3版
“阴嚎”和“静功”——介绍周玉泉的艺术特色　亦吾　新华日报　1961年5月11日3版
看越剧新人的表演　羊禾　解放日报　1961年5月20日4版
不受一番冰霜苦哪得梅花放清香——盖叫天谈练功　高正生、章正续　光明日报　1961年5月21日2版
海派与周信芳　李健吾　人民日报　1961年6月24日8版
施月娥的唱腔艺术　禾希　解放日报　1961年6月25日4版
马派和谭派表演风格之比较——兼谈表演风格之朴实和华丽　秋文　人民日报　1961年6月28日7版
戏、人物、演员和观众——访荀慧生先生　陈必智　文汇报　1961年6月28日2版
扬剧演员高秀英的“堆字大陆板”　银州　光明日报　1961年6月29日2版
艺事日记散章　荀慧生　文汇报　1961年6月30日2版
看盖老练“恶虎村”　之江　新民晚报　1961年7月11日2版
南北“活武松”——和青年谈谈老艺术家盖叫天的表演　张云溪　中国青年报　1961年7月13日4版
向盖老学习　侯永奎　光明日报　1961年7月13日4版
盖叫天的功夫　洪和临　人民日报　1961年7月16日6版
久久为功（盖叫天表演艺术）　林旭　人民日报　1961年7月17日4版
扫边剧谈——欢迎盖老　边生　光明日报　1961年7月20日4版
争看江南活武松　冯其庸　光明日报　1961年7月23日2版
盖叫天艺话　曲六乙　文汇报　1961年7月26日2版
筱文艳的“自由调”　禾希　解放日报　1961年8月8日4版
艾世菊的“开口跳”　钱唐　解放日报　1961年8月9日4版
昆苏剧团的小演员　孙祖年、钱立传　人民日报　1961年8月9日4版
夜半坟场苦学艺——汪桂芬的故事　闻操　解放日报　1961年8月12日4版
梅兰芳的指法表演艺术　钱唐　福建日报　1961年8月13日4版
一个女演员的今昔——访西宁市豫剧团张兰葆　韦中、王展　青海日报　1961年8月15日3版
高徒说名师——与青年昆曲演员刘异龙谈戏　马蓝　新民晚报　1961年8月18日2版
老当益壮精益求精北京戏剧界座谈盖叫天表演艺术　文汇报　1961年8月22日2版
质朴流丽——谭派演唱艺术的特色　李岳南　大公报　1961年8月27日3版
“他怎样这样像杨宝森”——访杨派须生汪正华　之江　新民晚报　1961年8月29日2版
说谭派　少若　光明日报　1961年8月30日3版
发型——梅兰芳的化装艺术　白玄　文汇报　1961年8月31日4版
妙艺传神——记郑法祥的孙悟空戏　吕健　文汇报　1961年9月3日2版
郑派悟空的绝技　隋炎　新民晚报　1961年9月6日3版

晋剧花葩——访晋剧青年演出团的几位演员　张卉中、张忠孝　光明日报　1961年9月10日2版
梅兰芳纪事诗（二十五首）　田汉　人民日报　1961年9月10日7版
盖叫天追忆梅兰芳　司马三千　解放日报　1961年9月10日4版
梅先生拍电影琐忆　岑范　新民晚报　1961年9月12日2版
学梅小记　言慧珠　北京日报　1961年9月12日3版
秋实篇——记江苏省苏昆剧团“继”字辈青年演员的成长　陈必智　文汇报　1961年9月15日2版
唐景崧对桂剧的贡献　吴山　广西日报　1961年9月16日4版
“多彩”与“纯”——魏喜奎同志“曲剧十年”读后　李凌　北京日报　1961年9月16日3版
气韵渊雅意味醇厚——裘盛戎演唱艺术的特色　李岳南　大公报　1961年9月17日3版
卓越的京剧表演艺术家梅兰芳（图片）　人民日报　1961年9月17日8版
梅兰芳同志纪念活动委员会成立决定在一年内开展十项纪念活动　人民日报　1961年9月21日4版
老艺人节前话今昔——访赣剧名演员杨桂仙　万叶　江西日报　1961年9月29日3版
笑着的生活——访晋剧演员白桂英　朱鸣　山西日报　1961年10月1日3版
佳节话新人——梅派青衣李炳淑的成长　杨畹农　解放日报　1961年10月1日6版
秀丽端庄的扮相朴实无华的气质——谈华文漪的表演和唱腔　李玉茹　解放日报　1961年10月5日4版
丑角的创造——兼谈马富禄的表演艺术特色　李岳南　大公报　1961年10月8日3版
跃马横枪的正工青衣李炳淑谈扮演穆桂英　绿嘉、之江　新民晚报　1961年10月10日2版
喜见戏曲队伍新生力量成长　周玑璋　文汇报　1961年10月13日2版
忆梅兰芳演“嫦娥奔月”　徐凌云　新民晚报　1961年10月15日3版
从昆剧表演回忆梅先生　徐凌云　新民晚报　1961年10月15日3版
厉慧良的武生戏的特色　陶君起　天津日报　1961年10月17日4版
漫谈“耿派”艺术　牟豪戎　甘肃日报　1961年10月22日3版
演出人物的性格来——谈黄梅戏青年演员许自友的表演　严凤英　安徽日报　1961年10月22日3版
谈丁是娥的唱腔　毕采　文汇报　1961年10月25日3版
说言派　少若　光明日报　1961年10月27日3版
阎惜姣下楼之前——周信芳院长拍摄“杀惜”时给我的教导　赵晓岚　新民晚报　1961年10月28日2版
梅兰芳的化装艺术　白玄　文汇报　1961年10月29日4版
一分耕耘一分收获——记京剧演员厉慧兰同志的勤奋创作　石风　重庆日报　1961年10月31日3版
珠圆玉润雍容大方——梅兰芳舞台艺术片欣赏　林涵表　中国青年报　1961年11月1日4版
真与美的一致——梅兰芳表演艺术漫谈　郭亮　工人日报　1961年11月2日3版
简谈“尚派”的表演艺术风格　赵青泉　陕西日报　1961年11月7日3版
巧妙出我灵台——观厉慧良的武戏表演技术　曲六乙　光明日报　1961年11月10日2版

快、准、险——漫谈厉慧良的武戏表演技术　李少春　光明日报　1961年11月10日2版
送厉慧良同志载誉返津序　孟超　光明日报　1961年11月11日4版
梅师“贵妃醉酒”初探　李玉茹　解放日报　1961年11月15日4版
艺术美的化身——谈梅兰芳舞台艺术　曹其敏　文汇报　1961年11月16日4版
欧阳予倩研究戏曲声腔的成就　蒋星煜　光明日报　1961年11月16日3版
试谈梅兰芳的唱腔　颖华　辽宁日报　1961年11月19日3版
勤学苦练大胆创造——访淮剧著名演员筱文艳同志　毛士博　江西日报　1961年11月19日3版
祝贺“老来红”　薛恩厚　北京日报　1961年11月20日3版
在我入党前后　喜彩莲　北京日报　1961年11月20日3版
业精于勤——和老艺术家周信芳相处的点滴感想　卫明　中国青年报　1961年11月22日4版
访问著名表演艺术家荀慧生　伟清　河北日报　1961年11月23日4版
谈梅兰芳的“洛神”　姜妙香　光明日报　1961年11月26日2版
昆曲两代人——记昆曲老教师沈传芷和他的学生　蔡正仁等　光明日报　1961年11月26日2版
刚健清新委婉动人——试谈张君秋的新腔创造　王雁　大公报　1961年11月26日3版
郝派艺术——悼念郝寿臣先生　翁偶虹　北京日报　1961年11月30日3版
“郝寿臣脸谱集”序　梅兰芳　人民日报　1961年11月30日6版
艺术的忠臣——悼念郝寿臣先生　陈富瑞　新民晚报　1961年12月1日3版
从厉慧良谈到武生艺术流派的继承发扬问题　景孤血　文汇报　1961年12月2日3版
成兆才先生和“花为媒”　胡沙　北京日报　1961年12月2日3版
怀念梅兰芳同志　徐兰沅　天津日报　1961年12月3、5日4版
学习梅兰芳先生不断进步的一生　厉慧敏　重庆日报　1961年12月6日3版
老树花红春满枝——纪念周信芳演剧生活六十年　李岳南　大公报　1961年12月10日3版
艺术的典范——悼念郝寿臣先生　赵德钰　文汇报　1961年12月10日2版
如坐春风——向梅兰芳同志学演“贵妃醉酒”的回忆　薛艳秋　重庆日报　1961年12月10日3版
受用终生——从周信芳老师学戏的回忆　萧润增　北京日报　1961年12月12日3版
麒派艺术浅识　曲六乙　北京日报　1961年12月12日3版
略谈周信芳的史学修养　蒋星煜　光明日报　1961年12月12日2版
在“坐楼杀惜”摄影场里——记表演艺术家周信芳拍片二三事　殷子　文汇报　1961年12月12日2版
战斗的表演艺术家周信芳　刘厚生　人民日报　1961年12月14日5版
向周信芳同志学习拍摄“周信芳舞台艺术”有感　应卫云　光明日报　1961年12月14日2版
鲁迅与梅兰芳　林志浩　北京日报　1961年12月14日2版
周信芳先生早年演出的几出戏（战宛城、乌龙院、连环套）　袁世海　光明日报　1961年12月15日2版
五个十二年　周信芳　人民日报　1961年12月15日6版
麒派浅谈　陶雄　文汇报　1961年12月16、17日3版

京剧艺术的革新家——祝周信芳同志演剧生活六十年　李大珂　工人日报　1961 年 12 月 17 日 4 版
李少春等拜周信芳为师　人民日报　1961 年 12 月 18 日 4 版
周信芳——舞台上不倒的红旗　何慢　中国青年报　1961 年 12 月 20 日 4 版
京剧老生唱腔的演变——由程长庚到谭鑫培　徐兰沅　文汇报　1961 年 12 月 20 日 3 版
观麒小记　戴不凡　人民日报　1961 年 12 月 20 日 6 版
麒派千秋　曲六乙　光明日报　1961 年 12 月 21 日 2 版
著名小生程继仙　杨长河　安徽日报　1961 年 12 月 21 日 4 版
化境——从周信芳的表演谈戏曲中的“技”与“艺”　李紫贵　北京日报　1961 年 12 月 21 日 2 版
麒派艺术壮且美　姚萌　文汇报　1961 年 12 月 22 日 4 版
纪念周信芳演剧生活六十年本市戏剧界人士座谈麒派艺术　解放日报　1961 年 12 月 26 日 2 版
一个小老旦的成长——小记青年京剧演员孙花满　顾美忠　中国青年报　1961 年 12 月 27 日 4 版
祝——为周信芳先生舞台生活六十年而作　荀慧生　解放日报　1961 年 12 月 27 日 4 版
上场无大小一台无二戏——与周信芳先生同台演出所感到的　李玉茹　解放日报　1961 年 12 月 28 日 4 版
我所认识的周信芳先生　桑孤　新民晚报　1961 年 12 月 29 日 3 版
感奋与心愿　周信芳　光明日报　1961 年 12 月 30 日 4 版
重聚话今昔　萧长华　戏剧报　1962 年 1 月 1 期 8 页
试谈麒派艺术三题　李紫贵　戏剧报　1962 年 1 月 1 期 10 页
广闻博采，贵在独创——漫谈厉慧良的艺术表演　冯牧　戏剧报　1962 年 1 月 1 期 21 页
三个京剧新人的唱和打　之江　戏剧报　1962 年 1 月 1 期 29 页
郝寿臣先生的表演艺术　翁偶虹　戏剧报　1962 年 1 月 1 期 39 页
周信芳先生的德和艺　高盛麟　上海戏剧　1962 年 1 月 1 期 5 页
喜看老树发新枝——浅谈钱浩梁的表演　徐以礼　上海戏剧　1962 年 1 月 1 期 18 页
周信芳与电影（纪念周信芳演剧生活六十年专访）　何慢　上海电影　1962 年 1 月 1 期 20 页
光荣的任务愉快的合作　应卫云　上海电影　1962 年 1 月 1 期 20 页
卓越的戏剧表演艺术论著——喜读“周信芳舞台艺术”　何慢　文艺报　1962 年 1 月 1 期 33 页
几位锡剧老艺人的表演特色　严久渚　雨花　1962 年 1 月 1 期 41 页
从盖叫天的名字谈起　谢敏　广西文艺　1962 年 1 月号 46 页
忆梅兰芳先生　许姬传　人民文学　1962 年 1 月号 28 页
谭鑫培对唱腔的革新　徐慕云　戏剧报　1962 年 2 月 2 期 55 页
舞台生活片断回忆（续一）　刘万春　广西文艺　1962 年 2 月号 34 页
舞台生活片段回忆（续二）　刘万春口述、莫右记录　广西文艺　1962 年 3 月号 39 页
谈鼓王刘宝全的艺术创造　梅兰芳　曲艺　1962 年 3 月 2 期 2 页
杂谈高盛麟的艺术　萧长华　戏剧报　1962 年 4 月 4 期 13 页
谈梅兰芳的创腔　徐兰沅　人民音乐　1962 年 4 月号 16 页
周慕莲谈艺录　胡度　戏剧报　1962 年 5 月 5 期 58 页

功架与出手并重——从小王桂卿的三出戏谈南派武生的特色　之江　上海戏剧　1962年5月4、5期48页
勤学苦练攀登艺术高峰　杜近芳　中国青年　1962年5月9期18页
跟傅三乾老师学戏　李文杰　戏剧报　1962年6月6期56页
袁雪芬新演祥林嫂　朱铿、薛允璜　戏剧报　1962年7月7期8页
略谈京剧乐师及其流派　张恭　戏剧报　1962年7月7期21页
意深形简色淡则明——看高盛麟的演出　龚义江　上海戏剧　1962年7月7期10页
略谈梅兰芳的声腔艺术　徐兰沅　戏剧报　1962年8月8期11页
一代宗匠——重读梅兰芳同志遗著的感想　张庚　戏剧报　1962年8月8期1页
“童女斩蛇”——“舞台生活四十年”第三集连载　梅兰芳　戏剧报　1962年8月8期22页
梅兰芳同志遗墨　上海戏剧　1962年8月8期6页
梅兰芳唱片与录音资料统计　上海戏剧　1962年8月8期9页
桃李望故根——忆茹老带徒弟　王宝珠等　曲艺　1962年8月4期52页
梅兰芳的银幕生活　刘方　电影艺术　1962年8月4期59页
记畹华的高尚品格　萧长华　戏剧报　1962年9月9期54页
“童女斩蛇”——“舞台生活四十年”第三集连载　梅兰芳　戏剧报　1962年9月9期57页
试谈童芷苓对荀派艺术的继承与发扬　林涵表　上海戏剧　1962年9月9期28页
我的学艺生活　郑法祥　上海戏剧　1962年9月9期30页
梅兰芳的唱腔创作——为梅兰芳逝世一周年而写　何为　人民音乐　1962年9月号2页
父亲的教诲　梅葆玥　中国妇女　1962年9月9期10页
纪念他，学习他——悼欧阳予倩同志　顾仲彝　上海戏剧　1962年10月10期6页
探本穷源移步换形——我所走的艺术道路　郑法祥　上海戏剧　1962年10月10期30页
悼念欧阳予倩老师　尹义　广西文艺　1962年10月号64页
你永远是我们学习的榜样——哀悼欧阳予倩老院长　杨令燕　广西文艺　1962年10月号65页
悼念欧阳予倩同志　张光年　文艺报　1962年10月10期22页
一笛秋风唱尾声——悼念欧阳予倩同志　周贻白　戏剧报　1962年10月10期34页
探本穷源移步换形——我所走的艺术道路（完）　郑法祥　上海戏剧　1962年11月11期30页
盖老在中央实验话剧院谈艺记　彭兆棨　东海　1962年11月11期26页
追念欧阳予倩同志　李伯钊　戏剧报　1962年12月12期26页
“童女斩蛇”——“舞台生活四十年”第三集连载　梅兰芳遗作　戏剧报　1962年12月12期52页
“吾日三省吾身”　盖叫天　文艺报　1962年12月号28页
盖老和他的小孙女　杜钦　东海　1962年12月12期23页
刻苦创造，精益求精——忆刘宝全先生　马连良　曲艺　1962年12月6期43页
在两个社会里（川剧演员廖静秋）　小军　四川文学　1962年12月号47页
刚劲质朴的麒派艺术　陈西汀　文汇报　1962年1月3日3版
用全身心演戏的艺术家——周信芳　张庚　文汇报　1962年1月3日3版
古树逢春花盛开——访几位汉剧名老艺人　陈堂明　湖北日报　1962年1月3日3版

谈陈伯华同志的表演艺术　黄振　湖北日报　1962年1月3日3版
表演艺术家周信芳三出戏中的三种眼神　汪志奎　新民晚报　1962年1月4日2版
一元复始万象更新　盖叫天　人民日报　1962年1月4日5版
感想和愿望（谈周信芳同志的表演艺术）　金山　人民日报　1962年1月10日6版
为什么“拜麒”——答北京日报读者　李和曾　北京日报　1962年1月11日3版
苦功夫出真本领——汉剧演员陈伯华的表演艺术　张碨　人民日报　1962年1月12日4版
纪念筱桂花演剧生活四十年省文化局等单位在四平市举行纪念会　关世宏、黎瑞采　吉林日报　1962年1月14日3版
周信芳手里的道具　刘少春　文汇报　1962年1月16日2版
谈麒派的“新”　吕健　文汇报　1962年1月19日2版
给梅先生调嗓的日子里　倪秋平　新民晚报　1962年1月20日3版
访常香玉　陈健　河南日报　1962年1月21日4版
老当益壮长葆青春——访著名评剧演员筱桂花　江山、舟咏　吉林日报　1962年1月24日3版
“龙女牧羊”和梅兰芳同志　范钧宏　北京日报　1962年1月25日3版
谈倪派唱腔的创造　陆基　黑龙江日报　1962年1月30日3版
北昆四旦　陆放　北京日报　1962年2月17日3版
承先启后脱俗创新——纪念周慕莲同志逝世一周年　张德成　重庆日报　1962年2月18日3版
业余演员赞　陶雄　文汇报　1962年2月20日2版
李玉芙　方矛　北京日报　1962年3月3日3版
梅兰芳与“霸王别姬”　徐兰沅　光明日报　1962年3月6日4版
梅兰芳的歌唱艺术　何为　人民日报　1962年3月7日5版
漫谈张世麟的表演艺术　童侠苓　天津日报　1962年3月9日4版
名师收高徒艺坛传佳话　王雁　大公报　1962年3月11日3版
杨派艺术的特点是什么？　景孤血　北京日报　1962年3月15日2版
孙岳　金文丰　北京日报　1962年3月22日3版
人民的好演员——记京剧演员王肖声　中共海拉尔市委宣传部通讯组　内蒙古日报　1962年3月27日3版
谈谈小白玉霜的表演艺术　曹其敏　光明日报　1962年3月27日2版
高盛麟北京之行　单也　文汇报　1962年3月28日2版
丑而不丑——京剧名丑刘斌昆的表演特色　卫明　文汇报　1962年3月31日2版
“天意者十”——谈谈高盛麟的表演艺术　李紫贵　北京日报　1962年4月5日2版
忆兰芳兄　于连泉　光明日报　1962年4月12日4版
马连良和他的小徒弟　于文涛　北京日报　1962年4月17日2版
跨出第一步——记婺剧青年演员郑兰香　贾建虹等　浙江日报　1962年4月20日3版
在艺术深造的道路上——访晋南蒲剧院的青年演员　莎荫、田培植　人民日报　1962年4月24日2版
师徒之间——访李少春同志片断　高文澜　北京日报　1962年4月24日3版
也谈杨小楼演黄天霸　吴晓铃　光明日报　1962年4月26日4版
浅谈李师斌的表演艺术　安禄兴　大众日报　1962年5月4日3版
说古论今——跟青年演员谈谈心　李桂云　北京日报　1962年5月17日3版

为工农兵服务的文艺战士——记长春市评剧团青年演员王曼芩　陈英杰、王又生　吉林日报　1962年5月18日3版
我演佘太君前后　郝聘芝　山西日报　1962年5月21日3版
百尺竿头锐意精进——试谈王曼芩表演艺术　长弓　吉林日报　1962年5月22日3版
我们都来自浙江农村——袁雪芬重演“祥林嫂”一席话　绿嘉　新民晚报　1962年5月23日4版
学艺——访著名扬剧演员顾玉君　陆国伟　解放日报　1962年5月27日2版
清脆甜美圆润委婉——王曼芩唱腔艺术初探　士奎、瑞今　吉林日报　1962年5月29日3版
为戏曲表演理论建基——“粉墨春秋”记录整理之一得　何慢、龚义江　人民日报　1962年5月31日5版
精湛的武生表演艺术——谈厉慧良的演出　冯其庸　人民日报　1962年6月5日6版
荀慧生先生传艺散记　吴秀琴　辽宁日报　1962年6月5日3版
卢胜奎论　狄梵　文汇报　1962年6月6日3版
许仰川的“丑”　宋良　福建日报　1962年6月10日4版
含蓄、诚挚、潇洒——谭派须生殷宝忠的演唱　禄兴、磐石　大众日报　1962年6月10日3版
彩调老将谢济洲——彩调老艺人座谈会纪实　丘振声　广西日报　1962年6月12日4版
劲儿，要用在节骨眼的地方——看盖老演出后的两点心得　张春华　文汇报　1962年6月13日3版
“一棵菜”——谈中国戏校实验京剧团的青年演员们　李玉茹　北京日报　1962年6月14日3版
稳健凝练见功夫——谈内蒙古京剧团李万春的表演及其他　厉春鹏、张照邻　内蒙古日报　1962年6月19日3版
程派唱工及其他　吴富琴　文汇报　1962年6月20日3版
从一条草到一件宝——访问粤剧老艺人冯镜华　麦世忠　羊城晚报　1962年6月21日1版
爆眼五的“吊睛”术　冯镜华　羊城晚报　1962年6月21日3版
道地的蒲剧花脸——看新绛蒲剧团工石头的演出　苏光　山西日报　1962年6月23日3版
杨小楼杂忆　高唐　新民晚报　1962年6月26日3版
访京剧表演艺术家荀慧生先生　程栋、竞凯　旅大日报　1962年7月1日2版
周信芳谈高盛麟　洁人　文汇报　1962年7月4日2版
舞台生活以外——介绍几位著名演员的业余爱好　俞暄　新华日报　1962年7月14日3版
省城文艺界纪念丁果仙舞台生活40年　本报　山西日报　1962年7月18日1版
听高盛麟谈杨小楼　之江　新民晚报　1962年7月20日2版
如何正确对待杨派艺术　景孤血　光明日报　1962年7月25日2版
“龙头凤尾”浅释——谈红线女的演唱艺术特色　林涵表　人民日报　1962年7月29日5版
日浴秋实红——为纪念晋剧表演艺术家丁果仙舞台生活四十周年而作　寒声　光明日报　1962年8月3日2版
跟盖叫天先生学艺　韦肯凡、胡利娜　广西日报　1962年8月3、10、12、16日4版
纪念梅兰芳逝世一周年　人民日报　1962年8月4日2版
山西省文艺界开展多种活动纪念丁果仙舞台生活四十年　人民日报　1962年8月4日2版

师恩难忘——纪念梅兰芳先生逝世一周年 陈永玲 甘肃日报 1962年8月4日4版
学习和发扬梅派艺术——纪念梅兰芳逝世一周年 杨畹农 解放日报 1962年8月7日4版
威武不能屈——梅兰芳先生逝世周年纪念 丰子恺 文汇报 1962年8月8日4版
梅兰芳最后一出新戏——“龙女牧羊” 许源来 文汇报 1962年8月8日3版
光辉永在——访梅兰芳生前故交散记 陈必智 文汇报 1962年8月8日2版
梅兰芳先生周年祭忆语 许姬传 人民日报 1962年8月8日6版
追念梅兰芳同志 欧阳予倩 人民日报 1962年8月8日6版
我们的榜样——纪念梅兰芳同志逝世一周年 严凤英 安徽日报 1962年8月8日4版
纪念梅兰芳同志逝世一周年 田汉 大公报 1962年8月8日3版
梅兰芳的镇宝功夫 吴祖光 新民晚报 1962年8月8日3版
谈梅兰芳同志的艺术特点 范钧宏 工人日报 1962年8月8日2版
追忆他，学习他，发扬他！(指梅兰芳) 田汉 人民日报 1962年8月9日6版
勤学苦练精研巧思——纪念梅兰芳先生逝世一周年 徐兰沅 北京日报 1962年8月9日3版
略谈梅派艺术的“神”“味”“美” 徐兰沅 光明日报 1962年8月9日4版
梅派台步与塑型美 周翁园 文汇报 1962年8月10日4版
春风化雨梅师情 杨荣环 天津日报 1962年8月10日4版
巧在漂中漂中有巧——浅谈王玉山的表演艺术 军羽 内蒙古日报 1962年8月10日3版
九分汗下一分神来——谈廉江县粤剧团青年演员小云嫦的武功 秉箴 羊城晚报 1962年8月11日2版
做人、学艺、创造——纪念梅兰芳同志逝世周年有感 郭亮 工人日报 1962年8月11日4版
群芳一新梅——评介梅派新人杨秋玲 樊放 中国青年报 1962年8月11日4版
有“我”与传神——略谈方荣翔的表演艺术 禄兴等 大众日报 1962年8月12日3版
“秦腔的功臣”陈雨农 弓良 陕西日报 1962年8月14日3版
悼忆梅兰芳同志——向梅兰芳同志学习继承、革新、发扬民族艺术的精神 张梦庚 北京日报 1962年8月14日3版
初相见永难忘——忆梅兰芳同志 阳友鹤 四川日报 1962年8月15日3版
回忆梅师对我的教导 郭建英 文汇报 1962年8月15日4版
梅派剧目的时代乐章 龚啸岚 湖北日报 1962年8月15日3版
学关羽戏与演关羽戏 刘奎官 云南日报 1962年8月20日3版
朝花吐艳——访易俗社青年演员 方每 陕西日报 1962年8月22日3版
学习梅兰芳同志——在梅兰芳逝世一周年座谈会上的发言 齐燕铭 光明日报 1962年8月23日1版
关心艺术、关心人——回忆梅兰芳同志两件事 刘仲秋 光明日报 1962年8月27日2版
忠实的继承者与大胆的革新家——浅谈丁果仙的唱腔及其演唱技巧 李守桢、文进 山西日报 1962年8月28日3版
以艺术为武器的战士——梅兰芳同志 姜妙香 天津日报 1962年8月31日4版
程砚秋与易俗社 赵清泉 陕西日报 1962年9月1日3版
忆梅伯伯 闻时清 文汇报 1962年9月4日4版
筱桂花表演艺术浅谈 江山 光明日报 1962年9月4日4版

梅花诗屋二三事　许姬传　新民晚报　1962年9月6日3版
漫谈"梅兰芳唱片"　知旋　北京日报　1962年9月6日3版
梅兰芳绘画记　许姬传　光明日报　1962年9月7日2版
粉墨春秋——纪念龚云甫先生逝世三十周年　龚继云　文汇报　1962年9月8日4版
团扇诗话——访粤剧歌手红线女　吴柳　文汇报　1962年9月8日2版
浅谈侯喜瑞的表演艺术　彤彬　天津日报　1962年9月9日4版
清末的滇剧名净　戴旦　云南日报　1962年9月10日3版
谈"三王"的表演特色（乌鲁木齐市秦剧团王义民、王北平、王正民三位老演员）　孟浩　新疆日报　1962年9月11日3版
"郝寿臣铜锤唱腔集"序　马连良　北京日报　1962年9月22日3版
笑里文章——访粤剧名丑陆云飞　于朋　羊城晚报　1962年9月23日1版
悼老战士欧阳予倩同志　田汉　人民日报　1962年9月24日4版
首都各界公祭欧阳予倩同志陆定一主祭、郭沫若、沈钧儒等陪祭　人民日报　1962年9月25日2版
悼念欧阳老　白云生　人民日报　1962年9月25日6版
永不忘却的纪念　周信芳　文汇报　1962年9月25日4版
欧阳予倩同志你永远活在我们中间　张庚　北京日报　1962年9月27日3版
滇剧旦行的出色演员　戴旦　云南日报　1962年9月27日3版
欧阳予倩先生二三事　郑逸梅　新民晚报　1962年9月27日3版
回忆欧阳老师　君义等　广西日报　1962年9月27日4版
从唱片中看梅兰芳歌唱的发展道路　许源来　文汇报　1962年9月28日3版
浅谈陈伯华的表演艺术　何剑萍　南方日报　1962年9月29日3版
老院长（周信芳）　陈必智　文汇报　1962年9月30日3版
陈伯华表演艺术的晶体　江渊　羊城晚报　1962年9月30日2版
清末滇剧的名丑（易松亭、刘三星、张兴文、冯青云、王辅廷、王树萱）　戴旦　云南日报　1962年10月4日3版
忆欧阳老　李门　羊城晚报　1962年10月5日2版
"梅兰芳艺术生活展览"巡礼　张卉中　光明日报　1962年10月8日2版
鲁迅和梅兰芳　王尔龄　羊城晚报　1962年10月11日3版
功夫、生活、艺术——谈汉剧名丑李罗克同志的表演　赵超　羊城晚报　1962年10月12日2版
欧阳予倩与易俗社　李哲明　陕西日报　1962年10月16日3版
欧阳予倩在湖南的戏剧活动　钟言　新湖南报　1962年10月17日3版
悼念河北梆子老艺人刘洪山　王韧　天津日报　1962年11月16日4版
怀念郝寿臣老师　袁世海　光明日报　1962年11月26日2版
郝寿臣的脸谱艺术　吴晓铃　文汇报　1962年11月28日3版
"郝寿臣脸谱集"序　老舍　人民日报　1962年11月29日6版
从程派戏中的时代精神谈起　李蔷华　湖北日报　1962年12月2日3版
昔日傲霜雪　今日颂阳春——纪念郑奕奏同志艺术生活五十周年　廖灿国　福建日报　1962年12月12日4版
玄武湖畔忆兰芳　姜妙香　新华日报　1962年12月30日3版
周慕莲谈艺录　胡度辑录整理　戏剧报　1963年1月1期45页

周慕莲艺术生活片断　胡度　四川文学　1963 年 2 月 2 月号 70 页
学习梅兰芳的创腔经验　张正治　人民音乐　1963 年 3 月 3 月号 13 页
一次罕见的独唱音乐会——记河南豫剧各流派名老艺人独唱音乐会　叶枫　人民音乐　1963 年 3 月 3 月号 25 页
秋声漫记——纪念程砚秋同志逝世五周年　冯牧　戏剧报　1963 年 3 月 3 期 20 页
学习程砚秋先生的创造革新精神　郑大同　上海戏剧　1963 年 3 月 3 期 27 页
康芷林艺闻三则　胡度　四川文学　1963 年 4 月 4 月号 42 页
劳动人民喜爱的好演员（筱文艳同志）　马兰　中国妇女　1963 年 4 月 4 期 16 页
岳师与川丑　李行　四川文学　1963 年 5 月 5 月号 50 页
筱香水赞　方矛　文艺报　1963 年 8 月 7、8 期 55 页
欧阳予倩和红楼戏　曲六乙　上海戏剧　1963 年 9 月 8、9 期 17 页
粉墨春秋（二）《十字坡》——《武松打店》　盖叫天述，何慢、龚义江整理　上海戏剧　1963 年 9 月 8、9 期 33 页
欧阳予倩同志战斗的一生　李伯钊　戏剧报　1963 年 10 月 10 月号 18 页
粉墨春秋（二）《十字坡》——《武松打店》（完）　盖叫天述，何慢、龚义江整理　上海戏剧　1963 年 10 月 10 期 34 页
粉墨春秋（二）——《快活林》　盖叫天述，何慢、龚义江整理　上海戏剧　1963 年 11 月 11 期 31 页
全面发展和艺有专长——略谈关鹔鹴的演出　冯先植　戏剧报　1963 年 12 月 12 期 40 页
不能忘却的旧事——一个老艺人的新春杂记　冯镜华　羊城晚报　1963 年 1 月 28 日 2 版
五亩园外桃李新——“传”字辈昆曲老艺人辛勤传艺记　张竞、古平　光明日报　1963 年 2 月 9 日 2 版
渝舞南末越剧新——在向周慕莲老师学戏的日子里　傅全香　重庆日报　1963 年 2 月 10 日 3 版
我的艺术生活　王传淞　浙江日报　1963 年 2 月 20、24 日 3 版
朝阳、雨露、新苗——记川剧青年学员彭恩全　遵修　大公报　1963 年 3 月 6 日 3 版
师表嘉风（重庆市 1962 年度先进工作者琼莲芳同志）　胡度　重庆日报　1963 年 3 月 10 日 3 版
传经述艺继往开来——张德成著述“川剧高腔乐府”记事　竹墨　重庆日报　1963 年 3 月 10 日 3 版
曲献百花园经传众弟子——记花鼓戏老艺人廖春山　欧阳濂　新湖南报　1963 年 3 月 13 日 3 版
名师出高徒——访京剧梅派青年著名演员杜近芳　周建英　广西日报　1963 年 3 月 17 日 4 版
忆苦战风霜的程砚秋同志　田汉　人民日报　1963 年 3 月 18 日 4 版
各具异彩的形象美——杜近芳表演艺术欣赏浅谈　天鹊　广西日报　1963 年 3 月 28 日 4 版
老老实实勤勤恳恳为繁荣社会主义戏曲事业贡献所有力量——在舞台生活四十年纪念会上的发言摘要　王玉山　包头日报　1963 年 3 月 30 日 4 版
昆曲的冠生　宋铁铮　光明日报　1963 年 4 月 2 日 4 版
谈越调演员申凤梅的唱　林绿　人民日报　1963 年 4 月 11 日 6 版
程派艺术的花信风——纪念程砚秋同志逝世五周年兼致李世济同志　龚啸岚　湖北日报　1963 年 4 月 26 日 3 版
艺人诉悲欢——市文艺界座谈会侧记　林机　羊城晚报　1963 年 5 月 24 日 1 版

谈谈我的艺术生活　筱桂花　安徽日报　1963年5月26日4版
清新秀丽明媚天然——荀派艺术欣赏心得　琼莲芳　重庆日报　1963年5月29日3版
科班生活忆当年　屠杏花　新民晚报　1963年7月12日3版
回忆父亲（梅兰芳）　梅葆琛　光明日报　1963年8月8日4版
人民的好演员——筱香水　张复海、王兴志　大众日报　1963年9月13日3版
忆欧阳予倩同志　袁世海　光明日报　1963年9月21日4版
意取尖新——浅谈关鹔鹴的表演艺术　曲六乙　光明日报　1963年10月26日4版
作工农兵群众的勤务员，作艺术上的革新派——访童芷苓同志　赵舒申　江西日报　1963年10月26日3版
学戏生活片断　侯喜瑞　光明日报　1963年11月9日4版
可贵的创新出色的表演——试谈童芷苓扮演的武则天　王大光　新湖南报　1963年11月10日3版
卸下了水袖之后怎么办？——访越剧演员徐玉兰谈现代戏舞蹈表演　绿嘉　新民晚报　1963年11月17日2版
高盛麟在农村　周校先　湖北日报　1963年12月3日3版
“不过只是刚刚开始”——记陈伯华同志下乡演出　王为熊　湖北日报　1963年12月3日3版
悼念马师曾先生　华嘉　戏剧报　1964年5月5期45页
由“跑龙套”到表演工农兵群众　邓可因　前线　1964年6月12期17页
学习夏菊花，促进革命化　短论　长江戏剧　1964年8月第4期53页
戏剧工作者在农村：一个演员的自述——访川剧演员张惠霞　邹志诚等　四川文学　1964年9月号60页
做革命人演革命戏——记青年京剧演员宋玉庆　王兴志　戏剧报　1964年10月10期13页
读毛主席的书做革命的演员——记上海市人民淮剧团演员筱文艳　乔国范、姚萌　戏剧报　1964年12月11、12期47页
辛勤创造后继有人——回忆梅兰芳先生排演《穆桂英挂帅》　许姬传　光明日报　1964年1月13日5版
北京演出归来　丁是娥　解放日报　1964年3月8日4版
安息吧，马先生　白驹荣等　羊城晚报　1964年4月27日2版
悼念马师曾先生　侯甸等　羊城晚报　1964年4月27日2版
千里志长存——悼念马师曾先生　梅重清等　羊城晚报　1964年4月27日2版
哀悼马师曾院长　杜埃等　南方日报　1964年4月27日3版
哀痛的回忆——悼念马师曾先生　红线女　南方日报　1964年4月27日3版
发扬不断革命的精神——悼念马师曾院长　徐疾等　羊城晚报　1964年4月28日2版
从赵燕侠演阿庆嫂谈起　红君　解放日报　1964年5月14日4版
“挣断千斤铁锁链”——访京剧《黛诺》中黛诺扮演者关鹔鹴　何倩、吴闻　文汇报　1964年6月24日2版
田汉诗唁马师曾　曹甄　羊城晚报　1964年6月28日3版
迈开新的一步——访临猗眉户剧团演员李英杰　魏旭光　山西日报　1964年9月8日3版
人老、心红、戏新——访中路梆子表演艺术家丁果仙　耿裕庭　山西日报　1964年9月15日3版
塞外艺坛向阳枝——记灵丘罗罗腔剧团青年演员罗桂兰　丁振华等　山西日报　1964年9

月19日3版
坚决做社会主义戏剧的接班人——访市越剧团几位青年演员　戴永福　重庆日报　1964年9月27日3版
小水珠在奔流中——记青年演员刘贵琴　中原等　新民晚报　1964年9月28日3版
粤剧表演艺术家曾三多病逝　南方日报　1964年10月8日1版
学琼花演琼花　华文漪　解放日报　1964年10月23日4版
一个艺人的感受　黄雨青　云南日报　1964年11月21日2版
“我要演一辈子革命现代戏”——访著名京剧演员梁一鸣同志　王家彬　黑龙江日报　1964年11月28日2版
人老艺高思想新——访著名潮剧演员、归侨洪妙　陈锡南、陈贤增　侨务报　1965年2月1期29页
“招秀”的成长——访《怎么谈不拢》的青年演员马紫云　绿嘉　新民晚报　1965年1月13日2版
人欢马叫、诗情洋溢——兼谈常香玉同志的表演艺术　秉箴　南方日报　1965年7月13日3版
看戏日记　陈伯华　羊城晚报　1965年7月14日2版
一段不平易的路程　红线女　羊城晚报　1965年7月21日2版
风华正茂——访问参加中南区戏剧观摩演出的演员们　本报记者　羊城晚报　1965年8月19日2版
心红似火——记赣剧演员杨桂仙（附短评：把立脚点彻底移到工农兵这边来）　黎玫等　江西日报　1965年9月6日3版
她决心为山区人民演一辈子戏——记泰顺越剧团演员周雪芳　胡启华　浙江日报　1965年9月9日3版
革命人演革命戏——看《山乡风云》后给红线女的一封信　草明　戏剧报　1966年1月1期26页
一段不平易的道路　红线女　人民日报　1966年1月6日6版
在戏剧革命的道路上快步前进——给广东粤剧院红线女同志的一封信　袁雪芬　文汇报　1966年2月9日2版
党培养我成长　林小群（广东粤剧院演员）　光明日报　1966年3月22日4版

（二）其他艺术家

（剧作家、导演、音乐、舞美工作者等）

介绍革命琴手吴保华　厚　大众影剧　1949年6月25日总2期17页
高陵县的民间艺人　丁明　西北文艺　1950年10月创第1卷1期67页
川剧作家黄吉安　小吉　草地　1956年7月创58—59页
一位导演“专家”　麦浪　戏剧报　1956年9月总33期10页
一个闽剧作者的遭遇　书隅　福建日报　1956年9月11日3版
一个农民出身的戏剧家——成兆才　胡沙　文艺报　1957年6月23日总182期10—11页
名音乐师——罗家树　红船旧侣　舞台与观众　1957年7月21日14期7页
名琴师——荆生彦　毛艺　西安戏剧　1957年8月30日总54期13页
吴祖光的“桦”和“灵魂”　西山　文艺月报　1957年9月总57期23—25页

痛斥右派分子吴祖光　苏怡　南国戏剧　1957年10月20日总1期12—13页
川剧作家赵熙及其“情探”　冬尼　戏剧论丛　1957年11月4期156页
老琴师谈今昔（湖南湘剧团彭菊生的生活）　国庆　新湖南报　1957年7月1日6版
记京剧作家陈墨香　刘乃崇　戏剧论丛　1958年2月1期233页
悼念戏曲音乐家王少卿先生　张恭　戏剧报　1958年8月第16期37页
“徐兰沅操琴生活”评介　张恭　戏曲音乐　1959年2月2期19页
多才多艺的京剧琴师杨宝忠　余持　戏曲音乐　1959年4月4期24页
京剧胡琴名家王少卿　张宇慈　戏曲音乐　1959年1月创刊号12页
黄吉安剧作初探　席明真　戏剧研究　1960年4月1期146页
红旗教师——李长啸　吕仁　长江戏剧　1960年8月总14、15期21页
名琴妙手春长在——记京剧著名琴师杨宝忠　吴汉民　天津日报　1962年1月28日2版
给演员们打扮得更美——记上海越剧院服装工作者罗梅影　姚萌　解放日报　1962年4月8日4版
戏曲界编演现代戏的标兵　方矛　文艺报　1964年6月6期17页
翻新裁古调歌舞倍增妍——访京剧《芦荡火种》音乐设计者李慕良　何清、吴闻　文汇报　1964年6月6日4版
舞台美术革新运动的闯将——访郧陵县豫剧团舞美队　张永勤等　奔流　1965年5月2期79页
激流勇进——访问参加中南区戏剧观摩演出的剧作者们　本报记者　羊城晚报　1965年8月21日2版
在舞台后面——访问参加中南区戏剧观摩演出的后台工作人员　本报记者　羊城晚报　1965年8月25日2版
田汉的戏剧主张为谁服务？　《戏剧报》编辑部　戏剧报　1966年2月2期2页
“为民请命”是田汉同志一贯的反动思想　石彦生　戏剧报　1966年3月3期13页
田汉同志要把戏剧创作引向何处？　韦群　戏剧报　1966年3月3期17页
从“投献”看吴晗的“自我批评”　罗思鼎　文汇报　1966年2月1日4版
为什么坚持这个“看法”？——评吴晗同志《自我批评》里对清官的认识　余心泽　人民日报　1966年2月10日2版
继续维护和宣扬反动观点的“自我批评”——关于吴晗的“自我批评”和大家对他的“自我批评”的反映　晋文兵　山西日报　1966年2月11日3版
有关吴晗同志“自我批评”的两个问题　王起　光明日报　1966年2月22日2版
吴晗同志是怎样歪曲历史的——评吴晗同志关于海瑞的论文和剧作　霍松林　陕西日报　1966年3月11日3版
必须彻底批判田汉同志在广东散播的谬论（附编者注）　剧协广东分会资料组　羊城晚报　1966年4月30日2版
周扬是制造大毒草《海瑞上疏》的罪魁　解集文　解放日报　1966年7月13日3版
周扬为什么吹捧《打金枝》？　刘英华　人民日报　1966年7月15日3版
周扬为帝王将相撑腰　中国京剧院部分青年演员　中国青年报　1966年7月16日5版
揭穿田汉在湖南戏剧界“为民请命”的反动实质　向群　羊城晚报　1966年7月28日3版
请看田汉的反革命嘴脸——在田汉家乡的调查　高红　羊城晚报　1966年7月28日3版
彻底批判周扬这个编造“海瑞”戏的总导演——揭穿周扬支持“海瑞”戏“五彩轿”的阴谋　田仁初　天津日报　1966年7月29日3版

戏曲教育

（各级戏曲学校、各类讲习班的制度、经验、成就等）

介绍北京戏曲界讲习班　梦庚　人民日报　1949年10月23日5版
天桥戏曲界有了新气象——从天桥戏曲界讲习班谈起　梦庚　新民报　1949年11月27日3版
天津市剧艺工作者学习班工作报告　林彦整理　天津日报　1949年12月15日4版
艺人教育的新方式　士虹　戏曲报　1950年3月4日1卷2期6页
越剧的下一代　阿青　戏曲报　1950年7月8日2卷8期154页
文训班怎样学评剧　吕原　河北文艺　1950年8月总10期30页
沪剧培养下一代问题　禾田　戏曲报　1950年8月20日3卷1期265页
北京戏曲界讲习班概况与一点经验　方华　戏曲报　1950年9月5日3卷2期324页
太原市戏曲人员学习的收获和缺点　王仲元　新戏曲　1950年9月20日1卷1期41—42页
北京戏曲界讲习班概况与一点经验　方华　戏剧新报　1950年10月合订本第1册
上海市第二届戏曲研究班概况　李晴　戏曲报　1950年10月5日3卷4期378页
怎样才能较好地办一次戏曲学习班　刘厚生　戏曲报　1950年11月20日3卷7期489页
北京业余艺术学校戏曲部学期工作　方华　戏曲报　1950年12月5日3卷8、9期558页
北京戏曲界讲习班，第二期学习情况　方华　文汇报　1950年1月21日3版
北京戏曲界讲习班学习的收获　新民报　1950年4月3日3版
送别戏曲界讲习班同学　王颉竹　新民报　1950年4月10日3版
（上海）戏曲研究班今开会，教育方针以改戏为中心　（全班1240余人，周信芳，刘厚生为正副主任）　文汇报　1950年8月5日
（上海）戏曲研究班五日记　林禽　文汇报　1950年8月13日3版
（上海）戏曲研究班二周来的收获　姚芳藻　文汇报　1950年9月21日3版
上海市戏曲编导学习班的小结　流泽　戏曲报　1951年3月20日4卷3期98页
北京业余艺术学校戏曲部的教学经验与收获　王雁　新民报　1951年8月13日5版
安徽省艺人（戏曲）暑期学唱（通讯）　杨杰　文艺报　1952年12月10日总76期16—17页
介绍北京市戏曲学校　孙毓椿　北京日报　1953年3月14日3版
戏曲工作者应加强业务学习，发挥戏曲的教育作用　邢立斌　新黔日报　1953年4月5日3版
东北训练戏剧，戏曲剧团的团长和导演　人民日报　1954年6月26日3版
在戏曲编剧讲习会结业式上的讲话　夏衍　戏剧报　1955年9月9期8页
记文化部第一届戏曲演员讲习会　贝叶　戏剧报　1955年9月9期31页
重视戏曲剧团内的学员教育问题　林荫　戏剧报　1955年10月10期48页
培养青年戏曲演员的一些经验　张仲秋　戏剧报　1955年10月10期51页
重视培养京剧演员的新生力量——观山东省京学员演出后　幹夫　大众日报　1955年12月11日3版
赶快培养年轻的演员　阎金锷　新湖南报　1956年9月9日3版
戏曲“青工”的培养问题　叶锋　戏剧报　1957年1月总37期4页

零陵祁剧团怎样培养青年演员　金式　戏剧报　1957年3月总39期8页
培养与训练戏曲二代的几个根本问题　李刚　戏曲研究　1957年7月3期70页
“群英会”花花絮絮——第三届戏曲演员讲习会侧写之一二（连载）　小记者　舞台与观众　1957年7月21日14期8—9页，1957年8月21日16期8—9页
在培养戏曲新人方面，社会主义制度表现了无比的优越性　晏甬　戏剧报　1957年8月总51期18页
与青年演员谈如何学艺　程砚秋　戏曲研究　1957年10月4期41页
业精于勤荒于嬉——和青年朋友们谈谈心　萧长华　戏剧报　1957年12月24期23页
谈国营剧团培养青年演员的工作　李宗白　光明日报　1957年3月5日2版
新苗在成长，新花在开放——我省几年来培养评剧新演员的成就　韦东海　吉林日报　1957年10月18日3版
试谈中国古典舞基本工的训练方法　张云溪　舞蹈　1958年3月2期33页
周信芳先生莅临省戏曲学校指导　曹兴中　西安戏剧　1958年6月15日第11期7页
为多快好省地培养又红又专的川剧艺术接班人而努力——记四川省川剧实验学校教学改革　郭挥　四川戏曲　1958年11月10日第2期28页
争取主动，要啥教啥——辅导业余剧团的体会　蚌埠专区豫剧团　安徽戏剧　1958年12月第3期22页
重视戏曲艺术的接班人　艺术庐剧团　安徽戏剧　1958年12月总3期41页
省一团举办川剧业余学校　张国纲　四川戏曲　1958年12月10日第3期40页
总结经验促进戏曲音乐的发展——记戏曲音乐研究班　本刊记者　戏曲音乐　1959年1月创刊号24页
我们是怎样培养徽剧接班人的　周思木　安徽戏剧　1959年1月总4期26页
记程砚秋同志教“宝莲灯”　萧晴、祁兆良　戏剧研究　1959年2月第1期57页
怎样在戏曲学校教基本乐科　吴歌　戏曲音乐　1959年4月4期20页
春风化雨、含苞待放（演员培养）　春雷　西安戏剧　1959年5月10日第6期14页
桃源汉剧团培养小演员的经验　桃源县文教科　湖南戏剧　1959年6月号21页
我是怎样教《樊江关》的　李梅琳　湖南戏剧　1959年6月号28页
含泪话当年——河北省青年跃进剧团老教师谈幼年学戏情况　本刊编辑部记录整理　戏剧战线　1959年6月号总12期15页
富连成科班忆旧　胡金兆　戏剧报　1959年6月12期5页
徐州、苏州专区举办编导训练班　孙苏等　江苏戏曲　1959年6月总3期35页
继承传统　新事新办——河北省青年跃进剧团在京拜师记　张梦庚　戏剧战线　1959年7月号总13期29页
和河北省青年跃进剧团学生谈学戏　梅兰芳　戏剧战线　1959年7月号总13期30页
教戏杂谈　李桂春　戏剧战线　1959年7月号总13期31页
谈学习、练功和旦角表演——并勖勉河北省青年跃进剧团的演员　荀慧生　戏剧战线　1959年7月号总13期33页
我学习平调落子　赵春　戏剧战线　1959年7月号总13期48页
略谈青年演员的练功问题　段金绶　湖南戏剧　1959年7月号24页
江苏戏曲学院成立　王东藩等　江苏戏曲　1959年7月总4期41页
我帮助青年演员学戏的几点体会　沈云陔　长江戏剧　1959年7月总2期9页
对青年演员谈学戏的问题　梅兰芳　戏曲音乐　1959年8月8期1页

如何对待戏曲学员的“变声期”？　赵抱衡　戏曲音乐　1959年8月8期19页
不只是为了“风雅”（艺人的学术修养和文艺修养）　马少波　新观察　1959年8月16期23页
我们在戏曲教学中的体会　洪维才等　戏剧报　1959年8月16期6页
也谈谈培养青少年演员问题　渔火　安徽戏剧　1959年9月总12期9页
培养青年演员的点滴体会　蚌埠专区梆剧团　安徽戏剧　1959年9月总12期10页
戏曲教学片断　阜阳专区戏剧学校　安徽戏剧　1959年9月总12期11页
谈练功　乔志良　安徽戏剧　1959年9月总12期13页
沈云陔——辛勤的园丁　江之歌　长江戏剧　1959年9月总4期17页
我省戏剧艺术教育工作的发展　陕西省文化局艺术处　陕西戏剧　1959年9月总7期4页
让“青出于蓝而胜于蓝”——介绍省湘剧团培养青年演员的工作　喻岳衡　湖南戏剧　1959年10月号17页
和青年演员们谈谈心　王佑生　湖南戏剧　1959年10月号22页
艺术的幼芽在成长——介绍一所新型的戏曲学校　段金绶　湖南戏剧　1959年10月号28页
党培养了戏曲的下一代　萧长华　戏剧报　1959年10月19期43页
河北戏校概况及教学中的几点体会　刘烈邦、蔡晨　戏剧战线　1959年10月号总16期9页
十年大庆、喜看新苗——记昆剧“继”字辈演员的成长　肖铎渠等　江苏戏曲　1959年10月总7期13页
密切联系实际提高戏曲教育质量（安庆艺术学校培养学员的体会）　刘广太　安徽戏剧　1959年10月总13期10页
喜见河北梆子出新人　秦凤云　戏剧报　1959年11月21期21页
我省召开第一次戏曲教育会议　李运亨　戏剧战线　1959年11月号总17期40页
为培养更多的青年演员而努力　本刊评论员　湖南戏剧　1959年12月号12页
略谈师徒关系　老月　湖南戏剧　1959年12月号13页
一定要让徒弟胜过自己　彭俐侬　湖南戏剧　1959年12月号15页
培养青年演员的点滴经验　颗颗珠　湖南戏剧　1959年12月号24页
教什么？怎样教　谭保成　湖南戏剧　1959年12月号27页
我学扇子舞　方杏芝　湖南戏剧　1959年12月号31页
青年演员要红透专深　梅兰芳　戏剧报　1959年12月24期6页
欣欣向荣的戏曲教育事业　高继武　戏剧战线　1959年12月总18期3页
辛勤培养戏曲艺术幼苗　李可易　陕西戏剧　1959年12月总10期38页
前辈艺人谆谆善诱青年演员孜孜苦学、淮剧艺术新生力量迅速成长——上海人民淮剧团培养新演员取得成功经验　文汇报　1959年4月9日1版
与青少年戏曲演员谈学艺　盖叫天　文汇报　1959年4月14日3版
谈谈关于青年演员的培养问题　荀慧生　文汇报　1959年5月12日3版
老艺人谈培养青年演员——本报邀请京剧昆曲老艺人座谈的发言记录　文汇报　1959年5月16日3版
给青年演员的一封信　陈伯华　文汇报　1959年6月3日3版
关于培养戏曲接班人的两点意见　刘有宽、张曼　文汇报　1959年6月29日3版
和河北跃进剧团学生谈学戏　梅兰芳　人民日报　1959年7月7日7版
侯喜瑞教“马踏青苗”　蓝兴　光明日报　1959年8月22日2版
从辅导青年男演员刘觉谈起　徐玉兰　解放日报　1959年12月12日6版

徽剧是怎样培养演员的　周思木　文汇报　1959年12月20日5版
老树开花、新苗怒长——全省戏曲艺术接班人迅速成长　晓涛　江苏戏曲　1960年1月总第10号14页
戏曲教学的初步体会　徐观伯　江苏戏曲　1960年1月总第10号17页
把红旗牢固地插在教学阵地——记前进中的武汉市艺术学校　牛志鹏　长江戏剧　1960年1月总8期11页
徽戏教学随感录　钧宁　安徽戏剧　1960年1月总16期48页
教戏四十五年——想到说到　蔡尤本　福建戏剧　1960年1月20日第1期24页
漫谈河北梆子的唱念做与教学　秦凤云　戏剧战线　1960年2月号总20期44页
试谈河北梆子咬字和念白的训练　曹雨田　戏剧战线　1960年2月号总20期46页
决心在教学上作更大的跃进　宋淑云　戏剧战线　1960年2月号总20期50页
省召开艺术教育会议和青少年演（学）员会演　本刊记者　福建戏剧　1960年2月20日第2期8页
如何办好专业剧团附设学员班　郑振庚　福建戏剧　1960年2月20日第2期14页
教戏四十五年（连载）——诉不完的过去　蔡尤本　福建戏剧　1960年2月20日第2期25页
教育者先受教育　李少春　戏剧报　1960年2月3期27页
艺术教学的几点体会　苏彦硕　福建戏剧　1960年3月20日第3期13页
教戏四十五年（连载）——琐言碎语话“开坊”　蔡尤本　福建戏剧　1960年3月20日第3期23页
介绍中国戏曲学院　闵　长江戏剧　1960年3月总10期27页
贯彻党的方针，提高教学质量，实现戏曲教育的更大跃进　韩光表　长江戏剧　1960年4月总11期37页
在毛泽东思想的光辉照耀下——湖北省戏曲教学鄂城现场会散记　王俊等　长江戏剧　1960年4月总11期41页
贯彻总路线、办好戏曲教育　鄂城京剧团附设训练班　长江戏剧　1960年4月总11期45页
沙市市戏曲学校的成长　沙市市戏曲学校　长江戏剧　1960年4月总11期49页
照胡月珊那样做——记鄂城京剧团附设训练班老师胡月珊　林牧　长江戏剧　1960年4月总11期50页
政治思想教育工作的几点体会　湖北省戏曲学校　长江戏剧　1960年4月总11期52页
多快好省地完成业务教学任务——在现场会议上发言的一部分　李长啸（武汉市艺术学校）　长江戏剧　1960年4月总11期55页
在斗争中成长（戏曲教学）　湖北省汉剧团学员训练班　长江戏剧　1960年4月总11期58页
荀慧生等表演艺术家来津讲学　晓梦　戏剧战线　1960年4月号总22期59页
中国戏曲学校举办戏曲表演艺术研究班（通讯一则）　戏曲音乐　1960年4月总16期25页
教戏四十五年（连载）——从“三块砖”说起　蔡尤本　福建戏剧　1960年4月20日第4期21页
名老艺人和青年演员畅谈心得体会　陕西戏剧　1960年4月总14期39页
只有做红色园丁，才能培育红色花朵——太原市戏剧教学经验交流座谈会纪要　张铭　山

西戏剧 1960 年 5 月总 1 期 16 页
教戏四十五年（连载）——科步动作 蔡尤本 福建戏剧 1960 年 5 月 20 日第 5 期 22 页
培养青年演员的几点体会 榆林专区演出代表团 陕西戏剧 1960 年 5 月总 15 期 7 页
为社会主义的戏曲事业培养人才 高旭 戏剧战线 1960 年 6 月号总 24 期 48 页
交河戏校红旗飘 劳代 戏剧战线 1960 年 6 月号总 24 期 49 页
张市晋剧院一、二团办红专学校的经验 中共张家口市文化总支部通讯组 戏剧战线 1960 年 6 月号总 24 期 50 页
运用生动的戏剧艺术形式向儿童进行共产主义教育 安徽省妇联 安徽戏剧 1960 年 6 月总 21 期 23 页
和同志们交流表演心得——在安徽省艺术专科学校的讲话 王传淞 安徽戏剧 1960 年 6 月总 21 期 27 页
戏曲演员变声期的保护问题 肖晴 戏剧报 1960 年 6 月 12 期 38 页
教戏四十五年（连载）——明句读 蔡尤本 福建戏剧 1960 年 6 月 20 日第 6 期 25 页
幼苗茁壮、瑰丽多彩 何振中 陕西戏剧 1960 年 6 月总 16 期 58 页
培养戏曲艺术接班人必须以红带专 王弼萱 北京戏剧 1960 年 7 月 8 日第 4 期 85 页
培养学员工作的一些体会 中国评剧院学员班教研组集体讨论欧阳修执笔 北京戏剧 1960 年 7 月 8 日第 4 期 87 页
重视新生力量的成长——介绍中国京剧院四团培养青年演员的经验 于光 北京戏剧 1960 年 7 月 8 日第 4 期 88 页
全省青年戏曲演员队伍胜利大检阅 福建戏剧 1960 年 7 月 20 日第 7 期 28 页
教戏四十五年（连载）——明句读（二） 蔡尤本 福建戏剧 1960 年 7 月 20 日第 7 期 32 页
为培养出更好更多的青年演员而努力 河北省副省长杨亦周 戏剧战线 1960 年 7 月号总 25 期 32 页
大力提高戏曲教育的质量 社论 长江戏剧 1960 年 8 月总 14、15 期 9 页
戏曲艺术必须全面改革——省委宣传部召集戏曲教学会演部分代表座谈 沈文轩 长江戏剧 1960 年 8 月总 14、15 期 11 页
把戏曲教育事业推向一个更新的阶段——在全省戏曲教学会演大会上的报告摘要 曾惇 长江戏剧 1960 年 8 月总 14、15 期 12 页
提高戏曲教育质量，多快好省地培养又红又专的戏曲人才 任清 长江戏剧 1960 年 8 月总 14、15 期 17 页
一位好老师——从汉剧《宇宙锋》简谈钱华同志的教学 向阳 长江戏剧 1960 年 8 月总 14、15 期 27 页
谈谈我们在教学方法上的几点革新尝试 黄冈专区汉剧团训练班 长江戏剧 1960 年 8 月总 14、15 期 35 页
戏曲音乐教学的几点经验 湖北省戏曲学校 长江戏剧 1960 年 8 月总 14、15 期 37 页
我们是怎样进行文化教学工作的 武汉市艺术学校 长江戏剧 1960 年 8 月总 14、15 期 39 页
我是怎样兼任教学工作的 杨义樵 长江戏剧 1960 年 8 月总 14、15 期 42 页
党的教育方针在戏曲战线上的伟大胜利——河北省第一届青少年戏曲演员汇演大会总结报告摘要 河北省文化局副局长申伸 戏剧战线 1960 年 8 月号总 26 期 9 页
戏曲教育必须以红带专——青少年戏曲演员汇报演出大会观摩心得 梁志强 戏剧战线

1960年8月号总26期12页
关于戏曲教育工作的几点体会　刘恒彬　戏剧战线　1960年8月号总26期13页
喜看新苗茁长　倪坤　江苏戏曲　1960年8月号总第17号期44页
一代胜一代　云良　江苏戏曲　1960年8月号总第17号期45页
教戏四十五年（连载）——戏兴和戏神　蔡尤本　福建戏剧　1960年8月第8期29页
阳光雨露，新花朵朵——记全省青年演员汇报演出会议　本刊记者　山西戏剧　1960年9月总2期16页
后继人才可观，革新成绩显著　贾桂林　山西戏剧　1960年9月总2期17页
青年一代真不简单（看青年演员汇报演出）　段二森　山西戏剧　1960年9月总2期18页
教戏四十五年（连载）——戏兴和戏神（二）　蔡尤本　福建戏剧　1960年9月第9期28页
积极培养戏曲编导人员　福建戏剧　1960年9月第9期42页
教戏四十五年——唱腔问题　蔡尤本　福建戏剧　1960年10月第10期24页
培养戏剧二代中的一面红旗——记杨虎山同志授徒传艺的经过　行东贤　山西戏剧　1960年10月第3期19页
热情、关怀、帮助——记老艺术家欧阳予倩、梅兰芳给青年舞蹈演员排练　夏虹　舞蹈　1960年11月11期27页
祝全省戏曲教学会演开幕——在湖北省第四届戏剧（戏曲教学）会演大会上的开幕词　韩光表　长江戏剧　1960年6月总12、13期1页
实现戏曲教育的更大跃进　(评论)　湖北日报　1960年5月8日3版
多快好省地培养戏曲艺术的新人　周玑璋　文汇报　1960年6月6日3版
我省戏曲教育事业发展的新阶段　(评论)　湖北日报　1960年6月15日2版
我省戏曲教育事业十年成就巨大艺坛新苗迅速成长　曾惇　湖北日报　1960年6月15日1版
培养心红艺巧的戏曲人才　湖北省戏校　湖北日报　1960年6月15日2版
把戏曲教育事业推向一个更新的阶段——在全省戏曲教学会演大会上的报告摘要　曾惇　湖北日报　1960年7月4日3版
培养又红又专的戏曲队伍　社论　河南日报　1960年7月10日3版
我们是怎样培养青年演员的　武汉市楚剧团　湖北日报　1960年7月10日3版
谈戏曲青年演员的深造问题　马少波　光明日报　1960年7月19日3版
培养又红又专的戏曲新人　社论　山西日报　1960年7月22日1版
提高戏曲教育质量培养又红又专的艺术人才　申伸　光明日报　1960年10月8日3版
谈谈戏曲教育工作中的几点体会　薛贵棻　山西戏剧　1961年2月总8期30页
解决师资问题的一条途径——关于培养戏剧学习辅导员的体会　晋北专区戏剧学校　山西戏剧　1961年2月总8期28页
戏曲演员必须念好台词　沈泯　上海戏剧　1961年6月6期15页
勤修苦练出“绝活”——谈上海京剧院武戏青年演员的跟头　吕健　上海戏剧　1961年8月7、8期31页
漫谈运用戏曲资料与培养下一代　梅兰芳　戏剧报　1961年10月19、20期24页
互相学习不断提高表演技术，成都川剧演员加强基本功训练　人民日报　1961年6月17日4版
梅花香自苦寒——从老艺术家们的苦功谈起　继功　中国青年报　1961年7月26日4版

教尚派戏的体会　杨荣环　天津日报　1961年8月15日4版
老师悉心教授学员勤学苦练，省文化局举办戏曲表演研究班　浙江日报　1961年8月15日3版
加强新老演员团结，继承发扬湘剧艺术传统，省湘剧院举行尊师爱徒座谈会　新湖南报　1961年8月19日3版
勤学苦练把根扎深　林赶山　福建日报　1961年8月25日3版
我们怎样培养湘剧接班人　湖南湘剧院二团　广西日报　1961年10月20日4版
练功倒呛学习——尚小云先生对省剧校学生的谈话之一　贾自立　陕西日报　1961年10月26日3版
向戏曲演员推荐一本书（重庆人民出版社出版“川剧艺术研究”第二集）　马忆桑　重庆日报　1961年10月27日3版
喜见新苗茁壮成长　俞振飞著　人民日报　1961年11月1日4版
音乐美术角色——尚小云先生给省剧校学生的谈话之二　贾自立　陕西日报　1961年11月16日3版
青年演员的培养与提高——看“淮河营”演出有感　张冶　文汇报　1961年11月17日2版
让尚派艺术满秦川——尚小云在陕西一部分剧院和剧团选收了一批新徒弟　人民日报　1961年12月15日2版
论师徒——收冯志孝张学津有感　马连良　北京日报　1961年12月16日3版
尊师重道勤学苦练——在市属剧团拜师大会上的讲话　裴东篱　重庆日报　1961年12月24日3版
把平生学到的本领毫无保留地教给新一代，西安各剧种著名老艺人喜收一批徒弟，市委书记董学源等负责同志出席拜师茶话会　陕西日报　1961年12月26日1版
努力培养优秀的戏曲，曲艺艺术人才　王书铭　天津日报　1961年12月29日4版
关于戏曲老艺人的艺术经验　曲六乙　红旗　1962年1月1期36页
与青年演员谈提高　周传瑛　东海　1962年1月1期31页
教戏又教人　周慕莲　四川文学　1962年8月号61页
更好地发挥戏曲的教育作用　东方明　戏剧报　1962年11月11期4页
侯喜瑞谈表演艺术——课堂学习札记　钟华　文汇报　1962年1月4日2版
剧坛上的“红领巾”——记戏曲，曲艺少年学艺的故事　张皖、马伟勋　天津日报　1962年1月4日2版
蓓蕾初开妍斗艳——天津市戏曲曲艺学员新年汇报演出观后　王永运　天津日报　1962年1月5日4版
继承遗产培养优秀接班人——谈谈戏曲艺术教育中学习传统的问题　刘革非　新湖南报　1962年1月14日3版
新花朵朵花（省戏曲学校的小同学粉墨登场）　李迟　甘肃日报　1962年1月17日4版
把表演艺术经验传授给青年一代，常香玉等喜收新徒　河南日报　1962年2月3日1版
谈学和教——兼答观众同志　张君秋　北京日报　1962年2月24日3版
我怎样教“场面”　周子厚　天津日报　1962年3月4日4版
“绿叶”也要“扶持”　姚萌　文汇报　1962年4月15日4版
不经一番寒彻骨，哪得梅花扑鼻香——漫谈培养戏曲界青年一代　荀慧生　新华日报　1962年4月17日3版

学戏练功永无止境　荀慧生　文汇报　1962年4月19日2版
我学戏和教戏　王少楼　北京日报　1962年5月15日3版
心情舒畅话传艺　马连良　天津日报　1962年6月10日4版
千锤百练功到自然成——和青年演员谈谈传统唱工戏　郭福全　新湖南报　1962年6月17日3版
传道授艺　陈全波　四川日报　1962年7月13日3版
麒门弟子学戏记　卫明　文汇报　1962年7月17日2版
坐科　高盛麟　文汇报　1962年7月29日4版
传艺随笔　荀慧生　光明日报　1962年7月31日4版
勤学苦练久久为功　华传浩、俞晅　新华日报　1962年9月13日3版
学拙补拙——和工人业余演员谈学戏　常香玉　工人日报　1962年10月6日4版
传艺随笔　常香玉　河南日报　1962年10月7日3版
喜见蓓蕾谈艺事　袁世海　文汇报　1962年10月10日4版
梅花香自苦寒来——和青年演员谈锻炼　陈伯华　羊城晚报　1962年10月13日2版
潮平两岸　阔风正一帆悬——和青年演员谈创作　陈伯华　羊城晚报　1962年11月1日2版
热心传艺育花木——记马连良为市戏校学生亲授“审头刺汤”　洪维才、刘辛原　北京日报　1962年11月3日2版
花好还须看蓓蕾——对培养青年演员的几点浅见　微言　福建日报　1962年12月21日4版
关于拜师　顾言之　戏剧报　1963年7月7期16页
先立业，后成家——与青年演员谈谈心　李桂云　戏剧报　1963年7月7期18页
让戏曲发挥更大教育作用　欣秋　长江戏剧　1964年4月第2期50页
试谈如何教好现代剧　逯兴才等　光明日报　1964年5月29日2版
狠抓思想政治工作促进全团革命化，省汉剧团把培养接班人放在重要地位　湖北日报　1964年7月29日3版
《戏剧报》在戏曲教育问题上的错误　林一　戏剧报　1965年2月2期22页
参加中南区戏剧观摩演出大会归来——青年演员谈学习收获　单绍莲等　奔流（戏剧专刊）1965年8月3期57页
演现代戏还要不要练基本功？——给一位青年同行的回信　高玉倩　戏剧报　1965年10月10期44页
培养红色的京剧接班人——记吉林省戏曲学校采用革命现代戏做教学剧目的收获（附短评：从培养一支无产阶级化的文化队伍着眼）　本报记者　辽宁日报　1965年6月15日3版

戏曲机构

（班社、剧团、剧场、研究机构等）

怀奎德社 黄裳 大众影剧 1949年10月29日总9期11页
由剧院分配说到“转儿”的制度 景孤血 新民报 1949年12月25日3版
越剧界是怎样建团的 黎华 戏曲报 1950年2月18日1卷1期14页
越剧剧团的姊妹班制度 剧艺室 戏曲报 1950年4月1日1卷6期7页
老解放区的民间艺人（略述苏北淮阴区大众剧团） 流泽 戏曲报 1950年4月1日1卷6期14页
记华东越剧实验剧团成立大会 塞风 戏曲报 1950年4月15日1卷8期7页
华东越剧实验剧团的诞生及其任务 袁雪芬 戏曲报 1950年4月29日1卷10期11页
我们的生活（华东越剧实验剧团） 凌映 戏曲报 1950年4月29日1卷10期14页
记洞庭湘剧工作团 李震一 戏曲报 1950年4月29日1卷10期15页
上海四大京戏院的大转变 吕君樵等 戏曲报 1950年5月13日1卷12期5页
华东京剧团的沿革及其旧艺人改造工作 周玑璋 戏曲报 1950年8月20日3卷1期267页
青年沪剧团在成长中 贾正国 戏曲报 1950年10月5日3卷4期398页
记皖北暑期戏曲研究会 邓同禄 戏曲报 1950年11月5日3卷6期468页
华东越剧实验剧团下乡工作报导 凌映 戏曲报 1950年12月5日3卷8、9期574页
衢州实验婺剧团是如何组织起来的！ 鄢绍良 戏曲报 1950年12月5日3卷8、9期578页
欢迎中南京剧团 顾仲彝 文汇报 1950年2月16日3版
中南京剧团（介绍） 记者容正昌 文汇报 1950年2月16日3版
京剧研究院 薛恩厚 光明日报 1950年5月28日3版
新剧团的新生活——访问华东越剧实验剧团 赵起 文汇报 1950年7月14日3版
站在新剧艺运动的前列的正风剧社 丛霖 天津日报 1950年9月16日2版
我们到了人民的首都——天津正风新评剧社的自我介绍 新民报 1950年10月2日5版
一支文艺战线的新军——访云南军区京剧团 林方 云南日报 1950年10月30日3版
凤鸣评剧社简介 士杰 新民报 1950年11月27日5版
中央文化部戏曲改进局京剧研究院概况 本报 戏曲报 1951年1月5日3卷10期605页
村剧团怎样演戏？ 毕胜、九涛 河北文艺 1951年1月1日2卷3期总15期20页
三个不完全的调查统计（三）（全国剧场数目初步统计） 本刊资料室 新戏曲 1951年1月20日1卷4、5期47—48页
介绍浙江省实验越剧团 陆加 戏曲报 1951年3月5日4卷2期73页
农村剧团亟应加强领导（文艺通讯） 晓寒 内蒙文艺 1951年3月1日1卷2期28—29页
受观众欢迎的尚小云剧团 小健 戏曲报 1951年5月5日4卷6期230页
扩大和巩固农村剧团运动 本刊 湖北文艺 1951年5月3卷5期10—11页
山东省文联地方戏曲研究室工作介绍 王少岩 戏曲报 1951年6月20日4卷9期355页
关于剧场管理 马少波 新戏曲 1951年7月2卷3期7—8页

皖北农村剧团与黄梅调　田荣　戏曲报　1951年7月20日4卷11期424页
河北省戏曲改革重点剧团工作会议　河北省文教厅　新戏曲　1951年8月2卷4期23—24页
加强农村剧团的领导　魏镇清　新戏曲　1951年11月20日2卷6期8—9页
游园里“迤逗”字音的唱法　梅兰芳　新民报　1951年1月22日6版
“迤逗”辨　顾珠　新民报　1951年1月22日6版
复梅先生的一封信（谈“迤逗”字音的唱法）　俞振飞　新民报　1951年1月22日6版
评杨宝森剧团的演出　敏　大公报　1951年1月27日6版
中央文化部京剧研究院简介　薛恩厚　文汇报　1951年2月10日附刊2版
论永春京剧团的“新戏”　尚奇　新民报　1951年3月5日5版
送中央文化部京剧研究院旅行演出工作团光荣凯旋　刘厚生　文汇报　1951年3月19日4版
成长中的浙江农村剧团　蒋虹　光明日报　1951年8月19日3版
浙江省的农村剧团　浙江日报　1951年8月19日3版
关于农村剧团的性质问题　原载湖北文艺　湖北日报　1951年9月4日3版
广东文联粤剧团的成绩和经验　本报记者　南方日报　1951年9月21日3版
浙江省农村剧团的发展和巩固问题　浙江日报　1951年9月28日3版
浠水县快活剧团给我们提供了一些什么经验　萧云　湖北日报　1951年10月2日3版
恶劣的形象、猥亵的表演——评赵燕侠剧团的演出　钟婴　文汇报　1951年10月19日副页4版
欢迎华东越剧团的演出　耀辉　新民报　1951年10月29日5版
不要忽略小剧团的演出　时韬　新民报　1951年10月29日5版
继续巩固与发展农村剧团　省文联　湖北日报　1951年11月12日3版
蓬勃发展中的河南农村剧团　李苏　人民日报　1951年11月18日3版
坚持十二年的管沧村农民剧团　焦玉峰、翟萍　河北日报　1951年12月12日3版
评杨宝森剧团在上海的演出　何慢　文汇报　1951年12月18日副页4版
谈谈农村剧团演出中应纠正的偏向　郭新民　大众日报　1951年12月20日3版
关于农村剧团的一些问题　辛原　文艺报　1952年1月20日总55期22—24页
重视农村剧团的领导工作　焦玉峰　文艺报　1952年1月20日总55期25—26页
赵桂兰和她的农村剧团　左爱真　翻身文艺　1952年1月1日8卷2期39—40页
从许昌专区农村剧团训练班看农村剧团的道路　立华　翻身文艺　1952年3月1日8卷6期38—39页
加强领导克服农村剧团目前存在的偏向　湖南文艺　1952年3期总9期25—27页
两个剧团、两条道路、两种效果　淮阴地委宣传部　文艺报　1952年4月25日总61期15—16页
整顿思想，改进国公营戏曲剧场的经营与管理（纪评）　戏曲新报　1952年5月25日143期2—3页
一个走对了方向的农村剧团　杨承禹　湖南文艺　1952年5期总11期23—24页
认真审查各地剧团上演的剧本　通讯员　江西文艺　1952年5月总23期33—35页
洋唐乡农村剧团是怎样成长起来的　刘震亚　湖南文艺　1952年6期总12期54—57页
怎样搞好农村的业余剧团　董望　西北文艺　1952年8月4卷5期29页
目前农村业余剧团存在的问题及意见　西北剧协　西北文艺　1952年8月4卷5期30页

介绍白马乡工农剧团　林生　湖南文艺　1952年8期总14期51—53页
预祝《香玉剧社》演出成功　省政府副主席程长龄　湖南日报　1952年1月9日3版
黄冈县的模范村剧团——温泉剧团　陈盘　湖北日报　1952年1月16日
嘉鱼县陆码乡剧团的成长　县委宣传部　湖北日报　1952年1月16日
文艺报评各地农村剧团工作　人民日报　1952年1月30日3版
农村剧团在宜山专区的发展　宜山专区文联　广西日报　1952年5月2日3版
值得推荐的优点——记中国戏曲研究院戏曲实验学校的演出　文厂　新民报　1952年5月5日7版
介绍萍乡地方剧团　省委宣传部文艺处　江西日报　1952年11月12日3版
欢迎西北区代表团　华粹深　天津日报　1952年12月10日4版
对农村剧团演出节目的混乱现象的意见　王铖　文艺报　1953年1月10日总78期34—35页
中央人民政府文化部，关于整顿和加强全国剧团工作的指示　文艺报　1953年1月10日总78期6—7页
农村剧团怎样演戏　力士　湖南文艺　1953年2月总20期59—62页
关于农村剧团剧本创作中的几个问题　艺　浙江文艺　1953年5月15日总20期3—8页
农村剧团要坚持正确的方向（连载）　一农　浙江文艺　1953年5、6、7、8、10、11月号
农村业余剧团不宜演大戏——独山基长镇有了教训　张志　贵州文艺　1953年9月25日总18期12—13页
继承和发扬地方戏曲艺术的优良传统——祝贺省地方剧剧团首次公演　郑思　湖北日报　1953年2月24日3版
北京评剧一团在京郊工地演出　珩基　大公报　1953年2月28日3版
必须把农村剧团的活动引导到正确的道路上来　春节下乡工作组　南方日报　1953年3月6日3版
关于农村业余剧团的几个问题（答读者问）　人民日报　1953年7月17日2版
应该加强对私营剧团的领导　子冈　人民日报　1953年11月26日3版
在农业生产战线上的浠水县农村剧团　华于门　人民日报　1953年12月22日3版
中国戏曲研究院，东北人民艺术剧院一九五四年演出计划　记者　戏剧报　1954年3月3期35页
逐步提高民间职业剧团的工作　李纶　文艺报　1954年6月15日总112期7—9页
农村剧团为什么不应向职业化发展　谭林　广东文艺　1954年6月33—34页
农村剧团必须克服铺张浪费的现象　谭林　广东文艺　1954年8月46—48页
学习成功经验，提高剧团工作——介绍宜山石别业余剧团　江波　广西文艺　1954年8月总30期44—46页
农村剧团应该多演些什么戏　谭林　广东文艺　1954年9月43—44页
访问几个较有成绩的农村剧团　谭林　广东文艺　1954年10月49—51页
欢迎西南川剧院赴朝归国演出团　伊兵　解放日报　1954年2月26日3版
欢迎西南川剧代表团　刘厚生　文汇报　1954年2月27日8版
西南川剧院的成长　朱丹南　文汇报　1954年2月27日8版
宜山专区农村业余剧团的情况和应注意的几个问题　李金光　广西日报　1954年3月3日3版
演员和角色的融化——介绍西南川剧院的演出　崔景泰　文汇报　1954年3月10日8版

桂林专区农村业余剧团存在的几个问题　刘建勋　广西日报　1954年3月28日3版
中国京剧团和中国评剧团定出今年演出计划　北京日报　1954年4月1日3版
国家剧团有些演员为什么长期辍演？　何密　北京日报　1954年4月8日3版
领导民间职业剧团几点经验　河南文化局　人民日报　1954年5月23日3版
北京市各民营公助剧团订出本年上演、整理、排演剧目　北京日报　1954年7月8日3版
以集体的力量发展戏曲艺术——谈目前北京民间职业剧团的情况及问题　张梦庚　北京日报　1954年7月31日3版
自觉地遵守剧场秩序，是观众的义务　陈朴　大公报　1954年7月31日3版
进一步密切观众、演员、剧场间的关系——可爱的观众　新凤霞　大公报　1954年7月31日3版
加强观众，剧团和剧场间的合作　张云溪　大公报　1954年8月7日3版
改进民间职业粤剧团工作　人民日报　1954年8月23日3版
孝感楚剧团的成长　杨溥　湖北日报　1954年10月29日3版
农村剧团如何为生产建设服务——湖北农村业余剧团座谈记录　本刊　湖北文艺　1955年1月总48期10—17页
两个农村业余剧团　甘冰　江西文艺　1955年1月总55期44—45页
省剧团能否试行剧目轮换演出制？　戴再民　戏剧报　1955年2月2期22页
谈谈我们剧院工作——中国青年艺术剧院、中国京剧院、中央实验歌剧院访问记　陈刚　戏剧报　1955年4月4期19页
江苏省几个剧团检查了资产阶级文艺思想　汪普庆　戏剧报　1955年6月6期14页
哈尔滨京剧团在演出中存在着什么缺点　李航　戏剧报　1955年6月6期17页
我对中国京剧院演出计划的意见和希望　张铮　戏剧报　1955年7月7期50页
向戏曲剧团建议　刘有宽　文艺报　1955年11月总145期46页
向戏曲剧团建议（谈巡回演出）　刘有宽　文艺报　1955年11月30日本年22号，总145期46—47页
农村业余剧团需要新的戏曲创作　任炎　人民音乐　1955年12月总33期9页
关于剧团实行企业化问题　张治　戏剧报　1955年12月总24期5页
必须加强对农村业余剧团的领导（述评）　广西日报　1955年3月29日3版
我们要重视对农村业余剧团的领导　张炳　内蒙古日报　1955年5月14日4版
介绍衡阳湘剧团　刘斐章　湖南日报　1955年7月16日3版
发展地方戏曲的好榜样——山东省吕剧团的演出观后感　吴雪　人民日报　1955年11月6日3版
中国京剧院建立京剧四团　北京日报　1955年11月24日3版
山西省长治专区领导民间职业剧团在农村巡回演出的一些经验　马彦祥　戏剧报　1956年1月总25期5页
向群众学，向老艺人学——介绍山东吕剧团　傅晋　辽宁文艺　1956年1月总31期77—78页
浙江昆苏剧团介绍　文涛　戏剧报　1956年5月总29期40页
从剧场上座率下降谈起　王正平　北京文艺　1956年7月总15期5—6页
为什么要欺负剧团　张衍任　戏剧报　1956年9月总33期5页
农村业余剧团应该演什么样的戏　刘宝田等　辽宁文艺　1956年10月19期64—65页
有条件的业余剧团演古装剧是可以的　卢全利　辽宁文艺　1956年10月20期63—64页

邢台豫剧团尊重传统　丛　戏剧报　1956年11月总35期26页
对农村业余剧团会演节目的一些意见　李门　广东文艺　1956年11月总31期8—10页
农村业余剧团应该演什么戏　贺中光等　辽宁文艺　1956年11月21期65—67页
有这样的一个剧团——四川川剧团　吴祖光　新观察　1956年12月第24期26—27页
对农村业余剧团应演什么戏　宫殿东　辽宁文艺　1956年12月24期62—65页
三百年来旧查楼——谈谈“广和剧场”的故事　吴祖光　北京日报　1956年2月15日3版
在向昆苏剧团学习的日子里　李云方等　光明日报　1956年5月26日3版
北京市评剧团和他们的演出　扬等　内蒙古日报　1956年6月10日3版
看黄河豫剧团演出后想到的　高空蔚　新华日报　1956年7月5日3版
在昆苏剧团的“家”里　秦晓卓　光明日报　1956年8月6日2版
谈湘剧团的人和剧　田汉　解放日报　1956年8月25日3版
更加关心戏曲艺术和民间职业剧团　周巍峙　人民日报　1956年10月2日6版
新生晋剧团的遭遇　宋扬　内蒙古日报　1956年11月14日3版
北方昆曲剧院难产种种　首都戏剧界座谈　戏剧报　1957年5月总46期26页
中国京剧院有哪些矛盾　首都戏剧界座谈　戏剧报　1957年5月总46期31页
我看中国京剧院　张延华　戏剧报　1957年5月总46期33页
朝气勃勃的成都市川剧团　本报记者　戏剧报　1957年3月总41期36页
对国家京剧院的几点意见　裘盛戎　戏剧报　1957年5月总46期41页
国营剧团和民营剧团谁“优越”?　张梦庚　戏剧报　1957年6月11日总47期6页
对解决国营戏曲剧团内部矛盾的几点意见　王春霖　戏剧报　1957年6月26日总48期16页
搞好桂剧艺术团的关键在哪里　刘真　漓江　1957年7月7期7页
在红星京剧团看到的　直言　漓江　1957年7月7期8—9页
一个团结的剧团——北京京剧团　思思　新观察　1957年6月第11期29页
“国营剧团”问题探索　李曦华　文艺报　1957年7月7日总184期4—6页
关于运用乐池的我见　施葆璋　西安戏剧　1957年7月15日总51期17页
记北京京剧团的社会主义大辩论　本刊记者　戏剧报　1957年11月总58期25—26页
跟农民有血肉联系的丝弦戏艺人——访石家庄市丝弦剧团　仲华　戏剧报　1957年12月23期总59期24页
湖南浏阳地方戏艺术团下农村巡回演出的经验　邓立品　戏剧报　1957年12月总60期6页
一朵大花——从零陵祁剧团看祁剧的发展　周艾从　新湖南报　1957年1月30日3版
从“谦”德说到成都市川剧团来京演出　李劼人　人民日报　1957年2月2日7版
两个艰苦朴素的剧团——上海人民淮剧团、邢专豫剧团　辛若平　光明日报　1957年3月29日2版
“最可爱的人”的使者——访中国人民志愿军政治部京剧团　冯在等　天津日报　1957年6月9日
“山茶花”重现光彩——记省滇剧团内部矛盾的解决　董祚楷　云南日报　1957年6月14日4版
欢迎北方昆曲剧院的成立　梅兰芳　人民日报　1957年6月23日
不容抹煞戏曲剧团的工作成绩　叶锋　光明日报　1957年9月9日3版
新中秦剧院的新生　李魂　新疆日报　1957年12月19日3版

民间职业剧团该走哪一条路？　白龙　西安戏剧　1958年1月30日第2期7页
评剧团在大辩论前后的艺术面貌　项宗沛　西安戏剧　1958年1月30日第2期8页
乾县人民剧团是怎样成长起来的　杨玉文　西安戏剧　1958年2月15日第3期13页
西乡剧团忘本回头重上山区锻炼自己　刘粤基　西安戏剧　1958年2月28日第4期9页
陕西省戏剧团体举行社会主义大跃进誓师大会　西安戏剧　1958年3月31日第6期1页
陕西省戏曲剧院向全国各兄弟剧团的挑战书　陕西省戏曲剧院　西安戏剧　1958年3月31日第6期12页
我们要锻炼成一支战斗坚强的文艺队伍——在西安市第三次文化行政会议上的发言　曹集中　西安戏剧　1958年3月31日第6期19页
为争取易俗社的全面跃进而奋斗！——在西安市第三次文化行政会议上的发言　姬颖　西安戏剧　1958年3月31日第6期20页
陕西省各戏剧团体的决心和保证　西安戏剧　1958年3月31日第6期22页
回忆延安评剧研究院　罗合如　戏剧论丛　1958年5月2期169页
延安评剧研究院片断　李纶　戏剧论丛　1958年5月2期175页
咸阳大众剧团在成长中　李宏儒　西安戏剧　1958年5月30日第10期18页
良好的开端——河北省京剧团的新气象　王冠生　戏剧战线　1958年7月创刊号7页
和保定市京剧团的朋友们谈心　河浅　戏剧战线　1958年7月创刊号15页
一个多快好省为工农兵服务的剧团——介绍涡阳大众梆剧团　安徽文化局艺术处　戏剧报　1958年7月13期6页
湖北省汉剧演员进修班简介　余从　戏曲研究　1958年7月3期100页
剧团在群众中　徐志深等　戏剧战线　1958年8月号总2期13页
晋南专区几个现代戏剧团是怎样生存下来的　韩刚　戏曲研究　1958年9月4期79页
剧团在群众中　冯文质等　戏剧战线　1958年9月号总3期22页
向中国京剧院四团学习　王保易　西安戏剧　1958年9月10日第17期18页
剧团在跃进中　邢云璋　安徽戏剧　1958年10月1日创刊号3页
文化战线上的"卫星"——介绍巢县司集乡联合社业余剧团　钱融　安徽戏剧　1958年10月1日创刊号23页
岱山海面上的一朵红花——介绍越剧"海菊"和荣艺越剧团　吴明　戏剧报　1958年11月22期13页
灵璧县京剧团是怎样力求上游的　灵璧县京剧团　安徽戏剧　1958年11月第2期总2期8页
跃进中的文艺红旗——湖南省湘剧团　文元生　湖南戏剧　1958年12月创刊号总1期10页
职业剧团的一面红旗——介绍浏阳花鼓剧团的四队化　湘潭专署文教局　湖南戏剧　1958年12月创刊号总1期12页
邵阳市花鼓戏剧团，创作上演现代戏的经验　邵阳专署文化科　湖南戏剧　1958年12月创刊号总1期14页
表现人民、歌颂人民——我们剧团创作与上演现代戏的情况　益阳市花鼓剧团　湖南戏剧　1958年12月创刊号总1期15页
马赛同行给我们的启示——记马赛"每日小戏院"的"十人戏团"　张美娟　戏剧报　1958年12月23期34页
思想插红旗剧团称上游　韩朝文　戏剧战线　1958年12月号总6期10页

在火热的斗争中锻炼得更坚强——三意社演职员到农村劳动锻炼的收获 本刊讯 西安戏剧 1958年12月第24期总85期16页
办好业余剧团的三点经验 怀宁县文化馆 安徽戏剧 1958年12月第3期总3期20页
川剧团的任务是什么? 舫松 四川戏曲 1958年12月10日第3期41页
淮剧团演出为什么经常满座?欲知底细请听筱文艳同志一席谈 本报 解放日报 1958年3月14日3版
上海市人民沪剧团是怎样创作大批现代剧的? 何国芳 文汇报 1958年7月12日2版
东风吹活我省地方戏——贵阳市黔剧团正式成立并举行公演 胡强元 贵州日报 1958年9月2日3版
读者对常香玉率领的豫剧一团的批评 田家祥等 甘肃日报 1958年9月4日3版
上海三个越剧团到青海安家落户 文汇报 1958年10月31日3版
把舞台搬到劳动现场——上海京剧院巡回演出记 何国芳 文汇报 1958年12月30日3版
一个深受群众欢迎的豫剧团 蚌埠专署文教科 安徽戏剧 1959年1月总4期19页
高举红旗争取戏曲事业的更大跃进和丰收——我省戏曲剧团活动综合报导 西安戏剧 1959年2月15日第1期29页
新生的青年川剧团 四川戏曲 1959年2月10日第5期33页
锦江剧场建立无人验票制度 赖俊璠 四川戏曲 1959年3月10日第6期23页
发展生角唱腔的几种做法——介绍中国评剧院的一些经验 施正镐 戏曲音乐 1959年4月4期9页
易俗社掀起“技练”高潮 震中 陕西戏剧 1959年4月总3期51页
发展生角唱腔的几种做法(续完)——介绍中国评剧院的一些经验 施正镐 戏曲音乐 1959年5月5期21页
战斗里成长——磁县四股弦剧团史的几个片断 王淳、赵步庭、王银 戏剧战线 1959年6月号总12期54页
跃进的跃进剧团 双木 戏剧战线 1959年6月号总12期56页
必须重视剧场管理工作 谷冰 西安戏剧 1959年6月25日第8、9期30页
四年来的部队生活——邯郸专区豫剧院一团团史之一部 周孝武执笔 戏剧战线 1959年7月号总13期49页
为党中央演出——承德市京剧团团史之一节 刘春惠、王钧衡、陈茂春 戏剧战线 1959年8月号总14期46页
中国京剧院十年 王志勤 戏剧报 1959年9月18期40页
在党的哺育下成长——介绍邵阳市祁剧团 朱诚 湖南戏剧 1959年10月号36页
我所看到的十年来的武汉市楚剧团 崔丐 长江戏剧 1959年10月总5期10页
庆十年,话今昔——南京市青年京剧团的变迁 施佩秋 江苏戏曲 1959年10月总7期14页
话说“后台” 小红 安徽戏剧 1959年11月总14期47页
蚌埠专区京剧团的成长 蚌埠专署文化局 安徽戏剧 1959年11月总14期48页
在农村中扎根成长——吴江县友好锡剧团的十年 单志良 江苏戏曲 1959年11月总8期7页
观众和剧团之间的桥梁——介绍苏州市戏曲服务处 苏州市戏曲研究室 江苏戏曲 1959年11月总8期11页

陕西省戏曲演出团巡回演出情况报导二则　袁明园、勇桦　陕西戏剧　1959年11月总9期70页
来自边疆的艺术劲旅（云南京剧团）　郑亦秋　戏剧报　1959年11月21期28页
年轻的剧团精彩的演出　陈延龄　戏剧报　1959年12月24期41页
江南香花北地开——介绍西安市越剧团　苏裳　陕西戏剧　1959年12月总10期39页
红专路上一年间（河北省梆子剧团）　魏元俊　河北日报　1959年1月6日3版
艺术表演团体的分与合　张冶　文汇报　1959年3月26日3版
谈剧团的政治工作　张冶　文汇报　1959年6月27日3版
从地狱走向天堂——宁夏秦剧院的今昔　钱蒙年　宁夏日报　1959年9月20日3版
欣欣向荣小百花（河北梆子）　单也　文汇报　1959年9月23日5版
枯树逢春开红花——浙江绍剧团十年变化　柳河、邢胜奎　浙江日报　1959年9月29日6版
老树红花江南开——送三大秦班南行　马少波　文汇报　1959年10月31日3版
道情剧团在北京　李迟　甘肃日报　1959年11月11日3版
一贯坚持上山下乡的浦城县赣剧团　斯和整理　福建戏剧　1960年1月20日第1期7页
淮矿一月——省庐剧团赴淮南演出散记　亚群　安徽戏剧　1960年1月总16期16页
为三湘生色的省湘剧院　文元生　湖南戏剧　1960年2月号5页
把最新最美的戏剧献给人民——介绍先进单位省花鼓戏剧院　瑞林　湖南戏剧　1960年2月号8页
实现四队化、服务工农兵——介绍先进单位浏阳县花鼓戏剧团　湘涛　湖南戏剧　1960年2月号10页
玉不琢不成器——岳阳巴陵戏剧团整团经验介绍　李筱凤　湖南戏剧　1960年2月号13页
一株茁壮的幼苗——介绍湖南省湘剧院青年跃进剧团　喻岳衡　湖南戏剧　1960年2月号32页
跃进着的青年跃进剧团　本刊记者　戏剧战线　1960年2月号总20期1页
东风剧团的成长　周孝武　戏剧战线　1960年2月号总20期49页
省戏曲剧院一团在商南　李汶　陕西戏剧　1960年2月总12期24页
在毛泽东文艺思想的红旗下前进——记两年改变面貌的襄樊市曲剧团　张胆　长江戏剧　1960年2月总9期18页
我爱川剧——庆祝成都市川剧院建院一周年　老舍　峨嵋　1960年2月2期84页
幽燕儿女不寻常——河北省青年跃进剧团春节演出观摩访问记　本刊记者　戏剧战线　1960年3月号总21期14页
保定哈哈腔剧团在成长中　守仪　戏剧战线　1960年3月号总21期59页
安徽省京剧团、曲剧团成立　安徽戏剧　1960年3月总18期15页
发展流派，繁荣戏曲艺术——介绍北京市几个京剧流派剧团的情况　王彬　戏曲音乐　1960年3月总15期4页
活跃在农村的随县花鼓剧团　随县花鼓剧团　长江戏剧　1960年3月总10期25页
我团是怎样继承和学习碗碗腔的　大荔剧团第一团　陕西戏剧　1960年4月总14期33页
突飞猛进的铜川市秦剧三团　本刊记者　陕西戏剧　1960年4月总14期77页
进一步加强专业剧团的政治思想工作　储蓄　福建戏剧　1960年4月20日第4期9页
在毛泽东文艺思想的红旗下前进——罗源县闽剧团政治工作经验简介　红云、瑞森　福建戏剧　1960年4月20日第4期11页

一条扁担，挑遍全县——怀宁县黄梅戏剧团坚持上山下乡 安庆专署文化局 安徽戏剧 1960年4月总19期26页

坚持党的领导，坚持群众路线——上海市人民沪剧团创作工作体会 陈荣兰 上海戏剧 1960年4月4期11页

思想感情的变化——东风剧团一年来的斗争经历小记 伍林如整理 湖南戏剧 1960年4月号23页

我团怎样进行政治思想教育工作 中共盩厔剧团一团支部委员会 陕西戏剧 1960年5月总15期9页

芜湖市庐剧团大搞舞台技术革新 鸠艺 安徽戏剧 1960年5月总20期16页

思想艺术双丰收——记河南豫剧院三团在上山下乡中的收获 董劲、瑞宁 戏剧报 1960年5月第9期13页

喜见南花移北地——记“北京越剧团”的建立 金文丰 北京戏剧 1960年5月8日第2期95页

在为工农兵服务的道路上继续前进——访安徽省黄梅戏剧团 本刊记者 安徽戏剧 1960年6月总21期13页

千方百计送戏上门——介绍无为县庐剧团为工农兵服务的经验 芜湖专署文化局 安徽戏剧 1960年6月总21期15页

快马加鞭永向前——访合肥市庐剧团 楚石 安徽戏剧 1960年6月总21期17页

党的温暖胜过太阳——记界首县少年淮北梆子戏剧团的成长 李祥仁 安徽戏剧 1960年6月总21期25页

剧场工作的一面红旗——邢台人民剧场简介 正理 戏剧战线 1960年7月号总25期37页

山区人民的文化子弟兵——丰宁县河北梆子剧团简介 袁耐梅 戏剧战线 1960年7月号总25期39页

从小市民气息到无产阶级风格——访全国文教群英会先进单位上海市人民沪剧团 覃柯 戏剧报 1960年7月13期26页

我们坚持上山下乡的情况和经验 浦城县赣剧团 福建戏剧 1960年7月20日第5期15页

活跃在支农战线上的武进县锡剧团 中共武进县委宣传部 江苏戏曲 1960年8月号总第17号14页

我们是怎样演好现代剧的 泉州高甲戏剧团 福建戏剧 1960年8月第8期12页

遵循着工农兵的方向阔步前进——记青海省柴达木京剧团 余仲华、胡金兆 戏剧报 1960年9月17期4页

加强领导，发挥剧团的战斗作用 杨效鹏 安徽戏剧 1960年10月总25期26页

要唱就唱，说干就干——徐州专区戏曲团体坚持投入生产第一线 徐州专署文教局 江苏戏曲 1960年10月号总第19号7页

踏遍白山千里雪，送戏上门十二年——记长期坚持上山下乡的抚松评剧团 冷天 戏剧报 1960年11月22期24页

山东戏曲发展史上的大喜事——鲁剧研究院成立 大众日报 1960年1月17日2版

沙市汉剧团是怎样为政治为生产为工农兵服务的? 沙市汉剧团 湖北日报 1960年2月27日5版

政治是戏曲艺术工作的灵魂——中国京剧院的政治思想工作和业务培养工作 杨知 文汇

报　1960年4月3日5版

艺术创作上的革命——谈上海人民沪剧团大搞群众创作运动　文汇报　1960年4月6日3版

党的“百花齐放，推陈出新”方针的胜利省黔剧团大大前进了一步　贵州日报　1960年5月26日3版

为生产服务的一朵红花——记赣县采茶剧团面向农村的十年　江西日报　1960年6月6日3版

枯木逢春新花满枝——祝北京青年河北梆子剧团成立　张梦庚　光明日报　1960年7月12日3版

上海人民沪剧团坚决贯彻党的文艺方针深入工农兵反映大时代　解放日报　1960年7月26日3版

在农村扎根——记嘉宝县锡剧团　徐洁人　文汇报　1960年8月23日2版

向“高尚的人”学习堇风甬剧团演先进促思想，艺术不断提高　文汇报　1960年12月17日3版

河北梆子剧院改革传统剧目培养演员获成绩　光明日报　1960年12月20日3版

思想上政治挂帅艺术上精益求精，中国京剧院四团青年演员勤学苦练表演水平不断提高　光明日报　1960年12月20日3版

万山丛中的一支演出队——记坚持下乡上山演出劳动的凤凰县阳戏团　李仁斌　新湖南报　1960年12月21日3版

延安评剧院的艰苦朴素作风　张梦庚　戏剧报　1961年1月1、2期69页

临县职业剧团深入农业生产第一线前后　郭启峰　山西戏剧　1961年1月总6期17页

让河北梆子这支花朵开得更加鲜艳——河北省青年跃进剧团教师、演员畅谈一九六一年的抱负和展望　贾桂兰、刘香玉、张志奎、张淑敏、韩淑英、田春乌、裴艳玲等　戏剧战线　1961年1月总29期14页

阳泉市晋剧二团坚持深入生产第一线　李振生　山西戏剧　1961年2月总8期27页

总结经验，坚持实行剧目轮换演出制　卢萧　戏剧报　1961年3月5期14页

论剧院、剧团艺术委员会的工作　“戏剧报”编辑部　戏剧报　1961年3月6期1页

关于艺术剧社　丁景唐　上海戏剧　1961年5月5期14页

北京、上海戏剧界讨论剧院、剧团艺术委员会的工作　戏剧报　1961年5月9、10期46页

在工农兵服务的普通一团——记西藏豫剧团进藏十年　余仲华　戏剧报　1961年10月19、20期47页

陇剧回“娘家”——省戏曲剧院陇剧团陇东演出记行　山雨　甘肃日报　1961年1月1日3版

市川剧院建院十年成绩很大，发掘整理传统剧目千多个，演出质量不断提高，新生力量大批涌现　重庆日报　1961年1月8日3版

古树新枝放香花——介绍天津市小百花剧团　关耳　黑龙江日报　1961年1月14日3版

关心群众思想和生活与群众同甘共苦华联扬剧团领导作风好　文汇报　1961年1月14日1版

含苞待放——喜看界首少年淮北梆子剧团演出　完艺舟　安徽日报　1961年1月19日3版

服务在第一线上——记坚持上山下乡的翁牛特旗京评剧团　李丰楷　内蒙古日报　1961年1月25日3版

枯木逢春鲜开——陕西铜川市阿宫剧团演出观后　新军　宁夏日报　1961年2月1日3版

在继承豫剧传统艺术中进行创造性劳动河南豫剧三团独树一帜赢得好评　光明日报　1961年3月17日2版
市晋剧团组织演出团深入农村田间开展宣传工作坚持为农业服务取得思想艺术双丰收　赵伯超　包头日报　1961年3月22日3版
祝贺内蒙古艺术剧院戏曲剧院成立　社论　内蒙古日报　1961年5月6日1版
继承优秀文化遗产丰富舞台表演艺术中国京剧院上演多种传统剧目　人民日报　1961年5月17日1版
海上明珠——访朝民越剧团　陈山　解放日报　1961年6月7日4版
大有希望的幼苗——看广西戏曲学校、京剧团、评剧团学员的演出　黄明　广西日报　1961年6月9日3版
回忆川戏班的三多　人凡　新民晚报　1961年7月9日3版
耳目一新——看江苏省淮剧团的演出　筱文艳　解放日报　1961年8月21日4版
拳不离手曲不离口——四川艺术剧院加强演员基本训练　人民日报　1961年9月1日4版
逗人喜爱的一朵花——谈谈晋剧青年演出团在京公演以来的一些感想　常芝青　光明日报　1961年9月10日2版
新葩异彩——为山西省晋剧青年演出团的演出欢呼　吴雪　中国青年报　1961年9月22日3版
四十年中三代人——写在上海戏曲学校京昆实验剧团建团公演之日　华传浩　解放日报　1961年10月5日4版
登台之前（介绍上海市戏曲学校京昆实验剧团）　陆左华等　人民日报　1961年10月6日3版
贯彻党的文艺方针继承传统大胆革新省花灯团艺术质量显著提高　云南日报　1961年10月6日3版
看小百花剧团花旦专场演出　钟离昧著　天津日报　1961年10月8日4版
风华正茂前程似锦——写于建团公演之日　周玑璋　解放日报　1961年10月11日4版
练文习武精益求精——访问成都川剧院的演员们　周祖佑　人民日报　1961年10月17日4版
新民京剧团勤俭办团成绩显著　文汇报　1961年11月9日1版
送青年晋剧团　侯外庐　人民日报　1961年11月9日1版
幸福荣誉收获——阿宫碗碗腔演出团赴京演出简记　王烈　陕西日报　1961年12月1日3版
业余剧团应按业余原则办事　南方日报　1961年12月5日3版
学有渊源的新一代——访中国戏曲学校实验京剧团　陆国纬　解放日报　1961年12月13日2版
家乡的戏——看金华婺剧团演出有感　洪汛涛　解放日报　1961年12月14日4版
第一次到天津——中国京剧院四团赴津公演记　刘世翔　北京日报　1961年12月19日2版
戏路更宽些，地方特色更鲜明些！——漫谈江苏省锡剧团的48个保留节目　静人　雨花　1962年1月1期33页
山谷之花赞——访建德县越剧一团　洪浪　上海戏剧　1962年8月8期33页
他们战斗在农业战线上——嘉定锡剧团十年来为农民服务的情况　本刊记者　上海戏剧　1962年11月11期5页

朴质健朗色彩鲜明——试谈湘潭市花鼓戏剧团的演出　李子园　新湖南报　1962年1月12日3版
新花忽放雏凤声清——记中国戏曲学校实验京剧团　杨双　新华日报　1962年1月13日3版
都是热人儿——第二机床厂业余京剧团演出见闻　于文涛、王秉智　北京日报　1962年1月13日2版
一个发愤图强的剧团——西安市越剧团成长记　江蒙　陕西日报　1962年1月19日3版
给人留下深刻印象的公演（上海越剧团访问演出）　（朝鲜）赵相鲜　光明日报　1962年1月27日3版
根深叶茂老树红花——记天津市豫剧团　陈恭　天津日报　1962年2月2日4版
新民京剧团改制后气象一新全体演职人员团结协作努力提高演出水平　文汇报　1962年2月17日2版
上山下乡送戏上门——湘潭专区艺术剧院花鼓戏剧团巡回演出片断　邓立品　新湖南报　1962年2月24日3版
带露蓓蕾向阳开——访郑州青年豫剧团　曹地　河南日报　1962年3月4日3版
平弦鲜花放异彩——青海平弦实验剧团散记　陈火甲　青海日报　1962年3月6日3版
“传字辈”和“世字辈”——记浙江昆苏剧团积极培养青年演员　柳河、林毓友　浙江日报　1962年3月15日3版
春天无限好花木发青枝——记成长的天津市评剧院少年训练队　周抗　天津日报　1962年3月18日2版
勉励与希望——看了晋南蒲剧院青年剧团的演出之后　王中青　山西日报　1962年3月30日3版
“小百花”南国之行（天津河北梆子小百花剧团）　吴汉民　天津日报　1962年4月1日2版
焊接、溶合和制造——东风汉剧团演出漫评　秉箴　羊城晚报　1962年4月4日2版
戏曲剧团的“成龙配套”问题　张治　文汇报　1962年4月24日2版
黄河之水源远流长，传统好戏层出不穷，芮城黄河蒲剧团尊重老艺人，挖掘传统剧目有成绩　山西日报　1962年6月7日3版
丰富剧目提高质量，增加收入节约开支，重庆市越剧团连年自给有余　人民日报　1962年6月9日1版
龙海芗剧团经常上山下乡演出，松政县京剧团工作积极提高演出质量　福建日报　1962年7月5日2版
山谷里的鲜花——记建德越剧一团的成长　谷冬　浙江日报　1962年7月13日3版
有些农村业余剧团的路子不对头，高价请师教演古装大戏，铺张浪费侵犯集体利益　广西日报　1962年8月5日2版
南方演出五个月——记“小百花”旅行演出收获　吴汉民、马伟勋　天津日报　1962年8月5日2版
益民河北梆子剧团在迁安见义勇为，同洪水搏斗奋勇抢救灾民　天津日报　1962年8月17日1版
越剧演员在塞上江南——记宁夏回族自治区越剧团　绿嘉　新民晚报　1962年8月22日2版
最重要的前提——南宁市凤凰粤剧团访问记　姚雁　广西日报　1962年9月18日4版

出水新莲带露开——记武汉汉剧院培养青年演员　吴其琅　羊城晚报　1962年10月9日1版
浙江昆苏剧团在上海　贾建虹　浙江日报　1962年10月11日3版
贯彻党的文艺方针丰富农民文化生活嘉定锡剧团送戏下乡十年如一日　解放日报　1962年10月20日1版
沪剧团努力克服困难明确方向十年多来坚持演出现代题材新戏　新民晚报　1962年10月23日2版
艺坛一代新人——访北京戏曲学校实验京剧团　罗阳　安徽日报　1962年10月24日2版
扎根在天目山区——记昌化越剧团面向农村为农民服务　丁子兵　浙江日报　1962年11月24日3版
在生活的熔炉中锻炼成长——记上海市人民淮剧团青年为农业服务的片断事迹　乔国范、缪依杭　上海戏剧　1963年2月2期27页
农业第一线上的两支文艺尖兵——访南汇县沪剧团和南汇县越剧团　本刊记者　上海戏剧　1963年3月3期2页
一个活跃在农村的业余剧团——记上海县三林公社业余剧团的艺术活动　本刊记者　上海戏剧　1963年5月5期20页
学习嘉定锡剧团的经验，更好地为农村服务　李太成　上海戏剧　1963年6月6期2页
坚持为农村服务十一年——记嘉定锡剧团为农村服务的一些经验　本刊记者　上海戏剧　1963年6月6期5页
迈开第一步——上海越剧院实验剧团现代剧排演记　陶影　上海戏剧　1963年6月6期28页
一个受群众热爱的县剧团——湖北省枣阳县曲剧团访问记　韦启玄　戏剧报　1963年7月7期26页
在评剧艺术革新的道路上——记中国评剧院十年来的一些经验　胡金兆、刘乃崇　戏剧报　1963年9月9期29页
坚守社会主义思想阵地——运城戏剧院访问记　莎荫　戏剧报　1963年9月9期38页
发扬延安作风面向农民群众——记陕西省平利县红旗剧团　山红　延河　1963年10月号77页
为了让农民更喜爱京剧——访辽宁省锦州市京剧团　游默　戏剧报　1963年11月11期36页
在学习传统，大胆革新的路上——河南豫剧院三团坚持演现代戏的收获与体会　奔流　1963年12月创刊号89页
他们歌唱太行山上——记林县豫剧团　梁书根　奔流　1963年12月号92页
川剧与我——迎成都川剧院　李建吾　北京日报　1963年1月17日3版
文化局召开全省专业剧团工作会议　福建日报　1963年1月21日2版
多编现代剧歌颂新人物服务工农兵——全省剧团工作会议结束　陕西日报　1963年1月23日2版
坚持党的文艺方向发扬老文工团革命传统——省梆子剧团长期深入农村为农民演出　新华日报　1963年2月1日2版
天·地·人——剧团下乡演出要考虑到的问题　之江　新民晚报　1963年2月2日2版
我们为什么欢迎上海市人民淮剧团？　于辉　解放日报　1963年2月3日4版
北海粤剧轻骑——记北海市粤剧团青少年试验队　方超　羊城晚报　1963年2月16日1版

越剧团在公社　苗刚　宁夏日报　1963年3月22日3版
“为农民演戏是我们的本分”——访密云县河北梆子剧团　亦真　大公报　1963年3月24日3版
良师益友来了信——记广东粤剧院二团下乡二三事　世忠、洪金　羊城晚报　1963年3月30日1版
一条广阔的道路——坚持为农村服务楚雄花灯团　季者　云南日报　1963年4月1日3版
粤剧过山班　王东辉　羊城晚报　1963年4月5日3版
临猗眉户剧团坚持演出现代戏成绩显著由“火柴箱子剧团”发展为一个群众喜闻乐见的新型剧团　山西日报　1963年4月12日1版
向临猗眉户剧团学习什么？　本报评论员　山西日报　1963年4月12日1版
把更多更好的剧目送到农村去——记省和哈尔滨市的剧团下乡服务活动　兰槐　黑龙江日报　1963年4月14日2版
足迹遍山乡——记宜山桂剧团　姚雁　广西日报　1963年4月19日4版
根深·叶茂·花香——记长期坚持在农村演出现代戏的清河县评剧团　黎明　河北日报　1963年4月21日2版
社会主义花开早——迎晋南蒲剧院青年剧团　李健吾　北京日报　1963年4月23日3版
一个坚持演现代戏的好剧团——河南省豫剧院三团访问记（编后记）　叶遥　人民日报　1963年4月25日5版
为政治服务十年不懈上山下乡受农民欢迎临猗眉户剧团坚持演出现代戏成绩显著　光明日报　1963年5月1日2版
老树新花——蒲剧和晋南蒲剧院青年剧团简介　赵强　中国青年报　1963年5月4日4版
庆贺我省地方新剧种诞生——并祝辽宁青年实验戏曲剧院成立（评论）　辽宁日报　1963年5月5日1版
京剧艺坛的一支战斗队伍——记宁夏回族自治区京剧一团　吴秀琴　辽宁日报　1963年5月6日3版
一条康庄大道——访上海市嘉定县锡剧团　叶遥　人民日报　1963年5月19日5版
酒泉专区秦剧团一队坚持上演现代剧　刘德成　甘肃日报　1963年5月19日4版
市人民淮剧团十年来坚持下乡演出昨日举行了建团十周年的庆祝大会　解放日报　1963年5月22日1版
嘉定县锡剧团坚持面向农村为农民服务　顾世荣、冯少白　光明日报　1963年5月23日2版
农村欢迎什么样的剧团？　连治水　人民日报　1963年6月4日2版
深入农村发扬文工团作风学习嘉定锡剧团为农民服务精神　文汇报　1963年6月8日2版
白去深入锣鼓响——记临安越剧团上山下乡活动　文工　浙江日报　1963年6月18日3版
“我们的剧团来了！”——记建平县评剧团八年来坚持下乡演出　刘小石　辽宁日报　1963年6月19日3版
严肃认真，一丝不苟——访天津市豫剧团　秋静　甘肃日报　1963年7月7日4版
北京京剧团的特点　老舍　羊城晚报　1963年7月9日3版
“山里红”剧团　肖琤、黎瑞来　吉林日报　1963年7月12日4版
祝贺北京实验京剧团建立　老舍　北京日报　1963年7月20日6版
活跃在大巴山的“红色宣传队”——记平利县红旗剧团　巴山　陕西日报　1963年7月23日3版

我们农民自己的剧团——记嘉定县锡剧团在农村扎根的经过　徐洁人　文汇报　1963年8月17日2版
演现代剧的道路越走越宽——记灌县川剧团演出《李双双》的前前后后　诚德、通瀛　四川日报　1963年8月18日3版
全心全意为农民服务——记省坠子剧团在农村　王中义　安徽日报　1963年8月28日2版
成长中的思茅专区滇剧团　黄登科　云南日报　1963年8月29日3版
新苗茁壮绿荫浓——看中国京剧院四团来长首演　谷华　吉林日报　1963年9月2日4版
思想艺术双丰收——记省陇剧团下乡挖掘遗产和演出　秋静　甘肃日报　1963年9月8日4版
活跃在农业战线上的文化尖兵——记生产兵团艺术剧院孟进秦剧团　关仲敏、余开伟　新疆日报　1963年9月11日2版
根在农村扎花在农村开果在农村结顺义评剧团常年下乡为农民演出　北京日报　1963年9月27日2版
建立现代剧在群众中的威信——记高陵剧团的一段经历　温华　陕西日报　1963年10月9日2版
二十多年坚持演新戏——阜平县农村业余剧团调查报告　鲁呐、冯锋　河北日报　1963年10月20日2版
专业剧团要更好地为农村服务（社论）　福建日报　1963年10月20日1版
提倡业余剧团演新戏（社论）　河北日报　1963年10月20日1版
跋山涉水不辞辛劳推陈出新大演好戏浦城赣剧团面向农村面向农民　福建日报　1963年10月20日1版
访法华村剧团　王克光、高峰　河北日报　1963年10月20日2版
感情的变化来自战斗的实践——访眉县人民剧团　韩望愈　陕西日报　1963年10月21日3版
向各族农民群众输送社会主义新文化我省近百个演出队上山下乡为农民演出　云南日报　1963年10月21日1版
进一步加强剧团为农村服务的工作　彭华　云南日报　1963年10月24日3版
扎根在农村演出现代戏——龙岩山歌戏实验剧团上山下乡演出活动　蔡模楷、郭宗华　福建日报　1963年11月13日2版
二十多年坚持演新戏——河北省阜平县农村业余剧团调查报告　鲁呐、冯锋　光明日报　1963年11月13日2版
“我们自己的剧团”——记紫金县花潮剧团　何剑萍　南方日报　1963年11月22日3版
六连岭下的琼花——记万宁琼剧团　苏若冰　羊城晚报　1963年11月25日1版
农村演出十年——访赣县采茶剧团　赵舒申　江西日报　1963年11月27日1版
坚持不懈——记锦州市京剧团上山下乡为农村服务九年　文群　辽宁日报　1963年11月29日3版
演出好劳动好联系群众好襄阳县广大农民夸奖武汉京剧团　湖北日报　1963年12月3日1版
认真向工农兵学习热情为工农兵服务菏泽豫剧团坚持演出现代戏剧目占百分之六十一，演出时间占全年三分之二　解放日报　1963年12月22日2版
深入生活，发扬革命文艺的光荣传统——介绍武汉市楚剧团生活小组经验　刘仰峤　湖北日报　1963年12月23日3版

坚持工农兵方向，提高现代戏质量——河南豫剧院三团访问记　刘珂理　戏剧报　1964 年 1 月 1 期 28 页
深入群众生活改变舞台面貌——上海市人民沪剧团演好现代戏的一些经验　文思平　戏剧报　1964 年 2 月 2 期 22 页
做彻底革命的文艺战士　江苏省吴江县锡剧团　戏剧报　1964 年 3 月号 15 页
戏曲剧团的革命化　徐铁　戏剧报　1964 年 3 月号 28 页
发扬革命传统，坚持党的文艺方向——介绍宁夏回族自治区京剧团　谷春泉　戏剧报　1964 年 6 月 6 期 51 页
现代剧在山区——记西峡县农村业余剧团的活动与成长　亚春　奔流（戏剧专刊）　1964 年 6 月 3 期 69 页
做京剧艺术革新的闯将——记锦州市京剧团演出现代戏的一些情况　修玉祥　鸭绿江　1964 年 6 月号 98 页
在斗争中锻炼在斗争中成长——山东省京剧团访问记　肖洪、任孚先　戏剧报　1964 年 9 月 9 期 34 页
对上海京剧院三团的演出提点意见　王建文等　浙江日报　1964 年 1 月 3 日 3 版
戏曲表现现代生活的尖兵——河南豫剧院三团赞　刘开宇　大公报　1964 年 1 月 3 日 3 版
上海市南汇县越剧团虚心学先进赶先进进一步深入农民群众更多地演出现代戏　文汇报　1964 年 1 月 8 日 2 版
戏曲要随着时代前进——记广安现代川剧实验剧团成立前后　春水　四川日报　1964 年 1 月 16 日 3 版
根扎在农村，戏送到家门——记青铜峡县秦腔剧团　张溥　宁夏日报　1964 年 1 月 16 日 3 版
认清方向坚持下去——河南豫剧院三团十多年来坚持演出现代戏曲　河南豫剧院三团　光明日报　1964 年 1 月 19 日 2 版
努力排演现代戏——记乌鲁木齐市京剧团　沈蔚然　新疆日报　1964 年 1 月 21 日 3 版
重视·坚持·提高——崇仁县采茶剧团上演现代剧的点滴体会　崇仁县采茶剧团　江西日报　1964 年 1 月 31 日 2 版
努力反映现实生活——访内蒙古自治区二人台二人转联合演出团　冯文　光明日报　1964 年 1 月 31 日 2 版
把革命精神带上舞台，带到农村遵义川剧团坚持大演现代剧　贵州日报　1964 年 2 月 26 日 1 版
担负起时代的使命作京剧革新的急先锋锦州市京剧团发扬革命精神大演现代戏　辽宁日报　1964 年 3 月 4 日 1 版
演现代戏促进着省花灯团的革命化　任左科　云南日报　1964 年 3 月 5 日 3 版
满怀革命激情把好戏送下乡全椒庐剧团大受农民欢迎　安徽日报　1964 年 3 月 5 日 3 版
把现代戏的大旗高高举起——记荔浦兴坪公社俱乐部七年来坚持演现代戏　叶宗翰整理　广西日报　1964 年 3 月 6 日 4 版
奋发图强迎头赶上——太原市京剧团大转变的前因后果　陈铿等　山西日报　1964 年 3 月 9 日 1 版
农民喜爱新二人转——随沈阳市曲艺团地方戏队下乡演出见闻　王连熙　辽宁日报　1964 年 3 月 11 日 3 版
一根扁担两条绳风吹日晒山里行赣县采茶剧团把现代戏送遍当地农村　文汇报　1964 年 3

月12日2版

益阳市花鼓戏剧团坚持为工农兵服务为社会主义服务大编现代戏大演现代戏　新湖南报　1964年3月19日1版

二人转回“娘家”——记海伦县民间艺术团积极为农村服务　中共海伦县委宣传部　黑龙江日报　1964年4月4日4版

芳华越剧团努力演好现代戏下乡巡回演出《争儿记》等戏受到社员欢迎　文汇报　1964年4月11日2版

花红果硕——记益阳市花鼓戏剧团坚持上演现代戏十三年　孙伟等　新湖南报　1964年4月16日3版

越朝前走方向越明——重庆市京剧团在演现代戏的道路上　王古泽　重庆日报　1964年4月23日3版

下乡为农民演出坚决与社员“三同”京剧二团演员阶级觉悟提高现代剧越演越好　宁夏日报　1964年4月25日3版

戏从哪里来?（长寿川剧团）　可维　重庆日报　1964年5月2日3版

在前进的道路上——记信阳专区豫剧团的上山下乡　朱永朝　河南日报　1964年5月14日2版

可贵的开端——记融安县桂剧团大演现代戏　姚雁　广西日报　1964年5月17日4版

做革命的文艺团体——二人转团（队）领导座谈剧团革命化问题　本报记者　吉林日报　1964年6月5日3版

不断深入生活演好现代剧（宁夏回族自治区京剧二团）　柳影　宁夏日报　1964年6月6日3版

面向农村送戏上门——固原剧团上山下乡为农村演现代戏　马玉平、张涧　宁夏日报　1964年6月10日3版

党的政策的宣传队——记天水县伯阳公社兴仁大队业余剧团　秋静　甘肃日报　1964年6月13日4版

锦上添花——访承德市评剧团　赵炳昕　河北日报　1964年6月15日3版

高举毛泽东思想红旗发展社会主义新豫剧——河南豫剧院三团坚持演现代戏的体会　中共河南豫剧院委员会　光明日报　1964年6月26日2版

为农村服务的好剧团——记龙江县评剧团　胡堤等　黑龙江日报　1964年6月27日4版

进一步面向农村巩固扩大社会主义思想阵地淞江县沪越剧团轻装简从下乡巡回演出　文汇报　1964年7月19日1版

在革命化的道路上开步走——广东粤剧院青年训练班下乡散记　夏知秋　南方日报　1964年7月23日3版

不断探索大胆革新——麟山剧团是如何在上演现代戏中不断进行戏曲推陈出新的　李旭、王伏薪　山西日报　1964年7月25日3版

西藏川剧团在西藏高原　单超　四川日报　1964年8月18日3版

深入生活改造思想演好现代戏——锦州市京剧团上山下乡演出和深入生活的经验　修玉祥、王运琛　光明日报　1964年8月27日3版

古剧新风——记广东汉剧院　方超　羊城晚报　1964年9月2日1版

服务山区意厚情深——兴县晋剧团十年来坚持上山下乡为群众演出　易之　山西日报　1964年9月8日3版

我们是怎样深入生活的?　盂县晋剧团　山西日报　1964年9月15日3版

在深入生活的道路上——记市川剧院二团在农村人民公社的劳动锻炼　傅文　重庆日报　1964年9月17日3版
送戏送到白云间——记余姚越剧团为农民服务　胡士海　浙江日报　1964年9月19日3版
第一步是这样迈开的——记太原市京剧团大演革命现代戏以来的新变化　郭允昌　山西日报　1964年9月24日2版
他们发扬了革命化的作风——记建德婺剧团　王绍文　浙江日报　1964年10月6日3版
热情地为农民兄弟服务——锦州市京剧团深入农村演出　黎牧之　光明日报　1964年10月6日4版
省级剧团积极下乡下厂下部队演出革命的现代戏深入生活改造思想不断革命化　大众日报　1964年10月8日1版
一个受群众喜爱的农村剧团——记蓬安县农村剧团送革命现代戏下乡　何伦武　四川日报　1964年10月8日3版
加速演员革命化演好革命现代戏重庆市川剧院二团下乡劳动锻炼取得初步收获　四川日报　1964年10月11日3版
让革命的现代戏占领农村舞台怀宁黄梅剧团跋山涉水送戏下乡　安徽日报　1964年10月15日4版
在京剧革命化的道路上——省京剧团大演革命现代戏的前前后后　罗阳　安徽日报　1964年10月15日4版
在斗争中锻炼在斗争中成长——山东省京剧团访问记　肖洪等　光明日报　1964年10月30日2版
琼剧院一团下乡记　永雄、联委　南方日报　1964年11月2日2版
农村文化战线上的一支轻骑兵——介绍大理白剧团和白剧《红色三弦》　张殿光　云南日报　1964年11月12日3版
做革命人演革命戏——安徽省坠子剧团访问记　施培毅、郝长恩　安徽日报　1964年11月14日3版
方向明确坚定不移——临猗眉户剧团坚持演现代戏十一年　侯子谦、崔德广　山西日报　1964年11月16日3版
路子越走越宽——山西省临猗眉户剧团坚持上演现代戏十多年　荆世华　光明日报　1964年11月25日2版
用革命现代戏占领农村文化阵地吴江县锡剧团送戏下乡更热情更经常　新华日报　1964年11月27日2版
政治挂帅培养革命戏曲的新生力量——记泰来县评剧团培养青年演员的工作　白宝玉　黑龙江日报　1964年12月20日4版
坚持编演现代戏十三年——介绍临猗眉户剧团　新辉　戏剧报　1965年1月1期20页
沿着革命化的道路前进——河北省河北梆子剧院访问片断　本报记者　河北文学（戏剧增刊）　1965年1月1期61页
大学毛主席著作加速思想革命化　迁安县评剧团　河北文学（戏剧增刊）　1965年4月2期107页
深入生活改造思想的体会　无极县丝弦剧团　河北文学（戏剧增刊）　1965年4月2期109页
坚持上山下乡勤俭办团的凤阳县泗州戏剧团　皖文　戏剧报　1965年4月4期43页
向“乌兰牧骑”的革命精神学习——新乡专区豫剧团农村巡回演出队通讯　杜宝湘　奔流

（戏剧专刊） 1965年5月2期76页

我们剧院是怎样组织艺术人员深入生活的 江西省赣剧院艺术研究室 戏剧报 1965年6月5期15页

广东粤剧院实验剧团演员下连当兵 许英 戏剧报 1965年6月5期25页

上山下乡演好戏，勤俭节约办剧团——记山东省安丘县京剧团 卞骥 戏剧报 1965年10月10期41页

面向山村，送戏上门 涉县平调落子剧团 河北文学（戏剧增刊） 1965年10月4期14页

在革命化的道路上前进——松江县沪剧团一年来的小分队活动 冯少白 学术月刊 1965年10月号40页

一支面向农村的文化战斗队——记巧家滇剧团上山下乡为农民演出 昭文 云南日报 1965年1月8日3版

一支活跃在山区的文艺轻骑队——记泰顺越剧团 魏凤璋 浙江日报 1965年1月9日3版

路是怎样走过来的？——记陕西省军区五一剧团坚持上演革命的现代戏 赵永平 陕西日报 1965年1月9日3版

从改造"飞沙土"到改造思想感情——爱华沪剧团农村生活中的故事 武璀 新民晚报 1965年1月11日2版

实行边劳动边演出促进革命化劳动化省属剧团组织十一个演出队下乡下连队 新华日报 1965年1月12日2版

团小志气大——华东各省革命现代戏曲观后之五 闻亦步 文汇报 1965年1月13日2版

剧场里要移风易俗 文一群 新华日报 1965年1月16日2版

抵制和消除剧场里的歪风邪气 杨方、翁立才 新华日报 1965年1月16日2版

爱华沪剧团革命志气高奋发图强创作演出《红灯记》经过六次大修改昨晚以崭新面貌再和观众见面（本报评论员：赞爱华沪剧团的革命志气） 解放日报 1965年1月28日2版

山区一枝新花——平山县评剧团介绍 张子敬 河北日报 1965年2月17日3版

送戏上门为贫下中农服务——三台县川剧团下乡演出记 王代升 四川日报 1965年2月20日3版

解放战争年代扛枪演戏闹革命社会主义时期劳动演戏闹革命聂村业余剧团坚持演革命现代戏 大众日报 1965年2月20日3版

向聂村业余剧团看齐（短评） 大众日报 1965年2月20日3版

在前进的道路上——访中国京剧院 傅振雄 羊城晚报 1965年2月26日2版

演戏为革命有志事竟成（少壮、勤艺、青山三个中小剧团，立革命志气，不怕条件差困难多，胜利创作和演出了大型革命现代戏） 解放日报 1965年2月27日2版

再赞中小剧团的革命志气 本报评论员 解放日报 1965年2月27日2版

绵阳专区各专业剧团下乡上山大演现代戏 四川日报 1965年2月27日3版

湟中县坡家公社甘河大队贫协给西宁市秦剧团的一封信 青海日报 1965年3月4日3版

花开舞台根扎农村——安徽省宿县专区梆子剧团下乡边演出边劳动 春江、洛洋 解放日报 1965年3月7日5版

在风浪中——旅大市京剧团深入生活片断 李振远 辽宁日报 1965年3月9日3版

一颗红心——访山西省临猗县眉户剧团 于文涛 北京日报 1965年3月10日3版

让京剧现代戏在农村扎根——记乐山专区京剧团坚持上山下乡演出革命现代戏 何伦武

四川日报 1965年3月13日3版

以革命精神演好革命现代戏——合肥文艺界座谈赣剧院演出成就 本报记者 安徽日报 1965年3月27日4版

在大演革命现代戏的道路上——正定县河北梆子剧团访问记 肖彬 河北日报 1965年3月29日3版

熔炉炼红心——省晋剧院二团大庆慰问演出归来访问记 董耀章、张承钢 山西日报 1965年4月17日3版

难忘的一课——记洛专豫剧团上山下乡演出 庆兴 河南日报 1965年4月28日2版

政治挂帅演好工农兵——迁安县评剧团大学毛主席著作促进革命化 河北日报 1965年5月5日3版

勤于实践勇于创新——承德市评剧团介绍 本报驻承德专区记者组 河北日报 1965年5月10日3版

上台是演员下地是社员——访涉县平调落子剧团 高峰 河北日报 1965年5月10日3版

走在康庄的大道上——市晋剧二团文艺工作队下乡演出记 包放 包头日报 1965年5月15日3版

评晋剧二团文艺工作队 刘启焕 包头日报 1965年5月15日3版

贯彻毛主席文艺方向坚持为工农兵服务法库评剧团是我省戏剧战线上的“乌兰牧骑” 辽宁日报 1965年5月18日1版

配合政治，演好革命的现代戏——记陕西省五一剧团 赵永平 光明日报 1965年5月27日2版

坚持上山下乡大演革命现代戏 吉林省通化市京剧团 黑龙江日报 1965年6月12日4版

劳动洪炉炼新人——和工农兵群众同吃同住同劳动所带来的变化 吉林省地方戏曲剧院二人转实验队 黑龙江日报 1965年6月15日4版

要像“乌兰牧骑”那样为社会主义服务 青铜峡县秦腔剧团第一农村文化工作队 宁夏日报 1965年6月17日3版

劳动锻炼半年整，人人都说变化深，雁北晋剧团思想工作艺术三丰收 山西日报 1965年6月22日3版

温江专区各戏曲剧团采取“一分三”的办法，组织轻骑队下乡给农民送戏上门，建立劳动生活基地锻炼艺术人员（附本报评论员：一项革命的措施） 四川日报 1965年6月27日3版

剧团新貌——记邛崃县川剧团“一分三”前后 何伦武 四川日报 1965年6月27日3版

轻装上阵以农民为主要服务对象，宿专戏曲团体组织农村演出队送戏下乡（附评论：戏曲演出必须首先面向农村） 安徽日报 1965年7月3日2版

行进在革命化的道路上——献县评剧团介绍 献县人委文教科 河北日报 1965年7月8日3版

本市中小型剧团努力演好革命现代戏，各剧团比学赶帮风气逐渐形成，演出质量有所提高（附短评：贵在立志） 文汇报 1965年7月8日1版

为贫下中农演戏，受贫下中农感染——记松江县沪剧团小型演出队在农村的活动 周为 新民晚报 1965年7月15日2版

迈开可喜的第一步——记旅大市评剧团社会主义教育运动中的新气象 本报记者 旅大日报 1965年7月23日2版

贯彻党的文艺路线，积极上演革命现代戏，遵义市川剧团常年串村走寨为农民演出 贵州

日报 1965年7月24日2版

戏剧艺术团体革命化的榜样 社论 山西日报 1965年7月26日1版

面向农村，红在农村——山西临猗眉户剧团在毛泽东文艺思想指引下的十三年 山西省文化局 人民日报 1965年8月3日6版

把革命文艺带到农村去——湖南省浏阳县花鼓戏剧团坚持上山下乡 湘艺 光明日报 1965年8月10日2版

在上山下乡中活学活用辩证法（怀宁县黄梅戏剧团） 胡超群等 安徽日报 1965年8月14日3版

为农民演一辈子好戏——吴江县锡剧团坚持下乡十三年（附文艺短评：做送戏下乡的有心人！） 江苏省苏州专署文教处 人民日报 1965年8月14日6版

光化豫剧团把戏送到贫下中农门口，社员们称赞这个剧团是：为我们农民着想的好剧团（附编后：贵在为广大农民着想） 湖北日报 1965年8月19日1版

遵循党的文艺方针，实行“一团多队”“一专多能”昌潍吕剧团热情为农民多演戏演好戏（附本报评论员：把革命现代戏送到农村去） 大众日报 1965年8月25日1版

革命锣鼓遍乡村——湘阴县花鼓戏剧团轻骑队上山下乡散记 高碧云 湖南日报 1965年9月14日3版

把更多的小型革命现代戏送到农村去——介绍中南区戏剧观摩下乡节目汇报演出队的演出（附编者注） 余里等 人民日报 1965年9月19日6版

小学员在农村——记宁夏京剧一团学员队为农民服务的故事 李树江 宁夏日报 1965年9月19日3版

安丘县京剧团“流动舞台”介绍 王志才 大众日报 1965年9月22日3版

下定决心投身到工农兵的生活和斗争中去！爱华沪剧团在革命化道路上阔步前进（附短评：把对台戏坚持唱下去） 文汇报 1965年9月26日1版

嘉定县锡剧团认真踏实为农民服务，组织“小分队”深入边远地区，让农民普遍看到革命现代戏 文汇报 1965年9月26日1版

田野作舞台，农村是熔炉——省京剧团农村演出队在句容农村巡回演出纪事 喻泰康 新华日报 1965年9月26日3版

衡山县花鼓戏剧团踏踏实实为工农兵服务，坚持上山下乡，深入边远地区，实行定点定线，方便农民看戏（附短评：值得学习） 文汇报 1965年10月9日1版

一支没有“尾声”的歌——记湖南浏阳花鼓戏剧团 蓝宜 羊城晚报 1965年10月11日2版

面向农村，扎根农村，为农民服务，安丘京剧团思想艺术双丰收（附本报评论员：设身处地为农民着想） 大众日报 1965年10月13日1版

一条扁担两条腿，哪里需要哪里去，安徽省坠子剧团全心全意为农民（附短评：高标准的剧团） 解放日报 1965年10月18日1版

在和农民结合的道路上——记安徽省坠子剧团在淮北农村 陈燮梅等 人民日报 1965年10月23日6版

安丘京剧团坚持面向农村扎根农村，三年来为全县一千多个大队的社员演出革命现代戏八百余场 文汇报 1965年10月23日2版

遵照毛主席的指示，普及社会主义文化，义乌婺剧团轻装下乡送戏上门 浙江日报 1965年10月24日1版

昌潍吕剧团学习“乌兰牧骑”精神，分兵三路上山下乡把社会主义戏剧带给工农兵 文汇

报　1965年10月29日2版

金华地委召开文化工作会议，推广义乌县婺剧团送戏下乡经验　浙江日报　1965年10月30日3版

学习“乌兰牧骑”的革命精神积极为农民演戏，中国评剧院的“轻骑队”活跃在怀柔山区　光明日报　1965年10月31日1版

高山峻岭走轻骑——记浏阳县花鼓戏剧团轻骑队（附短评：迎难而上，送戏上山）　刘耀黎等　湖南日报　1965年11月2日1版

醴陵剧院积极组织专业剧团下乡演出，剧团赞他们是“好向导”，贫下中农称他们是“知心人”　光明日报　1965年11月4日1版

新的试验——记顺义县评剧团试行半工半艺　肖岱　北京日报　1965年11月14日2版

鄢陵县豫剧团在为农民服务的大道上高歌猛进　田鹤鸣　河南日报　1965年11月17日2版

在革命化的道路上前进——贵县西江粤剧团上山下乡为农民服务记（附本报评论员：革命的抉择）　刘开　广西日报　1965年11月20日3版

临沧花灯团成员努力掌握为农民服务的多种本领，站起来能演唱，坐下来能伴奏，治病做菜能动手（附本报评论员：为革命而“一专多能”）　云南日报　1965年12月11日2版

满怀激情为农民——记省赣剧院农村演出队活动片断　毛礼镁等　江西日报　1965年12月15日3版

剧团革命化的必由之路　中共桂林市桂剧艺术团支部　广西日报　1965年12月27日3版

桂林桂剧艺术团奋发图强改变落后面貌（附编者注）　广西日报　1965年12月27日3版

把根子深深地扎在农村——记邢台县丝弦剧团　邢台县文教科　河北文学戏剧增刊　1966年2月2期36页

到工农兵群众中去——东川市京剧团下乡体会选登（《做耐寒的松柏》等五篇）　杨忠效等　云南日报　1966年1月6日3版

真是我们自己的农民剧团——记乐昌县花鼓戏剧团上山下乡事迹　南方日报　1966年1月25日2版

走革命路，挑革命担——金华地区剧团上山下乡访问记之一　本报通讯员　浙江日报　1966年1月26日3版

走乌兰牧骑的道路——记开鲁县评剧队送戏下乡为广大农民服务　陈义等　内蒙古日报　1966年1月28日3版

益阳剧团的活动舞台　周寿康　羊城晚报　1966年1月29日2版

关于戏曲剧团建立农村演出基地的几点体会　宿县专署文化局　安徽日报　1966年2月9日2版

以毛泽东思想挂帅，创作《奇袭白虎团》——记山东省京剧团活学活用毛主席著作，为革命而演戏（附编者的话：一个好榜样）　孙凡任　解放日报　1966年2月13日6版

涉县平调落子剧团学习毛主席著作把服务重点转到山区，哪里有群众就到哪里演出　光明日报　1966年3月7日2版

大车舞台（北京市海淀区评剧团）　周锡荣　人民日报　1966年3月11日6版

吉林省抚松县评剧团坚持贯彻毛主席文艺方向，送戏上山十七年，农民誉为“山里红”（附短评：思想红才能“山里红”）　光明日报　1966年3月18日1版

三十条扁担一条心——记晋城上党梆子剧团农村演出队　张承纲　山西日报　1966年3月23日3版

两次革命进深山（遵化县评剧团） 卜文经 河北日报 1966年3月24日3版
既是演出队，又是工作队——记贵溪采茶剧团上山下乡为农民演出 丹珠 青海日报 1966年3月30日3版
活跃在山区的一支文化轻骑兵——盐池县秦腔剧团农村文化工作队活动片断 本报通讯员 宁夏日报 1966年4月14日3版

戏曲动态

（各种戏曲会议、会演、纪念活动的报道，戏曲演出团体、研究机构、社会组织的建立与活动等）

省文联筹委会召开戏曲座谈会　申伸　河北文艺　1949年11月创刊1期33页
新编历史剧李自成在天桥“小小”演出　恩厚　新民报　1949年11月13日3版
京市天桥戏曲讲习班第一期学员毕业　人民日报　1949年11月23日4版
（上海）京剧编导，昨日座谈　消息　文汇报　1949年12月2日3版
北京戏曲界讲习班第二期行开学典礼　人民日报　1949年12月3日3版
京剧沪剧公会昨日宣告成立，林鹏程，吕君樵等四十四人选为京剧公会委员　文汇报　1949年12月23日4版
武汉市的旧剧观摩公演　李尔重　长江文艺　1950年3月16日2卷2期29—31页
紧密的团结起来——记上海市戏曲改进协会筹委会成立大会　迅风　戏曲报　1950年5月20日2卷1期5页
京剧界柏文亮胡少芳，将养伤费救济失业工人（上海）　林青　戏曲报　1950年5月27日2卷2期34页
中央文化部成立戏曲改进委员会　新华社　戏曲报　1950年8月5日2卷12期232页
华东戏曲改革工作干部会议揭幕　放　戏曲报　1950年8月20日3卷1期261页
屯溪市传达并贯彻华东戏改工作干部会议精神　严济棠　戏曲报　1950年10月5日3卷4期375页
杭州市成立戏曲改进协会筹委会　邹逖　戏曲报　1950年10月5日3卷4期375页
徐州市传达并贯彻华东戏改工作干部会议精神　沙志显　戏曲报　1950年10月5日3卷4期376页
苏北行署文教处与文联开文艺干部会议　杨少坪　戏曲报　1950年10月5日3卷4期377页
朱集市的剧改工作（通讯）　张琏　河南文艺　1950年11月1日1卷2期40—42页
全国戏曲工作会议闭幕　新华社　戏曲报　1950年12月20日3卷8、9期535页
（上海）京剧公会正式成立　消息　文汇报　1950年1月6日3版
文化部戏曲改进局聘请王瑶卿、尚和玉等七人为戏曲实验学校名誉教授　人民日报　1950年2月3日3版
京市文联开会欢迎梅兰芳　人民日报　1950年6月13日3版
戏曲界干部学习班结业，涌现了大批积极分子，各剧种现正普遍展开改革制度运动　文汇报　1950年6月25日3版
文化部戏曲改进委员会组成，首次会议确定戏曲节目审定标准　人民日报　1950年7月29日3版
京剧研究院盛大集会欢迎梅兰芳就任院长　人民日报　1950年7月29日3版
大众业余实验剧团昨日正式成立　新民报　1950年10月9日5版
梅兰芳、许姬传合著《梅兰芳舞台生活四十年》今日始在文汇报文教版（4版）连载　文汇报　1950年10月16日4版
全国戏曲工作会议在京开幕，会议将讨论与解决戏改方针政策等问题　人民日报　1950年

12月1日3版
全国戏曲工作会议闭幕 人民日报 1950年12月17日1版
全国戏曲工作会议全体代表电全国戏曲界报告会议收获 人民日报 1950年12月17日1版
全国戏曲工作会议全体代表给毛主席的信 人民日报 1950年12月17日1版
全国戏曲工作会议全体代表电我人民志愿军致敬 人民日报 1950年12月17日1版
全国戏曲工作会议全体代表给朱总司令的信 人民日报 1950年12月17日1版
全国戏曲界坚决为抗美援朝保家卫国而奋斗 本刊资料室 新戏曲 1951年1月20日1卷合4、5期40—43页
苏北召开戏曲界代表大会，成立苏北戏曲改进协会 陈午楼 戏曲报 1951年2月20日4卷1期25页
上海文化局举办编导学习班 流泽 戏曲报 1951年3月5日4卷2期75页
华东文化部华东戏曲研究院成立大会开幕辞 陈望道 戏曲报 1951年3月20日4卷3期89页
中央文化部戏曲改进局与艺术局合并成立艺术事业管理局 本报 戏曲报 1951年3月20日4卷3期91页
中国戏曲研究院在京成立 本刊资料室 新戏曲 1951年6月2卷2期20页
山东省文联地方戏曲研究室概况 闫宗威 新戏曲 1951年8月2卷4期19—20页
黑龙江省举行全省戏曲工作会议 陈伯元 新戏曲 1951年8月2卷4期24—25页
本省戏改班第一批学生结业 本刊消息 湖南文艺 1951年9月1卷4期50页
本市新戏曲演出竞赛胜利结束 王仲元 山西日报 1951年1月24日3版
华东戏曲研究院定后日正式成立 许鲁文 文汇报 1951年3月3日4版
迎接中国戏曲研究院成立 梅兰芳 人民日报 1951年4月1日3版
中国戏曲研究院成立，梅兰芳、程砚秋等分任正副院长 人民日报 1951年4月5日3版
昆明戏曲改进协会成立大会特写 孙三 云南日报 1951年4月7日5版
典型的演出——记京剧前辈艺人大义演 黄裳 文汇报 1951年7月18日4版
中国戏曲研究院欢迎新中国实验剧团参加国家剧团 文婴 光明日报 1951年10月16日3版
新中国剧团参加国家剧团，中央戏曲研究院盛会欢迎（有程砚秋、马彦祥、李少春等发言） 文汇报 1951年10月19日副页4版
东北京、评剧实验剧团、东北戏曲实验学校猛攻资产阶级反动思想 本报讯 戏曲新报 1952年2月10日136期1页
击退资产阶级向东北戏曲团体的猖狂进攻！ 本报讯 戏曲新报 1952年3月25日139期6—7页
中央人民政府文化部批准禁演评剧《全部小老妈》 本报讯 戏曲新报 1952年4月10日140期8页
东北各省市戏曲界展开文艺整风、思想改造运动 本报讯 戏曲新报 1952年6月25日合144、145期7页
西北戏曲界积极筹备参加全国观摩演出大会等二则 文艺消息 西北文艺 1952年9月总24期14页
中南地方戏曲大会师（文艺通讯） 茹俊 长江文艺 1952年10月1日总45期55—56页
在中南区第一届戏曲观摩会演大会期间中南文化部召开老艺人和主要演员座谈会 文艺动

态　长江文艺　1952年10月1日总45期68页

第一届全国戏曲观摩演出大会在北京开幕　本刊报导　文艺报　1952年10月10日总72期6页

第一届全国戏曲观摩演出大会圆满闭幕　本刊报导　文艺报　1952年11月25日总75期6页

常香玉领导的“香玉剧社”全体人员完成捐献战斗机一架的任务　人民日报　1952年3月7日3版

全省大部地区艺人进行政治学习　浙江日报　1952年9月11日3版

中央人民政府文化部决定在北京举行全国戏曲观摩演出大会（参看30日更正）　人民日报　1952年9月29日3版

第一届全国戏曲观摩演出大会将在京举行　新华社　东北日报　1952年9月30日4版

第一届全国戏曲观摩演出大会开幕　人民日报　1952年10月7日3版

本省地方戏曲观摩大会开幕　福建日报　1952年10月14日2版

全国戏曲观摩演出大会十五日闭幕，周总理出席闭幕典礼并讲话　人民日报　1952年11月16日1版

出席第一届全国戏曲观摩演出大会全体代表向毛泽东主席致敬电　人民日报　1952年11月16日1版

全国戏曲观摩演出大会闭幕　本报讯　四川日报　1952年11月17日4版

全国戏曲观摩演出大会闭幕　本报讯　内蒙古日报　1952年11月18日4版

赴京参加首届全国戏曲观摩大会——闽剧代表队满载荣誉胜利归来　福建日报　1952年12月25日3版

粤剧艺人控诉帝国主义的思想毒害和影响　本报讯　南方日报　1952年12月28日3版

“第一届全国戏曲观摩演出大会中南区代表团”介绍　岑桑　南方日报　1953年2月3日3版

全省首次职业剧团工作会议闭幕确定了戏曲剧团的工作方针与任务　王治国　四川日报　1953年2月23日3版

广东省、广州市戏曲改革委员会成立（文化简讯）　人民日报　1953年4月13日3版

东北戏剧观摩演出会将在七月举行　本报　东北日报　1953年6月20日3版

东北戏剧音乐舞蹈观摩大会揭幕　田大钧　东北日报　1953年7月26日1版

东北第一届戏剧音乐舞蹈观摩大会演出各种节目八十余个　本报　东北日报　1953年8月6日3版

川剧在改革中欣欣向荣　光明日报　1953年8月7日3版

川剧在改革中欣欣向荣（简讯）　人民日报　1953年8月9日3版

东北戏剧音乐舞蹈观摩大会演出的京剧节目已告结束　本报　东北日报　1953年8月14日3版

全国剧协召开戏剧表演艺术座谈会　光明日报　1953年8月21日3版

陕西省秦腔实践剧团和眉户剧团成立　光明日报　1953年8月26日3版

东北戏剧音乐舞蹈观摩演出大会各项节目演出基本结束　本报　东北日报　1953年8月26日3版

东北戏剧音乐舞蹈观摩大会闭幕　本报　东北日报　1953年9月1日1版

东北首届戏剧音乐舞蹈会演很多剧本和演出都获得优异成绩　光明日报　1953年9月2日3版

浙江婺剧实验剧团十日起在杭演出　浙江日报　1953年9月9日3版
省文化局聘请11位赣剧老艺人来省传艺　本报讯　江西日报　1953年9月27日3版
陕西省成立戏曲修审委员会（简讯）　人民日报　1953年11月5日3版
省首届戏曲观摩演出大会开幕　志　新黔日报　1953年12月2日3版
省首届戏曲观摩演出大会演员举行座谈，表示要相互学习，加强团结，提高演出质量大会宣传组　新黔日报　1953年12月18日3版
广东戏曲改革工作会、汇报演出继续举行　本报讯　南方日报　1953年12月25日3版
华北文化局召开全区戏曲剧目工作会议讨论了剧目工作　列金　光明日报　1953年12月26日3版
贵州省第一届戏曲观摩演出大会　张志、洪茵　贵州文艺　1954年1月总25期23—25页
省文化局举办全省戏曲观摩演出大会（1955年8月20日—9月5日）　本刊文艺简讯　浙江文艺　1954年8月号总35期65页
华东区举行戏曲观摩演出大会（9月25日—11月26日在上海）　本刊专讯　文艺报　1954年11月30日总123期47页
本省参加华东区戏曲观摩演出大会的《走上新路》等剧，姚澄等演员获得奖励　文艺动态　江苏文艺　1954年12月15日总24期68页
北京市举行戏曲观摩演出大会　本刊文讯　文艺报　1954年12月30日总124期79页
浙江省戏曲界代表团参加华东区戏曲观摩演出大会　文艺简讯　浙江文艺　1954年12月总39期55页
广东戏曲改革工作会暨汇报演出闭幕　本报讯　南方日报　1954年1月8日3版
天津戏曲观摩演出大会今开幕　天津日报　1954年1月15日2版
天津举行首届戏曲观摩演出大会　人民日报　1954年2月9日3版
松江省举办民间戏曲、音乐、舞蹈会演　人民日报　1954年3月30日3版
萧长华就任北京戏曲实验学校副校长　北京日报　1954年4月15日3版
东北戏曲研究院举办讲习班　人民日报　1954年5月9日3版
西南新旧戏曲剧本对照演出　人民日报　1954年5月30日3版
安徽省继续发掘民间戏曲剧目　人民日报　1954年5月30日3版
著名戏剧家王瑶卿逝世　北京日报　1954年6月5日2版
著名戏剧家王瑶卿逝世　人民日报　1954年6月6日3版
中国戏曲研究院戏曲学校举行王瑶卿先生追悼会　北京日报　1954年6月26日2版
中国戏曲研究院派专人访问京剧界著名老演员　人民日报　1954年6月28日3版
华东区将举行话剧、戏曲观摩会演　人民日报　1954年7月9日3版
北京市京剧四团和杨宝森剧团合作演出　北京日报　1954年8月15日3版
河北等省举办地方戏曲会演　人民日报　1954年8月23日3版
华东戏曲研究院举办越剧演员训练班　人民日报　1954年8月31日3版
我省首届戏曲观摩大会闭幕　本报消息　河北日报　1954年9月3日3版
全省首届戏曲观摩演出大会闭幕　浙江日报　1954年9月15日3版
南昌市第三届戏曲观摩演出大会开幕　卢士濂　江西日报　1954年9月15日3版
本省举行第一届戏曲观摩演出大会　吉林日报　1954年10月5日3版
省首届戏曲观摩会演胜利结束　江西日报　1954年11月3日3版
华东区戏曲观摩演出大会闭幕　本报讯　解放日报　1954年11月8日3版
华东举行戏曲观摩演出大会　人民日报　1954年11月16日3版

本市戏曲观摩演出大会今开幕　北京日报　1954年11月25日1版
北京举行首届戏曲观摩演出　人民日报　1954年11月28日3版
广东省1954年度戏曲汇报演出闭幕　本报讯　南方日报　1954年12月2日3版
中国京剧团昨在呼市举行示范演出开幕式　内蒙古日报　1954年12月4日3版
中华人民共和国文化部、中国文学艺术界联合会、中国戏剧家协会举办“梅兰芳舞台生活五十年纪念”　戏剧报　1955年4月4期3页
中国评剧团在新年春节期间上演“祥林嫂”与“走上新路”　中国评剧团通讯组　北京日报　1955年1月9日3版
中国京剧院举行成立大会　北京日报　1955年1月11日2版
中国京剧院成立　人民日报　1955年1月12日2版
中国戏曲研究院编写古典戏曲总录和地方戏提要　人民日报　1955年2月3日2版
京剧改革的新尝试　光明日报　1955年3月11日2版
戏剧界讨论戏曲艺术改革问题（消息）　人民日报　1955年3月20日3版
首都文艺界举行纪念会纪念梅兰芳、周信芳舞台生活五十年，文化部颁发给他们以荣誉奖状　人民日报　1955年4月12日3版
梅兰芳、周信芳舞台生活五十年首都文艺界隆重举行纪念会　北京日报　1955年4月12日1版
梅兰芳、周信芳舞台生活五十年纪念演出开始举行　北京日报　1955年4月13日1版
成都川剧剧目鉴定演出结束　本报　四川日报　1955年5月20日3版
欢迎周信芳先生来长春演出　杨铸新　吉林日报　1955年6月19日3版
江西省赣剧团来京公演　北京日报　1955年6月21日2版
福建省梨园戏剧团来京演出　金　北京日报　1955年7月5日2版
全省首届戏曲观摩演出大会开幕　广西日报　1955年8月6日1版
内蒙古自治区举行音乐、舞蹈、戏剧观摩演出　人民日报　1955年10月11日3版
内蒙古自治区音乐舞蹈戏剧观摩会闭幕　人民日报　1955年10月24日2版
北京市京剧二团和马连良剧团合并成立北京京剧团　北京日报　1955年11月24日3版
广东省、广州市文化界人士开会欢迎粤剧名演员马师曾、红线女　本报讯　南方日报　1955年12月21日3版
天津市戏曲剧团全部国营　阮文涛　戏剧报　1956年2月总26期6页
湖南省举行第二届戏曲观摩演出大会　戏剧报　1956年2月总26期42页
戏曲剧本创作在繁荣中　本刊文讯　文艺报　1956年5月15日总155期24—25页
欢迎广东粤剧团首次来京演出　本刊文讯　文艺报　1956年5月15日总155期25页
广东粤剧团赴京演出　舞台与观众　1956年5月1日2期
陕西省第一届戏剧观摩演出大会将于六月举行　张光笃　西安戏剧　1956年5月15日总25期17页
吉林省老艺人三十年以上舞台生活纪念会——老艺人的光荣　本刊报导　吉林文艺　1956年5月16日本年6期40—41页
云南省举办第一次戏曲观摩演出大会　文艺动态　西南文艺　1956年6月号84页
广东粤剧团在北京公演（消息）　广东文艺　1956年6月号50页
参加陕西省第一届戏曲观摩演出大会的剧院、团、社已确定演出剧目　西安戏剧　1956年6月25日总27期10页
全国戏曲剧目工作会议在京举行　本刊消息　剧本　1956年7月总53期23页

文化部拨专款并发出重要指示，救济和安排民间职业表演团体和职业艺人 戏剧报 1956年10月总34期11页
全省业余戏剧会演优秀节目 消息 广东文艺 1956年11月总31期45页
中国戏剧家协会广州分会成立——广东戏剧界的盛会 本刊报导 舞台与观众 1956年11月1日14期2页
湖北省首届戏曲会演开幕 江寒 湖北文艺 1956年12月10日总107期4—5页
湖南省第二届戏曲观摩会演大会闭幕——评选出“昭君出塞”等27个剧本奖 新湖南报 1956年1月21日3版
文艺界人士举行昆曲“十五贯”座谈会周总理称赞这个戏是“百花齐放，推陈出新”的榜样 人民日报 1956年5月18日1版
“十五贯”誉满北京 单于 大公报 1956年5月24日3版
北京戏剧界文学界人士讨论古典名剧“琵琶记” 本报 新华日报 1956年7月3日3版
戏剧家协会上海分会正式成立昨天会上通过工作纲要选出理事82人 解放日报 1956年8月20日1版
政协北京市委会邀请京剧界人士座谈，如何使京剧上演又多又好 光明日报 1956年8月23日2版
政协全国委员会文化组举行戏剧界座谈会周信芳等要求政府加强对剧团的领导，健全剧团组织，安定艺人生活 光明日报 1956年9月30日2版
贯彻“百花齐放”方针发掘艺术遗产昆明市举行省戏曲界名老艺人祝寿会 云南日报 1956年10月18日1版
内蒙古文化局召开剧团团长会议，努力挖掘戏曲遗产，大胆开放剧目，发扬艺术中的民族特点，积极关怀艺人生活 内蒙古日报 1956年11月2日3版
祝贺老艺术家杰出成就文化部授予盖叫天荣誉奖盖叫天舞台生活六十年纪念大会昨在沪举行 解放日报 1956年11月11日2版
各地开展继承民族戏曲遗产工作，发掘、整理、上演了大批传统剧目，舞台面貌为之一新 光明日报 1956年11月30日1版
促进戏曲艺术百花争妍文化局再次召开剧目工作会议 黄力仑 解放日报 1956年12月7日2版
桂剧喜讯 吉子 漓江 1957年1月1期75—76页
陕西省文化局将于三月五日召开全省戏曲剧目工作会议 本刊消息 西安戏剧 1957年2月25日总42期14页
广东音协、剧协召开座谈会讨论粤剧〈草原之歌〉的音乐创造问题 林 舞台与观众 1957年5月6日9期4页
文化部在广州举办第三届戏曲演员讲习会（7—9日） 明晓 舞台与观众 1957年5月21日10期9页
中央文化部、中国音协在北京召开戏曲音乐工作座谈会 怀冰 人民音乐 1957年7月总52期23页
广州市1956年戏曲剧评奖揭晓 梁威 舞台与观众 1957年7月6日13期封底
欢迎梅兰芳先生来西安演出 田益荣 西安戏剧 1957年9月15日总55期1—2页
粤剧界的大喜事，历史上的创举广州粤剧工作团与珠江剧团合并成立广州粤剧团 小桦 舞台与观众 1957年10月6日19期6页
周总理看来京汇报演出的地方戏曲后为河北省石家庄上弦剧团题字（影印） 本报影印

文艺报（周刊） 1957年12月15日总206期1页
纪念汤显祖逝世340周年 本报消息 文艺报（周刊） 1957年12月28日总208期7页
北京戏曲界三个联合会对培养新生力量、团结教育艺人起很大作用 光明日报 1957年1月18日2版
发掘传统剧目，丰富舞台艺术，二百多位艺人获奖励，九个剧种收集和发掘了五千多个剧目 解放日报 1957年1月31日2版
本报邀请北京天桥艺人座谈天桥戏曲杂技在衰落文化部门应赶快抢救 工人日报 1957年5月20日3版
省二届戏曲观摩演出大会胜利闭幕文化局副局长高业做了总结 秀峰 吉林日报 1957年7月31日3版
把戏剧给工农兵送上门去——陕西省文化局召开全省巡回演出会议订出上山下乡规划 幼韩 西安戏剧 1958年2月28日第4期8页
西安戏剧、曲艺作家举行创作跃进座谈会 西安戏剧 1958年4月15日第7期1页
陕西省举办戏曲音乐训练班 张晋元 西安戏剧 1958年5月30日第10期18页
以现代剧为纲，在全省掀起一个戏曲革命高潮——陕西省戏曲表现现代生活座谈会胜利结束 西安戏剧 1958年8月27日第15、16期5页
河北省召开戏曲表现现代生活座谈会 珂里 戏剧报 1958年8月15期27页
以虚带实促进戏曲艺术革新民众社举行“长征”演出座谈会 西安戏剧 1958年10月15日第19期7页
陕、甘、宁、青、新五省（自治区）第一届戏剧观摩演出大会开幕 西安戏剧 1958年10月30日第20期3页
四川省文化局召开戏曲表现现代生活座谈会 四川戏曲 1958年10月1日第1期18页
四川省第二届戏曲演员讲习会结业 林雪樵 四川戏曲 1958年10月1日第1期33页
河北省戏曲界的愤怒（报道） 戏曲战线 1958年10月号总4期5页
天津市举行现代剧目演出展览周 冯育坤 戏剧战线 1958年11月号总5期29页
祝贺五省会演大丰收 陕西戏剧 1958年12月创刊号2页
中国戏剧家协会陕西分会成立 （简讯一则） 陕西戏剧 1958年12月创刊号7页
陕、甘、宁、青、新西北五省（区）戏剧观摩演出大会提出战斗任务 西安戏剧 1958年12月第23期总84期3页
中国剧协陕西分会成立 西安戏剧 1958年12月第23期总84期19页
迎接省第二届戏曲会演 江枫 安徽戏剧 1958年12月第3期总3期2页
江苏省第一届戏曲观摩演出大会评奖结果 新华日报 1958年1月15日3版
粤剧界整风学习历时一月艺人思想提高收获巨大对粤剧改革工作的严重错误作了尖锐批评 南方日报 1958年1月24日3版
勤俭办团争取自给丰富剧目中国京剧院等向全国艺术团体挑战 人民日报 1958年2月14日5版
首都各界公祭程砚秋他在政治上不断进步艺术上精益求精的精神值得学习 人民日报 1958年3月14日4版
以现实斗争中的新人新事鼓舞人民戏曲要表现现代生活文化部召开座谈会交流演现代戏的经验 光明日报 1958年6月14日2版
纪念伟大戏剧家关汉卿首都和上海举行盛大纪念会 人民日报 1958年6月29日1版
戏曲工作怎样迈开“两条腿走路”？文化部召开的现代戏座谈会上展开热烈讨论 文汇报

1958年7月6日2版
京剧“红色风暴”出色地表现了工人革命运动证明古典剧种能演现代戏上海戏剧家协会邀请戏剧家、作家、京剧老艺人举行座谈会　解放日报　1958年7月9日3版
上海戏曲电影界创作人员加紧进行重点创作活动　文汇报　1958年10月18日3版
面向工农为政治为生产服务本省戏曲事业空前繁荣　浙江日报　1958年10月20日3版
发挥京剧特长歌颂现实反映历史中国京剧院积极创作新剧目　人民日报　1958年11月22日6版
大力创造共产主义的新戏曲大放“卫星”迎接国庆十周年——陕、甘、宁、青、新五省（区）戏剧演出大会提出战斗任务　陕西日报　1958年11月24日3版
戏剧“卫星”苗头已露抓紧培育迎接竞选　河北省戏曲研究室主任林岩　戏剧战线　1959年1月号总7期1页
各地积极准备放“卫星”　本刊综合　戏剧战线　1959年1月号总7期30页
四川省川剧院所属单位下放，四川省戏曲研究所成立　四川戏曲　1959年1月10日第4期46页
安县成立川剧实验学校　晓阳　四川戏曲　1959年1月10日第4期18页
湖南省现代戏曲展览演出大会开幕　湖南戏剧　1959年1月总2期20页
省现代剧目汇报演出大会胜利闭幕　大会通讯组　奔流　1959年1月总25期45页
全省现代戏曲展览演出大会胜利闭幕　湖南戏剧　1959年2月总3期14页
全省现代戏曲展览演出大会大字报选辑　湖南戏剧　1959年2月总3期31页
全省群众文化积极分子代表、群众文艺创作展览、会演大会胜利闭幕　四川戏曲　1959年2月10日第5期4页
南充专区文教局召开现场会议　王化　四川戏曲　1959年3月10日第6期15页
江苏省、南京市戏剧界欢迎田汉同志来宁视察　里　江苏戏曲　1959年4月总1期8页
省戏曲学校短训班结业　俞伟民　江苏戏曲　1959年4月总1期46页
苏州专区举行第三届戏曲会演　苏文　江苏戏曲　1959年5月总2期58页
贯彻百花齐放精神，抓住提高质量关键省文化局召开剧团团长、编导会议　伯康　湖南戏剧　1959年5月号2页
湖北省已定期举行第三届戏剧会演　省文化局　长江戏剧　1959年6月总1期3页
戏剧艺术的丰收年景在望——全国戏剧界为国庆献礼热烈进行创作活动　长江戏剧　1959年6月总1期7页
武汉市举行全市第二届青年演员观摩会演　牟芳洁　长江戏剧　1959年6月总1期39页
江苏省京剧团演员参加世界青年联欢节演出　曲　江苏戏曲　1959年7月总4期31页
南通专区举行第三届戏曲会演　综　江苏戏曲　1959年7月总4期31页
湖北省第三届戏剧会演胜利开幕　冯康男　长江戏剧　1959年7月总2期8页
省戏曲演出团在北京　安徽戏剧　1959年7月总10期6页
陕西省戏曲演出团正式组成　演出团宣传组　陕西戏剧　1959年8月总6期29页
互相学习提高戏剧艺术质量——西安市举行一九五九年戏剧观摩演出大会　红钊　陕西戏剧　1959年8月总6期68页
京剧“虹桥赠珠”等在世界青年联欢节获奖　综　江苏戏曲　1959年8月总5期40页
湖南省1959年戏剧会演大会胜利闭幕　本刊　湖南戏剧　1959年9月号10页
戏曲界热烈学习八中全会文件　江水　江苏戏曲　1959年9月总6期45页
省戏曲演出团在京备受赞誉　柳滨　陕西戏剧　1959年10月总8期19页

大跃进以来我省许多演员入党　本刊记者　江苏戏曲　1959年10月总7期20页
江苏省文化局关于动员专业艺术表演团体（包括戏曲艺人）上山下乡下厂演出的通知　江苏戏曲　1959年11月总8期4页
为继续跃进鸣锣开道——全省戏曲团体积极上山下乡为工农演出　智　江苏戏曲　1959年11月总8期5页
我省文艺团体献礼演出结束　戏剧战线　1959年11月号总17期26页
全省青年演员代表给全省青年专业戏剧工作者的信　湖南戏剧　1959年12月号4页
掀起戏剧工作更大更好更全面的跃进高潮——省文化局召开专、州文化科长会议　本刊讯　湖南戏剧　1959年12月号36页
首都戏剧界盛赞山东三剧种　戏剧报　1959年12月24期43页
关怀勉励鼓舞——记省委负责同志接见省京剧团出国演出人员　本刊记者　江苏戏曲　1959年12月总9期9页
推陈出新鲁肃显机智锦上添花战火映长江新编京剧赤壁之战上演　人民日报　1959年1月4日8版
坚持文艺为现实斗争服务——乐都评剧团演出现代剧“清真寺的秘密”获得好评　青海日报　1959年1月5日3版
用“两条腿”走路使传统剧“古为今用”上海戏曲界编写新历史剧　宗政文　文汇报　1959年1月20日1版
挖掘传统剧目丰富舞台艺术上海两年来挖掘出六千多个传统剧目　文汇报　1959年1月20日1版
春暖花开传捷报本市剧坛放异采沪剧“星星之火”有口皆碑本报和剧协上海分会联合邀请文艺工作者等举行座谈　解放日报　1959年2月22日4版
把京剧《火烧望海楼》改编得更好市文化局、剧协邀请文艺工作者举行座谈　天津日报　1959年2月24日2版
宣扬公正无私坚持真理的精神上海戏剧界创作海瑞剧目　文汇报　1959年5月19日3版
北京艺坛百花争妍——二十多个艺术团体会演各种流派佳剧　人民日报　1959年5月29日7版
文琴剧要迈开第二步省文联召开贵州文琴剧座谈会周林同志到会作重要讲话　贵州日报　1959年6月27日1版
继承遗产继续提高省文化局组织讨论二人转的发展和提高问题　吉林日报　1959年10月28日3版
武则天应该是正面人物翦伯赞、吴晗、吕振羽、尚钺、田汉等提出看法，对越剧“则天皇帝”的演出表示赞同和高兴　文汇报　1959年10月31日1版
十年来戏曲艺术大丰收——我省艺术表演团体献礼演出展览月结束　陕西日报　1959年11月11日4版
省湘剧院、花鼓戏剧院正式成立　弟　湖南戏剧　1960年1月号20页
上山下乡、送戏上门——全省专业艺术表演团体深入工矿农村演出　省文化局艺术科　湖南戏剧　1960年1月号32页
石家庄专区举行河北梆子会演　石家庄专署文化局　戏剧战线　1960年1月总19期53页
汉中专区举办戏曲展览会　陈显远　陕西戏剧　1960年1月总11期57页
邯郸地区召开剧场工作现场会议　正理　戏剧战线　1960年2月号总20期29页
跃进花朵迎春开——省青年跃进剧团春节作首次汇报演出　禹拜、晓梦　戏剧战线　1960

年2月号总20期53页
我省召开文化系统社会主义建设先进集体、先进工作者代表大会 本刊讯 湖南戏剧 1960年2月号3页
福建戏曲研究所正式成立 吴瑞忠 福建戏剧 1960年3月20日第3期24页
中国戏剧家协会江苏分会正式成立 本刊记者 江苏戏曲 1960年4月号总第13号7页
为新生力量的迅速成长欢呼——祝贺全省戏曲青年演员会演大会开幕 本刊编刊部 陕西戏剧 1960年4月总14期47页
浙江、江西、江苏、安徽四省徽戏会演将于六月在合肥举行 安徽戏剧 1960年4月总19期19页
英雄榜——山西省文教群英会戏剧方面受奖名单 山西戏剧 1960年5月总1期7页
省文化局省剧协召开花脸演员座谈会 维伦 山西戏剧 1960年5月总1期42页
晋中专区戏曲编导研究班胜利结业 山西戏剧 1960年5月总1期42页
河北省昆曲剧团建成 李泽严 戏剧战线 1960年5月号总23期54页
河北省文化局召开戏剧和曲艺创作、理论规划会议 晓东 戏剧战线 1960年5月号总23期58页
各专区举行青年演员观摩演出 福建戏剧 1960年5月20日第5期8页
省剧协、文化局联合召开戏剧创作会议 冀鲁 陕西戏剧 1960年5月总15期38页
省京剧院、地方戏剧院、歌舞话剧院成立 江苏戏曲 1960年6月号总第15号25页
苏州专区举行第二届现代剧会演大会 江苏戏曲 1960年6月号总第15号29页
我省召开戏曲表现现代生活汇报会议 戏剧战线 1960年6月号总24期41页
湖北省第四届戏剧（戏曲教学）会演开幕 长江戏剧 1960年6月总12、13期28页
丰富多彩的全国职工文艺会演 本刊记者 小剧本 1960年6月总42期11页
促进戏剧艺术全面大跃进，安徽省1960年戏剧工作会议胜利闭幕 本刊讯 安徽戏剧 1960年7月总22期5页
芜湖专区举行第二届戏曲会演 本刊讯 安徽戏剧 1960年7月总22期16页
我省戏曲工作者积极参加反美宣传斗争 江苏戏曲 1960年7月号总第16号3页
无锡市戏剧工作者大学文艺理论（无锡通讯） 邵亨利 江苏戏曲 1960年7月号总第16号38页
长期深入斗争生活，提高创作水平，更好地表现伟大的大跃进时代！——祝上海市1960年现代题材剧目观摩演出开幕 本刊评论员 文艺报 1960年7月7期1页
我省举行第一届青少年戏曲演员会演 戏剧战线 1960年7月号总25期35页
我省举办戏曲艺术干部训练班 张晋元 陕西戏剧 1960年7月总17期19页
为农业服务向工农学习——许多剧团下农村演出成绩显著 江苏戏曲 1960年8月号总第17号18页
跋山涉水慰亲人——记江苏省地方戏剧院锡剧团福建前线慰问演出团活动片断 白企 江苏戏曲 1960年8月号总第17号47页
湖北省第四届戏剧（戏曲教学）会演胜利闭幕 康男 长江戏剧 1960年8月总14、15期15页
湖北省戏曲教学红旗单位、红旗手等名单 长江戏剧 1960年8月总14、15期16页
老树红花香飘万里——陕西省戏曲演出团巡回各地演出追记 杨滨 陕西戏剧 1960年8月总18期10页
花开满枝桃李争艳——省属剧团举行学员汇报演出 本刊记者 安徽戏剧 1960年8月总

23 期 17 页
把戏送到小岛上 许斌 江苏戏曲 1960 年 9 月号总第 18 号 20 页
省扬剧团下乡慰问演出受欢迎 凡中、伍文 江苏戏曲 1960 年 9 月号总第 18 号 19 页
我省大部分戏剧艺术团开赴农业生产前线参加劳动和演出 本刊综合 山西戏剧 1960 年 9 月总 2 期 41 页
江苏省暨南京市戏曲艺术单位热烈学习《毛泽东选集》第四卷 江苏戏曲 1960 年 11 月号总第 20 号 4 页
在戏曲艺术中进一步贯彻“百花齐放，推陈出新”的方针文化部举行现代题材戏曲剧目观摩演出 人民日报 1960 年 4 月 15 日 4 版
使戏曲艺术更好地反映现代生活题材戏曲观摩演出检阅成绩交流经验 光明日报 1960 年 5 月 5 日 3 版
推动戏曲工作的大跃进大发展大革新我省举行第三届戏曲观摩大会 安徽日报 1960 年 5 月 6 日 3 版
北京越剧团正式成立，团内有范瑞娟、付全香等著名演员 解放日报 1960 年 5 月 9 日 3 版
十年艺坛果满枝青年演员红又专——我省戏曲青年演员汇演胜利闭幕 陕西日报 1960 年 5 月 13 日 2 版
表演当代英雄风貌交流反映现代生活的经验上海现代剧目观摩演出开幕 文汇报 1960 年 7 月 1 日 1 版
戏曲艺术必须全面改革省委宣传部召集戏曲教学会演部分代表座谈省委书记处书记许道琦同志在会上作了讲话 湖北日报 1960 年 7 月 10 日 1 版
促进滇剧艺术革新大量培养新生力量省滇剧青年演员会演大会胜利闭幕 云南日报 1960 年 7 月 18 日 2 版
整旧创新古为今用激励斗志首都史学家与剧作家协作历史剧目创作有了新进展 文汇报 1960 年 12 月 3 日 3 版
上海越剧团到达香港 解放日报 1960 年 12 月 22 日 3 版
艺术花开朵朵香——新年的首都舞台 人民日报 1960 年 12 月 29 日 8 版
辽宁京剧院成立——中共辽宁省委书记周桓参加建院仪式并作讲话 辽宁日报 1960 年 12 月 31 日 1 版
首都文艺界座谈川剧演出 戏剧报 1961 年 3 月 6 期 13 页
上海剧协召开“麒派”艺术座谈会 戏剧报 1961 年 3 月 6 期 16 页
艺术巨星殒落，举国沉痛哀悼——我国当代卓越的戏曲艺术家梅兰芳同志逝世 戏剧报 1961 年 8 月 15、16 期 1 页
首都戏剧界座谈京剧武生厉慧良和晋剧、绍剧的演出 戏剧报 1961 年 11 月 21、22 期 64 页
“文汇报”对喜剧问题展开讨论 人民日报 1961 年 1 月 13 日 7 版
思想教育业务锻炼同时抓青年演员红专道路上又进一步上海艺术团体采取切实措施培养接班人 文汇报 1961 年 5 月 4 日 2 版
多种风格兼收并蓄各类唱腔共展所长上海戏剧界举行各流派大会演 人民日报 1961 年 5 月 10 日 4 版
川剧杏花渡推陈出新本市文艺界热烈争鸣 重庆日报 1961 年 5 月 19 日 3 版
具体理解时代背景提高政治艺术思想上海戏曲演员奋发读书 人民日报 1961 年 5 月 23 日

4 版
上下并进摸清“家底”上演剧目大为丰富上海京剧院加强发掘整理传统剧目 文汇报 1961 年 6 月 8 日 1 版
新民、新华、黄浦三京剧团发挥艺术特色挖掘整理南派京戏传统剧目 文汇报 1961 年 6 月 13 日 2 版
“群英会”上看群英——京昆传统剧目会串今晚开始举行 新民晚报 1961 年 6 月 13 日 2 版
区政协戏剧研究组讨论新编京剧“天国风云” 广西日报 1961 年 6 月 14 日 3 版
贯彻文艺方针繁荣戏剧艺术省文化局省剧协召开剧目工作会议 黑龙江日报 1961 年 6 月 15 日 3 版
进一步贯彻“百花齐放，百家争鸣”方针提高表演艺术水平，西安秦腔名演员座谈秦腔表演艺术 陕西日报 1961 年 6 月 15 日 3 版
不断提高演唱质量保护演员声带健康安徽戏剧演员座谈嗓子问题 光明日报 1961 年 6 月 21 日 2 版
陕西剧协邀请西安地区秦腔著名演员座谈秦腔表演艺术流派问题 光明日报 1961 年 6 月 22 日 2 版
发掘整理传统剧目丰富人民文化生活本市今起举行独脚戏会串 解放日报 1961 年 6 月 24 日 2 版
祝传统剧目会串演出成功 本报 解放日报 1961 年 6 月 24 日 3 版
粤剧传统宝库初放光彩一批优秀传统剧目上演 南方日报 1961 年 12 月 7 日 3 版
如何继承传统和革新创造省戏剧界举行座谈会探讨戏曲剧目编导问题 南方日报 1961 年 7 月 22 日
本市戏曲学校实验剧团八一建立 新民晚报 1961 年 7 月 28 日 2 版
音协上海分会举行座谈探讨越剧男女唱腔问题 文汇报 1961 年 8 月 8 日 3 版
更好地继承和发扬戏曲艺术遗产省会文艺界座谈湘昆探讨如何进一步发展这一古老剧种 新湖南报 1961 年 8 月 8 日 3 版
挖掘整理传统剧目掀起学习研究热潮市晋剧一团开展提高艺术质量活动 包头日报 1961 年 8 月 18 日 2 版
安徽省徽剧团注意发挥老艺人作用大力发掘和整理徽剧遗产 光明日报 1961 年 8 月 21 日 2 版
正确对待艺术遗产注意培养新生力量粤剧艺人开“神仙会”畅谈粤剧传统 南方日报 1961 年 8 月 22 日 3 版
厦门文艺界探讨地方戏曲传统热烈讨论“审陈三”改编问题 福建日报 1961 年 8 月 24 日 3 版
天津市戏曲艺术出现生动活泼景象各流派舞台献艺老剧目再现青春 人民日报 1961 年 8 月 24 日 4 版
学习、继承和发展梅派艺术剧协上海分会邀请戏剧界人士座谈 文汇报 1961 年 8 月 26 日 2 版
发扬地方特点继承各种流派提高艺术质量，晋剧青年演出团来京公演得到好评 卉中 光明日报 1961 年 9 月 10 日 1 版
积极挖掘慎重处理先内后外重点提高武汉剧坛好戏连台 人民日报 1961 年 9 月 12 日 4 版
边讲边演多场传艺盖叫天昨在沪作表演艺术报告勉励青年演员练好基本功打下扎实基础

文汇报　1961年9月22日2版
全省锡剧观摩演出大会开幕　新华日报　1961年10月9日1版
全国剧协、音协等单位召开座谈会讨论阿宫腔、碗碗腔搬上大戏舞台问题　光明日报　1961年10月21日4版
省会文艺界就花鼓戏“三里湾”的演出举行座谈会“三里湾”是出富有教育意义的好戏　新湖南报　1961年10月31日3版
六个小生合演“珍珠塔”七个旦角合演“孟丽君”锡剧名角南京大会串　人民日报　1961年11月5日4版
正字戏西秦戏白字戏举行汇报演出发掘继承整理传统剧目三个剧种的南派武功艺术引起普遍重视，表演艺术唱腔音乐也有独特丰富的艺术遗产　南方日报　1961年11月8日3版
桂剧老艺人座谈会结束　广西日报　1961年11月10日2版
浙江省和杭州市文艺界人民祝贺盖叫天舞台生活六十五周年　人民日报　1961年11月17日2版
继承和发扬戏曲艺术遗产各地纷纷上演优秀传统剧目　人民日报　1961年11月23日4版
三十多名高甲戏丑角演员在厦门同台献演拿手好戏　人民日报　1961年12月4日4版
进一步发掘整理传统剧目省文化局在莆田开现场会议，总结交流经验　福建日报　1961年12月5日4版
省文化局召开全省戏曲剧团工作会议总结工作经验，研究提高戏曲艺术质量问题　新华日报　1961年12月6日3版
如何继承和发展吕剧音乐，山东文艺工作者展开讨论　人民日报　1961年12月7日5版
首都文化艺术界隆重集会庆祝周信芳演剧生活六十年，周恩来总理、陆定一副总理观看演出　人民日报　1961年12月12日4版
中国戏剧出版社出版“周信芳舞台艺术”　人民日报　1961年12月12日4版
北京整理老艺人表演艺术经验　文汇报　1961年12月13日2版
上海观众目不暇给兄弟剧团互学共进　人民日报　1961年12月15日5版
剧坛传喜讯名师传高徒市属各剧团青年演员举行拜师大会　重庆日报　1961年12月24日1版
祝贺武汉市汉剧院诞生　林达　湖北日报　1961年12月31日3版
祝贺卓越的表演艺术家艺术生命常青周信芳演剧生活60年纪念演出开幕本市党政领导同志和文艺界人士参加了开幕式　解放日报　1961年12月31日1版
全区彩调老艺人座谈会在南宁举行　江平　广西戏剧通讯　1962年7月2期16页
全区桂剧剧目工作座谈会结束　辛直　广西戏剧通讯　1962年11月3期28页
汉剧艺术事业发展的新阶段武汉汉剧院元旦正式成立文化部副部长徐平羽、省市负责同志孟夫唐、宋一平等到会祝贺　湖北日报　1962年1月3日1版
怎样记录整理老艺人艺术经验戏剧家协会在京邀请部分记录整理工作者座谈　文汇报　1962年1月9日2版
花朵有了雨露和阳光才能像彩霞一样开放民族戏剧有了党的领导才能焕发艺术光彩　省民族戏剧观摩演出隆重开幕　云南日报　1962年1月9日1版
总结经验探讨规律省文化局召开新剧种座谈会　吉林日报　1962年1月10日3版
本市文艺界人士和麒门弟子继续座谈深入探讨麒派艺术的特色和成就　解放日报　1962年1月11日1版
尊重传统努力革新精益求精上海京剧院二团演出质量不断提高演员水平齐整艺术风格新鲜

明朗给首都观众留下良好印象 光明日报 1962年1月11日2版
省民族戏剧观摩演出胜利闭幕 云南日报 1962年1月18日1版
傣、僮、白、彝四种民族戏同现昆明舞台，云南举行首次民族戏观摩演出 人民日报 1962年2月2日4版
汕头区整理潮剧丑角艺术有成绩 南方日报 1962年2月16日3版
让剧坛更加繁花似锦——我省各地积极挖掘、整理戏曲艺术遗产，以新剧目迎接毛泽东同志“在延安文艺座谈会上的讲话”发表二十周年 新湖南报 1962年2月24日3版
继承北昆遗产提高演出水平省、市文化局等单位昨联合举行座谈会 河北日报 1962年3月14日2版
继往开来发展评剧艺术评剧界前辈倪俊声张凤楼喜收高徒喜彩岭、刘小楼、吴素舫、杨振邦等昨晚拜师省委书记王一伦同志出席拜师会并讲了话 黑龙江日报 1962年3月16日1版
师资不足能者为师多方关怀加速培养哈尔滨市京剧团青年演员迅速成长三月十日开始举行青年队建队三周年汇报公演 黑龙江日报 1962年3月17日3版
发挥老艺人特长把艺术传授给青年人云南京剧团大力培养新生力量 光明日报 1962年3月18日2版
乌鲁木齐部分戏曲工作者座谈挖掘整理传统剧目问题 新疆日报 1962年3月24日3版
省剧协邀请西安地区的剧作家和评论家讨论“谢瑶环”一剧几个不同的改编本 陕西日报 1962年4月3日3版
北京戏曲学校纪念建校十周年专场演出花脸戏 本报讯 人民日报 1962年5月15日2版
面对几千个昆曲曲牌如何进行整旧和创新上海市戏曲学校研究室召开座谈会，提出不同意见展开讨论 人民日报 1962年5月16日1版
整旧创新百花齐放我区民间歌剧“二人台”重放光彩 本报 内蒙古日报 1962年5月30日1版
田汉畅谈广东戏剧艺术传统 本报 羊城晚报 1962年6月8日1版
中国戏剧家协会主席田汉在穗畅谈访粤看戏观感 本报 南方日报 1962年6月8日1版
福州闽剧院大力搜集传统剧目发现林琴南创作的闽剧“上金台” 本报 文汇报 1962年6月15日1版
评剧音乐工作者座谈评剧音乐 何于璧 黑龙江日报 1962年6月20日4版
邢台专区豫剧团在京演出受到欢迎，首都戏剧界座谈喜剧“抬花轿” 光明日报 1962年7月11日2版
市文联邀请戏曲界人士座谈探讨戏曲语言的特点 本报 北京日报 1962年7月14日2版
“抬花轿”受到首都戏剧界一致赞赏邢专豫剧团在京演出获巨大成功 河北日报 1962年7月25日2版
广州粤剧舞台上演一批传统剧目少数剧目未经整理受到观众批评 南方日报 1962年8月4日1版
首都戏剧界举行座谈会纪念梅兰芳同志逝世一周年 人民日报 1962年8月9日2版
省文化局召开部分主要豫剧演员座谈会探讨进一步提高豫剧质量问题 河南日报 1962年8月9日1版
西安文艺界一千多人集会庆祝易俗社成立五十周年同时举行纪念演出和举办展览会 人民日报 1962年8月15日2版
佛山粤剧界继续发掘整理传统剧目专区剧团和各县剧团准备编演一批现代剧目 南方日报

1962年8月23日3版

剧协上海分会举行座谈会探讨连台本戏的推陈出新问题　文汇报　1962年9月1日2版

长途跋涉送好戏千家万户喜盈盈上海许多剧团下乡演出深受欢迎　文汇报　1962年9月11日1版

十六台好戏同时开锣三千多佳宾欢聚一堂剧协举行盛大中秋节联谊会康生、周扬等文艺界人士共庆佳节　文汇报　1962年9月12日1版

我国著名艺术家、戏剧教育家欧阳予倩同志逝世　人民日报　1962年9月22日2版

浙江婺剧团来京演出深受欢迎剧协、音协分别召开座谈会探讨婺剧表演艺术和音乐特点等问题　光明日报　1962年10月27日3版

市文联召开现代题材戏剧创作座谈会　北京日报　1962年11月8日2版

长途跋涉送戏上门千方百计克服困难华联扬剧团下乡演出受到农民赞扬　文汇报　1962年11月10日2版

是宣传反对封建礼教，还是宣扬资产阶级恋爱观点？粤剧“王大儒供状”有争论　南方日报　1962年11月10日3版

省文化局举办花鼓灯研究班深入挖掘整理我省花鼓灯艺术　安徽日报　1962年11月13日2版

省文化局召开豫剧名老艺人座谈会探讨豫剧各个流派的艺术特色和今后发展趋向等问题　河南日报　1962年11月14日1版

爬山越岭送戏上门千方百计方便农民昌化越剧团在浙江山区扎根　文汇报　1962年11月23日3版

广州戏剧界近日分别举行座谈对“王大儒供状”进一步展开争论　南方日报　1962年11月24日3版

上海戏剧界盛赞现代剧“杨立贝”并表示要学习昌化越剧团同志深入农村的苦干精神　解放日报　1962年11月29日2版

庆祝戏曲教育家肖长华八十五寿辰北京京剧老演员同台演出传统戏曲片断　人民日报　1962年12月5日2版

省市文艺戏剧界举行盛会祝贺郑奕奏艺术生活五十年　福建日报　1962年12月13日1版

积极提高剧目质量，更好地为农业服务全省戏剧工作会议结束　吉林日报　1962年12月13日2版

本省举办粤剧编剧讲习会与会者学习了当前形势，党的方针政策；结合创作实际和当前上演剧目存在问题交换了意见，进行了学术性争鸣　羊城晚报　1962年12月19日2版

改进和加强剧目工作发挥戏剧艺术的教育作用省文化局召开剧目工作座谈会　黑龙江日报　1962年12月26日2版

把戏送到农民需要的地方去川沙剧场主动配合剧团下乡　文汇报　1962年12月27日2版

在戏剧舞台上更好地反映新生活市文化局召开剧团工作会议讨论进一步加强剧目工作加强戏剧为农业服务　解放日报　1962年12月29日2版

南宁市举办戏剧、歌舞“百花奖”评比　尚梦樵　广西戏剧　1963年4月总5期21页

区内各剧团积极上演现代题材的剧目　廖文　广西戏剧通讯　1963年5月总6期11页

区文化局举办戏曲演员学习班　勋　广西戏剧通讯　1963年9月总8期12页

戏曲导演观摩学习会结束　刘　广西戏剧通讯　1963年9月总8期35页

本区各专业艺术表演团体纷纷上山下乡为农民演出　艺讯　广西戏剧通讯　1963年9月总8期36页

何伟同志接见豫剧《沙岗村》《社长的女儿》创作人员谈发展和繁荣戏剧创作问题　奔流　1963年12月创刊号38页

人民淮剧团青年演员受表扬共青团上海市文化局委员会昨举行授奖典礼　解放日报　1963年1月10日2版

本省举行戏曲理论工作座谈会研究加强戏曲评论战斗性　羊城晚报　1963年1月13日1版

长沙市戏曲界举行座谈会澄清对“火烧红莲寺”的错误看法　新湖南报　1963年1月16日3版

市文化局召开剧目工作会议研究加强剧目的革命性思想性问题　旅大日报　1963年1月24日2版

繁荣剧目创作为农业生产服务省文化局召开剧目工作会议　安徽日报　1963年1月30日2版

政治上方向一致艺术上百花盛开我省举行剧目工作会议　四川日报　1963年1月30日1版

阿甲谈戏曲导演和表演问题对改进粤剧提出许多中肯见解　羊城晚报　1963年2月8日1版

赵紫阳、区梦觉等同志接见下乡演员省市艺术表演团体汇报演出下乡期间创作的小型节目　南方日报　1963年3月7日1版

坏戏改成好戏死戏演成活戏广东汉剧发掘传统剧目成绩显著　南方日报　1963年3月23日3版

认真总结，不断提高，为繁荣我市社会主义戏曲事业而奋斗——中共包头市委宣传部副部长刘启焕在王玉山先生舞台生活四十年纪念会上的讲话　包头日报　1963年3月28日2版

繁荣剧目创作提高演出质量省文化局、省文联召开剧目工作座谈会　甘肃日报　1963年4月6日1版

我省召开专业剧团编剧、导演及主要演员会议讨论进一步加强戏剧工作更多地上演现代剧目更好地为农村服务　四川日报　1963年7月5日1版

上山下乡把好戏送到农村省文化局召开专业剧团评比会议十三个剧团评为先进单位三个剧团受到表扬　新湖南报　1963年7月13日3版

以轻骑兵的姿态把社会主义文艺送到农村以革命战士的作风参加劳动密切联系群众首都三艺术团体下乡思想艺术双丰收　人民日报　1963年7月17日2版

现代剧目是农民最需要的“营养餐”“思想轻”才能轻装深入为农民服务省委宣传部召集省市文艺轻骑队负责人总结经验　南方日报　1963年8月17日3版

餐风宿露送戏上门兢兢业业为农民服务嘉定县锡剧团牢牢扎根在农村　文汇报　1963年8月17日1版

省越剧现代戏观摩演出昨日开幕周建人省长和盛华同志勉励大家要做个彻底的革命文艺工作者　浙江日报　1963年8月17日1版

千方百计为农民送戏上门充分反映农村的当前斗争省演出队下乡三月思想艺术双丰收江渭清同志等观看汇报演出，接见演出队全体同志　新华日报　1963年8月25日1版

把戏送到社员家门口让文艺更好地为农民服务省属剧团纷纷组织农村演出队下乡（附评论：《把好戏送到农村去》）　安徽日报　1963年8月28日2版

反映伟大的时代精神推动社会主义建设省越剧现代戏观摩演出代表座谈收获陈伟达同志出席座谈会并作了亲切讲话　浙江日报　1963年9月11日1版

贯彻党的文艺方针配合社会主义教育上海文艺团体深入工农兵演出五十多个单位的文艺工

作者通过演出锻炼了思想提高了艺术　解放日报　1963年9月25日1版
省吕剧座谈会研究发扬吕剧战斗作用问题　大众日报　1963年9月29日3版
上海越剧界努力革新剧目内容发挥戏剧战斗作用越剧反映现实观众耳目一新　文汇报　1963年10月9日1版
剧协武汉分会座谈戏曲的推陈出新探讨戏曲如何反映现代生活问题　湖北日报　1963年10月20日3版
认真贯彻百花齐放推陈出新方针武汉戏剧界举行戏曲工作座谈会　湖北日报　1963年10月26日1版
江苏扬州专区扬剧团深入生活大胆创造现代戏《夺印》获得巨大成功　解放日报　1963年10月27日1版
让戏曲更好地适应时代和人民需要省文化局召开剧目工作会议　安徽日报　1963年11月1日2版
进一步贯彻“百花齐放，推陈出新”的方针成都戏曲界分别就剧目、音乐、舞台艺术举行专题座谈　四川日报　1963年11月7日3版
让戏曲更好地为时代为人民服务辽宁省和沈阳市戏曲界举行座谈会，讨论进一步贯彻执行“百花齐放，推陈出新”方针问题，周恒同志到会讲了话　辽宁日报　1963年11月8日1版
进一步贯彻执行党的“百花齐放，推陈出新”的方针我区二人台、二人转观摩演出会昨天开幕　内蒙古日报　1963年11月21日3版
何伟同志接见豫剧《社长的女儿》创作人员就发展和繁荣现代剧目问题作了谈话　河南日报　1963年11月22日1版
王任重同志接见枣阳曲剧团演员观看了他们的演出《三世仇》赞扬演得好　湖北日报　1963年11月25日1版
积极反映现代生活，更好地为社会主义服务，本市明天起举行现代题材剧目观摩演出周　北京日报　1963年12月6日2版
本市现代题材剧目观摩演出周胜利闭幕彭真同志等观看了参加演出的剧目　北京日报　1963年12月14日2版
全区二人台二人转观摩演出会成绩显著　内蒙古日报　1963年12月14日1版
把看戏当作是接受社会主义教育的机会工农兵热爱现代戏上海今年有六十多个剧团演出了三百十八个反映现实斗争的剧目　解放日报　1963年12月21日1版
让二人转艺术更好地为社会主义服务，黑龙江省二人转、拉场戏观摩演出会开幕李延禄省长等出席开幕式并讲了话　黑龙江日报　1963年12月22日2版
山东聊城评剧团长期实践证明现代戏具有强大生命力演员艺术水平不断提高剧团在群众中赢得良好声誉　解放日报　1963年12月22日2版
热情反映现实生活，积极上山下乡演出，省文化局奖励四十个积极为农村服务的剧团（附本报评论员：《坚持上山下乡演出好戏》）　吉林日报　1963年12月28日4版
坚持戏曲的推陈出新开展演五本好戏活动自治区文教厅、文联召开戏曲工作座谈会　宁夏日报　1963年12月30日1版
首都戏剧界座谈沪剧、豫剧、二人台、二人转演出　戏剧报　1964年1月1期33页
中国戏剧家协会召开第四届常务理事（扩大）会议　戏剧报　1964年1月1期35页
舞台新花向阳开——记《社长的女儿》《沙岗村》在各地演出的情况及反映　奔流　1964年1月1期69页

工农兵喜爱的歌舞小戏——中国音协为内蒙古二人台二人转来京演出举行座谈会　张璧　人民音乐　1964年2月号21页
京剧编演现代戏形成高潮　戏剧报　1964年5月5期7页
高举革命红旗，反映现实生活——湖北省举行第五届戏剧（现代戏）会演　本刊讯　长江戏剧　1964年6月第3期51页
取经记——京剧演员和沪剧演员座谈　文涛　北京日报　1964年1月1日6版
在实践中进一步明确现代剧的革命意义演出现代剧目演员也受教育一些戏剧工作者要求到工农兵群众中去扎根以改造自己　解放日报　1964年1月2日2版
交流经验推陈出新多为农民演出新戏好戏全省二人转拉场戏观摩演出会结束《掉萝茓》、《柳春桃》等剧目获创作奖、优秀演出奖　黑龙江日报　1964年1月4日2版
段二淼同志舞台生活五十周年晋东南区文艺界举行纪念会　山西日报　1964年1月6日3版
为昆剧的发展找到了一条革命的道路《红灯传》公演获得很大成功许多戏曲工作者认为它是戏曲改革的良好范例　浙江日报　1964年1月7日1版
学习县剧团为农民服务的经验中国评剧院向顺义评剧团取经　北京日报　1964年1月9日2版
进一步贯彻“百花齐放、推陈出新”方针戏曲工作必须反映时代为当前政治斗争服务本市举行戏曲工作座谈会　重庆日报　1964年1月10日2版
去年本省戏曲战线呈现一片革命景象好的现代戏一批批出现，改变了城乡舞台的面貌；各剧团热心地演现代戏纷纷送革命的戏曲下乡为农民服务，为社会主义服务　新华日报　1964年1月12日1版
王恩茂赛福鼎等同志观看京剧《白毛女》　新疆日报　1964年1月15日1版
彭真同志等观看评剧《向阳商店》《会计姑娘》勉励中国评剧院总结演现代戏的经验继续前进　北京日报　1964年1月15日3版
不少观众认真提建议——热诚希望现代戏越演越好（《要想演好工农兵先要学习工农兵》等）　张立秉等　北京日报　1964年1月21日5版
许多观众写信表示——要求更多的现代戏登上舞台（附编者的话《意义重大的一场讨论》）　北京日报　1964年1月21日5版
八人轻骑兵上山下乡把好戏送给农民平和潮剧团大学解放军战士演出队两个多月来行程四百余里，演出四十五场，受到农民群众热烈欢迎　福建日报　1964年1月26日1版
省文联省文化局联合召开现代戏创作座谈会交流经验充分反映时代精神努力提高创作质量，何伟同志就现代戏的创作问题作了重要讲话　河南日报　1964年1月26日1版
可贵的一步（剧协广东分会就《槐树庄》等三出现代戏长剧召开座谈会）　羊城晚报　1964年1月28日2版
反映时代精神出社会主义之新省部分京剧现代剧目汇报演出开幕白如冰、周兴、苏毅然等负责同志观看了演出　大众日报　1964年1月29日1版
省委宣传部召集合肥地区戏曲界举行座谈大力提倡创作演出现代戏中共安徽省委书记处候补书记陆学斌同志到会讲话　安徽日报　1964年1月31日1版
坚决打破旧框框认真演好现代戏省赣剧院二团的演出《社长的女儿》受到观众欢迎（附杨桂仙著：《三十七年从头开始》）　江西日报　1964年1月31日3版
使京剧艺术适应社会主义时代要求上海京剧院积极排练现代戏周信芳日前开始排练新戏《杨立贝》　文汇报　1964年2月1日2版

大演现代戏，把社会主义的文艺带到农村去！省市二十三个艺术团体下乡演出昨日在广州举行一千多人誓师大会魏伯等在大会上讲话　南方日报　1964年2月6日1版

豫剧院三团出省演出归来思想艺术双获丰收决心进一步深入生活演好现代戏党的亲切关怀给了他们极大鼓舞兄弟剧团的热情帮助使他们获得很大教益　河南日报　1964年2月7日1版

广州市粤剧舞台时代声音微弱大半年来现代剧上演的剧目和场次仍然很少，反映本省解放十四年来生活和斗争的更少，舞台上封建时代的帝王将相才子佳人占压倒优势，而且还不时出现坏戏　南方日报　1964年2月9日1版

坚持推陈出新促进京剧改革省部分京剧现代剧目汇报演出结束谭启龙等负责同志观看了部分演出　大众日报　1964年2月10日1版

李先念和陆定一副总理接见来京演出的六个剧团全体人员　人民日报　1964年2月22日1版

陶铸等中南局和省委领导同志观看商丘市豫剧团演出《社长的女儿》　南方日报　1964年2月22日1版

写新戏演新戏反映时代风貌歌颂时代新人“抗洪题材戏、曲节目观摩演出”开幕　河北日报　1964年3月11日1版

积极贯彻戏曲百花齐放推陈出新的方针上海京剧界以革命精神大演现代剧　文汇报　1964年3月14日1版

长春市京剧团演出现代剧八百多场的实践经验证明京剧反映现实生活斗争有广阔前途剧协吉林分会和长春市文联举行座谈会交流京剧演现代戏的经验　吉林日报　1964年3月15日1版

再接再厉创作更多更好的现代戏、曲“抗洪题材戏、曲节目观摩演出”胜利闭幕　河北日报　1964年3月17日1版

党和国家领导人看京剧《芦荡火种》　人民日报　1964年3月21日2版

更多更好地上演现代戏太原市戏曲剧团现代剧目演出周闭幕陶鲁笳同志观看了《社长的女儿》并接见演员　山西日报　1964年3月24日1版

积极反映现代生活促进京剧艺术推陈出新我省京剧现代剧目观摩演出胜利结束省委书记处书记、副省长王一伦出席总结大会作了重要讲话　黑龙江日报　1964年3月25日1版

内蒙古艺术剧院京剧团演出《草原英雄小姊妹》乌兰夫等领导同志观看了演出并同演员们亲切交谈予以鼓励　内蒙古日报　1964年3月29日1版

龙溪专区芗剧团演出现代戏《碧水赞》叶飞同志观看了演出并和演员们作了亲切谈话　福建日报　1964年4月3日1版

以社会主义英雄形象鼓舞观众——祝全省专业剧团现代戏剧观摩演出开幕　响午　青海日报　1964年4月14日3版

高举毛泽东文艺思想红旗大编大演社会主义现代剧我省专业剧团现代戏剧观摩演出会开幕中共青海省委第一书记杨植霖同志作了重要讲话　青海日报　1964年4月14日1版

高举毛泽东思想伟大红旗发展繁荣社会主义戏剧我省二届戏剧观摩演出大会今日开幕　陕西日报　1964年4月20日1版

高举毛泽东文艺思想红旗推动现代戏的创作和演出在长艺术表演团体现代剧目观摩演出开幕　吉林日报　1964年4月21日1版

我省第二届戏剧观摩演出大会隆重开幕中共中央西北局和省市负责同志出席了开幕式李启明省长致开幕词省委书记处书记舒同作重要讲话　陕西日报　1964年4月22日1版

反映现实生活斗争发挥戏剧战斗作用我省戏剧工作者编演现代剧成绩显著　青海日报　1964年4月22日1版

刘澜涛张德生等同志接见省二届戏剧观摩演出会胜利闭幕（社论）　青海日报　1964年4月25日3版

武汉市群众文艺现代题材创作节目交流演出结束反映现代生活歌颂时代精神省市领导同志昨晚观看了汇报演出　湖北日报　1964年4月26日1版

促进现代剧的繁荣发展促进意识形态领域的革命本市现代剧目观摩演出揭幕　天津日报　1964年4月27日1版

新英雄人物活跃首都京剧舞台许多京剧演员积极深入生活努力创作排演现代戏　文汇报　1964年4月28日2版

坚持党的文艺方向更好地反映现实斗争在长艺术表演团体现代剧目观摩演出闭幕　吉林日报　1964年5月10日1版

省二届戏剧观摩演出大会代表以充沛的革命热情积极响应党的号召，明确社会主义方向做彻底革命的文艺战士　陕西日报　1964年5月11日1版

上海文艺界人士举行座谈会盛赞《智取威虎山》编得好演得好　解放日报　1964年5月12日3版

全面开展文艺革命的重要开端全区现代剧观摩演出大会开始举行乔晓光、伍晋南、覃应机等领导同志接见了全体代表　广西日报　1964年5月19日1版

高举毛泽东思想红旗为促进戏剧工作革命化戏剧工作者革命化而努力自治区戏剧观摩演出大会隆重开幕吕剑人、林勃民等自治区党政领导同志出席伊敏诺夫副主席致开幕词　新疆日报　1964年5月21日1版

坚决贯彻党的文艺方向用高标准要求演出质量京剧现代戏《黛诺》得到好评　云南日报　1964年5月21日3版

进一步促进翻身农奴业余文艺活动的繁荣和发展西藏地区举行第一届群众业余文艺观摩演出会　西藏日报　1964年5月24日1版

坚持毛泽东文艺方向改变戏剧舞台面貌我省各地大力编演现代剧一个多编、编好、多演、演好现代剧的热潮正在形成　甘肃日报　1964年5月24日1版

高举毛泽东思想红旗努力反映社会主义现实生活全省第五届戏剧（现代戏）会演今天开幕　湖北日报　1964年5月25日1版

全省戏剧（现代戏）会演隆重开幕张体学、许道琦同志等出席开幕式孟夫唐同志讲了话　丁遵新　湖北日报　1964年5月26日1版

推动社会主义戏剧艺术的发展促进戏剧事业的社会主义改造我省第二届戏剧观摩演出大会胜利闭幕中共中央宣传部副部长、文化部副部长林默涵西北局书记处书记胡锡奎、候补书记刘刚、省委书记处书记舒同等出席闭幕式、刘邦显同志致闭幕词　陕西日报　1964年5月29日1版

我区现代戏剧观摩演出大会开幕自治区党政领导人出席，王金璋同志致词，江云同志讲话　宁夏日报　1964年5月31日1版

反映伟大时代的成就是戏剧艺术的历史使命张体学许道琦同志召集参加戏剧会演的部分代表座谈革命现代戏的创作演出等问题，并作了讲话　湖北日报　1964年6月1日1版

不断的加强思想改造适应时代和群众需要创编改革演出新二人转省文化局举办全省二人转工作者学习会　吉林日报　1964年6月5日1版

陆定一副总理在京剧现代戏观摩演出大会开幕式上讲话让京剧现代戏的革命之花开得更茂

盛　人民日报　1964年6月6日1版

把具有悠久传统的京剧艺术推向更加灿烂的新阶段京剧现代戏观摩演出大会在京开幕沈雁冰部长致开幕词陆定一副总理做了重要讲话　人民日报　1964年6月6日1版

在首都京剧现代戏观摩演出大会上各表演团体将演出三十七个剧目　人民日报　1964年6月6日2版

群众业余文艺要坚决为政治服务我区党政军负责同志接见参加全区第一届群众业余文艺观摩演出会的全体代表王其梅副书记向代表们作了重要指示　西藏日报　1964年6月9日1版

更高地举起毛泽东文艺思想红旗前进我区首届群众业余文艺观摩演出会闭幕　西藏日报　1964年6月9日1版

京剧现代戏观摩演出第一轮结束演出的五个剧目以新的思想内容和风格赢得京剧界和首都观众的赞扬周恩来董必武陆定一康生等领导人分别看了演出并祝贺演出成功　人民日报　1964年6月11日2版

上海京剧工作者在京举行讨论会学习京剧《芦荡火种》深入生活革新艺术　解放日报　1964年6月11日2版

加速思想革命化努力创造和演出更多更好的现代戏自治区戏剧观摩演出大会胜利闭幕吕剑人同志在会议期间作了重要讲话张石秋同志作了总结报告　新疆日报　1964年6月12日1版

在伟大毛泽东思想指导下发挥戏剧艺术的战斗作用曾惇同志向全省现代戏会演大会作了重要报告　湖北日报　1964年6月15日1版

为提高和普及现代戏打下了初步基础全区现代戏观摩演出大会胜利闭幕　广西日报　1964年6月16日1版

两千多名京剧工作者积极观摩交流经验互学互帮取长补短演好京剧现代戏　人民日报　1964年6月16日2版

高举毛泽东思想红旗，发展社会主义戏剧艺术，我区现代戏剧观摩演出大会闭幕自治区党政领导人接见与会代表李景林、江云同志在会上讲了话　宁夏日报　1964年6月16日1版

全省第五届戏剧（现代戏）会演大会胜利闭幕全体代表一致热烈响应黄冈专区和黄石市代表团联合提出的《向夏菊花同志学习，做革命的文艺工作者》的倡议　湖北日报　1964年6月17日1版

全省第五届戏剧（现代戏）会演大会闭幕词　任清　湖北日报　1964年6月17日3版

高举毛泽东文艺思想红旗为工农兵为社会主义服务全省现代戏会演大会昨日隆重开幕　新湖南报　1964年6月18日1版

革命“红灯”代代传——首都报纸载文评我省京剧现代戏《革命自有后来人》　黑龙江日报　1964年6月19日4版

检阅成就交流经验促进戏剧工作革命化我省现代戏剧观摩演出大会今日开幕　河南日报　1964年6月20日1版

歌颂新人新事新风貌为政治为生产为群众服务全省职工业余戏剧创作观摩演出闭幕　吉林日报　1964年6月21日1版

省现代戏剧观摩演出大会隆重开幕省委、省人委、省军区领导同志出席了开幕式；张柏园副省长在会上讲了话　河南日报　1964年6月21日1版

周总理接见京剧现代戏观摩演出人员　人民日报　1964年6月24日1版

京剧工作者积极改造思想革新艺术努力塑造新时代的工农兵英雄形象 人民日报 1964年6月24日1版

上海京剧演出团慰问解放军总部贺龙、聂荣臻元帅等观看《智取威虎山》 人民日报 1964年6月27日2版

河南豫剧院三团为省现代戏剧观摩演出大会举行现代戏唱腔音乐展览演出 河南日报 1964年7月2日1版

京剧现代戏观摩演出进入最后一轮 人民日报 1964年7月8日3版

京剧《节振国》在京演出获好评陆定一副总理观看演出并和演员见面 河北日报 1964年7月9日1版

浙江越剧二团昨晚演出《南海长城》林乎加、钱钧、周贯五等负责同志观看了演出 浙江日报 1964年7月10日1版

张平化同志等接见省现代戏会演代表 新湖南报 1964年7月10日1版

京剧工作者通过演现代戏政治觉悟提高要演革命戏先做革命人 人民日报 1964年7月12日2版

欢迎革命的现代戏演好革命的现代戏（北京市工人观众和基层业余京剧活动积极分子座谈京剧现代戏） 工人日报 1964年7月12日4版

高举毛泽东思想红旗为工农兵服务为社会主义服务全省少数民族群众业余艺术观摩演出会开幕 甘肃日报 1964年7月12日1版

把全省戏曲革命运动推向一个新高潮省戏曲现代戏观摩演出会隆重开幕江渭清同志在开幕式上作了重要讲话 新华日报 1964年7月12日1版

为政治服务为生产服务全区群众业余艺术观摩演出会开幕内蒙古党委书记处书记高锦明出席并讲话 内蒙古日报 1964年7月12日1版

进一步发展少数民族群众社会主义业余文化艺术我省少数民族群众业余艺术观摩演出会开幕中共贵州省委第一书记、省长周林出席开幕式 贵州日报 1964年7月13日1版

《文艺报》发表专文《咒骂也是枉然》驳斥帝国主义和现代修正主义者对我国戏剧工作的诽谤 人民日报 1964年7月15日6版

高举毛泽东文艺思想红旗促进戏剧工作革命化省现代戏剧观摩演出大会胜利闭幕省市领导同志出席了闭幕式赵文甫同志在会上讲了话 河南日报 1964年7月15日1版

京剧《六号门》昨晚在津演出陈伯达、廖鲁言、刘子厚等同志观看了演出 河北日报 1964年7月16日1版

称颂党和毛主席为京剧艺术的革新和发展指明方向京剧老艺术家决心为演好现代戏贡献力量 人民日报 1964年7月16日3版

出社会主义之新，让戏剧更好地为工农兵服务，省现代戏会演大会在热烈赞扬声中闭幕 新湖南报 1964年7月17日1版

毛主席接见京剧现代戏演出观摩人员同党和国家其他领导人观看《智取威虎山》 人民日报 1964年7月18日1版

繁荣和发展各民族文化艺术事业我省少数民族业余艺术观摩演出会开幕张平化同志等接见了参加观摩演出会的兄弟民族代表 新湖南报 1964年7月18日1版

京剧青年演员决心按照党的指引走革命化大道立志做红色的京剧艺术接班人在座谈会上表示：要深入生活、改造思想，苦练基本功，演好革命现代戏 人民日报 1964年7月19日3版

地方戏曲工作者欢庆京剧演现代戏的巨大胜利决心为戏曲艺术彻底革命化奋斗到底 人民

日报　1964年7月23日3版
毛泽东主席和其他领导人观看京剧《芦荡火种》　人民日报　1964年7月24日1版
参加现代戏观摩演出会的部分演员、编剧座谈演革命的现代戏做革命的文艺战士　新华日报　1964年7月25日1版
刘主席在沪观看淮剧《海港的早晨》　解放日报　1964年7月25日1版
毛泽东文艺思想的胜利社会主义文化革命的胜利京剧现代戏观摩演出大会在京闭幕周恩来、彭真、陆定一、罗瑞卿等党和国家领导人出席闭幕式　人民日报　1964年8月1日1版
高举毛泽东思想红旗促进戏剧改革和戏剧工作者革命化全省现代剧观摩演出大会隆重开幕　甘肃日报　1964年8月3日1版
努力反映新时代斗争生活揭开戏曲革命史新的一页省戏曲现代戏观摩演出大会昨开幕魏金水林一心陈绍宽等党政负责人出席开幕式许彧青同志代表省委向大会祝贺并作重要讲话　福建日报　1964年8月11日1版
深入生活改造思想认真塑造时代英雄形象江苏许多戏曲演员和编导人员下乡下厂锻炼有收获　人民日报　1964年8月16日4版
检阅成绩交流经验发展和繁荣革命现代戏惠民菏泽济宁泰安四专区举行现代戏观摩会演　大众日报　1964年8月19日1版
省京剧团向党政军领导机关作汇报演出许世友、江渭清等同志接见了全体演出人员　新华日报　1964年8月20日1版
高举毛泽东思想红旗开展社会主义文化革命省戏曲现代戏观摩演出会闭幕　新华日报　1964年8月22日1版
高举毛泽东思想红旗把部队文艺工作做得好上加好军区第三届业余文艺会演大会胜利闭幕　西藏日报　1964年8月23日1版
反映各族人民思想新面貌鼓舞广大群众革命热情海西举行业余文艺会演　青海日报　1964年8月25日3版
进一步推进我省戏曲艺术和戏曲工作者的革命化全省戏曲现代戏观摩演出大会隆重开幕　山西日报　1964年9月2日1版
汪锋同志向参加省现代剧观摩演出大会的戏剧工作者作重要报告要发展和繁荣革命的现代剧就要戏剧工作者思想革命化　甘肃日报　1964年9月3日1版
王中青同志在山西省一九六四年戏曲现代戏观摩演出大会上的讲话　山西日报　1964年9月3日2版
江苏戏曲工作者在全省现代戏曲观摩演出大会上表示认真学习毛主席文艺思想永远做戏曲革命的促进派甘肃省举行现代剧观摩演出受到观众热烈欢迎　人民日报　1964年9月6日3版
高举毛泽东文艺思想红旗为社会主义为工农兵服务本省戏剧革命取得初步成绩一批现代革命戏在广州上演　南方日报　1964年9月10日1版
更高地举起毛泽东思想红旗把戏剧战线上的社会主义革命进行到底韦明同志在全省现代剧观摩演出大会上作总结报告　甘肃日报　1964年9月14日2版
从现实生活和火热斗争中汲取创作源泉四川戏剧创作人员下乡下厂积极创作革命现代戏二百多个艺术团体的工作人员深入农村工厂进行锻炼　人民日报　1964年9月15日3版
推动群众业余创作活跃群众文化生活南宁市举行业余现代剧观摩演出（附短评：《进一步开展群众创作》）　广西日报　1964年9月15日1版
坚持为无产阶级政治服务为生产服务为群众服务省职工业余文艺汇报演出大会开幕　黑龙

江日报 1964年9月15日1版

叶飞同志等会见省现代戏观摩演出人员 福建日报 1964年9月16日1版

在毛泽东文艺思想指引下把戏曲革命进行到底省戏曲现代戏观摩演出大会胜利闭幕 福建日报 1964年9月19日1版

颂时代唱英雄鼓斗志促生产省职工业余文艺汇报演出胜利闭幕 黑龙江日报 1964年9月24日1版

云南京剧院一团向省市文艺界汇报贯彻京剧现代戏观摩演出大会精神促进我省文艺战线的社会主义革命 云南日报 1964年9月24日1版

高举毛泽东思想红旗加速文艺工作者的革命化——祝贺省戏曲现代戏观摩演出在合肥举行 安徽日报 1964年9月27日1版

高举毛泽东文艺思想红旗发展和繁荣社会主义戏剧上海戏剧舞台大演革命现代戏各剧种创作、改编和移植上演许多优秀剧目形成前所未有朝气蓬勃局面 文汇报 1964年10月14日1版

参加社会主义教育运动在斗争中加强自我改造上海千余文艺工作者下乡文艺领导部门对各剧团的演出和创作任务也作了安排 解放日报 1964年10月18日1版

为工农兵服务为社会主义服务为世界革命人民服务我省各剧团积极创作和演出现代戏 云南日报 1964年10月20日2版

高举毛泽东思想红旗把戏剧战线的社会主义革命进行到底全省现代戏观摩演出大会隆重开幕省委书记处书记赵健民出席开幕式刘披云副省长作了重要讲话 云南日报 1964年10月21日1版

文艺评论工作中一项革命性的措施湖南工农兵热情参加现代剧评戏活动 人民日报 1964年10月24日2版

文艺评论工作中一项革命性措施我省工农兵热情参加现代剧评戏活动 湖南日报 1964年10月26日1版

公然出乡大演坏戏为了赚钱大认宗亲读者林宜宝来信批评宁德芹业余剧团的错误做法 福建日报 1964年11月1日4版

促进戏曲艺术和戏曲工作者革命化为工农兵服务为社会主义服务我省戏曲现代戏观摩演出大会隆重开幕省委书记刘俊秀、候补书记黄知真等领导同志出席黄霖同志代表江西省委、省人委向大会致祝词 江西日报 1964年11月4日1版

在全省现代戏观摩演出大会上省民族业余艺术代表团演出精彩节目 云南日报 1964年11月7日3版

在江西省戏曲现代戏观摩演出大会上黄霖同志代表省委、省人委致祝词 江西日报 1964年11月9日1版

工农兵观众热烈赞扬现代戏我省戏曲现代戏观摩演出大会举行第一次工农兵评戏座谈会 江西日报 1964年11月9日1版

在京剧现代戏观摩演出大会的启示和促进下新华京剧团以革命精神演现代戏 新民晚报 1964年11月10日2版

把戏剧战线的社会主义革命进行到底全省现代戏观摩演出大会举行报告会赵健民同志作了重要讲话 云南日报 1964年11月15日1版

让无产阶级思想占领思想阵地参加现代戏观摩演出各演出团到茶馆演唱 云南日报 1964年11月16日1版

做革命人演革命戏把戏剧战线的社会主义革命进行到底现代戏观摩演出大会胜利闭幕阎红

彦同志等党政军负责人出席了闭幕式　云南日报　1964 年 11 月 22 日 1 版

革命现代戏鼓舞着我们——祝贺全省现代戏观摩演出大会的胜利闭幕　云南纺织厂工会　云南日报　1964 年 11 月 23 日 3 版

我省戏曲现代戏观摩演出全部结束今日起开始在南昌公演（附短评：大看革命的现代戏）　江西日报　1964 年 11 月 26 日 3 版

高举毛泽东思想的伟大红旗把戏曲革命进行到底全省戏曲现代戏会演大会隆重开幕王一伦同志代表省委、省人委向大会致以热烈的祝贺并作了重要讲话　黑龙江日报　1964 年 12 月 1 日 1 版

当好文艺战线上的后勤兵现代戏服装道具质量不断提高工艺美术工业公司主办“上海现代剧装道具展览会”共分剧装道具、乐器等七大类展品有四百余件　新民晚报　1964 年 12 月 3 日 2 版

把全省现代戏观摩演出大会精神带到全省各地各演出团相继离昆赴各地巡回演出　云南日报　1964 年 12 月 4 日 1 版

文艺评论工作中一项革命性的措施四百多工农兵群众热情参加现代戏评戏活动　江西日报　1964 年 12 月 6 日 1 版

在浙江省戏曲现代剧曲艺现代书观摩演出大会上曹祥仁同志作了重要报告　浙江日报　1964 年 12 月 9 日 1 版

全省戏曲现代戏观摩演出大会各代表队送戏上门为工农兵演革命现代戏人人称赞演员到茶馆唱新曲受到热烈欢迎　江西日报　1964 年 12 月 10 日 1 版

高举毛泽东文艺思想红旗促进戏曲、曲艺工作者革命化省戏曲现代剧曲艺现代书观摩演出大会胜利闭幕周建人省长在会上作了重要讲话曹祥仁同志等出席了闭幕式　浙江日报　1964 年 12 月 11 日 1 版

大演演好革命的现代戏让工农兵英雄形象占领戏曲舞台我省戏曲现代戏观摩演出大会胜利闭幕刘瑞生同志等出席闭幕式黄知真同志向大会作了重要报告　江西日报　1964 年 12 月 11 日 1 版

欧阳钦等领导同志接见全省戏曲现代戏会演大会全体人员　黑龙江日报　1964 年 12 月 13 日 1 版

更好地反映社会主义新时代努力塑造革命英雄人物形象全省戏曲现代戏会演大会观摩演出结束　黑龙江日报　1964 年 12 月 17 日 1 版

检阅成绩交流经验明确方向进一步推动戏曲艺术和戏曲队伍革命化省地方戏曲革命现代戏观摩演出大会隆重开幕周兴等负责同志出席了开幕式李予昂同志在大会上讲了话　大众日报　1964 年 12 月 18 日 1 版

做革命人演革命戏坚持文化革命我省戏曲现代戏观摩演出大会胜利闭幕　安徽日报　1964 年 12 月 25 日 1 版

省地方戏曲革命现代戏观摩演出会采取一项革命性措施邀请工农兵评论现代戏（附短评：请工农兵评戏好得很）　大众日报　1964 年 12 月 25 日 1 版

广大工农兵观众盛赞革命现代戏《送猪记》等戏短小精悍深受观众喜爱（附短评：革命人爱看革命戏）　大众日报　1964 年 12 月 28 日 1 版

沪剧《芦荡火种》大受工农兵欢迎连演九个月连满三百一十场观众逾五十一万人次　解放日报　1964 年 12 月 29 日 1 版

毛泽东思想的新胜利革命现代戏的新胜利沪剧《芦荡火种》连演九个月深受工农兵群众热烈欢迎　文汇报　1964 年 12 月 29 日 1 版

高举毛泽东文艺思想红旗乘胜前进全省戏曲现代戏会演大会胜利闭幕王一伦书记出席闭幕式孙西岐副省长讲话　黑龙江日报　1964年12月30日1版
工农兵业余戏剧的新花——四川工人、农民和成都部队战士的业余戏剧演出　戏剧报　1965年10月10期24页
坚持深入生活坚持演革命现代戏坚持练基本功萍乡戏剧团注意积累现代戏基本功经验正在演出的《寨上红》中有许多优美的舞蹈表演　新民晚报　1965年1月1日3版
反映农村科学实验的社会主义现代戏江西一出好戏《寨上红》今起公演中共中央华东局、中共上海市委、市人委负责同志日前观看了演出　解放日报　1965年1月1日3版
深入农村生活参加实际斗争改造思想感情泰安专区山东梆子剧团在革命化劳动化中初获成果（附编者注）　大众日报　1965年1月3日1版
看到了社会主义新农村中新农民的斗争生活工农兵观众热情赞扬《寨上红》上海文艺界和戏剧界人士举行座谈，认为这出戏题材新颖、主题深刻，具有浓厚的生活气息和强烈的时代精神　解放日报　1965年1月3日2版
高举毛泽东思想伟大红旗加速戏曲队伍革命化劳动化省地方戏曲革命现代戏观摩演出大会胜利闭幕　大众日报　1965年1月9日1版
抒发了社会主义新农民的豪情壮志《铁肩红心》主题鲜明战斗性强上海文艺界和戏剧界部分人士举行座谈，赞扬赣剧新成就　文汇报　1965年1月17日2版
进一步贯彻党的文艺方针推动京剧的革命化我省京剧现代戏观摩演出大会开幕李凡夫同志在开幕式上讲了话　安徽日报　1965年1月17日1版
京剧革命化的一次大检阅、大会师省京剧现代戏观摩演出大会胜利闭幕　安徽日报　1965年1月31日1版
反映社会主义时代码头工人火热的斗争生活京剧革命现代戏《海港早晨》上演　解放日报　1965年2月2日1版
坚持戏曲革命努力表现先进人物浙江四出戏热情歌颂革命接班人本市文艺界人士赞扬《双红莲》《夜考》《红领巾》《心事》　解放日报　1965年2月6日2版
京剧现代戏既教育了观众又教育了演员武汉市京剧团演出一批现代戏受到观众热烈欢迎，半年来观众达四十多万人次　湖北日报　1965年2月13日3版
反映工业战线比学赶帮的一出好戏《红花曲》对组织工业生产高潮起配合作用裔式娟、李素兰、钱苏娣等先进生产者都认为它很有教育意义　解放日报　1965年2月14日4版
香港观众盛赞革命京剧《红灯记》　人民日报　1965年2月18日2版
京剧工作者攀登京剧艺术高峰的又一革命行动《芦荡火种》修改重排改名《沙家浜》　人民日报　1965年2月18日2版
反映教育战线上两种思想的斗争安徽梆子戏《重要一课》提出重要课题中共中央华东局和上海市党政负责同志昨晚观看演出　文汇报　1965年2月21日1版
使现代戏更好地为工农兵为社会主义服务南充专区各剧团不断丰富剧目努力提高演出质量　四川日报　1965年2月23日3版
热情塑造当代工农兵英雄形象教育广大观众江苏戏剧工作者大编大演革命戏曲　文汇报　1965年2月28日1版
京剧革命化的成果反复锤炼的好戏京剧《红灯记》将同上海观众见面中共中央华东局和上海党政军负责人观看了昨晚招待演出　解放日报　1965年3月10日1版
高举毛泽东思想红旗把京剧革命进行到底省京剧现代戏观摩演出会闭幕　新华日报　1965年3月11日1版

刘建勋等同志观看京剧《红灯记》工农兵观众称赞《红灯记》是一出“啥样的传统戏都比不上”的好戏　河南日报　1965 年 3 月 11 日 1 版

看《红灯记》演《红灯记》学《红灯记》——我省戏曲演员座谈京剧《红灯记》　河南日报　1965 年 3 月 11 日 3 版

安徽戏曲舞台热情歌颂工农兵近一年来创作三百多个大型和独幕剧本，都具有一定的思想性和艺术性　文汇报　1965 年 3 月 12 日 1 版

团小志大依靠集体智慧深入生活向木船工人学习乐山京剧团创作《急浪丹心》极受欢迎　四川日报　1965 年 3 月 13 日 3 版

丽江专区滇剧团演出队巡回演出跋涉一千多里把革命现代戏送到偏僻山村（附短评：坚持下去）　云南日报　1965 年 3 月 15 日 2 版

以高标准实现京剧革命化的样板京剧《红灯记》大放光彩上海戏剧界、文艺界人士座谈学习心得，一致赞扬这出戏具有高度思想水平和艺术水平　解放日报　1965 年 3 月 16 日 1 版

向福建同行学习革命精神把戏曲革命推进一步本市文艺界座谈《碧水赞》《红色少年》教育工作者等座谈《红色少年》一致认为很有教育意义　解放日报　1965 年 3 月 18 日 2 版

后台学习接红灯本市京昆剧演员等向中国京剧院学《红灯记》　解放日报　1965 年 3 月 18 日 2 版

福建戏曲战线呈现一派新气象去年全省各专业剧团共演出七百多个革命现代戏，观众逾二千万人次　文汇报　1965 年 3 月 18 日 1 版

各地京剧工作者满怀革命热情汇集长春我省京剧现代戏会演大会今日开幕　吉林日报　1965 年 3 月 20 日 1 版

总结经验继续前进繁荣与发展社会主义新京剧辽宁省 1965 年京剧现代戏汇演大会胜利闭幕，中共辽宁省委书记周恒出席闭幕式并讲了话　辽宁日报　1965 年 3 月 21 日 1 版

促进戏曲艺术革命更好地为社会主义政治经济服务我省京剧现代戏会演大会隆重开幕郑季翘徐寿轩黄思沛等出席开幕式郑季翘同志在会上讲了话　吉林日报　1965 年 3 月 21 日 1 版

林彪同志等在上海观看京剧《红灯记》　人民日报　1965 年 3 月 24 日 2 版

演了革命现代戏以后（柳州市桂剧二团座谈上演革命现代戏以后的心得和体会）　广西日报　1965 年 3 月 27 日 4 版

推动戏曲艺术更好地为工农兵服务为社会主义服务我区革命现代戏观摩演出会开幕内蒙古党委宣传部副部长潮洛蒙在开幕式上讲了话　内蒙古日报　1965 年 3 月 27 日 1 版

深入当前火热斗争生活着力塑造当代革命英雄形象山东戏曲舞台一年来成绩可喜　文汇报　1965 年 3 月 29 日 1 版

高举毛泽东文艺思想红旗坚决走革命化的道路省京剧现代戏会演大会胜利闭幕徐寿轩副省长在闭幕式上讲了话，省文化局局长高叶做了总结发言　吉林日报　1965 年 3 月 31 日 1 版

北京京剧二团在穗公演《奇袭白虎团》赵紫阳、林李明同志观看了昨晚的演出　南方日报　1965 年 4 月 11 日 1 版

乌兰夫等领导同志接见革命现代戏观摩演出会、乌兰牧骑训练班、电影发行放映会议的全体同志　内蒙古日报　1965 年 4 月 13 日 1 版

京剧《红灯记》影响巨大广大观众受到深刻教育促进了本市戏剧革命　解放日报　1965 年 4 月 19 日 3 版

省和济南市文艺界座谈吕剧《沂河春雷》一致称赞这出革命现代戏在思想性和艺术性方面取得了可喜的成就 大众日报 1965年4月30日3版

进一步繁荣革命现代戏创作省委宣传部组织有关单位认真评选业余作者创作的剧本 陕西日报 1965年4月30日3版

《红灯记》是京剧革命化的样板中国京剧院一团在广州深圳上海演出，受到广大观众极其热烈的欢迎；观众称它是思想上、艺术上的“一盏革命的红灯” 人民日报 1965年4月30日2版

我区革命现代戏观摩演出会举行创作问题座谈会乌兰夫同志就文艺工作作重要讲话强调活学活用毛主席著作深入工农牧兵群众熟悉内蒙古的昨天和今天 内蒙古日报 1965年5月4日1版

革命的政治内容与完美的艺术形式结合得更好《沙家浜》是具有新风格的新样板上海观众和文艺界热烈欢迎并予以高度评价 解放日报 1965年5月7日1版

认真学习《沙家浜》演好革命现代戏上海文艺界人士昨日交流学习心得 解放日报 1965年5月8日2版

西安地区戏剧工作者在参加《蟠桃园》的讨论中普遍提高思想认识进一步端正文艺方向 陕西日报 1965年5月10日3版

东北区京剧现代戏观摩演出会今日开幕黑龙江、吉林、辽宁三省共演出二十六个节目，绝大部分剧目是反映社会主义革命和社会主义建设的 辽宁日报 1965年5月20日1版

东北区京剧现代戏观摩演出会隆重开幕中共中央东北局第一书记宋任穷和三省领导同志出席了开幕式刘敬之同志主持开幕式于林同志在开幕式上讲话 辽宁日报 1965年5月21日1版

高举毛泽东思想红旗把京剧革命推向新阶段东北区举行京剧现代戏观摩演出会中共中央东北局第一书记宋任穷等出席开幕式 人民日报 1965年5月22日2版

省京剧现代戏调演剧目公演胜利结束不断革命精益求精剧目质量不断提高 江西日报 1965年5月23日1版

进一步贯彻党和毛主席的文艺方针进一步促进京剧革命化华东京剧现代戏观摩演出隆重开幕中共中央华东局和华东各省、市委负责同志出席开幕式，魏文伯同志讲话要求巩固胜利发展胜利把戏剧的社会主义革命进行到底 解放日报 1965年5月26日1版

高举毛泽东思想红旗坚持为工农兵服务的方针华东区京剧现代戏观摩演出在上海举行 人民日报 1965年5月27日2版

在全国京剧现代戏观摩演出大会革命精神鼓舞下我省京剧舞台出现繁荣景象 大众日报 1965年6月12日1版

歌颂社会主义新面貌为三大革命运动服务本市新编革命现代戏曲受到工农兵热烈欢迎 天津日报 1965年6月13日1版

坚持毛泽东文艺方向热情歌颂人民革命斗争精心塑造工农兵英雄形象华东京剧现代戏观摩演出收获巨大 解放日报 1965年6月25日1版

高举毛泽东思想红旗作革命人演革命戏东北京剧现代戏观摩演出获新成就 人民日报 1965年6月25日2版

东北区京剧现代戏观摩演出会胜利闭幕，观摩演出期间，中共中央东北局第一书记宋任穷同志作了重要讲话 辽宁日报 1965年6月26日1版

华东京剧现代戏观摩演出胜利闭幕，夏征农同志做总结报告 解放日报 1965年6月26日1版

中南区戏剧观摩演出大会在广州隆重开幕，陶铸、陈郁、黄永胜、刘建勋、王首道、李一清、金明、赵紫阳等同志出席开幕式，吴芝圃同志代表中共中央中南局在开幕式上作重要讲话　南方日报　1965年7月2日1版

贵州省革命现代戏会演隆重开幕，中共贵州省委书记处书记苗春亭在开幕式上作了讲话　贵州日报　1965年7月6日1版

《人欢马叫》（豫剧）在羊城　张一弓　河南日报　1965年7月12日3版

中南局领导同志昨晨接见中南区戏剧观摩全体代表　南方日报　1965年7月14日1版

西北地区现代戏观摩演出大会在兰州开幕，中共中央西北局及西北各省（区）负责同志出席开幕式，胡锡奎同志致开幕词，刘刚同志讲话　陕西日报　1965年7月17日1版

省、市戏剧界举行会议，学习贯彻华东京剧观摩演出大会精神　江西日报　1965年7月18日2版

李雪峰、乌兰夫和林铁同志接见华北区京剧现代戏观摩演出会人员　河北日报　1965年7月21日1版

高举毛泽东思想红旗，把地方戏革命进行到底，省文化局举办全省地方戏演员训练班省委书记处书记、副省长王一伦同志向全体演员讲了话　黑龙江日报　1965年7月22日2版

大写大演现代革命的大事，华北区京剧现代戏有所前进（华北区一九六五年京剧革命现代戏观摩演出会闭幕）　人民日报　1965年7月24日2版

检阅京剧革命化成就，交流京剧革命化经验，华北京剧现代戏观摩演出会胜利闭幕。李雪峰同志讲话鼓励京剧工作者努力深入工农兵，改造思想、大胆创新，把京剧革命进行到底　北京日报　1965年7月24日1版

我省党政负责同志接见参加革命现代戏会演的全体人员，贾启允同志勉励戏剧工作者作社会主义文化战线的革命战士　贵州日报　1965年8月4日1版

中共中央西北局负责同志接见西北区现代戏观摩演出大会同志　陕西日报　1965年8月4日1版

高举毛泽东文艺思想红旗，发扬红军宣传队光荣传统，瑞金采茶剧团轻装简行，分队下乡（附本报评论员：坚持方向，面向农村）　江西日报　1965年8月5日1版

我省革命现代戏会演胜利闭幕，苗春亭同志出席闭幕式，汪小川同志在会上讲话，张世珠同志致闭幕词　贵州日报　1965年8月8日1版

可喜的成绩——全省革命现代戏会演记盛　杨高　贵州日报　1965年8月8日2版

赵紫阳同志接见中南会演广东代表团，勉励代表们虚心向兄弟省（区）和部队代表团学习，再接再厉，把革命现代戏演得更好　南方日报　1965年8月8日2版

中南戏剧观摩演出大会通讯：（一）他们心中有个红太阳　（二）集体主义赞歌　本报记者　羊城晚报　1965年8月13、14日1版

高举毛泽东思想红旗，贯彻党的文艺方针，将戏剧革命进行到底，……西北地区现代戏观摩演出大会胜利闭幕。中共中央西北局第一书记刘澜涛等出席闭幕式，中央文化部副部长石西民讲了话，胡锡奎同志作总结报告　陕西日报　1965年8月17日1版

松江县沪剧团小分队努力为农民服务，轻装简从深入农村大演革命现代戏，近一年来他们在一百二十八个大队演出了九百九十三场，观众达五十多万人次　解放日报　1965年8月17日1版

听毛主席的话，把社会主义新文化送到农村去，上海许多剧团组织小分队下乡　解放日报　1965年8月17日1版

中南区戏剧观摩演出大会前天胜利闭幕，中共中央中南局领导同志出席闭幕式，陶铸同志

在会上作了重要报告 南方日报 1965年8月17日1版

西北戏剧战线发生革命性的变化，革命现代戏在舞台上取得优势 人民日报 1965年8月28日2版

西南区话剧地方戏观摩演出大会隆重开幕中共中央西南局书记处书记李大章同志在大会上作了重要讲话 四川日报 1965年9月6日1版

我省专业剧团在革命化的道路上阔步前进，上演革命现代戏的比重由一九六四年初的百分之十八上升到百分之百，一年多来下乡演出六百余场观众近百万人 青海日报 1965年9月29日3版

学习“乌兰牧骑”的精神，把革命现代戏送到农村去，我省许多戏曲剧团轻装上阵热情为农民演出 吉林日报 1965年9月29日2版

西南区话剧地方戏观摩演出大会胜利闭幕，闭幕前，中共中央西南局书记处书记李大章同志就进一步贯彻党的文艺方针，特别是面向农村为广大农民服务的问题作了重要讲话 四川日报 1965年10月13日1版 云南日报 1965年10月16日1版

高举毛泽东思想红旗占领戏剧舞台，西南话剧地方戏观摩演出获得新成就，川剧艺术在反映革命的现代生活方面显示新的生命力 人民日报 1965年10月14日2版

中南区九个小型革命现代戏昨起在沪公演（附本报评论员：为小型革命现代戏喝彩） 文汇报 1965年10月27日2版

歌舞、戏剧工作要在社会主义革命和社会主义建设事业中发挥更大的战斗作用——王恩茂同志1965年9月12日在接见自治区歌舞、戏剧观摩演出大会部分代表时的讲话 新疆日报 1965年10月28日1版

中南会演剧目正迅速占领城乡舞台 羊城晚报 1965年11月2日1版

读者来信要求讨论《海瑞罢官》问题（附编者按） 文汇报 1965年11月29日2版

为农民送好戏，为生产鼓干劲——本市文艺团体纷纷组织小分队下乡演出 文汇报 1965年12月1日2版

涉县平调落子剧团长期坚持上山下乡为农民服务，大演革命现代戏，勤俭办团 河北日报 1965年12月5日1版

把农村作为主要阵地，把农民作为基本群众，抚松县评剧团坚持上山下乡十七年（附本报评论员：面向农村，心向农民） 吉林日报 1965年12月8日1版

北大中文系师生各抒己见，座谈讨论《海瑞罢官》等问题 北京日报 1965年12月9日2版

本着百家争鸣精神发表各种意见师大文科师生讨论有关海瑞等问题 北京日报 1965年12月9日2版

河北北京师范学院历史系教师对海瑞的历史评价等问题展开讨论 北京日报 1965年12月9日2版

省哲学社会科学学会联合举行讨论会，热烈讨论《海瑞罢官》问题 安徽日报 1965年12月10日1版

人大法律系二年级学生热烈展开讨论，对“清官”问题提出几种不同意见 北京日报 1965年12月12日3版

学“乌兰牧骑”，做红色的戏曲接班人——辽宁省戏曲学校农村文化工作队部分同学座谈纪要 辽宁日报 1965年12月14日3版

南大和师院部分教师对海瑞的评价问题进行讨论 天津日报 1965年12月16日4版

本报邀请一些高等院校文史系师生举行座谈，讨论怎样评价封建社会的“清官”等问题

北京日报　1965年12月23日3版

坚持文艺为工农兵服务为社会主义服务的方向，我省改编移植优秀剧目工作取得成绩　南方日报　1965年12月29日3版

高举毛泽东思想伟大红旗，突出政治，明确方向，武装思想，落实创作，我省举行革命现代戏创作会议　奔流·戏剧专刊　1966年1月1期3页

省直文艺工作者座谈《海瑞罢官》等问题　本刊记者　河北文学戏剧增刊　1966年1月第1号74页

对《海瑞罢官》《谢瑶环》等的大批判继续深入　本刊资料室　戏剧报　1966年3月3期24页

省文联举行《海瑞罢官》、《谢瑶环》讨论会　边疆文艺　1966年3月号47页

黑龙江省文联召开《海瑞罢官》座谈会　北方文学　1966年4月号15页

我省文艺界、学术界讨论、批判《海瑞罢官》《谢瑶环》　火花　1966年4月号67页

西南区一批优秀革命现代戏在京公演　人民日报　1966年1月20日3版

上海文艺戏剧界人士举行座谈，盛赞《奇袭白虎团》的出色成就　解放日报　1966年2月6日2版

充分发挥优秀革命现代戏的威力，中南局宣传部推荐一百个剧目　羊城晚报　1966年2月21日1版

中南各地大量移植优秀剧目　羊城晚报　1966年2月21日1版

广州文艺界讨论批判《谢瑶环》　南方日报　1966年2月23日3版

让革命现代戏迅速巩固地占领舞台，移植的优秀剧目在我省大放异彩，省文化局移植剧目会议确定当前任务和要求　湖北日报　1966年2月24日1版

促使革命现代戏迅速占领舞台，中南区戏剧工作者积极移植优秀革命现代戏剧目　人民日报　1966年3月5日2版

作好革命现代戏移植工作，省文化局，剧协武汉分会邀请戏剧工作者座谈革命现代戏的移植问题　湖北日报　1966年3月20日3版

上海京剧院发扬不断革命精神，《智取威虎山》经较大修改再度公演　文汇报　1966年3月25日1版

乌鲁木齐市戏曲剧院成立　新疆日报　1966年4月3日1版

彻底批判吴晗的反动政治思想和学术观点，省文化局、省剧协连续召开座谈会讨论《海瑞罢官》及其他有关问题　山西日报　1966年4月21日3版

青海大学师生积极参加思想学术战线的阶级斗争，揭露批判吴晗的反动观点，同时有人就《海瑞罢官》问题提出各种不同看法　青海日报　1966年4月29日3版

省文化局座谈批判《海瑞罢官》，与会人员认为我省文化战线上存在着严重的阶级斗争　青海日报　1966年4月29日3版

高举毛泽东思想伟大红旗，积极参加社会主义文化大革命——省市文联举行座谈会批判田汉同志反党反社会主义言行　湖北日报　1966年4月29日3版

彻底铲除《连升三级》这棵反革命大毒草，泉州市工人、农民、战士举行座谈愤怒批判《连升三级》　福建日报　1966年7月8日2版

其他

（一）戏曲电影

这样的历史片有什么意义？——评“彩凤双飞”和“鸳鸯剑”的错误 杜士 大公报 1951年11月10日8版
彩色影片“梁山伯与祝英台”是怎样拍摄的？ 姜薏 大众电影 1954年1月11日第1期总70期30—31页
梅兰芳、盖叫天的舞台艺术将拍成电影 本刊 大众电影 1954年2月26日第4期总73期20—21页
“梁山伯与祝英台”（新片介绍） 姜薏、吴其 大众电影 1954年5月26日第10期总79期24—25页
谈电影《梁山伯与祝英台》 戴不凡 大众电影 1954年8月11日第15期总84期6—9页
从舞台到银幕——我演祝英台的回忆 袁雪芬 大众电影 1954年8月11日第15期总84期10—11页
银幕上的《梁山伯与祝英台》 桑弧 大众电影 1954年8月11日第15期总84期12—13页
我在摄影机前面 范瑞娟 大众电影 1954年8月11日第15期总84期12—13页
《梁山伯与祝英台》唱词选辑 大众电影 1954年8月11日第15期总84期14—17页
戏曲与银幕——关于彩色片越剧《梁祝》的摄制以及个人的一些体会 桑弧 文艺月报 1954年9月总21期49—53页
《盖叫天的舞台艺术》 马少波 大众电影 1954年11月26日第22期总91期8—9页
生动的演技，真实的记录——介绍影片“闽南傀儡戏” 赵家欣 福建日报 1954年7月22日3版
我是怎样导演舞台艺术纪录片“宇宙锋”的 徐苏霍 天津日报 1954年8月8日4版
摄制“宇宙锋”的一点体会 陈伯华 天津日报 1954年8月13日4版
一首优美动人的抒情诗——谈电影“梁山伯与祝英台” 成钢 工人日报 1954年8月26日3版
关于电影“梁山伯与祝英台” 桑弧 文汇报 1954年8月26日8版
影片中梁山伯与祝英台的角色创造 陶雄 解放日报 1954年8月29日3版
卓越的成就——“梁山伯与祝英台”彩色影片观后感 寒声 山西日报 1954年9月24日3版
搬上银幕的《拾玉镯》——看了桂剧“拾玉镯”的舞台纪录片以后 古丁 广西日报 1954年10月16日3版
歌颂爱情的美丽史诗——彩色舞台纪录片“梁山伯与祝英台”观后 徐洁 吉林日报 1954年10月28日3版
影片“梁山伯与祝英台”给我们的启发 丁卒 戏剧报 1955年1月第1期62页
第一个夜晚记《梅兰芳的舞台艺术》开拍 立范 大众电影 1955年3月11日第5期总98期18页
评剧名演员小白玉霜主演的《秦香莲》将搬上银幕 禾子 大众电影 1955年3月26日第

6 期总 99 期 30 页
闽剧《炼印》和晋剧《打金枝》将摄制成舞台纪录片　清标　大众电影　1955 年 4 月 26 日第 8 期总 101 期 26 页
《梁山伯与祝英台》在戛纳上演　宗伊　大众电影　1955 年 5 月 26 日第 10 期总 104 期 34 页
有关欣赏古典戏曲纪录电影的几个问题　亦云　大众电影　1955 年 7 月 26 日第 14 期总 108 期 34—35 页
一个具有强烈人民性的民间故事——谈影片《秦香莲》　刘乃崇　大众电影　1955 年 8 月 26 日第 16 期总 109 期 8—9 页
对封建黑暗官场的一次挑战——介绍舞台纪录片《炼印》　伊兵　大众电影　1955 年 12 月 11 日第 23 期总 116 期 12—13 页
"炼印"的故事　唐伽　大众电影　1955 年 12 月第 23 期总 116 期 14 页
京剧武生的光辉典型（介绍影片"盖叫天的舞台艺术"）　丁敏欧　江西日报　1955 年 1 月 1 日 3 版
梅兰芳舞台艺术纪录片开始摄影　北京日报　1955 年 4 月 12 日 3 版
银幕上的"梁祝"　姜薏　文汇报　1954 年 6 月 27 日 8 版
谈影片《秦香莲》　丁原　天津日报　1955 年 9 月 17 日 4 版
古代劳动人民自己掌握政权的理想——推荐舞台纪录片"炼印"（闽剧）　朱光　解放日报 1955 年 12 月 14 日 3 版
彩色艺术影片"梅兰芳的舞台艺术"摄成　北京日报　1955 年 12 月 18 日 1 版
谈摄制成影片的闽剧《炼印》　伊兵　人民日报　1955 年 12 月 25 日 3 版
在摄制影片"打金枝"的时候　丁果仙　山西日报　1955 年 12 月 31 日 3 版
热烈欢迎彩色影片"梅兰芳的舞台艺术"（上集）上映　大众电影　1956 年 2 月总 120 期 6 页
写在"梅兰芳的舞台艺术"（上集）上映之前　吴祖光　大众电影　1956 年 2 月总 120 期 6 页
一首歌颂劳动和爱情的抒情诗——舞台艺术片"天仙配"观后　尔泗　大众电影　1956 年 2 月总 121 期 6 页
祝"梅兰芳的舞台艺术"彩色影片上映　欧阳予倩　大众电影　1956 年 3 月 5 期 7 页
舞台艺术纪录片向什么方向发展？（谈戏曲电影）　张骏祥　文艺报　1956 年 5 月 30 日本年 10 号总 156 期 21—23 页
关于舞台艺术纪录片　阮替　文艺报　1956 年 6 月 30 日本年 12 号总 158 期 20—21 页
欢迎"群英会"影片的开拍　杨和　戏剧报　1956 年 10 月总 34 期 30 页
戏曲影片的布景形式　韩尚义　中国电影　1956 年 11 月总 2 期 46 页
我喜爱"葛麻"　陶雄　大众电影　1956 年 11 月总 138 期 9 页
拍"十五贯"　陶金　大众电影　1956 年 11 月总 138 期 36 页
试谈戏曲艺术片的一些问题　徐苏灵　中国电影　1956 年 11 月 28 日总 2 期 41—45 页
画面、云和水及其他——看"洛神"杂谈　宪洛　大众电影　1956 年 12 月总 141 期 16 页
"梅兰芳的舞台艺术"拍摄完成　吴祖光　大公报　1956 年 1 月 7 日 3 版
戏曲电影的新成就　李长福　解放日报　1957 年 2 月 23 日 4 版
拍摄舞台艺术纪录片的一点感想　梅兰芳　天津日报　1956 年 3 月 13 日 4 版
"梅兰芳舞台艺术"纪录片的美术设计　韩尚义　光明日报　1956 年 3 月 16 日 2 版

看彩色影片“梅兰芳的舞台艺术”（上） 张庚 人民日报 1956年3月20日3版
介绍“梅兰芳的舞台艺术” 吴祖光 北京日报 1956年3月27日3版
看影片“梅兰芳的舞台艺术” 肖枫 中国青年报 1956年3月27日3版
谈戏曲纪录影片中的一些问题 韩尚义 光明日报 1956年4月14日3版
京剧“四进士”和银幕上的“宋士杰” 周信芳 新闻日报 1956年7月26日4版
舞台艺术纪录影片走什么路？ 姜薏 光明日报 1956年11月3日3版
在长春拍摄“刘巧儿” 新凤霞 吉林日报 1956年11月10日3版
关于电影“花木兰” 陈梦家 人民日报 1956年11月26日7版
电影“群英会”二三事 灵 大众电影 1957年2月总144期23页
谈谈戏曲片的剧本问题 桑弧 中国电影 1957年4月28日第4期24—28页
我对舞台艺术和电影艺术的一些感觉 马师曾 中国电影 1957年4月28日第4期29—30页
我拍“搜书院”时所想到的 红线女 中国电影 1957年4月28日第4期30页
从电影“天仙配”的“片头”谈起 戴再民 中国电影 1957年5月28日第5期5—6页
“天仙配”的导演手记 石挥 中国电影 1957年5月28日第5期24—27页
摄制戏曲影片“十五贯”杂记 陶金 中国电影 1957年5月28日第5期28—31页
戏曲艺术片录音的点滴经验 申顾礼 电影技术 1957年8月8—12页
第一部秦腔彩色影片“火焰驹”即将开始拍摄 李哲明 西安戏剧 1957年11月30日总60期16页
对两部戏曲影片的一些浅见（“宋士杰”，马师曾、红线女的名剧“搜书院”） 屠岸 人民日报 1957年4月3日7版
梅兰芳在北京电影制片厂 丁汇川 天津日报 1957年4月16日4版
“李二嫂改嫁”在银幕上 陶雄 文汇报 1957年12月15日5版
“火焰驹”初传捷报“镇台念书”也拍电影 哲明、震中 西安戏剧 1958年2月15日第3期12页
一部受人欢迎的影片（“火焰驹”） 赵栋 西安戏剧 1959年1月15日元月号22页
“戏曲电影”座谈会（抛砖引玉等发言） 蔡楚生等 中国电影 1959年6月6期12页
湘剧《生死牌》将搬上银幕 湖南电影制片厂 湖南戏剧 1959年7月号11页
戏曲艺术搬上银幕有否矛盾？——拍电影“十五贯”的体会 王传淞 电影艺术 1959年8月2期24页
我的电影生活 梅兰芳 电影艺术 1959年8月2期84页
窦娥冤（电影排演本） 晋南戏剧协会、蒲剧院集体改编 电影文学 1959年9月9期55页
扬剧“百岁挂帅”上银幕 宾 江苏戏曲 1959年10月总7期17页
喜看喜剧戏曲片《女附马》 李建庆 安徽戏剧 1959年11月总14期56页
拍摄《女驸马》中所学到的 严凤英 安徽戏剧 1959年11月总14期57页
扬剧舞台艺术片《百岁挂帅》在拍摄中 长银 江苏戏曲 1959年11月总8期51页
《百岁挂帅》影片导演散记 徐苏灵 江苏戏曲 1959年12月总9期55页
《百岁挂帅》拍摄花絮 银州 江苏戏曲 1959年12月总9期59页
拍摄《二度梅》影片的感受 陈伯华 长江戏剧 1959年12月总7期49页
电影《二度梅》将于新年上映 杜江 长江戏剧 1959年12月总7期50页
我的电影生活 梅兰芳 电影艺术 1960年1月1期85页

参加电影《百岁挂帅》拍摄前后　张瑞泉　江苏戏曲　1960年1月号总第10期28页
略谈戏曲艺术片“游园惊梦”的化妆　孙鸿魁　电影技术　1960年5月34页
杜丽娘的形象在银幕上　梅兰芳　大众电影　1960年6月11期21页
杨门女将（电影分镜头剧本）　崔嵬、陈怀皑　电影创作　1960年6月号61页
从舞台到银幕的“百岁挂帅”　唐真　电影艺术　1960年7月号26页
我的电影生活　梅兰芳　电影艺术　1960年7月号70页
大气磅礴正义凛然的古代女英雄群像——赞北影戏曲艺术片“杨门女将”　邱扬　大众电影　1960年7月13期17页
喜看“杨门女将”　李德全　大众电影　1960年7月14期20页
英雄的颂歌——评影片“杨门女将”　颜长珂　电影艺术　1960年8月号24页
我的电影生活　梅兰芳　电影艺术　1960年8月号69页
老调《潘杨讼》正在拍摄电影　武斌、齐怀琪　戏剧战线　1960年8月号总26期47页
秦腔《三滴血》将搬上银幕　震　陕西戏剧　1960年8月总18期17页
正义战争的颂歌——电影“杨门女将”观后　李贞　中国妇女　1960年9月18期21页
对电影“杨门女将”的一点意见　鲍志伸　上海戏剧　1960年11月11期14页
独特的构思劳动的诗意——看戏曲艺术片“斗诗亭”　颜长珂　大众电影　1960年11月22期17页
看戏曲片“窦娥冤”　张为　大众电影　1960年12月23期11页
试谈电影“杨门女将”的导演处理　蓝伽文　电影创作　1960年12月号45页
一个富有战斗性的古代妇女形象——谈戏曲艺术片“女审”　袁斯洪　上海电影　1960年12月2期21页
我的电影生活　梅兰芳　电影艺术　1960年12月号66页
爱国英雄千秋万世——戏曲艺术片“杨门女将”观后　凤子　人民日报　1960年8月28日8版
喜看舞台艺术片“杨门女将”　夏衍　光明日报　1960年9月6日3版
千里玉树挂银铃——喜看影片“斗诗亭”　边善基　解放日报　1960年10月5日6版
戏曲艺术片的可喜成就——谈电影“杨门女将”　郑亦秋　文汇报　1960年10月15日3版
风华正茂——评影片“杨门女将”的表演艺术　唐真　文汇报　1960年10月15日3版
戏曲艺术片的探索——电影“杨门女将”导演杂谈　崔嵬　文汇报　1960年10月19日3版
略谈影片“杨门女将”电影艺术处理　齐力　解放日报　1960年11月5日5版
历史的结论——影片“杨门女将”观后感　班斧　人民日报　1960年12月14日7版
谈戏曲电影的美术设计　姜今　电影艺术　1961年2月1期36页
“游园惊梦”从舞台到银幕　梅兰芳　戏剧报　1961年2月4期36页
“游园惊梦”从舞台到银幕（未完）　梅兰芳　戏剧报　1961年3月6期36页
“游园惊梦”从舞台到银幕　梅兰芳　戏剧报　1961年4月7、8期67页
尽信书不如无书——喜看彩色影片“三滴血”　周少波　戏剧报　1961年5月号13页
“秦娘美”的美　简慧　大众电影　1961年9月号17页
日月照肝胆霜雪添须眉——谈影片“关汉卿”中两场戏　袁斯洪　上海电影　1961年10月10期12页
漫谈“空印盒”　赵景深　上海电影　1961年10月10期19页

重看舞台艺术片“游园惊梦” 陶君起 大众电影 1961年11月号12页
戏曲艺术片——两种不同艺术形式的结晶 韩尚义、徐苏灵 电影艺术 1961年12月6期57页
学习梅兰芳同志，向新的高峰前进——为梅兰芳舞台艺术电影周而作 周信芳 上海电影 1961年12月12期9页
正义必胜——杂谈影片“潘杨讼” 夏里 河北日报 1961年1月22日3版
满门英雄，气壮山河——看彩色戏曲片“杨门女将” 湾九 安徽日报 1961年2月23日3版
社会主义劳动的诗——戏曲片“斗诗亭”观后 黄益庸 黑龙江日报 1961年3月3日3版
戏曲——电影——戏曲 席斯珂 人民日报 1961年8月2日7版
气比长虹壮——评戏曲艺术片“关汉卿” 林涵表 人民日报 1961年10月18日7版
优美动听的丝弦戏——谈戏曲影片“空印盒” 杨一中 光明日报 1961年10月27日2版
心目了然棒下无情——看彩色戏曲片“孙悟空三打白骨精” 杜凡等 中国青年报 1961年11月22日4版
从“杨门女将”说起——谈摄制戏曲片的几个问题 许其武 电影创作 1962年4月2期68页
梅兰芳拍摄的影片资料 上海戏剧 1962年8月8期11页
神·奇·巧——看“大闹天宫”(电影) 李少春 中国青年报 1962年6月9日4版
传记纪录片“梅兰芳”的摄制 王映东 人民日报 1962年10月19日4版
戏曲片布景小议 正午 电影艺术 1963年8月4期5页
《野猪林》——戏曲片的新成就 冯其庸 大众电影 1963年11月11期22页
盖叫天在摄影棚里 彭兆棻 东海 1963年12月12期33页
电影向传统戏曲学习的尝试 治华 光明日报 1963年3月28日4版
大义凛然激奋人心——谈戏曲片“三关排宴”中佘太君形象的塑造 杨扬 人民日报 1963年5月26日5版
一部很好的戏曲艺术片——《红楼梦》 秦榛 大公报 1963年6月28日3版
透过宝、黛悲剧看封建社会——电影《红楼梦》观后 宗涛 天津日报 1963年6月30日4版
喜看《朝阳沟》——推荐一部现代农村题材的戏曲片 于今 大众电影 1964年1月1期12页
两个钢铸的字——坚持——影片《朝阳沟》主人公银环给我们的启示 谢逢松 中国青年 1964年2月3期27页
重要的一步——看豫剧戏曲片《朝阳沟》 欧阳文彬 大众电影 1964年3月3期12页
向农民介绍电影《朝阳沟》 永飞 山花 1964年4月4期55页
影片《武松》的录音生产试验 朱伟刚 电影技术 1964年12月3期45页
在朝阳沟开花结果——推荐现代戏影片《朝阳沟》 卓宇 辽宁日报 1964年1月31日3版
继承与创新——兼谈豫剧《朝阳沟》的音乐设计 王基笑 河南日报 1964年2月11日3版
朝阳红似火——看戏曲电影《朝阳沟》 何慢 文汇报 1964年3月25日2版

农村读者座谈京剧革命现代戏影片　电影文学　1965年3月号55页
《红管家》是一部好影片（吉林省扶余县公社大队干部座谈《红管家》）　电影文学　1965年3月号59页
喜见革命现代京剧《红管家》搬上银幕　卫明　大众电影　1965年3月2、3期41页
赞《节振国》　张增寿　大众电影　1965年6月6期15页
把革命现代戏更多地搬上银幕　忻才良　电影文学　1965年6月号51页
把京剧革命现代戏搬上银幕的探索——拍摄电影《节振国》的一点体会　于彦夫　电影艺术　1965年8月4期41页
闹革命离不开党——京西城子煤矿工人谈电影《节振国》　人民日报　1965年7月1日6版
喜看《节振国》搬上银幕　带纹幅　吉林日报　1965年7月7日3版
喜看电影《节振国》　李和曾　北京日报　1965年7月9日3版
气势磅礴的革命斗争——看京剧现代戏艺术片《节振国》　陈培仲　光明日报　1965年7月10日4版
矿山烽火起，革命靠武装——评京剧艺术片《节振国》　刘静杰　新华日报　1965年8月28日3版
农民喜爱的一朵红花——评艺术性纪录片《姑嫂练武》　筱文艳（淮剧演员）　大众电影　1966年4月4期14页
两出光彩夺目的小戏——看戏曲舞台艺术片《打铜锣》《补锅》有感　章西等　黑龙江日报　1966年3月16日3版

（二）戏曲在海外

（出国演出的特写、海外对中国戏曲的评论等）

真空的台湾剧坛（连载）　萧荻　大众影剧　1949年6月25日总2、3期
苏联剧改经验与中国戏剧　西蒙诺夫　人民戏剧　1950年4月1卷1期50页
出国途中（第一封信）　袁雪芬　文汇报　1950年11月5日6版
出国途中（第二、三封信）　袁雪芬　文汇报　1950年11月27日6版
访问最近返国的袁雪芬　沈可人　戏曲报　1951年2月20日4卷1期25页
京剧舞蹈队出国了　宁青　大众戏曲　1951年8月第1卷6期19页
出国通讯（一）　张云溪　大众戏曲　1951年8月第1卷6期20页
出国通讯（二）　张云溪等　大众戏曲　1951年9月第1卷7期20页
出国通讯（三）　张云溪等　大众戏曲　1951年11月第1卷9期20页
张云溪给京剧界朋友们的一封信　人民日报　1951年8月3日2版
我们在世界青年联欢节上的演出——张云溪等京剧工作者由柏林的来信　人民日报　1951年9月4日3版
中国的戏剧艺术在德意志民主共和国和匈牙利受到欢迎——京剧工作者张云溪等从布达佩斯寄给中国戏曲研究院正副院长的来信摘要　人民日报　1951年11月21日3版
京剧受到苏联人民的欢迎　光明日报　1952年1月29日3版
京剧“三岔口”在莫斯科演出获得崇高的评价　张云溪等来信　文汇报　1952年2月1日4版副页
京剧《三岔口》在莫斯科的演出　张云溪、张椿华　中国青年报　1952年2月5日3版

莫斯科演出我古典名剧“西厢记” 人民日报 1952年3月10日3版
“三岔口”在苏联 新民报 1952年6月30日7版
中国的戏曲节日（记一次会演）（苏）克里切克 文汇报 1952年12月25日8版
我在国外看到的 常香玉 大公报 1953年1月31日3版
我兴奋地看到苏联国立民间舞蹈团演出的“三岔口” 张云溪 戏剧报 1954年2月2期18页
为兵服务——从朝鲜到广州 梅兰芳 戏剧报 1954年9月9期16页
中国戏曲艺术在国外 李凌 光明日报 1954年9月19日6版
安徽黄梅戏在朝鲜 闵人 安徽日报 1954年1月27日3版
中国艺术团在巴黎 本报据新华社讯编写 文艺报 1955年6月30日本年12号总134期48—49页
中印两国戏剧艺术密切相通 梅兰芳 戏剧报 1955年7月7期16页
一个中国演员所看到的印度 李少春 戏剧报 1955年7月7期20页
中国艺术团在国际戏剧节上的荣誉 本刊 戏剧报 1955年7月7期51页
巴黎认识了中国（记中国戏曲在巴黎的演出）（印度）巴·伽尔基，艾春译 文艺报 1955年7月30日本年14号总136期36—37页
中国戏剧的国际声誉 本刊 戏剧报 1955年9月9期21页
我国艺术团体在国外演出近况 本刊 戏剧报 1955年10月10期35页
“巴黎欢呼北京” 赵讽 新华月报 1955年10月总72期283页
中国艺术团在捷克斯洛伐克 捷克斯洛伐克新闻公报 1955年10月总10期9页
从越剧在国外演出中所体会到的若干问题 东川 戏剧报 1955年11月11期8页
北京——莫斯科——柏林——在苏联和民主德国访问演出散记 袁雪芬 戏剧报 1955年11月11期11页
苏尔科夫谈他在中国观剧的感想 本刊 戏剧报 1955年11月11期40页
伟大的友情（访苏记） 陈书舫 四川日报 1955年2月15日5版
“一心”！记越剧“春香传”创作过程中的中朝友谊 黄宗江 北京日报 1955年2月19日3版
参加国际戏剧节的我国艺术团受到赞扬 新华社 内蒙古日报 1955年6月10日2版
我越剧团在柏林公演受到群众和舆论赞扬 人民日报 1955年7月11日4版
我越剧团在民主德国演出受到热烈欢迎 人民日报 1955年7月30日4版
中国越剧团在德意志民主共和国 高虹 人民日报 1955年8月10日4版
我国越剧团在莫斯科 人民日报 1955年8月10日4版
我国越剧团在莫斯科演出受到欢迎 人民日报 1955年8月14日4版
越剧在莫斯科 李何、苏兰 人民日报 1955年8月19日3版
古老传说的现实性 （苏）阿·莫罗卓夫 人民日报 1955年8月27日3版
列宁格勒报纸评我国越剧团的演出 人民日报 1955年8月31日4版
越剧和外国朋友们——在苏联和德意志民主共和国访问演出后的感想 袁雪芬 北京日报 1955年10月15日3版
挪威公众热烈欢迎中国传统戏剧 帅鹏 浙江日报 1955年11月6日3版
我的心又飞往莫斯科 袁雪芬 人民日报 1955年11月7日6版
冰岛人民欢迎远道而来的中国朋友 帅鹏 光明日报 1955年12月4日4版
国外友人对越剧艺术的评论 吴琛 解放日报 1955年12月7日3版

英伦三周　赵风　人民日报　1955年12月13日3版
一个英国戏剧批评家的感慨　槐　光明日报　1955年12月27日4版
中国艺术团在越南　王冰　解放军文艺　1956年1月总53期86页
京剧轰动了北欧　张盛裕　新观察　1956年1月总130期26页
五位剧作家——访诸暨姚江农村业余剧团　［苏］格·鲍洛维克等作，余风高译　浙江文艺　1956年1月总51期38—41页
在芬兰的巡回演出——北欧访问演出散记之一　帅鹏　世界知识　1956年2月总3期31页
和英国朋友的会见（中国艺术团旅欧通讯）　孙丽　世界知识　1956年2月总3期33页
从斯德哥尔摩到哥本哈根——北欧访问演出散记之二　帅鹏　世界知识　1956年2月总4期29页
英伦一月　杜近芳　戏剧报　1956年3月总27期32页
北欧行　云燕铭　戏剧报　1956年3月总27期33页
中国访日京剧代表团在日本　欧阳山尊　戏剧报　1956年9月总33期17页
看了中国京剧，我向往着世界的明天　［日本］渡边城　戏剧报　1956年9月总33期20页
东游记——访日本　梅兰芳　新观察　1956年9、10月17、18期24—27、28—29页
东游记——访日本　梅兰芳　新观察　1956年10、11月19、21期30—32、14—15页
东游记——访日本　梅兰芳　新观察　1956年11、12月22、23期16—29、23—25页
京戏在北欧　帅鹏　人民日报　1956年1月6日4版
参加巴黎国际戏剧节归来　杜近芳　中国青年报　1956年1月25日3版
中国艺术团在欧洲——中国艺术团赴欧访问演出归来座谈会记录　大公报　1956年1月28日4版
轰动欧洲的中国艺术团回来了——“巴黎认识了中国”一文刊“文艺报”1955年14期　光明日报　1956年1月28日4版
赴日访问　梅兰芳　人民日报　1956年5月17日3版
东京的人们在兴奋地等待着　裴达　人民日报　1956年5月28日4版
我国京剧团在东京首次演出盛况　记者　人民日报　1956年6月1日4版
中国京剧团轰动日本　烟中政春　大公报　1956年6月7日4版
盛况空前的京剧演出　德永直（日本）　大公报　1956年6月12日4版
京剧在日本　德永直　中国青年报　1956年6月13日4版
看了京剧的演出以后　木下顺二　光明日报　1956年6月20日4版
中蒙人民友谊的花朵（蒙古著名歌剧“三座山”改编成京剧）　秦晓卓　光明日报　1956年6月30日3版
难忘的夜宴（梅剧团访日）　马少波　人民日报　1956年7月1日5版
中国访日京剧代表团和日中文化交流　木下顺二　人民日报　1956年7月3日5版
友谊常青（关于访日京剧团）　马少波　光明日报　1956年7月4日4版
真挚的问候（关于访日京剧团）　本报　人民日报　1956年7月5日5版
中国访日京剧代表团和日中文化交流　中岛健藏　光明日报　1956年7月9日4版
我京剧团在东京第二次公演并将为战争孤儿和原子弹受害者义演　本报　人民日报　1956年7月10日5版
双喜临门（中国京剧团访日）　裴达　人民日报　1956年7月12日5版
我国京剧团在东京举行闭幕演出，久保田万太郎和欧阳予倩致词强调进一步巩固中日友谊

本报 人民日报 1956年7月12日5版
我京剧团在东京举行辞行宴会宾主们一再祝贺增强中日友好和加深文化交流 人民日报 1956年7月18日5版
访梅兰芳和欧阳予倩（访日感想） 于民生等 光明日报 1956年8月8日2版
忆东游（访日京剧团） 马少波 大公报 1956年8月11日3版
怀念日本的姐妹们（中国访日京剧代表团） 江新蓉 中国青年报 1956年8月14日3版
中日两国人民的深厚友谊 梅兰芳 人民日报 1956年8月16日5版
看了中国京剧以后 上田贯子 人民日报 1956年8月24日5版
日记散叶（关于访日京剧团） 马少波 北京日报 1956年8月26日3版
访日归来 欧阳予倩 人民日报 1956年8月28日5版
天涯若比邻（随梅剧团访日纪事） 马少波 文汇报 1956年10月7日4版
中国艺术团在巴西 萧光 人民日报 1956年10月25日6版
这里正是明媚的春天（中国艺术团在新西兰） 马少波 人民日报 1956年11月18日5版
记中国艺术团南美旅行公演 赵沨 人民日报 1956年11月21日6版
欢庆的节日——记中国艺术团在巴西 若热、亚马多，陈用仪 人民日报 1956年11月23日6版
阿根廷人喜爱中国艺术 萧光等 人民日报 1956年11月26日6版
南岛离情（中国艺术团离新西兰） 马少波 北京日报 1956年11月26日4版
南美旅行演出纪事 李少春 人民日报 1956年12月1日5版
南美访问演出归来 袁世海 人民日报 1956年12月1日5版
“中国的文化使者”——记中国艺术团在西德和奥地利的演出 孙锡钧 光明日报 1956年12月6日4版
难忘的日子（上海京剧院在莫斯科演出） 陶雄 人民日报 1956年12月7日5版
上海京剧院在莫斯科 鲁宁辑译 文艺月报 1957年1月总49期46—47页
对于“莎士比亚戏剧与京戏”一文的意见 孙家琇 争鸣 1957年6月号8—27页
“赵氏孤儿”杂剧在启蒙时期的英国 范存忠 文学研究 1957年9月号3—5页
周信芳谈访苏演出 江东 文汇报 1957年2月4日8版
澳新访问记（中国艺术团出国演出） 徐光霄 人民日报 1957年3月4日5版
戏曲演员向苏联的同行学习什么？ 刘厚生 新民报晚刊 1957年11月16日5版
中国戏剧在巴黎再放异彩 谭文瑞 人民日报 1958年5月3日5版
京剧征服了巴黎 柳门 文汇报 1958年5月21日4版
中国戏曲歌舞团在法国 吴晗 光明日报 1958年9月3日4版
中国艺术在西欧大放异彩 张美娟 解放日报 1958年9月14日5版
巨龙飞舞动人心——记中国歌舞戏曲团在瑞士的访问演出 张扬 光明日报 1958年10月13日3版
骄傲呵，伟大的祖国！（俞振飞、言慧珠、李玉茹谈访欧演出观感） 何晓、蔡平 文汇报 1958年11月3日1版
访欧散记 俞振飞、言慧珠 文汇报 1958年12月28日3版，1959年1月24日3版
回忆戏曲在国外演出的盛况 赵沨 戏剧报 1959年9月18期49页
祖国花香醉天涯（京剧在国外受到欢迎情况） 马少波 世界知识 1959年9月18期27页

京剧震动了维也纳　王平　戏剧报　1959年10月19期69页
雷蒙德盛况空前（中国京剧团在德国）　王平　江苏戏曲　1959年11月总8期37页
在北欧播下和平友谊的种子——江苏省京剧团胜利归来　本刊讯　江苏戏曲　1959年12月总9期13页
有关中国京剧团（访欧）的几首纪事诗　静人　江苏戏曲　1959年12月总9期14页
在马尔摩看话剧——中国京剧团在北欧之一　王平　江苏戏曲　1959年12月总9期16页
访欧散记（21、22）　俞振飞等　文汇报　1959年1月29日3版、1959年2月3日3版
和胡志明主席在一起的时候　徐玉兰、王文娟　解放日报　1959年5月19日6版
送“关汉卿”访朝（记广东粤剧团的演出）　田汉　人民日报　1959年8月4日7版
捷克斯洛伐克观众看川剧　格罗赫　光明日报　1959年10月31日4版
遥寄祖国——记中国川剧团访波捷演出　明朗、朱丹南　四川日报　1959年11月3日3版
“秋江”在国外——从德意志民主共和国寄回祖国的一封信　陈书舫　人民日报　1959年12月5日8版
再寄祖国——记中国川剧团旅德保访问演出　明朗、朱丹南　四川日报　1959年12月20日6版
中国京剧艺术轰动了北欧　王平　江苏戏曲　1960年1月号总第10期58页
从川剧出国想到的　朱丹南　峨眉　1960年2月2期82页
处处洋溢着人民的友谊——忆中国艺术团在拉丁美洲和加拿大的演出　张东川　戏剧报　1960年12月23、24期25页
中柬友谊像湄公河那样源远流长（中国潮剧团访问柬埔寨）　姚璇秋　戏剧报　1960年12月23、24期30页
古巴之行　杜近芳　文汇报　1960年12月17日3版
中国艺术之花盛开在北美洲——中国艺术团在温哥华国际戏剧节　吴佟　大公报　1960年12月23日4版
美国进步人士赞扬我国京剧艺术指责美国当局阻挠文化交流　人民日报　1960年12月30日5版
友谊的花朵——中国文化艺术代表团在缅甸　李伟　人民音乐　1961年5月号19页
越剧艺术之花绚丽灿烂港胞盛赞上海越剧团精彩演出　解放日报　1961年1月28日2版
救济遭受火灾同胞上海越剧团在港义演　人民日报　1961年1月29日3版
友谊的彩船（中国艺术团在缅甸）　万光　人民日报　1961年2月6日3版
在香港演出的时候　袁雪芬　解放日报　1961年2月12日4版
盛情难忘友谊长存——记中国文化艺术代表团在缅甸的演出　冯光　光明日报　1961年2月21日3版
中国粤剧团在越南　张坤英　光明日报　1961年4月7日3版
大世界的演员在北欧——挪威、瑞典、芬兰三国记游　潘素梅　新民晚报　1961年8月26—31日2版
上海越剧团赴朝鲜演出　解放日报　1961年9月6日1版
上海越剧团抵平壤进行访问演出　人民日报　1961年9月10日3版
金日成同志观看上海越剧团演出　人民日报　1961年9月20日5版
访问朝鲜归来　袁雪芬　解放日报　1961年11月12日4版
上海青年京剧团去香港演出，全团共八十多人将演出“杨门女将”等十多出戏　解放日报　1961年12月19日2版

上海青年京剧团到港的第一天 李冲 解放日报 1961年12月21日2版
上海——香港珍贵的友情（上海青年京剧团访问） 蔡国喜 文汇报 1962年1月10日2版
真挚的友情热情的赞誉——上海青年京剧团在香港 蔡国喜 解放日报 1962年1月10日2版
上海青年京剧团在香港 李伟庭、蔡国喜 人民日报 1962年1月31日4版
贺上海青年京剧团（赴港演出） 本报评论员 文汇报 1962年2月1日2版
同行友谊——上海青年京剧团在香港时的活动 陈文、蔡国喜 解放日报 1962年2月1日2版
众口交赞——访上海青年京剧团艺术指导俞振飞和言慧珠（赴港演出） 兰宜、榕立 文汇报 1962年2月13日2版
千里散鲜花处处多知音——俞振飞来信谈上海青年京剧团在港演出盛况 新民晚报 1962年2月15日1版
难忘的香港一月（上海青年京剧团在香港演出） 刘厚生 文汇报 1962年2月21日2版
情谊难忘——记上海青年京剧团在香港的演出 孟波 解放日报 1962年2月21日2版
在香港演出的杂感 俞振飞 人民日报 1962年2月23日6版
赴港演出有感 言慧珠 文汇报 1962年2月23日2版
元曲“赵氏孤儿”在欧洲的传播 潘吉星 光明日报 1962年5月20日3版
中国戏剧在欧洲的传播 潘吉星 光明日报 1962年8月27日3版
进一步巩固和发展中朝人民友谊和文化交流“红楼梦”改编成朝鲜唱剧在平壤演出朴雄杰文化相和徐平羽团长在开幕式上讲话互致热烈祝贺 光明日报 1962年12月29日2版
中朝两国文化交流工作活跃在舞台上平壤上演唱剧“红楼梦” 人民日报 1962年12月30日4版
赴港演出散记 赵燕侠 中国妇女 1963年11月11期16页
北仑河畔友谊花开——粤西粤剧团春节访问越南芒街散记 雪夫等 南方日报 1963年2月8日3版
香港各界欢迎北京京剧团赴港演出 人民日报 1963年4月27日2版
北京京剧团受到香港观众热烈欢迎已经演出二十三场四万观众同声赞扬 人民日报 1963年5月21日2版
北京京剧团结束演出离港赴穗 人民日报 1963年6月25日2版
喜看祖国京剧百花开——记北京京剧团赴港演出团在香港的演出 黄文放、李学纯 人民日报 1963年6月26日2版
北京京剧团到澳门演出 人民日报 1963年6月29日2版
北京京剧团结束澳门演出回穗 人民日报 1963年7月5日2版
祖国香花满香江濠江——访赴港演出归来的北京京剧团 本报记者 羊城晚报 1963年7月5日2版
北京京剧团赴港演出后回北京 人民日报 1963年7月21日2版
千言万语话衷情——写在港澳演出归来以后 赵燕侠 大公报 1963年9月4日3版
朝鲜《文学新闻》、日本《赤旗报》赞扬我国演出现代剧 戏剧报 1964年8期22页
我访日京剧团举行招待会 人民日报 1964年2月17日3版
巴黎市政委员主席接见我艺术团中法文化交流将日益发展 人民日报 1964年3月9日4版

巴黎观众争看《白蛇传》演员的精湛表演博得雷动掌声和热烈赞赏　人民日报　1964 年 3 月 15 日 3 版
中国艺术团在巴黎　杨效农等　人民日报　1964 年 3 月 16 日 3 版
我艺术团在热烈欢呼声中结束了在巴黎的演出法国观众从中国艺术看到了真正的中国　人民日报　1964 年 3 月 18 日 3 版
交流艺术增进友情——记中国京剧团访日演出　唐月梅　光明日报　1964 年 3 月 20 日 3 版
我艺术团先后在西德法兰克福和瑞士日内瓦演出两国观众对中国艺术家的表演赞不绝口　人民日报　1964 年 3 月 28 日 4 版
和刘主席握手以后　筱文艳　解放日报　1964 年 7 月 26 日 5 版
西欧演戏纪行　齐淑芳、杨春霞　解放日报　1964 年 8 月 16 日 6 版
京剧恢复了青春　［日］西园寺公一　光明日报　1964 年 9 月 28 日 3 版
香港观众赞赏昆剧现代戏《琼花》　人民日报　1964 年 12 月 4 日 2 版
中国戏剧观后　村山知义著，杨铁婴译　北京日报　1965 年 5 月 18 日 3 版
越南贵宾观看京剧《南方来信》　人民日报　1965 年 7 月 15 日 3 版
日本剧作家久板荣二朗赞扬我国京剧改革——成功的改革，精湛的艺术　人民日报　1965 年 10 月 29 日 3 版

（三）批评杂谈

强弩之末　路桥　大众影剧　1949 年 9 月 3 日总 3 期 3 页
随想所及　欧阳予倩　大众影剧　1949 年 9 月 24 日总 6 期 2—3 页
对“起社”的两个建议　温峥　大众影剧　1949 年 10 月 1 日总 7 期 10 页
小小的建议　熊佛西　戏曲报　1950 年 2 月 18 日 1 卷 1 期 5 页
一年来的感想（有白凤鸣、傅任秋、厉慧兰的三篇文章）　新民报　1950 年 10 月 2 日 5 版
听戏与看戏　申甫　大公报　1950 年 10 月 28 日 6 版
试谈“变质换形”　苏蓬庐　新戏曲　1951 年 1 月 20 日 1 卷合 4、5 期 48—51 页
需要严肃、负责的“戏剧批评”　王雁　新民报　1951 年 6 月 18 日 5 版
大处着眼、小处着手　雨辰　新民报　1951 年 6 月 27 日 5 版
钻进去，别掉进去（评剧问题）　穆惠民　东北文艺　1952 年 9 月 1 日总 31、32 期 11—12 页
规律、规矩、规则　九日　新民报　1952 年 2 月 25 日 7 版
剧场偶记——一个戏曲观众的话　柯灵　文艺月报　1953 年 1 月总 1 期 51—54 页
“光杆牡丹”要不得——从剧团的“赶角”谈起　文翰　北京日报　1954 年 2 月 21 日 3 版
台前台后　郭奋扬　光明日报　1954 年 8 月 14 日 5 版
看戏随感　陈驷彤　光明日报　1954 年 9 月 4 日 5 版
怀念与憧憬　袁雪芬　光明日报　1954 年 10 月 9 日 3 版
“心在戏外”（随笔二则）　贯文　山西日报　1954 年 12 月 13 日 2 版
开展戏曲评论，促进戏曲艺术事业（专论）　省文化局艺术处　河北文艺　1955 年 4 月 20 日总 96 期 57—58 页
戏曲杂谈——不要被彩声所迷惑（谈表演）　仉仟　河北日报　1955 年 4 月 30 日 3 版
艺术的眼睛　白驹荣　新观察　1956 年 7 月第 13 期 24 页
必须从头学起（戏曲剧目工作笔谈）　成容　戏剧报　1956 年 8 月总 32 期 11 页
我们的困境　赵红良　戏剧报　1956 年 9 月总 33 期 9 页

四不像　屠岸　戏剧报　1956年9月总33期10页
集思广益　张郁　戏剧报　1956年9月总33期14页
不要被同化　李清濂　戏剧报　1956年11月总35期11页
看戏之后　陈犀　草地　1956年11月总5期56—57页
究竟谁在奇想？　若然　火花　1956年12月号31页
以古为镜　顾孟平　北京日报　1956年5月20日3版
久已期待的一天到来了　裴达　人民日报　1956年6月4日3版
好似喷香的花朵在开放　裴达　人民日报　1956年6月7日4版
盼望已久的日子到来了　畑中政春　大公报　1956年6月14日4版
“亲上加亲”　裴达　人民日报　1956年6月26日4版
“感动得落下泪来”　小谷刚　人民日报　1956年7月8日5版
昆剧会演声中的感想与建议　严独鹤　解放日报　1956年11月4日4版
发扬传统，保持风格（戏曲观摩杂谈）　苏坤　河南日报　1956年12月27日3版
我的看法　青霓　新苗　1957年5月总10期83—84页
为“樊戏”和樊粹庭鸣不平　林立木　戏剧报　1957年11月总47期24页
看戏杂记二则　张真　新苗　1957年11月号53—54页
田汉祝辞　戏剧报　1957年12月总60期18页
驳唐湜的批评标尺　戴不凡　文艺报（周刊）　1957年12月29日总208期5页
看戏小记　黄裳　文汇报　1957年1月8日3版
看了北方昆剧的感想　俞平伯　人民日报　1957年2月11日7版
看戏杂记　陈梦家　光明日报　1957年6月16日3版
读曲杂记　隋树森　光明日报　1957年10月20日5版
揭露“作家”芜原的真实面目　本报　西安戏剧　1958年1月30日第2期12页
继续揭露芜原的丑恶面目——市文联召集剧作家、干部和有关剧团（社）代表大会　本刊　西安戏剧　1958年2月15日第3期14页
漫谈“反串”——对榆林剧团演出的意见　红河　西安戏剧　1958年3月15日第5期12页
作个演员没有文化行吗？　余雅珍　西安戏剧　1958年6月30日第12期13页
给小节目以固定阵地　鲁侠　西安戏剧　1958年7月30日第14期15页
红色种子长成红色英雄树　伊兵　戏剧报　1958年8月15期24页
还是不要改行　阿明　四川戏曲　1958年10月1日第1期19页
“创业”与“守成”　羊放　四川戏曲　1958年10月1日第1期19页
如何修理硬盔头　常福臣　戏剧战线　1958年10月号总4期15页
须要巩固和提高　何言珠　四川戏曲　1958年11月10日第2期17页
积极回答这个难题　余夫　四川戏曲　1958年11月10日第2期21页
难忘的一天　天津市京剧团演员朱玉良　戏剧战线　1958年12月号总6期17页
我也谈“外行”和“内行”　谭富英　北京日报　1958年2月25日2版
永别的时刻　马少波　人民日报　1958年3月13日8版
东山杂记　王国维　光明日报　1958年3月16日5版
热望与期待——“戏曲音乐”创刊祝词　梅兰芳　戏曲音乐　1959年1月创刊号1页
几点希望　吕骥　戏曲音乐　1959年1月创刊号2页
一点体会　费克　戏曲音乐　1959年1月创刊号5页

论“八尺扯一丈”（谈剧本创作问题） 左旋 陕西戏剧 1959年2月总2期63页
谈“缓期结婚”（谈剧本创作中情节处理问题） 王烈 陕西戏剧 1959年2月总2期64页
为什么“记不下”？（谈剧本创作问题） 丁希 陕西戏剧 1959年2月总2期65页
宝贵的意见 本刊记者 戏曲音乐 1959年2月2期17页
观剧杂谈 鲁之洛 湖南戏剧 1959年2月总3期29页
从“外师造化、中得心源”说起——读剧偶拾之一 曾平晖 安徽戏剧 1959年2月（总5）27页
快马加鞭（短评） 湖南戏剧 1959年3月号1页
片断的回忆 田心 四川戏曲 1959年3月10日第6期5页
戏剧琐谈 陈显远 西安戏剧 1959年3月25日第3期26页
答《小剧本》读者问 田汉 小剧本 1959年4月总19期1页
再谈提高 本刊评论员 戏剧战线 1959年5月号总11期4页
戏剧漫步 曲六乙 戏剧战线 1959年5月号总11期19页
观摩杂感录 周孝武 戏剧战线 1959年5月号总11期24页
观剧随笔 周尚义 西安戏剧 1959年5月10日第6期20页
答陈显远同志的《戏剧琐谈》 王绍猷 西安戏剧 1959年5月10日第6期22页
“重要的任务”及其他——戏剧杂感录 任光椿 湖南戏剧 1959年5月号5页
见事不见人 黄起衰 湖南戏剧 1959年5月号11页
应该精雕细刻 陈渔 戏剧战线 1959年6月号总12期20页
各有千秋——观剧随笔之一 刘乃崇 戏剧战线 1959年6月号总12期19页
从“听戏”谈起 刘导黄 江苏戏曲 1959年6月总3期36页
捧着金饭碗讨饭 白羊 江苏戏曲 1959年7月总4期38页
戏剧的精练及其他 秋文 江苏戏曲 1959年7月总4期38页
模仿为了创造 武克仁 长江戏剧 1959年7月总2期22页
从风格说起 沙声 安徽戏剧 1959年7月总10期30页
创造艺术个性 武克仁 长江戏剧 1959年8月总3期18页
谈“撞车”（指剧本相似） 赵寻 长江戏剧 1959年8月总3期20页
突破二净十杂的难关 江渊 长江戏剧 1959年8月总3期21页
不科学和难得学（谈发声） 王俊 长江戏剧 1959年8月总3期22页
“戏平没唱” 高子华 戏剧战线 1959年8月号总14期35页
“穿戴”与表演 子尼 戏剧战线 1959年8月号总14期42页
试谈提炼 徐叔华 湖南戏剧 1959年8月号17页
喜扬剧进京（诗二首） 周村、吴白陶 江苏戏曲 1959年8月总5期33页
戏剧杂谈四则 梅君等 陕西戏剧 1959年8月总6期64页
差之毫发别于千里 云溪 小剧本 1959年8月总27期30页
迎扬剧进京 马少波 江苏戏曲 1959年9月总第6期34页
一场“幕后戏” 刘静杰 江苏戏曲 1959年9月总6期40页
观剧杂谈 冶频等 湖南戏剧 1959年9月号22页
“停尸”与“走尸” 子尼 戏剧战线 1959年9月号总15期26页
新歌剧与戏曲 高鹏 陕西戏剧 1959年9月总7期27页
要对读者负责——评两本京剧常识 张萌 戏曲音乐 1959年9月9期26页

由庐剧引起的一点感想——学习人民传统戏剧的笔记 艾芜 安徽戏剧 1959年9月（总12）3页
两种不同性质的幻想 珂理 陕西戏剧 1959年10月总8期29页
增产节约搞得好 虹裳 陕西戏剧 1959年10月总8期67页
戏剧会演观摩札记 赵禄 戏剧战线 1959年10月号总16期63页
献礼演出观摩杂谈 红剑 陕西戏剧 1959年11月总9期68页
戏剧杂谈二则 高寰举、郭天钧 陕西戏剧 1959年11月总9期69页
成绩不能抹煞 阎金锷 湖南戏剧 1959年11月号1页
是右倾思想妨碍了创作 杨炎一 湖南戏剧 1959年11月号4页
解放前的这一月——1948年11月（梨园界饥寒交迫） 江苏戏曲 1959年11月总8期51页
驳武克仁（武的二文《模仿为了创造》《创造艺术的个性》） 欣秋 长江戏剧 1959年11月总6期3页
从诸葛亮的哭谈“戏” 颜长珂 剧本 1959年11月号70页
再驳武克仁 欣秋 长江戏剧 1959年12月总7期18页
驳“贵在责任感”（武克仁文） 张杰 长江戏剧 1959年12月总7期22页
斥“五快论”（写得快、排得快、演得快、丢得快、观众忘得快） 城郭 长江戏剧 1959年12月总7期24页
究竟谁懂得艺术规律？ 王之宪 湖南戏剧 1959年12月号9页
生活与创作 沙芦 安徽戏剧 1959年12月总15期32页
我的学习体会 孙中 戏曲音乐 1959年12月12期16页
解放前捐税繁杂，戏曲界饱受摧残（解放前的这一月：1946年12月） 江苏戏曲 1959年12月总9期64页
壮别 任桂林等 人民日报 1959年1月4日8版
怎能叫人不激动 刘毓中 人民日报 1959年10月23日8版
秦音绝唱 闻亦步 文汇报 1959年11月11日3版
“柿子拣软的捏”及其他（戏曲批评） 曲六乙 长江戏剧 1960年1月总8期23页
驳“提倡漫谈之风” 一鸣 长江戏剧 1960年1月总8期25页
群众是最有权威的鉴赏家 罗禄山 湖南戏剧 1960年1月号9页
三条经验 常德市汉剧团 湖南戏剧 1960年1月号17页
我们的实验 顾镇遐 戏曲音乐 1960年1月总13期22页
“情动而辞发” 隆冠 安徽戏剧 1960年1月总16期47页
观剧杂谈二则 子尼 戏剧战线 1960年2月号总20期43页
突破难关勤学苦练 徐瑞萍（花鼓戏演员自述） 湖南戏剧 1960年2月号27页
三湘名花在羊城——随湖南戏曲艺术团旅穗散记 老月 湖南戏剧 1960年3月号9页
“自由化”辩 聂文辉 福建戏剧 1960年4月20日第4期13页
誉满首都 侯金炉 戏剧战线 1960年4月号总22期55页
批判铁可同志的修正主义观点 韩罕明 湖南戏剧 1960年4月号1页
百花初绽，争芳竞艳 苏育民 陕西戏剧 1960年6月总16期57页
纱幕辩（戏曲杂谈） 跃平 江苏戏曲 1960年7月号总第16期37页
“背腔”是可纠正的 林农 福建戏剧 1960年8月第8期26页
赴京演出散记 艺舟 安徽戏剧 1960年8月总23期12页

主动、被动及其他（戏曲创作杂谈） 三人 江苏戏曲 1960年9月号总第18期35页
“小角色”浅解 静艺 山西戏剧 1960年11月总4期17页
演短些，写短些 之见 江苏戏曲 1960年12月号总第21期21页
从“读画”“听戏”说起 陶如让 文艺报 1960年12月23期34页
高歌一曲颂泉城 梅兰芳 大众日报 1960年11月2日3版
怎么打才好 萧云 上海戏剧 1961年1月1期27页
剧苑管窥录 孟超 文艺报 1961年3月6期25页
喜闻乐见和潜移默化 戴不凡 戏剧报 1961年6月11、12期10页
看戏和演戏 王朝闻 戏剧报 1961年7月14期1页
干劲与钻劲 杨少春等 戏剧报 1961年7月14期16页
可为与不可为 凌欣 戏剧报 1961年9月17、18期25页
医戏短笺——与曲六乙同志商榷两个处方 唐真 上海戏剧 1961年10期18页
演员与观众 邱扬 新建设 1961年10月10期43页
质量问题及其他 李纶 戏剧报 1961年11月21、22期32页
给观众以联想余地 郑亦秋著 新建设 1961年11月号47页
戏贵精练 薛恩厚 北京日报 1961年1月13日3版
在于传神——关良戏画简说 鲁真 解放日报 1961年1月22日6版
别具一格 马少波 北京日报 1961年4月29日3版
扫边剧谈——借花谈戏 边生 光明日报 1961年6月17日4版
试谈解放妓女的戏 柳风 陕西日报 1961年6月23日3版
两天（作者自述在生命中最痛苦的一天和最幸福的一天） 严凤英 安徽日报 1961年7月6日3版
“务期调匀适听” 王桂方 天津日报 1961年7月8日4版
以物表意——观剧随笔 陈培仲、朱双江 四川日报 1961年7月14日2版
扫边剧谈——戏者戏也 边生 光明日报 1961年8月15日4版
漫谈戏曲画 梅兰芳 中国青年报 1961年8月16日4版
胸有成竹，目无全牛——学戏札记 丘扬 光明日报 1961年8月17日4版
盖叫天谈“老”和“伤” 徐源 体育报 1961年8月17、28日3版
生活、笔记、舞台 张蓉桦 浙江日报 1961年8月27日4版
演戏杂谈 侯喜瑞 北京日报 1961年9月14日2版
琴师与演员 连波等 文汇报 1961年9月17日4版
“盛世新声”的辑者问题 汪蔚林 光明日报 1961年9月24日4版
身体瘦就不能扮演英雄人物了吗？ 王复民 文汇报 1961年9月27日2版
话剧里的武打 张云溪 北京日报 1961年10月12日3版
“刷宫”与“军帅”何解？ 陈显远 文汇报 1961年10月18日3版
关良的京戏水墨画 裘沙著 中国青年报 1961年11月12日4版
学的、做的、想的 马泰 北京日报 1961年11月18日3版
从诗人看不懂戏说起 陈汝衡 文汇报 1961年12月15日4版
曲严分合 童子何 光明日报 1961年12月19日4版
“骂鸡”笔谈 孟浩等 山东文学 1962年1月号34页
博见贯一、咫尺天涯——学戏札记 邱扬 剧本 1962年3月号84页
用笔奇崛、其味辛辣 文萍 戏剧报 1962年4月4期31页

"历史知识"及其他——再答吴晗同志 李希凡 戏剧报 1962年6月6期43页
从不变到变 俞振飞 上海戏剧 1962年6月6期15页
"文场"不能发展成为"文场剧"吗? 安宁 广西戏剧通讯 1962年7月2期17页
舞台和博物馆及其他 葆萃 文艺报 1962年10月10期25页
"一本正经"和其他 华传浩 上海戏剧 1962年12月12期32页
也谈"梦"和"戏" 童子何 光明日报 1962年1月16日4版
打上观众的数(二题) 白云生 北京日报 1962年1月27日3版
李逵和酒 王兴志 光明日报 1962年2月20日4版
走桥成路——学戏札记 丘扬 光明日报 1962年3月3日4版
无言的表演 行健 陕西日报 1962年3月10日3版
访书见闻录——宋陈淳的禁戏书 路工 人民日报 1962年3月26日4版
神海蜊和捻军 景孤血 工人日报 1962年4月8日3版
门外戏品 申述之 羊城晚报 1962年4月9日2版
由看青年演员演戏想起的 马陵 重庆日报 1962年5月22日4版
十二年间——丁是娥说:"多么不平凡的十二年" 武璀 新民晚报 1962年5月22日2版
粉墨絮谈 潘凤霞 光明日报 1962年5月24日4版
古老小武向何处去? 靓少佳 南方日报 1962年5月27日3版
万物逢春脱旧蹊 李文杰 重庆日报 1962年6月6日4版
谈曲艺和戏曲的关系 一乐 羊城晚报 1962年6月6日2版
入微而生变——学戏札记 丘扬 人民日报 1962年7月1日5版
跑龙套为先 文益谦 人民日报 1962年7月17日6版
繁花绮丽丛根生 田汉 羊城晚报 1962年8月16日2版
戏的"新"与"绝" 矢非 天津日报 1962年8月28日4版
旅行演出杂感 袁世海 光明日报 1962年9月21日2版
艺无止境 杨淑英 四川日报 1962年10月7日3版
说"乱"及其他 杨荫浏、吴钊 人民音乐 1963年1月号24页
戏外话 赵树理 戏剧报 1963年5月5期1页
留有余力 侯喜瑞、张胤德 戏剧报 1963年6月6期47页
贵在坚持 帆白 东海 1963年6月6期50页
群众不喜欢现代戏吗? 许淑轩 山东文学 1963年12月号49页
谈"总讲" 马连良 文汇报 1963年1月6日4版
戏的真价值 冬生 安徽日报 1963年1月20日4版
戏和观众 曲穆 福建日报 1963年2月1日4版
观众需要什么样的"笑" 戴旦 云南日报 1963年3月25日3版
越剧舞台新事 马文 解放日报 1963年4月21日4版
戏曲的情调问题——读"关于文艺下乡"一得 秉箴 羊城晚报 1963年5月9日2版
聚光灯下的哨兵——关于现代戏问题的学习札记 李冬生 安徽日报 1963年5月17日4版
疑义相与析——向传陶、闰水两君致谢 马连良 光明日报 1963年5月18日4版
粤剧舞台上的一股逆流——驳"投其所好"论 希思 羊城晚报 1963年6月20日2版
给北京曲艺团曲剧队的信 胡可、胡朋 光明日报 1963年6月27日4版

从剧照谈起　荀慧生　新民晚报　1963年9月17日3版
从“不是这里的事”说起　李少春　文汇报　1963年10月7日4版
风物长宜放眼量　李玉茹　文汇报　1963年10月10日4版
爱之欲其生　王一纲　文汇报　1963年10月14日4版
“底子厚”小议　姚萌　文汇报　1963年10月21日4版
学步一得　范泽华、张长城　羊城晚报　1963年11月6日2版
不要随便更改剧名　周庚　光明日报　1963年11月10日2版
专员写戏　丁明　羊城晚报　1963年11月20日1版
戏、人、话——观摩汇演的部分现代剧随感　陈思源　羊城晚报　1963年11月21日2版
两个十四年　姚梅凤　戏剧报　1964年3月号20页
学走第一步　梁谷音　上海戏剧　1964年4月4期10页
江山是打下来的　方泓　戏剧报　1964年7月7期51页
兔死狐悲物伤其类　枝　戏剧报　1964年8月8期20页
迎难而进　张芃　长江戏剧　1964年8月4期58页
内容上没分工步骤上有区别——并谈京剧观众欣赏兴趣的变化与提高　胡双宝　北京日报　1964年2月2日3版
章周的论点错在哪里？　梁冰　北京日报　1964年2月11日3版
听不懂与听得懂　景孤血　北京日报　1964年2月18日3版
有毒的资产阶级艺术观——“投其所好”　林涵表　光明日报　1964年3月15日3版
说戏谈心知难而进　袁世海　北京日报　1964年3月24日3版
小谈审美　林原　光明日报　1964年6月13日2版
最幸福的时刻　上海演出团《智取威虎山》组　解放日报　1964年7月26日5版
从农村带回来的日记　林青而等　羊城晚报　1964年8月29日3版
永远不能忘记　刘贵琴　文汇报　1964年9月29日6版
和社员一起看戏——好处实在大　刘厚明　北京日报　1964年10月16日3版
会见了“孙达得”同志　李秋森　新民晚报　1964年10月27日2版
浅谈鲁迅对京剧的意见——读书札记　黄艾仁　江淮评论　1965年2月1期22页
喜看万紫千红开遍——学戏随笔　秉箴　南方日报　1965年8月17日3版
一样和不一样——学戏札记　诺之　南方日报　1965年8月17日3版
赛台戏，赛得好　人民日报　1965年8月21日6版
欢迎“破门而出”　劲松　文汇报　1965年12月15日4版